न गोपी
न राधा

न गोपी न राधा

राजेंद्र मोहन भटनागर

प्रभात प्रकाशन, दिल्ली™
ISO 9001 : 2000 प्रकाशक

प्रकाशक • **प्रभात प्रकाशन**
४/१९ आसफ अली रोड,
नई दिल्ली-११०००२
संस्करण • २०१७

मूल्य • छह सौ रुपए
मुद्रक • नरुला प्रिंटर्स, दिल्ली

NA GOPI, NA RADHA
novel by Rajendra Mohan Bhatnagar ₹ 600.00
Published by Prabhat Prakashan, 4/19 Asaf Ali Road, New Delhi-2
e-mail: prabhatbooks@gmail.com ISBN 978-93-86300-05-8

प्रिय श्री वागीश, नीरू और उत्कर्ष

प्रिय श्री राजीव, नीलम और पार्थ

प्रिय श्री अतुल, प्रिया और मोनी, प्रमिला

प्रिय नवनीत, भावना और परिधि को

सस्नेह आशीर्वाद

औ' दुलार-प्यार।

समर्पण–सुरभि

यह क्यों संभव हुआ कि मैंने मीरा पर 'पयस्विनी मीरा', 'जोगिन', 'श्यामप्रिया', 'प्रेम दीवानी' (उपन्यास) और 'मीरा' (नाटक) लिख पाने के बाद भी यह अनुभव किया कि अभी मीरा पर और अधिक लिखा जा सकता है? मैंने मीरा पर स्वलिखित प्रत्येक कृति को एक–दूसरे से भिन्न रूप में प्रस्तुत किया है। बहुत दिनों से यह इच्छा जोर पकड़ रही थी कि भक्ति के अनन्य भाव को मीरा के माध्यम से प्रकट करूँ। एक भक्त की सामाजिक धार्मिकता को केंद्रबिंदु बनाकर मीरा के संपूर्ण समर्पण की उदात्त मानसिकता की भागीरथी को आज के मतिभ्रमित जनमानस को सौंप दूँ।

मीरा–मन मयूर बन नाच उठे, कोयल बन गा उठे और अनिंद्य रूप बन आलोकित हो उठे जगत् के मानस–मंदिर में। आज का अधार्मिक जन धर्म-ध्वजाओं के अहं से अपने को मुक्त कर सहज अनाहत के सहचारी भाव में आलुप्त हो सके।

मैं वृंदावन गया, वहाँ रहा। उदयपुर–चित्तौड़ में रमता रहा और फिर द्वारका में जा बैठा मीरा की अनुभवभूमि के अंतःस्पर्श के लिए। इन लीलास्थलियों में लीलामय को ढूँढ़ता रहा मीरा के माध्यम से।

मीरा मिली। उसने बातचीत की। गीत गाए। नाची। उसमें आकर सारे भेद तिरोहित, सारे विरोधाभास शांत, समस्त वैभव-संपन्नता की चकाचौंध का जादू अदृश्य हो गया। शेष–अशेष कुछ नहीं रहा।

वह मीरा नहीं, श्याम हो गई थी और उसने श्यामभाव को मीरा बन जिया था अनंत अक्षय आनंद के साथ। उसकी पीड़ा ही आनंद थी, सत्य थी और सुंदर थी।

मीरा ने श्याम को ढूँढ़ते-ढूँढ़ते अपने को ही विस्मृत कर दिया था। वह कृष्ण ही हो गई थी। फिर उसे किससे शर्म–लाज और किसका भय–आतंक। सर्वेश्वर को जी लेने के बाद सांसारिक इयत्ताओं, भौतिक मिथकों और धार्मिक

संकीर्णताओं का उसके लिए कोई अस्तित्व ही नहीं रह जाता। वह तब साकार को निराकार में जी रहा होता है। निराकार में बाधा-व्यथा कहाँ? फिर वह सबसे प्रकट हो रहा होता है। बूँद का नदी बन जाना और नदी में गंगा-यमुना बन जाना हर बूँद से तभी संभव है, जब वह अपने में नदी के अनुभव से ओत-प्रोत हो।

कभी विचार आया कि अकेले में शिशु किसको लखकर मुसकान से भर उठता है? अपनी नन्ही-नन्ही बाँहें नचा-नचाकर किसको रिझाता है और अपनी बड़ी-बड़ी अँखियन में वह किसको रचा-बसा लेता है? क्यों वह किलकारी मारने लगता है? क्यों तरह-तरह की कलोल कर उठता है और क्यों आनंद से सावन बन झूम उठता है? तब क्या वह अपनी भक्ति को कृष्ण लला को अर्पित कर रहा होता है? उसके साथ क्रीड़ा कर रहा होता है और स्वयं मोरपंखी जसोदा का प्यारा लाडला बन इठला रहा होता है? जैसे-जैसे वह उससे दूर होता जाता है वैसे-ही-वैसे उसका अक्षय आनंद, अमिट मुसकान, अमर आकर्षण और कृष्णभाव लुप्त होता चला जाता है। वह मात्र आकार रह जाता है प्राणसत्ता के अभाव में। मीरा प्रारंभ से कृष्णा रही; गृहस्थिन होकर भी कृष्णा ही बनी रही और प्रौढ़ा होकर भी कृष्णा ही बनी रही। अंततोगत्वा वह कृष्णा ही रही और फिर स्वयं ही कृष्ण हो गई। कृष्ण रंग में रँगकर सदा के लिए रसराज में समा गई।

भक्ति शिशु है। शिशु को हर अवस्था में अपने में बनाए रखना ही भक्ति-साधना है और अंत में शिशु तत्त्व में समा जाना ही मुक्ति है। भक्ति से मुक्ति ही परम आनंद की अक्षय अनुभूति है। उस अनुभूति के बाद अनुभूति जगत् की वह स्वयं स्थायी अनुभूति बन जाती है। तब सुमन नहीं, उसका रंग नहीं, उसका आकार-आकर्षण नहीं और उसका रूप-सौंदर्य नहीं होता; होता है उसका गंध-माधुर्य, जो चारों ओर उड़ा-उड़ा घूमता है सावन के सघन मेघ-सा—झूमता-झुमाता, नाचता-गाता, मोद मनाता हुआ।

मैं वृंदावन में रहा। व्रज की लीला-गलियों में घूमा। रसेश्वर के रसराज में डूबा। कल-कल करती यमुना नदी के किनारे, गहरी चाँदनी-चंदन निशीथ में अकेले बैठा हुआ प्राण प्यारे, बाँके बिहारी, यशोदा लला और नवनीतप्रिय की मुरली सुनता रहा आँख बंद किए। पता ही नहीं चला कि क्या हुआ, तब मैं कहाँ था और क्यों झूम रहा था। कोटिशः बार मैंने उस पावन लीलाभूमि की मधुशाला बन जाना चाहा, करील के कुंजों पर पक्षी बन चहक जाना चाहा और यमुना बन बह लेना चाहा; परंतु वह पूर्णतया संभव नहीं हुआ। हाँ, उसके गंध-रूप की जितनी अनुभूति पा सका, उसे अवश्य अपने पाठकों में बाँटने का प्रयत्न करता रहा।

मीरा तो मीरा नहीं रही थी, अंततः वही बन गई थी जो वह स्वयं था। पूजा-

प्रार्थना ही जब आराध्य बन जाए तब क्या बचता है द्वैत के लिए, पूजा के लिए, आराधना के लिए और कर्म-अकर्म के लिए!

इस बार मेरा यही प्रयत्न रहा है। आकार से बाहर आकर निराकार जगत् में प्रवेश करने से पूर्व की अनंत मीरा-अनुभूतियों में से कुछ अनुभूतियों से अपने पाठकों को जोड़ सकूँ, ताकि उनका तन भीग उठे, उनका मन रीझ उठे और उनका तन-मन एकाकार हो सके। भिद्य कुछ नहीं रहे, सब अभिद्य हो जाए। मीराभाव यही तो था, जिसे कबीर ने यों कहा है—

लाली मेरे लाल की, जित देखूँ तित लाल।
लाली देखन मैं गई, मैं भी हो गई लाल॥

लीलामय होकर फिर व्यक्ति संसारी नहीं रह सकता और लीलामयी अनुभूतियों की अभिव्यक्ति के अतिरिक्त उसके पास कुछ शेष भी नहीं बचता। यथार्थतः वह निःशेष को जीता है और उसीका होकर रह जाता है। मीराभाव का संपूर्ण समर्पण यही तो है कि वह आकार न रहकर स्वयं में लीलामय भाव बन गई। इस संस्थिति की कल्पना करना भी अति कठिन है। फिर उसको लिपिबद्ध करना तो और भी कठिन व दुर्लभ कार्य है। मीरा ने जो गाया वह लीलामय भाव, संबंध सहचरी अनुराग और अनुतप्त वैरागी संचारीभाव उनकी संपूर्णता का ही प्रतीक है, जिसे मुझे प्रस्तुत करना है मीरामय होकर। पहले जोगी होइए, जोगी रस में डूबिए और फिर जोगिन को अपने में जी जाइए, तब मीराभाव मुखर होगा—मीरा होकर मीरामय जगत् के लिए समग्र समर्पण के माध्यम से।

समग्र समर्पण के साथ अनेक सूर्य आलोक के सामने आकर, उसे आत्मसात् कर अपने से प्रकट करने का प्रयत्न अति दुर्लभ है। यथार्थतः वह प्रयत्न से नहीं, लीलामयी की कृपा से ही संभव है। पूजा के नितांत एकांत क्षणों में जब मौन भी निस्तब्ध होकर आत्मलीन हो जाता है तब हृदय के भाव जगत् में कृष्णानुराग भर उठता है। वह इंद्रधनुष बनाता है और रिमझिम अमृत बरसाता है। वही मीराभाव है। मुझे उसी भाव ने इस बार मीरा-हृदय के कपाट खोलने का आदेश दिया है। इस कृति के जन्म के पीछे वही अमृत निर्झर प्रेरणा-संसार बना है। वह सदा ही विद्यमान है। गत और अनागत में नहीं। वर्तमान ही जिसका गत है और वर्तमान ही जिसका अनागत। उसमें कोई द्वैत नहीं, भेद नहीं और काल का अंतराल नहीं; क्योंकि वही अद्वैत है, अभिद्य है और महाकाल है—मृत्युंजयी से आगे आदि, अनादि और अनंत-ही-अनंत है, अजन्मा है वह, निरापद है और निराकांक्षित है।

इस कृति के साथ मेरी यह यात्रा, जो पाँच वर्षों से अनवरत चल रही है,

कभी रुकी-थमी नहीं, सदा प्रवाहमयी बनी हुई है। यह कृति उसीका प्रतिफल है। उन क्षणों के अंतर्गत बहते हुए अनुक्षणों का संवाद है। अपने पाठकों को भी उस ओर ले चलने के लिए निमंत्रणभाव से अभिभूत कर यह कृति कुछ समय के लिए मीरामय हो जाने के मधुरोल्लासमय उमंगित महोत्सव की अनुभूति कराना चाहती है।

वह, जो जगत् का कार्य-कारण है, सूत्रधार व स्रष्टा है; जिसे मीरा ने भजा है और जिसमें वह अंतर्लीन हुई है, उसी मीरा को यहाँ मैंने भजने का प्रयास किया है—इसी कृति में। पता नहीं मैं इस कसौटी में कितना खरा उतरा हूँ या कितना नहीं, मैं इस संबंध में कुछ नहीं कह सकता हूँ—और न कुछ कहने का मेरा मन ही है, सिवाय उन अनंत आनंदानुभूतियों के, जिनको मैंने इसको लिखते समय अनुभव किया है।

अंततः प्रो. भगवती लाल व्यास का मैं हृदय से आभारी हूँ, जो इस कृति के पहले भक्त-पाठक व समीक्षक रहे हैं और जिन्होंने इस कृति के प्रति अपना अपार स्नेह व आदर प्रकट किया है।

अस्तु,

—राजेंद्र मोहन भटनागर

१०५-ए, सेक्टर ७, हिरन मगरी,
उदयपुर (राजस्थान)

एक

"माता, वृंदावन आने वाला है।" गाड़ीवान ने सहजभाव से कहा।

लेकिन उसे कोई उत्तर नहीं मिला। गाड़ी चलती रही। बैलों के गले में बँधी घंटियाँ बजती रहीं। गाड़ी की गति से लग रहा था कि सुघड़ गैल पाकर बैल उत्साही मन से भागने लगे हैं, मानो उनका मन भी वृंदावन की गंधरज पाकर वृंदावनी हो उठा हो।

मीरा में ललक थी गहरी रची-पची। सारी रात वह सो नहीं पाई। नाम स्मरण करती रही कान्हा का और अनुभव करती रही लीलाधर की लीलाभूमि की रस किंवदंतियों का। उसके सामने करील के कुंज, निर्मल यमुना का तीर, चंदनमयी रज और बाल गोपाल कृष्ण मोर मुकुट पहने, हृदय-पटल पर बैजंती माला सुशोभित किए, ग्वालबालों के बीचोबीच आ खड़े हुए। ऐसी अनेक दृश्यावलियों को वह अपने सामने से गुजरते देखती रही ललचाई मधुर आँखों से। उसकी श्वास-श्वास में नवनीतप्रिय का वृंदावनी मधुमास फाग खेल उठा।

"माता, आज आप रात भर नहीं सोईं।"

"तू सोया क्या?"

"नहीं।"

"ये बलराम सोए क्या?"

"नहीं।"

"फिर मैं कैसे सोती, धूपद!" मीरा में चाह की लाली पौ जैसी फैलने लगी हौले-हौले और उसका अनुरागी मन सहस्रों नयन बन निहारने लगा वृंदावनी रज-उमंग को। उसके रंध्र-रंध्र में कृष्ण सुवास उत्सवी हो उठा।

गाड़ीवान धूपद स्वेच्छा से वृंदावन आया था कृष्ण-रज माथे पर लगाने और उसे हृदय में बसाने के लिए प्रफुल्ल मन से अति उत्साही होकर। वह मीरा के पद सुनकर मंत्रमुग्ध हो गया था। ललिता को हलका सा ज्वर था। रात भर 'कृष्ण' नाम

का जप करते हुए उसने अपने मन को कृष्णमय रंग में रँग लिया था। मुँहअँधेरे, शीतल मलयानिल के झोंके खाकर उसके तंद्रिल नेत्र मुँद गए थे।

छन''छन''छन, चक्की की गर्र-गर्र-गर्र, पनघट पर हँसी-ठट्ठा, बैलों की घंटियाँ, पायल की रुनझुन आदि ध्वनियाँ मंगलाचरण पढ़ रही थीं महाकाव्यमयी यात्रा के संदर्भ पर्यावरण में।

मीरा देख रही थी नीलांबर में शांतभाव से स्थित ध्रुव तारे को अचल मन से, अपलक दृष्टि से। प्रकृति की रूप-छटा के विषय परिवर्तन-प्रवर्तन को वह आत्मसात् कर रही थी कि तभी उसे अनाहत नाद सुनाई पड़ा—'जय राधे, जय गोविंद! जय गोविंदं हरे-हरे! जय गोपाल, जय कन्हैया!'

कुछ देर बीत जाने पर एक जोर की आवाज में स्वर तरंगें थिरक उठीं—'जय माखन चुरैया की! जय कृष्ण कन्हैया की! जय राधा रानी की! जय गिरिधर गोपाल की!'

मीरा ने मन-ही-मन कृष्ण कन्हैया को नमन किया।

वह गाड़ीवान से बोली, "तनिक गाड़ी को रोको।"

गाड़ीवान धूपद ने रास खींची। गाड़ी एक झटके के साथ रुक गई। मीरा नीचे उतरी। सबसे पहले उसने वहाँ की माटी को उठाया, माथे से लगाया और बारंबार नमन करते हुए कहा, "ए साँवरिया, नटनागर! मैं तिहारी नगरी में आई हूँ तिहारे से मिलने। मिलोगे तो, प्रभु! माखन चुराते हुए, मटकियाँ फोड़ते हुए, गैयाँ चराते हुए, मुरली बजाते हुए। बोलो मेरे गिरिधर गोपाल, क्या सोच में पड़ गए? जनम-जनम की तुम्हारी दासी, लोक-लाज छोड़कर तुम्हारे पास आई है। जवाब दो या न दो, पर मेरी प्रतिज्ञा कान खोलकर सुन लो—मैं यहाँ तुमसे मिलने आई हूँ। बिना मिले कदापि नहीं लौटूँगी। देखती हूँ, अब किसकी आन रहती है!"

धूपद का मन गुलगुली मचाकर जाती हुई बयार से गद्गद हो उठा था। वह बोला, "माता, यहाँ की सुबह कितनी सुंदर है!"

"हाँ रे, यहाँ की भोर प्रतिदिन कान्हा से मिलने आती है, तब कहीं और जाती है।"

"सच, माता?"

"झूठ कुछ नहीं होता रे! जो होता है, वह सच होता है।" मीरा ने सहजभाव से समझाया।

"फिर 'झूठ मत बोलो' क्यों कहा जाता है, माता?" धूपद ने सहज जिज्ञासा प्रकट कर दी।

"जो है, जब उसे छिपाया जाता है और जो नहीं है, उसे जताया जाता है

तब वह झूठ होता है। हमें झूठ नहीं जानना। जिस गैल नहीं जाना, उसके बारे में कैसी पूछताछ? उसके बारे में जिज्ञासा क्यों? बोल रे, क्या समझा?" मीरा ने उसे चेता दिया।

"समझ गया, माता, उसके बारे में सोचना बंद। प्रश्न बंद।" धूपद ने धीरे से कहा।

मीरा कबूतरों की टोलियों को घेरा बनाकर आकाश में जाते हुए अवलोकती रही। पेड़ों पर चिड़ियाँ चीं-चीं करने लगीं। कहीं से कोयल बोली, मोर बोला और गाय-भैंसें रँभाने लगीं।

मीरा का मन गद्‌गद हो उठा था। उसके रोम-रोम में नंद के लला की माधुरी मूरत समा उठी थी। वह बोली, "यहाँ से हम पैदल चलेंगे, धूपद।"

"क्यों, माता?"

"क्योंकि अब हम वृंदावन में आ चुके हैं। लीलाधारी कान्हा की क्रीड़ाभूमि की माटी का भरपूर आनंद लेंगे। आज भी इस माटी में बाँके बिहारी की सुगंध है। तभी तो यहाँ की भूमि चंदन-गुलाब है।" मीरा कहीं गहरे में डूबी बोले जा रही थी धीरे-धीरे अमृत रस घोलती हुई और मन-ही-मन उसकी भव्य छटा को नमन करती हुई। जाने कब से वृंदावन बँहियाँ उठा-उठाकर उसे बुला रहा था। जाने कब से वह स्वप्न में टेर रहा था। जाने कब से अपनी अलौकिक रूप-छटा को दिखलाकर मन बाँध रहा था।

अब वह वृंदावन में है। उस वृंदावन में, जिसकी तृष्णा उसे बहुत दिनों से सता रही थी। क्या होगा कान्हा का वृंदावन? क्या होगा गिरिधर का व्रज? कैसा लगेगा अनुपम, अद्वितीय उसका हर पल और हर पल का हर अनुपल? उसको यह सोच चैन नहीं लेने देता था। इतना उतावलापन! इतना बालपन! इतना भक्ति-समर्पण! इतनी पूजा-अर्चना! ओह!

ठाकुर के सामने घंटों बैठकर प्रार्थना करती-करती वह स्वयं प्रार्थना बन जाती थी—"जा रे ठाकुर, तू बड़ा कठोर है, पत्थरदिल है! ललचाता है, सैन बताता है, लुभाता है और अवसर आने पर लुका-छिपी का खेल खेलने लगता है। बुलाता क्यों रहता है रे? ले क्यों नहीं चलता? अपना मानता भी है, पर अपनाने के बखत भाग खड़ा होता है रे, मेरे रनछोर मुकुंद। क्या-क्या कहूँ तुझसे! कब तक कहती रहूँ!"

बाँके बिहारी ने उसकी सुन ली। धूपद मिल गया। अकेला। खेत-खलिहान, घर-जायदाद सब। पर कहीं मन नहीं। शादी हुई, नहीं के बराबर। डेढ़ बरस में जवान पत्नी की इहलीला समाप्त। तब से वैरागी। निठल्ला। मन आता, गाता और

मन आता, कहीं बिना किसीको बताए चला जाता। कुछ अता-पता नहीं चलता। अचानक लौट आता। किसीको कुछ नहीं बताता। पहली बात तो यह बोलता ही नहीं, गूँगा हो जाता है।

कैसा मलूक! हट्टा-कट्टा, साढ़े पाँच फीट का जवान। गोरा रंग। गठी देह। नाक-नक्श सुघड़। लंबी बाँहें। होंठ पतले और लाल-सुर्ख।

मीरा को उस गाँव में रुक जाना पड़ा। राजघराने की लाडली बहू। लोक-लाज तजकर संन्यासिनी बनी। महल छोड़ा। कँटीले रास्तों पर निकल पड़ी वह अकेली; साधु-संतों की मुँहबोली।

उसको देखने गाँव-गाँव की भीड़ उमड़ पड़ती। सब उसे रोकना चाहते। कहीं रुक जाती, कहीं नहीं। वह अपने में नहीं होती। न रुकना होता तो वह कहती, 'रुकना बन नहीं रहा है, पुरजनो! मेरे अपने से कैसा रुकना और कैसा चलना! वह तो किसन कन्हैया, मोरपंखी, मुकुटधारी से है। वो रोके, रुक जाऊँ। वो चलने का सैन करे, चल पड़ूँ। अब वो बुला रहा है, न चलूँगी तो नाराज हो बैठेगा। सो जाना है। क्षमा करना। मैं आपके मान-मनुहार को मानना चाहकर भी नहीं मान सकती।''

मीरा चलने को हुई तो उस गाड़ी के एक बैल को कुछ हो गया। वह कंधे डाल गया। मीरा को रुकना पड़ा। वह बीमार बैल को छोड़कर कैसे आगे बढ़ती। उस बैल के मन में भी तो रास रचैया बैठा हुआ था।

रात उगी। चौपाल जुड़ी। सारा गाँव आ बैठा। वहाँ धूपद भी था। वह हाथ जोड़कर बोला, ''माता, आज्ञा हो तो हम भी कुछ सुनाएँ।''

सबकी दृष्टि धूपद पर ठहर गई पल भर के लिए।

''सुनाओ, भाई!''

धूपद कुछ देर तक सोचने के बाद धीरे-धीरे गा उठा—

''दुलहनी, गावहुँ मंगलाचार।
हम घरि आए हो राजा राम भरतार।
तन रति करि मैं मन रज करिहुँ, पंच तत बराती।
रामदेव मोरे पाँहुने आए, मैं जोबन में माती...''

धूपद खूब जमा। उसने तल्लीन होकर गाया।

मीरा ने कहा, ''कंठ मधुर है। अच्छा गाते हो।''

''जी, माता।'' परंतु तुरंत ही सिर हिलाकर उसने कहा, ''नहीं, माता।''

इसपर सब हँस पड़े। मीरा मुसकराकर रह गई उस भोले मानुष के सरल चित्त को पढ़कर। कुछ समय अनबोला बीता। स्त्री-पुरुष आपस में बतियाते रहे नदी

के पानी की तरह।

मीरा ने कहा, "तुम धूपद हो?"

"जी, माता।"

"तुम्हारा चित्त एक ठौर नहीं टिकता।"

धूपद सोचता हुआ निरुत्तर रह गया।

"बता सकते हो, ऐसा क्यों होता है?" मीरा ने आगे पूछा।

"नहीं, माता।"

"इस ओर सोचते नहीं?"

"नहीं, माता।"

"फिर भागते क्यों हो?"

"पता नहीं, माता।"

"तुम्हें पता क्या है, धूपद?"

"कुछ नहीं, माता।"

"ऐसे कब तक भागते रहोगे?"

"नहीं मालूम।"

"भागकर जाते कहाँ हो?"

"कहाँ जाऊँ?"

"वहाँ चैन मिलता है?"

"नहीं, माता।"

"तुम जानना चाहते हो?"

"क्या, माता?"

"जो तुम नहीं जानते।" मीरा ने गंभीर होकर कहा।

धूपद सोच में पड़ गया। वह क्या नहीं जानता? उसे क्या जानना है? क्यों जानना है? पत्नी नहीं। माता-पिता नहीं। चाचा-ताऊ कोई नहीं। पत्नी के पक्षवाले उसके साथ अपनी छोटी लड़की को ब्याहना चाहते थे। लेकिन उसने उन्हें दो टूक उत्तर दे दिया—'ससुरजी, ब्याह बार-बार नहीं होता। वह एक बार हो चुका। अपने भाग्य में पत्नी का इतना ही साथ बदा था। अब और ब्याह नहीं।' उसके बाद से उधर से चुप्पी।

"क्या सोच में पड़ गए, धूपद?" मीरा उसके मन की जन्मपत्री बाँचकर पूछ रही थी। उसे लग रहा था कि वह श्रीकृष्ण सेवा का सच्चा पात्र है। उसका मन शुद्ध है। उसके आचार-विचार में कोई खोट नहीं।

"क्या सोचूँ, माता! सोचना हम जैसे मूरख से कभी बना नहीं। सोचने को है

भी क्या! काला आखर कभी पढ़ा नहीं। सुना-सुनाया भी कुछ नहीं। पत्नी स्वर्ग क्या सिधारी कि सारा जग माटी हो गया। बेकार!" धूपद ने याद करते हुए अपनी कहानी के शीर्षक बाँचे और सोचता रह गया कि क्या उसे ऐसे सोचना चाहिए था?

"तुम कुछ मत सोचो। पर एक ठौर चित्त तो लगाओ। तुमने चित्तचोर का नाम सुना है?"

"कौन चित्तचोर?"

"वह दूसरों का चित्त चुराता है। तुम उसे नहीं जानते?"

धूपद ने सिर हिलाकर कहा, "नहीं।"

"अपना मोर मुकुटधारी, बाँके बिहारी, गोवर्धन गिरिधारी!"

"किसन कन्हैया?"

"हाँ, वही चित्तचोर है। वह जिसका चित्त चुरा ले वह जगत् की सारी आल-बाल से मुक्त। फिर चैन-ही-चैन।" मीरा ने सहजभाव से धूपद को समझाया। उसके मन में यह बात घर कर चुकी थी कि धूपद सीधे ही किसन कन्हैया से जुड़ सकता है। एक बार उसके मन में टेढ़े होकर नटनागर ने स्थान बना लिया, फिर वह चाहे लाख प्रयत्न करे, तो भी वह नहीं निकलेगा। पर लगन तो लगे। चिनगारी तो उठे।

"उसके क्या कहने! वह तो जगत् का पालनहार है। सारा जगत् उसीसे है। पर वह हमारा चित्त क्यों चुराएगा?" धूपद में सहज प्रश्न बुनावट डालने लगे।

"क्यों नहीं चुराएगा? वह तो जन्म का चोर है।" मीरा ने उसके मन को कुरेदा।

"क्या कहती हैं, माता! किसन और चोर!"

"क्यों, किसन चोर क्यों नहीं हो सकता?"

"ना बाबा, ना! कभी नहीं। भगवान् भी क्या कभी चोर हुए हैं?" धूपद इतना कहकर मन-ही-मन जप करने लगा—"हरे-हरे-हरे किसन, हरे-हरे!"

"क्यों नहीं हुए हैं! माखन चुराया है न! माखनचोर तभी तो उन्हें कहा जाता है। माखन चुराते हुए रँगे हाथ पकड़े गए तो क्या बोले, जानते हो तुम?" मीरा ने उसके मन में झाँकने का प्रयत्न किया।

"नहीं, माता।"

"गोपियाँ जसोदा को लेकर आ गईं। किसन के मुँह पर माखन लगा हुआ था। उनके हाथ माखन से भरे हुए थे। एक गोपी बोली, 'ये देख लो अपने लला की करतूत। आप तो मानती ही नहीं थीं कि…' इसपर किसन बोला, 'मैया, तू इनकी बातों पर भरोसा न कर। यह सब इनकी ही चालाकी है। इन सबन ने

मिलकर मेरे मुँह में माखन लिपटाया। मेरे हाथ में माखन दिया और बोलीं—लला, तू माखन चख। जासे हमारा माखन अमृत बन जाएगा। सो मैया। और अब जे तोहे लिवा लाईं। मेरी भोली मैया, जरा सोच तो—इत्ते ऊँचे छीके पर मेरी बँहियाँ कैसे पहुँच सकती हैं! जे सब मुझे तेरी साँटी से पिटवाना चाहती हैं। मैया, जे बड़ी चतुर हैं—मुझे फुसलाती हैं और तोहे उकसाती हैं।' जसोदा बोलीं, 'जे बात है। निपूतियो, तुम मेरे लला को पिटवाना चाहती हो! आ मेरे आँखों के तारे, मेरे पास आ।' ऐसा किया था उस किसन कन्हैया, माखन चुरैया ने।'' मीरा ने सहज ढंग से सारा प्रसंग सुना दिया। धूपद की आँखें खुली-की-खुली रह गईं। मीरा आगे कह रही थी—''वही चित्तचोर है, जगत् का सिरजनहार। वह चित्त एक बार चुरा ले तो फिर चित्त को भटकने का कोई ठौर ही न रहे। सब झंझट दूर। बोल, तू चाहेगा कि वह तेरा चित्त चुराए?''

धूपद ने कुछ देर बाद कहा, ''पर वह हमारा चित्त चुराएगा क्यों, माता? उसे क्या पड़ी कि वह ऐसे-वैसों का चित्त चुराए?''

''तूने ठीक कहा है, धूपद, वह हर एक का चित्त नहीं चुराता। वह तो चुरानेवालों का चित्त चुराता है।'' मीरा ने समझाया।

''क्या मतलब, माता?''

''पहले तू उसका चित्त चुरा ले।''

''मैं! ना बाबा, ना!''

''सहज चुरा सकेगा तू रे! वह भोलेभालों को झटपट अपना चित्त दे बैठता है, यही उसकी कमजोरी है।'' मीरा ने उसके मन पर से काले बादलों को दूर हटाते हुए कहा, ''तू संशय को कुइयाँ में डाल और अपने पर भरोसा जमाए रख। तू जो चाहेगा वही होगा।''

''सच, माता?''

''हाँ, सच, धूपद।''

''फिर मुझे क्या करना होगा?''

''घर-बार छोड़ सकेगा?''

''वह तो छूटा-सा ही है, माता।''

''सा नहीं, पूरी तरह छोड़ना है।''

''छोड़ दूँगा।''

''हमारे साथ चल सकेगा?''

''धन्य भाग्य है मेरा!''

''तेरे पर बाँके बिहारी की कृपा है रे!''

"वो मैं क्या जानूँ!"

"मैं जानती हूँ।" मीरा का स्वर गंभीर था और उसकी मुखाकृति स्थिर, शांत तथा आलोकयुक्त थी। वह प्रभु की अनुपम लीला पर मुग्ध होते हुए उसके प्रति बारंबार नमित होती जा रही थी। उसने आगे-से-आगे सारी व्यवस्था कर रखी थी। अनजाने परिवार उसके अपने होते जा रहे थे। अनजाने भक्तों में उसके प्रति ममता-स्नेह उमड़ उठा था। धूपद भी उन्हींमें से एक था। वह संत था; परंतु यह बात जानता नहीं था। उसमें तड़प थी; लेकिन उसको इस बात का पता नहीं था। वह समर्पण से लबालब था; परंतु वह उससे अनभिज्ञ था। क्या पता, वही नटखट हो और उससे आँखमिचौनी खेल रहा हो। उसकी लीला वही जाने। वह जो करेगा, वही उसके लिए उसका प्रसाद होगा। उसने गहरी साँस लेकर कहा, "धूपद, कल चलेंगे। तुम चलोगे न हमारे साथ! यह सोचकर चलना, फिर पता नहीं लौटना हो या नहीं। उसकी लीला अपरंपार है। वह क्या चाहता है, क्या नहीं, यह तो वही जाने। एक बार अपने को पूरे मन से उसपर न्योछावर कर दो, फिर चिंता-फिकर की आवश्यकता नहीं रहती। तुम पुनः विचार कर लेना। मन माने तो चलना, नहीं तो जय श्रीकृष्ण!"

इसके बाद धूपद चला गया। दूसरे दिन चलना न हो सका। बैल स्वस्थ नहीं हुआ और उस गाड़ीवान ने भी आगे चलने में आनाकानी की। धूपद भी नहीं आया। चलना या न चलना अलग बात थी, वह मिलने तक नहीं आया। पर क्यों? क्या सोचकर वह रह गया? उसे तो साथ चलना ही था। चलेगा भी।

ललिता ने पूछा भी था, "धूपद नहीं आया, दीदी?"

मीरा ने गंभीर होकर कहा, "वह अवश्य आएगा। उसे मुरली मनोहर किसन कन्हैया का आदेश हुआ है।"

"लेकिन..."

मीरा के मन में उसके प्रति हलका सा सोच बना; परंतु आनन-फानन में वह छितरा गया। प्रभु जो भी करता है, वही शुभ है, अनुकूल है और उसीका स्वीकार्य जीवन-धर्म है। उसने कहा, "धूपद में चिनगारी सुलग चुकी है। पुरानी बेड़ियों से स्वतंत्र होना क्या यों आनन-फानन में संभव है? अपने विचारों की कारा से मुक्त होने में कई जन्म लग जाते हैं; फिर वह तो कल की बात है। उसपर प्रभु की कृपा है। वह बाँके बिहारी के श्रीचरणों में अवश्य आएगा।"

वही हुआ। वह अपनी बैलगाड़ी ले आया। हट्टे-कट्टे बैल। सफेद, सुंदर। उनके सींग रँगे हुए। आगे से अंदर की ओर कुछ-कुछ मुड़े हुए। उनकी पीठ पर अल्पना का इंद्रधनुषी जादू और गले में घंटियाँ बँधी हुईं। मोटी-मोटी आँखोंवाले

उन बैलों की पूँछ घने बालोंवाली और लंबी थी।

आते ही वह उनसे बोला, "माता को परनाम करो।"

बैल गरदन झुकाकर उसे जुहारी करने लगे।

मीरा ने बैलों के पास आकर उनकी पीठ को थपथपाया। उन्हें स्नेह-दुलार से भर दिया। वे रोमांचित होकर, गरदन घुमा-घुमाकर घंटियाँ बजाने लगे। मीरा बीमार बैल को भी देखने गई। उसे प्यार किया। उसके चेहरे को अपनी हथेली पर रखकर उसे निहारा। उसकी आँखों में पानी उतर आया था। गाड़ीवान भी बारंबार झुककर क्षमायाचना कर रहा था। मीरा ने मुसकराकर उससे कहा, "तुम दुःखी मत हो, भैया। तुम्हें यहीं तक मुझे लाना था। तुमने और तुम्हारे बलरामों ने मेरी जो सेवा की है, वह सदा याद रहेगी। मैं उसे कभी नहीं भूल सकूँगी।"

मीरा के सामने सारा परिदृश्य घूम गया। उसके बड़े-बड़े नेत्र सजल हो उठे। उसका सपना पूरा हो रहा था। एक हिंदू विधवा का सपना पूरा होना क्या कोई सरल कार्य है? सबकुछ अपने आप होता चला गया। जैसे करने-करानेवाला कोई और हो तथा वह मात्र उसका निमित्त हो। उसने आखिर किया ही क्या? कितनी शंकाएँ और कितनी भयानक अड़चनें! वे कहाँ गईं? कैसे छू-मंतर हो गईं? उसने एक बार पुनः साँवरे को हार्दिक नमन किया।

धूपद भी पैदल चल रहा था। ललिता जग गई थी। धीरे-धीरे उसने आँखें खोलकर गाड़ी में देखा। वहाँ कोई नहीं था। सामने निगाहें दौड़ाईं। वह यह देखकर चकित रह गई कि मीरा और धूपद पैदल चल रहे हैं। क्या वृंदावन आ गया? अवश्य ही आ गया है, तभी तो…

वह बोली, "धूपद, गाड़ी रोको।"

"क्यों?" मीरा बीच में बोल पड़ी—"चुपचाप बैठी रहो। तुम्हें पैदल नहीं चलना।"

"दीदी, वृंदावनी माटी से मुझे क्यों वंचित रखना चाहती हैं?" ललिता ने पूछा।

"यहीं रहना है, पगली। स्वस्थ हो जा, फिर वृंदावनी माटी से श्रृंगार करना। मुझे क्या!" मीरा ने तनिक जोर देकर कहा।

"स्वस्थ तो यही वृंदावनी माटी करेगी, दीदी। यही तो सबसे बड़ी वैद्य है और सबसे अचूक दवा।…न-न, दीदी, मुझे न रोको।" ललिता ने व्यथित हृदय से कहा और मीरा की ओर टकटकी लगाकर ऐसे देखा जैसे किसान बादलों की ओर ललचाई दृष्टि से देखता है।

मीरा का मन मान गया। प्रभु का नाम आते ही वह निरुत्तर हो जाया करती

थी। वह बोली, ''ठीक है, जैसी साँवरे की इच्छा।''

ललिता ने आगे बढ़कर रास खींच दी। बैलगाड़ी थोड़ी सी सरककर रुक गई। धूपद ने अपने हाथ में रास ली और मीरा ने सहारा देकर उसे गाड़ी से उतारा।

ललिता वृंदावनी माटी को गद्गद हृदय से निहारती रही आँखें बंद करके। वह सोचती रही कि जसोदा का लला इसी माटी में खेल-कूदकर बड़ा हुआ है। इसी माटी को उसने मुँह में रखा था। जसोदा के डाँटने पर उसने जो मुँह खोला तो जसोदा को माटी के स्थान पर सारा ब्रह्मांड घूमता नजर आया। वह रूप-छटा उसको भी दिखाई पड़े। अवश्य दिखाई पड़ेगी। उसने हाथ में वृंदावनी माटी को उठाकर हथेली पर रखकर उसकी ओर ऐसे देखा जैसे जसोदा मैया ने कान्हा के मुँह में ब्रह्मांड देखा था। उसकी आँखें भर आईं। वे टप-टप बह पड़ीं। माटी में से महक उठी।

धूपद कुछ बोलने को हुआ ही था कि मीरा ने उसे संकेत से रोक दिया।

वह कुछ नहीं समझ सका।

अब ललिता उस माटी को आँखों और माथे से लगा रही थी।

मीरा ने उसकी पीठ सहलाते हुए कहा, ''ललिता, कुछ शांति मिली?''

ललिता ने धीरे से आँखें खोलकर मीरा की ओर देखा। वह कुछ बोली नहीं। मीरा ने ही उससे कहा, ''तेरे दर्द की यही दवा है। तू इसीको अपने मन में बसा ले। अपने तन-मन में रचा ले। तेरी व्यथा ही तेरी मुक्ति का रास्ता बनेगी। चल, अब आगे चलें।''

''जी, दीदी।'' ललिता ने मीरा की हथेली अपनी आँखों से लगाकर धीरे से चूम ली।

''सबसे पहले यमुना मैया के कृष्ण-जल में स्नान करेंगे, फिर माधव मंदिरवालों की कुटिया में विश्राम करेंगे।'' मीरा ने कहा।

''कान्हा-दर्शन?''

''कान्हा तो तेरे-मेरे-सबके मन में है, ललिता। उसके अलग से दर्शन करने की क्या आवश्यकता है?'' मीरा ने उसे समझाते हुए आगे कहा, ''फिर मंदिरों में जाएँगे। इसलिए नहीं कि वहाँ मोर मुकुटधारी के दर्शन हो पाएँगे, बल्कि इसलिए कि उससे साँवरे के भक्तों के दर्शन हो सकेंगे। उनके श्रद्धा-सागर में हम भी डुबकी लगा पाएँगे।''

''जैसी आपकी इच्छा, दीदी।''

''मेरी नहीं पगली, उस साँवरे कृष्ण कन्हैया की। वह भक्तों के हृदय में हर पल बना रहता है। उसके लिए अपने मन-मंदिर में झाँको, वह मुसकराता मिलेगा।

उसका रूप-श्रृंगार, चितवन की छवि-दर्शन और मतवालापन सदा मन-हृदय को रिझाए रखेगा। कहीं जाने ही नहीं देगा। कहाँ जाओगे? कोई ऐसी जगह है क्या, जहाँ वह नहीं है?'' मीरा में प्रात: बयार की मतवाली तरंग हिलोरें ले रही थी। उसके मन में पायल जैसी रुनझुन हो रही थी। उसको अनेक गोपियों ने आ घेरा था। उसे हर गोप-गोपी में कृष्ण नजर आ रहे थे। वह बोली, ''जय गोपी-कृष्ण, जय राधा-कृष्ण, जय जसोदानंदन! जय, जय, जय!''

ललिता ने दोहराया और धूपद ने भी। सामने यमुना लहरा रही थी बाँहें पसारे। चारों ओर वृक्ष झूम रहे थे गलबँहियाँ डाले। जहाँ तक दृष्टि जाती वहाँ तक वृक्ष-ही-वृक्ष नजर आते। मन-मयूर झूम उठता।

''गाड़ी यहीं रोको।''

धूपद ने गाड़ी रोक दी।

''तुम यहीं ठहरो, धूपद, पहले हम दोनों नहा आएँ, फिर तुम जाना। हम यहाँ ठहरे रहेंगे।'' मीरा ने उसे निर्देश दिया।

मीरा ललिता को साथ लेकर यमुना के तीर की ओर चल पड़ी। पक्षी गा रहे थे। पवन खिलखिला रहा था। निर्मल यमुना की कल-कल ध्वनि बाँसुरी बजा रही थी। कैसी सम्मोहक शांति थी! सारा वन-प्रांतर गद्‌गद हो रहा था। बँधा हुआ मन निस्तब्ध और मनमोहक था।

मीरा मन-ही-मन यमुना को बाँच रही थी—''तू भाग्यशालिनी है, तूने कृष्ण-सुख पाया है। तुझमें कान्हा बसा है। तेरे तीर पर उसने रास रचाए हैं, क्रीड़ाएँ की हैं और राधा बावरी को मयूरी बनाया है। अब हम तेरी शरण में आए हैं। तू उस बाँके को बुलवाना और हमसे मिलवाना। यह तेरा काम है, मेरी बहिन! तेरे आसरे हम यहाँ तक चले आए हैं—इतनी दूर से। तेरी ये कल-कल ध्वनि हमें खींच लाई है। जाने कब से तेरी इस पायल ध्वनि ने मुझे पागल बना रखा था। अब तू मेरी लाज रखना। तेरा-मेरा बहिनापा सदा-सदा यादगार बने, ऐसी प्रीति की डोर से मुझे बँधवाना। जय यमुना मैया! तू मेरी साँची मैया है, बड़ी बहिन है और तू ही सखी-सहेली है। जय यमुना मैया!'' मीरा ने इतना कहकर डुबकी लगाई। यमुनाजल कल्लोल कर उठा। उसमें गुलगुली-सी मच उठी। आपस में तरंगें कुछ-कुछ बतियाकर, शरमाकर, धीरे से मुसकान भर उठीं।

ललिता ने भी डुबकी लगाई। यमुनाजल संगीत से भर उठा।

'कित्ता पावन, कित्ता मोहक! रंध्र-रंध्र में अमृतमयी सुवास भर उठी। जय मैया! जय-जय मैया!' मीरा ने मन-ही-मन कहा तथा एक डुबकी और लगाई।

निर्मल जल महक उठा मतवाला होकर।

मीरा के रोम-रोम में बाँसुरी गूँज उठी। उसकी रोमावलियाँ जल-तरंग बन झूम उठीं।

मीरा को बलराम की याद आने लगी। वही तो अपने हल से यमुना को वृंदावन तक खींचकर लाए थे। कालियमर्दन तो कान्हा ने ही किया था। जय कलोलिनी, तेरी जय!

मीरा बाहर आ गई। ललिता भी बाहर आकर कपड़े निचोड़ने लगी। झाड़ी की आड़ में जाकर मीरा ने कपड़े बदले। पीतांबरी बनकर झुरमुट से वह बाहर आई।

दिव्य रूप धारण कर मीरा की मन-काया दिप-दिप कर उठी। रूप-रंग का निखार दमक उठा। स्वर्णदेही मीरा पर आँखें नहीं ठहर रही थीं। वह अपने मेघ कुंतलों को झटकार रही थी। उनमें अपनी पतली-पतली लंबी उँगलियाँ फँसाकर उनकी मेचक चंचलता को शांत कर रही थी।

अद्भुत, अलौकिक रूप! अप्रतिम, अनिंद्य और अकृत्रिम सौंदर्य-छवि! एकदम अद्वितीय—मानो स्वयं सौंदर्य राशि ने जन्म लिया हो। हर पल निखरता, बल खाता, तरंगों-सा लहराता और इंद्रधनुष बन इठलाता था सौम्य सौंदर्य का वह मेला।

अब धूपद स्नान करने जा चुका था। मीरा पेड़ के सहारे खड़ी कुछ सोच रही थी। ललिता ने गीले कपड़े समेटकर गाड़ी में एक ओर रख दिए थे। मीरा सबसे बेखबर थी—आत्मलीन। उसके लिए इस समय जगत् कुछ नहीं था, उसकी मर्यादा कुछ नहीं थी और उसकी मायानगरी का गुरुत्वाकर्षण कुछ नहीं था। वह तो अपने गुरुत्वाकर्षण में थी, अपने ही लोक में थी और अपनी ही मर्यादाओं के शील को अपने में जी रही थी। एक साथ स्वप्न और जगत् का यह मिलन अनुपम था। धरती और क्षितिज का यह अद्वैत रूप, मन-मिलन बाँका और निराला था। शिव का अवतारी छन-छनकर धीरे-धीरे चारों दिशाओं में व्याप्त होता जा रहा था। भौंरों के गुंजन का मतवालापन रसिया मन की धुन-सी बिखेर रहा था अग-जग की चितवन डोर से मुक्त होकर।

दो

माधव मंदिर से कुछ दूरी पर स्थित कुटिया में मीरा ललिता के साथ आ ठहरी और धूपद को मंदिर में जगह मिल गई।

राजघराने की विधवा युवती का भक्त रूप शीघ्र ही चर्चित हो चला था। इसके साथ कई अफवाहें भी तेज हुई थीं।

मीरा ने अपने को कुटिया में ही केंद्रित रखा था। वह कुइयाँ पर नहाती थी और कान्हा की छोटी सी मूर्ति को एक आले में रखकर उसकी अर्चना-वंदना करती रहती थी।

माधव मंदिर के पुजारी गुसाँई अच्युतानंद ने मीरा से आग्रह किया था कि वह अपने भजन श्रद्धालुओं को सुनाएँ। श्रद्धालुओं की बड़ी इच्छा है उनको देखने-सुनने की।

मीरा के अरुणाधरों पर कमल खिल उठे। उसकी बड़ी-बड़ी हिरनी-सी आँखों में चपल चपला निःशब्द कौंध गई। उसकी जुन्हाई देह गुलाबी रंग में रँगकर सम्मोहक हो उठी। उसने कहा, ''गुसाँईजी! आपका, आपके भक्तों का और संतों का आग्रह सिर-माथे। मैं उन सबके बीच में ही आऊँगी। परंतु...''

''परंतु क्या?''

''थोड़ा धीरज रखने के लिए सबसे कहिए। अभी बाँके बिहारी ने आज्ञा नहीं दी है। उसकी नगरी में उसकी आज्ञा के बिना कुछ करना तो दूर, कुछ सोच पाना भी संभव नहीं है। आपका वह नटवरलाल, माखन चुरैया कम झगड़ालू है क्या! बिना बात सरेआम भोलीभाली ग्वालिन-गोपिकाओं की मटकियाँ-ठीकरे मार-मार फोड़ देता था और थोड़ी भी शरम-लाज नहीं करता था। न बाबा न, उस नटखट से बैठे-ठाले झगड़ा मोल लेने का हममें साहस नहीं है। जरा इंतजार कीजिए। हम भी इंतजार कर रहे हैं। इंतजारी का जो अपना सुख-आनंद है, वह कहे नहीं बनता।''

गुसाँई अच्युतानंद निरुत्तर होकर लौट आए। इससे चारों ओर मीरा-दर्शन की ललक का अबीर उड़ने लगा हिचकोले लेता हुआ रह-रहकर।

ललिता सुनते हुए नहीं सुनती। उसकी आँखें भ्रमजगी-सी खामोश रह जातीं। सूना पनघट उतर आता उसकी साँस के चंदन वन में। कभी वह पूछती अपने आपसे—'क्या वाकई मोर मुकुटधारी, मुरली बजैया और राधिका प्यारी का हिय चुरैया हमारी मीरा को आज्ञा देगा? क्या वह आएगा? क्या तभी मीरा सबका आग्रह स्वीकार करेंगी? क्या ऐसा कभी होगा?'

एक बार ललिता उससे यही प्रश्न कर बैठी।

मीरा ने कहा, ''वह आदि-अनंत है, अजर-अमर है, जड़-चेतन सभी में विराजमान है। साँचे हिय से उस रसिक बिहारी, चित्त चुरैया, गोपाल, कृष्ण मुरारि को पुकारो तो वह अवश्य सामने आएगा, बतियाएगा, हाल-चाल पूछेगा; ढाढ़स बँधाएगा। और फिर आने की बात कहकर ओझल हो जाएगा इन प्राणों में साँसों की गैल से। यह विचित्र भूल-भुलैया है, ललिता। विश्वास जगा नहीं कि

'वह दौड़ा-दौड़ा आएगा।''

''पर कब तक?''

मीरा ने उसे घूरा और कहा, ''वह स्वयं समय है। कभी क्षर नहीं होनेवाला समय! उसके लिए कोई सीमा-मर्यादा नहीं, कोई नियम-कायदा नहीं। वह आए तो अभी आ जाए और न आए तो जन्म पर जन्म लेते जाओ, फिर भी न आए। वह तो भोले भगतों के प्रेम-बंधन में बँधा हुआ है। वहाँ उसकी एक नहीं चलती। जगद्-नियंता, सारे जग का स्वामी, दूसरों का मुक्तिदाता भक्तों की कारा में पड़ा अपनी मुक्ति के लिए प्रार्थना करता रहता है।''

ललिता ने समझकर भी कुछ नहीं समझा। उसके लिए सारी बातें अपरिचित संसार की थीं। लेकिन उसके मन में विश्वास अवश्य दृढ़ होता जा रहा था। वह चमत्कारों से चमत्कृत होती जा रही थी। उसके मन:आकाश में निरंतर नि:शब्द चपलाएँ कौंधती रहती थीं; क्योंकि मीरा ने जो कहा वही हुआ—स्वत: ही हुआ और अचानक हुआ।

ललिता इस अलौकिक चमत्कार की साक्षी बनना चाहती थी। गली-गलियारों में उसे रोककर स्त्रियाँ पूछती रहती थीं—'भगतिन बहना, आपने क्या देखा अपनी भगतिन पुजारिन में? क्या कभी आपने उसे साँवरे के दर्शन करते देखा? क्या मुरली बजैया ने कभी उसे अपनी मुरली सुनाई? क्या वह राधा का अवतार है?'

ललिता चकित रह जाती उनके प्रश्नों को सुन-सुनकर। ऐसे प्रश्न तो उसके मन में भी कभी नहीं उठे थे; जबकि वह इतने समय से मीरा के साथ है। ललिता उनके प्रश्नों का क्या उत्तर देती! वह चुप रह जाती और धीरे-धीरे आगे बढ़ जाती।

स्त्रियाँ आएदिन कुछ-न-कुछ मीरा को लेकर बड़बड़ाती रहती थीं। विशेष तौर पर जब ललिता गली-कूचों से गुजरती होती थी तब वे कुछ-न-कुछ कहती-सुनाती और संकेत देती रहती थीं।

ललिता के मन में उनकी ध्वनियाँ चटकती-चुभती रहती थीं।

उस दिन वह एक गली से गुजर रही थी। दोपहर गूँगी-सी अँखियाँ खोले घूँघट उघाड़कर झाँक रही थी पल्लू को मुँह में दबाए और अरुण अधरों पर फिसलती मुसकान को अनदेखा किए।

''दारी की देखती है?''

''क्या देखूँ! सब तो देखा-भाला है।''

''वो...वो, देख तो।''

अनाज बीनती ग्वालिन ने पटेल की स्त्री की ओर देखते हुए आँखों-ही-आँखों में पूछा, 'किधर?'

उसने सैन आँख मटकाकर किया।

"ललिता!" उसने उधर देखकर कहा।

"हाँ, वही तो।"

"तो?"

"पूछना।"

"क्यों बउरा रही है?"

"तू ने ही मटकछल्लो कहा था।"

"चुप कर! मैं क्यों कहूँगी कुछ ऐसा-वैसा!"

"छिनाल से डरती है क्या, भौजाई?" उसने नयन के बैन चलाकर कहा, "बड़ी छैल-छबीली हैं वे दोनों। अपने मर्द को सात तालों में बाँधकर रखना, नहीं तो…"

"चुप कर, चुड़ैल! वह राजघराने की बहू है।"

"विधवा है, विधवा—राजघराने की। भरी जवानी में विधवा हो गई। गैर मरद को सूँघती फिरती है। एक मरद तो साथ लिये घूम रही है किसन की पुजारिन।"

"कुछ शरम-लिहाज कर, मुँहजली! वह जोगिन है। धरम-करम पर जी रही है। ऐसा-वैसा मत कह, निपूती! कहीं ऐसा न हो कि तेरी जुबान बर उठे।"

ललिता तेजी से आगे बढ़ गई। वह मीरा से क्या कहे? कैसे कहे? वह खून का घूँट पीकर रह जाती थी और सोचती रह जाती थी कि नारी नारी की शत्रु क्यों? क्यों वह अपने पाँव पर कुल्हाड़ी मारना चाहती है? उसने मीरा में क्या देखा? क्या बुराई पाई उसमें? वह तो अपनी कुटिया में से कहीं बाहर भी नहीं गई। किसीसे बात भी नहीं की। मात्र पुजारी गुसाँई अच्युतानंद से दो-चार बार बातें हुई थीं।

दीया-बाती करके मीरा पूजा में लीन हो चुकी थी। घंटों उसके चरणों में वह बैठी रहती थी। कभी रो पड़ती थी, कभी गा उठती थी धीरे-धीरे और कभी वह वंशीवाले को चुपचाप निहारती रह जाती थी। न वह रोती थी, न गाती थी।

पूरा चंद्र नीले आकाश को चाँदी के रंग में डुबो चुका था। शीतलता बरस रही थी। ललिता का मन बहुत बेचैन हो रहा था। वह नीचे आई और उसने देखा कि मीरा पूजा से उठ रही है। वह उसके पास आई। मीरा का चेहरा सुर्ख हो रहा था। उसकी आँखें जल रही थीं।

उसने पूछा, "दीदी, तबीयत तो ठीक है न?"

"क्यों, मेरी तबीयत को क्या हुआ है?" मीरा ने आरती उसकी ओर बढ़ा दी।

ललिता ने दोनों हाथों से आरती ली। फिर आरती की थाली लेने के बहाने उसने मीरा का हाथ छू लिया। वह बोल पड़ी—"दीदी, इतना ताप और···"

"कुछ नहीं री, बस यों ही! सब ठीक हो जाएगा। तू चिंता मत कर।" मीरा ने उसके हाथ में थाली थमाते हुए कहा।

"दीदी, अभी तक तुम मुझे पराई मानती हो।" ललिता ने व्यथित होकर कहा और आरती की थाली कृष्ण कन्हैया के सामने रख दी।

"न री ललिता, तू ऐसा कभी मत सोचना। नहीं बहना, कभी नहीं। छोटी-मोटी हारी-बीमारी का क्या! वह तो छू-मंतर हो जाती है चुटकी बजाते ही। तू अपना मन मैला न कर री, मेरी प्यारी बहना।" मीरा ने रुक-रुककर कहा। उसके होंठ सूख रहे थे और उसकी देह जल रही थी।

"चलिए, अंदर चलिए अपने कमरे में।" ललिता ने उसे सहारा देना चाहा।

मीरा ने टोक दिया—"मैं चल सकती हूँ, ललिता।"

"वैद्य को···"

वह अभी अपनी पूरी बात भी नहीं कह पाई थी कि मीरा बीच में ही बोल पड़ी—"नहीं, ललिता। अपना वैद्य तो वह है—बाँके बिहारी, जसोदानंदन। उसके होते हुए किसी अन्य वैद्य की जरूरत नहीं है।"

"वैद्य भी तो उसका निमित्त है, दीदी।" ललिता ने मीरा का वही वाक्य दोहरा दिया, जो उसने उससे कहा था।

मीरा चुप रह गई। जब ललिता बाहर जाने को हुई तो उसने टोक दिया—"सुबह तक प्रतीक्षा कर, ललिता।"

"पर रात भर···" ललिता ने कहा।

"कुछ नहीं होगा।" मीरा बोली।

"इतना तेज ताप है।"

"दूध पिला दे।"

"तुलसाजी···" ललिता ने कहा।

"रात में उसके पत्ते···"

"तोड़ने की क्या जरूरत है, दीदी! पत्ते तो पूजा के आले में रखे हुए हैं प्रसाद के रूप में।" ललिता ने धीरे से कहा।

मीरा सोचती रह गई।

ललिता चली गई।

उससे ललिता क्या कुछ पूछना चाहती थी, लेकिन अब उसने उस सबके पूछने का इरादा त्याग दिया। क्या पूछे? पूछने के लिए है ही क्या? वह तो

एकदम निर्मल है। पूजने योग्य है। नहीं-नहीं, वह उसके मन को नहीं दुखाएगी, कदापि नहीं। लोगों का क्या! वे जैसे होंगे वैसा ही सोचेंगे। जमाने की बातों पर क्या जाना!

मीरा ने दूध पीकर कटोरा एक तरफ रख दिया और लेट गई। ललिता को गंभीर देखकर बोली, ''तू मेरे लिए दुःखी मत हो, ललिता। तू अपना मन बाँके बिहारी, गोवर्धन गिरिधारी में पूरी तरह लगा दे। फिर, तुझे जमाने की हवा परेशान नहीं करेगी। तू जो करेगी, उसपर तुझे पक्का भरोसा होगा। पक्का भरोसा ही तो अपना किसन कन्हैया है री!''

''दीदी, मैं अभी कच्ची हूँ। फिसल जाती हूँ। फिर भी, मेरा प्रयत्न यही है कि...''

''प्रयत्न नहीं, समर्पण चाहिए। समर्पण में द्वैत नहीं रहे, तभी वह समर्पण होगा। उसके लिए तू अपने को पूरी तरह उसपर छोड़ दे।'' मीरा ने धीरे-धीरे कहा और पाँव सीधे किए।

''दबाऊँ, दीदी?''

''नहीं, ललिता। मैं अब सोना चाहती हूँ।'' मीरा ने पाँवों पर चादर खींचते हुए कहा।

''ठंड लग रही है क्या?''

''नहीं री।''

ललिता गडुए में पानी भरकर रख गई। मीरा ने आँखों को मूँद लिया और मन-ही-मन निवेदन किया—'गिरिधर गोपाल, तेरी भूमि पर आई हूँ। तेरी अनुभूतियों से जुड़ने आई हूँ। तू हर पल मेरे साथ रहना। मुझे जरा सी भी देर के लिए अकेला मत छोड़ना। उठते-बैठते, सोते-जागते, खाते-पीते—हर समय।' इसीके साथ उसने अपने को शिथिल छोड़ दिया। थोड़ी ही देर में उसकी आँख लग गई।

तीन

एकादशी थी। आज यमुना मैया के घाट पर बहुत भीड़ थी। काफी चहल-पहल थी।

दूर-दूर से साधु-संतों की मंडलियाँ आईं। गाना गाती और ढोल बजाती हुई जनता ने उनका स्वागत किया। अनेक करतब दिखानेवाले साधु-संन्यासी आए। किसी साधु ने धड़ तक का भाग रेत में गाड़ रखा था तो किसी संन्यासी ने एक पाँव पर खड़े होकर साधनारत होने का अनुभव कराया था। कई संत यमुना में खड़े हुए

हरि-स्मरण कर रहे थे। एक संत ने शीर्षासन की मुद्रा में समाधि लगाई हुई थी।

सारे दिन मेला लगा रहा। ज्योतिषियों का आकर्षण अलग लुभाता रहा। जन-मन में उनके प्रति निरंतर लगाव बना रहा। ललिता और धूपद दोनों यमुनास्नान के लिए गए थे। लौटते वक्त घाट पर चंदन का टीका लगाने के बाद जैसे ही आगे बढ़े वैसे ही एक ज्योतिषी ने उनकी ओर संकेत करते हुए कहा, ''ग्रह चक्र ठीक नहीं हैं। कष्ट में हो। नहीं हो तो आ जाओगे।''

धूपद रुक गया।

ललिता ने कहा, ''चल धूपद, आगे चल।''

''पर वो...''

''उससे हमें क्या!''

''क्यों?''

''भाग्य बाँचने की चीज नहीं है। कर्म करो, वही भाग्य है।'' ललिता समझाने लगी—''दीदी का कहा याद है न!''

''फिर भी माता बीमार हैं।''

''वह ठीक हो जाएँगी।''

''फिर भी...''

''तुम्हारी माता के ग्रह-नक्षत्र अनुकूल नहीं हैं।'' ज्योतिषी ने ऊँची आवाज में कहा।

धूपद अपने को रोक नहीं सका। वह तुरंत ज्योतिषी के पास जाकर बैठ गया और झुककर उसे प्रणाम किया।

ज्योतिषी बोला, ''तेरी माता को कष्ट है?''

''है प्रभु, है। उपाय बताओ।''

''बताऊँगा।'' कहकर ज्योतिषी ने पत्रा खोला और फिर स्लेट पर कुछ लिखने लगा।

ललिता वहाँ नहीं आई।

''महाशनि की क्रूर दृष्टि है।''

''तब?''

''राहु भी मारक हो रहा है।''

''फिर, प्रभु?''

''बीमार है तेरी माता?''

''हाँ, प्रभु।''

''बचाना चाहता है उसे?''

''हाँ, प्रभु, अपने प्राण न्योछावर करके भी।''

''साक्षात् श्रवणकुमार है तू।''

धूपद लजा गया। उसकी आँखें नत हो गईं।

ललिता ने उसे आवाज दी।

''पैसा है?''

''कितना?''

''जितना हो।''

''नहीं हो तो?''

''आगे का रास्ता नाप।''

''प्रभु, ऐसा अन्याय नहीं। आप रकम बताओ, मैं वह नजर कर दूँगा।''

''चल, धूपद। दीदी सुनेंगी तो···'' ललिता ने बीच में ही कहा।

''तेरी माता क्या उसकी दीदी है?''

''जी हाँ।''

''पर वह तो···''

''बहुत कम उमर की है।''

''हाँ।''

''मेरी माता भी कम उमर की हैं।''

''फिर वह तेरी माता कैसे हुई? क्या वह तेरी सौतेली माँ है?''

''नहीं!'' धूपद ने तेज स्वर में कहा और उठते हुए दोनों हाथ जोड़कर उसे नमस्कार कर दिया।

''कहती थी न कि···'' ललिता बोली।

''अपनी मोटी अकल है। उसमें देर से ही कुछ धँस पाता है। यह बात तू माता से मत कहना।'' धूपद ने विनती के स्वर में कहा।

''वह अंतर्यामी हैं। सब जान चुकी होंगी।''

''तो तू बचाना।''

''कोशिश करूँगी।''

''आगे तेरी इच्छा। मुझे क्या मालूम था कि यह ज्योतिषी महाराज नकली हैं और पैसा बटोरने की दृष्टि से वहाँ डेरा डाले हुए हैं।'' धूपद अपने आप पर नाराज होता हुआ कह रहा था ललिता को सुनाते हुए।

''नहीं कहूँगी, अब ठीक है?''

धूपद ने खुश होते हुए कहा, ''यह एहसान तेरा मेरे पर कर्ज रहा।''

''जय राधा-कृष्ण!''

''जय राधा-कृष्ण!'' धूपद ने प्रत्युत्तर में कहा।

''सुना है कि आप जोगिन मीरा के साथ हैं?'' उस अधेड़ उम्र के आदमी ने पूछा।

''ठीक सुना है।''

''ये मीरा महाराणा घराने की हैं?''

''हाँ, वहीं की हैं।''

''जोगिन क्यों बनीं?''

''हमें नहीं ज्ञात।''

''फिर भी, दर-दर भटकने से क्या फायदा?''

''वह हमें नहीं मालूम।''

''इससे राणा खानदान को धब्बा लगता है।''

''वह हम कुछ नहीं जानते।''

''तो जानो।''

''जरूरत नहीं।''

''उन्हें समझाओ कि वे लौट जाएँ।''

''हम नहीं समझा सकते।''

''लोक में सम्मान से रहना है तो…''

''धमकी देते हो!''

''नहीं, आगाह कर रहा हूँ।''

''सुन लिया!'' ललिता बीच में ही बोल पड़ी।

''भलाई का तो जमाना ही नहीं है। पाप फल-फूल रहा है।'' वह बड़बड़ाता हुआ आगे बढ़ गया।

अभी धूपद कुछ ही दूर आगे बढ़ा होगा कि फिर रुक गया। रास्ते के दोनों ओर भीड़ थी। एक ओर तोता भाग्य पढ़कर बता रहा था और दूसरी ओर एक गाय।

''ललिता, लगता है, यहाँ के लोगों को भाग्य जानने का बड़ा शौक है। जिधर देखो उधर भाग्य की तिजोरी खोलनेवालों की चढ़ बनी है।'' धूपद इतना कहते हुए किसीसे टकरा गया।

''अंधा है क्या? उलटे हाथ का एक पड़ेगा तो दिन में तारे नजर आने लगेंगे।''

''भाग्यशाली है, जो पत्नी इतनी मलूक मिली है!''

''जवानी में अंधा हो जाना कोई बड़ी बात नहीं है।''

“स्साला जानदार पट्ठा है!”

“तभी तो भिड़ता डोल रहा है।”

“साँड़ है—मुँह मारता डोल रहा है।”

“ओ रूपवती, अपने मरद को पल्लू की गाँठ में बाँधकर चला कर, वरना…”

इसपर वे सब खिलखिला पड़े। एकदम गोरे-चिट्टे। बेहद खूबसूरत। तगड़े पट्ठे। कसरती देह। झक सफेद कुरता और सफेद धोती। कंधे पर लाल-हरा अँगोछा। कद-काठी लंबी-चौड़ी। आँखों में काजल। गले में सोने की जंजीर।

धूपद तनिक रुक गया।

“स्साला भिड़ना चाहता है!”

“जानता नहीं कि हमें दूसरे के खूँटे से गाय खोलकर अपने घर में बाँधने की बुरी लत है।”

एक राहगीर बोला, “लला, अपनी गैल लो। जे पंडों के सपूत हैं। चलते से उलझने को घूमते हैं। इनसे पंगा लेना जानबूझकर मौत को पैगाम देना है।”

“चल रे धूपद, चल।” ललिता ने उसका हाथ पकड़कर कहा।

धूपद का सिर भन्ना उठा था। उसकी आँखों में खून उतर आया था। उसकी भौंहें फड़क रही थीं। पर पत्नी के मरने के बाद पहली बार किसी स्त्री ने उसका हाथ इस तरह पकड़ा था—आत्मीयता से भरकर और अपना समझकर। वह विवश-सा आगे बढ़ लिया। उसके कानों में अभी तक उनके संवाद और जोर की हँसी गूँज रही थी।

धूपद गोपाल कृष्ण के अखाड़े की माटी से तैयार हुआ था। दो भैंसों का दूध-घी उसने देह में खपाया था। बादाम-पिस्ता अलग। उसने ऊँची-ऊँची कुश्तियाँ मारी थीं। अच्छे-अच्छे पहलवानों को माटी सुँघाई थी।

पक्का लठैत रहा था। हाथ में लाठी हो तो बीस-बीस लठैत पर वह भारी पड़ जाए।

“बहुत गुस्सा आ रहा है?” ललिता ने पूछा।

धूपद चुप।

“तुझे बहुत बुरा लगा?” पुनः ललिता ने पूछा।

फिर धूपद चुप।

“हमारे लिए उनसे भिड़ जाता? काहे रे, इतनी बड़ी मुसीबत मोल ले लेता?” ललिता उसके दिमाग की गाँठ खोलना चाहती थी।

धूपद गौना कराकर लौट रहा था। रास्ते में बरखा निगोड़ी ने घेर लिया था।

सुनसान जगह थी। घने वृक्षों का सहारा लिया। फिर भी, दोनों खूब भीग गए थे। उसकी निगाह अपनी पत्नी के मलूक तन पर जा ठहरी। तन क्या बिजली था! छरहरी देह, लुनाई लिये। घूँघट में दमकता हुआ सौ-सौ सौदामिनियों-सा मुखड़ा। बाँके नयन, मीन पयोधर का तीखापन, होंठों पर दहकते अंगारे, रेशमी कुंजलों-से गिरते मोतियों की झलक और हलकी सी ठंड से काँपती हुई देह। वह अपने को नहीं रोक पाया। गाड़ी उधर ही खींच लाया।

पायल बज उठी। चूड़ियों की खनक, कंगन की चुभन और तेज बरखा की मार सहते हुए वह मनमानी पर उतर आया कि तभी कुछ गुंडे आ धमके। उनमें से एक कड़कदार आवाज में बोला, 'लला, एक तरफ बैठ जा। जा माल का हमन भोग लगा लेने दे, फिर सारी उमरिया तू भोग चखना।'

धूपद की पत्नी काँप गई। दस-बारह पट्ठे हाथ में लाठी लिये मूँछों पर ताव दे रहे थे।

धूपद सँभला।

'लंगुरिया, तू जी छोटा मत करना।' पहली बार उसने अपनी लुगाई का नाम धीरे से लिया।

वह घूँघट खींचे, ओढ़नी दबाए और लहँगा सँभाले सिर से पाँव तक काँप गई। उसकी नथ डोल गई। उसके अधर नव पत्तों-से हिल उठे।

'जा माल को चखने की बड़ी इच्छा थी। हम तेरे पीछे हो लिये थे, मजनू की औलाद।' उनमें से एक ने कहा। दूसरे ने लाठी फटकारी। तीसरे ने बनेटी घुमाई और फिर सब गरजती बिजली-से जोर-जोर से हँसने लगे।

लंगुरिया की साँस तेज हो उठी। उसके होंठ नीले पड़ने लगे। उसने दाऊजी को काँपते हुए याद किया। उनकी मनौती की।

उसने जोर का भाटा फेंककर मारा। फिर दूसरा भाटा, फिर तीसरा भाटा। क्या अचूक निशाना! जब तक वे सँभलें तब तक तो उसने उनमें से एक से लाठी छीन ली और फिर घुमा डाला उन सबको। चक्कर खा बैठे वे पट्ठे। सिर फूट गए तरबूज-से।

वे सिर पर पाँव रखकर भाग खड़े हुए।

लंगुरिया उसकी बाँहों में सिमट आई। रोती रही। बोली कुछ नहीं। क्या बोलती! उसने अपनी छाती से उसे चिपटा लिया और घूँघट उघाड़कर वह उसके मुखड़े को चूमने लगा। वह आँखें बंद किए उसमें समा गई।

''ओ धूपद, ओ, कुछ सुनता है या…मैं कब से बकझक कर रही हूँ!'' ललिता ने उसको झकझोरते हुए कहा।

"क्या है री?" धूपद ने गुस्से से कहा।

"मुझसे इतना नाराज है रे!"

धूपद ने जोर की साँस ली।

"तू अभी तक वही सोच रहा है। वे गुंडे थे। गुंडे का⋯"

"चुप कर!" उसकी बाँहें फड़क उठीं।

ललिता डर गई। इससे पहले उसने उसका ऐसा गुस्सा नहीं देखा था और न ऐसा रूप। चेहरा सुर्ख, आँखों में चमकती बिजली और होंठों पर कठोरता जगी।

"ये गुंडे किसने पैदा किए हैं? हमन ने! हमन ने! हमन ने अपनी मर्दाई खूँटी पर टाँग दीनी हैं। न भला, दस-पाँच गुंडे और इतेक बड़ा सगरा समाज! क्या उनकी गुंडई के हाथ-पाँव बाँधकर यमुना में नहीं बहा सकता है? जिस समाज में गुंडे होते हैं वह समाज निखट्टुओं, नपुंसकों और कायरों का; असभ्य और अशिष्ट तथा हिजड़ों का होता है।" धूपद का खून खौलता हुआ अचानक उफन पड़ा। उसकी भौंहें तन गईं। कनपटी लाल हो उठीं।

"इतेक गुस्सा!" ललिता के मुँह से उसे देखते हुए निकल पड़ा।

"कैसा लोक है! किसन कन्हैया की यह भूमि है। यहाँ गुंडई का क्या काम? मनुष्य का जन्म बड़े पुण्यों का फल है। न जाने कितनी योनियों का नरक भोग लेने के बाद वह मिलता है। और उसे ही ये सुसरे मटियामेट कर डालना चाहते हैं अपनी काली करतूतों से।" धूपद तुनककर कहे जा रहा था। उसकी बाँहें फड़क रही थीं।

"गुस्सा थूको, धूपद।" ललिता ने स्नेह की मिस्री घोलते हुए धीरे से कहा। वह सोचने लगी कि धूपद साधारण व्यक्ति नहीं है। बड़ा खुद्दार, नेक इनसान है। सच्चा है। एकदम खरा सोना।

धूपद कुछ नहीं बोला। उससे उसकी पत्नी भी यही कहती रही मरते दम तक—'क्रोध नहीं जी! क्रोध विवेक को जलाकर राख कर देता है। विवेक बिना हुआ काम काम नहीं होता है जी! भगवान् का दिया अपने पास सबकुछ है। क्या कमी है अपने भंडारे में? फिर, दूसरों की आफत अपने सिर पर लेने की क्या पड़ी है! अपने पाँव ढक जाएँ, रजाई उतनी ही तानो। उससे एक इंच न ज्यादा और न कम। सुन रहे हो, मेरी हाथ जोड़कर प्रार्थना है। उसे कबूल कर लो।' वास्तव में उसने दोनों हाथ जोड़ दिए थे।

लंगुरिया—जैसा नाम वैसा गुण। लंगुरिया गाने में बेजोड़। घंटों नाचने का बेजोड़ करिश्मा। आँख नहीं ठहरे। सारे अंग-अंग थिरकें। कमर की मारक लचक। ढोलक-ढोल के साथ थपकी पर पड़नेवाला ठुमका। उलटकर धरती छूने की बाँकी

अदा। परियों-सा रूप। मेनका, उर्वशी को मात देनेवाला नृत्य। कोमल वाणी। क्या बात थी उसकी!

धूपद की आँखें डबडबा आईं। उसने अपनी आँखें चुपचाप पोंछ डालीं।

ललिता ने उसकी भर आईं आँखों को देखकर उधर से मुँह फेर लिया। रास्ता थककर सुस्ताने लगा था। सुबह का मेला ठंडा पड़ने लगा था। रंग-बिरंगी दुनिया गाड़ियों में बैठकर लौट चुकी थी। वह मुँहअँधेरे की वहाँ आई थी और इतनी देर हो गई उसे। क्या सोच रही होंगी मीरा उसके बारे में? क्या आज वह अकेली खटिया पर पड़ी-पड़ी अपने आपको एकदम ख़ाली-ख़ाली नहीं महसूस कर रही होंगी?

''बहुत देर हो गई, धूपद।''

''हाँ।''

''गाय को किसने चारा दिया होगा? किसने दूध दुहा होगा? किसने दूध दीदी को गरम करके दिया होगा?'' ललिता में चिंता पानी में घुले रंग-सी नजर आने लगी।

धूपद ने स्थिति सँभालते हुए कहा, ''गुसाँईजी से कह आया हूँ। वह सारा प्रबंध कर चुके होंगे। चिंता न करो, ललिता।''

''क्या!'' साश्चर्य ललिता ने धूपद की ओर देखा। यह इतना बड़ा है! इसमें इतनी दूरदर्शिता है! इसमें इतना गहरा कर्तव्यबोध है।

''हाँ, ललिता, आखिर माता की देखभाल का प्रश्न था न!''

''मैं तो आ कहाँ रही थी! उन्होंने ही मुझे जबरदस्ती भेजा था।'' ललिता ने कहा और इसीके साथ वह गली में मुड़ गई। पीछे-पीछे धूपद मुड़ गया। वह चौंक पड़ी। एक जवान साधु—दिगंबर साधु निर्वस्त्र चला आ रहा था। उसके पीछे स्त्री-पुरुष चले आ रहे थे। ललिता एक ओर हो गई आँखें नीची किए।

धूपद आगे निकल गया।

ललिता के मन में प्रश्नों की आँधी उठी। बीच गली में ऐसा क्यों? दूसरे ही क्षण वह भी अपने आपको असोच की स्थिति में लाकर अलग खड़ी हो गई। मीरा ने कहा था, 'यह देश बड़ा विचित्र है। इस देश में तरह-तरह के धर्म हैं, साधनाएँ हैं, विश्वास-अंधविश्वास हैं, मान्यताएँ हैं। किसी एक को छेड़ा नहीं कि वही बर्र की तरह चिपटने को दौड़ पड़ेगा।' अब कुटिया आ चुकी थी। धूपद मंदिर की ओर बढ़ गया। ललिता उसे सीढ़ियाँ चढ़ते देखती रही। जब वह आँखों से ओझल हो गया तब वह कुटिया की ओर बढ़ी। धूपद में से एक नए धूपद को जन्म लेते हुए उसने अपने में अनुभव किया।

चार

सृजन का अपना सुख है, उसकी अपनी अनुभूति है। मीरा आँगन लीपते हुए आनंद से झूम रही थी। इस आँगन में बाल गोपाल आएँगे, नाचेंगे और खेलेंगे-कूदेंगे। वह अपने हाथों से उसे माखन खिलाएगी। उसके साथ खेलेगी—लुका-छिपी का खेल।

वह बड़े मन से आँगन सूख जाने पर उसपर अल्पना बनाने लगी खड़िया-गेरू से।

मन में बसी कल्पना साकार हो उठी थी उस अल्पना में। उपवन बनाया था। वृक्ष और पौधे उगाए थे। फूल खिलाए थे। पत्तियाँ नचाई थीं। डालियाँ झुला दी थीं। उनपर चिड़ियाँ चहचहा उठी थीं।

वह सोच रही थी कि कान्हा यहाँ आएगा तो खुश हो जाएगा। वह उसे लोरी गाकर सुनाएगी।

फिर ध्यान आया कि कान्हा तो बड़ा हो चुका है। वह तो रास रचाता होगा। राधा को लेकर वन-उपवन में आया-जाया करता होगा। मुरली बजाकर उसे रिझाता होगा।

वह गोपाल मात्र राधा का तो नहीं था। वह गोपिकाओं का भी था। वह तो हर एक का है—वह जड़ हो या चेतन। फिर, वह उससे अपना नाता पक्का क्यों नहीं कर लेती?

उसे लगा कि किसीने कुंडी खटखटाई है। वह उठी। फिर रुकी। थोड़ी देर बाद फिर कुंडी के खटखटाने की आवाज सुनी। उसने आगे बढ़कर दरवाजा खोला। सामने एक नवयुवक कृष्ण बना खड़ा था। उसके हाथ में बाँसुरी थी और उसके पास धौले रंग की गाय खड़ी हुई थी। उसको सजाया गया था।

मीरा ने उससे पूछा, ''क्या है, भद्र?''

''गाय के लिए...''

''अभी लेकर आई, भद्र।'' मीरा इतना कहकर अंदर चली गई। वह लौटकर आई तो वहाँ कोई नहीं था। उसने बाहर आकर चारों ओर दृष्टि दौड़ाई। उसे कहीं कोई नजर नहीं आया। वह गाय भी नहीं। गली लंबी थी। इतनी जल्दी वह गली पार कर गाय सहित नहीं मुड़ सकता था। उसकी कुछ समझ में नहीं आ रहा था कि वह क्या माने। कौन था वह? कहीं वही तो नहीं आया था—नटखट?

दो दिन से मीरा को अनुभव हो रहा था कि वह अवश्य आएगा। बराबर वह उसे स्वप्न में ललचाता रहता था। संकेत देता रहता था। रास रचाने का निमंत्रण देता

था। वह स्वप्न में ही गा उठी थी—

‘मैं गिरधर के घर जाऊँ।
गिरधर म्हाँरों साँचों प्रीतम, देखत रूप लुभाऊँ।
रैण पड़ै तब ही उठि जाऊँ, भोर भये उठि आऊँ।
रैण दिना वाके सँग खेलूँ, ज्यूँ त्यूँ वाहि लुभाऊँ।
जो पहिरावै सोई पहिरूँ, जो दे सोई खाऊँ।
मेरी उणकी प्रीत पुराणी, उण विण पल न रहाऊँ।
जहँ बैठावे तितही बैठूँ, बेचे तो बिक जाऊँ।
मीराँ के प्रभु गिरधर नागर, बार-बार बलि जाऊँ॥’

यही गीत वह सुबह प्रार्थना के समय गा रही थी। उसके कुछ देर बाद फिर आहट हुई। अवश्य वही था। वह पहचान नहीं पाई। उसका मन पश्चात्ताप से भर उठा। ऐसा क्यों हुआ? वह आएगा तो यह तो नहीं कहेगा कि वह गिरिधर गोपाल या कृष्ण कन्हैया है। कहेगा तो क्या वह तत्काल विश्वास कर लेगी? फिर वह क्या करे? क्या वह हर एक में अपने कान्हा की झाँकी देखे? क्या पता कि वह किस रूप में और किस वेश में सामने आ जाए! उसका क्या, वह तो निराकार है। भक्त के विश्वास के अनुरूप वह रूप-वेश धारण करता रहता है। भक्त ही उसका साकार रूप है, जो अंततोगत्वा निराकार में समा जाता है। वह आकार के चक्कर में क्यों पड़े? क्या वह निराकार में साकार की अनुभूति नहीं कर सकती?

साकार तो मात्र स्वप्न है। स्वप्न में भी तो आकार रहता है। स्वप्न भंग हुआ कि आकार गायब। वैसे ही मनुष्य का प्राणांत हुआ, मनुष्य गायब। फिर उसका आकार कहाँ रहा।

उसके मन में संवाद उठा धीरे-धीरे—

‘मीरा, किसन कन्हैया तो कण-कण में है। वही तो अग-जग, चेतन-अचेतन, जड़-जंगम आदि सबकुछ है।’

‘वह क्या नहीं?’

‘तू भी वही है।’

‘क्या?’

‘हाँ, तेरे में ही तेरा किसन कन्हैया है, माखन चुरैया है, गिरिधर गोपाल है। सबकुछ तेरे में है। तू अपने अंदर झाँक, तलाश कर तो पाएगी कि वह तू ही है, जिसके लिए तू बेचैन है, व्यथित है और जिसको अपना पति परमेश्वर मानती है।’

'क्या?'

'वह सबका पति है, वही सबकी पत्नी, वही सबकी माँ है और वही सबका पिता है। इसके अलावा और कुछ नहीं है।'

'कुछ नहीं है?'

'हाँ, क्योंकि कुछ है, तो भी वही है।'

मीरा सोते से जाग-सी पड़ी—'फिर मेरा इधर आना...'

'आवश्यक था।'

'क्यों?'

'क्योंकि लीलाधारी की यही तो लीला है। इसीलिए उसने सृष्टि रची है—साकार को खड़ा किया है। जो साकार में निराकार की अनुभूति से जुड़ जाता है, लगातार जुड़ा रहता है और फिर साकार-निराकार के भेदाभेद से ऊपर उठ जाता है, वही आराधना आराध्य हो जाती है। फिर संकल्प-विकल्प नहीं रहता; न सत्य-असत्य की चिंता सताती है, न गुण-अवगुण घेरता है, न सुख-दुःख कचोटता है। द्वैत सारे मिट जाते हैं; अद्वैत की अनुभूति भी नहीं होती। तब क्या होता है! मीरा, यही तो तप-साधना-समर्पण के माध्यम से अनुभूति होते-होते अननुभूति हो जाती है। जो सामने होकर नहीं दिखलाई देता और जो सामने न होकर दिखलाई देने लगता है, वही तो भेद मिटाना है।'

'कैसे?'

'दूध में गाय-भैंस कहाँ हैं?'

'नहीं हैं।'

'दूध आया कहाँ से? किसने दिया?'

'गाय-भैंस आदि से आया। उन्होंने दिया।'

'दही कहाँ से आया?'

'दूध से।'

'पर उसमें दूध है कहाँ?'

'हाँ, है तो...'

'तो क्या?'

'नहीं है।'

'माखन-घी में दूध कहाँ?'

'है तो उससे ही, पर नहीं है।'

'पानी में हिम कहाँ? हिम में पानी कहाँ? बादल में पानी कहाँ? पर है।'

'हाँ, है।'

‘यही तो अदृश्य में दृश्यमान् अनुभूति है, मीरा, और यही दृश्यमान् अनुभूति में अदृश्यमान् भाव। वह इनसे ऊपर है। वहाँ न दृश्य है और न अदृश्य। वहाँ न भेद है और न अभेद।’

‘फिर क्या है?’

‘वही तुझे जानना है, मीरा। उसी अनुभूति से तुझे जुड़ना है, जिसके बाद किसी प्रकार की कोई अनुभूति नहीं रहती।’

‘मेरी कुछ समझ में नहीं आ रहा है।’

‘वहाँ ‘समझने’ का प्रवेश वर्जित है, मीरा। कहा नहीं कि वहाँ द्वैत-अद्वैत, आकार-निराकार आदि कुछ भी नहीं है। जो इनसे ग्रस्त हैं, वे वहाँ प्रवेश नहीं पा सकते।’

मीरा पुनः पूजास्थल पर आ बैठी। यह कैसा स्वप्न? कैसा अंतर्द्वंद्व? कौन कह रहा है यह सब उससे? क्यों कह रहा है? क्या चाहता है वह उससे? वह यह किससे पूछे?

‘ओ सारे जगत्-अजगत् के स्रष्टा, नियंता, संहारक! ओ तन-मन के स्वामी! ओ मेरे गिरिधर गोपाल! तू बता कि अब तेरा मेरे लिए क्या आदेश है? क्या चाहता है तू मुझसे? क्या करूँ मैं? मैं साकार-निराकार, दृश्य-अदृश्य, सत्य-असत्य, गुण-अवगुण—कुछ नहीं जानती। मुझे यह भी स्मरण नहीं है कि मैं कौन हूँ और क्या करती जा रही हूँ। मैं निरंतर गतिशील हूँ। नदी की तरह महासमुद्र में मिलने के लिए दौड़ी जा रही हूँ। हे प्रभु! मेरा मार्ग प्रशस्त कीजिए। दिशा बताइए। मुझे क्या करना है, आदेशित कीजिए।’ मीरा आँखें बंद किए मन-ही-मन प्रार्थना करती रही। उसकी आँखें रिमझिम-सी बरसती रहीं।

उसने सुना कि उससे कोई कुछ कह रहा है। उसने पूछा, ‘कौन हो तुम? सामने आओ।’

फिर सन्नाटा। कुछ देर बाद फिर वही आवाज।

‘सामने क्यों नहीं आते? सामने आने से क्यों डर लगता है? कृपालु, सामने आओ। यह मन कब से आपके दर्शन के लिए छटपटा रहा है!’ वह गा उठी—
‘आव सजनिया बाट मैं जोऊँ, तेरे कारण रैण न सोऊँ।’

तभी बाहर से दरवाजा खटखटाने की आवाज फिर सुनाई पड़ी। वह झटपट बाहर आने को हुई; लेकिन कुछ सोचकर रुक गई। इस बार वह उसे नहीं जाने देगी, चाहे वह किसी भी रूप में आया हो अथवा किसी भी वेश में। वह मन-ही-मन कृष्ण की मनौती करती हुई दरवाजे तक आई। धीरे से दरवाजे का एक पल्ला खोला।

सामने पुजारी गुसाँई अच्युतानंद खड़े थे हाथ में माखन-मिस्री का प्रसाद लिये। कहने लगे—"जय राधा-कृष्ण! मंदिर में शृंगार हुआ है। माधव उपवन में गोपिकाओं के साथ लीला कर रहे हैं। राधा रानी दूर खड़ी माधव की बात सुन मुसकरा रही हैं। और⋯"

"और?" मीरा ने उनकी ओर देखकर धीरे से पूछा। क्या सोचा था, क्या निकला। कान्हा कहाँ आया।

"सब भक्तों की प्रार्थना है, इसीलिए मैं यहाँ आया हूँ कि⋯"

"कि क्या?"

"आप वहाँ आएँ।"

"मैं!" साश्चर्य मीरा ने कहा।

"हाँ, आप।" गुसाँई अच्युतानंद का दृढ़ परंतु अत्यंत विनम्र स्वर था।

"क्या करूँगी वहाँ आकर?"

"जो वृंदावन में आकर कर रही हैं आप। यहाँ आने का भी तो आपका मन किसी कारण बना होगा। भक्तों की यही विनती है और इस कारण से है। कृपा कीजिए।"

मीरा चक्कर में फँस गई। यहाँ वह क्यों आई थी? किसने उसके मन में यहाँ आने की इच्छा जगाई थी? ध्यान आया वह पीतांबरी बाबा। वह पूजा से लौट रही थी। वह बोला था, 'अलख निरंजन! माई, तेरा ललाट बहुत सौम्य है। तुझपर गिरिधर गोपाल की कृपा है।'

अलख निरंजन का चहेता और गिरिधर गोपाल की बात करे। भूत-भविष्य को बाँचने लगे। बाबाओं में काम के कितने रह गए हैं। वह उसकी बात पर क्यों कान दे। उसने पूछ लिया—'क्या चाहिए, बाबा?'

बाबा हँसा। फिर बोला, 'बाबा का चाहिए से क्या काम, बेटी! चाह तो गृहस्थों की है। बाबा तो देता है, लेता नहीं। पवन को क्या चाहिए? जल को क्या चाहिए? अग्नि को क्या चाहिए? उन्हें कौन क्या दे सकता है?'

इस बार मीरा का सिर चकराया। उसने पूरे ध्यान से बाबा की ओर देखा। कुछ सोचकर वह बोली, 'फिर बाबा, आज्ञा कीजिए।'

'बाबा किसीको आज्ञा नहीं करता, बेटी!' बाबा ने गंभीर होकर कहा।

लगा कि इस बीच उसने प्राणायाम-सा कुछ किया। साँस रोकी। फिर कुछ मंत्र फूँके। मीरा हतप्रभ होती गई। सोचती रही कि अपना देश कैसा है। कितनी विचित्रताओं से भरा है! कितना विविध है! उसने कहा, 'कृपा कीजिए, बाबा। मैं कुछ समझ नहीं पा रही हूँ।'

'शुभ लक्षण है, बेटी। तू क्यों कुछ समझे-सोचे! उसके लिए तेरा गिरिधर गोपाल है। वह सारा काम तू उसपर छोड़ दे।' बाबा ने कहा। उसके चेहरे पर अनेक शतदल मुसकरा उठे थे एक साथ। उसके महीन अधरों पर पलाश खिल रहे थे। उसके बड़े-बड़े नेत्रों में हलकी सी अरुणिमा थी।

कुछ ही देर में बाबा में इतना परिवर्तन! एक तरुण छवि का सम्मोहन! वह आँखें फाड़कर देखती रह गई—'कृपया मुझे···' आगे वह कुछ नहीं कह पाई। अपने में उलझकर रह गई।

बाबा बोला, 'मुझे तेरे भाग्य पर प्रसन्नता है, बेटी! भविष्य बाँचनेवाले का यही संकट है। वह उड़ने लगता है, ठहरता-रुकता नहीं। वर्तमान से आँखें फेर लेता है। और जब उसे, बेटी, कोई ऐसा भविष्य बाँचने को मिल जाता है, जिससे उसकी साधना को बल मिलता हो, उसकी बाबाई का कर्म खिलता हो और प्रभु की आशनाई का परचम लहराता हो तब ऐसा ही होता है—न बतानेवाले को कुछ पता रह जाता है और न पूछनेवाले को। दोनों लापता हो जाते हैं। इतनी लंबी साधना के बाद यह सौगात मिली है—और वह भी अनायास कंगाल को मिले कुबेर के खजाने की तरह। फिर···वाह अलख निरंजन! तू भी जब देता है तो अपने लिए चुटकी भर नहीं छोड़ता।' बाबा खाली आकाश की ओर देखकर विचित्र भंगिमा में कुछ संकेत कर रहा था।

मीरा रहस्य की वादियों में खोती जा रही थी। उसने बाबाओं के अनेक विचित्र करिश्मे देखे थे। पाँच दिन माटी के नीचे रहनेवाले—चार हाथ नीचे और ऊपर से बंद कर दिए बाबा संन्यासी को भी देखा था, जिसके लिए दूर-दूर के गाँव उमड़ पड़े थे पगलाकर। उसे साक्षात् प्रभु-परमेश्वर मानकर जनमानस श्रद्धावनत हो गया था और अपने मानव जन्म को धन्य समझ रहा था।

बाबा कह रहा था—'बेटी, तूने वृंदावन का नाम सुना है?'

'हाँ।'

'तू वहाँ जाएगी?'

'क्यों, बाबा?'

'क्योंकि तुझे जाना है।'

'मुझे!' साश्चर्य मीरा ने कहा।

'तेरी कुंडलिनी जाग्रत है। त्रिपुंड्र पर शत-सौदामिनी धार है। आँखों में ज्योति जागरण है और अधरों पर अक्षय पिपासा है, इसलिए तुझे वहाँ जाना है। तेरे गिरिधर गोपाल की वह क्रीड़ाभूमि है। जीव गोस्वामी वहाँ विराजते हैं। तुझे उनके भ्रम को तोड़ना है। उनको मुक्ति-मार्ग की ओर मोड़ना है। अति जटिलता का

झाड़-झंखाड़ दलदल में जा धँसे मानुख की-सी दुर्गति कर देता है—जितना जोर लगाओ उतने ही धँसते जाओ। कोई बचानेवाला नहीं। गोविंद के चरण-कमलों में आजीवन पड़ा रहनेवाला मानुख मन स्त्री जाति के प्रति दुराग्रही हो जाए, उसके देखने से मुँह फेरने लगे, उससे अपनी साधना का पतन समझने की चूक मानने लगे—साधना का यह कैसा मतिभ्रम? साधना का यह कैसा ज्वर-संताप? उपासना का यह कैसा उपहास-ह्रास? स्त्री यानी साक्षात् ममता, साक्षात् प्रेम, साक्षात् करुणा! ओ रे मना, सद्विवेक का यह कैसा फिसलन भरा अध्याय, जिसका आदि अनर्थ और जिसका अनादि व्यर्थ? उसकी तारनहार एक देवी, उसकी तपोद्धारक एक जोगिन और उसको सद्गति देनेवाली एक प्रेम दीवानी!'

'कौन है वह शुभ लक्षणा?'

'किसे बताऊँ?'

'क्या मतलब?'

'वसंत पूछे, वसंत कहाँ है? कौन है?'

मीरा सकपकाई। डरी भी। कहीं वह उसकी ओर तो संकेत नहीं कर रहा है।

बाबा बोल पड़ा—'तूने सच सोचा है, बेटी! तू ही वह शुभ लक्षणा है, जो जीव गोस्वामी का भ्रम तोड़ मुक्ति देगी और अग-जग में 'श्रीकृष्ण' के नाम की ज्योति जगाएगी। तेरी भक्तिगंगा में लाखोंलाख नर-नारी डुबकी लगाकर नवजीवन पाएँगे।'

अब मीरा वहाँ नहीं ठहर सकी। उसके पाँव में कंपन हुआ। उसका मन डोल उठा। उसके अधर ठगे-से मौन रह गए। उसकी आँखों में लगा काजल सिमटने लगा। बाबा बोला, 'मैं तुझे नहीं रोकूँगा, बेटी। पर एक बात जरूर कहूँगा, तू कभी इस बाबा को भी जरूर याद करना। बाबा तो बाबा होता है—न संज्ञा, न विशेषण और न क्रिया—मात्र बाबा। दाढ़ीवाला बाबा। तू अपने इस भोले बाबा का किसीसे जिक्र मत करना, वरना कोई तेरी बात पर विश्वास नहीं करेगा। मानेगी न मेरी इतनी सी बात, बेटी?'

मीरा की आँखें आर्द्र हो उठीं। उसका हृदय भर आया। उसके पाँव बँध गए। उसका मन बँध गया। उसका अंग-प्रत्यंग अवाक् रह गया। उसमें आसमान और धरती मगन हो ठहर गए एक साथ। पल-चक्र रुक गया। क्यों हुआ उसमें अचानक ऐसा परिवर्तन, उसे नहीं याद। उसने कहा, 'जैसी आपकी आज्ञा। मैं पालन करूँगी।'

बाबा ने आत्मीयता से भरकर उसकी ओर देखा। कुछ क्षण अपलक निहारा।

मीरा सुधबुध खो बैठी। कौन है वह? एकदम मायावी! महाशक्तियों की

दिव्यता से युक्त। वह कुछ दूर तक चली ही थी कि एकदम ठहरी, फिर मुड़ी और जोर से बोल पड़ी—'ठहरो बाबा, यह तो बताओ, आप हैं कौन?'

वहाँ दूर-दूर तक कोई नहीं था। पशु-पक्षी तक नहीं थे। सिर्फ हवा ठुनकती हुई बह रही थी और सन्नाटा संकेतों से बतिया रहा था।

फिर चकमा! मीरा में बिजलियाँ कौंध उठीं, घंटियाँ बज उठीं और तेज हवा चक्रवात-सी घूम गई।

वह नटखट होने की बानगी नहीं छोड़ेगा। उसे ललचावन की आदत पड़ गई है। राधा रानी ठीक ही उससे नाराज हुआ करती थी। तभी वह उसकी बात पर विश्वास नहीं करती थी।

मीरा का मन भीग उठा। उसमें बादल बन नेह बरस उठ। वह गा उठी—

"प्रभुजी कह्याँ गया नेहड़ा लगाय,
छोड्यो म्हाँ विसवास सँगाती, प्रीत री बाती जलाय।
विरह समँद में छोड़ गया छो, नेह री नाव चलाय।
मीराँ रे प्रभु कब रे मिलोगे, थे विण रह्याँ न जाय॥"

मीरा की आँखें पीतांबरी बाबा का स्मरण कर बरस पड़ीं। गुसाँई अच्युतानंद हक्के-बक्के रह गए। ठगे-ठगे से चित्त-गंगा का अवगाहन करते रहे। बरस लेने दो अमिय जलधारा। जितनी तेज धारा बहेगी उतना मन हलका होगा।

कुछ और पल बीते। अंततोगत्वा अच्युतानंद पूछ बैठे—"माई, मेरे से कोई गलती हुई क्या?"

"आँ!" मीरा चौंकी। जल्दी से उसने अपने आँसू पोंछे। कुछ सोचा। प्रसंग में से प्रसंग के उमड़ते-घुमड़ते बादलों की बरखा में भीगते हुए वह निढाल हो उठी। उसके लिए अब 'न' के द्वार बंद हो चुके थे। अब सिवाय 'हाँ' कहने के और कोई रास्ता शेष नहीं था।

वह अपने आने की भनक जीव गोस्वामी के कानों तक भी पहुँचाना चाहती थी, जिसे वह एकदम भूल गई थी। उसने कहा, "गुसाँईजी, हम अवश्य आएँगे।"

"धन्य माई!"

"हरि इच्छा टारन नाहिं टरै। उसका आदेश हुआ है, फिर तो आना ही है।"

"जय राधा-कृष्ण!"

"जय राधा-कृष्ण!" मीरा ने दोहराया।

वह चले गए। गली से ओझल हो गए। फिर मीरा मुड़ी। दरवाजा बंद किया और अपने प्रभु के चरण-कमलों का ध्यान लगाती पूजागृह की ओर बढ़ गई।

पाँच

मीरा प्रार्थना में डूब गई। वह अपने किसन कन्हैया से बतियाने लगी—

'क्यों रे, यह तेरा कौन सा चरित्तर है?'

'मेरो नाहिं, जोगिन, तेरो।'

'मेरो?'

'और नहीं तो क्या मेरो! हामी कौन ने भरी? किसके मन में आयो वह उदार भाव? बोल री, चुप क्यों है, बता री?'

'तेरे मन में···। तू क्यों आया फिर? तोहे कौन ने बुलाया था? बड़ा पीतांबरधारी बना फिरता है! जब देखो तब बीच में टाँग अड़ा बैठता है। बुलाओ तो सिर पर पाँव रखकर भाग खड़ा होता है, न बुलाओ तो जबरदस्ती सामने आ धमकता है और ललचाता है। देऊ कूँ छिदाम नहीं, ललचावन कूँ पूरे-को-पूरो ब्रह्मांड! बा रे बतरस रसिया, ता से कौन सिर लड़ाए! किसकी माँ ने इतेक दूध-मक्खन पिलायो-खिलायो है कि वह तोसे जा भिड़े। क्यों जा भिड़े! तोए तो सिवाय फटकारने के और कोई दूजो काम नाहिं है। जासे तू इधर की उधर और उधर की इधर लगाता घूमता है। अब मुझे मुआफ कर। सूधी गैल पकड़ने दे। यों चक्कर में मत डाल। मैं तेरे हाथ जोड़ती हूँ, पाँव पकड़ती हूँ, तू मुझे तरसाना छोड़ दे।'

'उलटा चोर कोतवाल कूँ डाँटेवाली बात सिद्ध करना चाहती है तू। ध्यान रख, जे धाँधली जा ब्रज में नाहिं चलेगी। मेड़ती, जे चित्तौड़ नाहिं है तेरो, म्हारो व्रज है। चंदन-करील सूँ महकती-ठुमकती, नाद करती धरिणी है। उमगती-इठलाती जमुना जाहे तपोभूमि बनाए हुए है।'

'ज्यादा बढ़-बढ़कर न बोल, बड़बोलिए! तेरी काली करतूतों से जे भूमि रची पड़ी है। तू कितना निठुर है! कछु कोसन के फासले पर होते हुए भी कबहुँ अपनी जी चाहती, प्रानप्यारी राधा रानी की ओर भूले से नाहिं फटको। कन-कन में समाई ग्वालिन कूँ जरा सा भी सोच नाहिं कियो। तो फिर उनके मनों में आग क्यों जलाई? क्यों उन्हें अपनी बाँकी मूरत सूँ रिझायो? क्यों बाँसुरिया के बोल के जादू से उनके तन-मन को बेसुध बनायो? देख रे नटखट लला! अपनी सीधी-सूधी मेहतारी को क्यों छकाता-परेशान करता है? क्या मिलता है तुझे उससे? बदनामी, बुराई। जे अच्छी बातें नाहिं हैं। अब तू सूधो रास्ता पकड़ ले और अपनी इस राधा का हो जा। फिर तेरी सगरी करतूतन पर पानी फिर जाएगो और तू मलूक चाँदनी-सा पहचाना जाएगो। सुन तो रह्यो है म्हारी सगरी आरजू-विनती?'

उत्तर नदारद।

'यों नदीदा-सा क्या देख रहा है? क्या इससे पहले तूने बय्यर नाहिं देखी? ओ निष्करुण, जरा सी तो दया कर! अपनी आन-बान का तनिक तो खयाल कर। क्यों अपनी फजीहत और जगहँसाई कराने में तुझे मजा आता है? म्हारे प्रानधन के स्वामी तो सूँ म्हारी इतनी सी अरज है कि तू म्हारो ही बन के रह और म्हारे कलेजो को ठंडक पहुँचा। तेरी जुदाई में जाने कब से जे कलेजो ज्वालामुखी-सा जल रहा है।' मीरा हाथ जोड़े और आँखें बंद किए कीर्तन करने लगी।

पहली बार वह इस तरह मंदिर में जा रही थी किसीके विशेष आमंत्रण पर। क्या होगा वहाँ? क्या सोचेंगे वे लोग? क्या पूछेंगे? लोगों का क्या, जितने मुँह उतनी बातें। उसे उनकी बातों से क्या! उसे तो अपने गिरिधर गोपाल से अरज करनी है, सो वह करेगी। उसीके कारण ही तो वह वहाँ जा रही है।

मंदिर में पहले भी वह अनेक बार गई, परंतु इस तरह के आमंत्रण, आवभगत के साथ नहीं। फिर वह एकदम अपरिचित-अनजान क्षेत्र में अनजाने लोगों के बीच पहुँचकर क्या करेगी? पर उसे जाना तो है ही।

वह माधव मंदिर में पहुँची। भव्य मंदिर। विशाल मंदिर। खचाखच भीड़। रथ आकर मंदिर के सामने रुका था। ललिता पहले उतरी थी, फिर मीरा।

धूपद उनके सामने खड़ा हुआ। गुसाँई अच्युतानंद द्वार पर खड़े थे। उनके साथ अनेक भक्त थे।

अपने आप रास्ता बन गया।

माधव मुकुंद की जय-जयकार से सारा वातावरण गूँज उठा था।

'भक्त शिरोमणि मीराबाई की जय' के जयकार से मीरा घबरा उठी। उसे यह सब रास नहीं आता था। उसने धीमे स्वर में टोका भी। परंतु जनता-जनार्दन तो समुद्र की लहर की तरह है। एक बार उठी तो उठती ही रही। चुप होना वह जानती नहीं।

मीरा ने अत्यंत द्रवीभूत होकर माधव मुकुंद की स्वर्णमूर्ति को नमन किया, आँखें बंद कीं और गहरे में डूबती चली गई।

सबको लगा कि कुछ ही देर में माधव मुकुंद की वह स्वर्णमूर्ति सजीव हो उठी है। वह मूर्ति मुसकरा उठी है। उसके कपोल पर लाली फैल रही है। उसकी आँखें अरुणिम हो रही हैं। शायद उन्होंने कुछ कहा भी है।

धीरे-धीरे मीरा ने आँखें खोलीं। वह भव्य मूर्ति सजीव हो उठी।

अब अर्चना शुरू हुई। आज स्वयं गुसाँई अच्युतानंद ने पूजा का थाल सँभाला था। दिव्य ज्योति चकाचौंध पैदा कर रही थी। कोई कह रहा था कि माधव की ठोढ़ी के नीचे हीरा जड़ा हुआ है—बड़ा सा हीरा। वह दमक रहा है।

ढोल-ढपली, नगाड़े, तुरही, मजीरे, घंटे-घंटियाँ, शंख आदि की ध्वनि गुंजायमान हो रही थी। 'माधव मुकुंद हरे-हरे' का स्वर चतुर्दिक् गूँज उठा था।

आरती हुई। आरती ली। गुसाँई अच्युतानंद का संकेत पाकर भक्तजन यथास्थान बैठ गए। एकदम निस्तब्ध हो गया सारा वातावरण।

गुसाँई अच्युतानंद कह रहे थे—"भक्तजनो! सबन कूँ यह जानकर प्रसन्नता होगी कि आज हमारे बीच कुड़की में जनमीं, मेड़ता में पली-बढ़ीं और चित्तौड़ के राणा की बहू बनी मीराबाई हैं। वह स्वयं भक्त शिरोमणि हैं। कृष्ण भक्ति में डूबी हुई हैं। यथा नाम तथा गुण उनसे सार्थक हुआ है।

"भक्तजनों की बहुत दिनों से बड़ी इच्छा थी कि राजघराने की बहू को जोगिन रूप में देखें और सुनें।

"वह यहाँ व्रज में माखन चुरैया, रसिया, गिरिधर गोपाल को ढूँढ़ने आई हैं। उनके चरण-कमलों की धूल से यह व्रज धन्य हो उठा है।

"मैं उनके और भक्तों के बीच से अलग हटता हुआ भक्त शिरोमणि मीराबाई को आमंत्रित करता हूँ कि वह माधव मुकुंद के लिए कुछ गाएँ-सुनाएँ। अपने भाव प्रकट कर भक्तों पर कृपा करें।"

मीरा में संकोच अचानक घिर आई घटाओं-सा छा गया। वह मन-ही-मन डूबती जा रही थी धीरे-धीरे।

इकतारा की ध्वनि चुपके-चुपके घूँघट में से झाँकती हुई नई-नवेली लावनी मूरत-सी अनुभव हुई। वह कुछ देर तक इकतारा छेड़ती रही। फिर धीरे-धीरे वह गा उठी अत्यंत मधुर, कोयल की आवाज में, आँखों पर पलकें गिराकर—

"आली म्हाणे लागा वृंदावण नीकाँ।
घर-घर तुलसी ठाकुर पूजा, दरसण गोविंदजी काँ।
निरमल नीर बह्याँ जमणा माँ, भोजन दूध दह्याँ काँ।
रतण सिंहासन आप विराज्याँ, मुगट धर्‌याँ तुलसी काँ।
कुंजन कुंजन फिर्‌या साँवरा, सबद सुण्या मुरली काँ।
मीराँ रे प्रभु गिरधर नागर, भजण बिणा नर फीकाँ॥"

समाँ बँध गया।

मीरा गाती रही। अमिय रसधार बरसती रही। नेह उपजकर उमंगित होता रहा। सारा वातावरण सम्मोहित। सुगंध से युक्त।

मीरा ने विनीत स्वर में कहा, "किसनभगतो, थारी नगरी में अमरत बरखा होती है। बा किसन की किरपा सूँ चऊँ ओर आणँद-ही-आणँद का राज नजर आता

है। आप सब पुण्य आत्माएँ हैं। बाकी किरपा सूँ तुमन कूँ ब्रह्मांड में थान मिल सको है। बाही कूँ भजो, बाही कूँ रटो, बाही कूँ दरसन कूँ आठों पहर माला फेरते रहो। बाही सूँ थारा बिरज उठता है, बाही सूँ सोता है। यहाँ जो कछु होता है वो बाही सूँ होता है, बाही के लिए होता है, बाही की प्रेरणा से होता है। म्हारे कूँ तो सच पूछो, तुम सबन में बाही की झाँकी नजर आती है। अब म्हारा मन भी बाही के आणँद की जय बोल रहा है। आप सगरे भी मिलकर बोलो, बिरज के रसिया की जय! नंद के लला की जय! माधव मुकुंद की जय! जय! जय! जय!"

मीरा हाथ जोड़कर उठ खड़ी हुई।

अब फिर मीरा की जय-जयकार होने लगी। आकाश जय-जयकार से गूँज उठा।

ललिता बीच में जोर से बोल पड़ी—"बोलो माखन चुरैया नंद लला की..."

समवेत स्वर उठा—"जय!"

मीरा रथ में आ बैठी। धूपद आगे जा जमा। ललिता मीरा के पास जा बैठी। रथ चला। जय-जयकार से आसमान गूँज उठा।

मीरा शांतचित्त होकर अपने को तलाश रही थी। जो हुआ, वह अपने आप और अनायास। वह अनायुध होते हुए भी सबके दिल में उतर सकी। कोई घृणा नहीं। वैधव्य का उलाहना नहीं। संतों के बीच नाचने-गाने के प्रति कोई आक्रोश नहीं। क्या यहाँ उसका नया संस्कार होने जा रहा है, या यह यहाँ की भूमि का प्रताप है अथवा उसकी कृपा का प्रसाद है?

रथ का पहिया किसी गड्ढे में धँसा, फिर उभरा। मीरा हिचकोले खाकर टेढ़ी-सी हुई, फिर सँभली और सँभलकर बैठ गई।

कुटिया आ गई। ज्यादा दूर तो थी नहीं। पर गुसाँई अच्युतानंद के स्नेहिल आग्रह को टाल पाना उससे संभव नहीं था। ललिता अपनी कुटिया की ओर बढ़ गई। कुछ देर बाद धूपद मंदिर लौट पड़ा।

छह

मीरा ने साँवरिया की मूर्ति के सामने हाथ जोड़कर तरह-तरह से अनुनय-विनय की। अपने मन को समझाया। पूर्व दुःखद घटना पर पटाक्षेप होने के प्रति कृतार्थ भाव व्यक्त किया। वैधव्य और उसका यौवन वहाँ आड़े नहीं आया। वह समाज में आने से इसलिए भी कतराने लगी थी कि व्यर्थ में उसको लेकर बात का

बतंगड़ बनता है और सामाजिकों का मन मैला होता है।

प्रारंभ से ही उसे देवी-पूजन के प्रति रुचि नहीं थी। सास ने चाहा भी, परंतु वह हठ कर गई। नहीं गई। आसन-पट्टी लेकर पड़ी रही। उपवास पर उतर आई। पति ने समझाया। बाल विधवा देवरानी अजब कुँवरि ने मनाया, ननद ऊदाँ ने चाहा; पर वह टस से मस नहीं हुई। उसके मन ने जिस विश्वास का हाथ थामा था, वह उससे हाथ छुड़ाकर किसी दूसरे विश्वास का हाथ नहीं थाम सकती थी। क्यों नहीं थाम सकती? उसके पास इस प्रश्न का कोई उत्तर नहीं था।

चित्तौड़ नरेश राणा साँगा के पुत्र भोजराज ने एकांत में समझाया—'मीरा, देवी-पूजन हमारे राजपरिवार का धर्म है। मैं नहीं चाहता कि जरा-जरा सी बातों को लेकर राई का पहाड़ बने।'

मीरा ने भोजराज की ओर नहीं देखा। वह कान्हा की छोटी सी पीतल की मूर्ति की ओर देखते हुए पूछने लगी—'पीतांबरधारी, बाँके बिहारी, क्या कहूँ उनसे? तेरे बाद वही तो मेरी मान-मर्यादा, सुख-संसार जीवनाधार और साथी-सखा हैं। उन्हें मैं कैसे समझाऊँ? मुझे समझाना आता भी कहाँ है! जानती भी क्या हूँ! मेरा तर्ककोश रिक्त पड़ा है। बात बनानी आती नहीं है। फिर क्या करूँ?'

'मीरा, उस मूर्ति से नहीं, हमसे बात करो। हमारी ओर देखकर बात करो। तुम हमारी पत्नी हो। इस परिवार की रानी हो। तुम्हारा सुख-दुःख हमारा सुख-दुःख है।' भोजराज का मन द्रवीभूत हो उठा था। उनकी मोटी-मोटी आँखों में बूँदें तैर रही थीं। अंततोगत्वा सजा मीरा को नहीं, उनको हुई थी।

मीरा को एकांतवास की सजा भरे दरबार में सुनाई गई। वहाँ भोजराज भी उपस्थित थे, जहाँ मीरा को कटघरे में खड़ा किया गया था। देवी-पूजन राज्य की अनिवार्य रीति थी। थी या नहीं थी, इस संबंध में मतैक्य नहीं था।

भोजराज का सिर लज्जा से झुका हुआ था।

धर्म का आतंक छाया हुआ था। राजदंड की नंगी तलवार सिर पर लटकी हुई थी।

बारह-तेरह वर्ष की सुंदरता की मूर्ति, रति को मात देनेवाली वह बालिका छवि सभी के हृदय को सम्मोहित कर रही थी।

मीरा को अपनी माँ युवरानी वीर कुँवरि का स्मरण हो आया था। वह तो कब की स्वर्ग सिधार चुकी थी। बिना माँ के उसे कौन ममता की डोर से बाँधता? कौन सुनता उसके हिये की आवाज?

मीरा ने सहज होकर उत्तर दिया था—'चित्तौड़ का राजधर्म शैव है। फिर देवी-पूजन का हठ क्यों?'

धर्मसभा में सन्नाटा छा गया था।

मीरा ने पुनः कहा, 'राजधर्म अपनी जगह है और व्यक्तिधर्म अपनी जगह। कोई भी राज जन-आस्था को खरीदने का अधिकार नहीं रखता। धर्म व्यक्ति की साधना की निष्ठा का प्रतीक है, उसके चुने हुए मार्ग का प्रतीक है और उसकी भावनाओं का प्रतीक है। वह व्यक्तिगत आस्था पर टिका हुआ है, न कि राज की आस्था से बँधा हुआ।'

धर्मसभा को साँप सूँघ गया। भोजराज आश्चर्यचकित रह गए कि उनकी गूँगी पत्नी में ऐसी सतर्क स्थापना कहाँ से आई! इससे पहले उसने कभी कोई तर्क-वितर्क नहीं किया। मात्र मन की बात कहकर वह उस प्रश्न को टालती रही थी।

'हम शैव हैं। फिर देवी-पूजन? बलि?' भोजराज सोचे जा रहे थे कि यह क्या नाटक है।

मीरा बता रही थी—'पानी का धर्म बहना है, बादल का धर्म बरसना है, धरती का धर्म सबको स्वीकार कर प्रसन्न रखना है—किसीको अस्वीकारना, दुत्कारना नहीं है। धर्म का अर्थ है व्यक्ति के जीने का विश्वास। कोई राज व्यक्ति को उसके इस नैतिक तथा प्राकृतिक अधिकार से वंचित नहीं कर सकता। जो ऐसा करने का दुःसाहस करता है, वह धर्म नहीं है, धर्म की आड़ में अधर्म है। राजपुरोहित, जिसे मैं कदापि नहीं मान सकती।'

धर्मसभा का मन डोल गया। भोजराज को षड्यंत्र की दुर्गंध आने लगी। मीरा को लेकर उनके परिवार में गतिरोध पैदा हुआ था। मीरा के प्रति उनका मन अपने अहं-दर्प के कारण उपेक्षा का बना था।

'जानती हो मीरा, इस तरह तुमने धर्मसभा का अपमान किया है!' राजपुरोहित का बुलंद स्वर था।

'अपमान कौन किसका कर रहा है, राजपुरोहित, इसका फैसला आज नहीं तो कल अवश्य होगा। शायद तब यह धर्मसभा नहीं भी हो और हो, तो बेअसर, प्रभावहीन। राज की आड़ में जो धर्म पनपते हैं वे अंततोगत्वा अधर्म के गर्त में ही गिरते हैं। धर्म राज का नहीं, व्यक्ति का विषय है। उसमें राज का हस्तक्षेप करना राज की अनधिकार चेष्टा है, दर्प है, अहं है और कुंठित वासना है।' मीरा का एक-एक शब्द सबके दिलो-दिमाग पर गहरी चोट कर रहा था। उन सबकी आँखों पर पड़े हुए परदे को हटाकर सच्चाई के दर्शन करा रहा था।

सच को वर्तमान ने कब स्वीकारा है। सदा वर्तमान अतीत होता रहा है और उसके भविष्य ने वर्तमान बनकर अपने स्वार्थों की पूर्ति के लिए पुनः उस उपेक्षित, दलित और निष्प्राण हुए असच को सच की प्रतिष्ठा दिलवाई है। धर्म का धंधा

किया है राजपुरोहितों ने, मंदिर-मसजिद-मठ आदि के संस्थापकों ने। भोजराज से यह सब पगले बाबा ने कहा था। उसने ही उन्हें चेताया था—'राणा, तुझे यह अनुभव जल्दी हो जाएगा कि तू कितना विवश और अपाहिज है! तुझे धर्म की मार सहनी पड़ेगी। तुझे अपने सामने सत्य को अपमानित होते देखना होगा। धर्म न लालच है, न आतंक। धर्म में नर-बल के लिए कोई स्थान नहीं है और न घृणा, द्वेष, भेदभाव, छुआछूत, अमीर-गरीब, देश, जाति आदि के लिए उसमें रत्ती भर भी जगह है। सूरज का धर्म तेज-ताप-प्रकाश है, चंद्र का शीतल अमृत, धरती का सहज सहिष्णुता और आकाश का इंद्रधनुषी छाया। इसी तरह हम सबका धर्म है—मानव धर्म। शेष धर्म नदियाँ हो सकती हैं; क्योंकि नदियों का धर्म सागर के धर्म में मिलना या समर्पित होना होता है।'

'मीरा!' राजपुरोहित का ऊँचा स्वर था।

'क्षमा कीजिए, राजपुरोहितजी! मुझे नहीं मालूम था कि चित्तौड़ राजघराने की रीति-नीति, संस्कृति, शिष्टाचार-सभ्यता आदि और राजघरानों से अलग है। वहाँ राजघराने की हाल ही में आई नववधू के साथ पराए आदमी इतनी ऊँची आवाज में बात कर सकते हैं। मेड़ता तो छोटा ठिकाना रहा, लेकिन हमारे यहाँ इस तरह का ऊँचा शिष्टाचार नहीं है।' मीरा में पता नहीं कहाँ से वह शक्ति आ गई थी। कदाचित् रैदास संप्रदाय के पवनाहारी बाबा का ही प्रसाद है, जो भक्ति में साधना के पुट पर जोर देते थे।

पवनाहारी बाबा ने मीरा के सहज प्रश्न का उत्तर देते हुए कहा था—'भजन-भक्ति स्वयं ही शक्ति है। शक्ति हमारी तीसरी आँख है। वह खुली नहीं कि फिर कोई प्रश्न नहीं बचता, कोई भेद नहीं रहता, कोई छोटा-बड़ा नहीं रहता। सब बराबर हो जाते हैं—महल भी, झोंपड़ा भी, मच्छर भी, हाथी भी। पर भक्तिन, जब तक वह आँख नहीं खुलती तब तक भक्ति भी, उपासना भी, श्रद्धा भी, बुद्धि भी—सबकी जरूरत पड़ती है।'

'यह क्यों, बाबा?'

'क्योंकि गृहस्थ को सब जोड़ना पड़ता है और बाबा को सब छोड़ना। जोड़ते हुए जो छोड़ता है और छोड़ते हुए जो पकड़ता है वही धर्म-कर्म सच्चा है—साँईं है।' पवनाहारी बाबा ने कहते हुए आकाश की ओर देखा।

'मैं कुछ ठीक से नहीं समझ पा रही हूँ, बाबा।' मीरा ने भक्ति-प्रेरणा से प्रभावित होकर कहा।

'देख री भक्तिन रानी, मैं ठहरा रैदासी संप्रदाय का बीज-मंत्र। संप्रदायी सब चाहते थे कि रैदास की गैल चलूँ। वही मेरा धर्म है। तभी मैं रैदासी हूँ। लेकिन मेरा

मन वैरागी धारा में बह उठा। रैदासी भक्ति की पूँजी को लिये मैं संगी-साथियों को छोड़कर अकेला अपने रैदासी मन का स्वयं दीवाना हो उठा—वैराग की पगडंडी पकड़कर। वैराग भी भक्ति है, यह जाना बहुत बरसों में पगडंडी के साथ बहते-बहते। दुनिया में रहते हुए दुनियादारी को भुलाना ठीक नहीं। दुनिया भी चले; पर भक्ति के उजाले से, उसकी गति से। भक्ति गूँगी-बहरी नहीं होती है। भक्ति करके बताता है और ज्ञान को जीकर सामने लाता है। जब कभी अबुद्धि रास्ता रोकती है तो वह उसका जवाब बुद्धि से देकर भक्ति से सिद्ध कर दरसाता है। ज्ञान और भक्ति अलग-अलग नहीं हैं, दोनों एक हैं। दोनों के एक होने से ही तीसरी आँख खुलती है। इस कारण कभी मायावी जगत् रास्ते में आ खड़ा हो तो उसका सटीक उत्तर देना और रास्ता साफ करना जरूरी है। उससे कभी पीछे मत हटना। अभिशाप का जवाब मत देना; पर आशीर्वाद के फूल जरूर खिलाना, ताकि अभिशाप का मायावी छल धुंध की तरह साफ हो सके और तेज-ताप से जगमगाता-दमदमाता सूरज-सा सामने आ सके।'

पवनाहारी बाबा का मुँह तमतमा उठा था। उनकी आँखों से स्फुलिंग-से निकल रहे थे; मानो वही सूरज बन गए हों।

मीरा हतप्रभ-सी रह गई। आस्थाओं की तरंगें उछाल ले उठीं। शांत बहनेवाली नदी में उफान आ गया।

'भक्तिन, एक बार जो उजाले के घर में प्रवेश पा गया, वह सपने में भी अँधेरे की ओर पाँव करके नहीं सोएगा। प्रभु तेरा कल्याण करे। जय रैदास बाबा! जय अनाहत नाद!'

पवनाहारी बाबा चले गए। चलते गए। अकेले थे। अकेली गैल पर आगे बढ़ गए। उन्होंने पीछे मुड़कर नहीं देखा।

उस समय मीरा में पवनाहारी बाबा का जोम उतर आया था। वह तर्क के तरकश सँभाल चुकी थी। तब वह मीरा नहीं रही थी; तब उसमें पवनाहारी बाबा जी उठे थे अनेक सूर्यों का तेज लिये।

राजपुरोहित ने एकांतवास का आदेश सुना दिया। भोजराज कुछ नहीं कर सके। धर्मसभा उठ गई। फिर अब एकांतवास में वह क्यों? नियम भंग क्यों? क्या यह भी अपराध है? बारंबार यही शूल मीरा में घर किए हुए था।

'मीरा, तुम मुझे गलत मत समझो।'

'मैं किसीको गलत नहीं समझती, स्वामी। ऐसा समझने का मेरे पास कोई कारण नहीं है।' मीरा ने धीरे से कह दिया।

'एकांतवास···' कहकर भोजराज चुप हो गए।

'आप दूसरा विवाह कर सकते हैं।'

'मीरा!' भोजराज की आवाज गूँज उठी।

'बस, यही बाकी रह गया था, स्वामी!' मीरा ने हाथ जोड़ते हुए कहा, 'एकांतवास में आपको नहीं आना चाहिए, अन्यथा धर्मसभा आपको भी दंड दे सकती है। कृपया मुझे अकेला छोड़ दें।'

'क्षमा करना, मीरा। वास्तव में मैं अपने आपको अपराधी समझ रहा हूँ। यह सब मेरे कारण हुआ। मैं कान का कच्चा रहा। सबकी सुनी, पर तुम्हारी नहीं। मैं भी उन हठवादियों में न चाहते हुए सम्मिलित हो गया।'

'ऐसा कुछ नहीं हुआ, स्वामी!' मीरा ने अत्यंत कोमल स्वर में कहा।

'मैं नहीं मानता, मीरा। ऐसा ही हुआ।'

'अब क्या चाहते हो?'

'क्या चाहूँ?'

'लोग मेरे एकांतवास पर भी अँगुली उठाएँ!'

'क्यों?'

'आपके आने से एकांतवास भंग होता है।'

'होने दो।'

'फिर धर्मसभा!'

'कौन सी धर्मसभा और कैसा धर्म, मीरा?'

'जिसने मेरे साथ न्याय किया है वही धर्मसभा, स्वामी, और कौन सी!' मीरा ने कहा।

'वह धर्मसभा नहीं थी, मीरा, वह षड्यंत्रसभा थी। तुम्हारे विरुद्ध थी वह सभा!' भोजराज ने तेज स्वर में कहा, 'हम शैव मत को मानते हैं, यह देवी-पूजन बीच में कहाँ से आ गया?'

'वह मुझे नहीं मालूम; पर अब आ गया तो ठीक है। उसकी भी पालना की जा रही है आदर के साथ।' मीरा ने पीतल की मूर्ति की ओर ध्यान से देखा, मानो वह उससे पूछ रही हो कि क्या यही ठीक है।

'मीरा, इधर देखकर जवाब दो।'

'मेरे एकांत का साथी आप नहीं, वह है।' मीरा ने उस मूर्ति की ओर इशारा करते हुए धीरे से कहा।

'और हम कुछ नहीं?'

'यह मैंने कब कहा!'

'फिर उसका मतलब?'

‘मुझे नहीं मालूम।’

‘कृपया, मीरा।’

‘सच कहती हूँ, मैं कुछ नहीं जानती।’

‘मुझे क्षमा नहीं कर सकतीं?’

‘किसलिए? आपने कोई अपराध नहीं किया। जो हुआ वह मेरे भाग्य से हुआ।’

‘यह असत्य है।’

‘मुझे किसीसे कोई शिकायत नहीं है, स्वामी।’

‘यह तुम कितनी बार कहोगी?’

‘सच बात जितनी बार पूछोगे।’

‘फिर हठ?’

‘सरलता को हठ मानते हो, स्वामी!’

‘देखो, राजघराने की प्रतिष्ठा का प्रश्न है।’

‘मुझ जोगिन के लिए।’

‘तुम्हें जोगिन किसने बनाया?’

‘मन ने।’

‘किस मन ने?’

‘मेरे मन ने। मैं तो शुरू से ही जोगिन थी, स्वामी! वह जो कुछ हुआ, सब उसीसे हुआ। जोगिन को जो स्थान, मान मिलना चाहिए था वह मुझे मिल गया, स्वामी। मुझे इसी तरह रहने दीजिए और भुलाने का प्रयास कीजिए। कदाचित् दूसरा विवाह...ऐसी परंपरा भी है और हर शूरवीर को यह शोभा भी देता है। मेरी विनती है, स्वामी, मान जाओ।’ मीरा अनदेखे कहे जा रही थी। उसका चित्त शांत था। उसका मुखमंडल निर्विकार और तेजोमय था।

‘फिर कभी मत कहना, मीरा, दूसरे विवाह के लिए। तुम्हारा भोज उन शूरवीरों में से नहीं है। जैसे तुम उस मूर्ति पर समर्पित हो वैसे ही मैं तुमपर। यदि तुम्हारा भगवान् वह है तो मेरा भगवान् तुम।’

भोजराज तेज नदी के बहाव की तरह कहते जा रहे थे कि मीरा ने उन्हें बीच में रोकते हुए कहा, ‘न स्वामी, न! मुझे अपमानित न करो। मैं आपके पाँवों की धोवन भी नहीं हूँ। भगवान् कहाँ और—हरे कृष्ण! हरे कृष्ण! यदि तू सुन रहा है तो मुझे क्षमा करना। मेरे स्वामी बहुत सीधे, दयालु और परोपकारी हैं। उन्होंने जो कुछ कहा है, उसपर कान मत देना। उन्हें भी क्षमा करना।’ मीरा पीतल की कृष्ण मूर्ति की ओर संकेत करती हुई कह रही थी।

'मीरा, तुम यह मत सोचो कि सच मात्र तुम ही बोलती हो, दूसरा कोई नहीं।'

'यह मैंने कब कहा, स्वामी? सत्य तो सभी बोलते हैं; जबकि मैं तो सत्य बोलने की कोशिश करती हूँ। उसके अलावा और कुछ नहीं।' मीरा ने इतना कहकर उठना चाहा और पूछ लिया—'दीया-बाती का समय हो रहा है। आपको भी अब…'

'जाना चाहिए, यही न! क्या हम इतने बुरे हैं, मीरा?'

मीरा ने तड़पकर कहा, 'आप तो महान् हैं। सर्वप्रिय हैं।'

'लेकिन तुम्हारे प्रिय नहीं, मीरा।'

'मेरे भी।'

'तो खाओ अपनी कृष्ण मूर्ति की सौगंध।' इस बार भोजराज का संकेत मूर्ति की ओर था।

'स्वामी!'

'मैं भी सच जानना चाहता हूँ।'

'तो यह लो, स्वामी।' मीरा ने कृष्ण मूर्ति के सिर पर हाथ रखकर कसम खाई।

भोजराज विचलित हो उठे। उनके सारे भ्रम काँच के गिरकर टूटे बरतन की तरह चकनाचूर हो गए। वह जो सुन रहे थे, सब गलत निकला। मीरा ने इससे पहले कभी अपने प्राणप्यारे की सौगंध नहीं उठाई थी। वह कहने लगे, 'आज मेरा पुनर्जन्म हो गया, मीरा। तुमने मुझे अपना लिया, मेरे लिए इससे अधिक प्रसन्नता की कोई दूसरी बात नहीं हो सकती। मैं कृतार्थ हुआ।'

'स्वामी, कृतार्थ तो मुझे आपका होना चाहिए; क्योंकि आप इतने आरोपों के बाद भी मुझे हृदय से स्वीकार किए हुए हैं।' मीरा का हृदय भर आया था। वह जानती थी कि भोजराज उसे अपने प्राणों से भी अधिक चाहते हैं।

'मैं तो अपनी बात कह रहा हूँ, मीरा। तुम्हारी तुम जानो। मैं तुम्हारे बिना एक पल नहीं रह सकता। तुमने इतने माह बड़े आराम से यहाँ बिता दिए, जहाँ आराम नाम की कोई चीज नहीं थी और मैं संपूर्ण सुविधाओं एवं ऐश्वर्य के साथ राजमहल में पड़ा-पड़ा एक पल के लिए भी चैन नहीं पा सका। सदा डरता रहा कि कहीं तुम घर-बार छोड़कर न चल दो। जान चुका था कि तुम्हारे लिए राजमहल कैदखाने जैसा है। परंतु मेरे लिए तुम्हारे अलावा कोई नहीं है।' भोजराज का स्वर विगलित हो उठा था। उनके मुखमंडल पर उदासीनता छा गई थी। उनकी गरदन नीची थी और होंठ शांत थे।

मीरा के मन में उनका यही समर्पित प्यार ही बहुत भीतर तक जा गड़ा था। वह जानती थी कि वह उसके बिना एक पल नहीं रह सकते।

भोजराज कह रहे थे—'मीरा, तुम्हारे ठाकुर की सौगंध, मैं तुम्हारे बिना नहीं जी सकता। जीते जी मुझे मार डालना चाहती हो तो मुझे कुछ नहीं कहना। मैं खुशी-खुशी यह दंड पा लूँगा। दंड उन लोगों ने तुम्हें दिया था और पा अकेला मैं रहा हूँ। तुम्हारे पास तो ठाकुर हैं, मीरा, पर मेरे पास क्या है? कुछ नहीं। निरा जलता हुआ रेगिस्तान। दूर-पास चारों तरफ सिर्फ रेगिस्तान है—बियाबानी रेगिस्तान, जहाँ सदा गरम या बहुत ठंडी हवाएँ चलती रहती हैं अथवा अंधड़ उठते रहते हैं। एक बार रेगिस्तानी भूल-भुलैया में जो फँस गया, फिर वह क्या निकल पाएगा! सिवाय मृत्यु को गले लगाने के और क्या चारा बचेगा उसके पास!'

'नहीं, स्वामी, नहीं। कदापि नहीं। शुभ-शुभ बोलें। मैं···मैं···' कृष्ण मूर्ति की ओर देखते हुए मीरा कह रही थी—'ओ मेरे प्राणधन, जीवनाधार, गिरिधर गोपाल, तू सँभाल। तू रास्ता बता।' वह काँप उठी थी।

धीरे-धीरे वह उठी थी। उसने दीया-बाती की। फिर बोली, 'स्वामी, गिरिधर गोपाल की पूजा का समय है। आज्ञा दीजिए।'

भोजराज कुछ देर तक जड़वत् बैठे रहे। फिर उनको चेत हुआ। वह बोले, 'हम भी पूजा करेंगे अपने गिरिधर गोपाल की, मीरा।'

'स्वामी!' मीरा ने गद्‌गद कंठ से कहा।

'हम तो जरा सी भूमि के स्वामी हैं, मीरा, वह तो जगत् का स्वामी है। तुम्हारा किसन कन्हैया। वही हमारे संकट दूर करेगा।' भोजराज कह रहे थे—'वही हमारी विपदा दूर करेगा। वह अंतर्यामी है। वह अवश्य जानता है कि हमारे दिल में क्या है! हम क्या चाहते हैं!' भोजराज कुछ रुककर बोले, 'आरती की तैयारी करो। क्या मीरा, हम तुम्हारे ठाकुरजी की सेवा करने योग्य पात्र हैं?'

'स्वामी! आप मुझे लज्जित न करें। आप तो पूजनीय हैं। स्वयं ठाकुर की तरह हैं।' मीरा अब अपने में नहीं रही। उसके हाथ-पाँव फूल गए। उसे लगा कि साक्षात् उसके गोपाल उसके सामने आ गए हैं मोर मुकुट लगाए और पीतांबर धारण किए।

सात

भोजराज की अपलक दृष्टि अब उस मूर्ति पर थी। वह सोच रहे थे, जिस मूर्ति ने मीरा का मन हर लिया, वह मूर्ति क्या होगी? अमोलक!

'अब बैठे रहिएगा या कुछ कीजिएगा भी।'

भोजराज उठ खड़े हुए।

मीरा ने धूप, कपूर, लोबान आदि थाली में रखे। रोली रखी। उसे गीला किया।

'प्रसाद चाहिएगा?'

'हाँ।'

'तो वह थैली उठाओ।'

भोजराज ने थैली उठाकर दूर से ही उसकी ओर बढ़ा दी।

मीरा बोली, 'यहाँ आकर बैठो। लेकिन...'

'लेकिन क्या?'

'पुष्प...'

'बाहर से लाने हैं, यही न!'

मीरा का मन मुसकरा उठा। उसका रंध्र-रंध्र सिहर उठा। उसकी आँखें भर आईं। वह अपने को सँभालकर बोली, 'वो वहाँ सामने आले में रखे हैं। उठाइएगा क्या?'

भोजराज तुरंत उठा लाए और बोले, 'अब कुछ और?'

'हाँ, बहुत कुछ।'

'क्या?'

'कृपया यहाँ बैठ जाइए।'

'इतने निकट?'

'डर लगता है?'

'हाँ।'

'किससे?'

'तुम्हारे ठाकुरजी से।'

'सिर्फ मेरे, आपके नहीं?' मीरा की नथ तनिक तुनक उठी।

'हमारे क्यों नहीं! हमारे, तुम्हारे—सबके, सारे जगत् के। चराचर के।' भोजराज ने गद्गद कंठ से कहा।

मीरा का हृदय द्रवीभूत हो उठा। वह अपने को सँभालने के लिए बोली, 'यह थाली अपने पास सरका लो। दीया जलाओ। छींटे दो। टीका लगाओ। थोड़ा और आगे आओ।'

भोज और आगे खिसक गए। उन्होंने थाली अपनी ओर खींच ली। दीया जलाया। ठाकुरजी के भाल पर तिलक दिया। माला पहनाई। उनके श्रीचरणों में पुष्प

बिछा दिए। फिर आँखें बंद कर और हाथ जोड़कर बैठ गए।

मीरा उनके इस रूप को देखकर पगला गई। कितना प्यार करते हैं! कितने भोले हैं! कितने कोमल! मीरा ने इकतारा छेड़ा। लय थिरक उठी। सुगंध महक उठी। वह गा उठी—

''हेरी म्हा तो दरद दिवाणाँ, म्हाराँ दरद न जाण्याँ कोय।
सूली ऊपर सेज हमारी, किस बिध सोना होय।
गगन मंडल पै सेज पिया की, किस बिध मिलना होय।
घायल री गत घायल जाण्याँ, हिवड़ो अगण सँजोय।
जौहर की गत जौहर जाण्याँ, क्या जाण्याँ जिण खोय।
दरद की मार्‍याँ दर दर डोल्याँ, वैद मिल्या णा कोय।
मीराँ री प्रभु पीर मिटाँगा, जब वैद साँवरो होय॥''

गीत समाप्त। इकतारा पर गीत की झनझनाहट जारी। मीरा आत्मविभोर। उसका आँचल खिसककर उसके अंक में आ गिरा।

कुछ समय तक शब्देंद्रियों में वह धुन अनुगूँजती रही। मीरा ने धीरे-धीरे आँखें खोलीं। गिरिधर गोपाल की मोहिनी मूरत को निहारा। आश्चर्य, वहाँ स्वामी आ विराजे। क्या भोज ही कान्हा हैं? क्या वही मेरे गिरिधर गोपाल हैं?

मीरा ने अपने चुटकी काटी। अपने को चेता पाया। फिर भोजराज की ओर देखा। आँखें भर आईं। वह बेसुध हुए, आँखें बंद किए और हाथ जोड़े हुए ध्यानमग्न बैठे हुए थे। मीरा को आश्चर्य ने घेर लिया। इतनी अटूट तल्लीनता! समर्पण की पराकाष्ठा! उसने उन्हें जगाया—'स्वामी, आरती की थाली।'

भोजराज जगे।

'क्या पूजा में इस तरह हाथ बँटाया जाता है, स्वामी?' मीरा ने कृत्रिम क्रोध की मुद्रा में कहा, 'आरती हो गई, पर आरती की थाली जहाँ-की-तहाँ रखी हुई है!'

'एँ!' भोजराज चौंके। तुरंत बिना कुछ कहे ठाकुरजी की आरती उतारने लगे।

मीरा मन-ही-मन मुसकरा उठी। वह धीरे से बोली, 'आरती तो हो चुकी है। फिर यह क्यों?'

भोजराज कुछ सोचकर रुक गए और पूछने लगे, 'अब?'

'हथेली आगे लाओ और प्रसाद पाओ।'

भोजराज ने प्रसाद लिया और कहा, 'इतना सा ही प्रसाद दोगी?'

'प्रसाद इतना सा ही होता है।' मीरा ने दृढ़ता से कहा।

'जैसी तुम्हारी इच्छा।' भोजराज ने मद्धिम स्वर में कहा और मीरा की ओर अपरिचित नेत्रों से देखने लगे।

मीरा के मन में हलचल-सी होने लगी।

'अब आपको चले जाना चाहिए।'

'क्यों?'

'मर्यादा का प्रश्न है।'

'मुझे उसकी चिंता नहीं।'

'पर मुझे है।' मीरा ने कहा।

'क्योंकि तुम मुझे दंड देना चाहती हो।'

'स्वामी!'

'यह जानते हुए कि…'

'स्वामी, आगे कुछ नहीं।'

'मैंने उस निर्णय को बदल दिया है।'

'राणा होकर!'

'अन्याय होता नहीं देख सकता।'

'क्योंकि वह राणा की पत्नी पर हुआ है, किसी आम आदमी की पत्नी पर नहीं।' मीरा ने कुछ कटु होते हुए कहा। वास्तव में उसे एकांतवास से बहुत लाभ मिल रहा था। इतना लाभ उसे इससे पहले कभी नहीं मिला। कभी उसे ऐसा एकांत मिला ही कहाँ! वह एकांत के बारे में जानती भी नहीं थी। दंड पाते हुए भी उसे एकांतवास के बारे में कुछ नहीं पता था।

उसे राजघराने की हलचल से हटाकर दूर एक अलग स्थान पर नजर कैद कर दिया गया था। हालाँकि उसकी सुविधा के लिए उसके साथ दासियाँ रखी गई थीं, जिन्हें उसने एक सप्ताह बाद स्वयं ही यह कहकर हटा दिया था कि 'मेरे साथ किसीका होना एकांतवास का उल्लंघन है।' वे दासियाँ चली गईं। किसीने उन्हें दुबारा भेजा भी नहीं।

धीरे-धीरे उसमें आनंद की तरंगें लहरा उठीं। उसका मन-मयूर मेड़ता की तरह नाच उठा। मेड़ता में मोर बहुत थे। उनको देखकर मीरा का मन झूम उठता था। वे कैसे रंगों की बरसात लिये घूमते थे पंख फैलाकर! वे बादलों की तरह उड़ते थे। इंद्रधनुष की तरह खिलते थे। तभी तो कान्हा को मोर मुकुट सबसे प्यारा लगा था, रत्नजटित हीरों से भी ज्यादा प्यारा। इसी कारण कान्हा मोर मुकुटधारी वनवासी कहलाए।

मीरा अकेली, पर सुबह से शाम तक अत्यंत व्यस्त। घर-आँगन बुहारना, पोंछा लगाकर फर्श चमकाना, रसोई तैयार करना; इससे पहले नहाना-नहलाना, ठाकुरजी का श्रृंगार करना, उनके लिए नए-नए कपड़े सीना, उनके चंदन का लेप लगाना आदि थे उसके काम।

कभी वह यशोदा बन जाती। वह छोटी सी मूर्ति नंद का लला बन उसके हृदय-अंक में समा जाती। वह गद्‌गद हो उठती। बहाना तलाश कर वह कान्हा के कान खींचने लगती। उनसे उठक-बैठक कराती। उनके हाथ-पाँव बाँधकर कहती, 'अब तू जाना किसीके घर। माखन चुराना। अपने घर में क्या माखन की कमी है! तू चाहे तो माखन में नहा भी सकता है। पर तू तो माखन चुराए बिना मान नहीं सकता। तुझे चोरी की आदत पड़ गई है, बेशर्म! क्या तू मुझे एक चोर की माँ कहलवाकर पुत्र होने का फर्ज निभाना चाहता है? अरे निर्लज्ज, जरा तो शर्म कर।' गोपिकाओं की ओर मुड़कर वह साँटी दिखाती हुई कहती—'अब तो जाओ, भागवानो! अब तो तिहारे कलेजे में ठंडक पड़ गई। हाथ-पाँव बाँध दिए हैं। खाना भी नहीं दूँगी। चोर को कैसा खाना! फूल-से हाथ-पाँव जेवरी से बाँध दिए हैं। निशान बन जाएँगे उनपर। क्यों न बनें! एक चोर को मालूम तो हो कि चोरी करने की सजा क्या होती है!'

'महतारी, तू काहे कूँ अपना हिया पजरा रही है! अब अपने आप दूध-का-दूंध और पानी-का-पानी हो जाएगा। म्हारी लाडली महतारी, तू मन छोटा मत कर। अपने लाडले पर भरोसा कर।'

'नहीं रे छोरे, तनिक नहीं। तू तो मुझे रोज-रोज इसी तरह इन जनमजलियों के सामने लज्जित करके चैन पाता है। पर मैं अब तेरी एक नहीं सुनूँगी—एक नहीं मानूँगी।'

'पर म्हारी महतारी, थे म्हारे कारण अपने पर इतना जुलम तो मत कर। सजा मुझे दे, कोई बात नहीं; पर तू तो सजा मत पा।'

'नहीं, निपूते, नहीं। आज मैंने तय कर लियो है कि या तू रहेगा या मैं। जनमजले, जा रोज-रोज की हाय-हाय से तो एक दिन का जी भरकर रो लेना ज्यादा ठीक है। न रहेगा बाँस और न बजेगी बाँसुरी।'

'न-न, महतारी, न। इतना जुलम नाँय।' गोपियाँ बीच में बोल पड़तीं एक साथ।

कान्हा मुसकरा उठता।

'ओ निर्लज्ज, तू गालियाँ सुन-सुनकर भी मुसकराए चला जा रहा है!'

'महतारी, तू बड़ी प्यारी है। मल-मलकर नहलाती है। मलूक-से पीतांबर

पहनाती है और गले में बैजंती माला डालती है। अब थोड़ी देर बाद फिर तू जे ही सब करने वाली है न, म्हारी सलोनी माँ?'

'चुप कर बड़बोले, चुप कर!'

'इनके कारण अपना जी न जला, महतारी।'

'फिर बोला! तू नहीं जानता कि आज म्हारे सिर पर कालिय नाग आ बैठा है फन फैलाकर।'

'महतारी, अब कान्हा को छोड़ भी दो। बहुत हो गया।'

'काहे छोड़ दूँ! काहे थारे दिल में बाके प्रति इतनो लाड़ आ रह्यो है! मैं सब जानती हूँ। तुम कम पक्की शैतान नहीं हो। कल फिर शिकायत लेकर आ धमको, जाहि लिए इस नासपीटे को छुड़वाना चाहती हो। थारे लिए तो यह आँखमिचौनी का खेल हो गयो है, पर म्हारे लिए जी का जंजाल। चाहे हमें गाँव छोड़ना पड़ जाए, पर...'

'महतारी, हम तिहारे हाथ जोड़ती हैं। पाँव पड़ती हैं।'

'काहे को, क्या म्हारे पाँव-हाथ टूट गए हैं?'

'महतारी!'

'चुप भी करो! म्हारे कूँ और गुस्सा न दिलाओ। नहीं तो...' वह उन्हें साँटी दिखाती है।

वे दो कदम पीछे हट जाती हैं।

'थारे कूँ कौन गुस्सा दिला रहा है, महतारी? थारे सूँ अरज कर रही हैं। वह नन्हा सा, कोमल तन-मनवाला थारा लाडला सारे बिरज की आँखन का तारा है। महतारी, जा से पहले तो तूने जाहे कबहुँ ऐसे मारा-बाँधा नाहिं। सदा हमें ही बुरा-भला कहा, हम पै ताने कसे और अपने सपूत को आँख बंद करके पक्ष लियो। पर आज तुझे का हो गयो है, महतारी?'

'म्हारी अकल पै जड़े ताले खुल गए हैं। अँधेरा पाख जाता रहा है। अब म्हारे आँखन पै से पट्टी खुल गई है। जाओ, अपने-अपने घर जाओ। वहाँ थारी महतारी थारी बाट जोह रही होगी। जाकर बाको हाथ बँटाओ। यहाँ खड़ी-खड़ी दीदा फाड़कर अपना समय क्यों नष्ट कर रही हो?'

गिड़गिड़ाकर वे कहती हैं, 'हम कंठ छूकर कहती हैं, महतारी, हम तो मजाक कर रही थीं रोज-रोज की तरह। हमें क्या मालूम था कि...'

'चुप करो, निर्लज्जो! थाने तो सगरी हया-शरम बेच खाई है। कहाँ जे नन्हा-मुन्ना और कहाँ तुम धींगड़ियाँ! कुछ तो रहम करो बा पै।'

भोजराज मीरा को खोते हुए देखकर कुछ-कुछ घबरा उठे। वह कहाँ जा

खोई? क्या उसे अपना यह वर्तमान जँचता नहीं है? तभी तो वह इतने निष्ठुर एकांत में इतनी सुखी और आनंद से है। उसके मन पर सजा की कोई लकीर नहीं है और न कोई गिला-शिकवा है किसीसे। कहीं वह एकांतवास के सुख-आनंद में डूबकर उससे बाहर आने से मना न कर दे।

उन्होंने उसे चेताया—'मीरा, कहाँ जा खोईं?'

मीरा चौंक पड़ी। प्राय: वह ऐसे स्वप्नों से जुड़कर अपने वर्तमान को मालोमाल कर लिया करती थी। वह तनिक मुसकराकर बोली, 'स्वामी, जैसे जंगल के अपने साथी बन जाते हैं; फिर उन्हें अपने वे ही संगी-साथी सबकुछ नजर आने लगते हैं—यही कारण है कि जंगल का पक्षी पिंजरे से मुक्ति पाकर सीधे जंगल की राह लेता है, ठीक वैसे ही एकांत के अपने साथी बन जाते हैं।'

'मीरा, यह तुम्हें क्या हो गया है?'

'जो मुझे बहुत पहले हो जाना चाहिए था, स्वामी।' मीरा ने सहज में कह डाला।

'मीरा!' भोजराज आगे कुछ नहीं कह सके। उनका कंठ अवरुद्ध हो गया।

'स्वामी, आप दु:खी न हों। म्हारे भाग्य में जो लिखा है, वही म्हारे को मिलेगा।'

'थारे भाग्य की थे जानो, मीरा; पर म्हारे भाग्य में, जो मुझे साफ नजर आ रहा है, दु:ख का अघोर-अनंत सागर है।' भोजराज ने निराश होकर कहा।

'नहीं, स्वामी, कदापि नहीं। ऐसा न कहें। आप पर स्वप्न में भी कभी दु:ख की छाया नहीं मँडराएगी, न कभी कोई कष्ट आपको छू पाएगा।'

'ऐसा मीरा, तुम जानते हुए कह रही हो।'

'स्वामी!' मीरा विचलित हो उठी।

'मैं अब चलता हूँ, मीरा। मैं नहीं चाहता हूँ कि मेरी वजह से…'

'स्वामी!' मीरा बीच में ही बोल पड़ी।

'तुम नहीं चाहती हो कि मैं…'

'नहीं, स्वामी।' मीरा व्यथित हो बीच में ही बोल पड़ी।

'क्या, मीरा?'

'मुझे क्षमा कर दीजिए।'

'मैं अपने को ही क्षमा नहीं कर पाता हूँ, मीरा, तुम्हें कैसे क्षमा कर सकता हूँ; और फिर तुम्हारा अपराध ही क्या है? अपराधी तो मैं हूँ तुम्हारा।' भोजराज रुक-रुककर कह रहे थे—'क्षमा तो मुझे चाहिए। जरा सोचो तो मीरा, तुम जिसके सहारे आनंद से हो, यदि वह सहारा छिन जाए तो तुमपर क्या बीतेगी? कल्पना

करना। मेरा सहारा तो मात्र तुम हो। अच्छा मीरा, चलता हूँ।' भोजराज उठकर चल पड़े।

मीरा भी उनके पीछे-पीछे हो चली। उसके हिय में एक हूक-सी उठ रही थी। उसका मन बेकल हो उठा था। वह दरवाजे की ड्योढ़ी पर आकर रुक गई।

भोजराज भी पल भर के लिए रुके। मीरा उनके चरणों की ओर झुकी कि बीच में ही उन्होंने उसे अपनी बाँहों में सँभाल लिया। मीरा छुईमुई-सी लिपट गई। कुछ देर तक उन्होंने उसे अपने से लगाए रखा। मीरा तनिक कुलबुलाई। संकोच से भर उठी। फिर उसने अलग होते हुए कहा, 'स्वामी!'

भोजराज सहज मुसकान लिये लौट पड़े। घोड़े पर बैठे और एड़ लगाई। पलक झपकते ही आँखों से ओझल हो गए। मीरा भारी कदमों से अंदर लौट आई, चुपचाप।

आठ

वृंदावन चारों ओर से सजा हुआ था। प्रकृति कभी सघन रूप में सौम्य हो उठती थी और कभी रौद्र रूप में। परंतु उसका सौम्य रूप ही सर्वाधिक आकर्षक अनुभव हो रहा था। सावन का माह। रिमझिम-रिमझिम की सरगम। कभी ताबड़तोड़ बरखा। पूर्ण यौवन पर यमुना।

झूलों का अनुपम मेला। स्त्री-पुरुष दोनों ही झूलों पर सवार और आसमान छूने को उल्लास-आवेग में झूमते हुए।

काली घटाएँ घनघोर। गरजते-बरसते बादल। रिमझिम की पायल बाँधे मौसम। मोरों का कूक स्वर। मेढकों का टर्राना राग। वल्लाह, गजब ढा रहा था।

मल्हार-ही-मल्हार। गीतों पर बहार। ललिता कई बार भीगी, कई बार सूखी। उसके तन-मन में फुरफुरी उठी। अंग-अंग गदराया-महका। जी में उमंग उठी। कभी वह भी उन हजारोंहजार में से एक शहजादी जैसी रूपवती और शृंगार सजी रहती थी। उसका अपहरण हुआ, तब सावन जा रहा था हिचकोले खाता हुआ! वह झूलकर लौट रही थी मौजों पर थिरकती, मल्हार गाती।

कितने ऊँचे घराने में उसका रिश्ता पक्का होने जा रहा था। उसकी सहेलियाँ उसके भाग्य पर अंदर-ही-अंदर डाह कर रही थीं; क्योंकि सामान्य परिवार की लड़की ऊँचे घराने में जा रही थी—मात्र अप्रतिम रूप-सौंदर्य और कटीले व तेज नाक-नक्श के कारण।

गरीब लड़कियों के भाग्य में ऐसा स्वप्न कहाँ लिखा होता है! उसके

पिताजी डरते थे। वह स्पष्ट कह चुके थे—'हम आपके पाँव की धूल भी नहीं हैं। डर लग रहा है कि…'

'आप चिंता न करें, समधी।'

'समधी' शब्द सुनकर वह जैसे सुधबुध ही खो बैठे और बोले, 'आप सुदामा का मजाक न बनाएँ। कहाँ राजा भोज और कहाँ गंगू तेली!'

'नहीं-नहीं, समधी! बहुत जल्द हम रिश्ते में बँध रहे हैं, यह सच है, सपना नहीं।'

ललिता ने वह संवाद सुना था और पोखर के किनारे स्थिर जल में अपने आपको निहारते हुए मन-ही-मन पूछा था—क्या वह वास्तव में सुंदर है? अति सुंदर? इतनी सुंदर कि उसके लिए ऊँचे घराने से स्वतः रिश्ता आए?

क्या सुंदर है? कुछ भी नहीं। वही हाथ-पाँव और वही माटी का तन। औरों जैसा। बस रंग गोरा है। नयन बड़े हैं। होंठ सुर्ख पलाश हैं। तन इकहरा है। कमर—धत् तेरे की! वह मुसकराई। फिर उसने एक ढेला उठाकर स्थिर जल पर उछाल दिया। सारा चित्र बिखर गया।

मन में क्या-क्या उमंगें उठी थीं, क्या-क्या स्वप्न सँजोए थे! रंगोली-सा तन-मन हो गया था।

सावन इंद्रधनुषी हो उठा था। मन बल्लियों उछल रहा था। पाँव धरती पर सीधे नहीं पड़ रहे थे। वह चुँदरी-सी उड़ उठी थी। उसमें कल्पनाएँ उपवन में खिल उठे सुमनों-सी महक उठी थीं।

हिरनी-सी दौड़ती लौट पड़ी थी; क्योंकि बरखा की फुहार शुरू हो गई थी और बादल ऊँचे-ऊँचे दरख्तों के कंधे थपथपाने लगे थे। रास्ते में नाला पड़ता था। उसे कूदती-फाँदती वह अभी थोड़ा ही आगे बढ़ी थी कि कुछ घुड़सवार सामने आ गए थे। वह सकपका गई। वह उनसे हटकर जैसे ही आगे बढ़ने को हुई कि उनमें से एक घुड़सवार उसके सामने आ गया।

'क्या बात है?' उसने पूछा।

'कोई मर्द किसी युवती का रास्ता क्यों रोकता है?'

ललिता के काटो तो खून नहीं। चेहरा फक। होंठ सिहर उठे। देह काँप गई। उसने कहा, 'आप लोग मेरे पिता समान हैं। मुझे जाने दीजिए।'

उस घुड़सवार ने गहरी साँस ली और फिर कहा, 'जाने से कौन रोकता है, छैल छबीली!'

वह फिर काँप गई।

'पर प्यास तो बुझानी होगी न, छम्मक छल्लो!' वह इतना कहकर जोर का

अट्टहास कर उठा।

'मैं हाथ जोड़ती हूँ।' ललिता गिड़गिड़ाने लगी।

'हमें तू चाहिए, छबीली। तेरी सुंदरता ने दूर-दूर तक लोगों की नींद हराम कर रखी है। पर हे अद्वितीय सुंदरी, तू किसी घर की शोभा बनने की चीज नहीं है। तू तो सारे समाज की शोभा है। जवां मर्दों के लिए चुनौती है। तुझे तो...'

'नहीं-नहीं! मुझे कोई हाथ न लगाना।'

'सरदार, कोई आ रहा है।'

वर्षा तेज हो गई थी।

सरदार की ऊँची आवाज गूँजी—'स्साली को उठा ले चलो! और शायद बहुत शोरगुल मचाए, इसलिए स्साली के मुँह में कपड़ा ठूस दो।'

उसने बहुत हाथ-पाँव मारे, चीखी-चिल्लाई भी; परंतु उससे कुछ लाभ नहीं हुआ।

नहीं! नहीं! उसे वह सब याद करके मतली होने लगती थी। छिः! छिः! छिः! यह दुनिया कितनी बदसूरत है, कमीनी है, बेरहम है और कसाई है! उसकी आँखों में से चिनगारी निकलने लगती थीं।

वह तेज कदमों से लौटने लगी।

मीरा ने उसे कितना समझाया था—'पापी वे हैं जो पापकर्म करते हैं। तूने कोई पाप नहीं किया।'

'पर समाज तो मुझे ही गंदी और बदचलन समझता है।'

'वह उसका गलत सोचना है।'

'गलत है या सही, प्रश्न यह नहीं है, दीदी! मुख्य प्रश्न तो यह है कि हम कच्ची माटी के मटके जैसे हैं—दो छींटे लगे नहीं कि उन्हें उतारकर अलग पटक दिया। उसका क्या उपाय है?'

'होगा ललिता, एक दिन जरूर होगा।'

'पता नहीं यह आश्वासन कब से दिया जाता रहा है! कह नहीं सकती कि अभी इसकी कितनी लंबी उमर बाकी है!'

'समझती हूँ, ललिता।'

'समझने से क्या होगा?'

'तुम क्या चाहती हो?'

'मरना—मरने से पहले कुछ कुकर्मी मर्दों को ठिकाने लगाना।'

'उससे क्या होगा?'

'यह नहीं जानना चाहती।'

'क्यों?'

'क्योंकि जानने-समझने से आदमी कमजोर पड़ता है। उसका संकल्प डगमगाता…'

'नहीं, ललिता, ऐसा नहीं है।'

'दीदी, क्षमा कीजिए। मैं आपका स्थान नहीं ले सकती।'

'क्यों नहीं ले सकती?'

'मैं सामान्य नारी हूँ। सर्वभोग्या रहीं हूँ। मेरा अपना कोई महत्त्व नहीं है।'

'है ललिता, है।'

'आपसे तर्क तो नहीं कर सकती। आप कहती हैं तो मान लेती हूँ।'

मीरा चुप हो गई। वह समझ रही थी कि ललिता के मन में जो फाँस चुभी है, उसका असर अभी तक उसपर छाया हुआ है। बहुत कुछ सच भी है। समाज अंधविश्वास और कुरीतियों का दास है। वह स्वयं भी उसका शिकार हुई है।

ललिता मीरा को चुप देखकर बोली, 'क्या आप बुरा मान गईं, दीदी?'

'नहीं री, कदापि नहीं।'

'सच बोलना मैंने आपसे सीखा है, दीदी।'

'शुभ चिह्न है, ललिता। सत्य को किसीसे सीखने की जरूरत नहीं पड़ती। सत्य तो सत्य है। जो है उसको वैसा ही बताना सत्य है। इसमें मुश्किल क्या है?'

'कुछ मुश्किल नहीं है तो फिर हर एक सत्य क्यों नहीं बोलता? सत्य बोलने से क्यों डरता है?'

'क्योंकि हर एक अपने को छिपाना चाहता है, ललिता। हम सबके दुःख का मूल कारण यही है। हम एक-दूसरे से डरते हैं। हम एक-दूसरे से अपने को छिपाते हैं।' मीरा ने समझाया।

'वह मैं नहीं जानती, दीदी। परंतु मैं इतना जानती हूँ कि मैं अभी तक उन अनचाही पीड़ाओं से उबर नहीं पाई हूँ। उनके विषदंत बराबर मुझे कचोटते रहते हैं। मैं जब-तब मर भी जाती हूँ। मैं क्यों नहीं उबर पाई, यह मैं आज तक नहीं जान पाई।' ललिता धीरे-धीरे कहती रही।

'सब जान जाओगी। जानने से न जानना कठिन है, ललिता। हममें से कितनों को पता है कि हम क्या नहीं जानते? सबकुछ तो कोई नहीं जानता। हर चीज जानने के लिए होती भी नहीं है। नहीं जानना या भूले रहना कभी-कभी जान लेने से ज्यादा अच्छा रहता है।'

'दीदी, यह समाज तो न जाने कब से उन बीमारियों, अत्याचारों, शोषण और अन्याय से लड़ रहा है; पर हुआ क्या? वही ढाक के तीन पात! पहले जहाँ थे, आज

भी वहीं हैं; बल्कि उससे भी बदतर हालत में हैं।' ललिता मन की गाँठ खोल बैठी। उसका हृदय छिल गया था। उसके जख्म हरे हो उठे थे। वह कह रही थी— 'दीदी, मुझे नहीं लगता कि यह समाज कभी बदल पाएगा।'

'निराश मत होओ, ललिता।'

'झूठी आशा से निराशा कहीं बेहतर है।'

'नहीं, ललिता। जिंदगी तो निराशा में आशा ढूँढ़ने का दूसरा नाम है।'

'शायद।'

'यह भी विश्वास हो जाएगा। पूजा में ध्यान लगाओ और अपने को किसन गोपाल पर छोड़ दो।'

'फिर?'

'तुम फिर बताना।'

'मैं क्या बताऊँगी?' ललिता का थका-हारा स्वर था।

'जो इस समय तुम मुझसे जान लेना चाहती हो, ललिता।'

'क्या जान लेना चाहती हूँ, दीदी?'

'यही कुछ नहीं जान पाती।'

'क्या कुछ नहीं जान पाती?'

'फिर भी दुःख क्यों? पतन क्यों? जलालत क्यों? दुर्व्यवहार क्यों? यदि यह सब हैं ही तो इन सबसे बचने के लिए प्रयत्न क्यों? आज तक के किए गए प्रयत्नों से क्या लाभ हुआ? समाज दयनीय स्थिति में है। पीड़ित है। मार खा रहा है, लेकिन बोल नहीं पा रहा है। जानती हो क्यों?'

'क्यों?'

'क्योंकि वह नैतिक उत्तरदायित्व कुछ व्यक्तियों के लिए छोड़कर स्वयं अलग हट जाता है। जैसे उससे उसे कोई लेना-देना न हो। वह उससे अलग हो। जबकि यह कार्य या दायित्व सबका है और लगातार हर समय सबको करते रहना है। एक करे या कुछ करें और शेष सबके सब हाथ पर हाथ धरे बैठे रहें, तब तो यह दुःख, पीड़ा, अवसाद और नासूर कभी दूर होने वाला नहीं है।' मीरा ने उठते हुए कहा और वह ड्योढ़ी पर आ खड़ी हुई। चलते हुए वह बोली, 'तू सब्र कर। धैर्य से काम ले।'

'ठीक है, कोशिश करूँगी।'

'विश्वास।'

'किस पर?'

'कान्हा पर।'

'वह भी करूँगी। पर…'

'पर क्या?'

'कुछ नहीं।' ललिता टाल गई। न टालती तो क्या करती! वह जानती थी कि मीरा के पास हर समस्या का एक ही निदान है—कृष्ण-भक्ति। उसके प्रति संपूर्ण समर्पण और निरंतर उसका स्मरण।

मीरा चली गई थी। वह समस्या वहीं विराम पा गई थी। लेकिन आज तक वह समस्या जस-की-तस बनी हुई है। अपनी जगह से तनिक भी टस से मस नहीं हुई।

उसके स्वप्न जल-भुनकर राख ह़ो गए। वह कहीं की नहीं रही। वह कभी अपने घर नहीं लौट सकी। उनके चंगुल से भाग निकलने के बाद भी वह घर नहीं लौट सकी। क्या पता घर में कोई उसे स्वीकार करेगा या नहीं? घर की नाक का प्रश्न बनता था, पुत्री की अस्मिता छिन जाने का नहीं। पर क्यों?

हमारा समाज। हमारी इतनी पुरानी और आलीशान सभ्यता तथा शिखर को छूनेवाली संस्कृति। वाह, क्या खूब है यह ढोंग!

कौन सी सभ्यता? किसकी सभ्यता? कहाँ की संस्कृति? बंद करो यह बकवास! यह झूठ है, सफेद झूठ! हम कभी सभ्य नहीं थे! हम कभी सुसंस्कृत नहीं थे! आज भी नहीं हैं और कभी होंगे भी नहीं। यह भी एक प्रकार का आतंक है। शोषण है। दमन-चक्र है।

नहीं, वह इस भ्रमजाल के सम्मोहन में कदापि नहीं फँसेगी। कदापि नहीं।

ललिता की साँस उखड़ने लगी। उसके चेहरे पर पसीने की बूँदें छलक आईं। उसके होंठ नीले पड़ने लगे। उसकी आँखें सूजी-सूजी होने लगीं।

इसी समय वह टकरा गई।

वह चौंक पड़ी। किसी पेड़ का ठूँठ बीच में गड़ा हुआ था। उसने ध्यान से देखा, वहाँ पेड़ नहीं था। किसीने ठूँठ लाकर गाड़ा था। पर क्यों?

क्या हम सब मिलकर यही करते हैं? हम भी तो ठूँठ गाड़ते हैं। ऐसे ठूँठ गाड़ते हैं, जो देखने पर भी नहीं दीखें।

उसका लहँगा उलझकर थोड़ा सा फट गया था। ऐसा उसके साथ ही क्यों होता है? अभी उसने नया-नया लहँगा निकाला था। मीरा ने ही कहा था, 'ललिता, जो है, वह पहनने में कोई बुराई नहीं है। हाँ, कोई नया लत्ता-कपड़ा ऐसा मत बनवाना।'

'न पहनूँ तो?'

'क्यों न पहनो! वस्त्र पहनने के लिए ही होते हैं। और फिर तेरा यह लहँगा

अच्छा है। इसमें कोई खोट नहीं है। खोट सदा मन में होता है, ओढ़ने-पहनने में नहीं। हरियाली तीजो है आज। जहाँ-तहाँ मेले लगे हैं। जा, तू देख आ।'

'हम तो…'

'संसार में रहते हैं।'

'फिर आपकी यह सब चेतना-मर्यादा?'

'मेरी ओर से, ललिता, ऐसा कुछ नहीं है। न कोई रुकावट है। जो सहज है, मन के राजी-राजी है वही हो, बिना किसी दबाव-जोर के। उसमें मेरा क्या है री! जो है, तेरा है। जब तेरा-मेरा नहीं रहे, छोटी-मोटी संज्ञाएँ एक में समा जाएँ—जैसे नाले नदी में, नदी महानदी में और समुद्र में। ऐसा जब होने लगे, नामात्मक जगत् की परछाइयाँ पीछे छूटने लगें तब ललिता, मीरा नहीं रहेगी, तू भी नहीं होगी—एक वह होगा—नंद का लला, जसोदा का नंदन। तब तू उसके लिए नहाएगी, वस्त्र पहनेगी, श्रृंगार करेगी, रसोई पकाएगी, जगेगी, सोएगी, रोएगी और गाएगी। तब जो करेगी उसके लिए करेगी—और अचरज तो यह है कि तुझे तब यह भी आभास नहीं होगा—तू किसीको यह भी नहीं बता पाएगी, क्योंकि तू तब इस संबंध में कोई जानकारी नहीं रख पाएगी। हाँ, दूसरे जानेंगे। कहेंगे कि मीरा बावरी हो गई है। ललिता बौरा गई है। उसके होने के लिए जग के लिए बावरी होना ही पड़ेगा। वहाँ पहुँचने तक इंतजार करना होगा, ललिता, अब तू जा।' मीरा ने यह सब उसकी चोटी गूँथते हुए कहा था बड़े प्यार और दुलार से। फिर उसके माथे का चुंबन लेकर उसकी कनपटी पर काला टीका लगा दिया था, ताकि उसे नजर न लगे।

'दीदी!' ललिता ने मचलते हुए ऐसे कहा जैसे वह दीदी न हो, उसकी माँ हो।

'अब कोई ब्योंतना-बोताना नहीं। जा, चुपचाप और देख, फिर बताना कि क्या देखा? क्या पाया? क्या भाया? एकदम ब्योहरिया की तरह। अपने कर्मों के लिए महाजन बनना भी जरूरी है।'

ललिता चली तो आई, पर मीरा की आवाज बराबर उसका पीछा करती रही उसकी माँ की तरह।

'ललिता, चुपचाप कंघी करा ले।'

'करा तो रही हूँ, माँ।'

'दीदा तेरा कहीं है और मन कहीं और। चुपचाप सीधी बैठी रह।' इसीके साथ उसने उसके बाल पीछे को खींचे और चुटिया गूँथने लगी। वह कहने लगी—'अब तू दूध पीती बच्ची नहीं रही है। लंबाई में तू मुझसे भी चार अंगुल ऊपर

निकल गई है। कल ब्याह हो जाए तो चार दिन में गोद में बच्चा लिये घूमेगी।'

'माँ!' उसने बड़े लाड़ से इतराते हुए कहा, 'हमें ब्याह नहीं करना।'

'ब्याह मुझे भी नहीं करना था; पर हुआ और घर-संसार जुड़ा। दुनियादारी की डगर पकड़ी। झुनन-मुनन हुए। पगली, यहाँ सब होता है। समय आने तक इंतजार रहता है। समय भी अपने आप आता है। उसे कोई लिवाकर नहीं लाता। वह पाहुना की तरह आएगा और चुपचाप खिसक लेगा।'

'माँ!'

'फिर सिर हिलाया! ढंग से चोटी भी नहीं करा सकती। तेरी सहेलियाँ कहीं भागी नहीं जा रही हैं। अब की सिर हिलाया तो सिर में कंघी मार दूँगी।'

वह चुपचाप बैठी रही। एकदम गाय बन गई। जानती थी कि माँ को रिसा दिया तो धेला-छदाम भी बंद और आने-जाने पर भी पाबंदी।

'ललिता, अब तू सयानी हो चली है। याद है वह रात, जब तूने सोते से मुझे जगाकर बताया था। सिसकियाँ भर उठी थी तू! तब मैंने तुझसे क्या कहा था?' माँ ने मिस्री घोलते हुए स्वर में पूछा।

'यही कि तू ललिता, अब से हिरनिया की तरह भागना-कूदना नहीं करेगी। ढंग से चलेगी—लाजो, रूपा, साँवली की तरह।'

'साँवली को तो तब गौना कराकर लिवा ले जाने आए हुए थे न! फिर साँवली कैसी रहने लगी थी?'

'एकदम बछिया-गाय। मुँह भी बंद। ठहाका लगाकर हँसना भी बंद। पर क्यों, माँ?'

'बेटी, हर चीज का बखत होता है। सदा मानुख एक-सा नहीं रहता। हमें ही देख ले। कभी हमने भी गुड़िया खिलाई थीं। उनका ब्याह रचाया था। टेढ़ी-तिरछी लकीरें खेली थीं। किलकिल काँटे खेले थे। चक्कन-पौ भी खेलना नहीं छोड़ा था और सारे दिन भागते-कूदते रहे थे। पर धीरे-धीरे सब छूटता गया। नई-नई जिम्मेदारियाँ सिर पर आती रहीं और हम बच्ची से लड़की, लड़की से बहू और फिर माँ बन गए—तेरी माँ। अब हम तेरे में अपने को दोहरा पाकर फूले नहीं समाते। यही तो सुख-संसार है, प्यारी बिटिया।'

उस दिन कितना लाड़-प्यार उड़ेल दिया था माँ ने। वह पहली बार महीने से हुई थी। वह सब क्या था? कितना गिलगिला और कितना घिनौना!

माँ ने कहा, 'मेले-ठेले में जरा होशियारी से जाना। ज्यादा हँसी-ठट्ठा नहीं। अब तू बच्ची नहीं रही है। जमाने की बुरी निगाहें पड़ने लगी हैं। अपना ध्यान रखना।'

'माँ! तू तो डरा देती है। जैसे मैं मेले में नहीं, मोरचे पर जा रही हूँ।'

'बेटी, ये उमरिया किसीको काबू में नहीं रहने देती। बाढ़ बनकर आती है और निशान छोड़कर गायब हो जाती है। तेरा तो ब्याह पक्का होने वाला है।'

'नहीं माँ, मैं ब्याह नहीं करूँगी।'

'तो मैं करूँगी! ब्याह तो तेरा होना ही है। तू बड़ी भाग्यशाली है, मेरी लाडो! जैसे ही तू पेट में आई, घर का दरिद्दर हटने लगा। जन्म के साथ अपनी धान पर बहार आ गई। खूब हुई। इतनी कि उससे पहले कभी नहीं हुई। सारे कर्ज छू-मंतर। जमीन-जायदाद भी कुछ बढ़ी और अब यह रिश्ता, जिसके लिए बड़े-बड़े घराने तरसते रह गए, अपने आप ही आया; मानो घर बैठे भगवान् आ गए।' माँ का हृदय पिघल आया था मोम की तरह। उसका गला रुँधने लगा था। वह प्रार्थना की मुद्रा में थी।

पहली बार उसे लगा कि वह अचानक बहुत बड़ी हो गई है। अब उससे उसका किशोरपन बिदा हो रहा है। और वही हुआ।

कितनी बड़ी सजा। सबकुछ लुट गया। हाथ-पाँव खटिया से बाँध दिए और उनका सरदार जोर का ठहाका लगाता हुआ बोला, 'स्साली, बहुत फुदकती घूमती थी अंग-अंग में बिजली लिये! एक पाँव पल में इस तरफ तो दूसरा उस तरफ। सारे गाँव-कस्बे की नींद उड़ा रखी थी। जवानी न हुई, आग का गोला हो गई थी। नाक पर मक्खी नहीं बैठने देती थी। अब स्साली रंडी बनेगी, अपने समय की परी! स्साली, रंडी!'

उसका सिर दर्द से फटा जा रहा था। उसका अंग-अंग टूट रहा था। उसके होंठ सूख रहे थे। उसकी आँखें बुझ चली थीं। कितनी बेदर्दी से पीटा था उस जाहिल ने। थप्पड़ पर थप्पड़ और गाली पर गाली।

नहीं। उसके माथे की सिराएँ फट जाना चाहती थीं। जब उसके हाथ-पाँव की जेवरी खोली गई थी तब वह निर्वस्त्र थी। बुरे हाल। उसे अपने आपसे घृणा हो चली थी। वह उठ नहीं सकी। पड़ी रही। मर गई। बौरा गई।

वह आया। रावण की तरह हँसा। गाली देकर बोला, 'स्साली, हसीन रंडी! अब तू दागी जा चुकी है। स्साली के आसमान लाँघनेवाले पर काट दिए गए हैं। सारा तितलीपन झटक चुका है। अब हिरनिया-सी नहीं उड़ सकेगी। रखैल बनकर जिएगी या रंडी बनकर।'

वह न 'रंडी' का अर्थ समझी और न 'रखैल' का। वह कुछ नहीं समझी। सिवाय इसके कि वह कूड़ादान हो चुकी है। वह मर जाने का रास्ता टटोल रही थी।

उसे जबरदस्ती पिलाई जाती। उसके साथ पशु की तरह व्यवहार किया जाता। वह घबरा उठी। उसकी देह पर राक्षसी विषदंतों के चिह्न बन गए थे। उसके

होंठ कट गए थे।

वह रात थी बेहद काली। आकाश में तारे टिमटिमा रहे थे। आसमान साफ था। हवा शांत थी और सारी दुनिया गहरी निद्रा में थी।

वह उठी। उसका शरीर बेहद दर्द कर रहा था। वह रोज की तरह निर्वस्त्र थी। उसे अपनी कंचन काया से तीखी घृणा हो चुकी थी। उससे उसे सड़े नाले जैसी बदबू आती थी। उसके सिर में कीड़े-मकोड़े कुलबुलाते रहते थे।

उसके पास में ही वह सरदार भैंसा-सा सो रहा था खर्राटे लेते हुए।

वह टकराई। उसकी आँखों में बिजली कौंध गई। उसके सामने हँसिया पड़ा हुआ था। वह लौटी। लहँगा कमर में डाला। फतूही पहनी। चोटी कसी। देखा, घना सन्नाटा घोड़े बेचकर सोया पड़ा था। दूर-दूर तक जाड़े की काली घनी चादर तनी हुई थी। उसने धीरे से हँसिया उठाया। चाहा कि अपने को मार ले। इसी कारण उसने कपड़े पहने थे, ताकि मरने के बाद उसकी लाश बेइज्जत न हो। लेकिन ऐन मौके पर उसका इरादा पलटा। वह सोचने लगी। वह जीते जी अपने मारनेवाले को भी जहन्नुम में पहुँचा सकती है।

वह जग गया! वह उसे मार नहीं सकी तो वह उसका क्या करेगा? यह सोचते हुए उसके रोंगटे खड़े हो गए। थोड़ी देर बाद उसमें बिजली चमकी।

ललिता, तू तो मरी हुई है। मरे को और क्या मारा जाएगा। पकड़ी गई तो क्या है। जो चाहे वे करें, वह सहेगी। इसके अलावा उसके पास कोई चारा भी नहीं है।

अब उसके हाथ में हँसिया था। उसने हँसिया कसकर पकड़ा हुआ था। वह धीरे-धीरे आगे बढ़ी। पल भर के लिए सरदार की ओर देखा। फिर पूरी शक्ति से हँसिया सरदार के पेट में दे मारा। एक भयानक चीख निकली। रक्त की धारा फूटी। सरदार उठ पाता कि उसने दूसरा वार उसकी गरदन पर कर दिया। इसके बाद वह उसपर वार पर वार करती रही।

सरदार कभी का मर चुका था। पर वह तब तक उसे मारती रही जब तक कि उसके हाथ नहीं थके, देह पसीना-पसीना न हो गई और लाश निस्पंद।

बिखरा हुआ खून।

दो गज लंबी और भैंसे जितनी भारी चौड़ी लाश खून से लथपथ पड़ी थी।

हँसिया सरदार की जाँघ में फँसा हुआ था। उसने आहट सुनी। वह चौंकी। वह उसकी जाँघ से हँसिया निकालना चाहती थी; लेकिन वह हड़बड़ा गई और दूसरे दरवाजे से बाहर निकल गई।

रात थी।

वह रात भर गिरती-पड़ती भागती रही बिना दिशा-संकेत लिये। उसके दिमाग में खून था। उसकी देह चकनाचूर थी।

वह गिर पड़ी।

वह बेहोश हो गई। फिर क्या हुआ, उसे नहीं मालूम। जब उसकी आँख खुली तब वह तेज ज्वर की पकड़ में थी। वह पलंग पर पड़ी हुई थी। उसने उठना चाहा तो उठ नहीं पाई।

उसने प्यार से भरी एक महीन आवाज सुनी—'बेटी, मैं दूध लाती हूँ।'

एक अधेड़ स्त्री दूध लेकर आई और बड़े प्यार से बोली, 'लो, दूध पी लो।'

'नहीं।'

'जिद नहीं।'

'मैं दूध नहीं पीऊँगी!' उसने ऐलान कर दिया बुलंद आवाज में।

'ये तो ले, बेटी।'

'मेरा कोई माँ-बाप नहीं है। फिर मैं तेरी—तेरी बेटी। कभी नहीं! कभी नहीं! कदापि नहीं!' ललिता बड़बड़ाती रही।

'जानती हूँ, बेटी।'

'फिर बेटी!'

'नाम बता दे तो…'

'तो?'

'बेटी नहीं कहूँगी।'

'ललिता।' इतना कहकर उसने जीभ काट ली। यह क्या किया उसने! नहीं, अब वह कुछ नहीं बताएगी उसे।

'ललिता बेटी!'

'फिर बेटी!'

'मैं तेरी माँ की उमर की हूँ।'

'कहा नहीं कि मेरा कोई माँ-बाप नहीं है! मुझे बेटी मत कहो।'

'बेटी कहने से कोई बेटी नहीं हो जाती, ललिता। सगे बेटा-बेटी भी सगे सिद्ध नहीं होते। यह मात्र संबोधन है, रिश्ता नहीं।' उसने धीरे से कहा और उसके पास आ गई। उसके एक हाथ में दूध से भरा गड़ुआ था और दूसरे में एक पुड़िया।

'इस पुड़िया में क्या है?'

'आमाहलदी, बेटी।'

'फिर बेटी!'

'मुझे यही अच्छा लगता है।'

'पर मुझे नहीं।'

'तो तू मुझे माँ मत कहना। मेरा नाम चंपाबाई है। तू मुझे चंपा कह सकती है।'

'मुझे कुछ नहीं कहना।'

'नहीं कहना।'

'मुझे यहाँ नहीं रहना।'

'न रहना। पर…'

'पर क्या?'

'जरा चलने-फिरने लायक बना ले अपने आपको, बस। फिर जहाँ कहेगी वहाँ पहुँचा देंगे, बेटी! हम समाज से उपेक्षित जरूर हैं, गंदे भी हैं, घिनौने भी हैं; पर पेशा नहीं करते, सिर्फ नाच-गान करते हैं। ऊँचे समाज से दूर रहकर, ऊँचे समाज के मन बहलाने के लिए। समाज की ऊँची-से-ऊँची पगड़ी भी इस देहरी के सिजदे करती है। अपने घर की लुगाई को जूतों से ठोकर मारकर वे हमारे तलुए चाटते हैं।' चंपाबाई ने बड़े गर्व से अपना और अपने काम का परिचय दिया।

ललिता कुछ समझ नहीं पाई। उसके सामने मेले-ठेले में नाचने-गानेवाली लड़कियाँ घूम गईं, जिन्हें देख मर्द जात बड़े चाव से सीत्कारें लेकर इठलाते थे और बड़े-बुजुर्ग भी लुके-छिपे से उनके पास पहुँच जाते थे। उनको 'बेड़िनी' कहा जाता था।

उसने पूछ लिया—'आप बेड़िनी हैं क्या?'

'हाँ, बेटी, तूने ठीक जाना, हम बेड़िनी हैं। रंडी भी।'

'रंडी भी?'

'वेश्या भी।'

'क्या वेश्या भी?'

'कोठेवाली भी।'

'क्या कोठेवाली भी?'

'नगरवधू भी।'

'क्या नगरवधू भी?' ललिता चौंकी—'इतने सारे नाम!'

'अनेक उपनाम भी।' चंपाबाई ने पास पड़ी मुड़िया पर बैठते हुए कहा, 'वास्तव में हमारा कोई नाम नहीं है। न कोई जाति है, न कोई धर्म। कुछ भी नहीं हैं हम। जूठी पत्तल समझी जाती हैं हम। पर फिर भी ऊँची नाकवाले—चाहे वे पुजारी हों, प्रधान हों, सेठ-साहूकार हों, मुखिया हों; चाहे वे राज्य में किसी भी प्रतिष्ठा के पद पर हों, डाकू हों, लुटेरे हों; पर सब इसी उपेक्षित देहरी पर नाक रगड़ते हैं,

गिड़गिड़ाते हैं। फिर भी वे समाज की नाक हैं और हम उनकी पनहियाँ-की-पनहियाँ!' चंपाबाई ने गड़ुआ और पुड़िया एक ओर रखकर आले में रखी पनौटी को उठा लिया और पान लगाने लगी।

ललिता कुछ नहीं समझ पाई।

'ऐसा मत सोचना कि हमारी इज्जत नहीं है। लेकिन तुझे हम विवश नहीं करेंगे। तू ठीक हो जा, बेटी, फिर जहाँ कहेगी वहाँ तुझे बाइज्जत छुड़वा दिया जाएगा।' चंपाबाई ने पान का पत्ता तह कर मुँह में दबा लिया।

वह सुनती रही।

'हमारे इस खेल में कोई गुइयाँ नहीं है, बेटी! सब भड़ुए हैं। भड़भड़िया हैं, स्साले, हरामी के पिल्ले! भड़भूँजे! जनखे कहीं के!'

ललिता का माथा ठनका। ऐसी भाषा उसने पहले नहीं सुनी थी। पता नहीं अभी उसे क्या-क्या और सुनना-देखना है।

'ले बेटी, अब तू दूध पी ले और आमाहलदी फाँक ले। तुझे तेज बुखार भी है। फिर उसके लिए दवा दूँगी।' चंपाबाई ने बड़े प्यार से वह गड़ुआ और पुड़िया उसकी ओर बढ़ा दी।

उसने बिना कुछ कहे गड़ुआ पकड़ लिया और पुड़िया फाँक ली।

'चाहे हम फाहिशा—यानी वेश्या हों, पर यहाँ कुकर्म नहीं होता। यह देहरी मंदिर-मसजिद से ज्यादा पवित्र है, पाक है। फिर भी बदनाम है। यही तो अपना-अपना भाग्य है। एक फूल देवता के चरणों में और दूसरा गजरे में। तीसरा धूल में भी। सब भाग्य का खेल है। तू अब आराम कर, बेटी।' चंपाबाई इतना कहकर उठ गई।

वह अकेली रह गई।

□

उसने सुना कि कोई उसे पुकार रहा है। वह मुड़ी। अरे, यह तो धूपद है।

"कहाँ चली जा रही थी?"

"एँ!" ललिता स्वयं चकित थी।

"कुटिया तो बहुत पीछे रह गई है।"

ललिता कैसे कहे कि वह अपने पुराने इतिहास के गली-गलियारों और अंधकूपों में उतर गई थी बहुत गहरे में—बहुत दूर, जहाँ से वापस लौटना उसके वश की बात नहीं होती है। स्मृति फफोलों का घर बन जाती है। ऐसे अवसरों पर वह अपने में नहीं रह पाती। उसने कितनी पूजा-प्रार्थना की, भजन-स्मरण किया, पद-गीत गाए और सुने; परंतु वह अपने अतीत के दंशों से अपने को नहीं बचा पाई।

उसने गहरी साँस लेकर कहा, ''कुछ नहीं, धूपद। यदाकदा ऐसा हो जाता है। जब मैं बिलकुल अकेली रह जाती हूँ तब भजन-कीर्तन, पूजा-अर्चना आदि का प्रभाव मुझे जिंदगी के कटे हुए भाग से जोड़ने से नहीं रोक पाता है।''

''समझा, ललिता।''

''पता नहीं कि यहाँ कुछ समझने के लिए है भी या नहीं; या जो हम समझे हैं, वह समझ के दायरे में ही नहीं आता हो। ठीक से मैं किसी निष्कर्ष पर नहीं पहुँच सकी हूँ।''

ललिता लौटने को हुई कि धूपद कह उठा—''माता कुटिया पर नहीं हैं।''

''क्यों, कहाँ गई हैं?''

''पता नहीं। मैं आया तो बाहर से साँकल लगी पाई। पड़ोस से पता चला कि वह कहीं बाहर गई हुई हैं। उन्होंने तुमसे कुछ नहीं कहा था क्या?'' धूपद पूछ रहा था।

''नहीं।''

''फिर! क्या वह तुम्हारे साथ नहीं गई थीं?''

''नहीं। उलटे उन्होंने मुझे बाहर जाने के लिए मनाया था।'' ललिता ने सोचकर कहा।

''वह कहाँ जा सकती हैं?''

''शायद माधव मंदिर। पर वहाँ तो तुम थे।'' ललिता ने अपनी बात को स्वयं ही काट दिया।

''था तो, पर…'' कुछ याद कर धूपद ने आगे कहा, ''दिन में तो मंदिर बंद रहता है और कपाट भी। फिर, वहाँ किसीके आने-जाने का प्रश्न ही नहीं।''

''तब?'' ललिता सोच में पड़ गई। वह कहाँ जाएँगी? क्या उनका भी कोई रहस्य है? वह वृंदावन ही क्यों आने की रट लगाए हुए थीं? उसे उन्होंने क्यों बाहर भेजा था? आखिर बात क्या है? माजरा क्या है?

धूपद भी सोच रहा था। कई बार उसे कुटिया पर साँकल लगी हुई मिली थी।

''चलो, कुटिया पर चलें। शायद…'' ललिता ने सोच को एक नया रास्ता दिखाया।

''कुटिया में साँकल लगी हुई है।'' धूपद ने दूर से ही देखकर कहा।

''फिर?'' ललिता ने पूछा।

''मंदिर चलें।'' धूपद का सुझाव था।

''वह तो बंद है।''

"थोड़ी देर में खुल जाएगा।"

"पता नहीं कब तक खुले!"

"गुसाँई अच्युतानंद मंदिर के पट खोलने और बंद करने में समय के बड़े पाबंद हैं।"

"जानती हूँ।"

"फिर?" धूपद ने पूछा।

"अच्छा चलो। यही ठीक रहेगा।" ललिता यह कहकर माधव मंदिर की ओर मुड़ गई।

पीछे-पीछे धूपद चल रहा था।

नौ

सुनसान माधव मंदिर। गहरा एकांत। सीढ़ियाँ चढ़कर मंदिर पहुँचना। भीतर भी काफी दूर तक जाना। मीरा को वह मंदिर पहली ही दृष्टि में मनमोहक लगा था। उसने सोचा था कि कान्हा से भेंट होने का इससे सुंदर दूसरा स्थान यहाँ और कोई नहीं है। उसने अपने मन की सहज जिज्ञासा गुसाँई अच्युतानंद के सामने रख दी थी।

वह बोले थे—"आप रोज आएँ, जिस समय आएँ, आपके लिए मंदिर के द्वार हर समय खुले हैं।"

मीरा सोचती थी कि उसको वहाँ कान्हा से मिलना है। वह दोपहर में वहाँ आ सकती है; क्योंकि तब वह स्थान निर्जन होता है।

गुसाँई अच्युतानंद बता रहे थे—"यह मंदिर ग्वालियर के एक सेठ ने बनवाया था। पहले यहाँ कुटिया थी। उस कुटिया में एक बाबा रहता था। बड़ा क्रूर, महाक्रोधी और बड़बोला था वह। पर उसकी ख्याति दूर-दूर तक थी। वाक्सिद्धि थी उसे। जो कह देता था वह होता था। वह शाप देगा या वरदान, यह कोई नहीं कह सकता था। प्राय: वह शाप देता था। वह सेठ निस्संतान था। उसने बाबा की सेवा की। अपनी समस्या बतलाई। बाबा ने उसे आशीर्वाद दिया। उसके लड़का हुआ। वह दोबारा भी शरण में आया। तब बाबा नहीं रहे थे। इस कारण उसने यह मंदिर बनवा दिया। इस मंदिर की जालियों में वे लोग ही धागे बाँधते हैं, जो बाबा के नाम से मनौती मानते हैं। मनौती पूरी होने पर वे भक्त दिल खोलकर दान करते हैं। इसीसे इस मंदिर का वैभव बना हुआ है। चारों ओर नाम है।"

वह बहुत दिनों से इस मंदिर की कथा मीरा को सुनाना चाहते थे; लेकिन कभी ऐसा मौका ही नहीं आया। आज उन्हें मौका हाथ लगा तो उन्होंने सबकुछ बता

डाला था।

"गुसाँईजी, आपने उस बाबा को देखा होगा?"

"नहीं।"

"फिर आप?"

"मैं इस मंदिर के निर्माण के समय यहाँ आया था। गुजराती ब्राह्मण हूँ। दर्शन करने आया था। मन यहीं रमने लगा। ढपली बजाता और प्रभु के गुन गाता। खाने की कोई चिंता नहीं। रोज किसी-न-किसीके घर से खाना आ जाता था। वह सेठ रीझ गया। उसने कहा, पुजारी बनोगे? मैं मान गया। तब से मैं यहाँ हूँ।"

गुसाँई अच्युतानंद बताए चले जा रहे थे कि मीरा ने उनसे बीच में ही पूछ लिया—"कभी आपने उस बाबा को मंदिर में गाते हुए सुना है?"

"क्या वह गाता भी था?"

"हाँ, वह गाता भी था; लेकिन रात्रि के तीसरे पहर के लगने पर।"

"यह आपको किसने बताया?"

"उसीने, गुसाँईजी, और मुझे कौन बताता!" मीरा ने रहस्य बनाते हुए कहा।

"आपका मतलब, स्वयं बाबा ने?"

"हाँ, गुसाँईजी, बाबा ने।"

गुसाँई अच्युतानंद अवाक् रह गए। अब वह क्या तर्क करें? क्या पूछें? कहाँ बाबा और कहाँ मीरा! अस्सी वर्ष के वह होने को आए। कहाँ मीरा की अवस्था! बाबा तो उससे भी पहले हुए थे। उन्होंने ही बाबा को नहीं देखा था; फिर मीरा ने बाबा को कैसे देखा?

मीरा कहने लगी—"गुसाँईजी खा गए न आप चक्कर! मनुष्य की अपनी सीमाएँ हैं। हम आज भी कान्हा की अनुभूति पा लेते हैं और उसके साथ बातचीत भी कर लेते हैं; जबकि उसे हुए हजारों वर्ष हो चुके हैं। इसी तरह मैंने बाबा को जाना। उनसे मिली। बात की। उन्होंने ही आदेश दिया कि मैं मंदिर में जाकर माधव का स्मरण करूँ।"

गुसाँई अच्युतानंद चकित-से रह गए। हालाँकि उन्होंने ऐसी अनेक घटनाओं के बारे में सुना था। वह पगला बाबा चिल्ला-चिल्लाकर कहता था, 'आज यमुना के तट पर किसन मिला। बहुत दुबला हो गया था। उसके कुछ बाल पक गए थे। अब उसने मुरली बजाना छोड़ दिया था। बहुत दुःखी लग रहा था। मैंने तो उससे कह दिया था कि—तुम हर युग में महाभारत के किसन नहीं रहोगे। हर युग अपना महाभारत स्वयं रचता है। वह अपना किसन भी स्वयं चुनता है। उसका अर्जुन भी

अलग होता है। मैंने उससे कह दिया था कि किसन, यह तुम्हारा युग नहीं है। यह कलियुग है। इसकी अपनी मर्यादाएँ और शैलियाँ हैं।' क्या वास्तव में किसन वहीं घूमता रहता है? वह कइयों को मिल चुका है। कई लोग उसके बारे में अलग-अलग बातें करते हैं। क्या वे सब असत्य बातें करते हैं? सबसे वे कुछ नहीं कहते।

गुसाँई अच्युतानंद ने कुछ देर बाद कहा, "और क्या कहा बाबा ने?"

"अपनी दिशा स्वयं खोजो। हर व्यक्ति का सत्य अपना है। हर व्यक्ति का किसन कन्हैया अपना है। मीरा, अब तुम्हें अपने किसन को चुनना है। तो उठो, गाओ और चुनो। वह तुम्हें उसी रूप में मिलेगा जिस रूप में तुम उसे देखना चाहोगी।"

मीरा ने सहज ढंग से कह डाला। उसका मन कृष्णमय हो चला था। उसे वहाँ हर चीज में कृष्णभाव का अनुभव हो रहा था।

गुसाँई अच्युतानंद को बाबा कभी नजर नहीं आए। स्वप्न में भी नहीं। वह कभी कुछ सोचते भी नहीं थे। उन्हें न राम में रुचि थी और न कृष्ण में। वह माधव मंदिर के पुजारी होकर कभी माधव के बारे में नहीं सोचते थे। उनकी दृष्टि में माधव मंदिर मात्र सामूहिक पूजास्थल था।

मीरा सीढ़ियाँ चढ़ रही थी और वह सोचे जा रहे थे कि ऐसी दिव्य अनुभूतियाँ क्यों नहीं होतीं उन्हें? माखन चुरैया कान्हा के भी दर्शन कभी नहीं हुए। क्या वह वहीं घूमता है? ऐसा कैसे हो सकता है? उसने गहरी साँस ली। शायद अब वह सच्चाई जान सके। सब एक ही बात कहते हैं कि मीरा को कान्हा रोज दर्शन देते हैं। उससे आकर बात करते हैं। तभी तो वह उसकी दीवानी हो उठी है। तभी उसने राजमहल छोड़ा है। तभी उसने पति के रहते हुए गिरिधर गोपाल को अपना पति माना है। तभी उसने राजघराने के ताने सुने, सजाएँ पाईं और पाबंदियों में रही; परंतु उसने अपने गिरिधर गोपाल को नहीं छोड़ा। साधुओं के ढिंग रही, उनके बीच नाची-गाई। आखिर क्यों?

यह जानते हुए कि मीरा विधवा है, उन्होंने यदाकदा माधव मूर्ति के शृंगार की भी आज्ञा दे दी। पर यह स्पष्ट भी कर दिया—"क्षमा करना, माई, यदि कुछ गलत कह जाऊँ। मैं ठहरा नौकर-चाकर। माधव की सेवा में हूँ। फिर भी, मैं माधव को नहीं जानता। जानना भी नहीं चाहता। जानकर करूँगा भी क्या! जब वह कण-कणवासी है, अंतर्यामी है और अविनासी है तब उसे क्या जानना और क्यों जानना! पर..."

"पर क्या, गुसाँईजी?"

"आपने चाहा कि आप माधव का शृंगार करें। मैं मान गया; क्योंकि मेरे मन

में जगत् नहीं है और न इस जगत् की उलटी-सीधी मान-मर्यादाएँ घर किए हैं। परंतु मैं जिनका पुजारी हूँ वे माधव नहीं हैं। वे तो जगत् के सेठ-साहूकार हैं। वे जगत् मानते हैं। उसका व्यवहार मानते हैं। उसका चलन मानते हैं। वे एक विधवा को माधव-शृंगार की आज्ञा नहीं देते हैं। वे आरती-पूजन का भी अधिकार नहीं देते हैं। लेकिन मुझे उनकी चिंता नहीं है। मुझे सच्चे आदमी-मानुख की चिंता है।'' वह कहते जा रहे थे और जगत् शतरंज की गोटियों को भी बिठाते जा रहे थे।

''गुसाँईजी, मैं नहीं चाहूँगी कि आप जगत्-व्यवहार तोड़ें, उसकी मर्यादा तोड़ें और श्रद्धालुओं को निराश करें। यह मंदिर उनका है, उनकी भावनाओं का राजप्रासाद है। यह वैसा बना रहे।''

''पर मैं इसका पुजारी हूँ। मुझे भी भक्तों की पहचान है। पहली बार इतनी लंबी आयु में मुझे लगा कि इस मंदिर में कोई भक्तिन आई है। उसके प्रताप से पहली बार यह मंदिर कृष्णमय होता प्रतीत हुआ है। इसीसे मैंने हामी भरी है, उसके कारण जो सबका मोर मुकुट गिरिधारी है, कृष्ण मुरारि है। सच में, मैं बहुत प्रसन्न हूँ। शायद मेरा भी उसके चरणों में विश्वास हो जाए और यह चौथी अवस्था सुकारत लग जाए।'' गुसाँई अच्युतानंद का कंठ भर आया था।

उनके मन में मीरा की वाणी गूँज रही थी—

'सावन माँ उमग्यो म्हारो मण री, भणक सुण्या हरि आवण री।
बीजाँ दाँबूँ मेहाँ आयाँ बरसाँ सीतल पवण सुहावण री।
मीराँ के प्रभु गिरधर नागर, बेला मंगल गावण री॥'

क्या बात है मीरा की पुकार में! मन सारी सुधबुध भूल जाता है। अंतर उमग-उमग पड़ता है। क्यों न पड़े। मीरा ने घोषणा कर दी है कि वह वृंदावन की कुंज-गलियों में गोविंद की लीला गाएगी। वह कुसुंबी साड़ी पहनकर साँवरिया के दर्शन पाएगी। उसका हिय बहुत अधीर हो रहा है। उसे आधी रात प्रभु दर्शन दें, ऐसी उसकी प्रार्थना है। वह भी यमुना के तीर पर। यमुना नहीं, वह तो प्रेम की नदी है। वह तो उसकी आज्ञा पर अपनी माँग मोतियों से भरने को तैयार है और केश छिटकाने के लिए भी तत्पर है।

मीरा देख रही थी कि अस्सी वर्ष के गुसाँई अच्युतानंद चालीस से ऊपर के नहीं लगते। अभी तक उनके बाल काले हैं। बत्तीसी सही-सलामत है। चेहरे पर तेज है। अंतर में प्रकाश है। देह पर अखाड़े की माटी की चमक है। आँखों में मतवालापन है। बेफिक्री का आलम है और साँची दौलत का नशा है। उन्हें कौन कहेगा कि वह अस्सी वर्ष के हैं। आसपासवाले कहते हैं कि पचास साल से

ऊपर हो चले हैं उन्हें देखते-देखते। उनमें कोई परिवर्तन नहीं हुआ। वे खुद बुढ़ा गए हैं, उनके मुँह पोपले हो गए हैं, चेहरे पर मकड़ी का जाला बन चला है, कमर झुक गई है, आँखें अंदर को धँस गई हैं; पर गुसाँई तो जस-के-तस हैं। मजबूत कद-काठी का पक्का पट्ठा। आज भी वह एक गाय का दूध-मक्खन, बादाम की गिरी, मुनक्का और भाँग भवानी का बड़ा सा गोला बड़े चाव से हजम कर रहे हैं। तभी तो उनसे सब डरते हैं। वह मनमौजी हैं। जो जी में आता है, करते हैं। तभी तो उन्होंने डंके की चोट पर कह दिया—'यह मंदिर अपने ही नेम टेक को मानेगा। यह माधवजी का मंदिर है। बाबा का मंदिर है। पवन की तरह चलेगा, गगन की तरह रहेगा, धरा की तरह अनुभूति देगा, अग्नि की तरह चमकेगा। तुम सब ध्यान से सुन लो। यह पुजारी माधव की सेवा माधव के ढंग से करेगा। किसीसे उधार लेकर माधव को न श्रृंगार करेगा, न भोग लगाएगा और न विधि-विधान जुटाएगा। यदि तुम्हें वैसा करना हो तो गुसाँई यह चला कि वह। फिर तुम्हें दूसरा पुजारी ही लाना पड़ेगा।'

सब नट गए। पुजारी को कोई नहीं बदलना चाहता। माधव मंदिर का यश तो पुजारी के ही कारण है—न गंडा, न तावीज; न भभूत, न रोली; न झाड़, न फूँक; न टोटका, न तंतर-मंतर। फिर भी, जो माधव मंदिर में आया और जिसने सच्चे मन से जो चाहा, वह उसे मिला। तभी तो दूर-दूर तक वह 'मनौती मंदिर' के नाम से जाना जाता है।

एक माँ ने अपने बच्चे को बाबा के सामने झुकाकर कहा, 'बाबा, आशीर्वाद दो।'

'भोली माँ, वह तो तू ही दे सकती है। माँ से बड़ा आशीर्वाद इस जगत् में कोई दूसरा नहीं दे सकता। अपने इस माधव, जगत् के रचयिता को भी जसोदा के आशीर्वाद की जरूरत पड़ी थी न, माँ। फिर तू अपने लाडले के लिए किसका आशीर्वाद चाहती है? न माँ, न। तेरी ममता की जिसे हवा मिले, स्नेह मिले, अंक मिले उसे माँ, किसी दूसरे के आशीर्वाद की जरूरत नहीं।'

वह बालक बहुत बीमार था। वैद्य-हकीम जवाब दे चुके थे। तावीज-गंडे, जादू-टोने, झाड़-फूँक आदि सब बेकार सिद्ध हो चुके थे। मनौतियाँ भी बेअसर रही थीं। तब वह अपने सुत को लेकर वहाँ आई थी। किसीने उससे कहा था कि झुटुंग बाबा ही कुछ करना चाहें तो कर सकते हैं।

गुसाँई का दूसरा नाम झुटुंग बाबा भी था; क्योंकि वह जटाधारी थे और उनकी जटाओं में बिजली-सी चमक थी।

'बाबा, बहुत दूर से आई हूँ। बड़ी आशा लेकर आई हूँ। कृपा कर दो,

बाबा।' वह औरत माथा टेक चुकी थी।

'माई, तू बाबा को लज्जित न कर। माँ से बड़ा भगवान् नहीं है; यह माधव भी नहीं। जसोदा कितनी महान् है, जो अपने पुत्र की पूजा करवाकर प्रसन्न है, अपनी नहीं। जा माई, अब उसे तेरा आशीर्वाद मिल गया है। तेरा लाला फूल-सा खिल उठेगा। आनंद भरेगा।'

वैसा ही हुआ। ऐसी कहानियों से गुसाँई का प्रभामंडल आकाश में ध्रुव तारे-सा चमचमा रहा था।

मीरा भी गुसाँई में बहुत कुछ अनुभव कर रही थी। सिवाय उसके ऐसा कौन कह सकता है कि 'मुझे माधव की जरूरत नहीं। पूजा की नहीं। कीर्तन की नहीं। पर मैं तो उसका चाकर हूँ। तो चाकरी हमारा धर्म हुआ। वह मैं कर रहा हूँ। पर सच में मुझे उसकी जरूरत नहीं है। लगता है, यदि वह है तो उसे ही हमारी-तुम्हारी जरूरत है। है न!'

क्या कहती मीरा। कितना भोला मन! कितना भोला रूप! न ज्यादा सोचना, न ज्यादा समझना; जैसे सोचना-समझना इतना जरूरी नहीं, जितना करना। न किसी बात का डर, न किसीसे लगाव।

मीरा यह सोचते हुए मंदिर के अंदर चली आई। उसने पट खोले। उसे याद आया कि गुसाँई ने कैसे सरल चित्त होकर कह दिया था—'पट खोलने की आज्ञा की क्या जरूरत? उसके पट बंद कब हुए? कौन बंद कर सकता है? फिर उसके पट खोलने का प्रश्न क्यों? सूरज कहाँ डूबता, कहाँ निकलता, कहाँ छिपता है? वह तो हर क्षण बना रहता है। फिर भी, हम उसे डुबोते हैं, निकालते हैं और छिपाते हैं। यह हमारी कल्पना की उड़ान है। वह तो जो है, जैसा है वैसा ही रहेगा। उसमें कोई परिवर्तन नहीं होगा। कुछ भी नहीं। कभी भी नहीं।' कितनी बड़ी बात कह गए थे वे सीधे-सादे अंदाज में।

मीरा ने पट खोले। उसके अंतर्पट खुले। सारा मंदिर सन्नाटे में डूबा था। सारी खिड़कियाँ बंद थीं। झरोखे बंद थे। जालियों से बहता आ रहा था छन-छनकर पवन और हलकी सी प्रकाश ज्योति।

यह मंदिर। यह एकांत। सुनसान। केवल माधव मुकुंद। मुसकराते हुए माधव। मानो कह रहे हों, 'मीरा, आखिर यहाँ तक आ ही गई!'

'क्या नहीं आती?'

'क्यों?'

'फिर पूछते क्यों हो?'

'जानना चाहता हूँ।'

'क्या?'

'क्या तुम द्वारका भी पहुँचोगी?'

'यदि तुम नहीं आते।'

'यानी पीछा नहीं छोड़ोगी!'

'मैं पीछे पड़ी हूँ या तुम?'

'मैं!'

'और क्या मैं?'

'उलटा चोर कोतवाल को डाँटे!'

'बतरसी, बाँके बिहारी, जानती हूँ कि तुमसे बातों में कोई नहीं जीत सकता। सारा तरकश खाली हो जाएगा, पर तुमपर उसका कोई असर नहीं पड़ेगा। यही सोचकर मैंने सरल सी गैल पकड़ी है।'

'कौन सी गैल?'

'क्यों बताएँ?'

'इतनी नाराजी!'

'नहीं।'

'फिर?'

'अपना नाम-विशेषण बदल दो।'

'क्यों?'

'क्योंकि तुम अंतर्यामी कहलाते हो। फिर भी, पूछते हो कि कौन सी गैल! जे गैल भी वही है जो थाने सुझाई है। म्हारी गैल तो थारी गैल है, साँवरिया। भगतन पर आता क्या है? सिवाय थारे उन्हें कौन घास डालता है! न नेम, न पूजा; न जंतर, न मंतर; न जोग, न भोग। कुछ भी नहीं आता है उन्हें। न उनमें वह सब सीखने की इच्छा है। वे तो थारे चरणन में पड़े रहना चाहते हैं। थारे दरसण को अमरत सदा चखते रहना चाहते हैं। फिर भी, थे उनको चकमा देकर भागते-घूमते हो। टँगड़ी मारकर गिराना चाहते हो। वे थारे टंट-घंट नहीं जानते, जासे उन्हें छकाता है और स्वयं झूमता है। देख रे, कान देकर सुन ले, यहाँ थारा जे झूमड़-झामड़ा नहीं चलेगा।'

'ओह, बात यहाँ तक जा पहुँची है! हम भी कैसे भोलेभाले हैं कि हमें ये सब बातें आज तक किसीने नहीं बताईं। हमें अँधेरे में रखा।'

'फिर झूठ!'

'इसमें क्या झूठ है, मीरा?'

'बुलाऊँ राधा को, गोपियों को!'

'वे क्या कर लेंगी?'

'झूठ-सच का फैसला कर देंगी।'

'कैसे?'

'तू उन्हें बहकाकर अकेला छोड़ गया था कि नहीं!'

'कहाँ?'

'यहाँ और कहाँ!'

'तो?'

'चुटकी बजाकर तूने कही थी न कि···'

'क्या?'

'जे गया, वो आया।'

'हाँ तो!'

'कितेक कोस का फासला था?'

'तो क्या हुआ! ऊधो को संदेश देकर भेजा था न!'

'उन्हें तो थारी जरूरत थी, कान्हा, ऊधो की नाहिं और न तिहारे संदेसन की। थाने ही तो उनसे वायदा किया था कि नाहिं! फिर?'

'वो क्या था कि तब राजकाज का भार सिर पर आ पड़ा था। मजबूरी थी। सामने पहाड़ जैसे काम थे। उन्हें निबटाना भी जरूरी था कि नहीं।'

'वो तुम जानो। जगत् थारी उपज है। बाहे तुम्हीं जानो-समझो। बा में उनका क्या दखल!'

'ठीक है, बाबा, ठीक है।'

'क्या ठीक है?'

'कि हम लबार हैं। हममें से अभी तक लरकाई टेव नहीं छूटी है। और···'

'बस-बस, और आगे कछु नाहिं। हम सब समझत हैं कि जा तरह तुम हमसे सहज में पिंड छुड़ाना चाहते हो; लेकिन हम यहाँ तिहारी दाल नहीं गलने देंगे। यहाँ से तुम पिंड छुड़ाकर नहीं भाग सकते। जहाँ भी भागोगे वहीं हम जा पहुँचेंगे। हम राधा-गोपी नहीं, मीरा हैं—राजपूतनी मीरा। जो एक बार ठान ले उसे पूरा करके ही दम ले। प्रान चाहे चले जाएँ, पर प्रन नहीं जाए। किसी कीमत पर नहीं जाए। आन आन है।'

'समझ रहे हैं, मीरा, पर···'

'पर-वर कछु नाहिं, गिरिधर गोपाल, माधव मुरारि, माखन चुरैया!'

'क्यों आज तुम हमारा फजीता करने पर उतारू हो चली हो?'

कान पकड़कर मीरा कहती—'न बाबा, न! ऐसा पाप और थारे साथ! कबहुँ

नाहिं। सपने में भी नाहिं। कबहुँ नाहिं।'

'फिर तुमने हमें अपना पति क्यों घोषित कर दिया?'

'क्या करते? हम भी थारी तरह विवश थे। कोई रास्ता नहीं था म्हारे सामने। जाके लिए म्हारे कूँ छमा कर देना तारनहार, पतितपावन। पर जा में म्हारा इरादा थारे कूँ तनिक भी तंग करने का नाहिं था। कंठ की सौं।'

'यह जानते हुए कि हम विवाहित हैं।'

'आपके मुँह से जे बात सोभा नाहिं देत है, नटवरलाल।'

'क्यों?'

'आपने विवाहित होते हुए भी न जाने कितेक विवाह रचाए हैं, कितेक हरण किए हैं। वो रुक्मणि हरण—याद है न, रसिक बिहारी, रास रचैया?'

'देखो मीरा, अब तुम अपनी सीमा लाँघ रही हो।'

'थारे मोर मुकुट की सौं, म्हाँने अपनी सीमा अभी तक नाहिं मालूम। सच रे, म्हारी सीमा क्या है, जे हमन कूँ नाहिं पता। तू बता दे रे म्हारी सीमा। फिर हम गलती नाहिं करेंगे।'

'देखो मीरा, ये बातें राजघराने की बहू को शोभा नहीं देती हैं। यह जग है न!' कान्हा ने कहा।

'थारी माया।'

'कुछ समझो, पर है तो।'

'तो मुझे क्या?'

'पर मुझे है।'

'तो हो। म्हारे कूँ क्या डर-भय बासे!'

'क्यों?'

'म्हें तो जगवाले की हूँ।'

'मीरा!' कान्हा ऊँचे स्वर में बोल पड़े।

'धीरे बोलो, साँवरिया, कोई सुन लेगा।'

'क्या सुन लेगा?'

'यही कि थे म्हारे धणी हो।'

'नहीं। तुम विवाहित हो।'

'थे भी विवाहित हो। म्हाँ तो बचपन से थाने अपना धणी मान बैठी हूँ, नाथ!'

'यह सब गलत है।'

'वह म्हारे को नाहिं मालूम।'

'हठ नहीं करते, मीरा।'

'जे बात थारे मुख से सोभा नाहिं देत।'

'यह बात तुम मुझे बता रही हो!'

'नहीं, स्वामी।'

'फिर?'

'क्या फिर! जे बात भी तो थारे सूँ ही म्हारे कूँ पता चली है। जा में म्हारा कछु नाहिं है, गिरिधर गोपाल, साँवरिया। जो कछु है वो थारा है। थारे सूँ है। थारे लिए है।'

'मीरा!'

'ऊँचे स्वर में नहीं, नाथ! थारे कूँ तो मन सूँ बात करना खूब आता है।'

'नहीं आता।'

'इतेक गुस्सा! आखिर रिसाकर क्या करना चाहते हो?'

'अपना पिंड छुड़ाना चाहता हूँ।'

'थे तो जगत् के स्वामी हो। स्वामियों के स्वामी हो। थारे लिए यह काम कौन सा मुश्किल है। चुटकी बजाते ही झट हो जाएगा।'

'मीरा, तुम समझने की कोशिश क्यों नहीं करतीं? मुझसे तुम्हें कुछ नहीं मिल पाएगा।' कान्हा बोले।

'जे समझने-समझाने की बात छोड़ो, गिरिधर गोपाल। थे समझाते-समझते बहुत नेकनामी पा चुके हो। बा टेव कूँ अब छोड़ो। म्हारी अरज सुन लो, जे नेहड़ा बहुत बुरा रोग है। एक बार लग जाए तो जिंदगी भर नाहिं छूटता। म्हारी ओर ध्यान सूँ चितवाँ। हम चितवाँ थे चितवो णा ऐसा कठोर हियड़ो क्यों कर लिया है?'

मीरा मन-ही-मन रीझती और चाहती कि इस बहाने वह कान्हा से बतियाती रहे। कान्हा वहाँ से जाना भूल जाएँ।

कान्हा कुछ-कुछ चिंतित हो उठे। उनकी समझ में नहीं आ रहा था कि वह कैसे मीरा का ध्यान अपनी ओर से फेरें।

मीरा गा उठी। कुछ रुककर बोली, 'ए गिरिधर, बाँसुरिया उठाओ और बजाओ। हम गाते हैं, नाचते हैं।'

'नहीं, मुझे जाना है।'

'कहाँ जाना है, जरा हम भी जानें?'

'कहीं भी!'

'जगत् के कर्णधार, जरा बो जगह बताओ तो जहाँ थारा वास नाहिं?' मीरा ने मुसकराकर पूछा।

'तुम कुछ नहीं समझोगी।'

'म्हें समझने की कौण जरूरत है, गोपाल!' मीरा अपने अरुणाधरों पर स्मित लहराकर आगे कहती—'समझदार तो एक ही काफी है और वो थे हो। थारे से बड़ा समझदार जा धरती पे दूसरा नाँय है।'

कान्हा सोच में पड़ गए। उनकी सारी लीला-माया बेअसर। बेकार समय नष्ट किया। वह बोले, 'हम बाँसुरिया नहीं बजाएँ तो?'

'थे अपने मन के मालिक हो, फिर म्हारा क्या वश है! हम गाते रहेंगे। थारी मरजी। थे सुनना चाहो तो सुनना, न सुनना चाहो तो न सुनना। लेकिन न सुनना चाहोगे तो भी सुनना तो पड़ेगा, अंतर्यामी। वह कौन सी ध्वनि है, वह कौन सी आवाज है, वह कौन सा स्वर है और वह कौन सी लय है, जो थारे तक नहीं जाती! म्हारे तो सिगरे काम थारे लिए हैं। थारे अतिरिक्त न कोई काम है और न कोई नाम।'

मीरा इतना कहकर गुनगुनाने लगी। उसने धीरे-धीरे अपनी आँखें बंद कीं और फर्श पर हलकी-हलकी थाप दी। फिर गा उठी गहरी डूबकर, हृतंत्री खोलकर—

''म्हाणे चाकर राखाँजी, गिरधारी लाला चाकर राखाँजी।
चाकर रहस्यूँ बाग लगास्यूँ, नित उठ दरसण पास्यूँ।
बिंद्रावण री कुंज गलिन माँ, गोविंद लीला गास्यूँ।
चाकरी में दरसण पास्यूँ, सुमिरण पास्यूँ खरची।
भाव भगत जागीराँ पास्यूँ, जणम जणम री तरसी।
मोर मुगुट पीतांबर सोहाँ, गल वैजंती मालो।
बिंद्रावण माँ धेण चरावाँ, मोहन मुरली वालो।
हरे हरे णवाँ कुंज लगास्यूँ, बीचाँ बीचाँ बारी।
साँवरिया रो दरसण पास्यूँ, पहण कुसुंबी सारी।
आधाँ रात प्रभु दरसण दीस्यों, जमणाजी रे तीराँ।
मीराँ रे प्रभु गिरधर नागर हिवड़ो घणो अधीरा॥''

गीत समाप्त।

कान्हा मंत्रमुग्ध हुए बाँसुरी बजा रहे थे। मीरा ने आँखें खोलीं। कान्हा को बाँसुरी में मग्न पाया। उसका हृदय द्रवीभूत हो उठा।

इसी समय बाहर से किसीके आने की आवाज सुनी। थोड़ी देर बाद गुसाँई अच्युतानंद प्रकट हुए।

मीरा ने चारों ओर देखा। कान्हा कहीं नहीं थे। माधव की मूर्ति मुसकरा रही थी। उसके अधरों पर लगी बाँसुरी अब भी उसको सुनाई पड़ रही थी। वह

हड़बड़ाकर इधर-उधर देखने लगी।

गुसाँई अच्युतानंद ने पूछा, "क्या ढूँढ़ रही हैं, माई?"

"अभी-अभी···आपने कछु सुना?"

"नहीं तो!"

"कछु देखा?"

"नहीं तो।"

"अरे, वह छलिया यहीं था।"

"कौन छलिया?"

"थारा माधव, म्हारा गिरिधर गोपाल और कूण!"

"कहाँ था?"

"यहीं, वहाँ सामने—बा पत्थर पर बैठकर बाँसुरी बजा रहा था।"

गुसाँई अच्युतानंद ने उसकी ओर ध्यान से देखा। फिर चारों ओर अपनी दृष्टि दौड़ाई। कहीं कोई नहीं था। न उसने किसीकी आवाज सुनी थी। बस मीरा का भजन अवश्य सुना था। भजन समाप्त होने के कुछ देर बाद ही वह अंदर आया था।

मीरा स्वयं ही पुनः कहने लगी—"मायावी है, नटखट है। तड़पाने में उसे आनंद आता है। सदा छल करता है। ललचाते रहने की उसे टेव पड़ गई है। जनम को ही बो धूरत ठहरा। बाने अपनी महतारी कूँ क्या कम छकाया है, जो बो किसी और को छोड़ दे!" मीरा तुनककर बोले जा रही थी। उसका आँचल फर्श पर आ पड़ा था। वह अपने आपे में नहीं रह पा रही थी। बारंबार उसकी बाईं आँख फड़क उठती थी।

"आप परेशान न होएँ, माई।"

"क्यों न होऊँ! क्या हम पत्थर के माधव हैं? हम तो हाड़-मांस के जिंदा इनसान हैं। वह परेशान करे और हम चुपचाप बैठे रहें हाथ पर हाथ धरे। जे कैसा न्याय!" मीरा में उफान-सा उठ रहा था। मन-ही-मन सोचे जा रही थी कि उसकी बात का भरोसा कौन करेगा? क्यों करेगा? घट-घटवासी होने का उसे यही लाभ है। वह साकार भी है, निराकार भी। उसकी जब इच्छा करे, वह साकार हो जाए और जब जी करे, साकार से निराकार। उसके ऊपर तो कोई है नहीं। उसके ऊपर कोई बड़ा-बूढ़ा होता तो उसकी सारी चुहलबाजी पल भर में ठिकाने लगा देता। कान उमेठता सो अलग। बच्चू को दाल-आटे का भाव मालूम पड़ जाता। पर वाह रे भाग्य! कोई सुनने-कहनेवाला तो है नहीं, सो मनमानी करता घूमता है।

"वह तो ठीक है, परंतु अब तो गया न!"

"कहाँ गया?"

''कहीं भी गया, उससे क्या!''

''पर जाएगा कहाँ! सारा जगत् तो बाको घर है। जा बखत भी यहीं कहीं छिपा हुआ है। पल में साकार, पल में निराकार। जो मन आए रूप धर ले, वेश बना ले। बाकूँ क्या है, गुसाँईजी। पर म्हारी तो बात जाती है। कौन पतियाएगा फिर म्हारी बात पर! सब पगली समझेंगे हमें।'' मीरा तनिक तैश में थी। इधर से उधर घूम रही थी—''शायद वह इतना भला-बुरा सुनकर कुछ शर्म कर जाए। म्हारी बात रख ले। पर बो निठुर है। हठी भी है। बाहे शरम-लिहाज नहीं। दूसरे की परवाह नहीं। बाहे अपनी ही पड़ी रहती है सिगरे समय, हर पल।'' मीरा बरस रही थी छाछ पीकर। उसका चेहरा रक्ताभ हो उठा था। उसके अधर थिरक रहे थे। उसकी आँखों में गहरी लाली छिटक रही थी।

''आरती की भी तैयारी करनी है।''

''अरे हाँ, मैं तो सब भूल गई थी। बा पगले ने म्हारे कूँ भी पगला बना दिया है। आरती तो उतारनी ही होगी। बाके सिगरे काम ही ऐसे हैं। छमा, गुसाँईजी, हम चलते हैं। अब हम बाके चाकर-वाकर नहीं बनेंगे। म्हारे बिना पता चल जाएगा कि सिगरे काम करना कितना कठिन है!''

मीरा चल पड़ी।

गुसाँई अच्युतानंद उसे नीचे तक पहुँचाने आने लगे तो उसने उन्हें टोक दिया—''आप आरती की तैयारी करें। मैं चली जाऊँगी। जाइए कृपया।''

वह लौट गए।

मीरा जैसे ही मंदिर से बाहर निकली कि सामने धूपद और ललिता आ गए।

''आप यहाँ थीं, दीदी?''

''हाँ।''

''हमने न जाने कहाँ-कहाँ आपको ढूँढ़ा!''

''क्यों?'' मीरा ने तनिक तीखी दृष्टि उन दोनों पर डाली।

दोनों चुप। एक-दूसरे की सूरत देखकर मौन रह गए। उनकी कुछ समझ में नहीं आया। उन्हें मीरा कुछ-कुछ उखड़ी-उखड़ी लगी।

वे तीनों चुपचाप चलने लगे। तीनों के मन में कुछ-कुछ हो रहा था। क्या हो रहा था, यह वे नहीं जानते थे।

मीरा कुटिया तक पहुँचते-पहुँचते सामान्य होने लगी थी। अब वह सोचने लगी थी कि वे लोग उसे ढूँढ़ते-ढूँढ़ते वहाँ तक क्यों आए?

कुंडी खोली।

धूपद सबसे पीछे था। वह सिर झुकाए खड़ा रहा।

मीरा ने उसकी ओर ध्यान से देखकर कहा, "तुम जा सकते हो; पर ध्यान रहे, माधव की मूर्ति की ओर आरती के समय अवश्य देखना। क्या उनके अधरों पर रखी हुई बाँसुरी पहले से ज्यादा टेढ़ी-तिरछी नजर आती है? क्या उनके चरणों में गुलाब का एक ताजा पुष्प रखा हुआ है? फिर कल मुझे बताना।"

धूपद चला गया।

मीरा ने ललिता से कह दिया कि वह अब विश्राम करेगी। प्रसाद नहीं पाएगी।

ललिता उसके बदले हुए रूप को समझ न पाने के कारण चुप रही। हर मनुष्य की अपनी-अपनी गुंथियाँ हैं, जिनके खुलने या न खुलने का पता नहीं चल पाता। वे खुलते-खुलते और उलझ जाती हैं। सुलझाना जैसे उन्हें आता ही नहीं है।

मीरा सीधे अपने कक्ष में चली गई। ललिता जहाँ-की-तहाँ खड़ी रही यह सोचते हुए कि समय सबसे सबल है। उसको समझना सहज नहीं है। वह कभी किसीकी प्रतीक्षा नहीं करता। सदा गतिशील बना रहता है। पीछे मुड़कर कभी नहीं देखता। न भविष्य के लिए चिंतित रहता है। वह वर्तमान में रहता हुआ बहता है और निरंतर संघर्ष करता रहता है।

उसने देखा कि मीरा ने दीया जलाकर बुझा दिया है। पूजा नहीं की है; न आरती उतारी है। तो क्या वह उनके पास जाए और पूछे? क्या पूछे? कुछ नहीं। क्या उनकी तबीयत की जानकारी ले? नहीं। वह भी कुछ नहीं करे। कभी-कभी कठोर सन्नाटा व्रज में भरने लगता है। तब उसे किसीकी जरूरत नहीं होती। वह अपने अकेलेपन में खोकर कुछ-न-कुछ तलाशने लगता है। क्या तलाशने लगता है, यह वह नहीं जानता। तलाशने के बाद भी वह नहीं बता सकता कि उसने क्या तलाशा है। ललिता भी अपने कक्ष की ओर बढ़ गई।

दस

वृंदावन में बहुत हलचल थी। कुंदन की भजनमंडली आई थी और भरतराम-शारदाराम की नौटंकी। दोनों का अपना-अपना आकर्षण था।

नौटंकी कृष्णलीला को प्रस्तुत कर रही थी और भजनमंडली कृष्ण के भजनों को।

हवा में ऐंठन थी।

आसमान साफ था।

यमुना का जल सीमा में बह रहा था और शालीन गति से। उसका जल एकदम दर्पण था—या कहो, जुन्हाई जैसा संगमरमरी था।

मौसम बदला था। मौसम के साथ अग-जग में भी बदलाव का अनुभव हो रहा था। मन में एक प्रकार की खुशी हूक बनकर उठ रही थी।

आज चीर-हरण कर रही थी भरतराम-शारदाराम की नौटंकी। उसकी नौटंकी में अनुराधा, मालती और गीता नृत्यांगनाएँ बेजोड़ थीं। उनके नृत्य की चर्चाएँ दूर-दूर तक थीं। ढोल पीट-पीटकर गाँव-गाँव में आज के खेल का प्रचार किया जा रहा था। वह कह रहा था—"आज नंद का लला, राधिका रानी का प्यारा, गोपियों का चहेता, शुभैषी, माखन चुरैया चीर-हरण कर रहा है। अनुराधा और मालती का नृत्य भी होगा। नृत्य-भाव भी चीर-हरण पर होगा। अधिक-से-अधिक संख्या में लीलाभूमि पहुँचें। अवश्य पहुँचें। बूढ़े से लेकर बच्चे तक। भूलें नहीं। ऐसा अवसर फिर नहीं आएगा।"

भीड़ उमड़ी आ रही थी। तिल धरने को भी जगह नहीं थी। लीलाभूमि दुलहन की तरह सजी हुई थी। बीचोबीच मंच बना हुआ। मंच के चारों ओर, नीचे की ओर, रस्सा बँधा हुआ था। औरतों के बैठने के लिए अलग स्थान था। आने-जाने के लिए रास्ता बल्लियों से बनाया गया था।

चाँदनी रात थी। पूरा चाँद आकाश पर मुसकरा रहा था। अग-जग चाँदनी-सा हो उठा था।

लोगबागों ने पेड़ों, टीलों आदि पर भी बैठने का प्रबंध कर लिया था। सैकड़ों गाड़ियाँ खड़ी हुई थीं। उनपर भी आदमी जमे हुए थे।

गुसाँई अच्युतानंद ने धूपद से कहलवाया था कि मीरा और ललिता नौटंकी देखने जाना चाहें तो उनके बैठने का अलग से प्रबंध करवाया जा सकता है। मीरा ने उन दोनों के मन की थाह ली। उन दोनों के मन में गुदगुदी हो उठी। वे जानते थे कि मीरा अपने लिए कितने ही कठोर अनुशासन को लागू करती हो, परंतु उनके लिए वह एकदम ममतामयी है।

उसने उन दोनों के मौन को पढ़कर कहा कि वे जाएँ। जानें-समझें कि जन-जन के प्राण कहाँ रमते हैं? लोक क्या है? लोक-विश्वास क्या है? लोक से जुड़ने का आनंद क्या है? लोक-रंजन क्या है?

जिस कारण लोक आनंद से भर उठता है, वह क्या है? लोक ही किसन कन्हैया के रास रचाने का कारण था। लोक के लिए ही गिरिधर गोपाल ने लीलाएँ की थीं।

वे दोनों चल पड़े। रास्ता जगह-जगह थम जाता था। गाड़ियों की कतार पर

कतार थीं। गाली गातीं स्त्रियों का जमघट था। मजाक की उठती-गिरती फुहारें थीं। रसिया मन था। रसिया आनंद था। रसिया लोक था।

सारा वृंदावन झूम उठा था। अनाहत नाद की मधुर झंकार पायलों से प्रतिध्वनित हो रही थी। स्वर उठ-गिर रहे थे। नववधू के अवगुंठन की तरह लरज, लजाकर आँखों-ही-आँखों में वे मुसकरा रहे थे।

कोई कह रही थी—"यहाँ आँख मटका-मटकी मत खेलना।"

गहरी साँस छोड़कर दूसरी जवाब देती—"सबको अपना जैसा क्यों समझती है, भौजाई!"

इसपर सब खिलखिला पड़तीं और मोतियों की चमक घूँघट में झाँकने लगती।

"लाली, वह भी आएगा।"

"क्यों नहीं आएगा?"

"बाने कहलवा भेजा होगा।"

"बो तो या अवसर की तलाश में ही था।"

"फिर बेचारे को क्या पल भर भी कल पड़ती होगी। बेचारा लंगुरिया!"

"कल पड़ती होती तो पनघट के आसपास अपना गाँव छोड़कर जा गाँव में क्यों चोरी-चोरी आता!"

"हाय दैया, वह जा गाँव में भी आता रहा है!" घूँघट उघाड़कर कोई चकित हो कहती।

"क्यों नहीं री, तू अपनी ओर देख ले। वह तेरा पहलवान विवाह से पहले कैसे रूप धर के तोहे रिझाया करता था!"

"चल हट, बेशर्म!"

"हम तो हट जाएँगी, पर वह तेरा पहलवान, जो गाँव-गाँव लँगोटी फहराता और सिर पर गोवर्धन पर्वत उठाए घूमता था, बाको कैसे हटा पाएगी, दारी की!"

"अब तो पहलवान मरखना बैल नहीं रहा है, लजवंती। अब तो वह सूधो हो गया है। अपनी गैल जाता है, अपनी गैल आता है। पराई बय्यर की ओर आँख उठाकर नहीं देखता है, बेचारा सूधी गाय!"

"जा गाँव की तासीर ही जे है।"

"क्या है, दारी की?"

"जा गाँव की लड़की जहाँ भी गई वहीं बाने राज कियो। आदमी की नाक में नकेल डाल दी और पाँव में पायल। एक-से-एक मलूक बय्यर और ऊपर से

अप्सराओं-से तेज नाक-नक्श। फिर कौन ठहर सकेगा बा बिजुरी के चमक-दमक के सामने! क्यों भौजाई, क्या मैं गलत कह रही हूँ?''

''नहीं, मेरी लाडो ननद, तू भला गलत क्यों कहेगी! क्यों री, चंपा, बता दे न तू!''

''क्या दारी की, क्या बता दूँ?''

''वा ही मेले की बात!''

''चल हट!''

''जा में शरम काहे की! था तो जाका ही मरदुवा न!''

उसने घूँघट में से सिर हिला दिया।

''कैसे बँहियाँ पकड़कर बोला था, 'राधा रानी, बा तरफ चल न।' बा तरफ झाड़-झंखाड़ थे। ओटक थी। तो तूने बँहियाँ छुड़ाकर क्या किया था? बता दे हमारी प्यारी ननद को?''

सब एक साथ बोलीं, ''हाय दैया, क्या किया था?''

''बता दे, राधा रानी, तू खुद ही बता दे। तेरे मुँह से ही वह बात शोभा देगी।''

''चल झूठी! तू तो मेरे मरद पर आँख गड़ाए बैठी है। जा से तोहे ऐसी बातें सूझती हैं।''

''जे बात है क्या?''

''बात तो वह बताएगी, तुम तो सुनना। जे तो अपने मरद की चिलम भरती रहती है।''

''क्यों भला?''

''कहीं वह किसी सौत को न ले आए।''

''तू जलती है, जा से तेरे मन में जो आता है, बक-झक करती जाती है।''

''अरे, छोड़ो इस रार को। वह बात क्या हुई थी?''

''हाँ, दारी की बता न, तूने क्या किया था?''

''कछु नाहिं।''

''तो बाने कियो!''

इसपर एक जोर का ठहाका उठा। घूँघट में से बिजली चमक उठी।

''भौजाइयो, वह मैं था।''

सबके घूँघट लटक आए। आँखें चमकती रहीं।

''म्हाँने कहा था, जब बाने बँहियाँ झटक दी मरखनी गाय-सी होकर।''

स्त्रियों के होंठों पर सितार की लय थिरक उठी। उनके मन में सिहरन दौड़ गई।

''म्हाँने कहा था—भौजाई गलती भई। छिमा। म्हाँने अपनी कजरी समझा था।''

इसपर सारे मर्द जोर-जोर से ठहाका लगा बैठे। धरती खिसक उठी।

स्त्रियों के घूँघट झुक आए थे बदलियों के वृक्षों पर उतरते हुए-से। उनके नयन जी चुरा बैठे थे। उनकी हँसी को नजर लग गई थी। सन्नाटा तन गया था।

तभी एक स्त्री बोली, ''देवरजी, दाहिने गाल पर जरा हाथ फेरकर देखो, तब पता चल जाएगा कि बाकूँ कजरी समझा था या गूजरी।''

इस बार औरतें व मर्द दोनों खिलखिला पड़े। अचानक धरती पर जा पड़े फूट-से।

''बाने मेले-ठेले को पंसरहट्टा समझ लिया था और बय्यरों को पँवरिया। पग पकड़कर नाक रगड़े थे म्हारे प्यारे देवरिया ने। झूठ हो तो पूछ लो। क्यों देवरियाजी, म्हाँने सच कहा है न?''

इसपर फिर फूट-सी हँसी ताबड़तोड़ ओलों-सी बरस पड़ी।

''जे हुई न कोई बात!''

''नहले पर दहला।''

''पाती की बय्यर है, कदली दल-सी फिसलती है।''

''चुप करो बे-सींग के सांडो!'' एक बुजुर्ग की आवाज गूँजी।

दो फाट हो गए। पुरुष एक तरफ और स्त्रियाँ दूसरी तरफ। कुछ देर सन्नाटा चला घुंघरू खोलकर। घुंइयाँ-सी फिसलन अवसन्न रह गई थी किसीके तेजी से फिसलकर गिर जाने के बाद-सी।

स्त्रियों में कहाँ चैन। हलकी सी चुहल हुई। एक बोल उठी—''गूँगी क्यों हो बैठी हो दारियों की? जे गैल की फुहारें हैं, गैल में ही रह जाती हैं। जा पर कोई रोक-थाम नहीं। ससुरवाँ भी तो कभी जवान रहे थे कि नहीं—कलुआ के अखाड़े के पट्ठे!''

इसपर फिर हँसी फूट पड़ी थी रुके हुए नाले-सी। औरतें गाली गा बैठीं। गाली भी गाली-सी थी क्या! अब तो मरद दल उनसे कन्नी काटता-सा लगा।

सारी कनकनाहट को साँप सूँघ गया। कनेरिया रंग महक उठा। घाघरा गुदगुदा उठा किसी नई-नवेली की चितवन-सा। खड़ेघाट-सा सारा वातावरण पल भर में चकमक पत्थर-सा चमक उठा।

वह बत्तीसी चमकाकर तेज डग भरते हुए आगे निकल गए। फिर बतियार

हवा मचल उठी तितली के मन-सी उड़ी-उड़ी। मलूक-सी घटा थिरकर मचल उठी आँचल की आड़ में बिजली-सी।

एक तरफ से शोर उठा। तनिक धक्का-मुक्की-सी हुई। एक प्रकार की गिलगिली-सी दौड़ गई अंग-अंग में। भीड़-भड़क्का में धक्कम-धक्का न हो तो न तन भीजे और न मन।

औरतों का एक दल तेजी से आगे बढ़ता हुआ पास से गुजर गया। एक औरत कह रही थी—"भैया, जरा जगह बनाना। बाके दरद उठ रह्यो है। अठमासावालियों को नहीं आना चाहिए। जोर का दरद उठ रह्यो है।"

औरतों का वह दल भीड़ को चीरता हुआ निकल गया।

एक व्यक्ति बोला, "राँड, पगला बना गई। दरद उठ रहा था तो लीलाभूमि की ओर क्यों बढ़ गईं? बाहर को जातीं।"

"पते की बात तो ये हुई।"

"जब पगले बन गए तब।"

"तभी तो कहा है कि बुद्धिमान पहले सोचता है, तब कदम उठाता है और मूरख पहले करता है, फिर सोचता है।"

"दादा, आप बुद्धिमान सिद्ध हुए या...या..."

"चुप कर कल के लौंडे!"

हँसी फिर फूटी खिली तेज धूप-सी।

कच्ची गैल। सोनी सुगंध। भीड़ का मनचला मन। अल्हड़पन की उमंग। बेफिक्री का दौर। सजी-सजाई दुलहन-सी स्त्रियों का हुड़दंग। मस्ती और मौज की तरंगों में आया अचानक उछाल मन बाँध रहा था खूँटी तोड़कर।

ललिता की ओर धूपद की दृष्टि जमती-फिसलती चल रही थी। वे दोनों सब सुन रहे थे। उनका अतीत भी उनसे छेड़छाड़ कर रहा था।

"चुप रहोगी, ललिता।"

ललिता मुसकराई।

"सब चहक रहे हैं।"

"उनको चहकने का अधिकार है, धूपद। गिरस्थी का यही सुख-आनंद है। गीला भी, सूखा, सूखा-गीला भी—सिगरा सुख है; सुरग है।" ललिता ने डूबते हुए कहा।

"जब घर की बात चलती है तब..."

"तब क्या होता है?"

"कुछ नहीं।"

"थारी इच्छा। न बताओ तो म्हारा क्या जोर! पर···" ललिता इतना कहकर चुप हो गई।

"पर?"

"कछु नाहिं।" ललिता ने मन दबा लिया और दूसरी ओर देखने लगी। वह सोचने लगी कि उसे मेले-ठेले में जाने का कितना शौक था। कैसी बन-ठनकर जाती थी गुजरिया-सी, चमक-दमक के साथ। माँ काला टीका लगाकर कहती थी, 'तिहारे कूँ म्हारी नजर न लग जाए। लली, जरा दबी-छकी रहा कर, उछल-कूद कम किया कर और हँसी-ठट्ठा भी ज्यादा नहीं।' बहुत बाद में उसकी समझ में ये बातें आईं। वह समय से पहले जवान हो गई थी। उसके उरोजों का नुकीला उभार गजब कर रहा था। उसके गोरे रंग पर चढ़ी गुलाबी ललाई बेहद मदमाती हो उठी थी। वह मद मुकुलिताक्षी-सी हो उठी थी। तन्वी कमरिया और छरहरी देह लहँगे में उड़ी-उड़ी फिरती नजर आती थी। एकदम तितली-सी। उसके घन-घटा-से बाल टखने छूते थे। उसकी बड़ी-बड़ी आँखें सदा मुसकराती हुई आमंत्रण देती-सी लगती थीं।

"रूठ गई, ललिता?" धूपद ने कहा।

ललिता ने नहीं सुना। वह अपने सुखद अतीत के साथ-साथ चुपचाप बहती रही कागज की नौका-सी। उसपर कैसी-कैसी फबतियाँ करते रहे थे जमाने के मरदूद पट्ठे। कहते थे, 'जहाँ जाती है छम्मक छल्लो वहीं बिजुरी-सी गिरती है।'

'कौन बाँध सकेगा जाहे अपने खूँटे से!'

'तू भी कैसा बावला हुआ है! क्या ऐसी मलूक चंपा कली खूँटे से बाँधने के लिए जनम लेती है!'

'तो काहे के लिए जनम लेती है?'

'अरे बजरबट्टू, तूने कजलीबाई का नाम सुना है क्या?' वह तिरछी टोपी करके पूछता।

'कजलीबाई का नाम किसने नहीं सुना, मेरे भाई! वह तो उर्वशी-मेनका को मात करती थी। वह जहाँ खड़ी होती थी वहीं बिजुरियाँ दमकने लगती थीं।'

'पर रंडी थी।'

'ओ मच्छर की औलाद, वह कोई ऐसी-वैसी रंडी थी क्या! हूर की परी थी। उसपर बड़े-बड़े धर्मपुरुष, सेठ-साहूकार, पुजारी, ओहदेदार और जमींदार ईमान हार बैठे थे। वे उसके पाँवों में पायल बाँधने के लिए अशर्फियों की थैली लिये घूमते थे।'

'ईमान से वह मक्खन मलाई थी!'

‘पर क्या मजाल कि कोई मुआ उसकी चंदन-चाँदनी देह को छू ले!’

‘पता नहीं अचानक कहाँ गुम हो गई!’

‘जितने मुँह उतनी बातें।’

‘क्या मतलब?’

‘मतलब यह कि कोई कहता कि उसे अपने भड़ुए से प्यार था, उसे लेकर भाग गई। कोई कहता, जमींदार ने उसे उड़वाया। कोई कहता, वह बादशाह के दरबार में पहुँचा दी गई। कोई कहता…’

‘बस-बस, चिड़ीमार, बस! तू तो इसकी बात कर, उसकी छोड़। जो गई सो गई, उसका क्या पछतावा! जो है, उसकी सुध ले।’

‘मालदार यादों के जखीरे को क्यों कोसता है, मेरे भाई! वह एक लाजवाब चीज थी, जो बिजली-सी चमकी और चमककर सदा के लिए गायब हो गई। राम कसम! क्या मलूक चीज थी वह! उसका नाम लेते ही मुँह में पानी आ जाता है।’ उसने गहरी साँस लेकर मलमल के कुरते की चमक-दमक की ओर निहारा।

दूसरे ने मूँछों पर ताव दिया। आँखें मटकाकर कहा, ‘हरि झूठ न बुलवाए, यह छरहरी, बाँकी और छुरी-सी चमकदार छोरी उससे इक्कीस है।’

‘राम कसम पहलवान! रेशम-से केश, मद भरी झलकते जाम-सी आँखें, धधकते अंगारे-से सुर्ख होंठ, कदली दल-सी देह, तने हुए उरोज!’

‘राम कसम, म्हारे दिल पर छुरी चला जाती है।’

‘क्या इठलाती है! ठुमक-ठुमककर धरा पर पाँव रखती है। लंबा कद, छरहरी देह, अँगड़ाई तोड़ती जवानी की लपटें। जिधर से गुजर जाए उधर बिजली कौंध जाए। लोगबाग ठंडी आहें भरकर रह जाएँ।’

‘तो क्या होगा इस स्साली का?’

‘ऐसी चीज धरा पर कभी-कभी जन्म लेती है।’

‘फिर?’

‘फिर क्या, मेरे दोस्त, ऐसी चीज सदा आम्रपाली बनती हैं।’ उसने आँख मटकाकर कहा, ‘सुन रही है, मेरी जान?’

ललिता ने मुड़कर पीछे नहीं देखा। तेजी से आगे बढ़ गई। उसके जी में घबराहट बढ़ गई।

‘आम्रपाली क्या होती है?’

‘नगरवधू।’

‘नगरवधू क्या होती है?’

'तू घोंचू-का-घोंचू ही रहा। नगरवधू यानी सारे नगर की वधू—यानी कजलीबाई।'

सब खिलखिला पड़े।

ललिता काँप गई। उसपर घड़ों पानी फिर गया। इन बातों को वह किससे कहे? कैसे कहे? उसके चाचा-ताऊ की आयु के बुड्ढे उसको टेढ़ी निगाहों से देखते हैं। वह रात-रात भर अपने को लेकर परेशान रहने लगी थी। उसने बाहर निकलना बहुत कम कर दिया था। वह अकेली तो कहीं जाती ही नहीं थी।

'क्यों रे पंडित! तेरी जन्मपत्री क्या बोलती है?'

'कोई चिड़ीमार उठा ले जाएगा।'

'चल मरदुए, हमारे रहते हुए किसीकी क्या मजाल है, जो उसे छू भी सके!'

'कजलीबाई को!'

'नगरवधू को!'

'फिर तो मजा-ही-मजा है। जरा अंटी ढीली करने की बात है कि...'

'पागल हुआ है क्या! ऐसी बिजलियाँ बड़ी तेज होती हैं। आँखों से ही भस्म कर देती हैं।'

'होती तो रंडी हैं न!'

'तुझसे कितनी बार कहा है, चाचा, इतनी मत छान लिया कर कि दिन-रात का फर्क ही मालूम न रहे।'

'छानता तो तू है और बदनाम मुझे करता है, छज्जूलाल।'

'रंडी भी किसीकी लड़की होती है। उसकी भी कोई माँ होती है।'

'जय रामजी, समाज-बिगाड़क महाराज, जय रामजी!' उसने हाथ नचाकर और आँख मटकाकर कहा। कुछ देर बाद फिर बोला, 'राम-राम, हमारी जीभ फिसल गई। आप तो समाज-सुधारक हैं जी। समाज को सुधारने का ठेका आपने ही लिया है। क्षमा कर देना। स्साली जे भंग भवानी, दिमाग का कचूमर निकाल देती है। पाँय लागूँ जी, पाँय लागूँ!'

'कछु शरम करो।'

'क्यों शरम करें जी? शरम की जरूरत क्या है!'

'वह तुम्हारी लड़की की उमर की है। तुम्हारी बेटी-बहिन जैसी है। उसके बारे में ऐसी बातें! जो ये बातें उसके पिता को मालूम पड़ गईं तो वह जलती भट्ठी में डाल देगा। अपने समय का लठैत रहा है धनसुखिया।'

'गलती हो गई। छमा।' वह हाथ जोड़कर कहने लगा—'एक बार नहीं, हजार बार छमा।'

'जाओ बेटी, जाओ।'

ललिता पानी-पानी होकर आगे बढ़ने लगती तो सुनती कि वह समाज-सुधारक कह रहा होता था कि 'एक बार स्साली एकांत में मिल जाए तो···'

'वह बेटी···'

'चुप कर, हरामी!'

'अभी आपने बेटी कहा था।'

'तभी तो उसका कंधा थपथपा सका, बेटे।'

'जय राधा-कृष्ण! जय राधा-कृष्ण!'

'क्यों भाई, कोई खास बात हो रही है क्या?'

'बस जी—बाप-बेटी के रिश्तों पर रोशनी डाली जा रही थी—खंब पकड़कर।'

'कितना सुंदर विषय!'

'धन्य महाराज! विषय-वासना सबसे उत्तम विषय है—पढ़ाने को भी और पढ़ने को भी।'

'और भोगने को भी जी।'

इसपर सब हँस पड़ते। ठहाके पर ठहाके दागे जाते। ललिता का मन उचाट होने लगता। वह अंदर-ही-अंदर काँप जाती। कैसे गंदे लोग हैं! रिश्तों पर झाड़ू फेरने को तैयार हैं। छिः-छिः-छिः!

□

''यह क्या हुआ, ललिता?''

'एँ!' ललिता चौंक पड़ी; क्योंकि वह थू-थू कर रही थी। अचानक वह अपने में नहीं रह पाती। कुछ और ही हो जाती है।

मीरा तो उसको सहलाती है। पुचकारकर कहती है, 'संताप हैं ये। जाते-जाते जाएँगे। एकदम कभी नहीं।'

वह रो पड़ती। मीरा उसे रो लेने देती। वह धीरे-धीरे चुप हो जाती। सिसकियों का वेग मद्धिम पड़ जाता।

वह पूछती—'दीदी, यह मुझे क्या होता है?'

'कुछ नहीं री। धीरे-धीरे तेरी गुंथियाँ खुल रही हैं।'

'गुंथियाँ!'

'गुंथियाँ यानी गाँठें।'

'जेवरी की गाँठें?'

'हाँ री, जेवरी की गाँठें। उनको खोलना होता है। पर खोले कौन? किससे खुलवाएँ? किस हकीम-वैद्य के पास जाएँ? जानती है री?'

'नहीं तो दीदी, नहीं। मैं कहाँ से जानूँगी! मुझे बतानेवाला कौन है!' ललिता कसमसाकर कहती रही।

'एक वही है।'

'कौन वही?'

'जा के लिए मैं बिरंदावन आई, तू आई, धूपद आया।'

'कान्हा के लिए?'

'हाँ री, वही। बा पे छोड़ दे सिगरे ताप-संताप।'

'तो?'

'बो थारे ताप-संताप स्वयं ले लेगा और तोहे बा पीड़ा-दरद से मुक्त कर देगा। तू तो जे सब बा पे छोड़ दे—मुरलीवाले पे। गोवर्धन गिरिधारी पे। बो थारी नौका पार लगाएँगे। जे दुःख-संताप दुःस्वप्न की तरह पौ फटते ही छू-मंतर हो जाएँगे, बहना।'

"कोई खास बात है, ललिता?" धूपद उससे पूछता। वह जानता था कि अतीत के भयावह सपने वर्तमान को घायल कर जाते हैं। मनुष्य विवश होकर रह जाता है। अतीत कोई पुराना-धुराना कपड़ा नहीं, जिसे फाड़कर फेंक दिया जाए या धधकती लपटों में फेंककर जय गिरिराजधरन की कर ली जाए। अतीत वर्तमान की जिंदगी का हिस्सा है। खास हिस्सा। आवश्यक हिस्सा।

"क्या खास बात होती?"

"घृणा! छिः-छिः!"

ललिता की उदास आँखों में चमक लौट आई। किसीने पूछना तो चाहा कि उसे क्या है? धीरे-धीरे वह चलती रही। फिर पूछ बैठी—"हम घर क्यों बनाते हैं, धूपद?"

"रहने के लिए।"

"उसे साफ-सुथरा और अच्छा क्यों रखते हैं?"

"क्योंकि हमें ही उसमें रहना होता है।"

"क्यों रहना होता है?"

"ताकि धूप से बच सकें। बरखा से बच सकें। सुरक्षित रह सकें। आराम पा सकें।"

"अपने हित को सोचकर बनाया?"

"हाँ, ललिता।"

"इसी तरह हम लोगों ने, जिन्होंने अपने हित के लिए घर बनाए—और पास-पास बनाए; समाज बनाया और अपने हित के लिए बनाया। लेकिन उसमें

सर्वहित गौण होता गया और कुछ वर्ग विशेष, उसमें भी कुछ व्यक्ति स्वहित में विशेष सफल होते गए। समाज उन लोगों की मुट्ठी में आ गया। जो दुःख तेरा, मेरा और उसका है उसका प्रमुख कारण सर्वहितवाले पक्ष का निरंतर कमजोर होते जाना है।" ललिता सोचते हुए समझा रही थी।

"ऐसा होते रहने से तो⋯"

"एक कमजोर वर्ग बना है। उसकी संख्या सबसे अधिक है। धूपद! अपहरण, शीलहरण आदि जो कुछ होते रहते हैं, उससे नारी पूरी तरह टूटी है। उसने आत्महत्या भी करनी चाही है। वह हमारे समाज के अस्वस्थ होने का प्रमाण है। कमजोर समाज का उदाहरण है।" इतना कहकर ललिता आगे बढ़ी।

"फिर क्या होगा?" धूपद ने पूछा।

"उसीके लिए प्रभु से प्रार्थना है। मन बदले। कान्हा को समर्पित हो। नई दृष्टि मिले। सब एक-दूसरे के हित के लिए आगे आएँ। तू एक उसपर ही भरोसा रख। उसीसे सबको राहत मिलेगी। कष्ट हटेंगे। स्वस्थ मन बनेगा। यही एक रास्ता है। मीरा दीदी ने यही रास्ता सुझाया है।" ललिता ने कुछ रुककर कहा।

धूपद चुपचाप सुनता-सोचता रहा। क्या ललिता को⋯ ? नहीं-नहीं, कदापि नहीं। शीलहरण! नहीं-नहीं। वह तो उसने उदाहरण दिया है। उससे उसका क्या संबंध?

कुछ भगदड़ मची।

कुछ-कुछ सुनाई पड़ा और कुछ-कुछ नहीं। लोगबाग इधर-उधर भागने लगे। कौन किधर भाग रहा था, क्यों भाग रहा था—शायद ही किसीको पता हो।

"साँड़! साँड़!"

"मरखना साँड़!"

"साँड़! साँड़! साँड़! बचो-बचो!"

ललिता बोली, "भागना नहीं है, धूपद।"

"वह काला साँड़ है।"

"काला हो या पीला।"

"वह हत्यारा साँड़ है।"

"होने दो।"

"ललिता, तुम नहीं जानतीं⋯"

"क्या नहीं जानती? यही कि डर⋯"

धूपद चुप।

भगदड़ तेज। शोर तेज। आह-ऊह की आवाजें घनी। कराहने का स्वर भी

सुनाई पड़ रहा था।

"भागो ललिता, भागो!"

"नहीं! कदापि नहीं!"

"ललिता!" धूपद ने उसका हाथ पकड़ लिया।

ललिता ने झटककर अपना हाथ छुड़ा लिया। फिर उसे पीछे ढकेल दिया। वह गिर पड़ा था। पीछे से जोर का धक्का आया। सब बिखर गए।

ललिता मीरा का भजन गा उठी—

"अब तो निभायाँ, बाँह गह्याँ री लाज।
असरण सरण कह्याँ गिरधारी, पतित उधारत पाज।
भोसागर मझधार अधाराँ, थें विण धणो अकाज।
जग जुग भीर हराँ भगतारी, दीश्याँ मोच्छ नेवाज।
मीराँ सरण गहाँ चरणाँ री, लाज रखाँ महाराज॥"

ललिता आँखें बंद किए, मीरा का ध्यान लगाकर गा रही थी। उसे नहीं पता था कि तीन-चार बरस का बच्चा अकेला उस साँड़ के सामने खड़ा मुसकरा रहा था।

सारे स्त्री-पुरुष आँखें फाड़े ललिता, उस बच्चे और साँड़ की ओर देख रहे थे। साँड़ शांत था। गरदन झुकाए था। उसकी आँखें नत थीं। उसके पाँव स्थिर हो गए थे।

धीरे-धीरे ललिता ने आँखें खोलीं। चारों ओर शांति थी। सबकी दृष्टि उसपर थी। उसने आगे बढ़कर उस बालक को उठाया। प्यार किया। फिर वह साँड़ के पास आई। उसकी गरदन को सहलाया। उससे बतियाई—"बहुत गुस्सा आता है।"

साँड़ ने सिर हिलाया।

"तुझे इस समाज ने मरखना बनाया है। तुझे किसीने प्यार नहीं किया। क्यों रे, इसी वजह से तू बिगड़ैल बना है!" ललिता उसकी गरदन पर हाथ फेरते हुए कहती जा रही थी।

साँड़ सिर हिला रहा था। ललिता ने उस बालक का हाथ लेकर साँड़ की पीठ से छुआया। फिर उसे उसकी पीठ पर बैठाया।

सब चकित।

ललिंता बोली, "तू भी गिरिधर का ध्यान किया कर। तुझे भी शांति मिलेगी, बावले। यह किसन कन्हैया की लीलाभूमि है। फिर भी, तू मोर मुकुटधारी से दूर है। यह अच्छी बात नहीं है। ये सभी उसके ही भक्त हैं। हैं न?"

साँड़ ने सिर हिला दिया।

"जा, अब जाकर आराम कर। थक गया है रे! अपना ध्यान रख रे!"

साँड़ चला गया।

ललिता की जय-जयकार से आकाश गूँज उठा।

ललिता ने टोक दिया और कहा, "भगतिन मीराजी की जय-जयकार कीजिए। बाही के भजन को ही जे परभाव हुओ है कि साँड़ चुप हो सका। उसका क्रोध शांत हो सका।"

वातावरण मीरा की जय-जयकार कर उठा। ललिता की जय-जयकार भी हुई। धूपद दूर खड़ा वह अलौकिक दृश्य देख रहा था। लोगबाग बतिया रहे थे कि यह साँड़ अपने पुरोहित को, महात्मा दीनदयाल को, स्वामी कात्यायन को—न जाने किन-किन महात्माओं, साधुओं, पुरोहितों को भगा चुका था।

अब शांति का रामराज्य छा गया था। भीड़ फिर लीलाभूमि की ओर सरकने लगी थी। अब भीड़ में किचर-पिचर नहीं थी। आपाधापी भी नहीं थी। ललिता के रूप-सौंदर्य पर किसीकी खोटी निगाह नहीं रही थी। सब उसके तेज के आगे नत हो चुके थे। उसे सम्मान से रास्ता दिया जा रहा था।

ललिता की समझ में आ रहा था कि मीरा ने उसे नौटंकी देखने के लिए क्यों भेजा? क्या होने वाला था वहाँ? क्या वह गत और अनागत सबको जानती हैं? उनके भजनों में कितनी ताकत है! वे साक्षात् अभेद्य कवच हैं। वह धन्य हैं! सचमुच ललिता ने ऐसा जादू पहली बार अनुभव किया था। वह सब कैसे हो गया? कितना खूँखार था वह साँड़, और भजन सुनते ही गाय हो गया। इतना प्रभाव जब जानवर पर हुआ तब मनुष्य पर कितना होगा!

"छमा, ललिताजी, छमा!" धूपद ने पास में आकर कहा, "हमने आपको साँड़ से बचाने के लिए..."

ललिता बीच में ही बोल पड़ी—"जानती हूँ, तुम ऐसा क्यों सोचते हो! चलो, अब लौट चलें।"

"और नौटंकी!"

"दीदी ने हमें इसी काम के लिए भेजा था। वह हो चुका।" ललिता ने सँकरी गैल की ओर कदम बढ़ा दिए। कुछ दूर पहुँचकर वह बोली, "जानती हूँ, धूपद, तिहारे मन में कोई पाप नहीं है। फिर डर-भय क्यों? तुम मुझे बचाना चाहते थे। मेरे शुभचिंतक हो।"

धूपद ने कुछ नहीं कहा। चाँदनी रात फिसल रही थी चारों ओर। वे धीरे-धीरे आगे बढ़ते जा रहे थे शीतल बयार के उन्मुक्त झोंकों में बहते हुए।

ग्यारह

मीरा ने चांद्रायण व्रत रखा था। वह आज पूरा हो रहा था—पूरे एक मास बाद। मात्र दूध पर रही थी वह—और वह भी एक वक्त दूध लेकर। कुछ कमजोर जरूर हो गई थी।

इन दिनों में वह कहीं गई-आई भी नहीं थी। वह अपनी कुटिया में ही बंद रही थी। पूजा में लीन रही थी। बोली-चाली भी नहीं। हालाँकि अब तक उसके साथ सतिया, पारबती, चमेली, रामरक्खा, लँगड़ा बाबा आदि अनेक जने हो चले थे। वे सब कीर्तन करते थे। माधव मंदिर भी यदा-कदा जाते थे।

कीर्तनमंडली पूरी बन चुकी थी। रोज कुटिया के बाहर भी कीर्तन और भजन होने लगा था। मीरा वहाँ नहीं आई। आज वह व्रत खोल रही थी तो भंडारे का पूरा प्रबंध हुआ था। पता नहीं कहाँ से पैसा आया। कैसे इतना बड़ा प्रबंध हुआ। कोई तीन-चार सौ जनों का भोजन था।

मीरा कुछ नहीं बोली। देशी घी की सुगंध चारों ओर महक रही थी। पकवान बन रहे थे। मालपूआ, लड्डू, बाटी—न जाने क्या-क्या बन रहा था। भीड़ भी उमड़ रही थी। कीर्तन हो रहा था। सब झूम रहे थे मदमस्त होकर। आकर्षक वातावरण बन रहा था। बीच-बीच में गोवर्धनधारी की जय-जयकार हो रही थी।

सब भक्त मीरा के बाहर आने की प्रतीक्षा में थे। मीरा कान्हा की मूर्ति के सामने मौन बैठी हुई थी पूजागृह में।

कैसा अप्रतिम दृश्य था! अनुपम!

पारबती ने सब भक्तों को समाचार दिया—"भक्त शिरोमणि मीरा पूजा से सीधे यहाँ आएँगी। व्रत यहीं खोलेंगी।"

सबने उनके साथ एक दिन का व्रत रखा था। क्यों नहीं रखते वे सब व्रत! मीरा ने उनके लिए ही तो एक मास का व्रत रखा था।

एक मास से किसीने मीरा को नहीं देखा था। ललिता भी पूरे माह में तीन-चार बार ही उसके दर्शन कर पाई थी।

सबके मन में जिज्ञासा थी। सब मीरा के दर्शन के लिए उतावले थे।

बात जरा सी थी; परंतु मीरा के लिए वह बहुत बड़ी थी। एक कीर्तनिया भक्त को कुछ भक्तों ने पीट डाला था, क्योंकि वह भक्त नीच जाति का था। यद्यपि वह भक्त उनसे बहुत दूर जाकर पास ही सीढ़ियों पर बैठा हुआ था; तथापि उन भद्रजनों को यह अच्छा नहीं लगा। मीरा को बाद में मालूम पड़ा कि ऐसी अभद्र

दुर्घटना उसके चबूतरे पर हो गई थी।

उसने किसीसे कुछ नहीं कहा। चांद्रायण व्रत ले लिया। ललिता ने सबको बतलाया कि मीराजी को उनके दुर्व्यवहार से बहुत दुःख पहुँचा है। वह इस व्रत को और आगे बढ़ा सकती हैं।

सबने सोचा कि क्या करें?

सब चिंतित हुए। मीरा जो कुछ चाहती है, उसे वे कैसे मान लें?

एक अछूत से माफी वह कैसे माँग लें? इससे उनका उच्च जाति का गौरव लांछित नहीं हो जाएगा!

कोई तैयार नहीं था। इस बात से दूसरे लोग भी परेशान थे। इस बीच में गुसाँई अच्युतानंद ने पहल की। समझाया। कोई रास्ता तलाश करने की बात उठाई।

अंत में यह सुनिश्चित हुआ कि उन सबकी ओर से सेठ आनंदी लाल उससे माफी माँगेंगे। लेकिन वह अछूत इसके लिए तैयार नहीं था। वह बराबर एक ही बात दोहरा रहा था कि उसे माफी नहीं मँगवानी है। उससे भूल हो गई थी। माफी तो वह माँगने के लिए तैयार है।

बड़ी मुश्किल से यह समझौता हुआ कि वह कोई भक्त नहीं है। उसे भक्त मंडली से कोई शिकायत नहीं है। वह उपस्थित हो जाएगा; परंतु वह बाहर रहेगा, अंदर नहीं आएगा। इसपर सब राजी हो गए।

जब-तब भक्तों में यह चर्चा दबी-दबी सी उठ जाती थी।

एक स्वर गूँजा—''गिरिधर गोपाल की जय! भक्त शिरोमणि मीरा की जय!''

सब चौंक पड़े।

बैठे रहे। चबूतरे से बाहर भी लोगबाग बैठे हुए थे।

मीरा ने पीली धोती पहनी थी। माथे पर तिलक लगाया हुआ था। उसके मुखमंडल पर तेज था। उसकी आँखों में जगमगाती हुई आभा थी।

थोड़ी देर में सब खड़े हो गए।

मीरा बैठ गई। उसके साथ सब धीरे-धीरे बैठ गए। सन्नाटा चँदोवा-सा तन गया।

ललिता ने कहा, ''सभी भक्तजनों को यह जानकर प्रसन्नता होगी कि भक्त शिरोमणि मीरा अपने हाथ से सबसे पहले उस भक्त को ही प्रसाद देंगी जिसका अज्ञानवश अपमान हुआ था। मनुष्य कभी दूसरे का अपमान नहीं करता, सदा अपना ही अपमान करता है। हर वह व्यक्ति, जो अपना सम्मान चाहता है, उसे दूसरे का सम्मान करना आना चाहिए। यही सोचकर उन्होंने यह निर्णय लिया।''

"उसका नाम पातीराम है, दीदी।" पारबती ने बताया।

"पातीराम को बुलाओ।"

"नहीं, ललिता। हम उसके पास जाएँगे।"

"मैं उससे माफी माँगने को तैयार हूँ।" सेठ आनंदी लाल ने कहा।

"नहीं, सेठजी। माफी मैं माँग लूँगी। कोई जोर-जबरदस्ती नहीं।" मीरा ने कहा। इसीके साथ वह उठ खड़ी हुई।

"आप रहने दीजिए।"

"गलती हमसे हुई है।"

"गलती किसीसे नहीं हुई है। गलती जिससे हुई है, उसे गलती स्वीकारने का अवसर देना जरूरी है।" वह यह कहकर आगे बढ़ गई।

सबकी दृष्टि चारों ओर घूम गई। पातीराम कहीं नजर नहीं आया। मीरा कुछ दूर आगे चलकर रुक गई।

"पातीराम, तुम कहाँ हो?"

कोई उत्तर नहीं आया।

पुनः उसका नाम पुकारा गया। लेकिन उत्तर में सन्नाटा बना रहा। यथावत्।

सबकी दृष्टि चारों ओर घूम गई। पातीराम कहीं नजर नहीं आया।

पातीराम का नाम लेकर कई बार आवाज लगाई गई। मीरा जान गई कि पातीराम के साथ क्या हुआ है? अब वह क्या निर्णय ले? शायद उसके परिवार का भी कोई व्यक्ति वहाँ नहीं आया होगा। शक्ति काम नहीं करेगी। इतना ही पर्याप्त है कि उसके व्रत से थोड़ी-बहुत सुरसुरी जनमानस में उठी।

पता चला कि पातीराम अपने परिवार को लेकर वृंदावन ही छोड़ गया है। उसको गहरा धक्का लगा। उसने मन-ही-मन कान्हा से प्रार्थना की—'ओ दीन-दुखियों के पालनहार, दीनदयाल, करुणा के सागर, घट-घटवासी, गिरिधर गोपाल! जब यह सारी सृष्टि तेरी है। तू ही इसका जन्मदाता, पालक और संहारक है। तू ही सबमें विराजमान है। फिर पातीराम के साथ ऐसा व्यवहार क्यों कि उसे तेरी नगरी छोड़कर जाने के लिए विवश होना पड़ा? शायद वह यहीं जनमा, यहीं पला, बड़ा हुआ। पता नहीं कब से यहीं रह रहा था। वह निर्दोष पिटा भी, अपमानित भी हुआ और गाँव छोड़कर भी उसे ही जाना पड़ा। यह अन्याय क्यों? सब मानव हैं। सब बराबर हैं। सबमें तू ही तो है। फिर यह ज्यादती क्यों? साँवलिया, बता तो आज मैं क्या पूजा करूँ? क्या आरती गाऊँ? मेरे अंदर-बाहर गहरे समंदर-सा अँधेरा छा गया है। प्रभु! तू मुझे रास्ता दिखा। मेरा अंधकार मिटा और मुझे हाथ पकड़कर उजाले की ओर ले चल।'

सबमें भय बैठ गया था। अब क्या होगा? पता नहीं मीरा क्या निर्णय करें? उनमें से कई जने मन-ही-मन प्रार्थना कर रहे थे—'हे मुरलीधर, संकट विमोचन, गोपीकृष्ण, गिरिधारी! इस मुसीबत से तू ही हमारी नौका पार लगा। शायद मीरा नहीं जानती थीं कि हमारे संस्कारों में जाति-घुन कैसे इतने भीतर जाकर धँसा है! यह कोई आज की बात नहीं है। इस बात का जन्म बहुत पहले हुआ था। तब से यह लकीर गहरी ही होती गई। इतनी गहरी कि आज जाति सबकुछ है। कर्म से कोई अपनी जाति सिरजे, उससे यह अच्छा कि जन्म से वह जाति पा जाए। जन्म से ही उसके स्वर्ग व नरक का निर्णय हो जाए। जिससे सारा धर्मसंकट मिट जाए। मौज-ही-मौज हो जाए। इस अंधकार से निकलना बच्चों का खेल नहीं है। यह तो दलदल है। जितना जोर लगाओ उतना ही धँसते जाओ। इससे उभरने का कोई रास्ता नहीं है। अब तू ही रक्षा कर। इस संकट से उभार। प्रभु, हमारी विनती स्वीकार कर।'

एक व्यक्ति दबी आवाज में कह रहा था—"वह चूड़ा था न। बाहे तो कछु इल्म भी था और बा पर गोवर्धन गिरिधारी की किरपा भी थी।"

"बो रामधनिया चूड़ा?" दूसरे ने कहा।

"हाँ रे, वही।"

"तो?"

"क्या हुआ था उसका?"

"हाँ, हाँ···न बाबा, न।"

"जाही जमुना में सिगरे कुटुंबजनों सहित उसे बहा दिया गया था। पंडों से कौन मुँहजोरी कर सकता है!"

"न बाबा, न—कोई नहीं।"

"अपने धरमगुरु को तो जे बात भी पसंद नहीं है।"

"कौन सी बात?"

"कि एक बय्यर सरेआम मर्दन के बीच में कीर्तन करे, गाए-नाचे।"

"तो?"

"वह राजघराने की न होती तो अब तक बा के भी वारे-न्यारे हो जाते। उसका कहीं नामोनिशान नहीं मिलता। अब तो उनपर भी संकट आने वाला है।"

"क्या?"

"हाँ रे, वे लोग अब ऐसा षड्यंत्र रच रहे हैं कि साँप भी मर जाए और लाठी भी न टूटे। बुरे भी नहीं बनें और उनका काम भी हो जाए।"

"ता ही से पातीराम को गाँव छोड़कर जाना पड़ा रे।"

"अब चुप भी करो।" तीसरे व्यक्ति ने कहा।

"क्यों जी?" पहले व्यक्ति ने पूछा।

"दीवारों के भी कान होते हैं।"

"यहाँ कहाँ हैं दीवारें?"

"मीराजी के भगत यहाँ कम नहीं हैं जी। उनमें से किसीने सुन लिया तो।"

"चलो, चुप भी करो जी।"

"तुम तो मीरा के भगत नहीं हो न!"

"चुप!"

"धर्माचार्य..."

"चुप!"

"रंग में भंग करने आए हो न?"

"चुप!"

"लो बाबा, चुप।"

"अपने धर्माचार्य को जानता है न तू?"

"हरे-हरे! क्षमा, महाराज, क्षमा।"

"अब आया न गैल पर! किसीने ठीक ही कहा है कि लातों के भूत लातों से ही वश में आते हैं।"

"तो जहाँ कछु..."

"चुप कर, सास के! जा नगरी में रहना है तो दाँतों के बीच में जीभ बनकर रहो।"

"समझ गया, माई-बाप, सब समझ गया।" कहकर वह वहाँ से खिसक लिया।

पारबती कह उठी—"सिगरे भगतन सूँ अब भगत शिरोमणि मीरा कछु बात करना चाह रही हैं। सो आप सबन से अरज है कि आपसी बातें बंद करें और शांतचित्त होकर सुनें।"

सन्नाटा। सब शांत। साँस रोके सारा वातावरण गुपचुप। मौन। एकदम निस्तब्ध।

"सिगरे भगतन कूँ मीरा का हाथ जोड़कर परनाम।" मीरा ने हाथ जोड़कर कहा, "भगवान् कूँ परसाद आप सबन के पास आ रह्यो है। बाहे आरोग्यो। जा कूँ छकण भोग, छतीशाँ बिंजण (व्यंजन) हर छन प्राप्त हैं। बाको राजभोग कूँ परसाद लगायो है। वो गुणागार नागर, म्हा गुणहीन। जाई से बाकूँ अरज करती हूँ कि बो म्हारे हिबड़ों कूँ साज बना रहे। बो ही जग तारण भोभीत निवारण करनेवाला है। बो

ही हार्‌याँ जीवन का सरण रखलाँ है। फिर बाहे छोड़कर कठे जावाँ वाली स्थिति है। है तो है ही। जोगियारी प्रीतड़ी का यही दुखड़ा है कि पहले तो हिल-मिल बात बणावत मीठी, पाछै जावत भूल। तोड़त जेज (देर) करत नहिं सजनी, जैसे चमेली के फूल। भगतन, आप सबन कूँ पतो है, म्हाँने एक मास तक व्रत रखो। मन माँ प्रभु को भजन कियो। साँचे मन सूँ कियो। बिनती की। जे बात तो आप सबन कूँ भलीभाँति मालूम ही है कि बो नटवर नागर है, चंचल है, बिजुरी है। बासे हम लड़त सकैं नाहिं। क्या कर लैहें बा सूँ लड़कै। बाने म्हारा व्रत नाहिं माना। विनती नाहिं सुनी। आप भगतन ने एक दिन कूँ म्हारे साथ और उपवास कियो, तो भी बा को दिल नाहिं पसीजो। बो ही ढाक के तीन पात। जे पक्की बात है कि बाकूँ आने से ही जे घोर अंधकार हटैगो। बा ही सूँ यह नौका भवसागर पार हो सकती है। बो कब बाँहड़िया पकड़ैगो, कब बाकी सीधी नजर होगी, बो कब अधम उधारण रूप धारण करैगो? इन बातनन को बो ही जवाब दे सकत है, म्हारे वश की वह बात नाहिं है, भगतो। म्हाँ तो बा सूँ अरज कर सकत हैं, सो थारे सबन के सामने बा सूँ थारी सबन की भावना के साथ म्हाँने अरज भी की तो सुनो, किसन कन्हैया, जसोदानंद, मुरली मनोहर! तो सुनो...''

मीरा इकतारा छेड़ बैठी। छेड़ती रही। प्रसाद सबको मिलता रहा। इकतारा बजता रहा।

सब सोच में पड़ गए। पातीराम कहाँ गया? उसकी बात जरा सी भी नहीं उठी। बादल गरजे ही नहीं, बिजली चमकी ही नहीं और हौले-हौले बादल बरस पड़े—गीत गुनगुनाते हुए। यह कैसा अचरज!

जो विघ्न डालने वहाँ उपस्थित हुए थे, वे चरणामृत रूपी प्रसाद को माथे से लगाकर पी रहे थे। अपने आने के कारण दुःखी हो रहे थे। उनको वहाँ आने से क्या लाभ हुआ? कोई प्रश्न नहीं उठा? श्लोकों का क्या हुआ? रात-दिन याद किए? सब टें-टें फिस्स। कोई काम नहीं आया। आचार्य ने कहा था, 'जनता पर राज का डंडा नहीं, धर्म के सोंटा का राज हो। संस्कृत में जोर-जोर से श्लोक पढ़ो और मुखमुद्रा में आवेशयुक्त तेज आने दो; जनता का मन अंदर-ही-अंदर काँप उठेगा। भक्ति का सारा सम्मोहन जाता रहेगा।' पर यहाँ तो उलटा हो रहा था।

मीरा गा रही थी—

'कोई दिन याद करो, रमता राम अतीत।' कुछ रुककर वह बोली, ''अपना किसन ही राम है, राम ही किसन है। जो राम है वही किसन है और जो किसन है वही राम है, भगतजनो। हो सकता है, उसे किसन कन्हैया नाम से हम नहीं मना पाए तो अब श्रीराम से पुकारकर देख लें। तो भगतो, म्हारे साथ सब बोलो, एक स्वर

से बोलो—जय जय राम, सीताराम! राम-ही-राम, सबके राम! म्हारे राम, थारे राम! सबन के राम, राम-ही-राम! किसन-ही-किसन! हरे राम, हरे कृष्ण! राम-ही-राम! हरे-ही-हरे!"

सब बोल पड़े। धीरे-धीरे आवाज ऊँची होती गई। गूँजती गई। सबका मन उसमें रमने लगा। सबका अंतर मगन होने लगा। सब मस्त हो झूमने लगे। आनंद की घन घटा छा गई। आनंद का रामराज्य महक उठा।

मजीरे खनक रहे थे।

करताल बज उठी थीं।

ढोलक पर थाप पड़ रही थी।

रस भीजे मन मलूक हो उठे थे। सब अपनी-अपनी सुध भूल बैठे थे। किसीको स्मरण नहीं रहा था कि वे वहाँ क्यों आए थे? क्या सोचकर आए थे? क्या हो रहा था? जब आत्मा का आत्मा से मिलाप होता है तब परमात्मा का अनाहत नाद सबको वशीभूत कर लेता है। वहाँ आत्माओं का मेला था। आनंद-अमृत की रस फुहारें क्यों न उठतीं? फिर, क्यों न मन अपने आपको भूलता?

मीरा कह रही थी—"भगतजनो, जा बखत कबीर की याद हो आई। वह बड़ा संत था—संतों का संत। जिसके साथ-साथ त्रिवेणी बहती थी। वह जहाँ रुकता-ठहरता था वहीं गंगा-जमुना के घाट बन जाते थे। बाकूँ कर परनाम कर, थारे को बाका एक भाव अर्पण कर रही हूँ। सो सुनो—

लाली मेरे लाल की, जित देखूँ तित लाल।
लाली देखन मैं गई, मैं भी हो गई लाल॥

"भगतजनो, बा कूँ दीदार एक बार जिसे हो जाए, वह फिर अपने में कैसे लौट सकता है? वह तो पारसमणि है। बाकूँ छूते ही लोहा सोना हो जाता है। फिर वह लाख चाहे तो लोहा नहीं हो सकता। फिर चाहने का प्रश्न ही नहीं उठता। फिर चाह बचती ही कहाँ है? फिर सबकुछ जो भी है, समर्पित हो जाता है। उस तक पहुँचने के लिए ही तो जे भजन है, जे कीर्तन है, जे संगत है। जा से मन धुलता है। आत्माराम जी उठता है और आनंद-ही-आनंद का रामराज्य लहराने लगता है मानस-सागर में। हाँ, तो मैं बा से ही कह रही थी कि कोई दिन याद करो रमता राम अतीत। अतीत यानी विरक्त, जोगी। बा तो जोगी है। जोगी का क्या! कब आए? कब जाए? बो तो पवन भयो। पवन कूँ कौन बाँध सकत है? उसे कौन रोक सकत है? जरा सोचो, क्या पवन बाँधने की चीज है? नाहिं न। पर हम कहते हैं कि है। पूछोगे, कैसे? नदी पर से गुजरते हुए फूलों की सुगंध जब म्हारे-थारे पास से गुजर

जाती है तब उसके जाने के बाद भी वह क्या भुलाई जा सकत है? बचपन भी तो वही पवन है और वही जवानी भी। क्या कोई बचपन भूल सकता है? नाहिं न! जा ही से हम कहते रहते हैं कि जोगियारी प्रीतड़ी एक बार लगी नाहिं कि आदमी गयो काम सूँ। बा सूँ बचो, यदि बच सको।'बो तो आसन जमाकर निश्‍िंचत होकर बैठा हुआ है। जैसे बाको किसीसे कछु लेना-देना ही न हो, सबकछु लेना-देना हमें ही हो। उसीको व्रह भजन की रीति-नीति मान बैठा है। तो आगे सुनो, भगतजनो, मनवा क्या पुकार कर रहा है—

कोई दिन याद करोगे रमता राम अतीत।
आसण माँड़ि अडिग होय बैठा, याही भजन को रीत।
मैं तो जाँणू जोगी संग चलेगा, छाँड़ि गया अधबीच।

"कैसी बात है, भगतो बो—

आत न दीसे जात न दीसे, जोगी किसका मीत।
कोई दिन याद करोगे रमता…

"और भगतो, म्हारी-थारी प्रीति तो देखो कि फिर भी बा से ही लगी-लिपटी है। हाँ तो सुनो—मीराँ कहै प्रभु गिरिधर नागर, चरणन आवे चीत।"

सब आनंदमग्न। मन-ही-मन सबके स्वर गूँज रहे थे—'कोई दिन याद करोगे…'। इकतारा बज रहा था। मन डूब रहे थे—रमता राम अतीत। ऐसे कई भजन मीरा ने गाए। घंटे भर से ज्यादा यह कार्यक्रम चलता रहा अग-जग की बाधा-व्यथा से मुक्त होकर। थोड़ी देर के लिए मानव मानव नहीं रहा। मानव मानव में डूब गया। तेरा-मेरा, ऊँच-नीच, अमीर-गरीब, साधु-असाधु का भेद नहीं रहा। सब एक हो गए। एक लौ में खो गए। एक लय बन गए। यमुना में कौन-कौन मिला और यमुना किसमें जा मिली, यह प्रश्न ही नहीं रहा। फिर इसपर कोई प्रश्न ही नहीं बचा और न उत्तर का सम्मोहन रहा। सारे प्रश्न ही उत्तर बन गए। विराम रह गया अविराम-सा एक सच; जिसके बारे में कोई बोल नहीं। सिर्फ शांति। चिर शांति। चिर मौन।

पारबती कह रही थी—"पहला कौर माईजी ठाकुरजी को खिला चुकी हैं। अब सिगरे भगतजन प्रसाद पाओ। पत्तल पर जूठन नाहिं छोड़ना है। अन्न भी भगवान् है। बा को तिरस्कार नाहिं करना। परम ठाकुरजी कूँ ध्यान कर, जे समझ कि रसोड़ा भी बा को ही है और रसोड़ा जीमनेवाला भी एक वही है। शेष तो बा के ही माध्यम हैं। बा के अलावा कछु नाहिं है। भगतन को जा सोच से परम आनंद

मिलैगो। थारी सारी इच्छाओं की पूरती हो सकेगी। जय गोवर्धन गिरिधारी की! जय जसोदानंदन मुरारि की! जय वन-उपवन बिहारी की! जय मोर मुकुट गिरिधारी की! जय, जय, जय!''

भंडारा शुरू हुआ।

मीरा उठकर अंदर चली गई—मन में फाँस लिये पातीराम की। उसके हलक में पातीराम आ बैठा था, भोला जन। अपने काम से काम। न किसीके लेन में, न देन में। कैसे उपजा उसके मन में ब्रह्मज्ञान। सच्चा ज्ञान। निस्स्वार्थ और निर्लिप्त भाव से वह चबूतरे से दूर गोवर्धन गिरिधारी की महिमा के दो बोल सुनने क्या बैठ गया कि उसकी टाट गंजी हो गई। क्या सोचता होगा वह? क्या वह दीन दयालु, कृष्ण मुरारि के प्रति श्रद्धावान् रह सकेगा? क्या वह ऊँची जातिवालों के प्रति आदर भाव बनाए रख सकेगा? ऐसा क्यों होता है? सच्चा और ईमानदार मानव दुत्कारा जाता है, अपमानित होता है और मार खाता है? हे दीनबंधु, दीनानाथ, स्वयंभू! यह आपकी कैसी रचना है और कैसा विधान है? क्यों है? क्या आपको इन उदाहरणों से सुख मिलता है? कभी नहीं, न प्रभु! फिर हे कृपालु, उस पातीराम की सुध लो और उसे उसका खोया हुआ सम्मान लौटवा दो। विनती सुन रहे हो, नाथ? दया करो।

मीरा ठाकुरजी के सामने से प्रार्थना करके अपने कक्ष की ओर बढ़ गई।

ललिता, धूपद, पारबती आदि सभी सोचते हुए रह गए कि यह क्या हुआ। उन्हें आशा थी कि अवश्य कुछ चमत्कार होगा। पातीराम उनके सामने हाथ जोड़कर आ खड़ा होगा। अथवा ऐसा अवश्य कुछ होगा कि जिससे सब नतमस्तक हो जाएँगे। पर क्या होगा, यह उन्हें ठीक से नहीं मालूम था। अंत में वे सब एवं भक्त जन चमत्कार की प्रतीक्षा करते हुए उठकर चल पड़े।

□

आधी रात हो गई। सारा वृंदावन सो चुका था। केवल मीरा जाग रही थी। सोच रही थी कि ऐसा हुआ तो क्यों हुआ?

मीरा को लगा कि किसीने दरवाजे पर दस्तक दी है। वह उठी नहीं। जरूर बिल्ली होगी। वह अपना मन सृष्टि के रचयिता की रचना पर केंद्रित कर अपनी ही उलटबासियों में उलझती-सुलझती रही।

फिर दरवाजे की साँकल बजी। उसे विश्वास हो गया कि कोई है। वह उठी। दरवाजे तक आई। अंदर से ही पूछा, ''कौन है?''

''माई, मैं पातीराम।''

मीरा का मन द्रवित हो उठा। प्रभु ने उसकी विनती स्वीकार कर ली। उसने झट से कुंडी खोल दी। सामने पातीराम खड़ा हुआ था। उसने पूछा, ''तुम आज

कहाँ चले गए थे?"

"यहीं था, माई।"

"यहाँ कहाँ?"

"यहीं माई, यहीं।"

"लेकिन लोगों ने तो बताया था कि तुम गाँव छोड़कर कहीं चले गए हो!"

"सच बताया था, माई।"

"पर तुमने यह गाँव क्यों छोड़ा?"

"माई, मनुष्य शरीर क्यों छोड़ता है?" पातीराम ने पूछा।

मीरा ने साश्चर्य पातीराम की ओर देखा। कुछ बोली नहीं। सोचती रह गई कि उसने ऐसा प्रश्न कैसे किया? क्यों किया?

"माई, परसाद नहीं दोगी?"

"क्यों नहीं दूँगी! अवश्य दूँगी। तेरे लिए ही तो मैं अब तक बैठी हुई थी।" मीरा ने धीरे से कहा, "यहाँ आ, अंदर।"

मीरा ने उसे पौली में बुला लिया। आसन बिछाकर उसे बैठने के लिए संकेत किया। वह बैठ गया। पत्तल में भोजन लगाकर मीरा थोड़ी देर में ले आई। पत्तल उसके सामने रख दी।

पातीराम ने भोजन की ओर ध्यान से देखा।

"शुरू करो।"

"और आप?"

"मैं···मैं···" मीरा हकलाई।

"आपने भी रसोई नहीं जीमी है, माई?"

"हाँ।"

"इस अछूत के लिए इतना दर्द, माई!"

"छूत-अछूत क्या होता है, भाई? मनुष्य सब मनुष्य हैं। बराबर हैं। वही रक्त, वही हाड़-मांस, वही हाथ-पाँव—फिर भेद क्यों और कैसा?" मीरा उसे बता रही थी आत्मविभोर होकर।

"सच, माई?"

"हाँ रे, भाई। झूठ क्यों?"

"तो माई, मेरी प्रार्थना मानोगी?"

"कैसी प्रार्थना?"

"पहले आप 'हाँ' कीजिए।"

"किया।" मीरा ने प्रसन्न होकर कहा।

"फिर माई, आप भी रसोई जीमें, यह मेरी प्रार्थना है।"

"पहले पाहुना।"

"नहीं माई, आप भी साथ में।"

"जिद नहीं।"

"अभी आपने 'हाँ' की थी, माई।"

"ठीक है।" मीरा अपनी भी पत्तल परोसकर ले आई। वह यह सोचकर तैयार हो गई थी कि इससे उसका मन रह जाएगा। जरा सी बात के लिए वह उसका मन छोटा क्यों करे।

"अब भोग लगाओ, भाई।"

"आप भी।" यह कहकर पातीराम ने भोजन करना शुरू कर दिया।

मीरा ने भी भोजन को नमन कर प्रारंभ किया।

बीच में उठने लगी तो पातीराम ने कहा, "क्यों, माई? मुझे और कुछ नहीं चाहिए।"

"थोड़ा-बहुत।"

उसने डकार लेकर कहा, "और कुछ नहीं। इतनी बढ़िया रसोई। प्रभु की कृपा हो गई मुझपर। बड़ा दयालु है आपका किसन कन्हैया! उसे बारंबार प्रणाम। माई, आप भी धन्य हैं!"

मीरा रसोई जीम चुकी थी। आगे बढ़कर उसने उसकी पत्तल भी उठा ली। वह बहुत नाह-नूह करता रहा। तब तक मीरा पत्तल उठाकर आगे बढ़ चुकी थी। वह चुपचाप देखता रहा था।

मीरा लौटी तो वह बोला, "गंगाजल नहीं दोगी, माई!"

"अभी लाती हूँ।" मीरा अंदर चली गई। गंगाजल और इलायची दाने लेकर लौटी।

'एँ!' उसने चारों ओर दृष्टि घुमाई। कहीं कोई नहीं था। वह तुरंत बाहर आई। दूर तक गली घूम आई; पर पातीराम का कहीं पता नहीं था। वह कहाँ गया? किधर गया? अभी वहीं था। ऐसी आँखमिचौनी क्यों?

'क्या तू ही पातीराम बनकर आया था? क्यों रे, यह तुझे क्या होता जा रहा है? बारंबार तू छलता रहता है, छलिये। तू सदा का ही लबार है रे! तेरा क्या भरोसा रे!' मीरा विलाप-सी करती रही। उसका मन डूबता गया। पातीराम अचानक कहाँ से आया था? पहले वह वहाँ नहीं रहता था? हाल ही में वह वहाँ आकर रहने लगा था। कोई उसके बारे में कुछ खास नहीं बता सका। 'ओह! फिर छल!' अपने आपसे बात करती हुई वह अपने कक्ष की ओर बढ़ गई।

बारह

सैयद बाबा दूर-दूर तक प्रसिद्ध था। काशी से, कन्नौज से, झाँसी से, जयपुर से, हिसार आदि पता नहीं कहाँ-कहाँ से दीन-दुःखी स्त्री-पुरुष आते थे। कोई पथरी से परेशान था, कोई लगातार बुखार बने रहने से, कोई सौत से, कोई संतान-सुख से वंचित होने से।

सैयद बाबा का नाम चारों ओर श्रद्धा से लिया जाता था।

पारबती उसकी शिकार हो चुकी थी। उसीने मीरा को चेताया था—"माई, वह बाबा ठग है। धूर्त है।"

"हो तो हमें क्या है!"

"है माई, बहुत कुछ है।"

"न री, पारबती, कुछ नहीं है।"

"वह भोलीभाली जनता को लूटता है, माई।" पारबती कह रही थी।

"पर हमारा काम दूसरा है। तू कहती है तो यह बात भी किसन कन्हैया से कहकर देखूँगी।"

"वह ठीक है, पर…"

"पर क्या?" मीरा ने सामने की ओर देखते हुए कहा। सामने से चमेली और सतिया आ रही थीं।

"कुछ भी कीजिए, माई, पर उस छल-कपट से भोलीभाली जनता को मुक्त कराइए।" पारबती धीरे-धीरे समझाती जा रही थी—"वह लंपट है, चरित्रहीन है, चालबाज है! और वह…"

"बस-बस, बस पारबती, बस! एक साथ इतना अशीष नहीं। ऐसा नहीं हो सकता है कि उसमें कोई गुण न हो। दूसरों की बुराइयों पर निगाह टेकने से यह अच्छा है कि दूसरों में अच्छाई देखी जाए; क्योंकि दूसरों में बुराई देखने से दृष्टि अपनी ही खराब होती है, मन अपना ही गँदला होता है। दूसरों में यदि कुछ देखना चाहती हो तो उनमें अच्छाई देखो, ताकि अपनी दृष्टि अच्छी बनी रहे।" मीरा जान गई थी कि वह अवश्य उस बाबा की शिकार हुई है। उसने उसके साथ छल किया है। इसी कारण उसमें उबाल जोरों पर उठ रहा है।

सतिया ने प्रणाम कर कहा, "माई, पारबती साँच कह रही है। सैयद बाबा मक्कार है! दुष्ट है! पाजी है!"

"कोई-कोई तो उसे बादशाह का खुफिया बताता है।" चमेली ने जोर देकर कहा, "उसका अत्याचार बहुत बढ़ गया है।"

''परंतु यहाँ के धर्माधिराज, योगी-जती, साधु-संत, मुखिया-प्रधान—ये मोटे-मोटे आसामी इस कुकर्म को बंद क्यों नहीं करवाते?'' मीरा ने सहज प्रश्न किया।

''यह इन सबकी मिलीभगत है। ये सब तो एक ही थैली के चट्टे-बट्टे हैं। इनसे कुछ लाभ नहीं। ये स्वयं लूटते हैं। डाकू और चोर में सदा चोली-दामन का साथ होता है।'' पारबती टुकड़े-टुकड़ों में कहती जाती। अपना आँचल सँभालकर लहँगे को ठीक करने लगती।

''माई, यह व्रज किसन की लीलाभूमि जरूर रहा है; परंतु आज तो इसमें लंपट आ बसे हैं। ये लोग भोलेभाले किसन भगतों का मटियामेट करने पर उतारू हैं।'' सतिया बताने लगी।

''ठीक है, कुछ हो सकेगा। यह बात हम किसन पर छोड़ते हैं कि वह क्या करता है!'' मीरा इतना कहकर थाली में पड़े गेहूँ बीनने लगी। 'आए थे हरि भजन को ओटन लगे कपास' वाली बात उसपर न घट जाए, इस कारण वह बराबर सचेत बनी रहती थी। वास्तव में वह नगरी थी भी मायानगरी। प्रतिदिन कुछ-न-कुछ अद्‌भुत घट जाता था। कोई-न-कोई नया चमत्कार हो जाया करता था।

सैयद बाबा के बारे में उसने पहले भी सुन रखा था। उसे इस बात का पक्का विश्वास था कि जादू-टोना, गंडा-तावीज, तंत्र-मंत्र, झाड़-फूँक आदि सब ठग विद्याएँ हैं। इससे समाज कमजोर होता है और उसका मनोबल टूटता जाता है। पहले भी, अपनी यात्रा के दौरान ऐसे चमत्कारों का वह भंडाफोड़ कर चुकी थी; जनता को सचेत कर एक नए रास्ते की ओर मोड़ चुकी थी।

एक शिशु की बलि हो जाती, यदि वह उस दिन वहाँ नहीं पहुँच जाती।

कैसा भीषण दृश्य! रोएँ काँप जाएँ। मीरा ने सुना तो उसका हृदय भी कंपित हो गया। उसने अपने ठाकुरजी से प्रार्थना की। वहीं से उसके हृदय को सुनाई पड़ा—'मीरा, मानव सेवा ही मेरी सेवा है। उसके लिए अन्य किसी प्रकार की सेवा, तंत्र-मंत्र, विद्या आदि मेरी सेवा नहीं है। जाओ मीरा, जाओ, शिशुबलि को रोको।'

'पर कैसे, मेरे गिरिधर गोपाल?'

'सच्चे मन से। जन की शक्ति से।'

'जन क़ी शक्ति!'

'हाँ, जन की शक्ति। जन-मन ही मेरी शक्ति है। उसे झकझोर, मीरा। उसीसे नई शक्ति और नई दृष्टि मिलेगी।'

'जैसी आज्ञा, मेरे गोपाल।'

मीरा ने अपनी यात्रा में यह अनुभव किया था कि मानव-मन अनेक भ्रांतियों का घर होता जा रहा है। उसमें अंधविश्वास जलकुंभी-से फैल रहे हैं।

उस दिन उसने दो पद गाकर जन-जन से कहा, 'भगतो, मुझे यह आदेश हुआ है सुदर्शनधारी गिरिधर गोपाल का कि थारे यहाँ आज शिशुबलि दी जा रही है, वह गलत है। नरबलि से कोई सिद्धि, ऋद्धि संभव नहीं है। म्हाँने अपने परिवार में जाई कारण सूँ देवी-पूजन से मना कर दिया। सजा पाई। एकांतवास भोगा। परंतु पशुबलि और बा से देवी को प्रसन्न करने की बात म्हारे गले नहीं उतरी। किसीकी बलि पाकर देवी-देवता कभी प्रसन्न नहीं होते। जनम-मृत्यु, जस-अपजस और हानि-लाभ—जे विधाता के हाथ है। जा में किसीका दखल नाहिं है—बिलकुल नाहिं है। जे काम गिरिधर गोपाल का है, भगतो, म्हारा-तिहारा और किसी तीसरे का नाँय है।'

'सच है, माई।'

'पर कहाँ दी जा रही है शिशुबलि?'

'वह हमें मालूम है।'

'फिर माई, म्हारे कूँ क्या आज्ञा है?'

'थारा मन क्या कहता है?'

'कैसे, माई?'

'क्या जे ठीक हो रहा है?'

'नहीं, माई, बिलकुल नहीं।'

'क्या जसोदा और नंद किसन की बलि देकर कोई ऋद्धि-सिद्धि पाने की बात सोच सकते थे?'

'नहीं! नहीं!' तेज आवाज की आँधी उठी।

'तो भगतजनो, यह अच्छी तरह जान लो कि हर शिशु गोपाल है, श्रीराम है, शिव है।'

'जी, माई।'

'हर मानुख गोपाल है। गोपाल सृष्टि के कण-कण में बसा हुआ है।'

'फिर जे शिशुबलि?' एक भक्त ने पूछा।

'जे बिलकुल ठीक प्रश्न किया।' मीरा ने थूक गटककर कहना जारी रखा—'वह तो नटवर लाल है। सबकूँ बाने करम-चक्र में डाल दियो है। बुद्धि फैला दी है और माया का जाल बुन डालो है। जाई से मानुख भरम माँ फँसता है। एकदम मकड़ी के जाले की तरह या मधुमक्खी के जाले की नाईं।' मीरा ने समझाया और सबकी ओर देखा।

उसके मस्तिष्क पर धर्मसभा का वह दृश्य घूम गया, जब उसे देवी अपमान का अपराध सुनाया जा रहा था। फिर भी, अंतिम बार उससे पूछा गया था। तब उसने कहा था—'हे धर्म-संसद् के सभासदो! सृष्टि को जन्म देनेवाला और उसकी रक्षा करनेवाला क्या इस बात से प्रसन्न हो सकेगा कि उसे पशुबलि दी जा रही है? क्या उसे किसी चीज की जरूरत है? क्या वह अपनी कृति-रचना को नष्ट होता देख प्रसन्न हो सकेगा? पशु निर्दोष हैं। उन्होंने किसीका क्या बिगाड़ा है? फिर उसकी बलि क्यों? उसमें भी हमारी-आपकी तरह जान है। अब यह निर्णय आप जैसे धर्म के पंडितों का है कि वे धर्मकार्य किसे मानते हैं और किसे नहीं। जहाँ तक मेरे निर्णय का सवाल है, वह मैं पहले अर्ज कर चुकी हूँ कि मेरा इस विधि-विधान में रत्ती भर भी विश्वास नहीं है। सो देवी पूजा में पशुबलि हो, यह बात मेरे मन को स्वीकार नहीं है। क्या बात कही है संत सूरदास ने—ऊधो मन माने की बात। मन नहिं दस बीस। एक हुतो तो गयौ स्याम सँग अब कौन अराधै ईस।...विवेकशील और गण्यमान्य सभासदो, धर्मगुरुओ, यह सारी बात इस मन की है। मन एक है और देवता अनेक। उसमें से एक को चुनना है। जिसने चुन लिया उसने चुन लिया। देवता और पति एक बार चुना जाता है, बार-बार नहीं। इसलिए मेरी बारंबार यही अर्ज है आप महापुरुषों से कि आपका निर्णय उसका ही निर्णय लगे, जिससे यह सृष्टि चलती है और जो हम सभी का रचयिता है, बनानेवाला है। आगे आपकी मरजी, और मुझे इसके अलावा कुछ नहीं कहना है।'

उन धर्मगुरुओं के मन नहीं बदले। उनके मन थे ही कहाँ, जो बदलते। वे जड़ हो चुके थे। उनमें चेतना नहीं बची थी। लेकिन यह जनमानस उससे जुड़ा है; जिसमें चेत है, सुध है, सँभाल है और मन है।

आगे-आगे मीरा और पीछे-पीछे जन-मन कीर्तन करता हुआ चल रहा था।

सुनसान जगह शुरू हुई। गाँव से बाहर। मंदिर था। पीपल, बरगद, नीम, आम आदि से घिरा जंगल था। बीच में वह मंदिर था—पुराना मंदिर।

'ठहरो!' भीड़ में से एक ने आगे बढ़कर कहा।

शिशु रो रहा था। माँ ने उसकी टाँगें और बाप ने सिर पकड़ रखा था। एक जटाधारी, भगवा वस्त्र में सजा, मोटी-मोटी आँखों में मदिरा की लपटों की ज्योति जगाता यज्ञ कर रहा था—'धीम धाम, धीमहि!' थोड़ी-थोड़ी देर में वह यज्ञ में महाक्रोध के साथ, जटिल मुद्रा बनाकर और भौंहें तिर्यक् कर पूरे जोश एवं ताकत से हव्य छोड़ता। यज्ञ की अग्नि की लपटें चीखती हुई आसमान की ओर उठतीं। आसपास का सारा वातावरण लाल-लाल हो जाता।

एक व्यक्ति नंगी तलवार लिये खड़ा हुआ था। तलवार पर सिंदूर से पूजन हुआ लग रहा था।

अचानक आसमान से बिजली कड़ककर कहीं गिरी। जोरदार धमाका हुआ। वह जटाधारी अग्निक्रोध आवेग से गरजा—'कौन मूरख है? क्यों अकाल काल पुकारता है?' इसीके साथ उसने मंत्र पढ़ते हुए तेजी से हव्य छोड़ा। उसी तेजी से विकराल काल की लपटें उठीं।

वह व्यक्ति, जो आगे बढ़कर सामने आया था, घबराकर पीछे हट गया। उस जटाधारी के हाथ में अब कपाल था। वह ऊँचे स्वर में मोटी-मोटी आँखों से काल की फुफकार लगाता हुआ गरज रहा था—'तुझे अपने प्राण प्यारे नहीं हैं, मूरख! तूने हमारी साधना में यह दु:साहस कैसे किया? बोल, अब तुझे क्या दंड दूँ?' इसीके साथ उसने कपाल को अग्नि में घुमाते हुए कुछ किया कि यज्ञ की अग्नि की लपटें त्रिकाल बन गईं और जोर का धमाका हुआ।

सब डर गए। भक्त पीछे हट गए।

वह व्यक्ति गिड़गिड़ाने लगा—'क्षमा महाराज, क्षमा।'

वह जटाधारी जोर का अट्टहास लगा उठा। कुछ देर बाद बोला, 'ओ मूरख, तुझे यहाँ किसने भेजा है? यह कपाल देख रहा है तू! वह देख कपालों की माला! कितने तुझ जैसे मूरख अपनी जान खो बैठे हैं। आज अभी तू...'

'नहीं, महाराज, नहीं! कदापि नहीं!'

उस जटाधारी ने पुन: यज्ञ में हव्य डाला—और पुन: अग्नि की लपटें तेजी से ऊपर उठीं।

सारी जनता पीछे हट गई। वह दो फाँकों में बँट गई। उसके बीच से मीरा सामने आ गई। पीत वस्त्र पहने हुए और हाथ में इकतारा लिये हुए।

'ओह, तू है इन मूरखों की प्रेरणाशक्ति! तू इन्हें मरवाना चाहती है!' वह जोर की कड़कती-गरजती आवाज में कह रहा था—'ओ माया! तू सबको ठगना चाहती है। पर आज मैं तुझे सदा के लिए स्वाहा किए देता हूँ। हे स्वाहा वल्लभ, आज तू माया का भोग पाकर अवश्य प्रसन्न होगा। हे सुंदरी माया, तूने इस संसार को बहुत ठगा है। बहुत घुमाया-भरमाया है। सत्य पथ से हटाया है। माया महाठगनी है। जान, आज त्रिकाल तेरा खात्मा किए देता है। क्या तेरी कोई अंतिम इच्छा है?'

मीरा शांत खड़ी रही, बिना अविचलित हुए। उसके चेहरे पर नव कमल-सी मुसकान थी और आँखों में सौम्यता। वह आगे आई और शांत स्वर में बोली, 'महान् तांत्रिक मेरी एक ही इच्छा है कि तू इस शिशु को छोड़ दे।'

'तू अपनी बात कर, माया!'

यह मेरी ही बात है, तांत्रिक। क्रोध-आवेश छोड़कर जरा ध्यान से देख तो तुझे सच दिखाई-सुनाई पड़ेगा और जो मेरी इच्छा है वही तेरी इच्छा भी होगी।' मीरा ने दृढ़ता से कहा और आगे बढ़कर मूर्च्छित होते शिशु को एक झटके से उठा लिया।

सब हैरान। हाथ में नंगी तलवार लिये वह क्रूर नराधम भौंचक्का व किंकर्तव्यविमूढ़ रह गया।

जटाधारी बाबा की दृष्टि त्रिशूल पर जा ठहरी। उसने तेजी से एक नहीं, अनेक बार हव्य छोड़ा। आसमान छूने के लिए लपटें उठीं। उसने कोई मंत्र पढ़ा और जोर से आवाज लगाई। तांत्रिक क्रियाओं का प्रदर्शन करते हुए उसने आकाश की ओर निहारा और इतनी जोर की फूँक मारी कि हवा में अग्नि प्रज्वलित हो गई।

सब फिर भयभीत हो उठे। परंतु मीरा अडिग खड़ी रही। वह शिशु उसने ललिता को सौंप दिया। वह कहने लगी—'भद्र तांत्रिक, अपनी माया बटोरो और हरि-कीर्तन करो, जिससे तुम्हें भी मुक्ति मिले और समाज को भी।'

'तू कौन है, चांडालिनी?' जटाधारी बाबा ने लाल-लाल आँखें करके ऊँचे स्वर में पूछा।

'जो तू है।'

'मैं! मैं! मैं!' कहकर जटाधारी बाबा जोर-जोर से भयानक हँसी हँसता रहा।

'शांत हो, भद्र तांत्रिक, शांत।' मीरा ने मधुर आवाज में कहा, 'जब मनुष्य का अपने पर से विश्वास उठ जाता है तब वह इसी तरह से ऊँची आवाज में हँसता है। मन को स्थिर कर उसे गोपाल में लगा, ताकि वह शांत हो सके और तुझे अपना ज्ञान हो सके। तेरा चित्त बहुत अशांत है। पाप अशांति का मूल कारण है। अशांति ही ढोंग रचने का मन बनाती है। ढोंग अपने को मारने का मार्ग है।'

'चुप कर! तू हमारे सामने जुबान चलाती है। तेरी यह मजाल! मैं चाहूँ तो तुझे एक क्षण में भस्म कर दूँ। राख।' इतना कहकर उसने यज्ञ में हव्य डाला। एक बार नहीं, अनेक बार उसने ऐसा किया।

मीरा शांत खड़ी रही। उस शिशु के माँ-बाप जड़ हो गए। मीरा ने उनसे कहा, 'तुम कैसे माता-पिता हो, जो स्वयं अपने बच्चे की बलि चढ़ाने को तैयार थे! क्या मिलता उससे तुम्हें? क्या चाहिए था तुम्हें? क्या तुम अपनी बलि दे सकते हो? ऐसा घोर पाप! अधर्म!!'

'हमें क्षमा कीजिए।' औरत बोली।

'हमारी तो बुद्धि नष्ट हो गई थी। कुछ सूझा नहीं। अकल पर पत्थर पड़ गए

थे। क्षमा कीजिए। आपने हमें बचा लिया।' उस शिशु का पिता कह रहा था हाथ जोड़कर।

'हमें हमारा बच्चा दिलवा दीजिए, माई।' औरत ने हाथ जोड़कर कहा।

'सावधान, बच्चेवाली, सावधान!' इसीके साथ चार साधु हाथ में चिमटे और त्रिशूल लिये सामने आ गए। उनमें एक भारी और तेज आवाज में कह रहा था—'मूर्ख, यह शिशु तो यज्ञ का हो गया। तूने संकल्प लिया था। शिशु के माथे और हाथों पर सिंदूर लगाया था। तब तुम दोनों ने स्वेच्छा से यह व्रत किया था कि नहीं?'

'तब हमें कुछ पता नहीं चला। सच बात तो यह है कि बाबा ने हमें यहाँ तावीज देने के लिए बुलाया था। पर यह सब कैसे हुआ, यह हमें बिलकुल मालूम नहीं है।' वह औरत गिड़गिड़ा रही थी। उसकी आँखों से आँसू बह निकले थे।

'ओ भक्तिन, उस बालक को इधर ला।' जटाधारी बाबा ललिता से बोला।

'नहीं।' ललिता ने कहा।

'तुझे अपने प्राण प्यारे नहीं हैं क्या?'

'तुम लोग भगवान् के रास्ते में मत आओ। यही शुभ और शिवकर है।' मीरा ने शांत मुद्रा में कहा, 'क्रोध विवेक का शत्रु है।'

'चुप रह, चांडालिनी! तेरा तो आज यहीं क्रियाकर्म किए देता हूँ!' जटाधारी बाबा गुर्राया और यज्ञ में हव्य डालकर चारों ओर देखने लगा।

'यह चांडालिनी भक्त शिरोमणि मीराबाई हैं। राणा परिवार की रानी बहू। अपनी खैर चाहते हो तो अपना रास्ता लो और चलते बनो। नहीं तो…' ललिता ने तेज स्वर में कहा।

'मीराबाई! महारानी!' जटाधारी बाबा इतना कहकर खड़ा हो गया और धीरे से बोला, 'अच्छा माई, क्षमा करना। हमसे गलती हुई। अब से हम भी हरि-स्मरण ही करेंगे।'

यह क्या हुआ?

जब जटाधारी बाबा ने अन्य बाबाओं को चलने का संकेत किया तब उनमें से एक बोला, 'बाबा, क्या आपने मीराबाई को पहले कभी देखा था?'

कुछ सोचकर वह बोला, 'नहीं।'

'फिर किसीके कह देने मात्र से क्या यह मीरा हो गई?'

'नहीं, पर…'

'पर-वर कुछ नहीं। इसे प्रमाण देना होगा।' वह जोर से बोला।

मीरा ने कुछ नहीं कहा। वह भजन गा उठी—

'म्हारे घर होता आज्यों महाराज।
णेण बिछास्यूँ हिवड़ो डास्यूँ सर पर राख्यूँ विराज।
पाँवड़ाँ म्हारो भाग सँवारण जगत उधारण काज।
संकट मेट्या भगत जग्गाराँ थाप्या पुण रा पाज।
मीराँ रे प्रभु गिरधर नागर, बाँह गह्याँ री लाज॥'

वे सब नत हो गए। चुपचाप चल दिए। सब भक्त शिरोमणि मीराबाई की जय-जयकार कर उठे। सारा वातावरण ही बदल गया। एकबारगी वह भी सकपका गई थी। राणा परिवार की बहू होने से भी उसकी अनेक बाधाएँ स्वत: ही दूर होती रही थीं। राणा साँगा का नाम किसने नहीं सुना था। उसने मन-ही-मन गोवर्धन गिरिधारी को प्रणाम किया। ललिता ने उस शिशु को उसकी माँ को सौंप दिया। फिर वह सबके साथ लौट पड़ी।

ललिता ने कीर्तन शुरू कर दिया। अब सब कीर्तनिया हो उठे। सारा वातावरण कृष्णमय हो उठा। गाँव आ गया। मीरा ने गाँववालों से बिदाई लेते हुए कहा, 'अब म्हारे कूँ चलना है।

चालाँ मण वा जमणा काँ तीर।
वा जमणा का निरमल पाणी, सीतल होयाँ सरीर।
बंसी बजावाँ कान्हा, संग लियाँ बलवीर।
मोर मुगुट पीतांबर सोहाँ, कुंडल झलक्याँ हीर।
मीराँ रे प्रभु गिरधर नागर, कीड्याँ सँग बलवीर॥

'आप सब बाहे भजो। बाही सूँ गति है, मति है और सिगरे काम-काज कूँ निस्तार है। बोलो बाँके बिहारी, मोर मुकुटधारी किसन की—जय! जय! जय!'

जय-जयकार से सारा वातावरण उल्लासमय हो उठा। मीरा गाड़ी में बैठ गई। साथ में ललिता आ बैठी। गाड़ीवान ने बैलों की हलकी सी पूँछ मरोड़ी और उनकी पीठ थपथपाई। गाड़ी सरपट चल पड़ी। सब हाथ जोड़े-के-जोड़े रह गए। जब तक गाड़ी मुड़ नहीं गई तब तक वे सब हाथ जोड़े और 'कृष्ण लला की जय' बोलते रहे।

यह सोचकर मीरा का हृदय भर आया। उसने आँखें खोलीं—न वहाँ पारबती थी, न ललिता और न गोपी। बैठे-बैठे या बैठे-बतियाते वह जब भी ध्यानमग्न हो उठती थी तब ही वे सब उसे अकेले छोड़ देती थीं। उस दिन भी वही हुआ। मीरा ने प्रभु से विनती की थी कि वह सैयद बाबा के सम्मोहन से अपने भोलेभाले भक्तों को मुक्ति दिलवाए, उन्हें स्वतंत्र करवाए और उनको आनंद की ओर ले जाए।

वह सोचती रही। कान्हा से बतियाती रही कि उसकी यह रचना-सृष्टि कैसी है? जो उसके भक्त हैं, वे पीड़ा में हैं और जो दुष्ट हैं वे मौज में हैं। ओ गोपाल, तू उनको सँभाल। उनकी सुध ले और उनका मंगल कर।

मीरा उठ खड़ी हुई। चारों ओर घूम गई। कहीं कोई नहीं मिला। टेर लगाई। कोई उत्तर नहीं मिला। ड्योढ़ी तक घूम आई। कोई लाभ नहीं हुआ। वे सब कहाँ चली गईं? वह फिर लौट पड़ी कुटिया के अंदर अपने कक्ष की ओर।

तेरह

"तू भाग्यवती है, लली।"

मीरा रुक गई। उसने उस साधु की ओर ध्यान से देखा और सोचा, यह भाग्य क्या होता है और वह भाग्यवती क्यों है? यह साधु भाग्यशाली क्यों नहीं है? लाल चोगे में था वह साधु। दाढ़ी बढ़ी हुई थी और जटाएँ बिखरी हुईं। आँखों में सौम्यता थी। चेहरे पर घना तेज।

"बेटी, तुझपर गोपाल की बड़ी कृपा है।"

"क्यों है?" मीरा ने रुककर पूछा।

कनकबाई मीरा के साथ थी। कनकबाई मीरा की सहेली भी थी और उसका ध्यान रखनेवाली संरक्षिका भी; क्योंकि उम्र में वह मीरा से बहुत बड़ी थी। जब वह किशोर थी तब मीरा बालपन से गुजर रही थी।

"यह तो उसकी मरजी है, बेटी।"

"कोई जबरदस्ती है क्या उसकी?"

"काहे री?"

"हमें किसीकी भी कृपा-दया नहीं चाहिए। हम क्या अपंग हैं?" मीरा ने तेजी से कहा।

वह साधु मुसकराया और बोला, "बेटी, हम उसकी कृपा के लिए तरसते हैं। उसकी कृपा के लिए हमने घर छोड़ा, घर से बेघर हुए, जंगल-जंगल की खाक छानी, साधु का चोला धारण किया। बरस पर बरस गुजरते चले गए; लेकिन बेटी, उसकी कृपा नहीं हुई।"

"तो?" मीरा की हिरनी-सी आँखों में चपला कौंध गई। यथार्थतः वह कुछ समझी नहीं थी।

"बेटी, समय आने दे, सबकुछ अपने आप मालूम पड़ जाएगा। प्रभु ही सर्वस्व है।"

"हूँ।" मीरा ने अनमने मन से कह दिया।

"जय श्रीकृष्ण! जय गोपाल!" कहता हुआ वह साधु चला गया।

मीरा सोचती रह गई कि उसने जाते हुए क्या बोला? श्रीकृष्ण की जय, जय गोपाल। ये कौन हैं? बहुत देर तक मीरा के मन में बाबा की आकृति और आवाज गूँजती रही।

मीरा यह सोचे जा रही थी कि पारबती, ललिता आदि वहाँ आ गईं। खिसक रही सूनी दोपहर को एक नई राह मिली। वरना तो मीरा सोच के अदृश्य साथी के साथ दोपहर पार कर जाती। अकेलापन और सन्नाटा उसे रास आ चुका था। भोगा हुआ एकांतवास उसको अनजाना सुख, अपूर्व आनंद और अमर साथी से ऐसा जोड़ गया था कि वह उन क्षणों को छोड़ना नहीं चाहती थी। उन क्षणों में उसके पास उसका अतीत होता था अथवा गोपाल का मन। वह गोपाल से बतियाती रहती थी। वे क्षण कितने अमृतमय होते थे, जब वह मीरा न रहकर गोपाल हो जाया करती थी। जब तक कोई तेज आहट या पुकार उसका ध्यान बाँट नहीं लेती थी तब तक वह गोपाल बनी व्रज की गलियों में मौज-मस्ती मनाती घूमती थी। किसीकी मटकी फोड़, किसीके यहाँ से माखन चुरा, किसीका रास्ता रोक और किसीके साथ गलबँहियाँ डाले घूम रही होती थी।

राधा को उसे छेड़ने में बहुत आनंद आता था। राधा हाथाजोड़ी करती, मान-मनौती करती, मन-ही-मन जपती, आँखों में मोतियों की मुसकान लाकर ठकुरसुहाती करती; पर वह कृष्ण बनी, अपने में इठलाती और मन-ही-मन उसकी हर बेबसी का आनंद लेती हुई उसे अपनी ओर कसकर खींच लेती और उसके अरुण कपोलों पर प्यार की रेखा खींच देती। वह शरमाकर भाग जाती।

"दीदी, ओ दीदी!" ललिता ने तनिक ऊँची आवाज में उसे टोका।

मीरा मुसकराई। तनिक शरमाई; क्योंकि राधा के कपोलों के चुंबन में चुपके से उसके सामने भोज आ खड़े हुए थे। उसने पूछा, "क्या है?"

"दीदी, बेहद प्यार।"

"क्या?" मीरा चौंकी।

"आपसे, दीदी!" ललिता ने रहस्य की घुंडी खोलते हुए कहा।

"बोलो, मेरी प्रिय सखियो, तुम क्या चाहती हो?" मीरा का मन प्यार की गहरी झील में डुबकी लगाकर अभी-अभी किनारे आकर बैठा था।

"ठाकुरजी के बारे में, दीदी।"

"क्या ठाकुरजी के बारे में?"

"आपने कहा था न कि कान्हा की जिस छोटी सी मूर्ति को आप निरंतर

जपती, भजती और ध्यान में रखती हैं वह एक बाबा से मिली एक ऐसी सौगात है, जिसे आप भूलना चाहकर भी नहीं भूल पातीं। उसमें आपके प्राण बसते हैं।'' पारबती एक साँस में बहुत सारा बोल गई।

''सच कहा था।'' मीरा ने कुछ समय बीत जाने के बाद अत्यंत मद्धिम आवाज में कहा।

''वह बाबा कौन था, दीदी?''

''कहाँ मिला?''

''उसने वह मूर्ति आपको ही क्यों दी?''

''दीदी, कुछ बताओ न!''

''उस दिन बताने की मुद्रा में आई भी थीं कि पुजारीजी बीच में आ टपके।'' पारबती ने कहा।

''इसीलिए आज हम बाहर से साँकल लगाकर पिछवाड़े से अंदर आ बैठे हैं।''

मीरा उनके प्यार पर सहज मुसकराई। उसका मुखमंडल सहस्र कमल दल-सा खिल उठा अँगड़ाई लेकर। जाने उसके मन में कौन घोल गया था यह माधुर्य!

'मीरा, तू किसन बन सकती है तो ये भी राधा नहीं तो गोपियाँ अवश्य बन सकती हैं।'

'जे भी तो बा ही से हैं जा से तू है। स्वयं बो भी तो हम सबन सूँ है।'

'फिर तू उनके सामने अपना मन क्यों नहीं खोलती?'

'क्या?'

'हाँ, मीरा, क्या तूने कभी सोचा कि वह बाबा ही थारा किसन था?'

'क्या वही किसन था?'

'बो थारे पास कितने रूपों में आया! कितनी बार आया! और जाने के बाद हर बार एक फाँस छोड़ गया। तू बाहे नहीं पहचान पाई। बो आहट देकर खिसक गया। जा से ही तू बावरी बनी जा रही है।'

'तो?'

'तू इन्हें भी वह सुख बाँट दे। बो साँड़ भी तो वही था। बाने ही थारी सुरक्षा की लछमन रेखा खींची थी और जन-मन को थारे पर केंद्रित किया था। अद्‌भुत बलशाली वह साँड़ कहाँ से उस भारी भीड़ में आया? कहाँ वह लोप हो गया? क्यों वह थारा भजन ललिता से सुनकर सूधी गाय हो गया? जे बातें सोचनी हैं, भूलनी नहीं हैं, मीरा।'

मीरा चकित। एक नया तिलिस्म खुल गया। एक नई बात सामने आई, जो

आज से पहले वह नहीं सोच पाई थी। उसने ललिता एवं पारबती की ओर कनखियों से देखा और मन-ही-मन गोपाल को प्रणाम कर कहा, ''सुनो ललिता, पारबती, ध्यान से सुनो। मनन भी करना। मनुष्य करनेवाला कोई नहीं है। करनेवाला मोर मुकुटधारी श्रीकृष्ण है, गोपाल है। मैं अपने बारे में सोचती हूँ तो सोचती रह जाती हूँ। कहाँ कुड़की—पहाड़ी पर स्थित छोटा सा दुर्ग, जहाँ मेरा जन्म हुआ। राव रत्नसिंहजी थे मेरे पिता और माँ थी वीर कुँवरि, जो मुझे छोटा सा छोड़कर चल बसीं। मेरे दादा राव दूदाजी जो, कुड़की से आठ-नौ कोस पर मेड़ता में रहते थे, लगभग चार सौ गाँवों के स्वामी थे। दादाजी ने पिताजी को खर्च के लिए बारह गाँव दिए थे।''

धीरे-धीरे मीरा में चपल अतीत किसी पहाड़ी नाले-सा बहने लगा और वह अपनी कहानी सुनाने लगी बिना हुँकारे के।

''मेरे परदादा राव जोधाजी मेड़तिया शाखा के प्रवर्तक थे। मंडोवर पर राणा कुंभा के अधिकार हो जाने से मेरे परदादाजी ने मंडोवर से तीन कोस पर जोधपुर नगर बसाया था और अपने पुत्र यानी मेरे दादाजी को मेड़ता पर अधिकार करने भेजा था। मेड़ता उस समय मालवा के सुलतान महमूद खिलजी के अधिकार में था। मेरे दादाजी ने मेड़ता के साथ चार सौ गाँव और जीत लिये थे। मेरे पिताजी चार भाई थे। चौथे भाई पिताजी थे।

''मेरे ताऊ और पिताजी के सबसे बड़े भाई वीरमदेव के सुपुत्र और मेरे भाई जयमल मेरे सबसे निकट रहा। मेरे कोई सगा भाई-बहिन तो था नहीं। जयमल ही मेरा सगा भाई था। वह मेरा बहुत ध्यान रखता था।

''मेरे चाचा थे रायमलजी। तुमने शायद सुना हो—मेरे ताऊ, चाचा और पिताजी बड़े शूरवीर थे। सभी मुझसे बहुत प्यार करते थे। हम बड़े लाड़-प्यार में पले थे। आज मैं यह सोच भी नहीं सकती कि मेरे दाऊजी मुझे कितना प्यार करते थे! हम कुड़की कहाँ रह पाते थे। आएदिन मेड़ता जाना लगा रहता था। दुर्गा, रमा व किसना मेरी प्रिय सहेलियाँ थीं। सब उम्र में मुझसे बड़ी थीं—बहुत बड़ी। किसना से मेरी सबसे ज्यादा पटरी बैठती थी। वह थी भी बड़ी सरलचित्त, भोली और सुंदर। मेरी सहेलियों में वही सबसे छोटी थी। क्या-क्या कल्पना करती थी वह! हे राम, आज सोचकर मुझे बड़ी हैरानी होती है।

''बचपन का भी एक नशा है, ललिता। सारे दिन कूदते-फाँदते गुजर जाता था। कुछ पंता ही नहीं चलता था कि कब दिन उगा और कब ढल गया। क्या करते रहे सारे दिन, इसका कोई लेखा-जोखा नहीं था।

''तब हम शायद पाँच-छह बरस के रहे होंगे। रनिवास के ऊपरी तल्ले से

दूर-दूर तक देखा जा सकता था। मैं और मेरी माँ मेड़ता गए हुए थे। हमारे साथ किसना भी थी। रनिवास से थोड़ी दूर पर ही मंदिर था। माँ प्राय: मंदिर जाया करती थीं; लेकिन मैं उनके साथ मंदिर नहीं जाती थी। वह कहती भी थीं। मेरी सहेली किसना भी कहती थी तथा दुर्गा और रमा भी मंदिर चलने को कहती थीं; पर मेरा मन नहीं होता था मंदिर जाने का। और न मेरे पास मंदिर जाने का कोई कारण था।

"हलकी सी फुरफुरी लिये ठंड फिसलती जा रही थी। मैं रनिवास में अकेली ऊपरी तल्ले में खड़ी खिल उठी संध्या को मुग्ध होकर देख रही थी। संध्या रुपहली थी। चारों तरफ गुलाल-ही-गुलाल नजर आ रहा था। इतना गुलाल कहाँ से आया? कौन लाया? किसने फैलाया? सारा आकाश लाल था। सारी धरा लाल थी। यहाँ तक कि जिधर देखो उधर लाली-ही-लाली नजर आ रही थी।

"मुझे शहनाई, ताशे, बाँसुरी, थाली आदि की आवाज सुनाई पड़ी। घोड़े पर एक युवक बैठा हुआ था, जिसके सिर पर पगड़ी थी और मुँह पर झालर। आगे-पीछे काफी भीड़ थी। तब मैं नहीं जानती थी कि वह क्या है। मैं भागी-भागी अपनी माँ के पास गई और उसके लाख मना करने पर भी मैं उसे खिड़की के पास ले आई। फिर, उस ओर इशारा करते हुए पूछा, 'माँ, माँ, यह क्या है?' माँ के होंठों पर मुसकान बिखर गई। उसकी आँखें चमक उठीं।

" 'बता न, माँ, यह क्या है?'

" 'मेरी भोली परमेसुरी, एक दिन थारा दूल्हा भी आएगा। इससे कहीं बड़ी और शानदार बरात लेकर आएगा।'

" 'माँ, पर यह तो बता कि यह क्या है?'

" 'बरात री, म्हारी लाडली!'

" 'बरात!'

" 'हाँ, बरात, म्हारी प्यारी लाडो, बरात। घोड़े पर जो बैठा है, जिसकी कमर में तलवार लटकी हुई है, वह दूल्हा है—अपनी बीनणी को लेने जा रहा है।'

" 'बीनणी क्या, माँ?'

" 'थारी माँ भी बीनणी है, म्हारी लाडो। थारे पिताजी भी म्हारे कूँ जाई तरह ब्याह कर लाए थे। बहुत बड़ी बरात लेकर आए थे। एक दिन थारा दूल्हा भी तोहे ब्याह कर ले जाएगा अपने सोने के महल में।'

" 'दूल्हा क्या होता है, माँ?'

" 'म्हारा दूल्हा जैसे थारे पिताजी हैं। मैं उनकी दुलहन हूँ—बीनणी।'

" 'थे बीनणी हो, माँ?'

" 'हाँ, म्हारी प्यारी बेटी, मैं बीनणी हूँ। एक दिन तू भी बीनणी बनेगी।

थारो भी बीन आएगा।'

" 'म्हारा बीन!'

" 'हाँ, म्हारी लाडली, थारा बीन।'

" 'कब आएगा?'

" 'जरा बड़ी हो जा।'

" 'कहाँ से आएगा, माँ?'

" 'बहुत दूर से!'

" 'थारे को पता है कि वह कैसा है, माँ?'

" 'पता है।'

" 'तो बता, माँ, कि···' उसी समय दासी ने प्रवेश किया। बताया—'एक बाबा बाहर खड़े हैं। मिलना चाहते हैं।'

" 'बैठाओ, हम आते हैं।' दासी चली गई। बरात जा चुकी थी। लेकिन अभी तक वह प्रश्न अपने स्थान पर था। मैं बोली, 'माँ, म्हारा बीन कैसा है? कहाँ है?'

" 'वह भी बता दूँगी।'

" 'कब?'

" 'अब तू मेरे साथ नीचे आ। बाबा से मिलें।'

" 'बाबा क्यों आए हैं, माँ?'

" 'बाबा और हवा-पानी का क्या, बेटी! जे जब चाहें और जहाँ चाहें, आ-जा सकते हैं।' माँ ने कुछ सोचकर कहा और वह चलने को उद्यत हुई ही थी कि मैंने पूछ लिया—'क्या मतलब, माँ?'

" 'म्हारी लाडो, मतलब जे कि हवा को कोई रोक नहीं सकता। वह यहाँ है, झरोखे के पास है, बाहर है, नीचे-ऊपर सब तरफ है। जहाँ उसका जी चाहे, बिना गाड़ी में बैठे, घोड़े-हाथी पर सवार हुए जा-आ सकती है न!' माँ ने हवा में अपना हाथ घुमाकर मुट्ठी दिखाते हुए कहा, 'जे रही हवा, बेटी।' इसके बाद तुरंत मुट्ठी खोल दी—'वह गई हवा।' इसपर हम दोनों खिलखिला पड़े। माँ मुझे अपने साथ लेकर चलने लगी। चलते-चलते मैंने फिर पूछ लिया—'माँ, म्हारा दूल्हा?'

" 'वह भी बताती हूँ, बाबा।' कहकर वह आगे बढ़ गई। जैसे ही वह उस प्रकोष्ठ में पहुँची, जहाँ बाबा बैठा हुआ था, वैसे ही उसने उसे करबद्ध प्रणाम किया और मुझसे भी वैसा ही करने के लिए कहा। मैंने भी अपनी माँ का अनुकरण किया।

"बाबा वीतरागी था। उसका कद मझला। रंग गोरा था। हाथ बहुत लंबे थे।

वह गेरुए वस्त्र धारण किए था। नीचे ऊँची धोती और ऊपर बंडी थी। उसकी आँखें बहुत बड़ी-बड़ी व चमकदार थीं। उसके बाल चिकने, पर सफेद थे। चेहरा रोबीला था। गरदन लंबी थी। होंठ एक ओर से कटा हुआ था। भाल चौड़ा था। उसने मुझे अपने पास बुलाया। मैं टस से मस नहीं हुई। यह देखकर माँ ने कहा कि 'जा बेटी, बाबा के पास जा।' मैं बाबा के पास गई। बाबा ने मेरे सिर पर हाथ फेरा और मेरा नाम पूछा। मैंने नाम बताया तो बाबा बोला, 'बड़ा प्यारा नाम है। बड़ा भोला नाम है। क्या राधा, क्या मीरा! वाह! क्या बात है! अत्यंत शुभ। युवरानी, थारी बेटी भाग्यशालिनी है!'

"माँ ने पूछा, 'पर मीरा से राधा का क्या लेना-देना, बाबा?' उसमें संशय तिलमिलाया।

" 'बहुत लेना-देना है, युवरानी, बहुत।' बाबा ने छत की ओर देखकर कहा।

" 'जरा म्हारे कूँ भी समझाओ, बाबा।'

" 'बेचैन मत हो, युवरानी। थे तो राजपूत युवरानी हो। थारे को संशय-डर कैसा, युवरानी?' बाबा ने तसल्ली देनी चाही।

" 'फिर भी बाबा, जब थाने बात उठा ही दी है तो म्हारे मन में जिज्ञासा का अंकुर फूटना स्वाभाविक है। म्हारी जिज्ञासा शांत करो, बाबा।' माँ ने तनिक परेशान होते हुए कहा।

" 'युवरानी, भविष्य बाँचने और सुननेवाले—दोनों ही अपराधी हैं। भाग्य में जो लिखा है सो लिखा है। बाको पढ़ो या न पढ़ो, होगा वही। जा से, युवरानी, म्हारी यह बिनती है कि जा प्रसंग कूँ यहीं छोड़ दें।' बाबा का मन कुछ विचलित हो उठा था।

" 'आप उसकी चिंता न करें, बाबा। जे म्हारी इकलौती लड़ैती है। फिर हम वे राजपूतानी नहीं, बाबा, जो डर सकें। थे कहो, बाबा, निडर होकर कहो।' माँ का ताम्रवर्णी मुखमंडल और हिरनी-सी आँखों की ज्योति का तेज चतुर्दिक् फैल गया।

" 'सुनो, युवरानी, राधा किसन कन्हैया की शक्ति थी—आद्य शक्ति। बाके बिना किसन कुछ नहीं थे।'

" 'किसन कौन, बाबा?'

" 'वही मीरा की शक्ति बनेगा।'

" 'शक्ति क्या, बाबा?'

" 'म्हारी मीरा बेटी।'

" 'मीरा तो म्हारो नाम है।'

“ ‘तो क्या हुआ!’

“ ‘हम शक्ति कहाँ हैं?’

“ ‘थे बहुत बड़ी शक्ति हो, बिटिया रानी।’

“ ‘नहीं, बाबा।’

“ ‘क्यों नहीं, बिटिया। थे ऊपर से नीचे, नीचे से ऊपर सारे दिन धमाचौकड़ी मचाती रहती हो, न?’ बाबा ने सहज प्रश्न किया।

“ ‘वह तो हम खेलते रहते हैं, बाबा।’

“ ‘खेलना भी शक्ति से ही होता है, बिटिया रानी!’ बाबा ने माँ की ओर देखा और पाया कि उनमें चिंता के बादल घिरने लगे हैं। वह विचलित हुआ। उसने यह क्या किया? क्यों किया? उसने मन-ही-मन गोपाल से प्रार्थना की—‘प्रभु, थे अपनी माया समेटो। बैठे-ठाले म्हारे कूँ थाने किस बवाल में डाल दिया! सारी पूजा-अर्चना, सारी तपश्चर्या और सारी साधना पल भर में धूल चाटती नजर आने लगी। थे म्हारे कूँ जा संकट से निकालो और म्हारे कूँ हमेशा-हमेशा के लिए अपनी शरण में लो।’

“ ‘क्या सोच रहे हो, बाबा?’ माँ ने धीरे से पूछा और फिर मुझसे कहा, ‘जा, बेटी, थे बाहर जाकर खेल।’

“ ‘किसके साथ खेलूँ, माँ?’

“ ‘रमा, दुर्गा, किसना के साथ बेटी, और किसके!’

“ ‘वे तो ताई के साथ गए हुए हैं, माँ।’

“माँ को याद आया। बाबा माँ की कठिनाई को समझकर झोले में से पीतल की मूर्ति निकालकर उसे मेरी ओर बढ़ाकर बोले, ‘जा के साथ खेलो, बिटिया। जे थारी सबसे प्यारी सहेली है।’

“ ‘कौन है जे, बाबा?’

“ ‘किसन कन्हैया, गोपाल।’ बाबा ने अत्यंत मधुर स्वर में कहा।

“ ‘कौन किसन कन्हैया? कौन गोपाल?’ मैंने मचलकर पूछा, ‘क्या किसन म्हारी दुर्गा, कन्हैया म्हारी रमा और गोपाल म्हारी किसना हैं, बाबा?’

“इस बार बाबा चमके। वह मुसकराए। मन-ही-मन सोचकर, समझकर, गोपाल का नाम स्मरण कर बोले, ‘बिटिया, थारे मुँह में घी-शक्कर। थाने ठीक ही कहा है—कन्हैया भी गोपाल है, किसन भी गोपाल है और गोपाल भी कन्हैया है। म्हारे-थारे सबके नाम गोपाल-किसन-कन्हैया के ही नाम हैं। जासे दुर्गा भी गोपाल भई, रमा भी और किसना भी। सारा जग ही गोपाल भयो।’

“ ‘जग क्या है, बाबा?’

" 'जे सिगरा संसार—हम सब, थारा महल, पेड़-पौधे, नदी-तलाब, धूल-माटी, रोड़े-पत्थर, धरती-आकाश आदि सब।' बाबा कीर्तन के स्वर में कहे जा रहे थे मस्त होकर।

" 'बिल्ली, चूहा, घोड़ा, ऊँट भी, बाबा?' मैंने खुश होकर चहकते हुए पूछा।

" 'हाँ, बिटिया, जहाँ थे खड़ी है, जहाँ से थे अभी आई है, जहाँ से थे ने बरात अभी देखी थी—और जो कुछ था को दिखाई दे, बो सिगरा ही जग है।' बाबा के स्वर में मिठास थी। वह प्रसन्न मुद्रा में गद्‌गद हो उठे थे। उनकी आँखों में धूप-चाँदनी खिल उठी थी।

" 'म्हारे कूँ बो गोपाल देखना है, बाबा। बो क्या सबसे मलूक है?'

" 'हाँ, बिटिया, सबसे मलूक!'

" 'बो कहाँ है?'

" 'सब जगह है।'

"मैंने चारों ओर देखकर कहा, 'कहाँ सब जगह?'

" 'यहाँ भी, वहाँ भी।'

" 'मुझे कहीं नजर नहीं आता, बाबा। माँ, थारे को बो नजर आ रहा है क्या?' मैंने चारों ओर देखा। ऊपर-नीचे भी देखा। माँ चुप रह गई। वह अनुभव कर रही थी कि मीरा अपनी उम्र से ज्यादा बड़ी हो गई है। उसमें जिज्ञासाओं के बादल निरंतर उठते जा रहे हैं। वह अद्‌भुत जिज्ञासाएँ प्रकट करती है। उन जिज्ञासाओं का किसीके पास तोड़ नहीं है। यह स्थिति पुनः पैदा हो गई थी और चारों ओर सन्नाटा छा गया था।

"बाबा भी चुप रह गए थे सोचते हुए। फिर पूछा, 'बाबा, बोलो न, थारा-म्हारा गोपाल कहाँ है?'

" 'जय गिरिधर गोपाल! थारी माया थे ही जानो, दूसरा जाने तो पागल बाजे। क्या लीला है थारी! जाने सो पगला जाए, न जाने तो भी पगला जाए। पता नहीं, जानने का सुख क्या है और न जानने का दुःख क्या है! क्या कुछ जानना भी न जानना है?' बाबा छत की ओर देखकर ऐसे बोले जा रहे थे जैसे वह किसी ऊपर बैठे आदमी से बतिया रहे हों।

"मैंने ध्यान से ऊपर देखा। वहाँ कुछ नहीं था। फिर बाबा किससे बातें कर रहे हैं!

" 'थे जवाब दे। क्या मुसकरा रहा है अपने भगतों को फँसाकर? जा बाबा, जा। वहाँ जाकर आशीर्वाद दे आ। ले, दे आया आशीर्वाद। जाही लिए भेजा था

क्या! साहस हो तो अब सामने आ। दे प्रमाण। बता, थे क्या है? कैसा है? है भी या नहीं है?' बाबा पूर्ववत् बातें करते जा रहे थे। चेहरे पर गुस्सा उतरता आ रहा था किसी रूठते हुए बालक-सा।

" 'माँ, माँ! जे बाबा किससे बतिया रहे हैं? वहाँ कौन है?'

" 'थे बाबा से पूछ जे सवाल।'

" 'माँ, म्हारी प्यारी माँ, बताओ न, बाबा किससे बतिया रहे हैं?'

" 'थे गोपाल कूँ देखना चाह रही है न?'

" 'हाँ, माँ।'

" 'बाबा गोपाल कूँ ही टेर रहे हैं।'

" 'गोपाल छत पर है क्या?'

" 'हाँ, बाबा।'

" 'वह क्या छिपकली है, माँ? छत पर तो छिपकली नजर आती है।'

" 'हाँ, बाबा, वह छिपकली है।' माँ ने पिंड छुड़ाने की गरज से कहा।

"मैंने बाबा को झकझोरते हुए बाबा से कहा, 'बाबा, गोपाल क्या छिपकली है? छिपकली क्या मलूक होती है?'

"बाबा ने उसकी ओर ध्यान से देखा। कुछ सोचकर कहा, 'चींटी भी, मच्छर भी, छिपकली भी, हाथी भी—सब गोपाल है।'

" 'न बाबा, न! अभी आपने गोपाल कूँ सबसे मलूक बताया था कि नहीं?'

" 'हाँ, बिटिया, बताया था।'

" 'फिर चींटी, मच्छर, छिपकली—क्या जे मलूक हैं?'

" 'थारी गुड़िया मलूक है कि नहीं?'

" 'है।'

" 'क्यों है?'

" 'म्हारे साथ खेलती है।'

" 'ठीक जाई तरह वे भी किसीके लिए मलूक हैं। शरीर का मलूक होना एक बात है; पर मन का मलूक होना बहुत बड़ी बात है।'

" 'मन क्या, बाबा?'

" 'जा के कहने सूँ थे प्रश्न कर रही है। बता, तुझे कौन सिखा रहा है कि जासे तू प्रश्न पर प्रश्न किए जा रही है? थारी मेहतारी यानी युवरानी, या कोई और?' बाबा ने धीरे-धीरे कहा।

"मैं चक्कर खा गई। मेरे में कौन प्रश्न कर रहा है? प्रश्न कहाँ से आ रहे हैं? मैंने पूछा, 'क्या वही मन है?'

“ ‘हाँ, बिटिया, वही मन है। क्या वह दिखलाई दे रहा है?’

“ ‘नहीं।’

“ ‘फिर भी, वह है।’

“ ‘है?’ साचरज मैंने पूछा।

“ ‘जैसे बादलों में पानी। बादल क्या पानी लगते हैं, बिटिया?’

“ ‘नहीं, बाबा, नहीं।’ मैंने सोचते हुए कहा।

“ ‘पर वे पानी ही हैं। भाप बनकर ऊपर उठते हैं—बादल बनकर छा जाते हैं; फिर बरसने लगते हैं।’ बाबा ने समझाया और मैंने पाया कि उनकी बात सुलझ रही है। गहरी व जटिल उलझी जेवरी की तरह बाबा की बात में पड़ती गई गाँठों को सुलझाने में आनंद का अनुभव हो रहा था। वह साक्षात् प्रश्नों को ही उत्तर बनता महसूस कर रहे थे। ठीक पानी से भाप और भाप से बादल बनते क्रम की तरह उनमें भी एक क्रम जन्म ले रहा था।

“पता नहीं क्या हुआ। सब चुप। मैं भी खोई-खोई-सी। कुछ-कुछ हैरान भी। अचानक मैं पूछ बैठी—‘फिर बाबा, गोपाल? कहाँ है बो?’

“ ‘थे बाहे देखे बिना नहीं मानेगी?’

“ ‘नहीं।’

“बाबा ने पीतल की मूर्ति की ओर इशारा करते हुए कहा, ‘जे ही गोपाल है।’

“मूर्ति को मैं उलट-पुलटकर अच्छी तरह देखने लगी। देखती रही। फिर पूछ बैठी—‘क्या जे म्हारा दूल्हा भी बन सकता है, बाबा?’

“बाबा ने माँ की ओर देखकर कहा, ‘क्यों नहीं, बिटिया!’

“ ‘जे मैं रख लूँ, बाबा?’

“ ‘जे थारे लिए ही है, बिटिया।’

“फिर मैं वहाँ नहीं रुकी। कहीं माँ वापस करने के लिए न कह दे। मैंने सबको बताया कि वह मेरा दूल्हा है। मैं उसकी दुलहन हूँ। मेरे लिए गोपाल खेल हो गया। धीरे-धीरे वह मेरे में समाता गया। मैं उसे नहलाती, कलेवा कराती, थपकी देकर सुलाती, जगाती, उससे बातें करती और उसके साथ खेलती। यों कहो कि सारा दिन उसके साथ बिता डालती थी। यहाँ तक कि अपनी सखियों से कम ही बतियाती थी। मेरा मन एक क्षण के लिए भी उससे अलग रहने को नहीं करता था। पता नहीं मुझमें क्या भूत सवार हुआ कि मैं उसमें अपना दूल्हा देखने लगी। माँ ने टोका। पिताजी ने डाँटा भी। और एक दिन—कैसा मनहूस दिन था!

“माँ ने मुझे अस्सी कली का घाघरा पहनाया था। घाघरा काँच, कौड़ी और

चाँदी के गोटे-किनारी से सजा हुआ था। ऊपर कुरती पहनाई थी। उसपर भी काँच और कसीदे का काम था। उसके ऊपर ओढ़ाया था गोटे किनारी का कामवाला पोमचा। सिर पर झेले बोर; गले में कंठी, हँसली, मोतियों की माला; कानों में कर्णफूल; हाथों में बाजरियाँ, चूड़ा, गुजरिया; कमर में कड़ंगती; बाँहों में फूँदे; पाँवों में फोलरिया और झाँझर पहना-सजाकर माँ मेरी ओर मंत्रमुग्ध होकर देख रही थी।

" 'के है, माँ?' मैंने पूछा।

" 'सोच्ये हूँ, म्हारी बिटिया जा दिन बीनणी बनेगी बा दिन कैसी लगेगी!' माँ मंत्रमुग्ध थी।

" 'माँ!' मैंने दूर हटते हुए कहा।

" 'जरा ढिंग आ, बिटिया।' माँ की आवाज में कशिश थी। वह मुझे घूरे जा रही थी। अचानक माँ ने पोमचा से घूँघट निकाल दिया। वह कहने लगी, 'म्हारी नजर न लग जाए म्हारी राजरानी-सी बिटिया कूँ। मेरी लाडो, जा घर महलन में जाएगी बा में चाँदनी कर देगी।'

" 'माँ!'

" 'इस जिंदगी का क्या है, बिटिया! आज है, कल नाहिं। पानी कूँ-सा बुलबुला है। सपन है। आँख खुली नाहिं कि गायब। जा सूँ बिटिया, म्हारो मन भयो। मानुख को का है। जो आया है सो जाबैगो।' वह कुछ-कुछ बड़बड़ा-सी उठी थीं।

" 'थे क्या कह रही है, माँ?'

" 'ये बातें थारी समझ में आज नहीं, कल जरूर आएँगी। तब थारे को म्हारी बड़ी याद आएगी। म्हारा आसीरबाद सदा थारे साथ रहेगा। जब ये बातें याद आएँगी तब थारी माँ थारे पास न होगी, म्हारी लाडो।'

"इतने में पिताजी वहाँ आ पहुँचे। आते ही पूछा, 'आज क्या है, भाई? म्हारी बिटिया को बड़ा सजाया-सँभाला गया है! माँ-बेटी में लाड़ भी गजब का हो रहा है। नेक हमें भी पता चले कि बात क्या है? हमें उस बात से दूर क्यों रखा जा रहा है?'

"मैं बोल पड़ी—'माँ ने म्हारे कूँ दुलहन बनाया है, पिताजी। मैं कैसी लग रही हूँ?'

" 'सुंदर, अति सुंदर!'

" 'सबसे सुंदर क्यों नहीं?' मैंने मचलते हुए कहा।

" 'सबसे सुंदर!'

" 'झूठ।'

" 'सच, एकदम सच!'

" 'सच?'

" 'हाँ, बिटिया, एकदम सच। थे सूँ सुंदर जा जगत् में और कोई नाहिं है। थे सबसे सुंदर हो।' पिताजी ने मुग्ध होते हुए कहा। सचमुच मैं बहुत सुंदर लग रही थी। वह सोच रहे थे कि नन्ही सी गुड़िया जब बहू बनेगी तब क्या गजब ढाएगी।

" 'सुनते हो जी, म्हारी बिटिया का थे पूरा ध्यान रखना। बहुत कोमल तन-मन की है म्हारी गुड़िया। बीनणी बने, बा दिन जाहे ऐसे ही बनाव-शृंगार करवाना जी।' माँ यह कहते-कहते पलंग पर जा लेटी।

" 'क्या हुआ है?'

" 'कछु नाँय जी, कछु भी नाँय। थे घबराओ नाँय। जा संसार में सदा रहने वाला कछु भी नाँय है। म्हारे लिए जा से अधिक क्या सौभाग्य होगा जी। थे म्हारे पास हो। म्हारा इष्ट म्हारे पास है। बा सूँ बढ़के कछु नाँय। म्हाँने तो थारे कूँ ही अपना इष्ट माना है। इष्ट तो कभी अलग नाँय होय। फिर क्या सोचना! कैसा सोचना!' माँ अपने हृदय की पीड़ा को अंदर ही दबाए जा रही थी। वह कुछ रुककर बोली, 'थे एक कष्ट करो।'

" 'क्या युवरानी?'

" 'वहाँ—पूजा के स्थान पर गंगाजली रखी है। बो लाओ। दो चम्मच मुँह में डालो जी।'

" 'मैं लाऊँ, माँ!' इतना कहकर मैं पूजागृह से गंगाजली उठा लाई और बोली, 'मुँह खोलो, माँ।'

"माँ की आँखें भर आईं। वह बोली, 'म्हारी रूपरानी लाडो, तू बड़ी अच्छी है। बड़ी प्यारी है।'

"पिताजी घबरा उठे। माँ का चेहरा एकदम फीका पड़ रहा था। वह बाहर जाने के लिए उठे ही थे कि माँ ने उनका हाथ पकड़ लिया और बोली, 'जा बखत कहीं नाँय जाओ जी। म्हारे कूँ कछु नाँय हुआ है। हम एकदम ठीक हैं।'

"पिताजी माँ के हाथ से हाथ नहीं छुड़ा पाए। उनका मन ही नहीं हुआ। कैसे होता, वह थी भी उनकी हृदयेश्वरी। पर उनका मन डोल गया। उन्हें कुछ-कुछ अजीब सा लगा। माँ कह रही थी—'थे सूँ एक बिनती है। मीरा और लड़कियों की तरह नाँय है। वह राजकुमारी से बढ़के है। बा को मन बड़ा कोमल है। अभी सूँ बो भगतन होती जा रही है। बाबा की दी गोपाल की मूर्ति के पाछे सिगरे दिन बावली घूमती है। जे एकनिष्ठ चित्तवृत्ति ही भक्ति है जी। बाके काम में दखल न देना। सुन रहे हो!'

" 'जे तो थारूँ कूँ करने की बातें हैं, म्हारे कूँ नाहिं।' पिताजी ने माँ की ओर टकटकी लगाकर देखते हुए कहा।

" 'तो म्हें-थे क्या दो हैं जी?'

" 'फिर?'

" 'मन में विचार आया, कह दियो। जा में क्या बुरा मान गए जी?'

" 'नहीं-नहीं।'

" 'बुरा मान गए तो म्हें अपनी बातें वापस लेसूँ जी। जा में क्या!'

" 'नहीं-नहीं। थारो बुरा मानूँगा क्या!' पिताजी ने अपना हाथ माँ के हाथ पर रखकर धीरे से कहा, 'जा में बुरा मानने की बात भी क्या है? जे तो समझ की बातें हैं।'

"माँ प्रसन्न हो उठी। उसकी आँखों में चमक बरसाती धूप-सी खिल उठी। वह बोली, 'फिर भी, म्हारो कहा-सुना माफ करना जी। थे बड़े हो, म्हें छोटी जी। छोटन से गलती बन जाती है। छोटे होते ही गलती करने के लिए हैं और बड़े गलतियाँ माफ करने के लिए। जा सूँ थारे कूँ अरज कर दीनी है जी।' मेरी ओर देखकर माँ ने कहा, 'पिला दे, बिटिया, गंगाजल।'

"पिताजी ने पुनः उठना चाहा; लेकिन माँ ने उनके हाथ पर हाथ रख दिया। वह विवश होकर बैठे-के-बैठे रह गए। मैंने दो चम्मच माँ के मुँह में डाले। फिर मैं गंगाजली पूजागृह में रखने चली गई। माँ बुलाती रही। मैं कहती चली गई—'अभी आई, माँ।'

"मैं तत्काल भागते हुए आ गई; पर माँ…वह कहाँ थी? पिताजी दहाड़ मारकर रो पड़े। रोते रहे। मैं माँ, माँ, माँ कहती रही। पर माँ कहने से क्या लौटनी थी!"

मीरा इसके बाद चुप हो गई। पारबती और ललिता की तंद्रा टूटी। सन्नाटे ने उनकी आँखें खोलीं। वे कुछ कहना चाहती थीं कि मीरा कह बैठी—"यह मेरे अतीत की एक झाँकी थी। यह मूर्ति वही है, उस बाबा की दी हुई। इसमें थोड़ा भी संशय नहीं कि वह बाबा गिरिधर गोपाल था, दूसरा कोई नहीं।"

इसके साथ ही मीरा उठ बैठी। ललिता और पारबती टुकुर-टुकुर उसकी ओर देखती रहीं। दोनों परस्पर गुमसुम बनी रहीं। मुँह से कोई बोल नहीं फूटा। मात्र श्रद्धा जगी और भक्ति का मन बना। क्या गोपाल उनको भी ऐसा आशीर्वाद दे सकता है? क्या वे भी उस परम पिता परमेश्वर की अनुभूति पाकर कभी गद्‌गद हो सकती हैं? दोनों के मन में लगभग यही भाव उठ रहे थे—समुद्र के किनारों से टकराती लहरों के समान, पर निस्तब्ध।

चौदह

व्रजक्षेत्र की लीला न्यारी है। चहुँओर नित नए त्योहार-पर्व। मंदिर में गोपी-कृष्ण का नित नया श्रृंगार-स्वाँग। पूजन-प्रसाद का नित नया रूप और दिव्यता का अलौकिक बहिर्-आंतरिक वातावरण स्वर्ग को भी मात देता प्रतीत होता था। जगह-जगह भजनमंडली, रास, कथावाचक और विद्वान् महापुरुषों के प्रवचन कार्यक्रम की अद्‌भुत छवि देखने को मिलती रहती थी।

पंडित शिवराज आत्माराम का प्रवचन वृंदावन के लिए त्योहार जैसा महत्त्वपूर्ण लग रहा था। चहुँओर मेले जैसी छवि उमंगित हो रही थी। एक-दूसरे को टेरते हुए वृंदावनवासी परस्पर प्रभु की चर्चा में लीन नजर आ रहे थे।

पारबती का मन बन रहा था कि वह पंडितजी का प्रवचन सुनने जाए। ललिता तुलसी को जल चढ़ाकर रसोई की ओर जा रही थी। लेकिन पारबती को विचारमग्न पाकर वह रुक गई और पूछ बैठी—"कहाँ ध्यान लगा बैठी सुबह-सुबह ही?"

"कहीं नाँय।"

"फिर भी।"

"पंडित शिवराज आत्माराम आज प्रवचन देने वाले हैं।"

"वह गुजराती पंडित?"

"हाँ री, बो ही। बाको बड़ो नाम है। बो भारतीय संस्कृति अरु साहित्य कूँ पंडित है।" पारबती ने सुनी-सुनाई बात दोहरा दी।

ललिता ने मंत्रमुग्ध होकर उसकी ओर देखा और सोचा कि क्या वह पारबती ही है या…

"ऐसे क्या घूरे जा रही है, निगोड़ी? क्या म्हें कभी पहले नाँय देखो?" पारबती ने ठसके के साथ कहा।

"नाँय करूँ तब?"

"तो म्हारा क्या वश! बो थारा मन है, चाहे वह नाँय करे या हाँ।"

"थाने जा सूँ पहले कभी ऐसी बहकी-बहकी बात नाँय करी!"

"क्यों?"

"दीदी के कान में जा बात की नेकु भनक पड़ गई न तो…"

"तो क्या होगा?"

"पहाड़ टूट पड़ेंगे।"

"काहे री?"

"अपनी दीदी प्रवचन नाँय करत हैं क्या? भजन-गीत नाँय सुनावत हैं क्या?" ललिता ने तीर-से प्रश्न छोड़ दिए।

"तो?"

"फिर म्हारे कूँ क्या पड़ी है कि हम दूसरी जगह कथा-प्रवचन सुनने जाएँ!"

"क्यों?"

"क्या सोचेंगे यहाँ के मानुख!"

"क्या सोचेंगे?"

"यही कि मीराजी की शिष्याएँ ज्ञान के लिए मारी-मारी फिरती हैं। उन्हें मीराजी से संतोष नहीं है या…"

"बस-बस, ललिता, बस। आगे एक शब्द नाँय। थे ठीक सोचती है, बहना। म्हारी अकल पर तो पत्थर पड़ते जा रहे हैं। कछु ठीक सोचते बनता ही नाँय। जो सूझत है सो उलटा ही। देख न, जे जरा सी बात या मोटे भेजे में नाँय आई। अच्छा, थे अपना काम कर, म्हें अपना।" पारबती इतना कहकर आगे बढ़ गई।

सारे-सारे दिन—सुबह से शाम तक, आधी रात के पहले और कभी-कभी दूसरे पहर तक वह गोपाल की सेवा में तल्लीन बनी रहती थी। कुछ पता ही न चलता कि बाहर क्या हो रहा है, कैसी दिनचर्या है और कैसा आनंद है। मन में एक ही विचार था और एक भाव। परंतु पल-प्रतिपल नया और उमंग लिये था वह विचार और भाव।

बाहर एक बाबा गा उठा था—

'जाकों वेद रटत, ब्रह्म रटत, संभु रटत, सेस रटत,
नारद सुत व्यास रटत, पावत नहिं पार।
ध्रुवजन प्रह्लाद रटत, कुंजी के कुँवर रटत,
द्रुपद सुता रटत अनाथन प्रति पार।
गनिका गज गीथ रटत, गौतम की नारि रटत,
राजा अंबरीष रटत, जाने सोई जाने।
नंददास श्रीगोपाल, गिरिधर रूप जाल,
जसोदा कौ प्यारौ, राधिका उरहार॥'

यह सुनकर मीरा बाहर निकल आई। ललिता से कहा, "जा भगत कूँ आदर-मान सहित अंदर लिवा लाओ।"

कुछ देर में वह बाबा अंदर आ गया। तन पर बंडी-धोती, हाथ में ढपली,

आँखों से अंधा और इकहरी गोरी देह का अति सज्जन, भोलाभाला वह प्राणी आते ही बोला, ''म्हारो भगत शिरोमणि के चरणन में परनाम!''

''का नाम है, बाबा?''

''जा बिरज में माता, एक ही नाम है सिगरे मानुख का—गोपाल। जाहे गिरिधर गोपाल कह दो या किसन कन्हैया। कछु कह दो। पर है तो वही न, माता! बाकी प्रेरना भई। म्हारी नींद सूँ अँखियाँ खुलीं और राधिका रानी के दरसन करने चलो आयो। अब तो थारे आसीरबाद-प्रवचन और उपदेश-भजन की इच्छा है, माता, ताकि जे चौथापन सुधर जाए अरु हरि नाम की आहट मिल जाए।'' बाबा के स्वर में मिस्री थी। उसके मुखमंडल पर तेज था। ललिता चौंकी थी। बाबा का चौथापन लग चुका है, ऐसा उसे कहीं नजर नहीं आ रहा था।

''बेटी ललिता, जा में चकित होने की कोई बात नाहिं है। बाकी किरपा सूँ जहाँ चौथापन व्याप्ता नाहिं है—दूसरो पन सूँ लगतो है। जा में ताज्जुब-अचरज करने की कोई बात नाँय। जे तो मोर मुकुटबारे की किरपा है।'' बाबा के स्वर से रसधारा निःसृत हो रही थी। उसके चेहरे पर आलोक मुखर हो रहा था—एक प्रकार की दिव्यता प्रकट हो रही थी।

''क्या सेवा करूँ, बाबा?'' मीरा ने पूछा।

''माई, सेवा के लिए जे जीव नाँय आयो है, जे तो थे जान चुकी हैं। आसीरबाद चाहिए।''

''जे ध्रुवपद गायकी को परसाद का से पायो है, बाबा?''

''सुन-सुनकर, माई। बाकी किरपा से जा अंधे कूँ जे गुर हाथ लग गयो। बल्लभ कुल के गायकन ने लंबी धमारन की रचना करिकै जे एक नई परंपरा डारी है। जाको बिरज के मंदिरन में बिसेस महत्त्व है। यों तो धमार गायन होरी के अवसर पे होय है, पर अब अन्य अवसर पे हू गायन की रीति चल परी है। जे एक भगत ने गायो है, माता, बाहे म्हारे मन ने पकर लियो है। राधा जन्मास्टमी, कृष्ण जन्मास्टमी, दान एकादसी, थारे जैसे पुन्य आत्मा के दरसन हेतु जे गायो जाए। ऐसे अनेक प्रसन्नता के अवसरन पे जाकी गायकी सिर बोले है।'' बाबा ने इतना कहकर गुनगुनाया—''भरोसो हर इन चरनन केरो। श्री बल्लभनख चंद्रछटा बिन सब जग माँहि अँधेरो।''

''धन्य-धन्य हुई, बाबा। थे आज म्हारो पे बड़ी किरपा की। म्हारी कुटिया पवित्र हो गई। अब थे गोपाल का परसाद लेकर ही जाओगे, बाबा।'' मीरा ने गद्गद होकर कहा।

''जैसी माता की आज्ञा।''

''भौत किरपा की।''

"जा में किरपा कैसी, माई! जे तो जा बिरज का परभाव है। जो एक बार जा बिरज में आ गयो, फिर बो जहीं को होकर रह गयो। जा से अच्छो और कौन सो ठौर है? देवता तो, विष्णु तो, शिवजी तो—जे सभी जा भू-रज पर लट्टू रहत हैं। जे तो सब बा की बदौलत है, माई। थारे सूँ का छिपो है! थे तो सब जानत हो।" बाबा रुक-रुककर कहता जा रहा था—कहीं बहुत भीतर डूबकर।

"जाहे कहत हैं बड़प्पन, महानता और…"

"कछु नाँय, माता। जे भौत छोटा प्राणी है, आँधो सूरदास। जाहे कछु नाँय दीखत—निपट आँधरो है। माई, जा पे किरपा भाव रखिए।" बाबा ने मधुर रस घोलते हुए कहा। अमृत रस चखने का-सा आनंद आने लगा।

"संतन से जैसा वातावरण बनता है, बाबा, बो अनुभव हुआ। निर्मल और उज्ज्वल गंगा-जमुना के मिलन सो पवित्र अरु प्रेम को वातावरण! बाहे के लिए मानुख मन तरसता भयो गोलोक सिधार जाता है; पर जे धन नाहिं पा पाता। बाकी कैसी महिमा है—मूरख पर किरपा, ज्ञानी पर झाड़ू। जा भेद कोई नाहिं जान पायो है। है न, बाबा!" मीरा का मन तरंग बन थिरक उठा था। उसमें अनेक वाद्यों का संगीत बहने लगा था।

ललिता रसोई की ओर चली गई। पारबती वहाँ आ गई। वह कुछ पूछना चाहती थी कि मीरा पहले ही बोल पड़ी—"बाबा को दूध लाकर दो।"

"थारे को भी, दीदी?"

"म्हारे कूँ अभी नाँय।"

"थे भी ले लें, बाबा की जे अरज है, माई।"

मीरा कुछ सोचकर बोली, "म्हारे कूँ जा बखत छमा कीजिए, बाबा।"

"क्यों भला?"

"दरअसल…बात जे है, बाबा, म्हाँने मन-ही-मन सौगंध ले रखी है कि…" इतना कहकर मीरा रुक गई। नहीं, उसे कुछ नहीं बताना। सौगंध तो उसने गोपाल के सामने ली है। वह जो लेगी, वह अकेले और अपने गोपाल के भोग लगाकर। गोपाल के अलावा किसीके सामने नहीं। लेकिन उसने कई अवसरों पर दूसरों के सामने भी प्रसाद पाया है।

उसने अपना वाक्य पूरा करने की बात सोची ही थी कि बाबा बोल पड़ा—"माई, थारी परतिग्या अपने ठौर पर ठीक है। पर बो सब ठौर है। बो चेतन-अचेतन सबमें है। जामें मतभेद नाँय कि बा सूँ लाभ है। मन कूँ भी लाभ है। चित्त कूँ भी संतोष है अरु सबन कूँ प्रेरणादायक भी है। सेस थारी इच्छा, म्हाँ कूँ जासे ज्यादा अरु कछु नाहिं कहनो।"

"पारबती, म्हारे लिए भी ले आना।" मीरा ने निर्णायक वाक्य सहज ही कह डाला। बाबा की बात रख लेना भी जरूरी है।

"सुनो पारबती बेटी, माई का दूध ठाकुरजी के सामने ही रखो। बो ही ठीक है, ठाकुरजी भी दूध का सेवन करें। जे म्हारे लिए भी ठीक है।" बाबा ने सहज होकर कहा।

"पर..."

"कछु नाँय, माई। बाके भोग लगने के बाद हर चीज अमिरत हो जाता है। बाका आनंद ही कछु और है।" बाबा ने अपने को समझाते हुए कहा। वह उसकी प्रतिज्ञा क्यों भंग करवाए।

मीरा कुछ नहीं बोली।

दोनों के मध्य सन्नाटा बहता रहा निःस्वन।

कुछ देर बाद मीरा बोली, "बाबा, थे कहाँ के हो?"

बाबा मुसकराया। फिर वह बोला, "गुजरात के, माई। बचपन से जग घूमने की आदत बन गई। घूमता-घुमाता जा बिरज में आ गयो। जा के परताप अरु परभाव कूँ क्या कहना! गुजराती भूल गयो। रास्ते में पड़ी बोलियों का अभ्यास भी जात रह्यो।"

"क्यों भला?"

"जे जा ठौर की बिसेसता है।"

"क्यों?"

"महाप्रभु वल्लभाचार्य ने जे व्यवस्था की थी। बाने तेलुगु भासा में पद रचना की थी—जैसे पालनों झुलायबे के पद। पर बाके चार कबिन ने लीला पद बिरजभासा में गाए। फिर बाके पुत्र विट्ठलनाथ के चार सिस्य चार कबिन ने बिरजभासा में पद गाए। अस्टछाप व्यवस्था में बिरजभासा पूरी तरह अधिकृत भासा हो गई। तब से पुस्टि संप्रदाय के सिगरे कीरतन-पद अरु काव्य बिरजभासा में सामने आते रहे।" बाबा ने थूक गटककर आगे कहना जारी रखा—"माई, बाकी किरपा तो देखिए। दीच्छा लेनेवाला चाहे कोऊ और भासा-भासी हो; जैसे गुजराती, राजस्थानी भासा-भासी हो, लेकिन बो यदि पुस्टि मार्ग में दीच्छा ले लेवें तो बो आप-ही-आप बिरजभासा में बोलने लगै है। है न ब्रज कूँ सबसे बड़ा अचरज। दक्खिन ते आए इन आचार्यन की भासा बिरज हो गई। जा कारन सैकड़न समर्थ तैलंग कबिन ने बिरजभासा में काव्य-रचना की। बिरजभासा ठाकुरजी की भासा है, माई।"

"हाँ, बाबा, सो तो है। म्हारे यहाँ भी राजस्थानी में ब्रजभाषा को पुट चलतो

रह्यो। और अब यहाँ आकर यहाँ की भाषा कछु अपनी संस्कारी भाषा सूँ मिलकर म्हारे में भी बाका सौंदर्य-लालित्य लहराने लगो है। म्हारी ससुराल में ठेठ मेवाड़ी बोलते थे। वहाँ भी अपनी भाषा में ब्रजभाषा को पुट रह्यो। भाषा अरु पानी को क्या—आठ-आठ कोस पर बदलत चलत हैं। जा विषय पर म्हाँने कभी नाँय सोचो।'' मीरा का मन बाबा से बतियाकर सुख पा रहा था। वह बहुत दिनों बाद मानो पूस-माघ में धूप पा रही हो, उसे ऐसा अनुभव हो रहा था।

पारबती गड़ुआ भरकर दूध ले आई और साथ में कटोरा। मीरा ने गड़ुए से कटोरे में दूध डालकर गड़ुआ और कटोरा बाबा के सामने सादर रख दिया।

बाबा ने आँखें बंद कर मन-ही-मन कुछ कहा और फिर बोला, ''माई, अब थे भी अपने ठाकुरजी को भोग लगाओ अरु म्हारे कूँ भी।''

मीरा वहाँ से अंदर लौट पड़ी। पारबती गड़ुआ भरकर दूध रख गई। साथ में काँसे की थाली। मीरा ने गोपाल से प्रार्थना की—''थे को जे समर्पित है। थे पाओ। म्हाँने जे सोचा है, पहले थे पाओगे तब म्हाँ बो परसाद कूँ पाऊँगी। सो थे म्हारी लाज रखो। थे ने सदा अपने भगतन की लाज रखी है। म्हारे कूँ अपना लियो, प्रभु। म्हारा थारे बिना कौन है? एक थारी आस है। थारे सूँ भरोसो है। थे ही कछु करो तो करो, थारे सिवाय और कौन करै? क्यों करै? बाकूँ म्हारे सूँ क्या लेना-देना! जब थे ही किरपा न करौ तो दूसरों की क्या बात! थारे जा रिन से कबहूँ उरिन नाहिं हो सकूँगी। बाके प्रति जितेक कृतग्य भयो जाए वितेक थोरो होगा।''

वह अपने आप गा उठी—

''पतियाँ ने कूण पतीजै, आती खबर हरि लीजै।
झूठी पतियाँ लिखि-लिखि भेजै, क्या लीजै क्या दीजै।
ऐसो है कोई बाँच सुनावै, मैं बाँचूँ तो भीजै।
मीराँ के प्रभु हरि अविनासी, चरण कमल चित दीजै॥''

धीरे-धीरे मीरा ने आँखें खोलीं। गोपाल को मुसकराता पाया। लेकिन गड़ुआ में दूध ज्यों-का-त्यों था। वैरी, नहीं मानेगा। दर्शन को तरसाता रहेगा। तभी उसे बाहर से पुकार सुनाई पड़ी। वह बाहर आई।

पारबती थी। वह समझ गई। सीधे ड्योढ़ी में पहुँची, जहाँ बाबा बैठा हुआ था। गड़ुआ और कटोरा पारबती उठा ले गई थी।

बाबा ने कहा, ''माई, आज्ञा होए। कछु ग्यान-दरसन दो।''

''क्या ग्यान-दरसन दूँ, बाबा! थे सिगरो जग घूम चुके। बाकी किरपा थारे पर है। उपेच्छित कूँ स्नेह दे रह्यो सो। हरि अनंत, हरि कथा अनंता। फिर मन कैसे

भरे! बो तो बाकूँ सुनबे कूँ लालायित रहे। सबने भक्ति कूँ साध्य मानो है। बा ते ही सब कछु है। म्हारी छोटी समझ में जे ही जीवन-सार है।'' मीरा मानो अपने को समझा रही थी। वह मानो अपने से बतिया रही थी। उसका मन अपने में ही डूबा हुआ था।

बाबा की दृष्टि ललिता और पारबती पर थी। पारबती थापे लगा रही थी और ललिता आँगन पर कृष्ण लीला का चित्रांकन कर रही थी। कमल खंड; कृष्ण को सिर पर ले जाते हुए वसुदेव; पंठेली, स्वस्तिक, अर्घ्य देती हुई गोपियाँ; माखन चुराते हुए बाल कृष्ण आदि के चित्र वह बना चुकी थी और गणेश को सजा रही थी। पारबती भी दीवारों पर कई झाँकियाँ बना चुकी थी। गोबर, माटी, रोरी, चूना, सीसे के टुकड़े, कौड़ी आदि से उसने चित्रांकन किया था। बोलते-से लग रहे थे सारे चित्रांकन। बाबा बोला, ''जे थारी सिस्याएँ भी बड़ी चतुर हैं। बड़े सुंदर चित्रांकन किए हैं। माई, थे जहाँ रहोगी वहीं गोपाल का धाम बन जाएगो। अच्छा, तो बाबा का परनाम स्वीकारो। म्हारो कूँ अब चलनो है। जै गोपाल! जै राधा-किसन!''

''जै गोपाल! जै राधा-किसन!'' मीरा ने दोहरा दिया।

बाबा चला गया। मीरा बाबा को दूर तक जाते देखते रही। बाबा की सौम्यता ने उसको बाँध लिया था। उसकी आँखों में बहुत आकर्षण था।

मीरा अंदर लौट पड़ी। ठाकुरजी के पास पहुँची। गड़ुए में से चौथाई दूध कम था। वह चकित रह गई। क्या कान्हा आया था? चपल कहीं का! तरसाने की बान पड़ गई उसे। हमें बाबा में अटकाकर स्वयं चुपचाप दूध पी गया। बचपन का ही चुरैया जो ठहरा! पक्का चोर है!

मीरा का मन गद्‌गद हो उठा। उसने आँखें बंद किए गोपाल का ध्यान किया। उसके सामने वह बाबा आ खड़ा हुआ दूध पीते हुए। कुछ देर बाद वह मोर मुकुट धारण कर सामने आ गया। फिर वह बालक हो गया। माखन चुराता हुआ वह पकड़ा गया। गोपियाँ उसे घेरे हुए थीं। वह निडर होकर चुपचाप खड़ा हुआ था। उसके हाथ-मुँह माखन से सने हुए थे। ओह! वह थक-सी गई। उसका तो वह हृदय चुराकर भाग गया है। वह उस हृदय-चोर को कैसे पकड़े?

मीरा ने गड़ुआ उठाया। अब दूध ठंडा हो चुका था। वह गड़ुए को मुँह लगाकर दूध पी गई। कान्हा ने भी तो यों ही पिया होगा। इस बहाने उसके अधर स्पर्श का ही सुख सही। वह क्या कम है! इतना क्या काफी नहीं है कि उसको उसकी चिंता तो है! वह उससे आँखमिचौनी खेल रहा है। खेले। आखिर कब तक खेलेगा। एक-न-एक दिन तो वह सामने आएगा ही, तब खूब खरी-खोटी सुनाऊँगी। तबीयत ठीक हो जाएगी। वह भी क्या याद रखेगा।

पंद्रह

दिन बीतते क्या समय लगता है। वृंदावन में आए मीरा को कई माह बीत गए। उसकी सामाजिकों में गहरी पहुँच बन गई। फिर भी, ऐसे आचार्य-पंडे भी थे जिनको मीरा की लोकप्रियता फूटी आँख नहीं सुहाती थी। वे बराबर मौके की तलाश में रहते और अंदर-ही-अंदर गुल खिलाने की योजना बनाते रहते थे।

मीरा निर्भय बनी रहती थी। जो कहना होता था, वह कह देती थी। रूढ़ परंपरावादियों को वह अच्छा नहीं लगता था। इससे उन लोगों को भड़काने का अवसर हाथ से नहीं जाने दिया जाता था। यों बैठे-ठाले राई का पहाड़ बनाने में देर नहीं लगती थी।

अच्छा अवसर हाथ आया था। कुंभनदास ने सलाह दी थी—''गिरधारी की लुगाई कूँ सती ह्वै जानो चाहिए। बाकूँ भी मुकती मिल जाएगी। गिरधारी तो संत मानुख था। सारे दिन पूजा-पाठ करता रहता था। संतन की संगत में बैठता था।''

''बाकूँ जिक्र आते ही कलेजा फटने लगता है। वह पुन्य कर्मों कूँ फल था। बा जैसा मानुख दूसरो नाँय देखो।''

''सिगरे दिन पूजा-भजन।''

''हर कूँ भरपूर मान-सम्मान।''

''काऊ सूँ शत्रुता नाहिं।''

''शत्रु कूँ दोस्त बना लेनेवाला था वह।''

''मीठी जुबान। कोयल-सा कंठ। गाता तो समाँ बँध जाता था।''

''क्या उमर थी?''

''चालीस का भी नाहिं हुयो था।''

''नाहिं रे, बो तीस का ही था।''

''हाँ रे, बाको दो बरस भए विवाह हुयो था।''

''बो विवाह कर ही कहाँ रह्यो था!''

''जाई से तो...''

''तो क्या?''

''बाकी दुलहनिया को...''

''बो तो जवान है।''

''फूल-सी है; चाँदनी-सी मलूक।''

''जा बात कूँ ध्यान में रखकर जे बात कह रहा हूँ।'' कुंभनदास ने कहा।

"क्या बात?"

"बाकी बय्यर कूँ सती होने कूँ तैयार करो। जाई में बाकी भलाई है।"

"क्यों?"

"क्यों क्या! पट्ठी जवान है। न जाने कब किसका मन बिगड़ जाए या बाही के मन में खोट आ जाए तो!"

"तो क्या?"

"गिरधारी की मट्टी पलीत है जाएगी।"

"क्यों?"

"बाकी बय्यर···गोपालजी की साक्षी कर कह रहा हूँ। बाकूँ चरित्तर मैला हो गया तो गिरधारी की आत्मा कूँ सुरग में भी चैन नाहिं पड़ैगो।" कुंभनदास सबके मन की थाह लेता हुआ रुक-रुककर कह रहा था। जनमानस का कुछ पता नहीं पड़ता—पल में माशा और पल में तोला। उसकी नब्ज पर हाथ रखकर ही कुछ कहना होता है।

"जे बात तो पते की है।"

"क्या खाक पते की है! बा फूल-सी दुलहनिया को चिता के ऊपर बैठा दें।" मथुरादास बोला, जो बहुत देर से चुप था।

"अब बो दुलहनिया नाहिं रही। बो राँड हो गई है, जे बात ध्यान में रखो, मथुरादासजी।" जगतराम बोला।

"जे सच बात है।" काकी ने उसका समर्थन किया।

"अभी बाकी उमरिया क्या है?"

"बा से मतलब!"

"मतलब क्यों न है!"

"क्या है?"

"जे ही कि वह भगतन हो जाए।"

"थारा मतलब मीराबाई!"

"वह तो साक्षात् राधिका है, बनवारी।"

"चुप कर, मथुरा!" कुंभनदास ने तेज स्वर में कहा।

"जा में चुप करने की क्या बात है, कुंभनदासजी! जा में बाका नाम घसीटने की जरूरत नाँय है। रही गिरधारी की दुलहनिया की बात, सो बाहे भी सती होने की जरूरत नाँय। जीते-जी क्यों मरे? हरि भजन करे। बाके सहारे अपना शेष जीवन गुजार दे।" मथुरादास ने बिगड़ती हुई स्थिति को भाँपते हुए सही सलाह दी।

"सती होना भाग्यवान् की निशानी है।" काकी ने कहा, "जा में गलत क्या है?"

"कल क्या होगा, जे किसको पता!" जगतराम बोला, "म्हारे कूँ तो हरि लगती बात कहनी-सुननी है। गिरधारी साक्षात् गिरधारी के मार्ग पर चलि रह्यो हतो। बाकी बय्यर बाके साथ सती होगी तो सिगरे समाज में बाकी कीर्ति-यश फैलेगो। नेकनामी होवैगी। बाकी पूजा की जाएगी।"

"जे ही ठीक है।" काकी बोली।

"पहले बा सूँ तो पूछ देखो।" मथुरादास ने चारों ओर का वातावरण अपने प्रतिकूल पाकर एक रास्ता यह निकाला।

"बा सूँ क्या पूछना! बो क्या मना करेगी!" काकी ने जोर देकर कहा।

"फिर भी।" मथुरादास ने जोर दिया।

कुंभनदास ने स्थिति सँभाली और डोर अपने हाथ में लेते हुए कहा, "जा में कोई बुराई नाँय। बा से भी पूछ देखो। काकी, जे काम तू कर।"

"ठीक है।" काकी इतना कहकर चली गई।

सब गिरधारी को ले जाने की तैयारी में जुट गए। औरतों और मर्दों की भीड़ लगने लगी। रोआ-राट मच गया।

गिरधारी की विधवा कलाइयों की चूड़ियाँ दीवार पर हाथ मार-मारकर तोड़ चुकी थी। उसकी कलाई लहूलुहान हो गई थी। माथे की लाल बिंदिया और माँग के सिंदूर को वह मिटा चुकी थी। उसने अपना माथा दीवार पर दे मारा था। माथे पर गूमड़ा निकल आया था।

कैसी मलूक! चाँदनी उसके सामने मैली लगती है। कैसी चमकती और भोली हिरनी-सी आँखें! कैसा सलोना रूप-रंग! कैसे तीखे नाक-नक्श! इकहरी गोरी देह! वसंत सी चिर यौवना! अब लुटी-पिटी-सी लग रही थी।

गिरधारी क्या गया कि वह जीते-जी चली गई। चारों ओर वीरान सन्नाटे ने उसपर चुपचाप आक्रमण कर दिया। उसको कुछ नहीं पता कि यह सब कैसे हुआ। मौत के बारे में उसको कुछ नहीं पता। क्या होती है मौत? क्यों होती है? वसंत को पतझड़ का पता भी हो तो कैसे? वसंत पतझड़ नहीं है। अचरज! वसंत की भाग्यलिपि पढ़ने आ बैठा ठूँठ पतझड़। अनपढ़ और नीरस पतझड़।

काकी चालाक थी। घाट-घाट का पानी चखा था। जवानी में तितली बनी उड़ी थी। अब ढहती इमारत बनी गगनचुंबी इमारतों को ध्वस्त होते देखना चाहती थी। उसने गिरधारी की सद्यः विधवा से पूछे बिना झटपट घोषणा कर दी, भारी मन से और छद्म कल्पना से कि वह सती होना चाहती है। आखिर पतिव्रता है और वह

अक्षरश: धर्म का पालन करने में ही अपनी गति मानती है।

किसीको क्या पता कि यह कैसे हुआ। जिसने सुना उसीने दाँतों तले उँगली दबाई।

किसीने कहा, "यह तो जुल्म है।"

"न भाई, जे अन्याय-अत्याचार न होने दो। बो तो होश खो बैठी है, लेकिन हमने तो होश नहीं खोया है। वज्रपात बा पर हुआ है, हमन पर तो नाहिं हुआ।"

"ना, ना! जिंदा की चिता क्यों?"

"क्या कभी मर्द सती हुआ है?"

"फिर औरत सती क्यों?"

"जनम परमात्मा की किरपा है।"

"मौत भी उसीका आसीरबाद है।"

"फिर बाके विधान से बगावत क्यों?"

"बाने पैदा कियो है, बोही माटी में लगाएगो। बाकी मरजी पर है सब कछु।"

"जे क्या बाकी ही इच्छा नाँय?"

"नाँय, बिलकुल नाँय! जे चंडालों की इच्छा है। औरत के मन को सदा-सदा के लिए जिंदा कोप से दागने की साजिश है।"

"नहीं, जे पुन्य है।"

"पत्नी कूँ गति-मुक्ति देनेवाला धर्म है।"

जितने मुँह उतनी बातें। जीत काकी और कुंभनदास की हुई। कुंभनदास जानता था कि काकी मन बना लेने पर पीछे हटनेवाली नहीं है। वह एक बार जो ठान लेगी वही होगा। चिता पर गिरधारी की विधवा बैठेगी।

गिरधारी की विधवा के लिए अमल तैयार होने लगा।

घंटे-घंटियाँ बजने लगे। मेला-सा भरने लगा। सती की गहिमा के गीत गानेवाली स्त्रियों ने झूम-झूमकर गाना शुरू कर दिया। वे नाच उठीं।

"परलय।" एक ने कहा।

"जे अधरम है।"

"बाको अमल पिलाकर सती बनाने का षड्यंत्र है। हत्या है!"

लेकिन कान किसके पास! आँखें सभी की बंद। मेला हो उठा वह सबके लिए। एक तमाशा-खेल। भजन भी गाए जा रहे थे और चीखना-चिल्लाना भी चल रहा था साथ-साथ।

गिरधारी की विधवा सती हो रही है, यह खबर जंगल में लगी आग-सी

चारों ओर फैल गई। सती-दर्शन को उमड़ पड़ा किसन कन्हैया का अभिलाषी मन। कथावाचक चारण की नाईं सतियों की गौरव गाथा के पृष्ठ पर पृष्ठ उलटने लगे। हुंकारे भरने लगे जनसमूह के अंधे मन।

गिरधारी की पत्नी को विधवा का बाना पहनाया गया। सुहाग की सेज से उतारकर उसे नरक की देहरी पर ला पटका—उन व्रजवासिनों ने, जो गिरधारी को डसने का कारण उसे मानती थीं। उनके मन में घुल रहा था अंधविश्वास के अदृश्य विषदंत का मगरूर विष और काल का हतचिंतन।

''बाके पाँव ऐसे पड़े कि देखते-देखते काल के मुँह में समा गयो।''

''बो तो साक्षात् कालिय नागिन निकली गोरे बिजुरी-से तन में।''

''गिरधारी किसन होता तो दारी को कुचल-मसल डालता मच्छर की नाईं।''

''किसे पता था कि बाकी देहरी पर काल बनकर आई थी!''

''पता होता तो बाहे क्या जा घर में आने दिया जाता! चुड़ैल को पनहिया मारकर बाहर न कर दिया होता।''

''घर में आने ही क्यों दिया जाता!''

''बा बखत तो सिगरे लोग-लुगाइन की आँखें मिच गई थीं और मन-बुद्धि पर पत्थर पड़ गए थे। कितनो समझायो कि म्हारी ननद की लड़की घर-गिरस्ती के जोग है। घर में रूप-ज्योति नाहिं सजे है, बो तो सभा-महफिल में ही सोभा देत है। गजरे के फूलन को देवता पर चढ़ने को जेही नतीजो निकले है, बहना।''

''तू ठीक कहती है, ताई, धतूरे का कालकूट नशा हर कोई के हजम करने की बात नाँय री। बाके लिए तो शिव-शंभु चाहिए।''

''म्हारा गिरधारी तो सुदामा था री!''

''मेनका और सुदामा की क्या जोड़ी!''

''चुप कर, कोई इधर ही आ रहा है।''

उस ओर देखते हुए दूसरी बोली, ''अरे, जे तो मुआ मथुरा है। लगता है, गिरधारी की विधवा पर दिल जमा बैठ्यो है। बड़ा काइयाँ है।''

''लगता है, बज्रमारे की लार टपक रही है बा पर।''

''बो चिता पर बैठ गई तो बा कूँ क्या होगा! दिलजले को अपनी पड़ी है जा बखत भी।''

''बड़ो लंपट है छछूँदर की औलाद! जा चिड़ीमार का बाप भी पक्का लुगाईबाज था।''

''जे कौन सा बासे घट है। एक उंगल ज्यादे ही है।''

कुंभनदास ने सती होने की खबर मीरा तक पहुँचाने के लिए सारा प्रबंध कर दिया था।

गिरधारी की विधवा रमाबाई को अमल घोलकर दिया जाने लगा तो उसने उसे लेने से साफ इनकार कर दिया।

काकी ने समझाया—"ले ले, बेटी, जे सब तेरे मरद के लिए जरूरी है। जासे बाकी आतमा कूँ भोत सांती मिलैगी।"

"नाँय।" रमाबाई ने धीरे से कहा।

तब तक हलदी और चंदन का लेप लेकर तीन-चार हट्टी-कट्टी औरतें आ गईं। कुंभनदास ने उनका पहले से बंदोबस्त कर रखा था, ताकि जोर-जबरदस्ती की नौबत आ जाए तो वे उस मोरचे को भी भलीभाँति सँभाल लें।

"जे क्या है?" रमाबाई उनको अपनी ओर बढ़ता देखकर तनिक तेज आवाज में बोली।

"विधवा की कंचन काया का मैल उतारने कूँ प्रबंध।" काकी ने समझाया।

"भगवान् के लिए मुझे अकेला छोड़ दो।" रमाबाई बोली।

"कुलंछनापन मत दरसा, राँड! सूधे गिरधारी को निगलकर भी चैन नाँय मिलो क्या?" काकी ने फतूही की बाँहें ऊपर चढ़ाते हुए कहा।

रमाबाई को साँप सूँघ गया। वह जानती थी कि काकी अच्छे-अच्छों के धर्म बिगाड़ चुकी है और वह सदा बरबादी के इरादे से कहीं आती-जाती है; क्योंकि उसे भी किसीने बेतरह से खाक में मिलाया था।

वह घबरा गई और पूछ बैठी—"यह क्या है, काकी?"

काकी सारे मोहल्ले की काकी थी। कितने ही घरों में बच्चे जनवा चुकी थी। कितनों के गर्भ गिरवा चुकी थी। उसको हर घर और हर चूल्हे की कहानी मालूम थी। इस कारण लोग उससे डरते भी थे।

वह तुनककर बोली, "पहले जे चरनामृत पी ले। अपसगुन मत कर। फिर तू आजाद। रस्म-रीति तो करनी ही होगी न। जब तक हम जैसी बूढ़ी-बड़ी बैठी हैं तब तक तो सिगरे कारज कारज की तरह होएँगे। जब हम न रहेंगी तब कछु हो या न हो, हमारी जूती से। हम क्या मरकर फिर देखने आएँगे कि क्या हो रहा है! जो होंगे वे जानेंगे। जा सूँ कहती हूँ, चुपचाप जे चरनामृत मुँह में लगाय के गटगट पी जा।"

रमाबाई को क्या मालूम कि जिस स्त्री का पति नहीं रहता, उसे क्या करना पड़ता है। इससे पहले उसे ऐसा वैसा देखने का अवसर कहाँ मिला था। कैसे मिलता? यदि कहीं ऐसी-वैसी बात हो जाती थी अड़ोस-पड़ोस में तो उसे दूर के रिश्तेदार के घर भेज दिया जाता था।

एक काकी कहे जा रही है! क्या उसका वही करणीय है? कोई और भी तो कहे। उसके घर के यहाँ से तो कोई आए। वह बतलाए कि उसे अब क्या करना है! कोई-न-कोई आएगा तो जरूर। पर कब तक?

"ले पी, अभागिन! खसम को तो खा गई, अब डरपत किसलिए, डायन!"

काकी की कर्कश वाणी उसके कलेजे को चीरती जा रही थी। वह चाहकर भी उसे कोई जवाब नहीं दे पा रही थी।

"काकी! कोई मेरे घर से आ जाए।"

"कौन आएगा, करमजली? सब नंगे-भूखे हैं। दहेज के बोझ से बचने के लिए उन्होंने तुझे गिरधारी के पल्ले बाँध दिया था, साँडनी। बताई तो सूधी गाय थी, पर निकली एकदम छिनाल। उनकी गिरधारी के माल पर नजर थी। बो तो भला करे गिरधारी का, बाकूँ पहले ही किसन कान में फूँक मार गयो कि बो घर में कुलटा को ले आयो है। जा से पहले कि उसका वशीकरण उसे बाँध पाए, वह अपनी संपत्ति मंदिर कूँ दान कर दे, ताकि न रहेगी बाँस और न बजेगी बाँसुरी। बा भले मानुख ने वही किया जो किसन ने बाके कान में मंतर दियो। अब तू इधर-उधर के बहानों का सहारा न ले। सीधे-सीधे गैल पर आ जा। मरखनी गाय का स्वाँग छोड़। राँड का रूप अख्तियार कर।" काकी ने अति कठोर शब्दों में अपनी बात कही। वह यह कला अच्छी तरह जानती थी कि सामनेवाले को अपनी शर्त पर लाना हो तो क्या करना चाहिए। घी टेढ़ी उँगली से ही निकलता है। रमाबाई जैसी सीधी युवती को इस निराशा की घड़ी में वह इसी तरह तेज आक्रमण से परास्त कर सकती है और कुंभनदास से अच्छी रकम ऐंठ सकती है। बस, एक बार वह अमल पी ले।

काकी को लंबे और कठिन अनुभवों ने यह सिखला दिया था कि चोट उस समय और पूरे जोर से करनी चाहिए, जबकि जिसपर चोट करनी है वह मानसिक रूप से टूट रहा हो और उसका संतुलन डगमगा रहा हो। भावना की गिरफ्त में जकड़े इनसान को प्रतिकूल स्थिति का सामना करने का साहस नहीं रहता है।

रमाबाई की अभी उम्र ही क्या थी—यही कोई अठारह बरस की। उसे दुनियादारी का ज्ञान ही कहाँ था! सबकुछ कैसे हो गया अचानक, वह कुछ समझ नहीं पाई। और अब भी उसकी कुछ समझ में नहीं आ रहा था। सिर मुड़ाते ही ओले पड़े थे।

कटोरा उसके सामने था। उसकी आँखों के सामने अँधेरा था। वह मन-ही-मन अपने पति से प्रार्थना कर रही थी—'क्या करूँ? तुम तो चले गए और इस अभागिन को इस दलदल में ढकेल गए। मुझे रास्ता दिखाओ। क्या यही रास्ता है? शायद यही रास्ता है। जब अभी इतनी मुश्किल है तब आगे···न बाबा, न। पता नहीं

और क्या होगा! मेरी लाज तिहारे हाथ है।' इसके बाद उसने वह कटोरा उठाया और गटागट एक साँस में चढ़ा गई।

काकी की आँखें फटी-की-फटी रह गईं। उसे एकबारगी विश्वास ही नहीं हुआ कि ऐसा भी हो सकता है और इतनी सरलता से। उसने उसे दो कटोरे भरकर और दिए। वह उन्हें भी चढ़ा गई।

अब वह अपने में नहीं रही थी।

वे चारों औरतें उसके पास आईं। उन्होंने उसे छुआ-टटोला। वे मुसकरा उठीं।

"हलदी-चंदन लगाओ।" यह कहकर काकी बाहर आ गई और सबको बताने लगी—"गिरधारी की बय्यर को कान्हा का आदेश हुआ है। वह अब अपने प्रिय परमेश्वर की चिता के साथ यात्रा करेगी। स्वर्ग को सजाया जा रहा है। वहाँ उन दोनों के स्वागत की तैयारियाँ बड़े जोर-शोर से चल रही हैं। आत्मा की प्रेरणा का प्रभाव है। हर एक की मन-आत्मा में ऐसा प्रकाश कब उठता है! बड़े भाग्यशाली हैं वे। उसपर गिरिधर गोपाल की बड़ी कृपा है। धन्य है वह सती रानी। सब मिलकर बोलो—सती रानी की…"

"जय!"

"जोर से बोलो—सती रानी की…"

सब एक साथ ऊँचे स्वर में बोले, "जय!"

"प्रेम से बोलो…"

"जय!"

जय-जयकार से आकाश गूँज उठा। रमाबाई गहरे नशे में झूम उठी। हलदी-चंदन के लेप की सुगंध महक उठी। फिर से सुहागिन का भरपूर श्रृंगार किया गया। कलाइयों में चूड़ियाँ, पाँवों में पायल, माथे पर बिंदिया, जूड़े में गजरा और शादीवाला लहँगा-चोली तथा दुपट्टा लहरा उठा।

रमाबाई पहले से अधिक सुंदर लगने लगी। लोगों का ध्यान गिरधारी से हटकर रमाबाई पर केंद्रित हो गया। दूर-दूर से लोग आते, उसपर श्रद्धा सुमन चढ़ाते। भेंट देते।

बाहर भजनमंडली ने धूम मचा रखी थी। कीर्तन और भजन लहरिया ढंग से उठते थे और लोगों के हृदय को उद्वेलित कर जाते थे। सब रसविभोर हो उठते थे। ढप पर थाप पड़ती, थालियाँ बज रही होतीं। बाँसुरी का स्वर उठता, मजीरे साथ देते और नव दुलहनियाँ नाच उठतीं। क्या समाँ बँध गया था कि लोगों के मन से मौत का भुतही डर गधे के सींग की तरह गायब था। सबके चेहरों पर

आह्लाद की किरणें फूट रही थीं।

ढोल-ढपली बजाते, नाचते-गाते स्त्री-पुरुषों का मेला वहाँ भरता चला जा रहा था। दूर-दूर तक तिल धरने के लिए जगह नहीं थी। जिधर देखो उधर स्त्री-पुरुषों की भीड़। भीड़-ही-भीड़। उस भीड़ को सँभालना भारी पड़ रहा था। कुंभनदास ने बड़े यत्न से अपने स्वयंसेवकों को वहाँ की व्यवस्था के लिए चारों ओर फैला दिया था।

तुरही बज उठी। ताशेवाले आ गए। शहनाई पर मीठा स्वर लहरा गया।

आकाश अपेक्षाकृत पहले दिन से आज रँगीला था। बयार यमुना को छूकर आ रही थी। कीर्तनियों की मंडलियाँ आ रही थीं। साधु-संत भी उधर आने लगे थे। रमाबाई के सती होने की सूचना देने ढिंढोरची दूर-दूर तक निकल गए थे।

अचानक घोड़ों की टापों की आवाज सुनाई पड़ी।

धीरे-धीरे भक्तों की वाणी में बाधा आई। लोगों के मुँह पर ताले लगने लगे।

"जरूर कोई भारी मुसीबत है।"

"मुसीबत नाईं बिजुरी है। गिरी नाहिं तो राख कर जाएगी।"

"जरूर किसी भेदिया का काम है।"

"भेदिया अपने में से ही कोई है।"

"विभीषण की औलाद कहाँ नहीं हैं!"

"अब?"

"जै हरि किसन। व्रज श्याम को है।"

"जे बात तो कब से सुनती आ रही हूँ; पर बासे बन क्या रह्यो है!"

"क्या नहीं बन रह्यो है?"

"बा मुगल बादशाह हम सबन कूँ मालिक है। जे सिपहियाँ बाई के हैं।"

"पर बो तो सुना है कि⋯"

"क्या खाक सुना है!"

खुसुर-फुसुर बंद। घोड़ों की टापों का तेज स्वर उनके संवादों को रौंद गया।

कुछ देर बाद पुनः संवाद।

"जे बो व्रज है, जाने कढ़ी खाए कंस कूँ भी धूल चटा दी थी। फिर जे मुगल बादशाह किस खेत की मूली है! यहाँ को तो एक ही महाराज-अधिराज है—सुदर्शन चक्रवालो किसन कन्हैया। फिर डरने की बात कछु नाँय।"

"पर जे कीरतन-भजन?"

"टोह लेने के लिए, दारी की।"

"हरि कहौ।"

"क्यों?"

"कहीं रमाबाई…"

"क्या रमाबाई?"

"मुगल बादशाह सब धरमन कूँ मान-सम्मान देत है।"

"तो?"

"लेकिन बो धरम के ढकोसलों को बरदाश्त नाहिं करत है।"

"बो खुद तो बड़ा पाखंडी है।"

"सच री!"

"और क्या दारी की, मैं झूठ बोल रही हूँ! गोवर्धन कूँ सौं, जे सोलह आने पाव रत्ती सच है।"

"तब तो…"

"क्या रमाबाई अपने आप…"

"चुप कर छिनाल! दीवारों के भी कान होते हैं। बात में से बात निकलती जाती है और बात का बतंगड़ बन जाता है।"

"ठहरो!" एक तेज आवाज गूँजी।

सब साँस रोके चुप, मानो सबके मुँह सिल गए हों। सबकी आँखों में दहशत। भजन-कीर्तन बंद। अब क्या होना है? लगभग पंद्रह सवार—मजबूत कद-काठी के—काबुली घोड़ों पर तने हुए बैठे थे। वे सबके सब लंबी-चौड़ी छातीवाले थे। वे खूँखार आँखोंवाले चट्टानी इरादों के हस्ताक्षर-से कठोर नजर आ रहे थे।

वह व्यक्ति रुक गया। वह गली-कूचों से होता हुआ अपने आदमियों को तेजी से भागता हुआ यह खबर देने जा रहा था कि म्लेच्छ आ गए हैं। सावधान!

"क्यों भागा?" एक घुड़सवार उससे प्रश्न कर रहा था भारी कड़कदार आवाज में।

"हुजूर के आने की सूचना देने के लिए, मालिक!" उस व्यक्ति ने हाथ जोड़कर कहा।

"यह क्या हो रहा है?"

"कीर्तन-भजन की संगत, मालिक!"

"यह कैसा हुजूम है?"

"भजन-कीर्तनमंडली का, मालिक!"

"आज कोई खास बात?"

सबको साँप सूँघ गया। सब सोच में पड़ गए कि क्या बताएँ, क्या नहीं।

उसने पुनः पहले से भी कड़कदार आवाज में पूछा, "जवाब दो!"

एक युवक बोला, "मालिक, सती..."

"क्या सती?"

कुंभनदास ने पैंतरा सँभाला और वह आगे आकर दृढ़चित्त होकर बोला, "बेटा, जे ब्रज है—कान्हा की लीलाभूमि। यहाँ रोज कछु-न-कछु होवत रहत है। रोज-न-रोज मेला जुड़त रहत है। कबहुं या कारण सूँ, कबहुँ बा सूँ। जितने दिन साल में होत हैं उतने ही दिन यहाँ मेला-ठेला बना रहत है।"

"यह सती क्या?"

"जा देस में सती की महिमा बड़ी भारी है। सती सावित्री जा देस में देवी की तरह पूजत जात हैं, बेटे। और अब एक सती और..." कुंभनदास ने बड़ी चतुराई से अपना अधूरा संवाद हवा में ध्वजा की तरह फहरा दिया।

"ठीक है। मौज मनाओ।" कहकर वह घुड़सवार दूर तक देखता रहा।

"चलें, सरदार?"

सरदार ने कुछ सोचकर कहा, "चलो।"

और इसीके साथ उसने घोड़े को एड़ लगाई। घोड़े सरपट दौड़ पड़े। देखते-ही-देखते धूल उड़ाते वे सबके सब आँखों से ओझल हो गए।

कुंभनदास ने ठंडी साँस ली। आई बला टली। गिरिराजजी की जय बोली। नहीं तो बना-बनाया सारा काम बिगड़ जाता और पता नहीं किस मुसीबत में फँस जाते। लेने के देने पड़ जाते।

उसने सबको संकेत देकर कहा—"भगतन, देख ली बा गोपाल की मरजी! कैसे बला टाली! जे सती के तेज का परताप है। बाके सामने कोई अला-बला नाँय ठहर सकत है। बोलो सती रमाबाई की..."

"जय! जय! जय!" समवेत स्वर उठा आँधी-सा।

उसीके साथ चारों ओर फिर खुशी की लहर दौड़ गई। फिर भजन-कीर्तन की धूम मच उठी। वाद्य बज उठे। नृत्य हो उठे। बीच-बीच में जब-तब सती रमाबाई की जय-जयकार से आकाश गूँजता रहा।

सोलह

मीरा पूजागृह से बाहर आई। आज वह बहुत लंबी पूजा कर बैठी थी। गोरोचन का भाल पर तिलक लगाया था और पीतांबरी पहनकर शांत-मुखर हो रही

थी। यथार्थतः मीरा कुछ बोलती नहीं थी; लेकिन उसको लखकर मन में अनगिनत संवाद सावन के मेघ-से उमड़ने-घुमड़ने लग जाते थे।

प्रसाद लिया पारबती ने और माथे से लगाकर मुँह में डाल लिया। आज प्रसाद में मिस्री, तुलसीदल और गंगाजल था।

ललिता आई। बोली, "दीदी, दूध।"

"ले आ यहीं।"

वह अंदर चली गई।

पारबती का मन हुआ कि वह आज बाहर जो हो रहा है, उसकी सूचना उन्हें दे दे। लेकिन वह कुछ नहीं बोल सकी।

दूध पीकर मीरा ने पूछा, "आज बाहर बहुत शोर है। क्या रथयात्रा निकलने वाली है?"

"नहीं, दीदी।" पारबती ने कहा।

"तो?" मीरा ने सहज प्रश्न किया।

"सती, दीदी!"

"क्या?" मीरा की बड़ी-बड़ी इंद्रधनुषी आँखें फैल गईं और उनमें जिज्ञासाओं की बिजली कौंध गई।

"हाँ, दीदी, सती!"

"कौन?"

"रमाबाई, दीदी।"

"कौन रमाबाई?"

"गिरधारी भगत की पत्नी, दीदी।" पारबती ने बात का छोर हाथ में थामे हुए कहना जारी रखा—"कीरतनिया भगत, दीदी। बाकी दुलहनिया रमाबाई। बो मंदिर में जब-तब कान्हा कूँ रिझाने नाच उठती थी। आपके भजन पर भी बो नाची थी, दीदी।"

"म्हारो तो गिरधर गोपालवाले पद पर?"

"हाँ, वही।"

"क्या हुआ गिरधारी को?"

"ब्रह्मलीन हो गयो बो तो।"

"क्या?" मीरा चकित-सी रह गई—"जाई से रमाबाई को सती कियो जा रह्यो है न!" मीरा ने कुछ सोचते हुए कहा।

ललिता और पारबती चुप्पी खींच गईं। इधर-उधर देखने लगीं।

"बा फूल-सी रमाबाई कूँ इत्ती बड़ी सजा और इत्ते बड़े उत्सव के साथ! का

बात है? वाह री धारमिकों की नगरी, थारी भव्यता को म्हारो परनाम! जे रंगत यहाँ कैसे? कान्हा ने तो महाभारत को सँभाला था। वे ही बाके सूतरधार थे। क्या हुआ तब? नाहिं, नाहिं, बाकी जा कंचन नगरी में ऐसो जुलम! नाहिं, कदापि नाहिं।''

मीराबाई का हृदय फट पड़ा था। उसमें एक साथ अनेक बिजलियाँ चमक उठी थीं।

ललिता की आँखों में से चमक जाती रही।

पारबती ने साहस जुटाकर कहा, ''दीदी, जा काँदो मा हमन कूँ पड़न की जरूरत नेकु नाहिं। जे उनकी अपनी मरजी है। उनके जो जी में आए, करें। हमन कूँ क्या पड़ी कि आ बैल मुझे मार!''

''जे जुलम है। नारी जात पर जुलम। आखिर म्हारो भी कछु फरज बनत है कि नाहिं! मानुख मानुख पर जुलम करे तो क्या हमन कूँ चुप बैठ जाना चाहिए? पारबती, जा गलत काम कूँ रोकनो पड़ैगो। यही म्हारा धरम-करम और पूजा-पाठ है।''

''नाँय, दीदी, नाँय। जा आग में हमन कूँ नाँय कूदना।'' ललिता बोल पड़ी।

''काहे री, ललिता?''

''वृंदावन धरमनगरी है। जा धरमनगरी में ऐसे टोटके दिन-रात होत रहत हैं। बाकी ही यहाँ पूजा होती रहती है। यहाँ के धरमपुरोधा, दीदी···आगे क्या कहूँ, थे खुद समझदार हो।'' ललिता ने सोचते हुए कहा और चाहा कि यह बात यहीं खत्म हो जाए।

''नाहिं, ललिता, नाहिं। जे कदापि नाहिं हो सकत है। आखिर कान्हा क्या सोचेगा? क्या किया बाकी नगरी में आकर हमन ने!'' मीरा शांत स्वर में कह रही थी।

''परनाम, माई।'' धूपद ने प्रवेश करते हुए कहा, ''ललिता ठीक कह रही है।''

''क्या ठीक कह रही है! हमन जे रास्ता नाहिं चुना। सबन के कहने से क्या? सती क्यों? किसलिए? जा सूँ क्या लाभ? जिंदा इनसान कूँ आत्महत्या के लिए विवश क्यों करें? यह कैसी परंपरा? यह कैसा उत्सव?'' मीरा मानो अपने आपसे बतिया रही है, उसे ऐसा लग रहा था। उसका ध्यान भी कहीं और था।

''जे षड्यंत्र है, माई।''

''हो, हमें क्या! जो दूसरों के लिए कुआँ खोदते हैं, वे ही बा में गिरते हैं। अपना मन शुद्ध हो, फिर क्या किसीसे डरना, धूपद!'' मीरा ने समझाया।

"जे सब आपको ही डिगाने के लिए किया गया है। रमाबाई का सती होना तो एक बहाना है।" धूपद ने बतलाया—"म्हाँने यही सबकछु पता करने में इत्ता समय लगायो है, माई।"

"कित्ता अच्छा होता, यदि इत्ता समय गिरिधर गोपाल के स्मरण-चिंतन में लगाया होता!" मीरा ने बैठने का रुख बदला और आगे कहा, "बुराइयों का पता क्यों लगाया?"

"तब क्या करता?"

"अच्छाइयों का पता करते।"

"मानुख स्वभाव है, माई। थारे साथ हैं तो थारे कूँ परेशानी में कैसे देख सकते हैं! कुत्ता भी अपने मालिक का वफादार होता है। जे तो म्हारा फरज बनता है, माई।" धूपद ने कहा।

"क्या षड्यंत्र रचो गयो है, धूपद?" पारबती ने बहुत कुछ जानते हुए भी पूछा।

"यहाँ के धरमपुरोधाओं और मठाधीसन कूँ थारे सूँ खतरो हो गयो है, माई।" धूपद बोला।

"काहे रे, ऐसो म्हाँने क्या कियो है?" मीरा ने पूछा, "क्या गिरिधर गोपाल का नाम स्मरण करना गलत है? या भजन-कीर्तन करना गलत है? जा में क्या बिगाड़ कियो है हमन ने?" मीरा प्रश्न कर रही थी।

"कछु नाँय, माई, कछु नाँय। पर जा देस में—यहाँ के धरमगुरुओं, मंडलेश्वरों, ढोंग-पाखंड से जमे संत-साधुओं के लिए थे संकट बन गई हो, माई। सच के जे सब दुश्मन हैं। थे तो यहाँ के जन-जन को सच्चे रास्ते की ओर ले जाना चाहती हो। थे तो जन-जन को मंगल चाहती हो। उन सबन में किसन भाव जगाना चाहती हो। लेकिन वे नाहिं चाहत हैं कि ऐसा हो। ऐसा होगा तो, माई, उनका क्या होगा जिनकी मौज-मस्ती, ऐशो-आराम आदि सबकुछ उनपर ही निर्भर है।"

धूपद लंबा भाषण-सा दे गया। वह डर रहा था कि उन आचार्यों और धर्मगुरुओं को मीरा फूटी आँख नहीं सुहा रही है। यदि वह राजघराने से नहीं होती तो वे उसको कब का दूध में से मक्खी की तरह निकाल बाहर फेंक देते। इसी भय से वे जन-मन में उसके प्रति विष पैदा करना चाहते हैं। उसके मन में रह-रहकर कुंभनदास की वह बात घर किए हुए थी, जो उसे उसके आचार्य ने समझाई थी—'कुंभन, ध्यान रहे। मीरा राजपरिवार की आज भी बहू है। बाके पाछे आज भी उस राजपरिवार की शक्ति है। जा सूँ कछु धरमपुरोधा या आचार्य उसका कछु नाहिं बिगाड़ सकते। उलटे उनको ही समूल नष्ट किया जा सकता है। जा से हमन कूँ जे

बात गाँठ में बाँध लेनी है कि मीरा का हमन से बाल बाँका नाहिं हो सकता है। जो कछु बुरा-भला होना है बो यहाँ के लोगों से। मानुख समुदाय महासागर है और हम-तुम बा सागर के सामने चंद बूँदें। इसलिए तुम्हारा करणीय जे ही है कि तुम बा भक्त शिरोमणि के विरुद्ध जन-मन को करो।'

'ऐसा ही होगा, आचार्यपाद।'

'बड़ी सावधानी से, कुंभन। आज जन-जन में बाके प्रति पूज्यभाव है, श्रद्धा है और भक्ति है। जा त्रिवेणी शक्ति का काटना इत्तो सरल नाहिं है। जे काम तलवार की धार पर चलने जैसा है।'

'समझा, आचार्यपाद। पर आपका यह पटु शिष्य कच्ची गोलियाँ नहीं खेला है। आग भी लगेगी और हाथ भी नहीं जलेगा। अब देखते जाओ, आचार्यपाद, जे कुंभनदास क्या-क्या गुल खिलाता है!'

'जे पक्का ध्यान रहे, मीराबाई में कोई खोट नाहिं है। बो खरा सोना है। बा पर प्रभु की असीम किरपा है और बाका आत्मविश्वास अटूट है। बाकी इच्छाशक्ति और बाकी पूजा-अर्चना सबकछु सच्ची और दृढ़ है।'

'हो, लेकिन हमन कूँ बा सूँ डरने की नेकु जरूरत नाँय। हमन के पास हर जहर का तोड़ है, आचार्यपाद। अब आप देखते जाओ।' कुंभनदास ने लापरवाही की मुद्रा में कहा।

'कुंभन, जा लंबी उमर तक हम तेल और तेल की धार ही देखते आए हैं। हमन का अनुभव है कि सच सदा दमकता सूरज ही रह्यो है। कंस गयो। बा सूँ पहले रावण गयो। जा तरह न जाने कितने महारथी कूच कर गए। उन सबन के इरादे भी चट्टान की नाईं दृढ़ और हिमालय की नाईं बुलंद थे।'

'पर आचार्यपाद, इस बार हमन कूँ किसीसे नाहिं भिड़ना। भिड़ेगी तो जनता। बाही सूँ जे लड़ाई को बिगुल बजैगो। बो ही सामने होगी महाभारत में जा बार। हम तो मात्र सूत्रधार होंगे परदे के पीछे सूँ।' कुंभनदास ने खुश होकर कहा।

'कैसे, कुंभन?'

'आपको आम खाने हैं या पेड़ गिनने हैं, आचार्यपाद?'

'हमन कूँ खाने तो आम ही हैं; लेकिन कछु-कछु बाकी भनक पड़ जाए जो मंत्र तुम पढ़ने वाले हो, कुंभन। मंत्र की काट भी है, तोड़ भी है। जा सूँ म्हारे कूँ बाकी एक झलक दिखला दो।'

कुंभनदास ने गहरी साँस ऐसे छोड़ी जैसे साँप फुफकारता है। फिर रीढ़ की हड्डी तनिक सीधी की और बड़े इत्मीनान से बोला, 'आचार्यपाद, गिरधारी की मौत! बाकी विधवा को सामने खड़ा कर महादेवी मीरा पर बाणन की बौछार—

तीक्ष्ण-से-तीक्ष्ण और सूधी मारक।'

'बो कैसे, कुंभन?'

'आगे कछु मत पूछो, आचार्यपाद।'

'जैसी तेरी इच्छा।'

धूपद को कुंभनदास ने पटा लिया था। यह बात बिलकुल अलग थी कि धूपद की भक्ति मीरा में थी और वह उसीकी सुरक्षा के लिए शीघ्र कुंभनदास का विश्वासपात्र बन सका था। कुंभनदास चाहता था कि वह मीरा की गुप्तचरी करे। पर मीरा के पास छिपाने के लिए था ही क्या! लेकिन कुंभनदास के नापाक इरादों को जानने के लिए उसने हामी भर दी। तब से वह मीरा से कुछ दूर होता चला गया, ताकि कुंभनदास उसपर पूरा-पूरा भरोसा कर सके।

मीरा ने ध्यान से धूपद की ओर देखकर इतना ही कहा, "धूपद, थे म्हारी चिंता छोड़ो। झूठ के पाँव नहीं होते—और जाके पाँव नहीं होते वह खड़ा नहीं हो सकता है।"

यह सुनकर धूपद आसमान से जमीन पर आ गिरा। वह थूक गटककर अवसन्न रह गया।

"म्हारे कूँ गिरिधारी का भरोसो है। बो जो करैगो बाही होगा। क्या षड्यंत्र! कैसा षड्यंत्र! इन बातन सूँ थे अपना मन मैला नाहिं करो। इन बातन में जरा भी ध्यान मत लगाओ। वरना जे कहावत सुनी है—आए थे हरि भजन कूँ ओटन लगे कपास! बुद्धि को हृदय से थामो, हृदय को बुद्धि से नाहिं। कोरी बुद्धि निस्संतान महतारी होती है। जे बातन कूँ सिलसिला बाही की देन है। खाली दिमाग शैतान कूँ घर होता है। जाओ, इन उलटबासियों से चित्त हटाओ और गोपाल कूँ ध्यान लगाओ। जे म्हारो मत है—पत्थर की लकीर।" मीरा इतना कहकर अंदर अपने कक्ष की ओर बढ़ गई। सारे प्रश्न खत्म।

ललिता और पारबती अवाक् रह गईं। धूपद के पाँवों तले से धरती खिसकने लगी। उसकी सारी मेहनत पर पानी फिर गया। वह सोच रहा था कि वह बहुत बड़ा काम कर रहा है। मीरा यह सूचना पाकर खुश हो जाएँगी। लेकिन सब उलटा ही हुआ।

वह ललिता से बोला, "अब, ललिता?"

"सुन तो लिया है न, फिर कैसा प्रश्न? क्यों प्रश्न? म्हारी दीदी वही करेंगी, जो उनका किसन कन्हैया कहेगा।" ललिता ने कहा।

"जे बात भी सोचनेवाली है कि···" इतना कहकर पारबती स्वयं सोचने लगी कि क्या बात सोचने-समझनेवाली है।

"क्या बात, पारबती?"

"किसन थे तब भी दुष्टन कूँ राज था, राक्षसन की मौज थी। क्या भयो एक महाभारत सूँ? कौन बचा? पांडव हिमालय में गलने कूँ चले गए।" पारबती सोच-सोचकर कह रही थी—"तब भी सच कूँ नंगो कियो गयो। द्रौपदी की भरी सभा में बेइज्जती भई—पाँच-पाँच परमवीर पतिन के होते हुए भी। अभिमन्यु को अनेक परमवीरन ने मार्‍यो ही।"

"तो?" ललिता ने पूछा।

"तो क्या! क्या कबहुँ अन्याय, अत्याचार, भ्रष्टाचार, राक्षस राज को अंत भयो है, जो अब होगा। राक्षसन ने मौज मारी है। अन्याय फूला नहीं समाया है। अत्याचार का दबदबा सदा रहा है। पाप ने पुण्य को सदा खदेड़ा है। झूठ सदा समाज का सिरमौर रहा है। अंत में सच जीत गयो तो क्या! बाकी क्या वकत! वह विचार कोरे मन कूँ तसल्ली देने के लिए है।" पारबती में तनिक विद्रोह उठ खड़ा हुआ था।

"साँचो कभी काचो नाँय होत है, पारबती। म्हारी दीदी जैसी भक्तिन हजारों वर्षों में जा धरती पर आती है और बो भी कभी-कभी। म्हारे कूँ वही गैल पकड़नी है जो म्हारी दीदी के मन भाए।" ललिता ने दूध में उठते उफान पर पानी के छींटे मारते हुए कहा।

उसके मन पर पूरी तरह मीरा का व्यक्तित्व छाया हुआ था। यही कारण था कि उसे उसका सर्वाधिक स्नेह, प्यार और आशीर्वाद मिला था। पारबती भी यह बात अच्छी तरह जानती थी।

धूपद की बोलती पहले ही बंद हो चुकी थी। वह जैसे ही बाहर जाने को हुआ वैसे ही उसे ललिता ने टोक दिया—"धूपद, आजकल तुम बड़े कटे-कटे-से रहने लगे हो।"

धूपद चौंका। ठहरा। तौलिए से मुँह का पसीना पोंछा और थोड़ी सी राहत लेकर बोला, "नाँय री, ऐसी कोई बात नाँय है।"

"मन तौलकर बोलो, धूपद। क्या थे आज भी पहले जैसे हो?"

"क्यों? क्या अंतर आ गयो है म्हारे में?"

"जे बात अपने सूँ पूछकर देखो। थारा हियड़ा क्या कहता है, धूपद?" ललिता ने जोर देकर कहा।

पारबती फिर वहाँ नहीं रुकी। धूपद बाद में उससे ही बतियाता रहा था। उसीको खबर देता रहा था।

"क्या माई ने कछु कहा-पूछा?"

ललिता ने आग्नेय दृष्टि से उसे घूरा और तुनक जवाब दिया—"थे इतने दिनन से माई के साथ हो, फिर भी जे बात हमन से पूछते हो! क्या दीदी कभी किसीके बारे में पूछती हैं?"

"नाँय, ललिता। लेकिन हम तो उनके लिए ही..."

धूपद इतना ही कह पाया था कि ललिता ने बीच में ही उसकी बात काट दी—"उनकी चिंता थें कूँ कब सूँ सताने लगी है? थे उनकी चिंता छोड़ो, अपनी चिंता करो। जाई में थारी, म्हारी और हम सबन की भलाई है।"

धूपद चुप हो गया—पत्थर। उसका दिमाग ही है कितना—पिद्दी भर का। उसे दुःख हुआ कि वह करना तो भलाई चाहता था, लेकिन उसे उलटे मिली बुराई ही। आखिर उसके साथ ऐसा क्यों होता है?

"धूपद, अब पछताए क्या होवत है, जब चिड़ियाँ चुग गईं खेत। थारे कूँ कितनी बार समझाया कि जमाने की हवा से दूर रहो, यदि दीदी के रास्ते पर चलना है। उनमें श्रद्धा-भक्ति रखो। वही एक सच्चा रास्ता है हम सबन के लिए। लेकिन थारो चित्त बड़ा चंचल है—पारे की तरह, कभी इधर और कभी उधर। एक पल कूँ भी चैन नाँय।" ललिता यह बात अच्छी तरह जानती थी कि धूपद मन का मैला नहीं है और न उसके मन में मीरा के प्रति तनिक-सी भी अश्रद्धा-अभक्ति है। उसे उससे यह कहते हुए दुःख भी हो रहा था।

धूपद बोला, "ललिता, म्हारे सूँ अचानक गलती हो गई। माई की आँखों से गिरा और थारी निगाह में अपराधी हो गया। क्या करूँ, म्हारी बुद्धि; म्हारा भाग्य ही ऐसा है। बय्यर को चाहा, वह चल बसी।"

"धूपद, दुःखी होने की जरूरत नाँय है।" बीच में ही ललिता ने उसे तसल्ली देने की कोशिश करते हुए कहा, "जे सब तो गोपाल पर छोड़ो। बो जो करेगा, वही होगा। अपनी माई को ही देखो। क्या सुख पाया बाने? विधवा भईं। राजपरिवार छोड़ा। सड़क पर खुद-ब-खुद आ खड़ी हुईं। चुपचाप गोपाल की बाँह थाम ली। बा में ही खो गईं। अपनी सुधबुध भूल गईं। जे सब बाकी किरपा का फल है। थे भी बा पे ही सब छोड़ो। अपना मन छोटा मत करो।"

"क्या करूँ! सच जे है, ललिता, म्हारो मन गोपाल में लगे नाँय। आँख बंद करूँ तो अजीब सी माया आँखन के आगे नाचने लगती है। झटपट आँख खोल बैठता हूँ।" धूपद ने मन खोलना शुरू कर दिया।

ललिता सकपका गई। उसकी आगे पूछने की हिम्मत नहीं हुई। क्या पता, वह क्या कह बैठे। उसका हृदय जोरों से धड़कने लगा। मन क्या है कि उसमें चाहने से खाली काम नहीं चलता। उसको वश में करने के लिए काफी अभ्यास की

आवश्यकता होती है। प्रयत्न तो उसने भी पूरे किए थे कि वह मीरा के मार्ग की ओर मुड़ जाए और गोपाल को ही समर्पित हो जाए; लेकिन वह ऐसा नहीं कर सकी। सारे विकारों की जड़ यह मन है। गोपाल को भजते-भजते उसकी आँखों के सामने ढीठ धूपद आ खड़ा हुआ। हटाए नहीं हटा। मन से किसीको हटाना सहज बात नहीं है। मन जिसे एकबारगी चाहता है, देर-सबेर में बसता वही है। मन का पल्ला सदा भारी रहता है। नीति, धर्म, उपदेश, अभ्यास आदि एक तरफ रह जाते हैं। उसके आगे किसीकी नहीं चलती।

ललिता तो वासना की दलदल से बाहर आई है। मीरा उसे बाहर लेकर आई है। तब वह परवश थी और उसे अपने से घृणा थी। लेकिन अब वह स्वतंत्र है और अपने लिए निर्णय स्वयं ले सकती है। इसी स्वतंत्रता ने तो उसमें सम्मोहन के इंद्रधनुष उगाने शुरू किए थे। न धूपद मिलता और न सम्मोहन के इंद्रधनुष अवगुंठन उठाकर मुसकरा उठते।

"ललिता..."

धूपद ने अभी इतना ही कहा था कि वह चौंक पड़ी और पूछ बैठी—"क्या है रे, धूपद? तू कहीं जा रहा था न?"

धूपद ने उसकी आँखों में झाँककर कहा, "बात उलटने की कला कोई तोसे सीखे, ललिता।"

ललिता चुप रही।

"सच सुनने का साहस नहीं है न! मुझे भी क्या पागल कुत्ते ने काटा है कि सच-सच कहूँ! खुद ही तो आग लगाती है और फिर बुझाने के नाम पर अगलें-बगलें झाँकने लगती है।"

"क्या कहा?" ललिता के तेवर बदले और उसने आलाप भरते हुए पूछ लिया।

"जेही कि मन गोपाल में नाहिं लगता।" धूपद ने सहज ढंग से कह डाला।

ललिता की साँस धौंकनी-सी चल पड़ी। उसने बमुश्किल अपने को सँभाला।

"न लागे मन तो क्या करूँ?"

"ठीक है।"

"क्या ठीक है?"

"जो जैसे हो रहा है, वही ठीक है। बो भी गोपाल की इच्छा है, धूपद।"

"थारी इच्छा क्या है?"

"जो गोपाल की इच्छा।"

"क्या है बाकी इच्छा?"

"बो गोपाल सूँ पूछो।"

"थारे से क्यों नाहिं?"

"पता नाहिं।"

"सबके मन में गोपाल विराजे हैं कि नाहिं?"

"हाँ, हैं तो!"

"तो थारे गोपाल क्या कहते हैं, ललिता?" धूपद ने ललिता को घूरते हुए कहा।

"तुम्हें कहीं जाना था न?"

"हाँ।"

"तो जाओ। मुझे अंदर काम है।" इतना कहकर ललिता अंदर मुड़ गई।

धूपद चुपचाप उसे जाते हुए देखता रह गया। क्या उसने कुछ अन्यथा कह दिया था? वह यह सोचता हुआ बाहर की ओर चल दिया। जाते हुए बाहर से दरवाजा बंद कर लकड़ीवाली साँकल चढ़ा दी और चल पड़ा।

सत्रह

"यह क्या हो रहा है, प्रभु? प्रलय! थारी नगरी में इत्तो अन्याय! जाके लिए क्या थारे पर लोग उँगली नहीं उठाएँगे? कछु तो विचार करो। थारी इज्जत का सवाल है। म्हारे कूँ हुक्म करो कि म्हाँ क्या करूँ? कैसे करूँ? बात म्हारी नाँय है, जे बात जन-जन की है। जन-मन पर जाको सीधो परभाव पड़ैगो। जाही सूँ थारे कूँ समझा रही हूँ कि कछु उपाय सुझाओ। रास्ता दिखाओ। इस कष्ट से फूल-सी रमाबाई को मुक्ति दिलाओ। थारे कूँ म्हारी सौगंध है, गिरिधर गोपाल। अब आगे थे जानो, थारा काम जाने। जा सूँ ज्यादा म्हारे पास थारे कूँ मनाने-समझाने की और उक्ति नाँय।" मीरा ने किसन कन्हैया के हाथ जोड़ दिए और काफी देर तक निःशब्द प्रार्थना मुद्रा में शून्य से घिरी अचल बैठी रही।

जब उसने अपनी आँखें खोलीं तो उनसे आँसू ढुलक आए थे। उसका मन बदली बन चुका था।

जीवन क्या होता है? कैसा होता है? जीवन के अनेक पल। उन पलों में बँधी हुई स्वप्नाकांक्षाएँ, मोह-सम्मोहन, अनिद्रा, उच्चाटन और कर्म-अकर्म बहुत तेजी से सामने से गुजरने लगते हैं। बरसों का अतीत पलों में सामने आ जाता है।

सबकुछ हाल का-सा लगने लगता है।

पूनम की रात थी। न ठंड थी, न गरमी। आकाश दूध-सा धुला मखमली हो रहा था। एकदम क्षीरसागर। सारी प्रकृति मोहिनी बनी अर्धनिद्रित मुद्रा में हलके से झोंके ले रही थी। पवन पाँवों में नूपुर बाँधकर मुसकरा रहा था और कभी कान में कुछ फुसफुसाकर इठला उठता था। नूपुर बज उठते थे। बेला-मोगरे महक उठते थे।

मीरा किले की प्राचीर से होती हुई अपने महल में आई थी। कितना बड़ा किला! कितना नैसर्गिक किला! कितना सुदृढ़ किला! एक घुमावदार परिक्रमा से सजा किला।

मीरा का मन उड़ रहा था पवन बनकर आकाश छूने के लिए। आकाश दूधिया-सा उसमें उतरकर सघन वन आच्छादित घाटियों-सा छाता चला जा रहा था।

इंद्रधनुषी सम्मोहन जब पारदर्शी अवगुंठन में सस्मिति लिये अपने मदिरालयी नयनों से कजरारे वार करने लगता है तब रह-रहकर शब्द-शून्य चपलाएँ चमक उठती हैं। वासंती यौवन का भार जब स्वयं को आमंत्रित करने लगता है तब आरक्त कपोल और सुर्ख अधर सहस्र मेनकाओं का भ्रम तोड़ उठते हैं।

नदी के बहने की मधुर ध्वनि अभी तक मीरा के कानों में गूँज रही थी।

कहाँ मीरा अपने ठाकुरजी को जरा सी भी देर के लिए छोड़ने को तैयार नहीं थी और कहाँ वह भोजराज बन उसके हृदय-आकाश पर छा गए ठाकुरजी की प्रतीक्षा में! वह व्याकुल हो उठी है। यौवन का उन्माद बाढ़ आई नदी-सा होता है, सीमा तट तोड़ता हुआ उन्मादी-सा।

मीरा जानती क्या थी? उसे जानना भी क्या था? भोजराज से कितना दूर होती चली गई थी! भोजराज ने उसका बुरा नहीं माना। उलटे उससे कहा, 'मीरा, यह संसार मनमाने से चलता है, जोर-जबरदस्ती से नहीं। मन क्या मानता है, क्या नहीं, शायद ही इसे दूसरा कोई जान पाता हो। पर मन की ओर से आँख-कान बंद नहीं कर लेने चाहिए।'

मीरा कुछ समझी नहीं। न 'हाँ' कर सकी और न 'न'। मात्र सिर झुकाए अमलतास के फूलों से लदी टहनी-सी मौन रह गई थी।

'मीरा, सदा मौसम एक जैसा नहीं रहता। नदी में सदा उफान नहीं आता। सदा पुष्प नहीं महकते। बादल सदा नहीं बरसते। सदा चाँदनी नहीं फिसलती, न बिछी रहती है।' भोजराज का काव्यमय मन महाकवि कालिदास के मेघदूत-सा तरंगित हो उठा था।

'क्यों?'

'थे अपणे मन सूँ पूछकर देखो, मीरा। थारा गोपाल गिरिधारी क्या कहता है?' भोजराज ने प्रश्नाकुल वातावरण बनाने का एक लघु प्रयत्न किया।

'म्हारा मन!' मीरा चौंकी। क्या उसके मन है भी? है तो क्या वह उससे पूछने का दुःसाहस कर सकती है? वहाँ तो एक गोपाल विराजे हुए हैं, दूसरा वहाँ कोई नहीं है। गोपाल भी तिरछा होकर अड़ा हुआ है।

'क्यों, क्या हुआ थारे मन कूँ, मीरा?' भोजराज ने पुनः वीणा के तार को छेड़ा।

'पता नहीं।'

'थारे गोपाल ने राधा, रुक्मिणी और···और···'

'क्या राधा-रुक्मिणी?'

'जीवन का संगीत, मीरा।'

'कैसा संगीत?'

'गोपाल बिना उनके गोपाल नहीं है, मीरा है।' भोजराज ने मोगरे हुए मन को छेड़-कुरेद दिया।

'क्या?'

'थारा गोपाल राधा का भी गोपाल है, गोपियों का भी गोपाल है, रुक्मिणी का भी गोपाल है। वह रसराज है, मीरा।' भोजराज ने अदृश्य गीता के पृष्ठों को भौंरों की तरह गुनगुनाया।

'कैसा रसराज?'

'आम्र पर बौर आ रहे हैं न, मीरा?'

'हाँ।'

'कैसी मादक गंध लिये वे झूम रहे हैं!'

मीरा चुप रही।

'इनपर मधुर-मधुर आम्र आएँगे।'

'हाँ। पर उससे?'

'यही तो रस प्रक्रिया है, मीरा।'

'कैसी रस प्रक्रिया?'

'जिससे गति में अगति, कर्म में अकर्म, स्वप्न में यथार्थ, जगत् में अजगत् और···'

'बस-बस, भोज, बस। म्हारी कछु समझ में नाँय आ रह्यो है।'

'आएगा मीरा, सबकुछ समझ में आएगा।' भोजराज ने जिज्ञासाओं की शांत झील को तरंगित कर दिया था। वह कह रहे थे—'समझ का संबंध भीतर से है—

अपने अंदर झाँकने से है, बाहर से नहीं। स्वयं गोपाल ने संबंधों की भूमि पर खड़े होकर संबंधों की पुनर्व्याख्या की है कि क्या होते हैं संबंध!'

'क्या होते हैं?' मीरा पूछती रह जाती।

'गोपाल सूँ थेने संबंध बनाए कि नहीं?'

मीरा फिर मौन। नतशिर।

'म्हारे सूँ भी संबंध की नींव रखने का प्रयास हुआ कि नहीं?' भोजराज कहे जा रहे थे उन्मुक्त गगन में कोलाहित होते हुए पक्षियों को अपने में अनुभव कर सहज, तरल और सघन।

मीरा का अंतर्मन झंकृत हो उठा। देह में स्पंदन मलयज महक उठा। एक अनबूझ प्रश्न दूर तक शून्य अंतराल में जा मुसकराया।

'मीरा, थारे गोपाल मात्र थारे नहीं हैं, वे सबके गोपाल हैं—चेतन के भी, अचेतन के भी; जीव के भी, जड़ के भी। उनसे कोई भी संबंध माध्यम से बनता है। वे स्वयं एक माध्यम हैं। आकार माध्यम ही तो है। अन्यथा तो वे आकार कहाँ हैं!'

भोजराज भाव-विह्वल होते जा रहे थे। एक समय ऐसा आता है जब हर एक में कविता वासंती होती है। जब मलयजी बयार छेड़-छेड़कर गुदगुदाती है और इंद्रधनुषों का मेला लग जाता है। चिर प्रतीक्षा में डूबा भोजराज का मन तब तट-बंधन से मुक्त होकर ऊर्मियों के साथ-साथ बह रहा था।

पहली बार मीरा हतप्रभ हुई थी। उसकी चेतना पर भोज का बिंब प्रतिबिंबित हुआ था। वह क्या कह रहा था, यद्यपि यह बात उसकी समझ में नहीं आ रही थी, तथापि उसे कुछ-कुछ अननुज्ञात अनुभव हो रहा था। उसके प्रति उसमें आकर्षण नयनोन्मीलित हो रहा था।

'गोपाल एक निराकार आकार है। जो उसमें एक बार समा जाता है वह सदा के लिए उसमें ही विलीन हो जाता है—अंतर्लीन। उसमें अंतर्लीन न होकर अपने को बनाए रखने की चेष्टा, आकार का आनंद-सुख और व्यथा-आनंद की सहयात्रा का सम्मोहन तथा संयोग-वियोग की धारा के बहते जाने का पराक्रम-उपालंभ अथवा मान-मनुहार या दोनों का सम्मिलन एक भक्त की सहज स्थापना है।' भोजराज ने फलाहारी बाबा की भाषा का उल्था कर दिया था। उसने उन्हें समझा और अनुभूत किया था। वह दोहरा रहे थे—'गोपाल वह भी है, मीरा, जिसके गले में बैजंती माला नहीं है, जिसके सिर पर मोर मुकुट नहीं है और जो पीतांबर धारण नहीं किए है। जो मुरली नहीं बजाता, गाय नहीं चराता, माखन नहीं चुराता, रास नहीं रचाता और जिसकी प्रिया न राधा है, न रुक्मिणी। न जो जसोदा का नंदन है, न देवकी का। जो अजन्मा है, अजर-अमर है और अनंत-अगाध है उसका क्या

रूप, क्या आकार, क्या गुण, क्या स्वभाव! शून्य पर रेखा खींचो, चित्त के रंग भरो, रंगोली बनाओ या अल्पना अथवा जो जी में आए करो, करते रहो। उससे क्या! होना उसे फिर शून्य में ही समर्पित है। रंग तो एक ही है—शून्य।' भोजराज नील गगन की ओर देखते हुए किताब-सी बाँचते रहे। उनके सामने फलाहारी बाबा आ खड़े हुए थे, जिन्हें उन्होंने अपने मन की व्यथा सुना दी थी—गहरे निभृत को ध्यान में रखकर।

फलाहारी बाबा ने उनकी व्यथा को सुनकर कहा था, 'युवराज, व्यथा को बिलोते जाओ, एक दिन अवश्य अमृत पा जाओगे।'

'क्या करूँगा अमृत पाकर?'

'क्यों?'

'मुझे तो मीरा तक पहुँच लेना है।'

'तुम्हारा वही अमृत है, युवराज।'

'क्या?'

'हाँ, युवराज, हर व्यक्ति का अपना अमृत अलग-अलग होता है। अमृत एकाग्र मन की प्रगाढ़ कल्पना है।'

'कल्पना है अमृत!'

'सर्व महती कल्पना का साकार अमृत है।'

'उसे पाकर व्यक्ति…'

'व्यक्ति तो सदा से ही अमर है। वह अमृतपान कर अमर होता है, यह मिथ्या व भ्रामक तथ्य है।'

'अमृत नहीं होता क्या?'

'होता है, युवराज। होने को सुरा भी एक अमृत है, सुंदरी भी एक अमृत है, ऐश्वर्य भी एक अमृत है, संपदा भी एक अमृत है।'

'पर ये तो सब नाशवान् हैं।'

'यहाँ कुछ भी नाशवान् नहीं है। सारी सृष्टि तो अमृत के स्रोत अजर-अमर गोपाल की है। वह स्वयं कहाँ मरता है, कहाँ जीता है और कहाँ जनमता है! फिर भी, ऐसा आभास कराता है जैसे मरुस्थल में झील का आभास होता है।' फलाहारी बाबा कहे जा रहे थे। उस समय भोजराज उनको सुनकर चकित हो रहे थे। उनके पल्ले भी कोई खास बात नहीं पड़ रही थी।

फलाहारी बाबा समझ गए थे कि भोजराज वाक्जाल में उलझकर अपने को सुलझाने का भरसक प्रयत्न कर रहे हैं। परंतु वह जितना सुलझाने की चेष्टा कर रहे हैं उतना ही वह उलझते जा रहे हैं। उनके सामने मकड़ी का वह जाला झूलने लग

जाता है जिसमें से मकड़ी बार-बार बाहर आने का प्रयास करके भी पराङ्मुख हो रही थी।

'बाबा, मुझे सरल और स्पष्ट शब्दों में बताओ।'

'युवराज, शब्द कभी कठिन और अस्पष्ट नहीं होते हैं। प्रत्येक शब्द का अपना निजी संसार है और अपनी अर्थात्मकता है। कोई शब्द किसीका पर्याय नहीं है। इस जगत् में कोई किसीका पर्याय नहीं है। रही बात समझ में नहीं आने की, तो उसके लिए कोई अलग से विधि-विधान नहीं है।' फलाहारी बाबा की बड़ी-बड़ी आँखें चपला की तरह कौंध रही थीं। उन्होंने ऊपर से नीचे तक गेरुए रंग का चोगा पहना हुआ था।

भोजराज चुप हो गए। उन्हें लगा कि उससे आगे कोई मार्ग नहीं है। वह अंतिम छोर पर आ खड़े हुए हैं।

'युवराज, तुम किस छोर के तट पर आकर शून्य सन्नाटे का अनुमान लगा उठे हो? पीछे क्या था, जो आगे होता! फिर छोर कहाँ है? हम वृत्त में जी रहे हैं मकड़ी की तरह। वृत्त को जनमानेवाली मकड़ी स्वयं की मुक्ति के लिए प्रार्थना करती प्रतीत होती है। वह पहले नहीं सोचती कि बंधन का सम्मोहन क्यों? जन्मदात्री माँ बंधन स्वयं तैयार करती है और फिर किसी छोर पर पहुँचने का अनुमान कर तुम्हारी तरह, युवराज, मुक्ति के लिए छटपटाती है और प्रार्थना करती है। ध्यान रहे! सावधान युवराज, मीरा मांगलिक है। तुम भी मांगलिक हो। दोनों में कोई जड़ता नहीं। मात्र प्रवाहिनी तरंगें हैं, जो बहती रहती हैं—किसी इयत्ता के बीच नहीं अपितु मुक्त होकर अपने आपमें सहज और सरल रूप में। किसीको मत बाँधो, बाँधने की मत सोचो; क्योंकि कोई कुछ बाँध नहीं सकता। बाँधना मात्र मन का भ्रम है। भ्रम में क्यों बँधते हो? बँधने पर ही मुक्ति की कल्पना में क्यों फँसते हो? यही अभ्यास तो भ्रम है। बँधना नहीं तो फिर मुक्ति कैसी? युवराज, तुम मीरा को लेकर चिंता छोड़ो। यही सच्चे जीवन का मार्ग है। तुम भी एक मीरा हो—अपने आकर्षण की मीरा। अपनी सत्ता की प्रधान धुरी। जाओ, सहज होते जाओ। यही सरल और सच्चा मार्ग है।' फलाहारी बाबा ने कहा।

भोजराज फलाहारी बाबा से निरंतर मिलते रहे और कुछ समय बाद उन्होंने अनुभव किया कि जो वह नहीं जानते थे और जो उनकी समझ का विषय नहीं बन पा रहा था, उसे वह जानने लगे हैं। उनकी समझ का आकाश खुलने लगा है और उसमें डैने फैलाकर पक्षी उड़ने लगे हैं।

भोजराज चौंक पड़े थे। मीरा उन्हें ही पुकार रही थी। उन्हींसे वह कह रही थी—'यह क्या हो रहा है, भोज?'

‘क्या?’ भोजराज ने मीरा से ही पूछा।

मीरा चौंक पड़ी। उसीका प्रश्न उसीसे आ टकराएगा, यह उसने कभी नहीं सोचा था। क्या हो रहा है? क्या भोजराज में भी वही आँख खोल रहा है, जिसने उसे अपने से बाँध लिया है? उसने सँभलकर पूछा, ‘आप युवराज हैं और यह पथ…’

मीरा को आगे कुछ कहता न पाकर भोज ही कहने लगे—‘युवराज के लिए नहीं है, क्योंकि युवराज राजमार्ग पर चलता है; जनपथ पर वह नहीं चल सकता। जनपथ स्वयं निर्मित हुआ है। लाखों-लाख जन के पदचिह्नों से वह बना है। टेढ़ा-मेढ़ा, ऊबड़-खाबड़। अल्पना भरे हलदी, गेरू, आटे-चूने के रंग बिखेरकर; आड़ी-टेढ़ी-तिरछी रेखा खींचकर। उस ओर हमारे पाँव उठ नहीं सकते। उठेंगे तो उनको कंटक चुभेंगे, रोड़े कष्ट देंगे, कीचड़ लगेगी और…’

‘बस-बस, आगे कुछ नहीं। बस।’ मीरा घबरा उठी। इतना बड़ा परिवर्तन!

‘बाबा ने बताया है, मीरा।’

‘यह सब?’

‘हाँ, यह सब और यह भी कि…’

‘कि क्या?’

‘कान्हा बाँसुरी बजाता है। उसके साथ आरोह-अवरोह का संचार होता है। भाव-तरंगें उत्थित होती हैं। मन को छूती हैं। मन फिर क्या रुक सकता है! उसके स्पर्श से तन-मन में अद्‌भुत भाव-संवेदन का जागरण होता है। बृहत् की ऐषणा का स्पर्श होने के बाद वह स्वतः ही उस बृहत् तरंगधारा में बह उठता है। उसको इसका एहसास नहीं होता है कि किसने उसे स्पर्श किया और किससे उसका तन-मन संचालित होने लगा। उस अनंत और अगाध आनंद में एक बार मन डूबा नहीं कि फिर उसका अपना कुछ नहीं रहता। वह सारे संबंध-रिश्ते तोड़कर बहता जाता है।’ भोजराज का हृदय बोल उठा था और तरंगित हो रहा था। उनकी आँखें कहीं और थीं और चित्त भी कहीं और था। इस बार उनको न मीरा ने रोका और न उनकी ओर उसने देखा। उसके हृदय में भोजराज ही कान्हा बने मुसकरा रहे थे। उसके सपनों में साथ-साथ बह रहे थे। उसका मन उनमें डूबता जा रहा था।

उधर भोजराज भी सपनों में खोते हुए कहते जा रहे थे—‘नारायण कान्हा बने—किसीके पुत्र, किसीके प्रियतम, किसीके सखा। है न, मीरा?’

‘हाँ, भोज।’

‘मैंने जाना, अनुभव किया। मनुष्य को जब किसीमें ईश्वरत्व का अनुभव होने लगता है तब वह उससे प्रेम करता है, उसमें श्रद्धा रखता है और उसीमें

समर्पित होने की तीव्र इच्छा रखता है। उसके लिए वही तेजस्विता और पौरुष में वरेण्य होता है। वही प्रज्ञा का महाधिपति होता है और वही सर्वस्व होता है। मीरा, थे म्हारे भी वही हो।' भोजराज डूबकर निःसृत हो रहे थे। उनमें गंगा-यमुना का संगम बह रहा था।

मीरा लज्जित हो चली थी। वह केवल इतना ही कह पाई—'थे।'

'क्या?' भोजराज ने सहज कह डाला।

'मेरे ठाकुर।'

'मीरा!'

'मुझे क्षमा कर दीजिए, स्वामी।'

भोजराज मुसकरा उठे। उनकी आँखें छलछला आईं। उनका मन भीग गया। उन्होंने कभी सोचा भी नहीं था कि सबकुछ इतना सरल और सहज हो जाएगा। कब से प्रयास चल रहा था। कितने दबाव डाले गए!

बाबा उनके मन में आँख खोलकर आ बैठे थे। उन्होंने उन्हें समझाया था—'हे सरलचित्त युवराज! सब सरल है, सुलभ है और सहज है। कठिन तो व्यक्ति स्वयं को बनाता है; जबकि वह सहज है। जाओ युवराज, भक्ति को माध्यम बनाओ। सब शिव होगा।'

वह चेत गए। वास्तव में सब सहज है। 'धन्य बाबा! धन्य!' कर्मवती ने, जो कि हाड़ा राव नर्वद की पुत्री थी और राणा विक्रमाजीत की माँ थी, क्या-क्या चाल नहीं चली! कितने कान भरे! मीरा के विरुद्ध क्या-क्या नाटक नहीं रचे! एक बार उनका मन भी विचलित हो गया। लेकिन एकांतवास की वेदना ने उनके मन को इतना उद्वेलित और उद्विग्न कर डाला कि वह कुछ दिनों तक पगला-से गए। क्या विवाह का सुख-आनंद यही है? क्या सौंदर्य और अद्वितीय रूप की अनुभूति यही है? क्या जीवन का वासंतिक सुख यही है? ओह! वह क्या है? कौन बताए उन्हें कि वह क्या है? क्यों है?

एक दोपहर वह राजप्रासाद से दूर अपने आपको कोसते हुए अकेले वन-प्रांतर में निकल गए थे और अशांतचित्त, थके मारी देह से टूटते हुए अनायास उनकी भेंट बाबा से हो गई थी—फलाहारी बाबा से।

बाबा क्या मिले कि उनकी सारी समस्याओं का अंत हो गया। मीरा की सास कुसुम कुँवरबाई का टूटता सपना भी बिखरने से बच गया। सेज सज गई। मीरा सुहागिन बन गई। जोगिन का भूत उतर गया; परंतु गोपाल गिरिधर चित्त में बसा रहा।

मीरा को यह सब अच्छा लगने लगा। एक सर्वदा नया संसार उसमें

नयनोन्मीलित करने लगा। अब मीरा भोजराज की प्रतीक्षा करने लगी थी और सोचने लगी थी कि गोपाल की कृपा के बिना कुछ नहीं होता है। भोजराज में उसे अपने गिरिधर गोपाल के दर्शन होने लगे थे।

सुख-संसार का आनंद गा उठा था रंध्र-रंध्र में कान्हा की बाँसुरी के स्वर-सा।

जुन्हाई सजी रात।

अर्द्धरात्रि का गहन सन्नाटा। भोजराज की सबल बाँहों में मुसकान लिये मीरा।

क्या सबकुछ ऐसा स्वर्णिम-स्वप्निल है? चिंता नहीं। दु:ख का नाम नहीं। कोई सोच-विचार नहीं। सदाबहार सुहागिन नदी का आनंद से भरा थिरकता हुआ प्रवाह-ही-प्रवाह उसमें अनुभूत हो उठा था।

'एक बात कहूँ, मीरा।'

'क्या?'

'मुझे कल सुबह एक स्वप्न दिखाई दिया था।'

'क्या?' मीरा ने उनकी बाँह पर उँगली घुमाते हुए धीमे स्वर में पूछा।

'सुबह का स्वप्न सच्चा होता है न?'

'हाँ।'

मीरा का मन सहज होकर महक रहा था। उसकी चुन्नी एक ओर सरक गई थी। उसके उरोजों पर भोजराज की निगाहें ठहर गई थीं।

चाँदनी रात के महकते आलम में सद्यः खिला कमल अपने आपमें बेसुध और डूबा हुआ था।

मीरा पूछ बैठी—'स्वप्न में क्या देखा था, भोज?'

'क्या तुम मुझसे एक वायदा कर सकती हो, मीरा?'

'क्या वायदा?'

'यह पहले न बताऊँ तो?'

'न बताओ, यह तुम्हारी मरजी।'

'फिर भी वायदा कर सकोगी क्या?'

'तुम्हें अपनी मीरा पर अविश्वास कैसे हो रहा है, भोज?'

'मुझे तुमपर नहीं, मीरा, अपने पर अविश्वास हो रहा है।' भोजराज का स्वर विगलित हो उठा था। उनके मुखमंडल पर परछाइँयाँ उतर आई थीं।

मीरा देख रही थी कि बात कुछ गंभीर है, अतः उसने कहा, 'वायदा भोज, पक्का वायदा।'

'मीरा!' भोजराज ने गद्‌गद होकर तनिक तेज आवाज में कहा और उसे अपनी बाँहों में भर लिया।

मीरा कसमसाई। नाह-नूह की। जब उसकी एक नहीं चली तब उसने भोज के गुलगुली मचा दी और पलक झपकते ही मुक्त हो गई उनकी सबल बाँहों से। भोजराज मुसकराकर रह गए। उन्होंने उसे संकेत से पास बुलाया।

मीरा आँखों में खुमारी महकाती हुई बोली, 'भोज, तुम्हारा स्वप्न दरअसल हकीकत बनने लगता है और तुम्हें पता नहीं चलता कि वह स्वप्न है या यथार्थ।'

'यथार्थ!' भोजराज ने विस्फारित नेत्रों से कहा मीरा को अपलक निहारते हुए और मन-ही-मन दोहराया—यथार्थ।

'तुम्हारे राजपुरोहित ने कहा था कि नहीं…'

'यथार्थ?'

'हाँ, यथार्थ। याद करो, वह मुझे समझाते हुए कह रहे थे—बहू…'

'नहीं, बीनणी।'

'हाँ, बीनणी, बस।' मीरा ने जरा चिढ़कर कहा।

'क्या कह रहे थे?'

'बीनणी, सपने में यथार्थ नहीं होते। धरती के लोग हवा में नहीं उड़ते, वे धरती पर चलते हैं। आप इस गरिमापूर्ण परिवार की शोभा हैं, इसका श्रृंगार हैं और इसकी मान-मर्यादा हैं।' मीरा बता रही थी।

'हाँ, और आप यह कहकर उठ गई थीं कि पूजा का समय हो गया है।'

मीरा चुप रही।

'यथार्थ वहाँ से आया है।'

पुनः मीरा चुप रही। भोजराज कुछ देर सोच में पड़े रहे। मीरा ने ही उस चुप्पी को यह कहकर तोड़ा—'आप स्वप्न बताने जा रहे थे।'

'उसीके लिए तो वायदा लिया था।'

'आगे भी कुछ कहिए।'

'मीरा, यह जीवन बहुत रहस्यमय है। कुछ चीजें हमारे-तुम्हारे हाथ में नहीं हैं।' भोजराज ने कहा।

'फिर वे किसके हाथ में हैं?'

'कान्हा कहो, शिव कहो, प्रभु-परमेश्वर कहो, उसे चाहे जो नाम दो।' भोजराज गंभीर हो गए थे।

'क्या है बाके हाथ में, जो म्हारे-थारे नाँय?' मीरा व्रजभाषा में बतिया उठी।

'यश-अपयश, लाभ-हानि और…'

‘जन्म-मरण, यही न?’ मीरा बीच में ही बोल पड़ी।

‘हाँ।’ भोजराज ने कहा।

इस समय मीरा भोजराज से यह कहना नहीं चाह रही थी कि मनुष्य के हाथ में कुछ भी नहीं है, जो कुछ है वह गिरिधर गोपाल के हाथ में है। उसने अचानक भोजराज को गंभीर देखकर ऐसा कहना उचित समझा। वह बोली, ‘हाँ, यह बात तो है।’

‘इसमें जन्म-मरण का सबसे अधिक महत्त्व है।’ भोजराज कहीं गहरे में जा खोए।

‘हाँ।’

‘हमारे यहाँ एक गलत परंपरा है, मीरा।’

‘क्या?’

‘बीनणी को…’ इतना कहकर भोजराज अटक गए। उनके मुख से इससे आगे एक शब्द भी नहीं निकला। वह मात्र मीरा की ओर देखते रह गए।

मीरा ने भोजराज को अति गंभीर और डूबा हुआ देखकर सहज स्वर में, आँखों-में-आँखें डालकर पूछा, ‘भोज, रुक क्यों गए? कहो, जो जी में है। निस्संकोच कहो। मैंने तुमसे वायदा किया है।’

जब मीरा को एकांतवास की सजा मिली थी और मीरा उस सजा से तनिक भी विचलित नहीं हुई थी तब यह कानाफूसी अवश्य शुरू हुई थी कि भोजराज का दूसरा विवाह कर दिया जाए। उस कर्मजली को एक कोने में पड़ा रहने दिया जाए। उस समय मीरा के मन पर इस प्रकरण का कोई दुष्प्रभाव नहीं हुआ था। दरअसल वह विवाह का अर्थ तब जानती ही नहीं थी। तब भी वह भोजराज का हित चाहती थी। उनका हित सोचती थी; क्योंकि एक वही तो वहाँ ऐसे थे, जो निरंतर उसका हित सोचते थे।

सुहागरात। सेज पर सजी बैठी वह। भोजराज आए। पास बैठे। उसे स्पर्श किया। उसकी कलाई पकड़ी। चूड़ियाँ खनक उठीं। वह घूँघट में संकोच-लज्जा से घिरी चुप रही और सोचती रही कि भोज यह सब क्यों कर रहे हैं? जैसे ही भोज ने उसके अद्वितीय रूप-सौंदर्य का वर्णन काव्यपाठ की तरह शुरू करते हुए उसे अपनी बाँहों में भरा वैसे ही वह तड़प उठी और जोर से झटका देकर अलग जा खड़ी हुई।

भोजराज सकपका गए। वह बोले, ‘क्या हुआ, मीरा? क्यों उठ खड़ी हुई?’

‘कहे देते हैं, थे म्हारे कूँ मत छूना। मत पकड़ना। हम अपने गिरिधर गोपाल की हैं।’

'वह कौन है?'

'म्हारा सबकछु, परमेश्वर, पति।'

'ओह! और हम थारे क्या हैं?'

'कछु नाँय।'

'फिर थे हमारे साथ क्यों आई?'

'बापू ने जबरदस्ती हमें भेज दिया। म्हारे माँ नाँय है न।'

'तो?'

'जा सूँ म्हारी किसीने एक नहीं सुनी और कोई म्हारा था भी नहीं। एक भैया था, वह म्हारे कूँ चिढ़ाता था और खुश होता था। एक सखी थी, वह म्हारा दरद जानती और चुप बनी रहती थी।'

'सखी तो और भी होंगी न?'

'हाँ, थीं; पर...'

'पर क्या?'

'वे बहनापा नहीं जोड़ पाईं।'

'क्या मतलब?'

'उनसे म्हारी मन खोलकर बात नहीं होती थी। लगता था कि म्हारे बापू ने उन्हें म्हारी जासूसी करने के लिए छोड़ा हुआ है।'

'किस बात की जासूसी करने के लिए?'

'म्हारे कूँ शादी-बादी नाँय करनी थी।'

'क्यों?'

'म्हारी शादी हो चुकी थी।'

'किससे?'

'म्हारे गिरिधर गोपाल से और किससे!'

'वे तो भगवान् हैं, मीरा।'

'तो क्या हुआ?'

'वे शादीशुदा हैं। उनकी पत्नी रुक्मिणी है।'

'पर हम क्या करें?'

'क्या वे शादी के लिए तैयार हो गए?'

'पता नाँय।'

'फिर शादी कैसे?'

'ज़ैसे म्हारी थारे सूँ हुई वैसे।'

'क्या मतलब?'

'हम शादी नाँय करना चाहते थे, म्हारी शादी हुई। ठीक वैसे ही बो शादी करना चाहे या नाँय करना चाहे, पर म्हारे कूँ बा सूँ शादी करनी थी, सो कर ली।'

'बो कैसे?'

'हमने बा कूँ गुड्डा बनाया।'

'और…'

'गुड़िया हम खुद बन गए।'

'फिर?'

'हमने ब्याह रचाया।'

'बो कैसे?'

'सखियाँ जुड़ीं। म्हारे संग फेरे पड़े।'

'पर गुड्डे के साथ!'

'तो क्या हुआ!'

'क्यों?'

'गुड्डा गिरिधर गोपाल तो नाँय था।'

'क्यों नाँय था?'

'कैसे था?'

मीरा उठी और गिरिधर गोपाल की पीतल की छोटी सी मूर्ति लेकर लौटी। भोजराज को मूर्ति दिखलाते हुए पूछा, 'जे कौन है?'

भोजराज थोड़ी देर तक चुप रहे। फिर वह बोले, 'गिरिधर गोपाल की मूर्ति।'

दीवार की ओर इशारा करते हुए मीरा ने पूछा, 'बो कौन है?'

'म्हारे पिताश्री।'

'कौन?'

'पूज्य महाराणा साँगा।'

'कि उनका चित्र?'

'क्या मतलब?'

'थारे बो पिताश्री हैं, चित्र नाँय।'

'नाँय।'

'ठीक वैसे ही जे म्हारे गिरिधर गोपाल हैं, मूर्ति नाँय। क्यों, हैं या नाँय?'

भोजराज चक्कर में पड़ गए। वह सोचते रह गए।

मीरा ने पुनः कहा, 'जवाब दो।'

'क्या जवाब दें?'

'जे मूर्ति है या म्हारो गिरिधर गोपाल?'

'थारो गिरिधर गोपाल।'

'म्हारो जा सूँ विवाह हुयो या नाँय?'

'हुयो।'

'म्हारो पति गिरिधर गोपाल हुयो या नाँय?'

'हुयो।'

'जाई सूँ म्हाँने थारे सूँ कह दिया।'

'क्या?'

'हम शादीशुदा हैं।'

'फिर हम क्या हैं?'

'जे थे अपने आप सूँ पूछो।'

'हम थारे पति हैं।'

'कैसे?'

'हमने भी थारे साथ विवाह रचाया है। थारे साथ म्हारे फेरे हुए हैं। पंडित-पुरोहित ने मंत्र पढ़े हैं। थाने अपणा हाथ म्हारे हाथ में दियो है। क्या यह सब झूठ है?'

'नाँय, नाँय। पर जो म्हाँने कहा, क्या वह झूठ है?' मीरा ने विवशता से भरकर आर्द्र कंठ से बहुत धीमे स्वर में कहा।

'नाँय।'

'फिर?'

'थे चाहती हो कि थारो पति गिरिधर गोपाल ही रहे, हम नाँय?'

मीरा चुप।

'थारी इच्छा ही पूरी होगी, मीरा।'

मीरा फिर चुप।

'हम आज सूँ थारे कूँ गिरिधर गोपाल के हवाले करते हैं। अब तो खुश?'

मीरा की आँखें भर आईं। हृदय आर्द्र हो गया। उससे कुछ कहते नहीं बना।

'पर म्हारी एक शर्त है।'

'क्या?'

'थे जे बात किसी पर प्रकट नाँय करोगी।'

'नाँय करूँगी।'

'म्हारी माँ सूँ भी नाँय।'

'नाँय।'

'अपणी ननद सूँ भी नाँय।'

'नाँय।'

'अपणी भौजाई मानवती सूँ भी नाँय।'

'नाँय।'

'धनाई सूँ भी नाँय।'

'नाँय बाबा, नाँय, किसी सूँ भी नाँय!'

'पर...'

'अब और क्या?'

'हम थारे पास आते-जाते रहेंगे।'

मीरा चुप।

'हम नाँय चाहते कि राई का पहाड़ बने। लोगबाग चर्चा करें।'

'जी।'

'जे बात या थारा मन-हृदय जाणे या म्हारा, दूसरा कोई नाँय। ध्यान रहे, जे राजप्रासाद है। यहाँ दीवारों के भी कान होते हैं।'

'क्या यहाँ की दीवारें सुनती भी हैं?' मीरा ने पूछा।

'सुनती ही नहीं, सूँघती भी हैं।'

'अरे बाप रे!'

'क्या हुआ?'

'तब तो म्हारा काम और आसान हो गया।'

'क्या काम?'

'अपने गिरिधर गोपाल कूँ बुलाने का।'

'क्या?'

'हाँ, बो बड़ो चित्तचोर है। बाहे ललचावन की बड़ी बुरी टेव पड़ गई है। बो आएगा, पर...'

'पर क्या?'

'जब हम सो रहे होंगे।'

'तब?'

'ताकि हम बासे बतिया नाँय सकें।'

'ओह!' भोजराज ने साचरज कहा।

'लेकिन अब जे काम यहाँ की दीवारें करेंगी।'

'कैसे?'

'म्हारी बातें वे सुनेंगी और गिरिधर गोपाल के चोरी-चोरी आने पर म्हारी

बातें बा सूँ कहेंगी। बो जो कहेगा, उसे वे म्हारे कूँ बता देंगी।' मीरा ने आत्मविभोर होकर कहा।

भोजराज मीरा की सहजता पर मुग्ध हो उठे। कितना भोलापन! कितनी सरलता! कैसा अद्‍भुत समर्पण! कैसा अनूठा दांपत्य जीवन!

मीरा पल भर में यह सब सोचकर बोली, 'बीनणी से आगे क्या है?'

'मन में एक विचार आया है, मीरा।'

'कहो तो।'

'उस विचार की तुम रक्षा कर सकती हो?'

जरूर दूसरी शादी का विचार होगा। उसकी सखी ने उसे समझाया भी था, दीदी, जे राजघराना है। युवराज के अनेक विवाह हो सकते हैं। तुम्हें चाहिए कि अपने राजा को अपनी मुट्‍ठी में रखो। एक बार वह परिंदा डैनों में हवा भरकर उड़ गया तो उड़ गया। फिर वह नया विवाह रचाकर ही लौटेगा।

मीरा ने अत्यंत प्रसन्नता से गद्‍गद होते हुए कहा, 'थे एक बार कछु कहो तो, फिर देखना थारी बात कूँ हम कैसे निभाते हैं कि सारा जग दाँतों तले उँगली दबाकर रह जाएगा। थारे कूँ म्हारी सौगंध!'

'मीरा!'

'हम थारे कूँ परेशान नहीं देख सकते, भोज! नेकहु परेशान नहीं। थानें म्हारे लिए क्या नहीं किया। म्हाँ तो मीरा होकर रह गई। थे तो...'

भोजराज ने मीरा के मुँह पर हाथ रख दिया। उनकी आँखें भर आईं। मीरा का हृदय छलछला पड़ा।

भोजराज खखारकर बोले, 'हमारे समाज की कुछ गलत परंपराएँ हैं, मीरा। हमें उनको तोड़ना चाहिए। प्रजा हमारा ही अनुकरण करती है। हम प्रजा के पथ-प्रदर्शक हैं। पहल हमारी ओर से होनी चाहिए। हुक्म नहीं, हमें हुक्म देने से पहले वह करके दिखाना चाहिए; ताकि हुक्म धीरे-धीरे एक स्वस्थ परंपरा बन सके। परंपराएँ स्वैच्छिक हैं, मीरा। वे अपनी इच्छा के विधि-विधानों पर चलती हैं। अपने मन के मान-सम्मान से जीती हैं। उनके पीछे कोई राजदंड नहीं, किसीकी शक्ति का डर नहीं है, मात्र अपने समाज की आँखों की शर्म है और उसकी गरिमा का ध्यान है। अपने मन पर लगा यह अंकुश तो अति शक्तिशाली है।'

'तो?'

भोजराज ने थूक निगलकर आगे कहा, 'ढोंगी, स्वार्थी, लालची आदि पहरुए स्वस्थ परंपराओं को बीमार बनाने लगते हैं। साफ दृष्टि में अंधविश्वास पुरो देते हैं।'

'जे बहुत बुरी बात है।'

'हम-तुम और सबसे मिलकर ही समाज बनता है। वह हम सबके मन का बड़ा व सुंदर सपना है। साथ-साथ आनंद से जीने का सपना। कुछ असामाजिक दरिंदे हमारे सपनों के पंख नोचने-कुतरने लगते हैं। उनसे हमें ही दो-दो हाथ करने चाहिए। जैसे हम शत्रु के आक्रमण का जवाब देते हैं, उन आक्रमणों का जवाब भी हमें ही देना चाहिए। है न, मीरा?'

मीरा के मुँह से स्वत: ही निकल गया—'हाँ, भोज, यही होना चाहिए।'

मीरा क्या सोच गई थी भोज को लेकर! भोज का मन एकदम दर्पण है।

'मैंने सोचा है कि···'

'क्या?'

'सती प्रथा है न!'

'तो?'

'पति की मृत्यु के बाद उसकी जीवित पत्नी का पति की चिता के साथ बैठना क्या ठीक है?'

कुछ सोचकर मीरा बोली, 'नहीं तो; पर क्या ऐसा होता है सती होने का अर्थ?'

'हाँ, मीरा, ऐसा ही होता है—और जबरदस्ती होता है। क्या यह किसी जीवित व्यक्ति को जलाकर मार डालने जैसा अपराध नहीं है?'

'हाँ, है।' मीरा सोच में पड़ गई।

'अमल देकर विधवा की सोचने-समझने की शक्ति को कुंद कर दिया जाता है और अनाप-शनाप स्वाँग रच-रचाकर सामाजिकों को उत्सव-मेले मनाने की ओर ढकेल दिया जाता है। वे सती की पूजा करने लगते हैं, जिन्हें उसे सती होने से रोकना चाहिए।' भोजराज बहुत धीरे-धीरे मीरा को विस्तार से बता रहे थे। वह कहते जा रहे थे—'ये अँधेरे, ये दलदल और ये राक्षस बाहरी आक्रमण से ज्यादा खतरनाक व भयंकर हैं। तुम क्या सोचती हो, मीरा?'

'हमें इनसे लड़ना चाहिए।'

'कौन लड़ेगा?'

'हम, भोज, हम! थारी मीरा, भोज।'

'सच, मीरा?' प्रसन्न होकर भोजराज ने कहा।

वह जानते थे कि उनके परिवार में मीरा के प्रति षड्यंत्र होता रहता है। मीरा भोली है। वह संसार के कुचक्रों को नहीं जानती। कहीं उनके बाद···। इससे आगे वह सोचते हुए डरने लगते थे।

'हाँ, भोज, सच!'

'तो तुम सती नहीं होओगी।' भोजराज एक साँस में कह गए।

'भोज!' मीरा ने आँखें फाड़कर उनकी ओर देखा और सोचा कि वह सती क्यों होगी? यह कैसा तिलिस्म है?

'तुमने वायदा किया है।'

'पर, भोज…'

'पर क्या?'

'यह तुम्हें क्या हो गया है?'

'कुछ नहीं, मीरा, कुछ भी नहीं।' भोजराज जल्दी से कह गए।

मीरा अवाक्-सी उनकी ओर देखती रही। उसने धीरे से पूछा, 'म्हारा ठाकुर म्हारे सामने है। उसको म्हारी उमरिया भी लग जाए। बहुत लंबी उमर पाए। म्हारे कूँ कंधा दे।'

'वह ठीक है, मीरा; पर म्हाँने कहा था न कि जीवन-मरण सिरजनहार के हाथ है!'

'तो?'

'जा पर म्हारो-थारो वश नाँय।'

'तो?'

'यदि…'

'यदि क्यों?'

'म्हारे कूँ कमजोर समझ लो, मीरा। थारे पास तो थारो गिरिधर गोपाल है—सारे जग का सिरजनहार।' भोजराज ने सहज ही कह डाला।

'बो थारा नाँय क्या?'

'है तो।'

'बो तो सिगरे जग का है।'

'है तो?'

'फिर बा में म्हारो-थारो कहाँ से आ टपका? फिर हम क्या दो हैं, भोज?'

'नाँय।'

'फिर जे सूगला विचार थारे मन में कैसे घर कर गयो?' मीरा ने प्रश्नों की झड़ी लगा दी।

भोजराज ने समझाते हुए कहा, 'थे ठीक कहती हो, मीरा, पर…'

'पर क्या?'

'म्हारो मन रखने के लिए थे 'हाँ' कर दो। होगा वही, जो थारा गिरिधर

गोपाल चाहेगा। फिर भी, म्हारी खातिर···' भोजराज के स्वरों में नम मौसम उतर आया था। उनके मुखमंडल पर घटाएँ छाने लगी थीं।

मीरा भोजराज को उदास नहीं देख सकती थी। भोज ही तो उसकी शक्ति थे। वह उनसे कुछ कहने ही जा रही थी कि भोज उससे पहले ही बोल पड़े—'मीरा, किसी उलझन में मत पड़ो। मैं तुम्हें वायदे से मुक्त करता हूँ।'

'थे म्हारे कूँ कैसे मुक्त कर सकते हो?'

'क्यों नहीं कर सकते, मीरा! वायदा तो म्हाँने लिया था न!'

'पर वायदा किया तो म्हाँने है।'

'तो क्या हुआ?'

'बँधे तो हम हैं न और बो भी अपनी मरजी से।' मीरा ने कहा।

'हमने बाँधा, तभी न!'

'नाँय भोज, जे ठीक नाँय है। म्हारे कूँ थानें नाँय, म्हाँने खुद अपणे कूँ बाँधा है।'

'बो कैसे?'

'थानें तो प्रस्ताव किया था न?'

'हाँ।'

'प्रस्ताव म्हाँने माना था, स्वेच्छा से माना था। अब बा में थारो क्या, भोज? बाके लिए अब हम जिम्मेदार हैं। म्हारी मुक्ति, म्हारा धरम और म्हारे मन का सुख-चैन किए गए वायदे को निभाने में है, बा सूँ मुँह फेरने में नाँय। भोज, हम मरते दम तक वायदा निभाएँगे।' मीरा का स्वर कुछ भारी हो गया था। उसके मुखमंडल पर अद्‌भुत तेज जगमगा उठा था। उसके अरुण अधरों पर बेचैनी में चैन पाने की थरथराहट थी।

मीरा अपने गिरिधर गोपाल के सामने बैठी हुई उन पलों को स्मरण कर काँप उठी थी, जब उस रात उसके साथ भोज थे। क्या भोज जान गए थे, जो होने में था? तभी तो उन्होंने उसके सामने प्रस्ताव किया था।

भोजराज को यह भी पता था कि उनके न रहने के बाद उसके सामने सती होने का प्रस्ताव लाया जाएगा। उसको आदर्श पत्नी और सती सावित्री की परंपरा से जोड़ने का षड्‌यंत्र रचा जाएगा। उसके विपरीत उसका कुछ कहना उसके पतिव्रता न होने की कमजोरी माना जाएगा। उसकी भक्ति पर कीचड़ उछाला जाएगा। उसको ढोंगी और न जाने क्या कुछ नहीं कहा जाएगा।

मीरा कुछ उत्तर देती कि तभी उसकी सास कुसुम कुँवरबाई एक कागज हाथ में लिये आई और बोली, 'जे कागद मिला है।'

राजपुरोहित ने कागज लिया। पढ़ा। फिर सुनाया—'म्हारी अंतिम इच्छा है।'

'खोलो इसके अंदर क्या है? पढ़ो। सबकूँ बताओ कि म्हारे सुत की आखिरी इच्छा क्या थी!' कुसुम कुँवरबाई का सुदृढ़ स्वर गूँज उठा था।

उसमें किसीकी कुछ नहीं चली थी। सब नतशिर हुए बैठे रह गए थे। मौन। सारा वातावरण चित्रलिखित-सा साँस रोके उद्विग्न था। क्या है कागज में? किसलिए है यह कागज? क्यों छोड़ गया है संशय की यह धार?

कर्मवती, हाड़ा राव नर्वद की पुत्री, को साँप सूँघ गया। कुँवर विक्रमाजीत असमंजस में पड़े सोचते रह गए। दयाराम पांडे और महाजन मुसाहिब का माथा ठनका।

राजपुरोहित ने धीरे से खखारकर कागज खोला। उसके माथे पर बल पड़ गए।

'पढ़ो, राजपुरोहित।' कुसुम कुँवरबाई ने पुनः जोर देकर कहा।

राजपुरोहित ने अपलक पत्र निहारते हुए धीरे से पढ़ना शुरू किया—'सभी स्वजनो, बंधुओ, माताओ और बहनो!

'मेरी यह अंतिम आकांक्षा है। इस आकांक्षा को व्यक्त करने से पूर्व या इसके लिखते समय मैंने किसीसे परामर्श नहीं किया। मुझे महादेव का आदेश हुआ कि मीरा भक्तवत्सला, पूर्ण कलाओं से युक्त, कृष्ण रूपा और आदिशक्ति-स्वरूपा है। वह जन-जन को कल्याण, पाप और नरक-यातना से त्राण दिलवानेवाली अजर-अमर शक्ति है। कदाचित् मैं नहीं रहूँ। मृत्यु अपने वश की बात नहीं है।

'यदि ऐसा होता है तो मेरी प्रार्थना है—और यह मेरी आत्मा को शांति देनेवाला मंत्र है कि मेरी आत्मा मीरा को सब बंधनों से मुक्त कर दे। वह जो चाहे, उसे करने दें। उसके रास्ते में न आएँ। न उसे सती होने दें। उसकी आवश्यकता आज हमारे पूरे समाज को है। वह जीने का मंत्र है। उसे पवन की तरह जहाँ चाहे, जाने दें; उसे जल की तरह जहाँ चाहे, बहने दें; उसे धरती की तरह जहाँ चाहे, रहने दें; उसे आकाश की तरह जहाँ चाहे, छाने दें—और उसे अग्नि की तरह जहाँ चाहे, प्रकाशित होने दें।

'मेरी इच्छा के विरुद्ध कुछ नहीं करें, यही मेरी सबसे प्रार्थना है। मीरा को होनेवाला कष्ट मुझे व्यापेगा, उद्विग्न करेगा और क्षुब्ध करेगा।

'सबको प्रणाम सहित,

—भोजराज'

सब हतप्रभ। एक-दूसरे का मुँह देखते हुए चुप। अव्यक्त। शून्य आकार भर, निष्प्राण।

सन्नाटा तने हुए तने-सा स्वयं को मुँह चिढ़ाता हुआ। सारी चर्चाएँ समाप्त।

कुसुम कुँवरबाई का आर्द्र स्वर था—'अब क्या निर्णय है?'

'अब निर्णय के लिए रह ही क्या गया है!' कर्मवती में मरोड़ तनकर शिथिल हो रहा था।

'तो अब मीरा···'

'सती नहीं होगी।' कर्मवती का स्वर था।

'वह चाहेगी तो?' विक्रमाजीत ने पूछा।

'तो भी नहीं।' कुसुम कुँवरबाई ने अपना निर्णय सुनाते हुए कहा, 'मीरा को म्हारे पुत्र की आत्मा के लिए अब जीना ही पड़ेगा।'

'और राजघराने की मर्यादा?' दबे हुए स्वर में कर्मवती ने प्रश्न किया।

'मीरा को उसके पति ने मुक्त कर दिया है। हमें अपने पुत्र की इच्छा का पूरा आदर करना है। मीरा जो चाहे, करे—उसे करने देना है, कर्मवती।' कुसुम कुँवरबाई कहे जा रही थी—'म्हाँने पता है कि मीरा ऐसा कुछ नहीं कर सकती। वह तो स्वयं लक्ष्मण रेखा है। फिर भी, अब म्हारे-थारे सोचने के लिए कुछ नहीं रह गया है।'

सब उठ गए अनबोले। गमगीन वातावरण था। सबकी चेतना पर गाज गिरी थी।

मीरा के सामने अतीत कल की भाँति डोल गया। उसकी आँखें बरस पड़ीं। उसका हृदय आर्द्र हो उठा। उसने मन-ही-मन कहा, 'भोज, थारी आज्ञा अब म्हारा मार्ग खोलेगी। थारी बात रखी जाएगी। थारी जे भक्तिन थारे को दियो वचन निभाएगी। हे म्हारे गिरिधर गोपाल, अब थारी परीक्षा है। थारे होने या न होने का अब पता चलेगा जा जग कूँ; जो तिलक छापे लगा, गले में कंठी-माला डाले और कृष्णा-राधा का दुपट्टा ओढ़े थारे नाम का धंधा खोले हुए हैं। जय किसन गोपाल! जय राधा-कृष्ण!'

मीरा पूजागृह से बाहर आ गई। बाहर ललिता और पारबती नहीं थीं, अत: ड्योढ़ी तक आकर लौट पड़ी।

अठारह

अब ढोल, मजीरे, डफ आदि बज रहे थे। कुछ स्त्रियाँ लगुरियाँ गा रही थीं और कुछ सती की महिमा गाकर सुना रही थीं।

अरथी सज चुकी थी। चंदन की लकड़ियाँ श्मशान पहुँचाई जा चुकी थीं। वहाँ अनेक बड़े धर्मपुरोधा और महामंडलेश्वर एकत्र हो रहे थे।

सारी व्यवस्था धार्मिकों के पटु शिष्यों ने सँभाल ली थी। मार्ग तय हो चुका था।

सती-दर्शन को गाँव-के-गाँव उमड़े पड़ रहे थे। सती को देखकर कई औरतों के दिल में हौल पैदा हो रहा था। वे कैसे कहें, 'यह सरासर अन्याय है। वह चाहे तो भी उसको नहीं रोक सकते। कदापि नहीं। यह कैसे निपट आँधर हो गए हैं धर्मपुरोधा और संत-महंत। उसकी क्या उम्र है! उसने इस जगत् में क्या देखा है! कैसी मलूक! कैसी भभूका! कंचन काया! आत्मज्योति!'

सबके अंदर-ही-अंदर रोंगटे खड़े हो रहे थे। किसीसे बोलते नहीं बन रहा था। सब हाथ पर हाथ धरे चुप्पी साधे हुए थे। कुंभनदास अब सामने आ चुका था। उसकी ही तूती वहाँ बोल रही थी।

अंदर-ही-अंदर मथुरादास ने बहुत प्रयास किए कि वह जघन्य घटना होने से बच सके; लेकिन सामाजिकों के मन पर सती की गरिमा का भूत सवार था। वह उसे धर्म-विरोधी और नास्तिक मानने लगे थे। वह डर गया। उसके तीन-तीन लड़कियाँ थीं। कहीं उसकी जाति की पंचायत ने उसे जाति से बाहर कर दिया तो उसकी कुँवारी कन्याओं के भविष्य का क्या होगा? फिर कौन उनसे विवाह रचाएगा?

यह सब उसे काकी ने याद करा दिया था—'मथुरा, तू घर-गिरस्तीवाला है। तेरे कच्ची-पक्की उमर की लड़कियाँ हैं—और वह भी तीन-तीन। क्या तुझे उनका ब्याह नाँय रचानो है?'

'काहे काकी, क्यों नाँय!'

'तो जा बखत होंठ सी ले और मन की बात मन में ही पी जा। नाँय तो तेरे जातिवाले…'

'क्या करेंगे?'

'थारे को जाति बाहर।'

'क्यों, काकी?'

'क्योंकि तू धरम में दखल दे रहा है। तेरी जाति तो जा मामले में बड़ी कठोर है। बो जे बात सहन नहीं करेगी। फिर पछताए क्या होत है जब चिड़ियाँ चुग गईं खेत। तू अपनी बच्चियों पर रहम खा। मेरी मान और थोड़ी देर के लिए अंधा हो जा, बहरा हो जा और गूँगा हो जा। जा में ही तेरी भलाई है। समझा, मथुरा! जा अपना रास्ता नाप। चुपचाप यहाँ से चला जा।' काकी ने उसे ऊँच-नीच सारी बता दी थी और चेतावनी भी दे दी थी। काकी के पास उस क्षेत्र के हर घर की कच्ची-पक्की और बतानेवाली तथा न बतानेवाली ऐसी बातें थीं, जिनके कारण किसीकी

हिम्मत नहीं होती थी कि वह काकी से मुँह लड़ा सके।

जगतराम ने भी इस वक्त अपनी कच्ची साख को पक्का कर लिया। वह कुकर्मी था। उसने न ज़ाने कितने घरों को उजाड़ा था। कितनों के साथ बहला-फुसलाकर या जोर-जबरदस्ती कर मुँह काला किया था। परंतु इस समय वह धर्म का अवतार हो गया था। उसके भाल पर चंदन का तिलक दमक रहा था और वह हर बात के बीच में 'जय श्रीकृष्ण' का स्मरण कर रहा था। जनता भावविभोर होकर उसे सुन रही थी।

रमाबाई की जय-जयकार से आसमान गूँज चला था। गिरधारी के भाग्य की बढ़-चढ़कर सराहना हो रही थी।

अरथी उठी।

अरथी के पीछे रमाबाई सुहागिन के वेश में थी। उसके पीछे सैकड़ों औरतें थीं।

अरथी के चारों ओर आदमी थे। जिधर देखो उधर भीड़-ही-भीड़ दिखलाई पड़ती थी।

अरथी के आगे गाजे-बाजे के साथ नृत्य चल रहा था। बाँसुरी बज रही थी।

सबके चेहरे पर अतीव उल्लास की उमंगें विलुलित हो रही थीं। कभी-कभी यह भी स्वर उठता था—'राम नाम सत्य है, हरि बोलो सत्य है।'

फिर कीर्तन होने लगता था।

चतुर्दिक् प्रसन्नता का वातावरण महक उठा था। सती के प्रताप के गुण गाए जा रहे थे और उसकी जय-जयकार हो रही थी।

घंटों लग गए थे श्मशान पहुँचने में। रास्ते में अनेक जगह सती रमाबाई की आरती उतारी गई थी। उसे मालाएँ पहनाई गई थीं और उसपर पुष्पवर्षा की गई थी।

रमाबाई नशे में चूर थी। औरतें उसे सहारा देकर ले जा रही थीं। उसके पाँव डगमगा रहे थे और उसकी आँखें लाल हो उठी थीं। उसे नहीं पता था कि वह कहाँ जा रही है और उसके साथ क्या होने जा रहा है।

चंदन की लकड़ियों की चिता पर गिरधारी को रखा जा चुका था। अब उसके ऊपर चंदन की लकड़ियाँ रखी जा रही थीं।

महामंडलेश्वर ने तेज आवाज में कहा, "सती रमाबाई को चिता पर बैठाया जाए!"

तेज वाद्य और शोरगुल में ठीक से कुछ सुनाई नहीं पड़ा।

महामंडलेश्वर ने कुंभनदास को पुकारा।

कुंभनदास आया। उसने हाथ जोड़कर पूछा, "क्या आज्ञा है, आचार्यपाद?"

''सती को लाओ। शुभ समय निकला जा रहा है।''

''अभी लीजिए।'' कहकर कुंभनदास ने काकी को पुकारा।

भीड़ मस्त हो उठी थी।

'हरे रामा, हरे कृष्णा' की धुन तेज हो चली थी।

''सती को लाया जाए!'' कुंभनदास ने चीखते हुए कहा।

परंतु उसकी आवाज किसीने नहीं सुनी। सब अपने में मस्त थे। किसीको किसीकी चिंता नहीं थी। जिसके जो जी में आ रहा था, वह कर रहा था।

काकी को बुलाया गया। अब रमाबाई को लाया जा रहा था। उसको चेत नहीं था। उसकी आँखें बंद-सी हो रही थीं। ढोल, मजीरे, डफ, नगाड़े और ताशे की आवाज बहुत तेज हो रही थी। कीर्तन बराबर चल रहा था।

रमाबाई लाल रेशमी साड़ी में थी। खरी चाँदी का गोटा उसके लगा हुआ था। कलाइयों में हरी-लाल चूड़ियाँ थीं। कानों में बुंदे, गले में मटर माला, नाक में नथ, सिर पर शीशफूल, पाँवों में पाजेब। हाथ-पाँव में महावर। माथे पर बिंदिया। वह बड़ी भव्य लग रही थी। मालाओं से लदी और बेसुध-सी स्थिति में उसमें रति साक्षात् आ विराजी थी। यदा-कदा वह आँखें खोलने का प्रयास करती थी। काकी ने जैसे-तैसे करके उसके हाथ जुड़वा दिए थे।

'सती रमाबाई की जय' से आसमान गूँज उठा और चारों ओर से फूलों की वर्षा होने लगी।

रमाबाई को सहारा देकर चिता की सेज पर ला बिठलाया गया। उसकी पीठ को चंदन की लकड़ी का सहारा दे दिया गया। कहीं वह नशे में गिर न पड़े या अग्नि की ज्वाला के भय से बाहर कूद न पड़े, इसलिए उसे फूलों की डोरी से बाँधा जा रहा था; ताकि दर्शक इस व्यवस्था को सती का सम्मान और प्रतिष्ठा समझें, मुख्य रहस्य को न जान सकें।

इक्कीस पंडित मंत्रोच्चारण कर रहे थे उच्च स्वर में। अब भीड़ का शोरगुल शांत हो चला था। सबसे ऊपर, मंच पर वृंदावन के पीठाधीश खड़े हुए थे। सबकी दृष्टि कभी उनपर और कभी रमाबाई की गरदन तक फूलों से ढकी देह पर जाती थी।

एक मन के करीब शुद्ध घी था। ढेर सारा शहद था और कपूर था।

मंत्रोच्चारण समाप्त होने पर वृंदावन पीठाधीश सर्वदानंद महाराज ने कहा, ''भगतो, आज का दिवस बड़ा शुभ है। गोपाल प्रसन्न है। बाकी रंगस्थली में एक नयो चमत्कार होने जा रह्यो है। जे बाको आशीर्वाद ही समझो, गोपालभगतो।

''सती का बड़ो परताप है। बड़ी महिमा है। बड़े भाग्य से ऐसा अवसर

किसीको मिलता है। बो भी बाकूँ जा पर गिरिधर की किरपा बने। नहीं तो जे आवागमन चलता रहता है। अनेक जातियों में जन्म लेना पड़ता है। अनेक कष्ट पाने होते हैं। हर योनि के अपने कष्ट हैं। सती रमाबाई अब इस आवागमन के चक्कर सूँ मुक्त होने जा रही है और बा पति सहित ब्रह्म में लीन होने जा रही है। जा में विलीन होकर व्यक्ति स्वयं ब्रह्म हो जाता है बा में और ब्रह्म में कोई अंतर नहीं रहता है।''

अभी वह इतना ही कह पाए थे कि धीमी-धीमी स्वर लहरियों का गुंजन सुनाई पड़ने लगा। सबका ध्यान उधर चला गया। वृंदावन पीठाधीश सर्वदानंद महाराज भी चुप रह गए।

इकतारा बज रहा था। मजीरों की आवाज भी साथ में घुल रही थी। आश्चर्य यह हुआ कि सभी के चेहरे उस मधुर आवाज की ओर घूम गए। कुंभनदास का माथा ठनका और काकी के तेवरों में बल पड़ गए।

अब गीत साफ सुनाई पड़ रहा था और मधुरतम रस घोल रहा था। मीरा दिखलाई पड़ने लगी। पीत वस्त्र पहने हुए वह उधर ही चली आ रही थी। वह गा रही थी—

''माई मेरो मोहने मण हर्‌यो।
कहा करूँ कित जाऊँ सजणी, प्राण पुरुष सूँ बर्‌यो।
हूँ जल भरने जात थी सजणी, कलस माथे धर्‌यो।
साँवरी सी किसोर मूरत, कछुक टोनो कर्‌यो।
माई मेरो मोहने…''

मीरा टेक इकतारे पर निकाल रही थी। पारबती के हाथ का संकेत पाकर उसके व ललिता के साथ अनेक औरतें गा उठीं—'माई मेरो…'।

कुछ पल बाद मीरा गा उठी। सब शांत हो गए। सबके मन में अमृत घुलने लगा। सबके चित्त में आनंद भरने लगा। वह गा रही थी—

''लोक लाज बिसारि डारी, तबहीं काज सर्‌यो।
दासि मीराँ लाल गिरधर, म्हाँने ये बर बर्‌यो॥''

और इसके बाद इकतारा पर ध्वनि गूँजने लगी—'माई मेरो मोहने मण…'। इसे सब भक्तगण गा उठे। कुछ पल के लिए समय वहीं आकर ठहर गया।

चिता पर बैठी रमाबाई का सिर घूमने लगा और वह चिता पर लुढ़क गई। सब चौंके। सबकी दृष्टि रमाबाई पर गई।

मीरा आगे बढ़ी और चिता के पास आकर देखने लगी।

'अब?' एक प्रश्न मन में चपला की कौंध-सा चमक गया।

"यह क्या हो रहा है?" मीरा के स्वर में एक क्षत्राणी की गर्जना थी, जो शायद इससे पहले वहाँ किसीने उसके श्रीमुख से नहीं सुनी थी—ललिता ने भी नहीं और न पारबती ने।

वृंदावन पीठाधीश सर्वदानंद महाराज की ओर सबकी दृष्टि ठहर गई। वह उलझन में पड़ गए। उनको वहाँ प्रलोभन देकर लाया गया था, ताकि भक्तों और सामाजिकों का मन सती के प्रति श्रद्धा से जुड़ा रहे। उसमें कहीं से कोई संदेह न झाँक पाए। यथार्थत: वह इस षड्यंत्र में भाग लेने के लिए तैयार नहीं थे। लेकिन उनसे यह कहा गया—'सामाजिकों के मन में ऐसे कौतूहल देखने की बड़ी प्रबल इच्छा रहती है। इसीसे वे हमारी ओर झुकते हैं और धर्म का व्यवसाय हम बड़ी कुशलता से कर पाते हैं। सब ओर से इस मनोरथ को बल चाहिए, ताकि किसी एक भक्त के मन में कुविचार जन्म नहीं ले सके। बहुत दिनों बाद यह सुअवसर हाथ आया है। इसीसे हमारी उठती पैठ जम जाएगी। फिर से हम लोग मालपूआ उड़ाएँगे और मौज-मस्ती में डूब सकेंगे। कृपालु, आप इनकार न करें। हमारे साथ चलें और श्रद्धालुओं को आशीर्वाद प्रदान कर अपने यश-चंदन को हवा लगने का मौका दें।' उनका माथा एक बार ठनका था। उनकी पत्नी ने भी उन्हें टोका था कि कुंभनदास अच्छे मानुख नहीं हैं। पर उस समय उनकी अक्ल पर पत्थर पड़ गए थे।

इसी पछतावे से घिरे हुए वह बोले, "भगतिन मीरा, जे सती है।"

"क्यों?"

"अपनी इच्छा से, बाई।"

"अपनी इच्छा से यदि कोई मानुख कुएँ में कूदना चाहे तो क्या हम उसे कूदने देंगे?" मीरा के स्वर में तेजी थी और उसके गोरे मुख पर ओजस्वी लालिमा। उसकी आँखों में मोतियों की झिलमिलाती हुई दमक थी।

वह चुप।

"कोई उत्तर नहीं है न, वृंदावन पीठाधीश महाराज! क्या हो? अपराधी क्या जवाब दे? जुर्म सामने है। रँगे हाथों वह पकड़ा गया है। आप-हम उसे कुएँ में कूदने नहीं देंगे, है न यही उत्तर! फिर सती की अपने पति की चिता पर जिंदा जल जाने की इच्छा आप लोग क्यों पूरी हो जाने दे रहे हैं? किसीने ऐसा होने से उसे रोका क्यों नहीं? कौन रोकता! हमारे धर्मपुरोधा इस साजिश में शामिल हैं। वे इसे धार्मिक अनुष्ठान मानकर जन-जन के मन में पूज्यभाव जगा रहे हैं। उन्हें नाचने-गाने और मौज मनाने की छूट दे रहे हैं। पर क्यों?" मीरा के स्वर में चपला की

गर्जनायुक्त ऐसी चमक थी, जो सारे सामाजिकों के सम्मोहित हुए मन को चीर गई। सब चकित रह गए चित्रलिखित-से।

कुंभनदास ने साहस बटोरकर कहा, "बाई, जे धार्मिक कार्य है। जा में तिहारी दखल की जरा सी भी जरूरत नाँय। जा करम को इतने पंडितन ने मिलकर पूरा करने का जिम्मा अपने ऊपर लियो है। बड़े-बड़े धरमाधीश यहाँ मौजूद हैं। वे शास्त्र के जीते-जागते प्रमाण हैं। आखिर हमारे शास्त्रों की कोई महिमा है या नहीं! किरपा कर आप सूँ प्रार्थना है, जा पवित्तर कारज में आप बाधक न बनें।"

मीरा ने सबकी ओर देखा। सब साँस रोके हुए चुप थे, नतशिर।

"तुमने शास्त्रों कूँ पढ़ो है का?"

"जा सूँ क्या! इत्ते बड़े-बड़े धार्मिक पुरोधन ने तो उनको घोंटा है। वे सबन के सामने हैं।" कुंभनदास ने अपना बचाव बड़ी सफाई से किया, ताकि सामाजिकों का मन डाँवाँडोल न हो जाए। मेढकों को तौलने जैसा नाटक होकर न रह जाए और कहीं सब किए-कराए पर पानी न फिर जाए।

"शास्त्रों में जो भी लिखा है, बो हम सबन के अच्छे के लिए लिखा है। शास्त्र भी ऋषि-मुनियों ने रचे हैं। बा में ऐसा कहीं नाँय। और यदि हो भी तो जे बात मानने लायक नाँय कि एक जीवित जुबती को सिगरा समाज इतनो बड़ो दंड दे। उसे सती बनाकर चिता की लपटों में जिंदा जला दे। जे अपराध है—सबसे बड़ो अपराध, घोर पाप! जा का पाप सबन के सिर पर है। सब अपराधी हैं।"

सबके मन में संशय डोल उठा। सब अपने-अपने से पूछने लगे कि वह क्यों आया?

मीरा कहती जा रही थी—"आप सब एक हाल में विधवा हुई युवती को जलती चिता के हवाले कर देना चाहते हो! क्या आपमें से कभी भूलवश किसीका हाथ-पाँव आँच से छुआ है? क्या आपमें से कोई जलते हुए दीये पर अपनी हथेली कुछ देर तक रख सकता है?"

सर्वत्र मौन आच्छादित हो गया। प्रश्न सीधे थे और अंदर तक अपना असर छोड़ गए थे।

"यह बात सब जानते हैं कि आग जलाती है, तड़पाती है और रुला जाती है। फिर, इस युवती को जलती चिता में बिठाए जाने का यह आयोजन क्यों कर किया गया? क्या कोई पति अपनी पत्नी की मृत्यु हो जाने पर उसकी चिता के साथ सती हुआ है? नहीं, नहीं, कभी नहीं! बहनो और भाइयो, यह शुभ कार्य नहीं है। मनुष्य को मारने की कोई धर्म, कोई समाज और कोई शास्त्र आज्ञा नहीं देता है।" मीरा का स्वर आर्द्र हो उठा था। वह सोच नहीं पा रही थी कि कृष्ण की नगरी में

ऐसा अत्याचार और अन्याय क्यों? क्यों मानुख अपने प्रति इतना निष्ठुर, कठोर और निर्दयी है?

"बाई सा, जे भजन-कीरतन नाँय। जे धरम-करम की बात है। शास्तर की बात है। जा में तू अड़चन न डाल। पुन्य कमा। सबन कूँ धरम के मारग पर चलने दे।" काकी उसे समझाने लगी थी।

औरतों की भीड़ उधर ही एकत्र हो चली थी।

मीरा का ध्यान रमाबाई की ओर गया। वह अचेतन अवस्था में पड़ी हुई थी। मीरा ने काकी की बात पर बिलकुल ध्यान नहीं दिया। वह वीर क्षत्राणी की तरह आगे बढ़ी और संकेत से ललिता, पारबती तथा अन्य भक्तिनों को बुला लिया।

"ठहरो!" तेज आवाज गूँज उठी।

राजपुरोहित की ओर सबका ध्यान गया।

मीरा ने कुछ नहीं सुना। वह रमाबाई को उठाने लगी। ललिता, पारबती आदि उसको नीचे उतारने में मदद करने लगीं। सारा समाज फटी-फटी आँखों से देख रहा था। राजपुरोहित का प्रसिद्ध अखाड़ा था, जहाँ के नामी-गिरामी पहलवान दूर-दूर तक प्रसिद्धि पा चुके थे। वह कठोर और ताकतवर पुरोहित था। लोग उसके सामने मुँह खोलते हुए डरते थे। उसके पास लठैतों की भी कमी नहीं थी। वह किसी राजदरबार को छोड़कर वहाँ आ बसा था। उसकी वहाँ सबसे ऊँची हवेली थी। जब उसने मीरा को रुकता नहीं पाया तब आगे आ गया। उसके चेहरे पर क्रोध आ ठहरा था। उसकी आँखों से अग्नि की लपटें निकल रही थीं। उसका घुटा हुआ सिर दर्पण-सा दमक रहा था। वह पीला रेशमी कुरता, पीली पाँचगजी किनारीदार धोती पहने हुए था। उसके कंधे पर रेशमी अंगवस्त्र सुशोभित हो रहा था। सवा पाँच हाथ का वह जवान पट्ठा स्वयं भी नामी पहलवान रह चुका था। धार्मिक अनुष्ठानों, यज्ञों, जप-पाठ आदि के लिए उसकी पैठ ऊँचे-से-ऊँचे परिवारों में थी।

मीरा नहीं रुकी। उसने उसकी ओर देखा भी नहीं। रमाबाई को वह सँभालकर नीचे उतारने वाली ही थी कि बिजली-सी गरज उठी—"सुना नाहिं, भगतिन बाई, जे वृंदावन है। यहाँ हमारा कानून चलता है। यहाँ हमारा निर्णय सबकूँ मानना पड़ता है। जे यहाँ की रीति-नीति है। अपनी इच्छा सूँ सती होनेवाली बा भाग्यवान् कूँ तू अपने साथ नरक में खींच ले जानेवाली कौन होती है? सती का म्हारे शास्तरन में बहुत महत्त्व है। तू बाहे छोड़कर अलग हट जा, वरना…" इसके बाद वहाँ लठैत बाहर आ गए। वह आगे गरज रहा था—"यहाँ अधरम नाहिं होने दिए जाएगा। जे धारमिकों की नगरी है। अब दूर हट जा। काकी, तुम आगे आओ।"

मीरा ने उसकी एक नहीं सुनी। उसने रमाबाई को अकेले ही नीचे उतार लिया और उसे आगे लाकर कहा, "भगतो, जरा इधर देखो। जे सती अचेत अवस्था में है। जाके मुँह से झाग आ रहा है। पता नाहिं कि इन लोगन ने जाहे क्या खिलाया-पिलाया कि जे अधमरी हो गई। जरूर संखिया या ऐसा ही कोई विष या नशा जाहे इन लोगन ने करायो है और बेहोशी की स्थिति में जाहे चिता पर ला बैठायो है। क्या जे पुन्य का काम है? क्या जे धरम का काम है? क्या जा सूँ जाकी मुकति हो सकेगी? क्या जे कुकरम किसन कन्हैया की नगरी में होने दिया जाए? जे फैसला तुम सबन कूँ करना है। तुम क्या फैसला करते हो? थारा कोई भी फैसला हो, पर म्हारा फैसला भी सुन लो, जब तक जाहे चेत नाहिं आएगा तब तक जे सती नाहिं होने दी जाएगी।"

मीरा का गोरा मुखमंडल दोपहर के सूरज की तरह तमतमा रहा था। वह निर्भीक और शांत मुद्रा में यथावत् रमाबाई को सँभाले हुए खड़ी हुई थी। अचानक उसने उसे अपने सहारे से जैसे ही अलग किया वैसे ही वह गिरने को हुई। परंतु मीरा और ललिता ने उसे तुरंत सँभाल लिया। मीरा ने कहा, "जे थारी सती है! जा में खड़ी रहने की शक्ति भी नाहिं है। जे है धरम-करम!"

राजपुरोहित क्रोध से पागल हो उठा। सभी सामाजिक उलझन में पड़ गए।

मथुरादास भीड़ में से बाहर आकर बोला, "भक्त शिरोमणि मीराजी ने सच कहा है। जे हत्या जैसा अपराध होने जा रहा था और वह भी सबन की उपस्थिति में। जाके लिए हम सब जिम्मेदार हैं।"

"चुप कर, मथुरा!" राजपुरोहित बरसा।

"चुप क्यों करूँ! क्या मैंने कुछ गलत कहा है? धरम-करम के नाम पर पाप क्यों?"

मथुरादास इतना ही कह पाया था कि एक लठैत ने उसके सिर पर लाठी से वार कर दिया। खून की धारा फूट पड़ी। उसके कपड़े खून से लथपथ हो गए।

धूपद ने आगे आकर मथुरादास को सँभाल लिया और दो आदमियों की सहायता से उसे एक तरफ उठवा ले गया।

राजपुरोहित को आचार्य धर्मावतार ने समझाया—"जे ठीक नाँय, पुरोहित। मीरा राजघराने की विधवा है। क्षत्राणी है। उसको जरा सा भी कछु हो गया तो थारी खैर नाँय। अकल से काम ले और चुपचाप खिसक ले। मथुरा को कछु हो गया तो जनता का कछु पता नाँय। वह भी पगला सकती है और बाका पागलपन थारी सारी ऐंठ धूल में मिला जाएगा। समझा कि नाँय! भलाई जा में है कि पैंतरा बदल लो और जनता कूँ विश्वास में बनाए रखो।"

राजपुरोहित की समझ में आ गया कि वहाँ से सँभलकर कन्नी काट लेना ठीक है। वह खखारकर बोला, ''म्हारे कूँ नाहिं मालूम था कि जा में कोई चाल है। म्हारे कूँ कुंभनदास ने बुलौवा भेजा था। वाकई जे ठीक नाहिं। हम जा बात के लिए उनको सजा देंगे जिन्होंने जे षड्यंत्र रचा है। मीराबाई कूँ भी हमारा परनाम। जाने एक बय्यर की जान बचाई है। जे धन्य है। जे पुन्यात्मा है। बोलो बाँके बिहारी की…''

सब चुप रह गए।

राजपुरोहित घबरा गया। परंतु फिर वह जोर से बोला, ''जय बाँके बिहारी की! सब बोलो, जय…''

इस बार चारों ओर से बाँके बिहारी की जय-जयकार हो उठी।

पंडित कह रहा था—''मुखाग्नि दो। चिता को आग देनी चाहिए।''

चिता में आग लग गई। थोड़ी देर में चिता की लपटें आसमान को छूने लगीं। लोगबाग जाने लगे। सारा तमाशा खत्म। मुर्दनी-सी छा गई। मीराबाई रमाबाई को अपने साथ लेकर लौट पड़ी। उसके पीछे-पीछे अनेक औरतें चलने लगीं।

उन्नीस

सुबह होने में अभी देर थी। चंद्रमा आकाश में झपकी ले रहा था। ध्रुवतारा स्थिर दृष्टि से अवलोक रहा था। सन्नाटा गहरा था। सब चुप थे। बयार भी चुप थी। पत्ते भी चुप थे। टहनियाँ भी चुप थीं। सब रास्ते चुप थे। कहीं कोई नजर नहीं आ रहा था।

धूपद ने मथुरादास की बहुत सेवा की थी। अब वह ठीक हो रहा था। वैद्य ने तो उसके ठीक होने की आशा छोड़ दी थी।

उस दिन मीराबाई आई थी। उसे धूपद बुलाकर लिवा ले गया था। मथुरादास ने उसके दर्शन की इच्छा व्यक्त की थी।

उसने मीरा से हाथ जोड़कर कहा था—''माई, अब जे जनम सार्थक हो गया। अब मन में और कोई इच्छा नाँय है। सारी इच्छाएँ पूरन हो गईं।''

''भैया, चिंता छोड़ो। गिरिधर गोपाल सब ठीक करेगा।'' मीरा ने उसे तसल्ली देते हुए कहा था।

''जो आपकी आज्ञा, माई।'' मथुरादास ने पुनः हाथ जोड़ दिए।

''गोपाल का ध्यान करो। बो सबसे बड़ा वैद्य है।'' मीरा ने उसे समझाया।

कुछ समय बाद मीरा वहाँ से लौट गई। उस दिन से वह धीरे-धीरे स्वस्थ

होने लगा। वैद्य भी चकित रह गया और उसने भी कृष्ण कन्हैया को याद किया।

आज धूपद आँख खुलते ही यमुना के तीर की ओर चल पड़ा। उसे लगा कि किसीने उसे जगाया है और अपने पीछे-पीछे आने के लिए कहा है।

धूपद को लगा था कि वास्तव में कोई उसके आगे-आगे चल रहा है। उसे नहीं मालूम था कि वह वहाँ तक खुली आँख आया था या बंद। उसे वहाँ तक आने का चेत रहा था या नहीं। वह चौंक पड़ा। जहाँ वह इस समय खड़ा था, वह दिशा यमुना के विपरीत थी। दरअसल वह रास्ता कभी चलता था, लेकिन अब एक अरसे से बंद पड़ा था।

धूपद की चेतना ने आँख खोली। उसे याद आने लगा। चौपाल पर इसी रास्ते के बारे में तो बात हो रही थी।

राधारमण पुजारी कह रहा था—'जे मारग सूधो नरक को है। उधर जो गयो, उधर ही रह गयो। उधर ही भूतोंवाला पीपल का पेड़ है। उधर ही नागिन बावड़ी है, जो कितनों को डुबकी लगाते ही हजम कर गई। उसकी लाश तक नहीं मिली। उधर ही अघोरी बाबा सत्यानंद गुसाँई साधना करते हुए मरा पाया गया था। उधर ही आँधरो कुआँ है, जिसमें प्रेत-प्रेतिनियों का वास है।'

राधारमण पुजारी ने रटी-रटाई कहानी की तरह उसे सबकुछ सुना डाला। धूपद को उसकी एक-एक बात याद आने लगी। उधर ही पीपल के सबसे पुराने पेड़ के पास जो टूटी-फूटी-सी हवेली है, उसमें बनजारिन धुनिया रहती है। वह प्रेतिनी है।

चमकी को इस हवेली के ठाकुर ने जबरदस्ती उसके खेमे में से उठवाया था। वह अलौकिक रूपवती थी। सारा व्रज उसकी सुंदरता पर मोहित था।

वह पंद्रह वर्ष की ही थी कि उसकी अद्वितीय सुंदरता की महक रंगमहलों में गूँजने लगी थी। प्रस्ताव आने लगे थे। मुँहमाँगे दाम देने की बात सामने आई थी। एक बार उसके बाप का मन बन भी गया था। वह जान गया था कि उसकी बेटी की नागिन सुंदरता उन सबको डस लेगी। उसको वह जगह छोड़ना भारी हो गया था। उसे धमकी मिलने लगी।

उसने अपनी लड़की को समझाया—'चमकी, म्हारी बात रख ले। सवाल पैसे-धेले का नहीं है। अपने लोगों पर बैठे-ठाले जो संकट आ पड़ा है, सवाल उसका है।'

'कैसा संकट, बापू?' चमकी चमककर बोली।

'वे लोग हमें मार डालेंगे।'

'और हम मर जाएँगे, यही न!'

चमकी जितनी सुंदर थी उतनी ही दिलेर और निडर भी। स्वाभिमान और मान-सम्मान के प्रति वह पूरी चौकस थी।

'वे ताकतवर हैं।'

'हम क्या गाजर-मूली हैं, बापू, जो वे सब्जी की तरह काट डालेंगे बतियाते हुए।' चमकी ने तेजी से एक साँस में कहा और सबकी ओर दृष्टि डाली।

सब हैरान थे।

चमकी के बापू के सिर पर ठाकुर के खास आदमी की यह चेतावनी भूत बनकर मँडरा रही थी कि या तो चमकी उसकी हवेली में आ जाए अथवा उसे जबरन उठवा लिया जाएगा। और उन सबको वहीं जिंदा दफन करवा दिया जाएगा। वह खुशी-खुशी से वहाँ आएगी तो वे सब मालामाल हो जाएँगे। इसीके साथ एक छोटी सी थैली भी वह उसे सौंप गया था, जिसमें सोने की एक सौ एक गिन्नियाँ थीं। वह नजराना था। शेष रकम हवेली पहुँचाने पर दी जानी थी।

वह बोला, 'म्हारी जाति ही ऐसी है, चमकी। म्हारे कूँ ऐसा अत्याचार चुप रहकर सहना पड़ता है। जे थारी माँ है, तू जा सूँ पूछ ले। जाकी भी गति-कुगति हुई थी या नाहिं! थे म्हारी बात मान जा और···बेटी, अब एक जेही रास्ता रह गयो है।'

'बापू, जे नाहिं हो सकत है, कभी नाहिं हो सकत है। चमकी किसी दूसरी ही माटी की बनी है।' चमकी ने कटार निकालकर कहा, 'जे देख रहा है, बापू! जा सूँ बाके भी प्रान ले लूँगी जो म्हारी ओर बदनीयती से देखेगा—और मान ले, म्हारे सूँ ऐसा संभव नहीं हुआ तो चमकी जे कटार अपने में घोंप लेगी। पर बापू, थारी चमकी बिकेगी नाहिं। चुपचाप बो थैली बा मुए के मुँह पर मार आ।'

'पर, चमकी···'

'थे म्हारो कैसा बापू है रे! अपनी बिटिया को चंद गिन्नियों में बेचने कूँ राजी हो गया! थारे कूँ रत्ती भर भी लाज नाहिं आई। थानें उस मरद की मूँछें क्यों न उखाड़ लीं! क्यों नाहिं उस हिजड़े को जहन्नुम पहुँचा दिया! थारी सारी जिंदगी हिचर-पिचर करते ही कटी है रे! थे क्या कर सकता है, जे म्हारे सूँ छिपा नाहिं है रे! म्हारे कूँ अपनी लाज की रक्षा खुद करनी होगी। जो थारे कूँ म्हारे साथ रहने सूँ डर लगता हो तो म्हाँने जे जगह छोड़ने में जरा सी भी देर नाहिं लगे है। बस, थे एक बार अपने मुँह से बोल दे, फिर देख, जे चमकी क्या करती है!' चमकी बिजली की तरह चमकती-गरजती रही। सबके दिलों में हौल-दौल होने लगी।

बापू में हौसला लौट आया। उसने वह थैली लौटा दी। फिर क्या था! परिणाम वही हुआ, जो होना था।

लड़ाई हुई। खेमों को राख कर दिया गया और चमकी को हवेली पहुँचा

दिया गया। ठाकुर ने उसकी इज्जत लूटी। खुशियाँ मनाईं।

चमकी मर गई। उसकी कटार छिन गई। उसने तीसरी रात सारी हवेली में आग लगा दी और ठाकुर को मदिरा के नशे में अचेत कर पलंग से बाँध दिया। हवेली देखते-ही-देखते जल उठी। दूर-दूर तक लपटें दिखाई देने लगीं। वह खुद हवेली की छत से बावड़ी में कूद गई। देखते-ही-देखते ठाकुर का वंश नष्ट हो गया और हवेली खंडहर। तब से उस हवेली की ओर कोई झाँकता तक नहीं है।

ओह! धूपद का माथा ठनका। फिर वह उस हवेली के पास कैसे आ गया? कौन खींच लाया उधर उसे?

अब वह क्या करे? लौट चले। लौटना ही तो है। पर ये सब?

मथुरादास ने उसे बताया था—'भैया, जे ब्रज कथा-किस्सों का घर है। यहाँ विचित्र-विचित्र कहानियाँ सुनने कूँ मिलेंगी। जे भी एक तरह को तिलिस्म है। तू जा में मत पड़ना। पता नाहिं कि जा में कित्ता झूठ है, कित्ता सच। या जे सब फरेब है, मनगढ़ंत है, ढकोसलो है। तू यहाँ मोहन की मुरलिया के परभाव में मत आना रे। बो तो सब जगह है। जा ही एक ठौर नाहिं। बो तो जगत् कूँ बनानेवाला है, केवल ब्रज को नाहिं। यहाँ के पंडे, गुसाँई, पुरोहित, सगुनिया, पुजारी, महंत—सबके सब रँगे सियार हैं। इन सबन की बातों की भूल-भुलैया में जो एक बार फँस गयो बो सारी उमर फँसा ही रह जाएगो। जे बात चोखी तरह समझ में बैठा ले।'

धूपद का माथा ठनका। किस विपदा में फँस गया वह। इधर आने की जरूरत क्या थी! उसके सामने मीरा आ खड़ी हुई। वह कहने लगी—'थारे पर गोपाल की किरपा है। जहाँ गोपाल वहाँ डर काहे का! थारी लौ तो गोपाल ते लागी है। सदा बाही सूँ लौ बनाए राख। जो उसे नाहिं बिसारैगो बो जंगल में भी मोद करैगो। थे भरम मत पाल। बा में चित्त दे अरु निरभय ह्वै जा।'

धूपद चौंका। वह माई की आवाज सुन रहा था। यहाँ जंगल में, सुनसान रास्ते पर माई कहाँ से आ गईं? कहीं चमकी की भटकी हुई आत्मा तो नहीं है। वह प्रेतिनी बनी है और हर आने-जानेवाले को निगल गई है। धूपद की घिग्घी बँध गई। उसके मुँह से झाग निकलने लगे।

उसी समय तेज हवा चलने लगी और घने पीपल, मंदार, बरगद, ताड़, सेमर, ढाक, मालूर के वृक्षों के पत्ते-टहनियाँ झूमकर तेज आवाज करने लगे। सन्नाटा आग लगे जंगल-सा तिड़कने लगा।

धूपद काँप रहा था।

खंडहर चपला की चमक-सा कौंध उठा। आकाश बादलों से घिर गया।

वह क्या करे? वर्षा होने लगी। बादल कड़के। बिजली चमकी-गरजी।

वह पेड़ के नीचे आ ठहरा। पत्ते बतिया उठे—"मानुख कितनो खतरनाक जीव है! काम पड़न पे गधे कूँ बाप बनाने में रत्ती भर भी गलती नाँय करत।"

बरगद के पत्तों में से एक ने सलाह करने के बाद कहा, "क्यों नाँय! बाही ने जा वृंदावन के मान-सम्मान को नीलाम करायो है। झूठ को सच बतलाकर खोटे सिक्के असल के भाव चलवाए हैं। पता नाँय बाकी भूख कब मिटैगी! कैसे? का खाय कै जनो है मेरी सौत ने बा बज़रबट्टू कूँ!"

"तू का की बात उठा रह्यो है?"

"बा राजपुरोहित की, जाने दस-दस लुगाई कर रखी हैं अरु सिगरे बिरज को अपनी जूती के नीचे रगड़ रक्खो है। बाही ने मुगलिया बाबर कूँ साथ देकर अपने महाराणा कूँ हरवाने की साजिश में हाथ बँटायो। जासे जग विजेता राणा साँगा कनवाह कूँ मैदान में हारो। वरना बाहे हरानेवालो जा जग में पैदा ही नाँय हुयो, अरु न होएगो।" बरगद के पत्ते ने खखारकर कहा और अपने पंख फड़फड़ा दिए।

इसपर पीपल बोल पड़ा—"तुम लोगन कूँ जे बातें नाहिं करनी चाहिए। छोटे मुँह बड़ी बातवाली कहावत सुनी है कि नाँय। जे राज-काज की बातें हैं। इनमें जितना कम उलझो उतना ही सुख है। बाके संग रहिकै अपनो दीन नाहिं बिगारनो, जे अकल की बात गाँठ में बाँध लो।"

बरगद से अब रहा नहीं गया। वह बोला, "पीपल भैया, तूने ठीक कह्यो है। पर तूने जे फैसलो झट्टई कर डालो, बिना सोचे-समझे। बाके कारन ही सिगरी खुशी सिराय गई। अब बो राजपुरोहित आता ही हतो है। इन खंडहरन कूँ बाने बड़ी तिकड़म और साँठ-गाँठ से अपनो सुरक्षित अड्डो बनाय लियो है। यहाँ ही सिगरे कुकरम अरु षड्यंत्र की रचना होत है। बा बलाय का भंडाफोड़ नाहिं हुयो तो सिगरे बिरज की मूर्तिन, सोने-चाँदी के हिंडोलन, छत्र, रथ आदि सबके सब अदृश्य हो जावेंगे गधे की सींग की नाईं।"

"जे परेशानी हमहु कूँ है, बरगद दादा।"

"जा सूँ जा बिरज कूँ चैन मिले, ऐसो कछु तो करना ही होगा न। आखिर जीती माखी क्या निगली जाय सकै है, पीपल भैया! चुप्पी ठान लेने सूँ का काम चल सकत है? बा सूँ तो जे परेशानी स्थायी बन चली है। जा को इलाज न हुयो तो हम सबन कूँ भी जाको साप लगैगो। जे बिरज केवल बिरजबासिन का ही नाहिं, हमारो भी है। जाने लोगन के मन में भरम बैठा दियो है। जे मंतर पढ़के किसीको पानी देत हैं और किसीको गंडा-तावीज। सो का होए। जजमान को लूटत हैं, सो अलग। तासे कहे हूँ कि कछु कियो जाए।" बरगद कह रहा था।

ताड़ बहुत देर से सुन रहा था। अब उससे नहीं रहा गया। वह कहने

लगा—"का कियो जाए, बरगद दादा, बो तो भूतकाल की सोन चिरैया को छाती से मरी बंदरिया की तरह चिपकाए सिगरे दिन लोक की मरियादा की बात करत रहत है।"

"जे सब महंत, राजपुरोहित, पुजारी, बो लँगड़ो महादेव जैसे संत पुरुषजन की बिछाई बिसात को फल है।" बरगद समझाने लगा—"जे खंडहर, जे गैल उन लोगन ने ही बंद करवाई है। जे सब हमारे अति आसावादी अरु भाग्यवादी होने का परिणाम है।"

"फिर हमें करना क्या होगा?" मंदार ने पूछा।

"विद्रोह।" बरगद ने कहा।

"कैसा विद्रोह?" सेमर बोल पड़ा।

"हम बहुत पुराने हो चले हैं। आखिर हर एक का अंत निश्चित है। कब से इन आँखन सूँ वह सबकछु देखते आ रहे हैं, जो नहीं देखना चाहिए। का करैं। जामें म्हारो क्या बस चलै है! मानुख एक जगह से दूसरी जगह जा सकत है, पर हम नाहिं। तो…" बरगद ने गहरी साँस खींची और तनिक रुका रहा।

ताड़ गंभीर होकर बोला, "जे सच है, बरगद दादा।"

"जा में रत्ती भर झूठ नाँय।" मंदार ने हाँ में हाँ मिलाई।

"हमने इन अँखियन सूँ बहुत पाप देखे हैं।" ढाक कहने लगा—"पर हम बाको कछु नाहिं बिगाड़ पाए। सिगरे कुकरम म्हारी अँखियन के सामने होते रहे। काश, म्हारी अँखियन की ज्योति जाती रहती! लेकिन…"

"अब समय आ गयो है, ढाक भैया।"

"क्या करना है?"

"बो म्हारे कूँ करनो है।"

"क्या?"

"गिरना।" बरगद ने एक झटके के साथ कह डाला।

"गिरना!" सबने आश्चर्य से दोहराया।

"हाँ, गिरना। म्हारी उमर पूरी हो गई है। बुलौवा आ चुको है। जड़न ने माटी को साथ छोड़ दियो है। अब तो जाने की घड़ी को इंतजार है, भैया।" कुछ देर तक वह सोचता रहा। फिर खखारकर बोला, "हमन ने गिरिधर गोपाल की मनौती की है। चाहा है कि जा दफे राजपुरोहित अरु उसकी चंडाल चौकड़ी यहाँ आए तो हम अरराकर उन पे गिर पड़ेंगे। सबन को चकनाचूर। फिर न रहेगो बाँस, न बजेगी बाँसुरी।"

"जे चोखी योजना है। जासूँ बेईमानन को पत्ता साफ हो जाएगो।" ताड़ ने

हामी भरते हुए कहा।

तभी रथ की आवाज सुनाई पड़ी। धूपद की दृष्टि उधर घूम गई। धूपद पेड़-पौधों और पशु-पक्षियों की बोलियों का अर्थ समझता था। यह उसकी सबसे बड़ी कमजोरी भी थी। वह बहुत सी ऐसी बातें जान जाता, जो दो जनों के बीच अत्यंत गोपनीय होती थीं; क्योंकि पेड़-पौधे प्रायः दूसरों की बातों को दोहराते रहते हैं।

रथ बरगद के पेड़ के नीचे आकर रुक गया। राजपुरोहित सबसे पहले उतरा, फिर महंत और अन्य लोग।

राजपुरोहित ने पालकीवालों को कहा कि वे जा सकते हैं।

उनके जाने के बाद उसने कहा, ''इस लड़की को ऊपर ले जाओ।''

लड़की के मुँह में कपड़ा ठुसा हुआ था और उसके हाथ-पाँव बँधे थे। उसकी अवस्था मुश्किल से तेरह-चौदह की ही होगी। चार आदमियों ने पालकी उठाई और वे उसे ऊपर ले जाने लगे।

धूपद चौंका। वह लड़की सेठ धनपत की इकलौती लड़की थी। उसके होंठों पर कँपकँपी थी। उसकी बड़ी-बड़ी आँखों में भय व आतंक की साफ छाया थी और उसकी सारी देह पर मातम चस्पाँ था।

अब वह क्या करे? कैसे उसे बचाए? वह उनका कुछ नहीं बिगाड़ सकता था। वहाँ छह-सात लठैत पहलवान थे और दो भाला लिये साक्षात् दैत्य।

''डोली इधर लाओ।''

उसमें से एक युवती निकली, जो राजपुरोहित के हाथ जोड़कर कह रही थी—''मुझे छोड़ दें। मेरी शादी होने वाली है।''

''तुमसे कहा है कि उसकी चिंता छोड़ो। सब ठीक-ठाक हो जाएगा।'' महंत कह रहा था।

''आप पिता समान हैं।''

''अवश्य हैं; पर तू पुत्री नहीं है—मेनका, उर्वशी है। जानती है, वे क्या हैं!'' राजपुरोहित ने उसे समझाते हुए आगे कहा, ''सुन ले, षोडसी-सी लली, आँखिन देखी कबहूँ झूठी नाहिं होए। तू जवान है, मेनका है और मैं, तेरा चहेता। यानी तू नारी है अरु मैं नर। जेही रिश्ता है अकेला। इसके अलावा अरु कोई रिश्ता नाहिं है।''

''जे बात अपनी लड़की से भी कह सकते हो क्या?'' उसने धीरे से कहा।

उसके पाँव काँप रहे थे और जुबान काँप रही थी।

''खूबसूरत नायिका, आदर्शवाद के जा थोथे चोले को उतार फेंक अरु जा

सामने की हकीकत को मान जा। जा में ही तेरा हित है। रास्ते का रोड़ा बनना ठीक नाँय। तू समझदार है, नेक है और जे बात अच्छी तरह जानत है कि राजी-राजी सबरो सुख तेरे चरनन में होएगो अरु जोर-जबरदस्ती ते तेरे तन-मन को चैन जाता रहेगो। नतमस्तक है के मेरी बात मान जा। जा में ही तेरो उद्धार है।'' राजपुरोहित ने उसे समझाया।

वह सोच रही थी कि इन लोगों से जान छुड़ाने का एक ही रास्ता है कि वह उनका विश्वास जीत ले। फिर आसानी से इन्हें धोखा दिया जा सकता है। यदि उसकी दाल नहीं गली तो उसका दुर्भाग्य है। जो होगा, भोगना पड़ेगा।

''नैक मोय सोचबे को अवसर तो देओ, राजपुरोहितजी।'' उसने रुक-रुककर कहा।

''सोच ले, जो सोचना है। ध्यान रखियो, सोचना यही है कि राज करने का मन बनाना है या बरबाद होने का।'' महंत ने कुछ तेज स्वर में कहा।

''तिरिया चरित्तर मत करियो। जे तू जान लेना, जुबती। जे महंत कौन की टोपी कब उतार दे, जा को किसीको कानोंकान पतो भी नाँय परैगो।'' राजपुरोहित ने भारी आवाज में कहा।

बरगद ने ताड़ से कहा, ''इन लोगन से दुश्मनी निकासबे को तो जे ही अवसर है।''

''इनन ने अच्छे-अच्छेन कूँ चूनो लगायो है। इनकी कुटिल चालन को जाल तोरिबो कोई बच्चन को खेल नाँय। आज इनन का अंत हो जाना सबन के लिए एक खुशखबरी होएगी।'' ताड़ ने उसकी बात का समर्थन किया।

''साँचि-माँचि ऐसो हुइ जात है तो जा दुखियारो जगत् कूँ कछु साँस मिलैगी।'' पीपल ने अपनी राय व्यक्त की--''जे माधव की नगरी है। जा में महंत-राजपुरोहित जैसे लोगन को धोबी पछाड़ को खेल ही चल रह्यो है। सज्जन पुरुष उन दुष्टन के दरवाजे के सामने हाथ बाँधे ठाढ़े हैं। चुप्पी साधे, सिर झुकाए। अब सोच्यो का बखत नाँय, बरगद भैया, करिबो का समय आ गयो है। नाहिं तो स्याँप निकरि गयो तो लकीरें पीट्योई करो। का फायदा बा मेह बरजे से जो खेत सूखने पै बरखे। खेतैं चिरैयाँ चुग गईं तो का होबत है रोने-धोने सूँ!''

''ऊपर चल, राधा प्यारी, फूलन की सेज तिहारे स्वागत करबे को कब सूँ प्रतीक्षा में बिछी पड़ी है।'' राजपुरोहित ने अपनी धूप-छाँह-सी मूँछों पर ताव देते हुए कहा।

वह सकपका गई। पर वह टस से मस नहीं हुई। उसके पाँवों को मानो किसीने जमीन में गाड़ दिया हो।

"सुन-समझ रही है, लली राधा प्यारी! तू तो एकदम अल्ला की गाय हो रही है। तिहारे कान पे नेकु जूँ नाँय रेंग रही है। जाको मतलब?" महंत सन्नाटा खा गया। वह खखारकर आगे बोला, "अपनी अकल के आगे सबने भैंस समझे है का! बा हाथ-पाँव बँधी बछिया सूँ भी दो कदम आगे। हमन्ने तो कछु समझे नाँय का! चल ऊपर, छप्पन छुरी, चलती है कि नाँय!"

वह विवश थी। चल पड़ी।

महंत, राजपुरोहित आदि वहीं बतियाते खड़े रहे कि बरगद ने पुरजोर से पलक झपकते ही उनपर धावा बोल दिया। वह जड़ सहित उखड़कर उनपर गिर पड़ा। उन्हें सँभलने का मौका ही नहीं दिया। एक जोर का तोप दागने जैसा धमाका हुआ। पेड़ पर बैठे पक्षी चीख पड़े। आसमान पक्षियों से भर गया। राजपुरोहित, महंत और उसके आदमी बरगद की मार नहीं झेल पाए। वे वहीं ढेर हो गए। उनकी चीख-पुकार पल भर में दम तोड़ गई।

धूपद पगला गया। कंस की जमात से कुछ तो दफन हुए। काफी देर तक वह किंकर्तव्यविमूढ़ बना जहाँ-का-तहाँ खड़ा रह गया। ऐसा भयंकर दृश्य उसने पहले कभी नहीं देखा था। बिरवा गुमसुम। टहनी-टहनी मछुआरों के जालों-सी शांत और मछली मन-सी आक्रांत। नरभक्षी की शातिर आँखें और पैनी चोंच ताजा मांस की गंध के लिए चौकन्नी। मेमने मन-सा सन्नाटा बिल्ली को देखकर मूषक जैसा भयाक्रांत।

सारी धमाल कूच। गाज फूँका वातावरण। शोक संवेदना-सा मौन भरा मौन हर कण, हर क्षण। खूँटियों पर टँगा कदली दल का इतिहास लिफाफिया हो डैने नुचे पक्षी जैसा तड़पकर जहाँ-का-तहाँ लहूलुहान रह गया।

धूपद में हिम्मत लौटी। वह दोनों लड़कियों को बाहर लाया और चुपचाप मरियल-सी चाल से लौट पड़ा किसी शोकगीत-सा गहरे में डूबा हुआ।

बीस

हर दिन अपनी कहानी कंधे पर उठाए उगता है और शाम ढलते-ढलते उस बोझ को दिलो-दिमाग पर से उतारकर एक उपेक्षित कोने में डाल जाता है—किसी भोग्या की नापाक सेज-सा। कोने में पड़े नूपुर बिसूरते रह जाते हैं ग्राहक के चले जाने के बाद अपने आईने को एक खुलनेवाले तिलिस्म की संभावना की टोह में, जो शायद संभावना से आगे कभी नहीं बढ़ सके, यह जानते हुए।

ऐसा होता है कि आदमी जानता है, परंतु फिर भी उससे आँखें चुराता है

और संभावनाओं के भ्रम-संशय में जी लेने की गलती कर गुजरने में कोई गलती नहीं करता है।

राजदरबार की अपनी चमक है। उसका अपना मिजाज है। उसकी अपनी फितरत है। उसका अपना ढाँचा है। उसकी अपनी शैली है।

मीरा यह जान चुकी थी कि उसे दरबारी कैद से मुक्ति मिलना आसान नहीं है; क्योंकि जन-जन के मन की आँखें आदर और आतंक से उसपर हैं। यह जन होने की नियति है कि उसकी आँखें दूसरे के दिखाने पर देखती हैं, स्वयं देखने की बानगी उनमें नहीं उपज पाती है।

जो सबके भरोसे किया जाता है, पर वह होता कुछ नहीं है। न सब और न सब रहित—कुछ भी सामने नहीं आता है।

कर्मवती ने ही तो कहा था—'बहूरानी, मैं पट्टमहिषी हूँ। राजप्रासाद में क्या हो रहा था, इसकी टोह लेते रहना मेरा दायित्व है। मैं नहीं चाहती कि कुछ अघटित घट जाए और फिर पश्चात्ताप हाथ लगे इस परिवार को।'

मीरा कुछ समझी नहीं थी। वह हतप्रभ-सी सोचती रह गई।

'बहूरानी, राजघराने की कुछ शान है, कुछ मर्यादाएँ हैं; कुछ ऐसी बानगी है कि जिससे प्रजा उसकी ओर विशेष आदर से देखती है। राजघराना प्रजा के लिए आदर्श होता है। सारी प्रजा की आँखें उसीपर आकर टिकती हैं। जहाँ राजघराना आदर का पात्र है वहाँ जरा सी चूक हुई नहीं कि वह बदनाम भी चुटकियों में हो जाता है।' कर्मवती ठसकेदार लहजे में, सिर ऊँचा किए गर्वोन्नत मुद्रा में नए सोने के कामवाले लहँगे पर चपल चपला-सी पड़ती कौंध को अनदेखा करते हुए कह रही थी।

फिर भी मीरा कुछ नहीं समझी। उसकी समझ में नहीं आता था कि राजघराने का जीवन आम जीवन से भिन्न क्यों है? क्यों वे बड़े लोग हैं? बड़ा तो एक ही है—कृष्ण कन्हैया। शेष तो सब छोटे ही हैं। मर्यादाएँ, शान और बानगी तो गोपाल की ही है, शेष तो उसकी लीक के चलैया हैं।

लेकिन उसने कर्मवती में ऐंठ रही बड़प्पन की आँधी को अनदेखा करते हुए पूछ लिया—'तो?'

कर्मवती के हृदय को चीर गया मीरा का सहजता से कहा गया 'तो'। वह चपला-सी चमकी और गरजी—'बहूरानी, समझकर अनजान बनने का नाटक मत करो। मैं समझ रही हूँ कि तुम्हारी कृष्णभक्ति की आड़ में क्या है!'

'सिवाय कृष्ण के और क्या है, राजमाता?' मीरा ने गद्गद होकर कहा।

'वह भी मुझे ही कहना पड़ेगा!'

'क्या, राजमाता?'

'माना कि कुँवर भोज तुमसे उम्र में बहुत बड़े हैं; पर हैं तो सिसोदिया क्षत्रिय न!'

'जी हाँ।'

'तुमपर वसंत बहार अब छाई है।'

'तो?' मीरा का स्वर तनिक काँप उठा।

'इसमें तुम्हारा कतई दोष नहीं है।'

'कैसा दोष? किसका दोष?' मीरा ने पूछा।

'सिसोदिया वंश के भाग्य का दोष!' कर्मवती ने निराशा से भरकर कहा।

'राजमाता, साफ-साफ कहिए कि बात क्या है?'

'युवावस्था अल्हड़ होती है। वह प्रतिबंध नहीं मानती। मर्यादा नहीं जानती। परंपराओं को नहीं पहचानती। उसकी दृष्टि में मात्र वही होता है और मनचले सपने होते हैं, उसकी अक्षय संपत्ति के गौरव गान। बहूरानी, यही तो राजघराने की सुख-पीड़ा है कि उसे दूसरों के लिए जीना पड़ता है, अपने लिए नहीं।' कर्मवती के स्वर में तनाव था और कटाक्ष भी।

'लेकिन इससे…' कहते-कहते मीरा रुक गई।

वाक्य कैसे पूरा करे, उसका यह सोच पल भर के लिए ठहरा रह गया। सामने की दीवार पर एक नर्तकी का सम्मोहक मुद्रा में रेखांकन था। उसके अंग-अंग में चपला कौंध रही थी।

कर्मवती इस ठहराव को बरदाश्त नहीं कर पाई। उसमें तूफान उठने लगा। वह खखारकर बोली, 'बहूरानी, यह सब मैं तुमसे कह रही हूँ। तुम्हारे लिए कह रही हूँ और तुम्हें सावधान करना भी चाहती हूँ कि तुम अपने आपको बदल लो, अन्यथा…'

'अन्यथा क्या?'

'यह राजघराना तुम्हारी उच्छृंखलता पर अंकुश लगाने के लिए विवश हो जाएगा।' इसीके साथ कर्मवती ने अपनी चुन्नी ठीक की और तिरछी निगाहों से उसे घूरा।

'जैसी आपकी इच्छा, राजमाता।' मीरा ने मन-ही-मन अपने गोपाल को याद करते हुए कहा। उसके मुखमंडल पर कोई प्रतिक्रिया रेखांकित नहीं हुई। वह पूर्ववत् शांत और स्थिर बनी रही।

परंतु कर्मवती का हृदय बेचैन हो उठा। आखिर यह उसके अहम् और सम्मान से जुड़ा प्रश्न था। वह अपने को सँभालती हुई बोली, 'इसका मतलब?'

'मैं नहीं जानती, राजमाता।'

'तो कौन जानता है?' कर्मवती की आवाज में कर्कशता और वक्रता थी।

'वो, राजमाता, मात्र वो।'

'वो कौन?'

'कान्हा राजमाता, मात्र कान्हा।' मीरा ने सहज ढंग से कह दिया।

'कान्हा, गोपाल,. कृष्ण कन्हैया, गोवर्धन गिरिधारी, बाँके बिहारी—हमारे कान इन नामों को सुनते-सुनते पक गए हैं। इन्हीं नामों की वजह से यह राजघराना बदनाम हो रहा है, बहूरानी!' कर्मवती का स्वर ऊँचा हो गया था और उसकी भौंहें तिरछी होकर ऊपर चढ़ गई थीं। उसकी हिरनी-सी आँखों से स्फुलिंग निकल रहे थे। उसका गोरा मुखमंडल एकदम लाल-सुर्ख हो उठा था।

'राजमाता, मैं नहीं जानती।' मीरा ने विनती के स्वर में कहा।

'क्या नहीं जानती?'

'यही कि माखन चुरैया, बाँके बिहारी, जसोदानंदन कृष्ण गोपाल के कारण कोई बदनाम हो सकता है। ये नाम तो अजर-अमर हैं। ये नाम तो सारी सृष्टि के रचयिता के ही हैं। उससे कोई…'

मीरा इतना ही कह पाई थी कि कर्मवती बादल-सी फट पड़ी—'तुम्हारे ये नाम पराए मर्दों के हैं। पति के अलावा और कोई नाम सुहागिन से नहीं जुड़ता। लेकिन तुमने, बहूरानी, इस राजघराने की जगहँसाई करवा दी है। बच्चे-बच्चे के मुँह पर है तुम्हारी यह राम कहानी।'

'हरि नाम!' मीरा ने प्रसन्नता का रस उड़ेलते हुए गद्गद कंठ से कहा।

इसपर कर्मवती आगबबूला हो उठी और बिन मौसम की मूसलाधार बरस पड़ी—'तू हमारा मजाक बनाती है! हमारे मुँह लगती है! हमसे जुबान चलाती है! मुँहजोरी करती है, कुल कलंकिनी! तुम्हारे इन लक्षणों ने हमें कहीं का नहीं छोड़ा है!'

मीरा का कृष्ण जाग उठा। वह संयम रखती हुई अत्यंत विनम्रता से कहने लगी—'माँ सा, म्हारे कूँ कछु नाहिं मालूम। म्हारा तो बो ही सर्वस्व है। बाके बिना हमें पल भर भी कल नहीं पड़ती। क्या करूँ, माँ सा, आप तो म्हारे कूँ जान चुकी हो। म्हारी लाज तो आपके हाथ में है। आपके मन माहिं जे तूफान क्यों? का हम किसीके कहने से कुल कलंकिनी हो जाएँगे? आपने म्हारे में का कुलच्छन देखे?' मीरा से निर्झर की ध्वनि आ रही थी। उसमें कोयल कूक रही थी। वह रसवंती होकर चहक रही थी—बिना किसी अवसाद और विकार के।

कर्मवती मीरा के इस मोम रूप के सामने पानी-पानी हो जाती थी। उसके हृदय की सारी कड़ुवाहट जाती रहती थी। क्या कहे, क्या नहीं। उसका सारा क्रोध

ठंडा पड़ गया। वह कहने लगी—'बेटी, म्हाँ तो थारे हित के लिए ही…'

'जानती हूँ, माँ सा, सब जानती हूँ। थारे कारण ही तो म्हारी बात रह जाती है।'

'लेकिन बेटी, जे दुनिया उतनी सूधी नाँय जितनी थारे मन मा समाई बैठी है। जा में भारी छल-कपट हैं। जो भी है, म्हारे कूँ चलना बाही की तरह सूँ है। बा मा खोट हैं तो हैं, बासूँ रार लेना ठीक नाँय।' कर्मवती में ममत्व जाग उठा। पल भर में सारा गुस्सा काफूर हो गया। क्यों होता है उसे ऐसा प्यार? कौन करता है उससे इतनी आत्मीयता से बात? किसके स्वर में होती है इतनी मिठास? कौन पुकारता है उसे इतने प्यार से—माँ सा, सासू सा? राजमाता का सारा गरूर धरा-का-धरा रह जाता।

'माँ सा, क्या कहूँ? कैसे बताऊँ? लागी बुरी लत है। बो है भी तो बाँका रसराज। बाकूँ राधा बहन दिल देकर कैसी बावरी हो उठी थी कि उसे लोक-लाज का कछु पता नाँय रह्यो। कैसे रहतो! बो तो बड़ा छलिया है, माँ सा, बड़ा रसिया। बाके सामने सब फीको लगत हैं। कहूँ मन नाँय लगत है। म्हाँ सूँ कछु नाँय होय सकत है। म्हाँ तो विवश हो जाती हूँ। म्हारी लाज थारे हाथ में है। थे जो करोगी वही होएगा। म्हाँ थारे चरनन की सौंह लेकर कहती हूँ, म्हारे चित्त सूँ कान्हा हटाए नाँय हटे। बो म्हारे भीतर—बहुत भीतर कुंडली मारकर आ बैठो है। बाहे निकालना म्हारे वश में नाँय, माँ सा।' मीरा ने धीरे-धीरे मिस्री घोलते हुए कहा।

कर्मवती कुछ देर चुप रही। मीरा का चेहरा कर्मवती को अंदर से बाँध लेता था। उसके चेहरे पर सहज भोलापन, मासूमियत का गहरा रंग और निश्छल चितवन का बाँकापन कर्मवती के मन में धधक उठती आग पर पानी डाल जाता था। इसमें संदेह नहीं कि मीरा पवित्र मन की है—छल-फरेब से उसका कोई वास्ता नहीं है। राजघराने की राजनीति से वह रत्ती भर भी परिचित नहीं है। उसके परिचित संसार में एक वही तो परिचित सैलानी है—गोपी-कृष्ण, जसोदा का नंदन और राधा का कृष्ण।

कर्मवती ने गहरी साँस छोड़ते हुए पुनः मीरा को ऊपर से नीचे तक देखा। उसने पाया कि वह कृष्णमयी ही है। उसका अंग-अंग कृष्ण-दीप्ति से चमक रहा है और उसके स्वर में कृष्ण ही मुरली बजा रहा था।

वह समझाने की मुद्रा आ गई। वह कहने लगी—'मीरा, थे म्हारे घराने की इज्जत हो। जानती हूँ, थे अपनी जगह ठीक हो, गलत नहीं हो; पण जे जग थारे-म्हारे सूँ नहीं चलता। बाकी अपनी अलग अदा है। बाको सोच म्हारे-थारे से अलग है। बिलकुल जुदा है।'

मीरा पूछ बैठती—'माँ सा, म्हाँ क्या करूँ? म्हें बाके अलावा कछु दीखता-

भालता नाँय। म्हाँने बहुत चाहा, बहुत समझाया। कहा भी कि अब हम गृहस्थिन हो गए हैं। म्हारा ब्याह हो गयो है। म्हारी प्यारी-प्यारी सासू सा हैं। म्हाँने माँ सा का सुख नाँय देखा। म्हें नाँय पता कि माँ सा की ममता क्या होती है! बा सूँ विनती भी की। हाथ भी जोड़े। कहा, थे अपनी माया समेटो। म्हें सद्गृहस्थिन हो जाने दो। पण बो जोगिया, सासू सा, म्हें पल भर के लिए नाहिं छोड़ता। कहता, बतियाता है—जे जग माया नगरी है। यहाँ भ्रम उपजते हैं, संशय घेरते हैं और परछाइँयाँ मँडराती हैं। मीरा, थे जा माया नगरी से ऊपर उठ। म्हारे साथ-साथ आ। म्हारे पाछै-पाछै चल। जेही थारा धरम-करम है, सेवा-व्रत है। तो सासू सा, अब म्हाँ क्या करूँ? थे ही बताओ, माँ सा?'

कर्मवती का मन मीरा की स्वर-बाँसुरी के सम्मोहन में बँधता चला गया। वह कहने लगी—'राजरानी मीरा, थारे कूँ ही कोई रास्ता निकालना होगा। कछु-न-कछु थारे कूँ ही सोचना होगा। नाहिं तो मेवाड़ की शान कूँ बट्टा लग जाएगो। क्या थे यह चाहोगी? यह थारे कूँ निर्णय लेना है।'

मीरा पल भर के लिए सकपका गई। उसमें नि:शब्द कौंधती बिजलियाँ बूँद बनकर बरस उठीं। कर्मवती का शांत स्वर उसके मन-मस्तिष्क पर गूँजने लगा।

कर्मवती की राजनीति ने पैंतरा बदला। उसने सोचा कि क्रोधावेश के स्थान पर स्नेह-दुलार का पथ अधिक कारगर सिद्ध हो सकता है। यदि आदमी गुड़ से मर सकता हो तो उसे विष क्यों दिया जाए! उसके लिए तो गुड़ ही विष का काम करेगा। वह नहीं चाहती थी कि मीरा की भक्ति-साधना मेवाड़वासियों के सिर पर बोल उठे। सच बात तो यह थी कि मीरा का भजन-कीर्तन, पद-राग आदि का प्रभाव जन-मन को रिझाने लगा था। एक बार प्रभाव छाता चला गया तो उसे रोकना बहुत मुश्किल हो जाता है। जन जिसके साथ हो लिया, वह न चाहते हुए भी विजेता बन जाता है।

'विजेता' शब्द की गूँज-अनुगूँज कर्मवती में क्षत्राणी जोश भर जाती थी। मीरा है क्या? क्या है उसका अस्तित्व? मात्र कृष्णभक्त है वह! कौन सा कृष्ण उसमें आ बसा है? उसकी अभी अवस्था ही क्या है! वह क्या जानती है कि संसार क्या है? व्यवहार क्या है? उसका भावुक मन एकांत पाकर कृष्ण में डूब चुका है। उसके मायके में कौन था ऐसा, जो उसे जगत् की ओर मोड़ता और जगताई बयार से जोड़ता? अकेला पड़कर व्यक्ति किसी एक बिंदु या व्यक्ति पर पूरी तरह केंद्रित होने लगता है। मीरा भी उसीका शिकार हुई है—और कुछ नहीं।

कर्मवती खखारकर बोली, 'मीरा, थे अभी कच्ची उमर की हो। थारी समझ में यह दुनिया इतनी जल्दी नाँय आएगी। केवल कृष्ण का नाम लेते रहने से कुछ

नहीं होगा। बीनणी का धर्म बीन की सेवा करना है। वही उसका कृष्ण है, भगवान् है। उसके अलावा बाके मन में अन्य किसी पुरुष का नाम आना भी पाप है। वही पतिव्रता स्त्री है। थे भ़ोज में मन लगा। उसकी सेवा-टहल कर। इसीसे थारी मुक्ति है, कल्याण है। अधिक भावुक होना अच्छा नहीं होता। वह क्षत्राणी धर्म भी नहीं है। बेटी, तू इन सब बातों पर फिर से सोचकर देख।'

मीरा क्या सोचे? उससे सोचना होता ही कहाँ है! दरअसल सोचना उसकी ताकत से बाहर है। वह इतना जानती है कि उसके लिए कृष्ण कन्हैया के अलावा और कोई रिश्ता नहीं है; समाज, राज्य आदि का कोई अर्थ नहीं है। संबंधों की दुनिया उसके लिए एक अनबूझ पहेली है। उसने निश्चय किया कि वह, जहाँ तक हो सकेगा, चुप रहेगी। वह अपने को मन-ही-मन में रखेगी। वहाँ उसके बारे में तरह-तरह की बातें उठती रहती हैं। वह हर बात को नकारती रहती है, इससे भी वह चर्चा के घेरे में बनी रहती थी। यह उसके लिए ठीक नहीं है।

भोज ने भी उसे समझाया था—'मीरा, तुम जैसे चाहो, रहो। मेरी ओर से तुम्हें कोई रुकावट नहीं होगी। परंतु···परंतु···'

'क्या जी?' मीरा ने सहज ढंग से कहा।

'यदि तुम···' भोजराज कहते-कहते रुक गए। क्या कहें? कुछ कहने जैसी बात भी तो नहीं थी।

'क्या मैं, आप बेझिझक कहिए!' मीरा ने भोजराज की ओर देखते हुए कहा।

'यह जानता हूँ, मीरा, तुम राजघराने की राजनीति से कतई परिचित नहीं हो। तुम्हारी उसमें कतई दिलचस्पी भी नहीं है।' भोजराज ने धीरे-धीरे अपनी बात कहना जारी रखा—'यदि तुम अपने पर संयम बनाए रखो। यानी कि तुम कोई ऐसा कदम न उठाओ, जिससे राजपरिवार में चर्चा गरम हो सके, तो दूध में उफान नहीं आएगा। तुम्हें पूजा करनी है, नाम-स्मरण करना है और पद गाने हैं।'

'तो?'

'जो जी में आए, करो; परंतु साधु-संतों, कीर्तनमंडली आदि से अपने को मत जोड़ो।'

'क्यों?'

'उससे चर्चा गरमाती है।'

'क्या साधु-संत सज्जन नहीं हैं?'

'सवाल उनके सज्जन होने का नहीं है, मीरा।'

'तो फिर सवाल क्या है?'

'सवाल स्त्रियों का उनके साथ उठना-बैठना है। अपना समाज उसे अच्छा नहीं मानता है, मीरा। वह लोकाचार, मर्यादा और शील के विरुद्ध मानता है उसे। इसलिए…' भोजराज ने सोचते हुए कहा। साथ ही बैठने का रुख बदला। वह चाहते थे कि पूजा-अर्चना के प्रचार को हवा नहीं मिले तो सबकुछ ठीक हो जाएगा।

'पर क्यों?' मीरा ने पूछा, 'इसमें बुराई क्या है?'

'पर इसमें भलाई क्या है?'

'मन की शांति।'

'वह तो अपने महल में बैठकर भी संभव है, मीरा।'

'साधु-संत तो साक्षात् तीर्थ हैं।' मीरा ने तर्क का मन टटोला।

'यह बात हर साधु-संत पर ठीक नहीं बैठती। उनमें ठग और ढोंगी भी बहुत से हैं। जो वास्तव में संत हैं, वे तमाशा करते हुए नहीं घूमते। न वे किसी चमत्कार का सहारा लेते हैं।' भोजराज अपने मन की बात सहज कह गए; क्योंकि वह धर्म-कर्म के नाटकों से बहुत कुछ परिचित हो चुके थे। अघोरियों, नाथ संप्रदाय के साधु-संतों आदि के दोनों चेहरों से भी वे परिचित हो चुके थे। आश्रम-मठों में होनेवाली दुर्घटनाओं के बारे में वह जान चुके थे।

भोजराज धर्म में जी रहे अधर्म को भली प्रकार समझ रहे थे। वह जानते थे कि मीरा में संस्कार ही कृष्णोन्मुखी हैं। बचपन से ही उसे गोपाल कृष्ण की ओर मोड़ दिया गया है। उसकी जीवन-निष्ठा, संपूर्ण आस्था और समग्र कर्म-संस्कार में माधव मुकुंद, रस-रास रचैया, मोर मुकुट गिरिधारी जल में मिले लवण की भाँति मिल चुका है। चूँकि वह मूर्ति साधु से मीरा को मिली है और उसके यहाँ साधुओं का बराबर आना-जाना बना रहा, इससे मीरा के चित्त में उनका भव्य एवं सरल रूप सहज बैठता चला गया। यही कारण है कि शिवोपासक उनका परिवार गोपाल कृष्ण-लाडली मीरा को स्वीकार नहीं कर पाया और मीरा को भर्त्सना, अपमान तथा उपेक्षा को सहना पड़ा—और आज भी वह सह रही है।

मीरा कहने लगी—'सच बात तो यह है कि मैं नहीं जानती कि क्या सही है और क्या गलत! मुझे नहीं पता कि व्यक्ति की दूसरे को सुधारने में इतनी रुचि क्यों है! व्यक्ति स्वयं की ओर क्यों नहीं देखता? आपका कहना ठीक है। मैं कायल हूँ। पर मेरी अक्ल पर उस समय पत्थर पड़ जाते हैं। सच में, मुझे तब कुछ और सूझता ही नहीं। उन संतों में मुझे अपने मुरलीधर, माखन चुरैया की छवि नजर आने लगती है। तुम यकीन करो।' मीरा ने कंठ छूकर, चुन्नी ठीक करते हुए कहा, 'म्हाँ थारे सूँ कभी झूठ नहीं बोलेंगे। बा बखत म्हें अपने में नहीं होती। गोपाल रंग में रँग जाती हूँ। वो ही म्हारे में तब जी उठता है। म्हारे कूँ अपने वश में कर लेता है। पण क्यों?

क्या थे समझा सकते हो?'

मीरा में अपनी भाषा का स्रोत फूट पड़ा। उसमें भाषाई संस्कारों की त्रिवेणी सदा बहती रहती थी। भाषा उसमें गंगाजल-सी उद्वेलित होती रहती थी। भोज को उसकी ध्वनि की अंतरंगता सम्मोहित कर उठती थी। उसे उसका प्रश्न-संसार सद्यः जनमे शिशु-सा आँख खोले अपनी ममतामयी माँ की ओर देखता लगता था। उनमें कितनी मिठास और मधुरता होती थी! प्रश्न में से अहम् भाव की परछाईं हट जाए तो प्रश्न को उत्तर की आकांक्षा ही नहीं रहे। तब प्रश्न और प्रश्नक का एकाकार त्रिवेणी आनंदानुभूति में डूब जाता है। वही उसके साथ होता था।

अब भोज क्या समझाएँ? उसमें इतनी तल्लीनता, एकाकारता और समर्पित अवस्था कभी जनमी ही नहीं थी। वह स्वयं मीरा के दिप-दिप करते अनिंद्य सौंदर्य में चूडांत डूब चुका था। उसकी हिरनी-सी आँखें, पलाश पुष्प-से होंठ, मुखमंडल पर कुछ-कुछ गुलाबी एवं ताम्रवर्णी प्रकाश और गंगाई चित्त की उमंगित ऊर्मियों का संगीत उन्हें अपने में नहीं रहने देता था। मीरा के पास आकर धीरे-धीरे भोज मीरामय होने लगते थे। कितना सरल सा प्रश्न! पर कितना मुश्किल उत्तर! संपूर्ण चेतना के तार-तार हिला जाता था।

'कछु कहा नाहिं। क्या म्हाँने गलत प्रश्न किया था? थे म्हारी सहायता नाहिं करोगे तो कौन करेगा? सच में, म्हारे कूँ बा बखत अपनी सुधबुध नाहिं रहती है। मान-अपमान, लज्जा-शर्म, घर-घराना, स्त्री-पुरुष आदि किसीका ध्यान नहीं रहता। पण क्यों? जब वह सब बुरा है तब वैसा क्यों होता है? म्हाँ तो जगत्पति, त्रिलोक स्वामी मोर मुकुटधारी से पूछती हूँ—क्यों रे, थे क्या बुरा है? थे अपने भगतन की इतनी दुर्दशा क्यों करवाता है? क्यों मोह लेता है उनका इतना मन कि सारे रिश्तों, लोक-मर्यादा और रीति-नीति को ताक में रखकर वे थारे पीछे भागने लगते हैं पागल होकर? पण बो कम ढीठ नहीं है। उसकी ढिठाई के कारण तो बेचारी राधा को जग की सौ उलटी-सीधी बातें सुननी पड़ जाती थीं। बेचारी गोपियों का हाल तो देखो। दही बेचने जाती थीं और आवाज लगाती थीं—कृष्ण ले लो, गोपाल ले लो। क्या कर जाता है वह दीवाना कि उसकी सारी दीवानगी में डूब जाता है उनका-म्हारा मन? तब उनको अपना बिलकुल ध्यान नहीं रहता। क्यों जी, कभी थारे कूँ भी यह विचित्र अनुभव हुआ क्या?'

भोज ने मीरा का हाथ अपने हाथ में लेकर सहलाते हुए कहा, 'सच जानना चाहती हो, मीरा, तो…'

'हाँ, सच जानना चाहती हूँ। थे झूठ की बातें क्यों करते हो जी? एक सच ही तो है, दूसरा फिर कहाँ से उपजेगा?' मीरा का चित्त डूब रहा था। उसने

अपना हाथ नहीं छुड़ाया।

'तो सुनो, मीरा।' कहकर भोजराज मीरा के बहुत करीब आ गए।

मीरा को लगा कि भोज का हाथ उसकी पीठ पर रेंग रहा है। वह मुग्ध होती जा रही है। उसकी बड़ी-बड़ी आँखों में भारीपन छाता जा रहा है।

'कछु कहोगे भी, नाथ, या यों ही।'

'क्या कहें, मीरा! सच में, या बखत कहने-सुनने को कछु नाँय रह जाता। कछु भी नाँय।' भोज खुमारी में बोल उठे।

'पण क्यों?'

'नहीं जानता।'

'फिर टोकते क्यों हो?' मीरा पूछती।

'किसे?'

'म्हारे कूँ और किसे!'

'थारे कूँ!' कहते हुए भोज मीरा पर झुक जाते। वह मीरा की साँसों का अपने में अनुभव करने लगते। चंदन महकने लगता था साँसों में। अमृत घुलने लगता हृदय-प्राणों के स्पंदन में।

'जे थारे को क्या होता है?'

'जे सवाल थे अपने साँवरे से करना, मीरा। पाछे बताना कि बाने क्या उत्तर दियो।' भोजराज मीरा के कंधे पर अपनी ठोढ़ी रख देते और अपने अरुणाधरों से उसकी सुराही-सी गरदन को निःशब्द हो चूमने लगते।

मीरा में मदहोशी छाने लगती। उसकी चुन्नी एक ओर खिसककर गिर जाती। उसका हृदय जोर-जोर से धड़कने लगता। वह भोज को रोकना चाहकर भी रोक नहीं पाती। ऐसा क्यों होता है? उसने पहले भोज को कैसे रोक दिया था? डाँट-सा दिया था। तब भोज ने मुसकराकर उसका स्वागत किया था। कुछ कहा नहीं था। क्रोध तो तनिक भी नहीं। कोई बात नहीं। और धीरे-धीरे वह उसके करीब आते गए। मीरा का नकार भाव स्वतः ओझल होता गया।

भोज ने भी उस रात कितने सरलचित्त होकर पूछा था—'मीरा, क्या म्हारा थारे कान्हा से कोई संबंध नहीं है? क्या वह मात्र थारे हैं, म्हारे नहीं?'

मीरा ने हतप्रभ होकर भोजराज की ओर अपलक देखा था। भोजराज शांतचित्त होकर मीरा में अंदर-ही-अंदर डूब रहे थे। वह उस अनिंद्य सुंदरी के रूप में सम्मोहित होते जा रहे थे। जब कभी वह मीरा के निकट आए, तभी अपने आपको भूलता पाया।

'म्हारे भी हैं, थारे भी हैं। वे सबके हैं।' मीरा ने सहज होकर कहा।

'तो थारे में म्हारे प्रति इतनी दूरी क्यों, मीरा? थे और म्हाँ तो एक ही हुए न?'

'हाँ, हाँ''''हाँ।' मीरा ने कहा।

'तो थे म्हारे से दूर नहीं भागोगी न?' भोजराज ने कहा और मीरा का हाथ अपने हाथ में ले लिया। मीरा को वह अपनी बाँहों में भर उठे।

मीरा की आपत्ति-संशय का वहाँ कोई स्थान नहीं रहा। सब सहज होता गया। मीरा में पति-पत्नी एहसास के मेघ घिरते रहे, बरसते रहे। उसका तन-मन उसमें भीगता रहा।

अब! मीरा चौंक पड़ी। भोजराज ने उसकी कंचुकी की तनी खोल दी थी। वह छिटककर दूर होना चाहती थी; पर वह भोजराज की बाँहों में झूलकर रह गई।

भोजराज ने कहा, 'मीरा, थे म्हारी सर्वस्व हो। म्हाँ नहीं जानते कि वह क्या है? कैसा है? पण थारे को पाकर म्हारे कूँ लगता है कि वह है और थारे जैसा ही है; क्योंकि थे म्हारे कूँ बावरा करती हो और बो थारे कूँ। क्यूँ, है न, मीरा?'

मीरा पगला जाती। उसके रंध्र-रंध्र में फुहार महकने लगती। उसके उरोज थिरक उठते। सारे शिकवे-गिले छू-मंतर हो जाते। भोजराज कुछ नहीं कह पाते। कहने को था भी कुछ नहीं। मीरा के पास आकर वह भोज नहीं रहते थे, स्वयं मीरा हो उठते थे—प्रफुल्ल होकर और आत्मविस्तृत की कंदरा में उतरता हुआ। उसकी चेतना अचेत होने लगती थी। मीरा भी सबकुछ भूल जाती थी। उसमें भावों की गंगा बह उठती थी और वह उन आनंद तरंगों पर झूल उठती थी बावरी होकर। अंतर्मन गा उठता था बेसुध होकर। सारी पीड़ा छू-मंतर हो जाती थी।

चित्त कैसा निर्मल हो उठता था चाँदनी की तरह आत्ममुग्ध होकर! मीरा यह सोचते हुए सुरभिमयी हो उठी—मंगलमयी वासंतिका को अपने में उतरती पाकर वह बेसुध होने लगी।

यदा-कदा मीरा में अतीत परछाईं-सा डोल जाता था और वह यह सोचते हुए उसमें बहती हुई दूर तक निकल जाती थी कि वह भी उसके जीवन का एक यथार्थ पक्ष है—उसका जीवन ही है। मनुष्य अपने को याद करते हुए अपने में ही पुनर्जीवित हो उठता है। उसका पुनर्जीवित हो उठना उसको तटस्थ द्रष्टा बनाकर उसके मन को कितना डुबो जाता था, वह इसका अनुमान नहीं लगा पाती थी। मात्र वह डूबती जाती थी। सोचती जाती थी कि अपने होकर जीने में इतनी लुका-छिपी क्यों? क्यों नहीं अपनाया उसे राजघराने ने? मात्र भोज ही उसके लिए क्यों चिंतित रहा? रिश्ते तो उसके सबसे बने थे। भक्ति पर प्रश्नचिह्न क्यों लगे? क्यों व्यक्तिगत पूजा-आराधना को लेकर वितंडावाद को जन्म मिला? क्या जीवन में राख भरने के

प्रयास हुए? वह कुछ नहीं समझी। आज तक नहीं समझी। अब क्या समझेगी! अब उसे समझना ही नहीं है। यह निर्णय लेती हुई वह अपनी कुटिया में बंद हो गई चुपचाप हरि भजन के साथ।

इक्कीस

समय रेगिस्तानी पवन-सा रेतीले सागर पर अपनी लकीरें खींचता जाता है और स्वयं ही उन्हें मिटाता जाता है। कैसा अद्भुत आनंद है—बिलकुल स्रष्टा की तरह का, जो बनाता भी है और मिटाता भी है। यह सब जानते हुए बराबर यह प्रयत्न करता है कि वह कभी मिटेगा नहीं। न मिटने के प्रति वह अंतिम साँस तक आश्वस्त होता है और मिटने की वास्तविकता को जानबूझकर नजरअंदाज करता जाता है। चित्रदास के साथ भी यही सब घट रहा था। वह अपने को अजर-अमर मान रहा था और स्वेच्छाचारी होकर जी लेने के प्रति उद्यत था। परंतु मीरा के वृंदावन आने और वहाँ भक्तिरस की पावन गंगा बह उठने से उसके कारोबार को धक्का लगा था। धर्म उसके लिए एक प्रकार का कारोबार ही था। मीरा ने उसके श्रद्धालुओं को अपनी ओर खींच लिया था, इस कारण वह उद्विग्न हो उठा था।

मीरा का रूप अलौकिक था। वह चिर यौवना थी। उसके रूप में चाँदनी थी। उसे देखकर स्वतः ही चित्त प्रसन्न होता था। उसका हृदय जब गा उठता था तब भक्तजन आत्मविभोर हो उठते थे। उसके वृंदावन आकर रमने लगने से आचार्य, स्वामी, धर्मगुरु, योगियों आदि की माया सिमटने लगी थी। सहज और सीधे मार्ग पर चलने का आत्मिक आनंद अंतरंग को तन्मय कर जाता था।

स्वामी चित्रदास की छाती पर तो मीरा के वहाँ जम जाने से साँप लोटने लगे थे। धर्माचार्य उसके बढ़ते प्रभाव से अंदर-ही-अंदर बहुत नाराज थे। धर्मनगरी और राजधानी का जीवन सदा षड्यंत्रों से घिरा रहता है। यहाँ भी षड्यंत्रों का बोलबाला था।

"क्या किया जाए?" चित्रदास ने आचार्य दिव्यानंद से पूछा।

"करना तुम्हारे नहीं, विधाता के हाथ में है।" आचार्य दिव्यानंद ने सोचते हुए उत्तर दिया।

"हम ही विधाता हैं।" चित्रदास ने तनिक तेज स्वर में कहा।

" 'हम' के भाव का तिरोहित होना ही भक्ति-पथ पर चलने की पहली और प्रमुख शर्त है।" आचार्य दिव्यानंद ने समझाने की कोशिश की।

"वह सब हमें पता है, आचार्य दिव्यानंद।" चित्रदास ने व्यंग्य से कहा,

''उसे दोहराने या हमें बताने की कोई जरूरत नहीं है। माया की भाषा मत बोलो। यह वृंदावनी रस-भक्ति का ही उदय है कि...''

''बस-बस, समझा। कपिल के सांख्य, गौतम के न्याय, जैमिनी के पूर्वमीमांसा, पतंजलि के योग, व्यास के वेदांत आदि की चर्चा नहीं करनी है। न उपनिषद्-ब्राह्मण के परम तत्त्व विचार को दोहराना है। अपना सुदर्शन चक्र घुमाने की बात करना।'' आचार्य दिव्यानंद को चित्रदास को चिढ़ाने और तंग करने में बड़ा आनंद आता था। वह उसी चिर परिचित लहजे और ढंग से बोले थे।

''वह सोनचिरैया नाक में नकेल डाल रही है और आपके कान पर जूँ तक नहीं रेंग रही। ध्यान रखना, उसकी ओर से मुँह फेर लेना अंत में आत्मघाती सिद्ध होगा। तब आपको हमारी बात का रह-रहकर स्मरण आएगा। लेकिन तब तक बहुत देर हो चुकी होगी और अपना सपना हाथ से छूटे दर्पण की तरह चकनाचूर हो जाएगा।'' चित्रदास ने भी चिढ़कर कहा।

''सब जानता हूँ, चित्रदास, परंतु...'' आचार्य दिव्यानंद ने सोचकर कहना शुरू किया और सोचते ही रह गए।

''परंतु क्या, आचार्यश्री? पानी सिर से ऊपर बहने लगा है। अपना अस्तित्व खतरे में है। मीरा कोरी भक्तिन नहीं है, अपितु वह जन-मन में सामाजिक चेतना भी भर रही है और स्त्री समाज से वह सिर उठाकर चलने का आग्रह कर रही है।'' चित्रदास शब्द चबा-चबाकर बोल रहा था। उसका हृदय तिलमिला उठा था।

''आचार्य गौरी पंत के साथ जो हुआ, वह शायद तुम्हें मालूम नहीं है, चित्रदास।'' इस बार आचार्य दिव्यानंद ने अपने विशाल नेत्र खोल दिए। यथार्थतः वह भंग के नशे में चकनाचूर हो रहे थे। बादाम-पिस्ते में छनी भंग, ऊपर से रबड़ी और मलाई की बरफी। वाह, क्या बात थी! लेकिन अचानक उनके सामने गौरी पंत आ खड़ा हुआ।

आचार्य गौरी पंत साँवलिया मंदिर का स्वामी-पुजारी था। साथ में वह कीर्तनमंडली और मंदिर की सेवा में लगी अनेक ब्रह्मचारिनों का भी स्वामी था। उसकी कृपा का प्रसाद आचार्य परिवार के रसिक बांधवों में बराबर बँटता रहता था। उसकी कीर्तनमंडली बहुत प्रसिद्ध थी।

चित्रदास की भी उस जैसी धर्म-व्यवस्था थी। श्रीकृष्ण का रास रचैया रूप उसे बहुत पसंद था और स्वयं को श्रीकृष्ण की भूमिका में बनाए रखना उसके चित्त की प्रसन्नता का सबसे बड़ा कारण था। कहा जाता है कि वह सद्गृहस्थ था। उसने अपनी गृहस्थी को स्वयं आग लगाई थी। अपनी भाभी को लेकर भाग आया था। उसे जोगिन और अपने को जोगी के रूप में वहाँ स्थापित

करने में वह सफल हुआ था।

धर्माचार्य के चक्रव्यूह को वेधना कोई सरल कार्य नहीं था। उसकी भाभी अद्वितीय सुंदरी थी और नृत्य-संगीत में अत्यंत प्रवीण थी। वही उसका अवलंब बनी। सबसे पहले उसके माध्यम से उसने दिव्यानंद को डसा। आचार्य दिव्यानंद का चित्त लीलामग्न हो उठा था। वह उसके दीवाने हो उठे थे। अब क्या था, वह उस रूप-रंगिणी के आदि कृष्ण बन उठे। उनको चित्रदास ने अपनी मुट्ठी में कर लिया।

एक दिन आचार्य दिव्यानंद ने ही झूमते हुए उससे कहा, 'चित्रदास, हम तुम्हारी सेवा से अत्यंत प्रसन्न हैं। बोलो, तुम्हें क्या चाहिए?'

चित्रदास ने कहा था, 'आपका आशीर्वाद, आचार्यश्री।'

'किस रूप में?'

'आपकी शरण में पड़े रहने का, आचार्यश्री।' चित्रदास ने कहा।

आचार्य दिव्यानंद कुछ देर तक सोचते रहे। फिर मुसकराए और खखारकर बोले, 'बहुत दक्ष हो तुम, चित्रदास।'

'आचार्यश्री, आपका भक्त हूँ।'

'परंतु हमारा आश्रम दूर-दूर तक अपनी चरित्र-गरिमा के लिए सुविख्यात है। वहाँ स्त्री नहीं रह सकती है। और तुम बिना सुरा-सुंदरी के अपने भरोसे खड़े नहीं रह सकते।'

आचार्य दिव्यानंद की दृष्टि चित्रदास की स्वप्न सुंदरी के पायल की रुनझुन पर थी। उन्होंने उसे सोने की पायलें भेंट की थीं अपने गहरे प्रेम के प्रतीक के रूप में। वह उसके लिए पागल बने रहते थे।

चित्रदास जान चुका था कि यही उचित समय है उनसे वरदान पाने का। वह बोला, 'आचार्यश्री, छोटे मुँह बड़ी बात न समझी जाए तो एक बात बोलूँ।'

'बोल, चित्रदास।' आचार्य दिव्यानंद की शब्देंद्रियाँ स्वप्न सुंदरी के पार्श्व में आ बैठने पर भी उसकी पायल की रुनझुन का मंत्र सुन रही थीं।

'श्रीकृष्ण तो रास रचैया थे। वह प्रेम के भी आदि देवता हैं। भगवान् श्री···

'तो?'

'उनके पावन चरित्र की यमुना-गंगा बहने दीजिए, आचार्यश्री।'

'यहाँ तो यह कदापि नहीं हो सकता, चित्रदास।' आचार्य दिव्यानंद की चेतना ने अँगड़ाई ली। वह अपने अनूठे चरित्र-बल तथा इच्छाशक्ति से ही तो उस तपोभूमि का गुरुत्वाकर्षण बने हुए हैं। उनको भगवान् समझा जाता है। धर्माचार्यों की सभा में उच्चासन पाने का कारण भी उनका दिव्य चरित्र-बल ही है।

'तो?' चित्रदास ने चिंतित स्वर में पूछा, 'फिर कहाँ, आचार्यश्री?'

आचार्य दिव्यानंद सोच में डूबने लगे कि तभी उनकी दृष्टि स्वप्न सुंदरी के अति झीने और मांगलिक वस्त्रों पर पड़ी। उन्हें लगा कि स्वप्न सुंदरी की अलौकिक रूप-छवि उन झीने वस्त्रों में समा नहीं पा रही है। वह रम्य काया, जिसे उबटन से निखारा गया था, पीतांबरी से बाहर आ जाना चाहती है। उसकी आँखों में उतर आई मदिरा की रवानगी और उसके अरुणाधरों पर महक उठी उसकी बानगी उनसे और बरदाश्त नहीं हो पा रही थी।

फिर भी आचार्य दिव्यानंद ने अपने को संयमित रखते हुए धीरे से कहा, 'एक उपाय सूझा है!'

'क्या, आचार्यश्री?'

'तुम्हें भी पुजारी बना दें। तुम योगासन में भी प्रवीण हो। तुम्हारी स्थापना भी योगेश्वर से जुड़वा दें।' आचार्य दिव्यानंद का गद्‌गद कंठ मुखर हो उठा।

'पर कैसे, आचार्यश्री?' चित्रदास महान् धर्माचार्यों का मन टटोल चुका था और उनके चरित्र की महिमाभिमंडित दिव्यता को समझ चुका था। वे कुछ भी कर सकते हैं। उनके मस्तिष्क में चमत्कार की गौरव गाथा के अनेक प्रसंग हैं।

आचार्य दिव्यानंद ने कहा, 'तुम्हें हम एक मंदिर देते हैं।'

'कहाँ का मंदिर?'

'जहाँ तुम चाहो।'

चित्रदास कुछ समझा नहीं। वह किंकर्तव्यविमूढ़ रह गया। उसने अपने को सँभालते हुए पूछा, 'कुछ समझा नहीं, आचार्यश्री?'

आचार्य दिव्यानंद की आँखों में वसंत छा रहा था। वह बोले, 'चित्रदास, हमारे पास साँवलिया की एक बहुत पुरानी मूर्ति है। अति सुंदर! अति दिव्य!'

'वह तो गौरी पंत···' चित्रदास बीच में ही बोल पड़ा।

आचार्य दिव्यानंद ने तनिक आवेश में कहा, 'उस लंपट पुजारी की बात छोड़ो। वह अंधा हो गया था। और राजघराने की वधू मीरा से टक्कर लेना कोई सहज काम नहीं है। उसमें दिव्यता है, सत्यता है और संपूर्ण समर्पण भावना है। वह वीर क्षत्राणी है। उसे कुछ हुआ तो राणा साँगा के परिवार के लोग उन लोगों को जिंदा जमीन में गाड़ देंगे जिनके नाम उछलेंगे। मीरा का अपना प्रभामंडल है। इसलिए···' आचार्य दिव्यानंद भंग की सर्वथा नई तरंगों में झूमने लगे। उनकी आँखों से मादकता छलक रही थी। उनके अरुणाधर मचल उठे थे। सारा कक्ष मादक हो उठा था। श्रीकृष्ण और राधा को लेकर काम-केलि मुद्राओं के चित्र सजीव हो जाने के लिए उद्यत हो उठे थे।

'आचार्यश्री, साँवलिया···' चित्रदास ने उन्हें स्मरण कराया।

आचार्य दिव्यानंद बोले, 'श्रीकृष्ण की उस मूर्ति को जमीन में गाड़ आओ। फिर स्वप्न-आदेश की चर्चा को हवा दे देना। कहना कि उस स्थान पर बाँके बिहारी दबे पड़े हैं। अब वह बाहर आना चाहते हैं। चित्रदास की भक्ति से प्रसन्न होकर वह उसे अपनी सेवा का अधिकार देना चाहते हैं। फिर क्या है, धर्मांध जनता की श्रद्धा चित्रदास के चरणों में होगी और चित्रदास बाँके बिहारी के नए मंदिर के योगी, पुजारी और भक्त होंगे। आस्था-चक्र शुरू हो जाएगा। सौरभ-शृंगार, धन-संपदा श्रीचरणों में होगी। भाग्य के कपाट खुल जाएँगे। योगी चित्रदास, सेवा का यह फल तुम्हें पर्याप्त होगा।'

चित्रदास की आँखों के सामने दिव्य स्वप्न घूम गया। बाँके बिहारी के नए मंदिर का पुजारी! वाह! आचार्य दिव्यानंद ने क्या गजब का आशीर्वाद दिया!

आचार्य बता रहे थे—'वह मूर्ति नालंदा के पास के एक पुराने मंदिर से उठाई गई थी दस हजार में। तब से वह घर में पड़ी है। उस बात को आज करीब सात वर्ष से ऊपर हो चले हैं।'

'वह सब हो जाएगा, आचार्यश्री।' चित्रदास ने उत्सुकता से कहा।

'नहीं, मुझे उसकी कोई आवश्यकता नहीं है। पर तुम्हें एक बात का ध्यान रखना होगा, चित्रदास।' कहते हुए आचार्य दिव्यानंद कुछ रुके। फिर बोले, 'राणा साँगा तो वीरगति को प्राप्त हो चुके हैं। अब मुगलों का सितारा बुलंद हो रहा है। मुझे उनके भाग्य का उदय होता सूर्य स्पष्ट दृष्टिगोचर हो रहा है।'

'तब?' चित्रदास ने आचार्य दिव्यानंद को चुप पाकर कहा।

'देश से बाहर के विजेता अपने साथ किशोरियों को नहीं लाते हैं। वासना की कामना युद्धोन्मुखी वातावरण में अग्नि में घृत का कार्य करती है। आएदिन किशोरियों का शील-हरण हो रहा है। उन्हें बलात् उठाकर ले जाया जा रहा है। भयाक्रांत सुंदरियाँ श्रीकृष्ण की शरण में आ सकती हैं। शील-हरण के बाद उनके चंगुल से भाग निकली किशोरियाँ अपने घर वापस नहीं जा सकतीं।' आचार्य दिव्यानंद ने समझाया। अपने उत्तरीय को ठीक किया। किशोरियों की मादकता उनके मन चढ़ चुकी थी। उनका मन मचल रहा था—एक नहीं, अनेक किशोरियों से संसर्ग बने। उसके लिए चित्रदास से उत्तम दूसरा कोई भक्त नहीं हो सकता। उसने अपने लिए भगाई अपनी भाभी को उनके चरणों में सौंप दिया। निस्संदेह उसकी दासानुदास भक्ति उनके चित्त में मचल उठे ज्वार-भाटे का साधन बन सकती है। रासलीला के साथ रसलीला और काम-क्रीड़ा का मेल वसंतश्री का संपूर्ण सौरभ न्योछावर कर देगा।

'आपने सही कहा है, आचार्यश्री।' चित्रदास ने सहज ढंग से कहा।

'चित्रदास, इस स्वप्न के पुष्प खिलानेवाले तुम हो।' आचार्य दिव्यानंद ने कहना जारी रखा—'जिनका शील-हरण नहीं हुआ उनका हो सकता है। स्त्री और माटी के मटके की एक जैसी स्थिति है। स्त्री भी पानी के दो छींटे पड़ने से अपवित्र हो जाती है। उसका धर्म नष्ट हो जाता है। वह बेसहारा हो जाती है। धन्य है इस विधान के रचयिता को! धन्य है उसके अनुकरणकर्ताओं को! पुरुष कुकर्मी होकर भी ससम्मान जी सकता है। उसका शील-हरण नहीं होता। अत्याचारी व अन्यायी को सम्मान और जिसके साथ अत्याचार एवं अन्याय हुआ है, उस निर्दोष युवती को सजा। धर्माचार्यों के पास इस विधर्मी चाल का कोई उत्तर नहीं है। स्त्री-पुरुष के बीच इतनी बड़ी दरार! जब तक यह नहीं पटेगी, चित्रदास, तब तक अच्छा समाज सामने नहीं आ सकता। और हम उसे नहीं आने देने के लिए ही तो धर्म के प्रहरी बने हुए हैं। यह धर्म ही अधर्मियों की रक्षा करता आ रहा है।'

'आगे भी यही हम धार्मिकों की रक्षा करेगा, आचार्यश्री के आशीर्वाद से।' चित्रदास का मन झूम उठा। वह स्वप्न सुंदरियों के संसार में जा पहुँचा। सुंदरियों का नित नया संसर्ग जिजीविषा को चौगुनी शक्ति प्रदान करता होगा।

'परंतु, चित्रदास,' आचार्य दिव्यानंद ने आर्द्र स्वर में कहा, 'धर्म का यह अधर्म समाज से उसके जीने का सुकून छीन लेगा। वह दिन भी आएगा जब यही धर्म⋯। पर तब हम कहाँ होंगे? सत्ता और शक्ति का यही तो मद है, व्यभिचार है और चमत्कार है कि वह विधर्मी होकर भी शान से जी सकता है। गौरव से अपना मस्तक ऊँचा रख सकता है। विधर्म का यही तो गुरुत्वाकर्षण है। वह पतितों को उदात्त भूमिका में मंच पर ला खड़ा करता है। उनके चरणों में भरपूर मान-सम्मान, धन-दौलत और ऐश्वर्य-भोग डाल देता है।'

चित्रदास आचार्य दिव्यानंद की बदलती मानसिकता से चिंतित हो उठा। उसने ही तो आचार्य दिव्यानंद का ब्रह्मचर्य अपनी भाभी के माध्यम से खंडित करवाया था—यह कहकर कि 'आचार्यश्री, यह चित्रा है। ब्रह्मकुमारी है। इसकी कुंडली जाग्रत है। नृत्यांगना भी है। प्रभुश्री के श्रीचरणों में अपना सर्वस्व समर्पित करने की आकांक्षा रखती है। दिव्य मंत्र चाहती है। अस्वीकार मत कीजिएगा, आचार्यश्री। संपूर्ण तप, दिव्यता को मांगलिक बनाने की बलवती आकांक्षा ही इसे आपके पास तक खींचकर लाई है।'

क्या जादुई कमाल हुआ कि आचार्य दिव्यानंद उस तपस्विनी की रूप-माया में खिंचे चले गए। अब वही चित्रा संन्यासिनी चित्रा के नाम से सुविख्यात है और आचार्यश्री के हृदय की सम्राज्ञी बनीं उन्हें अपनी मुट्ठी में कैद किए हुए है।

चित्रदास के सामने सारे चित्र घूम गए। क्या बानगी थी उसकी! आचार्य

दिव्यानंद तक पहुँचने में अच्छे-अच्छों को पसीना आ जाता था। वहाँ वह सहज ही पहुँच गया था। कैसे कहा था आचार्य दिव्यानंद ने—'योगी चित्रदास, तुम्हारी योग-साधना योगिनी के साथ, जिसे कभी-कभी तुम 'संन्यासिनी' की संज्ञा देते हो, पूर्ण हुई।'

'अब से मैं योगी नहीं, आचार्यश्री, मात्र आपके चरणों में स्थान पानेवाला चित्रदास रह गया हूँ—भोगी चित्रदास।' चित्रदास ने कहा।

आचार्य दिव्यानंद के पास उसका आना-जाना बढ़ा। कार्यक्रम सुनिश्चित होने लगे और चित्रा का योग-तत्त्व उसके प्रवचनों से भी मुखरित होने लगा। परंतु किसीको क्या मालूम था कि उनकी धर्मनगरी में मीरा जैसी समर्पित भक्तिनी का प्रवेश होगा, जो धर्म के कुहरे को हटाने के लिए दिव्यालोक की स्वर्ण रश्मियों-सी उदित होगी। धार्मिकों की मायानगरी की वह नींद हराम कर देगी।

भक्ति इतनी सहज है। प्रभु की अनुभूति इतनी सहज है। धर्माचार्यों की स्थापना-भक्ति भक्तों के चित्त को निरंतर भयभीत करती रही थी। अब भक्त मस्त थे। उनके चित्त में कृष्णमयी रागिनी सम्मोहन मंत्र बनकर छाती जा रही थी। सारे धार्मिक आचार्य चिंतित थे, पर लाचार भी। कुछ करना चाहते थे, पर क्या? जो कुछ किया था वह प्रभावहीन सिद्ध हुआ था। उससे उलटे उनके प्रति जन-मन में संशय गहराया था।

आचार्य दिव्यानंद के प्रति शंका पैदा नहीं हुई थी। उनके प्रभामंडल की चकाचौंध निराली थी। वह जनता को बाँटते थे। उससे लेते कुछ नहीं थे। उनके धन-संपदा जुटाने के साधन छोटे ठिकानों से लेकर राजा-महाराजाओं तक थे। गुप्तदान उनके पास पर्याप्त चला आता था। श्रद्धालुओं की उनके प्रति गहरी आस्था थी। उनकी भोग-साधना की किसीको कानोंकान खबर नहीं थी—उनके आश्रम के पटु शिष्यों को भी नहीं; क्योंकि उनकी वाणी से ऋचाओं, मंत्रों आदि के पावन स्रोत निरंतर मुखरित होते रहते थे।

चित्रदास जानता था कि आचार्य दिव्यानंद काम-साधना के पंडित नहीं हैं। कदाचित् चित्रा ही वह भाग्यशालिनी माया है, जिसके संसर्ग में आकर वह माया के महा आकर्षण से बँधे हैं। इस सबके लिए चित्रदास ने उनके संन्यासी मन में बड़ी चतुराई से सेंध लगाई थी। वासना-वंचित होकर जीने की हठधर्मिता का इंद्रधनुष जब खंडित होता है तब एक आश्चर्य ही सामने आता है। अल्प समय में ही सबकुछ हो जाता है; क्योंकि अति विकर्षण का पराभव सहज आकर्षण से ही संभव होता है।

अब चित्रदास का योग चमत्कार और पुजारी की भूमिका का आकर्षण धुँधला रहा था। उसे भयाशंकाओं ने घेर लिया था। उसके चित्ताकाश पर चपल

चपला जब-तब तेज गर्जना करती हुई कौंध रही थी। उसके यहाँ की अनेक भक्तिन मीरा की शरण में चली गई थीं।

मीरा किसी मंदिर की शरण में नहीं गई थी। उसका चित्त ही मंदिर था और परम मूर्ति भी। उसके लिए धीरे-धीरे हर मंदिर के द्वार खुलते गए थे। वह प्रेम दीवानी थी, अत: चौपाल, खुले मैदान और मुक्त आँगन को ही अपनी साधना-स्थली बना लेती थी। भक्ति का अंतरंग चरित्र गा उठता था, नाच उठता था और सारा वातावरण झूम उठता था। मीरा के पीछे भक्त-समूह दीवाना होकर घूम रहा था। पुराने मठाधीश और धर्मगुरुओं के यहाँ श्रद्धालुओं की भीड़ लगातार घटती जा रही थी।

आचार्य दिव्यानंद ने धर्म-दरबार कभी नहीं लगाया। वह बराबर जनता से दूर बने रहे; और जब भी वह जनता के बीच में आए तो गाँव-के-गाँव उनके दर्शनों के लिए उमड़ पड़े। एक मेला-सा लग गया। यही उनके स्व शक्ति-सम्मोहन की परीक्षा थी, जिसके भरोसे वह सदैव निश्‍चिंत बने रहते थे।

आचार्य दिव्यानंद का प्रतिद्वंद्वी था जीव गोस्वामी। जीव गोस्वामी भी दूर-दूर तक जाना-पहचाना जाता था। कई दृष्टियों से जीव गोस्वामी उनसे अधिक महत्त्व रखता था। उसका अपना विशाल आश्रम था। बस्ती से काफी दूर था और पूरी तरह से परकोटे से घिरा हुआ था। उसमें स्त्री का प्रवेश वर्जित था। वह स्त्री को साधना में बाधक मानता था। उसे स्त्री की परछाईं से भी परहेज था।

आचार्य दिव्यानंद का मन महक उठा। क्या दूर की कौड़ी उनके हाथ लगी थी। वह कहने लगे—''चित्रदास, एक रास्ता दृष्टिगोचर हो रहा है।''

''क्या, आचार्यश्री?''

''हम लोग सामने नहीं आएँ और काम हो जाए। तुम्हें आम खाने से मतलब है या पेड़ गिनने हैं?'' आचार्य दिव्यानंद पूछ रहे थे।

''आम खाने हैं, आचार्यश्री।''

''तो ध्यान से सुनो।''

''कहिए, आचार्यश्री।''

''जीव गोस्वामी हैं न!''

''जी हाँ। उनका चतुर्दिक् प्रभाव है।'' चित्रदास ने उत्तरीय को ठीक करते हुए कहा।

''मीरा स्त्री है।''

''जी हाँ, है।''

''जीव गोस्वामी को स्त्रियों की परछाईं से भी घृणा है।'' आचार्य दिव्यानंद ने सिर खुजाते हुए कहा।

"हाँ, है।"

"मीरा के खेमे में तुम अपनी शिष्याओं को भेज दो। केवल उनको भिजवाना जिनपर तुम्हें पूरा भरोसा हो।" आचार्य दिव्यानंद ने कहा।

"उससे क्या होगा?"

"वे मीरा की विश्वासभाजन बनेंगी।"

"फिर?"

"वे उससे सब भक्तों के सामने कहेंगी कि वह जीव गोस्वामी से मिले। उनका भ्रम तोड़े।" आचार्य दिव्यानंद ने अत्यंत सहज ढंग से कहा।

चित्रदास पूछ बैठा—"यह बात तो मीरा को भी मालूम होगी कि जीव गोस्वामी…"

"हाँ, जानता हूँ।"

"उसने मना कर दिया तो?"

"आग्रह करेंगी वे, क्योंकि उनके प्रण से स्त्री जाति का अपमान हो रहा है। जीव गोस्वामी का भ्रम टूटना ही चाहिए। फिर सब भक्तिन हाँ में हाँ मिलाएँगी। मीरा विवश हो जाएगी। फिर होगा…"

"उन दोनों में युद्ध।"

"देखेंगे, कौन पराजित होता है!"

"जीव गोस्वामी अपने प्रण से हटेंगे नहीं।"

"यही देखना है, चित्रदास।" आचार्य दिव्यानंद समझा रहे थे—"मीरा पोषणं तदनुग्रह[१] का जीवंत चरित्र है। अन्यस्मात् सौलभ्य भक्ती[२] को उसने चरितार्थ किया है, कर रही है। भक्तराज शांडिल्य ने ईश्वर में प्रगाढ़ अनुरक्ति को भक्ति माना है—सायरानुरक्तिरीश्वर[३]। जन-मन सहजता की ओर आकृष्ट होता है। उसमें कठोर अनुशासन के प्रति आसक्ति नहीं जगती है। इसमें योग नहीं, चमत्कार नहीं, सहजता चाहिए जो भरपूर आनंद से संबद्ध कर सके। इसलिए यह कहना कि जीव गोस्वामी की जय होगी, संदिग्ध है, चित्रदास।"

"सच कहा, आचार्यश्री। मीरा में दिव्यता है। उसका कंठ अत्यंत मधुर है। उसके हाव-भाव कृष्ण जैसे हैं। उसकी भावनाएँ पवित्र ही नहीं, अमृतमयी भी हैं। पातंजलयोगसूत्र 'सुखानुशयी राग' को वह जीकर सबको अनुभूत करा रही है कि वही भक्तिस्वरूपा है। वह माया के प्रभाव से मुक्त है—और जीव गोस्वामी स्त्री

१. भागवत, २।१०।
२. भक्तिसूत्र, ५८।
३. शांडिल्य भक्तिसूत्र, १।

को माया मानते हैं।'' चित्रदास में मंथन शुरू हुआ। प्रवाह को एक नई दिशा मिली। परिणाम के प्रति जिज्ञासा जनमी।

रात रंग पर आने का निमंत्रण दे रही थी। आचार्य दिव्यानंद के हृदय में नूपुरों की रुनझुन चित्रा के चले जाने पर भी गूँज रही थी। चित्रा केलिकक्ष में उन्हींकी प्रतीक्षा में बैठी हुई वही प्रश्न दोहरा रही होगी—'आचार्य, यह ब्रह्मचर्य कैसा?'

'क्या कहा?'

'ब्रह्म ही तो नहीं है, फिर...'

'कैसा ब्रह्म?'

'जिसे हम जी रहे हैं।'

'किसे?'

'भ्रांति को। मुझे अद्‌भुत अनुभूति हो रही है, आचार्यश्री।'

'क्या?'

'जो हम हैं नहीं, उसके होने का ढोंग क्यों? क्यों जन-जन को बहकाएँ? मुझे लगता है कि मैंने गलती की।' चित्रा अपने में खोते हुए कहे जा रही थी—आचार्यश्री के शिथिल आलिंगन में तैरती हुई—'घर ही तपोभूमि है। उससे भागना दुर्गति है। मीरा ने सारे संसार को ही घर बना डाला। वह महान् है। हमने अपने घर को छोड़ा और अकल्पित अँधेरों को अपना घर बना डाला—धुएँ का घर। नहीं, आचार्यश्री, मुक्तिदाता अभिशाप-भोक्ता नहीं बने।'

'तुम पगला रही हो, चित्रा। हम चेतना से अचेतना की अंतरंग अनुभूतियों के महोदधि में आलुप्त होते हैं। वही ब्रह्मानुभूति है। मैं-तुम नहीं रहते। आकार निराकार में बदल जाते हैं और चित्त अक्षय आनंद पाता है।' आचार्य दिव्यानंद उसके सुडौल उरोज का स्पर्श कर झूम रहे थे।

'कुछ समय के लिए।'

'और फिर?'

'चारों ओर गहन अँधेरा।'

'तुम बहक रही हो, चित्रा।'

'पता नहीं, आचार्य।'

'पता है।'

'नहीं, आचार्य।'

'पगली, तुम्हारा दिव्य रूप, दिव्य स्पर्श, दिव्य...'

'आचार्य, दिव्य नहीं हो पाते क्या आप? एक विराम चिह्न निरंतर बना रहता है।'

'क्या तुम्हारी आकांक्षा नहीं रहती है, चित्रा?' आचार्य दिव्यानंद पूछते।

'किसमें?'

'समर्पण में।'

'पता नहीं।'

'तुम बराबर सोचती रहती हो।'

'शायद हाँ, शायद नहीं भी।'

'यह तुम्हारे मन की दुर्बलता है, चित्रा। अपने मन को सँभालो। उसमें द्वैत मत रहने दो। हर पल आनंद से जिओ। अद्वैत होकर जिओ। जीवन को छाया मत समझो। छाया जीवन नहीं है। वह जीवन का भ्रम है। भ्रम तोड़ना ही धर्म है। तुम धर्माचरण की ओर प्रवृत्त हो रही हो। यह पाप नहीं है, अपने को जीने का धर्म है। तुम धर्म सुकर्म में प्रवृत्त हो, संन्यासिनी चित्रा। यह भी संन्यास है। सदिच्छा का मांगलिक पर्व निनाद और क्या है! आओ, अब वासना का दान करें, पावन मन से और न्यास करें।' आचार्य दिव्यानंद उसे अब तक अपने सम्मोहन में इसी तरह बाँधते रहे थे। वह समझ रहे थे कि जिस स्त्री से वह चित्रा के आने से पूर्व भागते रहे थे, वह स्त्री भी साधना-उपासना के रहस्य का हेतु है। उसमें भी जिज्ञासा सेतु हैं। कहीं चित्रा उनसे विरक्त तो नहीं होने लगी है। अति हर चीज की बुरी है। लेकिन वह लौट नहीं सकते। उनमें चित्रा की गंध महकती रहती है। उसके कुंतलों की महक से वह पागल हो उठते हैं।

चित्रा के उनमें अनेक आकर्षण जन्म ले चुके थे। अब उन्होंने उठना चाहा।

चित्रदास जा चुका था। कक्ष शून्यता की गोद में आँख खोले शिशु-सा पड़ा अपलक लख रहा था—अलख को। कौन से अलख को? क्या उसने लखा है उसे?

वह कुछ नहीं जानते। जो जानते थे उसे वह भूल जाना चाहते थे।

चित्रा के पायल की रुनझुन उनके हृदय में गूँज रही थी तेज होकर, क्योंकि अब वहाँ कोई नहीं था। पार्श्व के कक्ष में चित्रा थी। चित्रा का रूप-रंग और अंग-अंग में अँगड़ाई लेता सद्यः वासंती यौवन निर्जन में खिले बेला-चमेली के अनगिनत सुमनों-सा महक रहा था। झीने-झीने अमूल्य वस्त्रों में दमकता-झलकता रूप-सौंदर्य धीरे-धीरे निर्वसित होकर उन्मुक्त इंद्रधनुषी गगन-सा उनमें समाता जाता था और निर्वात मौसम-सा चुपचाप गहरे और गहरे उतर जाता था। वह क्या है, जो उन्हें आंदोलित कर रहा है? वह तो संयमी जीवन के पुरोधा रह चुके हैं। संयम का असंयमित होकर बह उठना और मन का खुले वसंत मौसम-सा निरंतर खिलते जाना क्या कुछ असंगत है? वह अपनी प्रश्नावली में उलझे हुए चित्रा की ओर बढ़ने लगे, समग्र प्रश्नावली के समाहार के लिए शनैः-शनैः।

बाईस

व्रजमंडल का आनंद-सौंदर्य और पावन पर्वों का उल्लासोत्साह अपने आपमें अप्रतिम था। सारे व्रज का चित्त रास रचैया कृष्ण-राधा के अमर प्यार में झूम उठता था। भ्रमर-सा वहाँ गुनगुना उठता था समय का अदृश्य आँचल। यमुना की लोल लहरों का मखमली दामन महक उठता था।

होली आ रही थी। होली आने में तीन-चार सप्ताह रहते थे; परंतु वहाँ तो चारों ओर होली-ही-होली का उल्लास था, रंग था और मन था।

लोग टोलियों में गा रहे थे। स्त्रियाँ गाली गा रही थीं। कहीं-कहीं हँसी-ठट्ठा और शोर उन्मादी हो रहा था। कहीं-कहीं चुहलबाजी हो रही थी। ननद-भौजाई के बीच या देवर-भाभी के बीच अथवा हमउम्र छोरा-छोरियों के बीच। लगता था, सारा वृंदावन भंग पीकर मस्ती में झूम रहा है।

मीरा के कान सुन रहे थे—वृंदावन की गलियों में उमड़ उठा मनचला शोर। होली गानेवाले गा रहे थे पूरी तन्मयता से।

त्योहार और पर्व कैसे पावन बने हैं! वे हजारों वर्षों की तपस्या का फल हैं। कैसी उन्मादी घटा! कैसा मतवाला मौसम! कैसा वासंती उजाला! आनंद कितना मयूरी! मीरा ने गहरी साँस ली। उसका मन भर आया। वह मेड़ता-चित्तौड़ से कितनी दूर! कोई नहीं उसका। घना अँधेरा। बस, एक पीली-पीली लौवाला टिमटिमाता दीपक था। उसीकी आशा में जग रही थी मीरा।

क्यों चली आई थी अपनी गली-गलियारों को छोड़कर? कहाँ चली आई थी? किसके लिए? जीवन इतना क्षणभंगुर है। एक छरछराहट-सी उसमें उठी। उसका हृदय किसी शांत नद की अंतरंग उमंगों-सा अपने आपमें तरंगित होने लगा।

राग-रागिनियों का मंद-मंद स्वर उसके हृदय-तट से पगली लहरों-सा टकराकर स्वतः लौट जाता था।

वह इकतारा ले बैठी। उसे छेड़ती रही। मन हुआ, वह गा उठी—बहुत धीरे-धीरे—

"होली पिया बिण लागाँ री खारी।
सूनो गाँव देस सब सूनो, सूनी सेज अटारी।
सूनो बिरहन पिव बिण डोलाँ, तज गया पीव पियारी।
विरहा दुख मारी॥"

वह गाती रही। गुनगुनाती रही। फिर गा उठी। कभी गाना बंद कर वह इकतारा बजाती रही। कभी सोचती रही कि वह गा रही है और इकतारा बज रहा है। परंतु ऐसा कुछ नहीं हो रहा था। मात्र सन्नाटा बह रहा था। कभी-कभी परछाइयाँ जी उठती थीं।

मीरा के सामने आकर परछाइँयों को चीरती किरण ने घूँघट में से झाँका। मीरा हड़बड़ा उठी। वह बोल पड़ी—'जे क्या करते हो?'

भोजराज ने उसका घूँघट उठाकर उसके गालों पर चंदन लगा दिया था। वह बोले, 'होली नहीं खेली, क्यों? क्या मन नहीं हुआ?'

मीरा चुप। उसकी चोली पर चंदन की महक ललक भर उठी थी। उसका हृदय जोर से धड़क रहा था।

भोजराज कह रहे थे—'मैं तो होली खेलूँगा।'

मीरा ने भोजराज की ओर कनखियों से देखा। भोजराज के मुखमंडल पर चंदन-गुलाल था और कपड़े रंगों से भीगे हुए थे।

'मीरा, तुम्हें बुरा तो नहीं लगेगा?'

'क्या?' मीरा ने तपाक से पूछा। फिर कुछ सोचकर आगे कहा, 'आप ऐसा क्यों सोचते हैं?'

'कैसा?'

'कुछ नहीं।'

'क्या कुछ नहीं?' भोजराज ने मीरा की ओर बढ़ते हुए पूछा।

मीरा घबरा उठी।

'डरती हो क्या?'

'किससे?' मीरा ने सावधानी बरतते हुए पूछा।

'अपने से और किससे!'

'अपने से!'

'हाँ, मीरा, व्यक्ति अपने से डरता है। हर व्यक्ति का अपना ही वजूद है।' भोज ने गंभीरता से कहा और अपने को दार्शनिक मुद्रा में ले आए।

मीरा चुपचाप भोज की ओर देखती रही। वह क्या कहे? कहने के लिए कुछ था ही नहीं।

'देखो मीरा, जीने के अपने रंग हैं। सदैव व्यक्ति को एक ही रंग में रँगा नहीं रहना चाहिए।' बिना सोचे भोज बोले जा रहे थे—'मैंने पहली दफे और आज ही होली खेलने का निर्णय लिया है। परंतु किसके साथ खेलूँ? आज से पहले मैं इस दिन कहीं बाहर चला जाता था—कभी आखेट के लिए तो कभी किसी एकांत

पहाड़ी के आँगन में। परंतु आज!'

मीरा भोजराज की वीरता और उनके सौम्य स्वभाव से अत्यंत प्रभावित हो चुकी थी। उसके पास जब भी भोज आते थे, उसे एक नई प्रेरणा से भर जाते थे और उसके मन में गुदगुदी उठा जाते थे। मीरा उनके प्रति कृतज्ञता से देखती रह जाती थी।

मीरा अभी और सोचती जाती कि भोज ने आगे बढ़ मीरा की कमर में अपनी बाँहें डाल दीं। मीरा नाह-नूह करती रह गई। भोज ने उसे जी भरकर रँग डाला—रंग से भी, प्यार से भी और गुलगुली मचाकर भी।

मीरा हाँफने लगी। उसकी साँसों में ज्वार-भाटा आ घिरा। वह बोली, 'बस-बस, भोज, बस। अब मान भी जाओ।'

'मान तो जाएँ, पर तुमने तो हमारे अभी तक रंग नहीं लगाया, मीरा।' भोजराज ने शिकायत दर्ज करते हुए मीरा को आलिंगन में जकड़ लिया।

'लगाते हैं, लगाते हैं।' मीरा धड़कती साँसों की सरगम के साथ-साथ बहते हुए कहती—'पर तनिक छोड़ो तो।'

जब उसकी भुजाओं से छूटते नहीं बना तो उसने भोज के गुलगुली मचा दी। मचाती ही रही और फिर, फुर्र से चिड़िया-सी उड़कर एक ओर जा खड़ी हुई। अब भी उसका हृदय जोरों से धड़क रहा था। वह धीरे-धीरे कंचुकी की तनी में गाँठ लगाना चाह रही थी कि ज्ञात हुआ, एक तनी तो है ही नहीं। वह तनी तो भोज की उँगली में अलबट्टे लगी आँखों-ही-आँखों में मुसकरा रही है व्यंग्य से।

'अब लगाओ भी, मीरा।'

'आपने अपना रंग लगा लिया है, मुझे भी अपना रंग लगाना है।' मीरा ने कहा।

'ओह, ये बात है! तैयारी तुम्हारी भी है!'

'हाँ, है; पर आपके जैसी बेईमानी नहीं।' मीरा ने दुपट्टा ओढ़ते हुए कहा।

भोज ने उसकी सारी देह मथ डाली थी और गुलाल ने मादकता भर दी थी उसके अंग-प्रत्यंग में।

'कैसी बेईमानी?' भोज ने पूछा।

'मैं चोरी से नहीं, सबके सामने रंग डालूँगी और गुलाल मलूँगी; पर एक शर्त है।' मीरा ने आँख झपकाकर तनिक इठलाते हुए कहा।

'क्या शर्त है, मीरा?'

'डर तो नहीं रहे हो, भोज?' मीरा ने भोज को छेड़ा।

'मैं और डरूँ!'

'तो कान देकर मेरी बात सुनो और मुझे भी होली खेलने दो।'

'जैसी हमारी महाराणी की इच्छा। हमें तुम्हारी सारी शर्तें मंजूर हैं, मीरा।' भोजराज ने मीरा के गोरे और इकहरे तन पर लगे रंगों की चित्रकारी को देखा। उसकी मादक आँखों के कटीलेपन पर निगाह गड़ा दी। फिर मन-ही-मन कहा, 'वाह! क्या रूप है! क्या अबोधपन है!'

'आप वहीं पट्टे पर बैठ जाओ।' मीरा ने विनती के स्वर में कहा।

'तुम तब टेसू के रंग से नहलाओगी!' भोजराज ने उसके तने हुए उरोजों की ओर देखा। अभी भी वे झाँक रहे थे—मीरा से आँख बचाकर।

'देखते जाओ, मैं क्या करूँगी!' मीरा ने मचलते हुए कहा।

भोज चाँदी जड़े पट्टे पर बैठ गए।

'अब आप आँखें मूँदो।' मीरा बोली।

'जैसी महाराणी की इच्छा। लो, आँखें भी मूँद लीं। पर…'

'पर क्या?'

'ये मन की आँखें तो मुझसे नहीं मुँदेंगी, मीरा रानी! ये तो…'

'बस-बस, और बखान नहीं।'

'बोलती भी बंद!'

'मुझे मालूम है कि आप क्या बखान शुरू करने लगोगे!'

'जैसे तुम…'

'कृपया मेरी बात पर कान दो। आँखें मूँदे रखो, जब तक मैं नहीं कहूँ।' मीरा ने कहा और देखा, भोजराज ने आँखें मूँद ली हैं।

मीरा ने इकतारा उठाया। उसे अपनी तन्वी उँगलियों से छेड़ा। छेड़ती रही। हौले-हौले रंग बिखरने लगे। मीरा गाने लगी आँखें बंद करके—

"रंग भरी राग भरी राग सूँ भरी री।
होली खेल्याँ स्याम सँग रँग सूँ भरी री।
उड़त गुलाल लाल बादला री रंग लाल,
पिचकाँ उड़ावाँ रंग रंग री झरी री।
चोवा चंदण अरगजा म्हाँ, केसर णो गागर भरी री।
मीराँ दासी गिरधर नागर, चेरी चरण धरी री॥"

मीरा गाती रही, दोहराती रही; गुनगुनाती महकती रही। भोज का हृदय झूम उठा। उनके अंग-प्रत्यंग में तरंगों के रंग मचल उठे। वह उठकर मीरा के पास आए। उसके ढिंग आकर बैठ गए। धीरे से उन्होंने मीरा को छुआ। मीरा ने धीरे-धीरे आँखें खोलनी चाहीं; परंतु वे ज्यों-की-त्यों बनी रहीं। आँखें उसकी खुलीं नहीं। उसने

इकतारा एक ओर रख दिया।

भोज ने उसे अपने अंक में ले लिया। वह कहने लगे—'तुम जीत गईं, मीरा। तुमने तो हमारे होश उड़ा दिए। हमारे अंग-अंग में अभी भी तुम्हारे रंगों की बौछार हो रही है। तुम गाती हो तो हमारी चेतना सुधबुध खो बैठती है। हमें कुछ याद नहीं रहता और न कुछ दीखता है। प्रिये, तुमने यह जादुई कला कहाँ से सीखी? हमें भी अपना शिष्य बना लो।'

मीरा ने उठना चाहा तो भोज ने उसे धीरे से दबा दिया।

मीरा उनकी ओर देखती रही सम्मोहिता बनी। वह बोली, 'मेरे पास तो ये ही रंग थे, भोज।'

'इनसे सुंदर, महकदार और चटखवाले रंग और हैं ही कहाँ, मीरा!' भोज ने मीरा की आँखों में झाँकते हुए कहा। वह धीरे-धीरे उसके कंधे भी सहला रहे थे।

मीरा अपनी सुधबुध में नहीं रही थी। ओढ़नी के एक ओर सरक जाने से उसके उरोज उघारे हो गए थे। भोज ने उन्हें ढक दिए।

'आप इतना प्यार करते हो!' मीरा ने अत्यंत मद्धिम स्वर में कहा।

'प्यार की भी कोई थाह है, मीरा। हमें कुछ पता नहीं। पर मैं तो इतना जानता हूँ कि मैं तुम्हारे बिना जी नहीं सकता। पता नहीं तुमने क्या जादू किया है कि तुम्हें आँखों के सामने न पाकर भी मुझे तुम्हारा ही एहसास होता रहता है। लगता है, तुम मेरे पास हो। मुझसे कह रही हो—धणी राणा, अपना जरा तो ध्यान रखा करो। रात-दिन युद्ध-ही-युद्ध के बारे में मत सोचा करो। युद्ध की नहीं, प्यार की बात करो। बिछड़ने की नहीं, मिलन की बात करो। तोड़ने की नहीं, जोड़ने की बात करो। यह सारा संसार एक मेला है, एक उत्सव है और एक पर्व है। इसको रंग, गुलाल, चंदन से महका दो। इसमें विष नहीं, अमृत भरो। नेह डालो, जीवन भरो।'

'बस-बस, और नहीं। बिलकुल नहीं।' मीरा ने उनके होंठों पर अपनी उँगली रखते हुए कहा, 'यह आपको क्या हो जाता है कि आप काव्य पढ़ने लगते हो! आप वीर हो, चारण नहीं।'

'पर,' मीरा की उँगली अपने होंठों पर से हटाकर भोज ने कहा, 'मैं तो तुम्हारा चारण हूँ, मीरा।'

'नहीं, ऐसी बात नहीं कहते।'

'जिसपर जैसी बातें आएँगी वह वैसी ही कहेगा। तुम्हारे जैसी अमृतमयी बातें मुझे नहीं आती हैं। तुम तो जगत्पति कृष्ण कन्हैया को अपनी वाणी में बाँध लेती हो। वह भी तुम्हीं को सुनता हुआ एक पाँव से ठाढ़ा रह जाता है वक्र होकर। फिर मेरी क्या बात है! मैं तो सामान्य मनुष्य हूँ।' भोजराज का हृदय गद्गद होने

लगता था। उसमें प्यार का दरिया बह उठता था। लड़ते रहने की सारी थकान पल भर में छू-मंतर हो जाती थी। उनकी रगों में त्रिवेणी का कल-कल निनाद महकने लगता था और वह अपने को हवा में बादलों की तरह उमड़ता-घुमड़ता पाते थे। क्या वास्तव में युद्ध मानव के भाग्य की काली लिपि का प्रतीक है? वीरता के नाम पर नर-संहार क्यों?

'आप क्या सोचने लगते हैं, भोज?' मीरा ने भोजराज को झकझोरा। साथ ही उठ बैठी। उसने मुसकराकर भोज की ओर देखा।

'तुम प्यार की मूरत हो, मीरा।'

'नहीं, मूरत नहीं, देवी।' मीरा ने उसे छेड़ा और आँखें तरेरकर मुसकराई।

'मैं मजाक नहीं कर रहा हूँ, मीरा।'

'मैं भी तो मजाक नहीं कर रही हूँ। तुमने मुझे थोड़ा नीचे ला दिया था, सो मैंने अपनी वास्तविक स्थिति की ओर तुम्हारा ध्यान लाने की चेष्टा की है।' मीरा के स्वर में तनिक रुक्षता-मिश्रित नाराजगी थी।

'नहीं, मीरा।'

'आपसे कितनी बार कर जोड़कर विनती की थी कि मुझे यों सताना छोड़ दो। मैं आपकी मित्र हूँ, शत्रु नहीं। मैं जो कुछ हूँ, आपसे हूँ। आपका प्यार ही कृष्ण कन्हैया के श्रीचरणों में उड़ेल रही हूँ। यही मेरी ताकत है, शक्ति है, भक्ति है और···'

भोजराज ने मीरा के होंठों पर अपनी अनामा रख दी।

मीरा चुप हो गई।

भोजराज ने कहा, 'तुम अब मुझे दोहराने का काम करने लगी थीं।'

इसपर वे दोनों एक साथ मुसकरा उठे। चाँद भी मुसकराकर झील की शांत लहरों को छेड़ बैठा। चाँदनी रोमांचित हो उठी।

मीरा कह रही थी—'आप मेरा इतना खयाल रखते हैं कि मुझे कभी-कभी डर लगने लगता है।'

'कैसा डर?' भोजराज ने पूछा।

'प्यार से।'

'प्यार से डर!'

'अधिक प्यार···' मीरा इतना कहकर रुक गई, जैसे उसे किसीने रोक दिया हो।

'वो क्यों?'

'नहीं जानती।'

'पर तुम ऐसा कैसे कह सकती हो?'

'कैसा, भोज?'

'यही कि प्यार अधिक और कम होता है। प्यार तो प्यार होता है।' भोजराज ने सोचते हुए कहा।

'यह मुझे नहीं पता।' मीरा ने दो टूक जवाब दे डाला और अपने को चुन्नी में ठीक से लपेट लिया।

भोजराज तुरंत बोले, 'यह मुझे तो पता है न, मीरा!'

'यह मुझे नहीं पता। मन कहता है...'

'दिमाग नहीं?'

'नहीं।...हाँ।' मीरा दुविधा में पड़ गई।

दरअसल वह मन और दिमाग को अलग नहीं कर सकती थी। वह दोनों को पर्याय ही मानती थी। परंतु अब उसे लगा कि दोनों अलग-अलग हैं। दिमाग कारण माँगता है, मन भाव।

भोजराज पूछ बैठे—'यह 'हाँ, नहीं' का क्या मतलब है, मीरा?'

मीरा ने विषय बदलने की दृष्टि से कहा, 'मैं जरा कपड़े बदल आऊँ।'

'और मैं?'

'आप भी बदल लो।'

'साथ-साथ!'

'शरारत नहीं।' कहकर मीरा स्नानागार की ओर बढ़ गई।

भोजराज उसे एकटक निहारते रह गए। मीरा के पायल की रुनझुन उनके कानों में गूँज रही थी। पगली! कितनी सहज है! दीन-दुनिया से इसे कुछ लेना-देना नहीं। यह अपने आपमें ही मस्त है। लीन है।

□

"अभी सोईं नहीं, दीदी।" ललिता ने मीरा को बैठा देखकर कहा।

मीरा दीवार का सहारा लिये बैठी थी और उसके पास इकतारा रखा हुआ था।

चंग-डफ बज रही थीं। होली गाई जा रही थी। बीच-बीच में मसखरी भी हो रही थी। सारा वृंदावन राग-रंग में डूबा हुआ था।

"तू भी जग रही है।"

"पानी पीने को उठी तो देखा।" ललिता ने पूछा, "क्या बात है, दीदी? तबीयत तो ठीक है?"

"ठीक है, ललिता।"

"सिर दबा दूँ?"

"नहीं।"

"सहला दूँ?"

"नहीं, ललिता।"

"सिर में तेल लगा दूँ और तलुए रगड़ दूँ?" ललिता ने पूछा।

मीरा को अतीत से वर्तमान में आने में समय लग रहा था। अतीत उसका मनचाहा स्वप्न था और वर्तमान मनचाहा यथार्थ। वह कुछ-कुछ सकपका गई। वह सँभलकर बोली, "नहीं, ललिता, ऐसी कोई बात नहीं है। मैं एकदम ठीक हूँ।"

"आधी रात बीत रही है, दीदी।"

"तो?"

"तो क्या, अवश्य कोई बात है।"

"कहा नहीं क्या, कि कोई बात नहीं है!" मीरा ने तनिक झुँझलाकर कहा।

"सुना, मेरी प्यारी दीदी, सबकुछ सुना।"

"फिर सिर क्यों चाटे जा रही है?"

"आदत है, दीदी।"

"यह अच्छी आदत नहीं है।" मीरा बोली।

"जानती हूँ, दीदी।"

"क्या खाक जानती है!"

"आदत, दीदी।"

"बकझक छोड़ और सिर की मालिश कर दे।" हारकर मीरा बोली।

"आपका आदेश सिर-माथे पर।" ललिता बोली और तेल ले आई।

मीरा लेट गई। ललिता उसके सिर की मालिश करने लगी।

थोड़ी देर में ही मीरा को सुकून मिलने लगा। उसकी आँखें भारी होने लगीं। उसकी पलकें गिरने लगीं। ललिता मीरा को सुलाना जानती थी। उसकी उँगलियों में मधुर संगीत की सरगम थी। धीरे-धीरे उसका मनोमस्तिष्क बेसुध-सा होने लगता था।

मीरा सो गई। ललिता उसके कुंतलों को सहलाते-सहलाते उठने का उपक्रम करने लगी। कुछ रुककर देखा। देखती रही। मीरा का दिप-दिप करता उजास-सा रूप दमक रहा था एकदम चाँदनी और सूरज की आभा जैसा समन्वित होकर। उसकी हिरनी-सी आँखें बंद होकर भी जाग्रत थीं। उनमें बसा ईषत् सिंदूरीपन सदैव की तरह चटकती कली-सा शोभायमान हो रहा था। राजरानी होकर सुलगते अंगारे-सी देह को जोगिन बनने की क्या सूझी? क्यों निकल पड़ी कृष्ण की पगडंडियों

पर? भक्ति की गौरव मूर्ति बनी कितना कष्ट पा रही थी! परंतु उसके लिए गरल ही अमृत था, दुःख ही सुख था, कष्ट ही आनंद की तरंग था और पर-वेदना को दूर करना ही उसके जीने का लक्ष्य था। यह सोचते हुए ललिता हौले-हौले चलने लगी। जलते हुए दीये की बाती को थोड़ा सा पीछे खिसकाकर उसकी लौ कम करती गई। अब डफ, चंग आदि बजना बंद हो चुके थे। आसमान तारों से भरा था और बिखरी खील-सा शांत पड़ा था। वह अपने कक्ष की ओर बढ़ गई। अंदर पहुँचकर आधा दरवाजा उढ़का दिया, ताकि बयार दबे पाँव आ-जा सके बेरोक-टोक, सहज-सहज। मेहँदी रचे हाथ-पाँवों की गंध महकती रहे उसके दिलोदिमाग में। पता नहीं क्यों, उसे मेहँदी रचे हाथ-पाँव की महक अपने में दबोच लेती थी। माँ कैसे कहा करती थी—'ललिता, थारे हाथ-पाँव में मेहँदी बड़ी सोनी रचती है। एकदम हीरे की कनी-सी चमकती है। जरूर तेरा पति तुझे बहुत प्यार करेगा। हथेलियों पर रखेगा।' तब उसकी उम्र ही क्या थी। यही सात वर्ष के लगभग। परंतु मेहँदी रचाने की जिद कितना करती थी। एक बार तो उसने अपनी गुड़िया के हाथ-पाँव में भी मेहँदी रचा डाली थी। उसे क्या पता था कि विवाह उसके भाग्य में लिखा ही नहीं था। पति मिला ही नहीं। माँ झूठ नहीं कहती थी। पति मिलता तो उसे वह जरूर हथेलियों पर रखता। उसमें टीस हिये की हूक बनकर तरंग-सी उठी और उसके सारे शरीर में बिच्छू के डंक-सी लहराने लगी।

क्यों पूछा था उसने मीरा से? आँख क्यों नहीं लगती कभी-कभी? रात क्यों बेअसर होकर रह जाती है? क्यों उसे नींद चाहते हुए भी नहीं आती है? नींद से लड़ते-लड़ते क्यों मुरगा बोलने तक सो नहीं पाती? क्या सबके साथ ऐसा ही होता है? होता होगा या नहीं, उसे क्या! पर शायद मीरा के साथ तो होता है। नहीं होता होगा, क्योंकि वह तो गोपाल कृष्ण की आराधिका है। उसमें ही तल्लीन है।

फिर उसने अपने ऊपर चादर खींच ली और सोने का उपक्रम करने लगी।

तेईस

वृंदावन का मिजाज रोज बदलता था। रोज नव उत्सव भर उठता था। वास्तव में वह उत्सवों का घर था। गीत-संगीत का मन था और नृत्य-रास का बावरा संगी-साथी। वहाँ का झगड़ा भी रस भीजा था और वहाँ का रूठना-नाराज होना भी अंतरंगता का प्रतीक था।

मीरा बहुत घूमी। अनेक जगह गई। वहाँ रही। पर उसका मन कहीं नहीं लगा। उसने यहीं चैन पाया। उसके कलेजे की पीर वृंदावन की चंदन माटी को माथे

पर लगाने से दूर हो पाई और कल-कल गुनगुनाती यमुना ने उसे रसमग्न कर डाला।

घर में चक्की चलने की घर्र-घर्र की आवाज से सुबह होने की सूचना मिलती थी। किसान हल-बैल लेकर निकल पड़ते थे। बैलों के गले में बँधी घंटियों की टन-टन मन की गहराइयों में गुनगुनाने लगती थी।

मनचले सपने-सा दिन उगता और दिन भर महकता रहता। गौओं की टोलियाँ गाती हुईं निकल जाती थीं। साँझी-टेसू की बहार आ जाती थी—आँखों में चाँदनी आँज कर सूरज की ऊष्मा के साथ। तब यायावर-सी मनमौजी भंगिमा सुप्त पड़े कमलों के दल-के-दल खिला जाती थी वासंती पवन के साथ झूमते हुए। यह कैसी अनुपम छवि होती थी कि नित्य देखते रहने पर भी वह सदा-सर्वदा नवीन नजर आती थी, नववधू-सी। जब देखो तब मेला-सा जुड़ा रहता था वहाँ।

वृंदावन की मानसभूमि पर म्लेच्छों का आतंक नजर नहीं आता था। हालाँकि दिल्ली ज्यादा दूर नहीं थी। मथुरा तो बहुत पास थी। आगरा भी बराबर राजनीतिक गतिविधियों और सरगर्मियों का केंद्र बना हुआ था। युद्ध की विभीषिका बराबर बनी रहती थी। मीरा जब चित्तौड़ में थी तब युद्ध की उन्मादी मानसिकता से अपने परिवार को घिरा पाती थी। स्वयं अपने पति भोजराज से सुनती रहती थी कि युद्ध ही मेवाड़ की जीवन-शक्ति है और उसके सूर्योदय की नियति भी।

एक शब्द पर आकर वह ठहर जाती थी और पूछ बैठती थी—'भोज, वे म्लेच्छ क्यों? हिंदुत्व की रक्षा क्यों?'

भोजराज प्रसन्न हो जाते और कहते होते—'तुम अब राजराणी हो चली हो, मीरा। चलो, तुम्हें थोड़ी-बहुत तो चिंता हुई कि तुम भी राजघराने की क्षत्राणी राणी हो। तुम्हारे हिस्से भी कुछ आता है। निश्चित ही यह शुभ लक्षण है।'

'मेरे प्रश्न का उत्तर नहीं देना चाहते तो न दो, परंतु टालो नहीं।' मीरा कह बैठती।

'तो सुनो, मीरा। तुम्हारे परिवार के लोग भी युद्धरत रहे हैं। इसमें कोई संदेह नहीं है कि हम हिंदू हैं। बाहर से इस देश पर आक्रमणकारी आए हैं। वे युद्ध द्वारा हमारी सत्ता और अस्तित्व को मिटा डालना चाहते रहे। उनसे रक्षा करने के लिए युद्ध तो करना ही होगा न!' भोजराज ने टहलते हुए जवाब दिया। वह सोच के सागर में डूबने लगे; क्योंकि ऐसा प्रश्न वह पहली बार हल करने का प्रयास कर रहे थे।

'मारी तो प्रजा जाएगी।'

'हार तो हमारी या उनकी होगी।' भोज समझाते—'राज का यही धर्म है। प्रजा राज का ही हिस्सा है।'

‘और राज अपनी महत्त्वाकांक्षाओं को पूरा करने के लिए प्रजा का बलिदान करता है।’

‘नहीं।’

‘हाँ, भोज, हाँ। प्रजा को युद्ध उन्मादी बनाता है। क्या प्रजा लड़ना चाहती है?’ मीरा पूछती।

‘क्या प्रजा को आक्रमणकारी की अमानुषिक अभिलाषाओं का शिकार हो जाने दिया जाए? फिर हमें प्रजा से कर वसूलने का क्या अधिकार? हमारा फर्ज बनता है कि प्रजा की रक्षा करें, उसे अनाथ नहीं छोड़ें।’ भोज उसे समझाते हुए भी अपने को अंदर-ही-अंदर लड़खड़ाता हुआ अनुभव कर रहे थे। दरअसल वह अपने उत्तर से स्वयं ही असंतुष्ट थे।

‘वो तुम जानो। मेरा तो इतना सा मानना है कि राजा के लिए प्रजा हिंदू-मुसलमान नहीं होती, वह प्रजा मात्र होती है। एक राजा की पराजय का अभिशाप उसकी प्रजा को क्यों भोगना पड़े? राजा तो दोनों ही हैं। उसे तो प्रजा ही रहना है। फिर, उसपर अत्याचार क्यों?’ भोज की ओर देखते हुए मीरा कहे जा रही थी। वह जानना चाहती थी कि भोज जो कुछ कह रहे हैं, उससे उनके चेहरे पर कौन से भाव उभर रहे हैं? क्या वह अपने कथन से संतुष्ट हैं?

भोजराज में मंथन चल रहा था। उनको मीरा का सामना करने में कठिनाई हो रही थी। उनकी निगाहें नीची थीं। तभी उनके लिए राणा साँगा का बुलावा आ गया और वह महल से बाहर चले गए।

आज भी मीरा अपने प्रश्न को लिये अपनी जगह खड़ी है। सोचती है कि मनुष्य का अपने स्रष्टा, सर्वेश्वर, जगदीश्वर के प्रति विश्वास क्यों घटता जा रहा है? कृष्ण से भी वह पूछती—‘थे सबकछु देख रहे हो, परंतु कछु करते-धरते नाहिं, मात्र मूरत बने खड़े हो। अपने भगतों की मूरखताओं का मन-ही-मन आनंद ले रहे हो। क्या जे ही थारा समाज है—कृष्ण समाज? थे कछु करो न! प्रजा को राजा की इच्छाओं-महत्त्वाकांक्षाओं की जलती भट्ठी में झोंकने से रोको।’

एक संत के गाने की आवाज सुनाई पड़ी। वह कहीं दूर से बहुत गहरे में उतरकर गा रहा था। उसके कंठ में मधुर टीस-सी गहन पीड़ा है। उसके प्राण गा रहे हैं, उसकी आत्मा गा रही है और उसका मन गा रहा है। साक्षात् त्रिवेणी की धारा बह रही है अग-जग में। वह गा रहा था अथवा वह अपने से आत्मालाप कर रहा था, इसका कुछ पता नहीं चल पा रहा था—

‘ओ मुसाफिर! तुझे पता है, तू कहाँ से आया है? तुझे जाना कहाँ है? तुझे क्या करना है? फिर भी, तू जानता है कि तुझे मालूम है कि तू सबकुछ जानता है।

यही तो माया है, भ्रम है और इसीसे तू कष्ट पाता है। जबकि परमात्मा ने किसीको कष्ट नहीं दिया है और न वह कष्ट देता है।

'तेरे भाग्य में आनंद ही लिखा है। एक शब्द 'आनंद' ही तेरे लिए है। तू आनंद का साक्षात् रूप है। तेरा जन्म आनंद से हुआ है। आनंद के लिए हुआ है। तू चिदानंद में ध्यान लगा; क्योंकि तू वही है, वही तेरा आकर्षण है। वही तेरा आदि-अंत है।

'ओ मुसाफिर! तेरा अपना कोई घर नहीं है। सगा-संबंधी नहीं है। विरोधी, शत्रु नहीं है। ये तेरे में उपजे भ्रम हैं। इनसे तुझे दूर रहना है। सदा मंगल की ओर बढ़ना है।

'ओ मुसाफिर! तेरे में नदियाँ हैं, नदियों का संगम है, गंगा-यमुना हैं, पर्वत हैं, मरुस्थल हैं, समुद्र हैं, झील हैं, पोखर-तालाब हैं। तेरे में सूर्य-चंद्र हैं। तेरे में सारा ब्रह्मांड है। धरती, आकाश, अग्नि, हवा और जल—सब तेरे में हैं। तू उन्हींका संचित रूप है। तू उन्हींका पहचान-प्रतीक है।

'ओ मुसाफिर! तुझे रुकना नहीं है और न किसीको रोकना है। तुझे नदी की तरह बहते जाना है, अग्नि की तरह प्रकाशित होते रहना है, धरती की तरह उर्वर होना है, हवा की तरह प्राणवान् बने रहना है और आकाश की तरह हलका व प्राणदायक सिद्ध करना है।

'ओ मुसाफिर! तुझे स्वेच्छा से, सहर्ष सर्वस्व त्यागते जाना है। तू पाकर छोड़ते जाने के आनंद-उत्सव का ही संगी-साथी है।

'ओ मुसाफिर! तुझे अभी चलते ही जाना है, रुकना-थकना नहीं है। तेरी मंजिल बहुत दूर है। मीलोंमील दूर है, कोसोंकोस दूर है। परंतु तुझे उसके लिए जरा भी चिंतित और मायूस नहीं होना है; क्योंकि तू जब ठान लेगा तब ही अपनी मंजिल पर पहुँच जाएगा। लेकिन तू चाहेगा ही नहीं कि मंजिल तक पहुँचे; क्योंकि तुझे चलते जाने में इतना आनंद अनुभव होता रहेगा कि फिर तुझमें कहीं पहुँचकर रुकने की इच्छा ही नहीं रहेगी।'

मीरा उस आवाज के पीछे चलने का प्रयास करती है। उसे अपनी सुधबुध नहीं रहती। वह कौन है, जो बराबर मुरलिका के स्वर में गाए जा रहा है? उसकी आवाज में जबरदस्त कशिश है, करुणा है, प्यार है और आकर्षण है।

हालाँकि अब वह आवाज उससे और दूर होती जा रही थी। उस सुरीली कोयल कंठी आवाज की लहरें अनुगूँज रही थीं। मीरा ने उस आवाज का पीछा करने में कोई गलती नहीं की। मीरा के रंध्र-रंध्र में वह मधुर अमृतमयी आवाज समाती चली गई।

करील के कुंज शुरू हो गए। घने कुंज। सुंदर वन। फिर सामने यमुना आ गई। सोनजूही के पंखों-सी यमुना एकदम शांत और तंद्रिल अवस्था में स्वप्न-निमग्न थी। उसकी पलकें भारी और उसकी देह शिथिल-शिथिल-सी आलस्य की बाँहों में समाई हुई, अपने से बेखबर थी।

आश्चर्य! यमुना की शांत लहरों पर किसीकी पदाहट स्पष्ट सुनाई पड़ रही थी। उसने एक-दो ऐसे संतों के बारे में सुना था, जो योगी थे और अपनी योग-साधना से यमुना को चलकर पार कर जाते थे। मीरा ने आँखों को और खोला। दिमाग को चेताया। परंतु उसे कुछ भी दिखलाई नहीं पड़ा। मात्र वह अमृतवाणी दिशाओं में समाती हुई प्रतीत हो रही थी। पदाहट मंथर पड़ती जा रही थी।

हवा थमी हुई थी। करील के कुंज सोए पड़े थे। चेतना सुप्त पड़ी हुई थी। अचेतन जगा हुआ था—सुप्त पड़ी माँ के आँचल से लिपटे हुए शिशु की भाँति अपनी आँखों की मुसकराहट बिखेरता हुआ। वह माँ के अधखुले स्तन पर अपने नन्हे-नन्हे हाथ रखे मौन दृष्टि से उसे निहार रहा था। माँ ऐसी होती है। मीरा में ममता की अनुभूति गहराई। वह स्पंदित हो उठी।

अब उसकी कारुणिक आवाज का अंतिम अंतराल यमुना के दूसरे छोर से आता हुआ सुनाई पड़ा। उसमें प्रश्न थे। वह पूछ रहा था—'गति के लिए रुकना क्यों? पवन के लिए ठहरना कैसा? किरणों को किसकी प्रतीक्षा? नदी को सुस्ताने की सोचना क्यों? अग्नि का बुझना कैसा?

'ओ मुसाफिर! तुझे मेरे पीछे-पीछे ही आना है। तुझे मेरे पीछे आने से कोई नहीं रोक सकता। स्वयं तू भी चाहे तो अपने को नहीं रोक सकता। तुझसे रुकना होगा ही नहीं; जैसे अग्नि तापरहित नहीं हो सकती और चाँदनी शीतलताशून्य।'

मीरा आगे बढ़ने लगी। यमुना की शांत लहरों पर उसके पाँव पड़े। वह थिरक उठी। वह दो कदम और आगे बढ़ी। उसे वह अमर ध्वनि निरंतर अपने पास आने का संकेत दे रही थी।

जैसे ही मीरा ने और आगे बढ़ना चाहा कि पीछे से ललिता ने आकर उसके कंधे पर हाथ रखकर तेजी से कहा, "दीदी, आँखें खोलो।"

मीरा सन्न रह गई। वह वहीं जाम हो गई। वह गतिशून्य स्थिरता में जकड़कर रह गई। कुछ पल सिमटकर उसमें एक साथ आ ठहरे। ललिता उसे झकझोरकर कह रही थी—"दीदी, कुछ दिनों से यह मैं क्या देख रही हूँ कि⋯"

मीरा अभी तक अपने होश में नहीं लौटी थी। उसमें स्वप्निल तंद्रिलता पूरी तरह घर किए हुए थी। उसे अभी भी वह अनुगूँज घेरे थी। वह अभी तक आत्मा के संगीत की स्वर-लहरियों के साथ-साथ चलती चली जा रही थी कि ललिता ने

तेजी से उसका हाथ पकड़ा और पूरी शक्ति से उसे अपनी ओर खींचा।

एकबारगी ललिता को लगा कि मीरा उसे ही अपनी ओर खींच रही है। परंतु दूसरे ही पल उसने अपने को सँभाल लिया—और तनिक-सी भी भूल नहीं की।

इस बार मीरा ने मुड़कर उसकी ओर देखा—भावशून्य निगाहों से, कहीं दूर से लौटते हुए थके मुसाफिर की तरह।

ललिता पूछ रही थी—"कई दिनों से मैं देख रही हूँ कि तुम नींद में चल पड़ती हो। कौन दरवाजा खोलता है—तुम या कोई दूसरा, पता नहीं चलता। तुम चल पड़ती हो और दरवाजा स्वत: ही बंद हो जाता है। तुम बंद करती हो अथवा कोई दूसरा, इसका पता नहीं चलता। आश्चर्य, तुम्हारे चलने की आहट बराबर सुनाई पड़ती रहती है और दरवाजा भी बंद होता जाता है बहुत हौले-हौले। दोनों बातें एक साथ कैसे? क्यों, दीदी?"

मीरा अपने में लौटने लगी। उसने चाँदनी में आँखें खोलीं। खुली आँखों को खोलने का अनुभव ही दूसरा है। विरल अनुभव। ऐसे विरल अनुभव ही तो मीरा को निरंतर हो रहे थे। हालाँकि उसे उन अनुभवों की विरलता का अनुभव कतई नहीं हो रहा था। वह तो ललिता को हो रहा था। वह डर रही थी कि कहीं मीरा को नींद में चलने की बीमारी तो नहीं हो गई है। वह वैद्य से पुछवा चुकी थी। स्वयं पूछने जा नहीं सकती थी। बार-बार उसके सामने वही आकर खड़ा हो जाता था, जिससे वह बचना चाहती थी। रूप लंपटों के आघात का विष अभी तक यदा-कदा उसे मथ डालता था। वह अपनी इच्छा से जी कहाँ सकी थी। उसकी इच्छा पर असमय ही तुषारपात हो गया था। उसमें तो जीने की इच्छा भी शेष नहीं रही थी। मरने भी उसे नहीं दिया गया। वह मात्र दूसरों की इच्छा के लिए जीवित रखी जा रही थी। अपने प्रति वह घृणा से भरी हुई थी। उपेक्षा से घिरी हुई थी। मीरा न मिलती उसे तो क्या वह मरी हुई जिंदा होने की अनुभूति से जुड़ पाती?

लेकिन धूपद तो उसके आगे-पीछे चक्कर लगाता है। उसका भोला मुखमंडल, आकर्षक देह-गठन और सुदृढ़ कद-काठी बहुत लुभावनी है। उसकी आवाज में जादुई सुरीलापन है। वह निरंतर भजन-कीर्तन में आता है। वह निरंतर आँख बचाकर उसकी ओर देखता रहता है। वह क्यों उसकी ओर देखती है? क्यों जानना चाहती है कि वह उसकी ओर देख रहा है या नहीं? वह अपने को क्यों नहीं रोक पाती है? उसे देखकर क्यों जोरों से उसका दिल धड़कने लगता है? यदा-कदा वह नहीं आता तो उसमें बेचैनी क्यों होने लगती है? अचानक उससे कहना पड़ा।

ललिता ने घबराकर कहा, 'एक बात पता करके आ सकते हो क्या?'

'क्यों नहीं!' धूपद ने कहा।

'कोई नींद में चल सकता है क्या?'

'कौन?' धूपद ने पूछा।

'कोई भी।' ललिता बोली।

'किससे पूछूँ?'

'किसी अच्छे वैद्य से। यहाँ कोई अच्छा वैद्य है क्या?' ललिता ने टोह ली।

धूपद कुछ सोचकर बोला, 'हाँ, है। राजवैद्य है। बहुत बड़ा वैद्य। अपनी हवेली, घर-बार को छोड़कर चौथापन बिताने यहाँ आ गया है श्रीकृष्ण की शरण में। हमपर उसकी कृपा है। हम उससे पूछ सकते हैं।' कहते-कहते वह रुक गया।

संबोधन पर आकर वह अटक गया। ललिता भी तो संबोधन पर आकर अटक रही थी।

ललिता बोली, 'राजवैद्य ने पूछा कि मरीज कौन है, तो?'

'तो?'

'हमारा नाम मत बताना।'

'समझा।'

'क्या समझा?'

वह कुछ देर तक सिर खुजाता रहा। साथ ही अपनी अक्ल को कोसता रहा कि उसने 'समझा' क्यों कह डाला? वह समझा क्या था? कुछ भी नहीं। उसका दिल जोरों से धड़क रहा था। आवाज काँप रही थी।

ललिता ने कहा, 'नाम नहीं बताना। किसीसे कहना भी नहीं। राजवैद्य ने कहा कि मरीज को लिवाकर लाओ, तो?'

'तो हम तुमको लिवा ले जाएँगे। बैलगाड़ी जोत लाएँगे।' वह बोला।

ललिता कहने लगी—'नहीं, यह काम तुम्हारे बस का नहीं है। तुम रहने दो।'

'क्यों, यह काम हमारे बस का क्यों नहीं है? हम तो जान हथेली पर रखकर तुम्हारा काम करेंगे। भरोसा रखो। जरा मोटी अक्ल है। बात देर से इस भेजे में बैठती है। पहलवानी ने रही-सही अक्ल और मोटी कर दी है।' वह एक बार तो सकपका गया था, परंतु सँभल गया और अत्यंत विनीत होकर कहने लगा।

ललिता को उसपर तरस आ गया। उसके सामने उसके अलावा कोई दूसरा रास्ता भी नहीं था। वह बोली, 'ध्यान से सुनो। राजवैद्य ने मरीज को लाने की जिद की तो चुप होकर चले आना।'

'चुप क्यों?'

'क्योंकि मरीज यहाँ नहीं है।'

'तो क्या हुआ? हम मरीज बन जाएँगे। फिर तो काम बन जाएगा कि नहीं!'

'ठीक है।'

वह चला गया। ललिता उसके समर्पित भोलेपन पर मन-ही-मन मुसकरा उठी। पगला कहीं का। इससे पहले तो उसने अपने को जल्लाद मनुष्यों के सामने पाया था। उसीने बताया था कि नींद में चलने की खतरनाक बीमारी है। वैद्यराज ने सात दिन के लिए ये पुड़ियाँ दी हैं। शहद या दूध के साथ लेने को कहा, दिन में तीन बार। मरीज का ध्यान रात में रखने की बात भी कही है। इसी कारण ललिता रात में विशेष रूप से जागती रहती थी।

मीरा ने पूछा, "तुम ललिता, यहाँ। मेरे पीछे-पीछे तुम रात-दिन क्यों घूमती हो?"

ललिता चुप बनी रही। कहने के लिए उसके पास कुछ था नहीं।

"लगता है, तुम मेरे लिए अपनी सेहत बिगाड़ लोगी। न री, तू मुझे पाप की भागीदार मत बना।" मीरा कहती।

"दीदी, मैं तो पापिन ठहरी।"

मीरा सँभल गई—"नहीं री, यह बात नहीं है। तू मेरा बहुत ध्यान रखने लगी है।"

"आप इतनी रात में!"

"वो क्या था कि···तू नहीं समझेगी, ललिता। बात ही कुछ ऐसी है।" मीरा ने कहा।

"मैं क्यों नहीं समझूँगी?" ललिता पूछती—"आपने समझाया तो मैंने मरना छोड़कर जिंदा रहना सीख लिया कि नहीं!"

"तो सुन। यह बात समझने से ज्यादा अनुभव करने की है।" मीरा ने इतना कहकर उसे सारी बात समझा दी।

वह समझने के बजाय और उलझ गई। वह कैसे कहे कि वह उसके पीछे-पीछे ही चल रही थी। जानना चाहती थी कि वह क्या करती है? किधर जाती है? वह नहीं होती तो शायद वह यमुना में उतर जाती। वह निर्जन स्थान था। पास में श्मशान था। पुराना श्मशान। अब उधर कम ही मुरदे लाए जाते थे। जब से वहाँ आकर एक अवधूत ने श्मशान जगाते-जगाते मृत्यु को गले लगाया था तब से वह स्थान 'भुतही श्मशान' नाम से जाना जाने लगा था। उधर से कोई गुजरना भी पसंद नहीं करता था।

"एक प्रार्थना करूँ, दीदी।"

"क्या?" मीरा ने यमुना की ओर देखते हुए कहा। यमुना सफेद मलमल-सी चादर ताने सो रही थी।

"गलती बने तो क्षमा करना।" ललिता बोली।

"कुछ कहेगी भी या···"

"कहती हूँ, कहती हूँ। पहले यहाँ से लौटें तो।" ललिता ने मुड़ते हुए कहा।

"उस अघोरी ने सामने ही प्राण त्यागे थे।" मीरा ने सोचकर कहा।

"शायद वह अवधूत था।" ललिता बोली।

"मसान में धूनी रमा कर बैठा था—भूत-प्रेतों के लिए।" मीरा ने सामान्य जानकारी देते हुए कहा।

"भूत-प्रेत होते हैं क्या?"

"तू डरती है क्या?"

"उनसे सभी डरते हैं।"

"तो सुन, भूत-प्रेत नहीं होते हैं। व्यक्ति के मन का डर ही भूत-प्रेत है। जो डरता नहीं, उसके लिए न कोई भूत है और न प्रेत। इसीसे तू मुझे लौटने के लिए कह रही है।" मीरा ने ललिता में जन्म ले रही खाहमख्याली के कुहरे को छाँटने हेतु कहा।

"पर आप इधर नहीं आएँ तो?"

"मैं कहीं आने-जानेवाली कहाँ हूँ री! मुझे तो ले जानेवाला वह है। उसके आग्रह को न मानने का प्रश्न ही नहीं है।···तू चिंता मत कर। मुझे कुछ नहीं होने वाला। सब श्याम साँवरे की कृपा है। सबका वही कर्णधार है।" यह कहकर मीरा लौट पड़ी। यमुना की ओर मुड़कर देखा। वह अभी तक जुन्हाई ओढ़े बेखबर सो रही थी।

दोनों चुपचाप लौट आए।

सारा वृंदावन सुप्त पड़ा हुआ था। कहीं कोई आहट नहीं। चारों ओर चाँदनी का एकच्छत्र साम्राज्य था। गहरा अकेलापन था।

मीरा ने समझाया—"ललिता, तू जान ले, मुझे कोई रोग नहीं है। न मैं नींद में चलती हूँ। जानती हूँ, तूने उस पहलवान से पुछवाया था। पगली, इतनी चिंता नहीं करनी। चिंता चित्त को अंदर-ही-अंदर खाती जाती है। इसीलिए चिंता कतई नहीं। गोपाल को भजनेवाला किसकी चिंता करेगा!"

ललिता चौंक पड़ी। फिर उसने कुछ नहीं पूछा। मीरा चुपचाप अपने कक्ष में जाकर खटिया पर लेट गई। वह सोचने लगी कि यह आपसी संबंध क्या है? इनमें

कितना खिंचाव-आकर्षण है। पगली कितना चिंतित रहती है! क्या लगती है वह उसकी! जो लगते थे, उन्होंने उसके साथ क्या किया! कितना गहरा षड्यंत्र रचा! पर किसलिए? व्यक्ति में क्यों व्यक्ति के प्रति घृणा है? मन-बुद्धि का ठेकेदार होकर भी वह क्यों इतने मूर्खतापूर्ण कार्यों में अनुरत है? क्या वह आज यमुना की लहरों को सेतु समझकर उस पार उतर जाती या बीच में डूब जाती? डूबकर वह कहाँ जाती? एक-न-एक दिन तो उसे जाना ही है। फिर जाने के डर से, आत्मानुभूति के रास्ते से पीछे क्यों हटे? नहीं, नहीं। लेकिन ललिता को वह कैसे समझा सकती है? उसकी अटूट श्रद्धा-भक्ति का मन भी तो वह दुखा नहीं सकती है।

यह सोचते-सोचते मीरा नींद की गोद में समा गई।

चौबीस

बहुत दिनों बाद मीरा गोविंद के मंदिर में आ रही थी। यह सूचना जंगल में लगी आग की तरह चारों ओर फैल गई थी। भीड़ उमड़ पड़ी थी। गाँवों में नई उमंग दौड़ गई थी। वह नहीं चाहती थी कि भीड़ का मेला जुड़े। वृंदावन में वह मेला जोड़ने नहीं बल्कि कृष्ण कन्हैया की जीवंत स्मृतियों की अनंत अनुभूतियों से जुड़ने आई थी।

गोविंद का मंदिर छोटा सा था। गाँव से थोड़ी दूरी पर था और वहाँ आनेवालों की संख्या बहुत कम थी। उसने यही सोचकर उस स्थान का चयन किया था। मंदिर में गोविंद की संगमरमर की मूर्ति बहुत छोटी थी। पर थी बहुत सुंदर और बोलती हुई। वहाँ का पुजारी बहुत गरीब था; परंतु था वह बहुत संतोषी और श्रद्धालु।

मंदिर के सामने आँगन बहुत बड़ा था। वह आँगन खचाखच भरा हुआ था। मीरा ने सबका अभिवादन किया था। मीरा माई की जय-जयकार हो उठी।

आरती शुरू हुई।

घंटियाँ बज उठीं। शंखध्वनि होने लगी। तबले पर थाप पड़ उठी। सब आरती में मशगूल हो गए। आरती के बाद सब बैठ गए। भक्तों में यद्यपि स्त्रियाँ अधिक थीं, तथापि पुरुष भी कम नहीं थे।

मीरा ने उन्हें पद सुनाए। इकतारा के साथ तल्लीन होकर उसने अनेक पद गाए। जन-मन डूब गया। फिर उसने श्रद्धालुओं से कहा, "जय कृष्ण गोपाल! कृष्ण कन्हैया की जा भूमि पर आज सबन कूँ मीरा का सत-सत बार परनाम! जा भूमि की रज में बाल गोपाल खेले, रास रचाया और गौ चराने ले गए। यहाँ की ही राधा थी—बरसाने की। कान्हा नंद गाँव के थे। यहाँ की चप्पा-चप्पा भूमि गोविंद

की अनुभूतियों का महासागर है। आप सब भाग्यशाली हैं; क्योंकि आपने यहीं जनम पाया, याही चंदन माटी में बड़े हुए और यहीं परिवार का सुख पा रहे हो। जे पूरब जनम की तपस्या का फल है। म्हाँ भी जा ही सुख के लिए जा भूमि की रज सिर पै धारण करने आई हूँ। जासूँ म्हाँ थारे कूँ परनाम करती हूँ। थारे भाग्य की सराहना करती हूँ।''

मीरा ने चारों ओर देखा। सब शांत थे और जिज्ञासु बने मीरा की ओर अपलक देख रहे थे। लगता था कि कानों का काम वे अपनी आँखों से ले रहे थे।

मीरा समझाने लगी—''जा माटी में जनम पाकर मानुख गोविंद कृष्ण की ओर ध्यान नहीं लगाए, यह हो नहीं सकता। चंपा-चमेली के सुमन खिलें तो यह हो ही नहीं सकता कि सुगंध न बहे। जे मानुख योनि थारो पुण्यों का फल है। जा हे निखारत नाहिं जाने दिया जाए। जैसे करम करोगे, मन वैसा ही होगा। जे तन-मन बा ही कृष्ण मुरारि का है, अतः जाहे उसमें ही लगा दो। जानते हो कि जाका मतलब क्या है?'' यहाँ आकर मीरा रुक गई।

मीरा का कोकिल कंठ भक्तों के चित्त को आनंद की गंगा में अवगाहन करा रहा था। उनमें संतों की बयार बह उठी थी। वे अपनी सुधबुध भूलकर गोविंद-मीरा की शरण में जा बैठे थे।

मीरा कहने लगी—''म्हारी बात छोड़ो। म्हारे मन में वह चित्तचोर चुपके से आ बैठा। अब बाके इशारे-संकेत पर म्हारे कूँ चलना है, इसके अलावा कोई दूसरा मारग म्हारे लिए नाहिं बचा है। परंतु थारे लिए तो थारे घरन में गोविंद का निवास है। थारे में तो वह गोपी-राधा बनकर निवास कर रहा है। फिर थारे कूँ घर छोड़ने की जरूरत क्या? जा माटी के कन-कन में गोविंद का बास है। बा में ही थारा सबन का मन लगे। जाके लिए तुम सबन कूँ वे ही काम करने हैं जो गोविंद ने किए थे। तभी तो थारा मन बा में लगेगा। मन सदा करम के पाछै-पाछै चलता है। जैसे करम वैसा मन। फिर चाहे थे उसे भजो या न भजो, कोई फरक नाहिं पड़नेवाला। वो तो भावना का भूखा है। भावना का आधार करम है। करम ही भावना का स्रोत है। जासूँ कहा जाता है कि अच्छे करम करो। गोपाल की गैल चलो। काहू के मन को न दुखाओ। सबन में गोपाल विराजता है। जे ही साँचो भजन-कीर्तन है। जे ही गिरहस्थी का संन्यास-तप है। जे ही बाको पूजा-पाठ है। जे ही बाको दरसन-आभास है।'' इसके बाद मीरा ने ललिता से कहा, ''कीर्तन शुरू कराओ।''

ललिता आगे आई। करताल बज उठे। ढोलक बज उठी। मजीरों की लय नर्तन कर उठी। 'हरे कृष्ण गोविंद हरे-हरे' का स्वर उठा। उठता ही गया। सब गा रहे थे। सबके चित्त गा रहे थे। डूबकर गा रहे थे। कीर्तन का स्वर बदला। कुछ

गोपियाँ उठीं। नाचने लगीं। 'हरे कृष्ण, हरे कृष्ण, कृष्ण-कृष्ण हरे-हरे' की ध्वनि गूँजने लगी।

सबके मन नाच रहे थे। सबके अंग-प्रत्यंगों में झंकार की अनुगूँज महक रही थी। पावन हो उठी थी वहाँ की सर्वांगता।

अब आनंद की थिरकन से भरे मन अपने-अपने घर की ओर जाने के क्षणों में आ चुके थे। तभी कुछ सुरसुराहट बढ़ी। कीर्तन की ध्वनि शांत, परंतु मन में उसकी लय-गति का मंथर प्रवाह थिरकता हुआ आनंद से संयुक्त।

"माई से एक प्रश्न है।" आनंद के थिरकते मन पर अनायास व्यवधान पड़ा।

सबकी दृष्टि घूमी और उस पुरुष पर जा टिकी, जो दक्षिण दिशा में खड़ा हुआ था।

मीरा पूछ रही थी—"क्या प्रश्न है, भगत?"

"माई, जब से आप वृंदावन में आई हैं, वृंदावन का मन बदलने लगा है। भक्ति का मार्ग चल पड़ा है। सहजता का प्रवाह पावन पुण्य होकर मतवाला हो उठा है। परंतु…" उस अधेड़ व्यक्ति ने उच्च स्वर में कहा।

"परंतु क्या, भगत?"

"माई, जे हम सबन को प्रश्न है।"

"क्या प्रश्न है?"

"जा वृंदावन में संत जीव गोस्वामी भी हैं। पहुँचे हुए संत-योगी। धर्मपुरुष हैं। शीर्ष पुरुष हैं।" उस अधेड़ व्यक्ति ने निर्भीक होकर कहा।

सारे भक्तों की दृष्टि उस अधेड़ व्यक्ति पर जा टिकी, जो पीतांबर धारण किए हुए था और जिसके मुखमंडल पर ज्योति शांतभाव से धूप-सी खिली हुई थी। वह अचानक चुप होकर कहीं और ध्यान लगाए हुए था।

"फिर, भगत?" मीरा ने उसको जगाया।

वह अधेड़ व्यक्ति बोला, "उन्होंने प्रतिज्ञा ले रखी है, माई।"

"कैसी प्रतिज्ञा?" मीरा ने पूछा।

भक्तों में से कुछ की आँखें चमकीं। हलकी सी सुरसुराहट शुरू हुई। वातावरण में सरगर्मी पैदा हुई।

वह अधेड़ पुरुष कहने लगा—"संत जीव गोस्वामी ने स्त्री-मुख न देखने की सौगंध ले रखी है। वह किसी स्त्री का मुख नहीं देखते। उसकी परछाईं से भी परहेज रखते हैं, माई।"

"रखने दो, भाई, इससे किसीको क्या!" मीरा ने सहज उत्तर दिया।

''नाँय, माई, थारे होते हुए जे धाँधली न चलने पाए। माई, हम सबन की थारे से हाथ जोड़कर यही प्रार्थना है।'' एक दूसरा अधेड़ व्यक्ति खड़ा होकर कह रहा था।

''आपने भक्त शिरोमणि, सती होती स्त्री की जीवन-रक्षा की थी। सत् के व्रत का अर्थ समझाया था। आप ही यह भ्रम दूर करवाएँ, ताकि नारी का सम्मान बना रहे। उसकी प्रतिष्ठा पर आँच न आए। उसे हीन नहीं समझा जाए।'' वह उच्च स्वर में कह रहा था।

सबकी दृष्टि उसपर गई। दबे स्वर में किसीने कहा, ''यह चित्रदास का शिष्य परमदास है।''

''संत जीव गोस्वामी को अपनो विश्वास है। उससे नारी की प्रतिष्ठा नाँय गिर सकती। गंगा को कोई कुछ समझे, पर बो रहेगी तो गंगा ही। बा की पवित्रता पर कैसी आँच? बा से गंगा को कैसा डर? नाँय, भाई, जा में कछु नाँय रखो। जे सब भरम की बातें हैं। इन बातन में समय बिगाड़ने से कछु हासिल नाँय होता। म्हारी तो जे सलाह है सिगरे भगतन कूँ कि वे जा टंटे में अपने को नाँय डालें। ऐसा बखेड़ा खड़ा नाँय करें, जा सूँ बैठे-ठाले बात का बतंगड़ बने, राई का पहाड़ खड़ा हो। अपणो समय हरि कीर्तन में व्यतीत हो, जे ही ठीक है।'' मीरा ने रसमयी वाणी में अमृत घोलते हुए अधिकांश लोगों का मन जीत लिया।

मीरा माई की जय-जयकार हो उठी। सबके मन में अपूर्व उत्साह की यमुना-गंगा बहने लगी।

लेकिन परमदास ने सबको शांत करते हुए कहा, ''माई, आपका आदेश सिर-माथे। परंतु हमारी प्रार्थना है कि वृंदावन-व्रजभूमि राधा-कृष्ण, गोपी-कृष्ण आदि नाम से जानी-पहचानी जाती है। इस भूमि पर गोपी-राधा की उपेक्षा हो, यह संगत नहीं है। इसके लिए कदम उठाना बड़े पुण्य का कार्य है।''

इस बार परमदास की बात पर सबका ध्यान गया। उसकी प्रार्थना में दम-खम था।

उसकी बात के समर्थन में एक भक्तिन खड़ी होकर कहने लगी—''परमदास भाई की बात पर ध्यान दीजिए, माई। कम-से-कम व्रजभूमि पर तो कोई स्त्री-विरोधी संत नहीं रहे।''

''माई, यह बात हम सबन के अपमान की है।'' एक दूसरे व्यक्ति ने कहा।

''राधा-कृष्ण की तो जोड़ी है।''

''गोपी-कृष्ण की भी है, माई।''

''यह उनका अपमान है। इसपर आप जरूर ध्यान दें। जा से जा भूमि का

मान बढ़ेगा।'' एक अन्य भक्तिन ने कहा।

फिर अनेक औरतें फुसफुसाहट के स्वर में इस बात पर जोर देने लगीं कि जीव गोस्वामी के भ्रम को तोड़ा जाए। व्रज में नारी-मुख न देखनेवाले संत-स्वामी का क्या काम? नारी से ही व्रज की पहचान है। कुछ समय में ही परमदास की बात सबके मन की बात हो उठी। परमदास का मनचीता होने लगा। उसके साथी भी प्रसन्न। चित्रदास की यही तो इच्छा थी। दिव्यानंद भी तो यही चाहते थे कि जीव गोस्वामी का पराभव हो।

''माई, जे चमत्कार थारे अलावा कोई दूसरा नाँय दिखा सकत है।''

''गोपी-राधा को प्रतिष्ठा मिले, माई।''

''जे प्रश्न जा भूमि की मर्यादा का है।''

''माई, आप अवश्य आगे आएँ।''

''जीव गोस्वामी का भ्रम दूर करें।''

अब भक्तों की आवाज में कड़कपन आ गया था। ललिता ने कुछ कहना-समझाना चाहा, परंतु किसीने उसकी बात नहीं सुनी। सबके मन में एक ही बात थी—जीव गोस्वामी की हेकड़ी जाती रहे।

मीरा ने उन सबका शोर सुनकर खखारकर कहा, ''सब कृष्णभक्त शांत हों।''

मीरा का कहना था कि पल भर में शांति छा गई। उन्हें चुप होता देखकर वह बोली, ''संत जीव गोस्वामी का यह व्यक्तिगत दृष्टिकोण है।''

''माई, यह उनका व्यक्तिगत दृष्टिकोण नहीं है।'' परमदास ने कहा, ''उनके आश्रम में कोई स्त्री नहीं जा सकती। रथयात्रा के समय कोई स्त्री उनके सामने नहीं आ सकती। वह धड़ल्ले से स्त्री के प्रति घृणा उड़ेलते रहते हैं; परंतु आज तक उनके स्त्री-विरोध का कोई सही उत्तर नहीं दे पाया। आप पर श्रीकृष्ण की अनुकंपा है। आप ही जनमानस को सही रास्ते पर ला सकेंगी। कृपया अपने भक्तों की मर्यादा का ध्यान कीजिए और उनके सिर पर वरदहस्त रखिए।''

''परमदास भक्त का कथन सही है।'' अनेक भक्त एक साथ बोल पड़े।

ललिता का माथा ठनका। वह यह अनुभव कर रही थी कि मीरा को किसी-न-किसी नई और कठिन समस्या में उलझाने की योजना यहाँ बराबर बनती रहती है। यहाँ के महंत उनको पराजित कर वृंदावन छोड़ने के लिए विवश करना चाहते हैं। ललिता से नहीं रहा गया। वह खड़ी होकर बोली, ''भक्तो, माई यहाँ श्रीकृष्ण की क्रीड़ाभूमि की पावन रज का अनुभव करने के लिए आई हैं। वह संत, संन्यासी, स्वामी और धर्माचार्यों का फैसला करने नहीं आईं। न उनके पास आपको

दिखलाने के लिए कोई चमत्कार है। माना कि धर्मनगरी आज चमत्कारों की होड़ का केंद्र होती जा रही है; परंतु धर्म चमत्कार नहीं है। वह तो आत्मा का मन से संबंध जोड़ने का मार्ग है; अपने को दूसरों की सेवा में अपनी इच्छा से, बिना स्वार्थ से लगाने का विधि-विधान है। वह अपने और दूसरों के लिए जीने का व्रत है। मेरी छोटी बुद्धि में इतना ही आया है। बाई उस धर्म की लीक पर चलते हुए श्रीकृष्ण से अपने तथा आपके सारे समाज के संबंध जोड़ने का सेतु तैयार कर रही हैं। इसी कारण से वह भगवद्भजन कर रही हैं। उसकी याद में प्रतिदिन नए-नए पद बनाकर गा रही हैं। आप सभी को सुना भी रही हैं। वह इससे अधिक और कुछ नहीं कर सकतीं। न वह किसी झगड़े में पड़ सकती हैं। यह मेरी आपसे हाथ जोड़कर विनती है कि आप उनको इस झगड़े-फसाद में मत घसीटो।''

ललिता की वाणी का असर हुआ। सारी सभा शांत हो गई।

एक भद्र महिला ने खड़े होकर कहा, ''बहन ललिता की बात सही है। इतने दिनों से जीव गोस्वामी का कोई मन नहीं बदल सका; जबकि यहाँ संतों की भीड़ लगी रहती है। धर्म के मेले जुड़ते हैं। यह काम उन लोगों का ही है। उन्हें ही शोभा देता है। हमारी बाई का तन-मन गोविंद में रमा हुआ है। वह गोविंद के अलावा किसीको नहीं जानतीं और न जानना चाहती हैं।''

परमदास के मन पर साँप लोटने लगा। उनमें से कई जानते थे कि संपूर्ण व्रज मायानगरी हो चला है। वाचाल जनधर्म की भाषा के पंडित हो चले हैं। अंदर से उनके मन में धर्म-कर्म के प्रति कोई लगाव नहीं है। वे धर्म का व्यवसाय करते हैं और धर्म के नाम पर चमत्कार दिखानेवालों का मेला जोड़कर सीधे-सादे लोगों को गुमराह करते हैं।

परमदास ने अपने गुट की ओर देखा। उसकी दृष्टि धूपाबाई पर टिक गई। धूपाबाई के सिर देवी आकर खेलती थी। वह अनेक जनों की आगे-पीछे की बातें बताया करती थी। वह क्या से क्या हो जाती थी तब! कैसे आवाज बदल लेती थी! कैसे बाल खोलकर झूमने लगती थी! देखनेवाला डर जाता था। उसके प्रति जनता में श्रद्धा थी। चित्रदास ने वहाँ ऐसे अनेक टोटके कर रखे थे, जिनसे वह वहाँ की जनता के मन को बाँधे हुए थी।

धूपो का सिर वहीं हिलना शुरू हुआ। आसपास बैठी स्त्रियाँ चौंकीं। कुछ पुरुष भी उस ओर देखने लगे। धीरे-धीरे धूपो उस सभा का केंद्र बन गई।

एक ने कहा, ''भक्तो, माई के देवी आ गई है।''

दूसरी बोली, ''अब दूध का दूध और पानी का पानी हो जाएगा।''

कुछ औरतें धूपो के हाथ जोड़ने लगीं। उनमें चर्चा हो उठी।

किसी औरत ने कहा, "धूपो पर देवी माँ की कृपा है। वह सब जानती है।"

"उसका गुस्सा भी बुरा है।"

"वह रिसा गई तो खैर नहीं।"

"वह क्या चाहती है?"

"रहम, रहम! हमसे कोई गलती हुई हो तो छमा। एक बार नाँय, हजार बार छमा। हम मानुख हैं। हम पै आता कछु नाँय। हम तिहारे बच्चे हैं, माँ। हम पै किरपा करो, माँ। कोई शाप नाँय।" वह अधेड़ औरत उसके हाथ जोड़कर रिरियाती हुई कह रही थी।

एक दूसरी औरत उठी। उसकी सारी देह पीले पत्ते-सी काँप रही थी। वह उसके चरणों में गिर पड़ी और कहने लगी—"माँ, थारी आँखें इतनी लाल क्यों? जरूर हमसे कोई बड़ी गलती भई है। थारा मन सदा म्हारी रच्छा करता आयो है। म्हारे गुनाह छमा, माँ। हम थारे बच्चे हैं।"

धूपो खड़ी हो गई। उसका सिर बहुत जोरों से घूमने लगा। खुले बाल रौद्र रूप धारण कर उठे। वह अजीब सी आवाज निकाल उठी। बीच-बीच में वह ऊपर की ओर देखती और हाथ के इशारे से कुछ कहती। उसकी आँखें अंगारे-सी जल उठीं—धधकते हुए अंगारे-सी सुर्ख, एकदम पलाश पुष्प-सी लाल-लाल।

कोई बोला, "जरूर हम पै कोई बड़ी मुसीबत आने वाली है। माँ उग्र हैं।"

सब हाथ जोड़ रहे थे।

धूपो की आवाज बदल गई। उसका रूप भी बदल गया। उसकी बड़ी-बड़ी आँखों से क्रोध की लपटें निकल उठीं। उसने अपनी लपलपाती लाल जीभ बारंबार घुमाई। वह बोली, "जे क्या है? कौन व्रज का मन गंदा कर रहा है? जे कभी नाँय होगा, कबहुँ नाँय। वृंदावन के लोग-लुगाई, थारे यहाँ राधा-किसन-जमुना बह रही है, गंगा नाँय। फिर भी, फिर भी।" वह तांडव-सा करने लगी।

"फिर भी क्या, माँ?"

"किरपा, माँ।"

"रहम, माँ।"

"छमा, माँ।"

"ललिता! ललिता!" धूपो जोर-जोर से बोली।

सबकी दृष्टि ललिता से टकराकर धूपो की ओर घूम गई। सबके मन में भय की बिजली कौंध उठी।

"क्या माँ, क्या? ललिता से क्या चूक हुई? उसे छमा, माँ। वह हमारी अतिथि है।"

"ललिता! ललिता! कुलटा! कुलटा! कुलटा!" धूपो ने तेज स्वर में सक्रोध मुद्रा में कई बार कहा।

"कुलटा! कुलटा!" सबने साचरज दोहराया।

"माँ, सब जानती हैं।"

"माँ, कुपित हैं।"

"कोप शांत, माँ, कोप शांत।"

"नाश! नाश! विनाश! अधरम! अधरम! पाप! पाप! कुलटा! विनाश! पाप! अधरम!" धूपो बोले जा रही थी।

"आदेश, माँ।"

"हुकम, माँ।"

"कुलटा छाया! कुलटा छाया! विनाश की माया! दुर्दिन की काया! पाप छाया! जे क्या? वृंदावनवासियो, संकट! महासंकट! जमुना का कोप! बाढ़! भयंकर अकाल! पशुधन की हानि! मानुख पर महाकाल का रोष! दिग्-दिगंत का प्रकोप! मेघों का आक्रमण! गरज-गरज मेघ! चपल चपला की शेर गर्जना! काल का तांडव!" धूपो की भयानक और तेज आवाज गूँज उठी।

सब डर गए। उनके चित्त में बिजली सक्रोध चमक उठी। मेघ गरज उठे।

"माँ, उपाय?"

"माँ, बचाव?"

"माँ, रच्छा। रच्छा, माँ।"

"दया, माँ। क्रोध शांत। आदेश, माँ।"

चारों ओर से द्रवित और हीन स्वर फूटने लगे। सब हाथ जोड़कर प्रार्थना करने लगे।

"माँ, ललिता को वृंदावन से निकाल दें क्या?" एक ने पूछा।

धूपो तेजी से झूम उठी। नाचने लगी। तांडव-सा करती हुई हाथ-पाँव मारने लगी।

"मीरा! मीरा! जे मीरा!"

साश्चर्य सबने मीरा की ओर देखा। किसीमें कुछ पूछने का साहस नहीं हुआ। सब शांत। सबमें जिज्ञासा। कुछ में संदेह।

धूपो ने झूमते-झूमते सबको परखा। मीरा के प्रति गहरी श्रद्धा पाई। वह स्वर बदलकर बोली, "मीरा! भक्तिन! भक्तिन! ललिता कुलटा! अधरमी! पापिन! पापं शांतम्! शांतम्! संकट! महासंकट!"

'संकट' शब्द व्याल-सा लपलपाता हुआ सबको अनुभव होने लगा। सबका

मन सिकुड़ने लगा। सब अंदर-ही-अंदर घबरा उठे।

"माँ, किरपा कीजै।"

"माँ, रच्छा कीजै।"

"माँ, हम थारी परजा। रच्छा! रच्छा! दया! दया, माँ।"

धूपो का सारा शरीर जोर-जोर से हिल रहा था। वह सिर बहुत तेजी से हिला रही थी। उसके बाल बिखरे हुए थे। वह साक्षात् काली का रूप धारण करती जा रही थी। भक्तजनों का मन बेचैन हो उठा था। परंतु मीरा शांतचित्त थी और उसका ध्यान गोविंद की मूर्ति की ओर लगा हुआ था। वह मन-ही-मन याचना कर रही थी—'हे गोविंद, यह कैसी आँधी? यह कैसा विध्वंस? ललिता को लेकर यह कैसा षड्यंत्र?'

परमदास प्रसन्न तो हो रहा था, परंतु अंदर-ही-अंदर डर भी रहा था कि मीरा ने हस्तक्षेप किया तो शायद बाजी पलट न जाए। धूपो ने मूल बातों से हटकर एक नई बात उठा दी थी। ललिता का किस्सा उठाना उचित नहीं था।

उसने स्वयं ही बीच-बचाव कराने की दृष्टि से कहा, "माँ, जे भी तेरे बच्चे हैं। तू इन्हें शाप न दे। रास्ता बता।"

परमदास की बात सुनकर धूपो ने सिर हिलाना और तेज किया।

परमदास कह रहा था—"ललिता मीराबाई की शरण में आकर पापमुक्त हो गई है। तू तो मीराबाई की ओर देख। वह साक्षात् देवी है।"

धूपो और तेजी से सिर हिलाती हुई रुक-रुककर कहने लगी—"नहीं, मीरा भी डरती है। जीव गोस्वामी का...भ्रम तोड़ने...से डरती है। उसे अपनी शक्ति पर...हाँ-हाँ, शक्ति पर भरोसा नहीं है। ललिता का पाप..."

"नहीं, माँ, नहीं, आगे कुछ नहीं। मीरा अपनी परम भक्त है। वह माँ, जीव गोस्वामी का भ्रम तोड़ेगी।" परमदास ने अनुनय-विनय करते हुए कहा।

"संकट! महासंकट!"

"मीराबाई मान जाएँ तो?"

"तो...तो का क्या अर्थ! संकट! संकट! महासंकट!" धूपो तरह-तरह से बोले जा रही थी। उसकी दृष्टि छत पर जा टिकी थी।

"माँ, रास्ता बताओ। उपाय बताओ। अपने बच्चों पर कृपा करो। क्या मीरा मान गई तो?" परमदास ने पैंतरा बदला।

"संकट टल सकता है। लेकिन..."

"लेकिन की बात मत कर, माँ, रहम कर।" परमदास ने मीरा की ओर देखा।

सबकी दृष्टि मीरा पर टिक गई। अब उसकी ओर अनुनय-विनय की मुद्रा में भक्त देख रहे थे। वह दुविधा में फँस गई। ललिता को भी वह उभारना चाहती थी। परंतु वह असत्य भी स्वीकार नहीं कर सकती थी। वह रह-रहकर उस ढोंग के प्रति उबल रही थी।

भक्त उससे गुहार कर रहे थे—"माई, मान जाओ। थारे कारण वृंदावन बच जाएगा।"

"अभी तक थारे से भगतन की रक्षा होती आई है। किरपा करो, माई।"

"थे ठीक कहती हो कि अठ-सठ तीरथ संतों ने यात्रा कोटि कासी ने कोटि गंग रे। थे सतगुरु की सरण हो। था पर गोविंद की किरपा है। हमन कूँ भी बचा लो, माई, जे थारे सूँ हाथ जोड़कर म्हारी अरज है। थे म्हारी लाज राखो।"

"आपने कागर (काजल) टीको लगाना छोड़ा, भगवा धारण कियो। महल-अटारी सब त्यागा। सहर (शहर) भी छोड़ा। इमरित (अमृत) जहर को कियो। वह तो थारो जनम-जनम सूँ सच्चा साथी है।"

"अबलौं सही परख नाँय है, माई। साँची बात जि है, माई, कि जैसो पहले कह्यो गयो है, थारे से ही हमन को दुःख-दरद मिटैगो। जाके प्रति जितेक कृतग्य भयो जाय उतेक थोरो है।"

मीरा ने बहुत सुना। धूपो का ऐंठता तन देखा और बिसूरता मन। काया भी बदली, आवाज भी और चाल भी। अब उससे रहा नहीं गया। ऐसे ही अवसर पर उसमें क्षत्राणी जी उठती थी। उसकी आँखों से आँख मिलाने का साहस किसीमें नहीं हो सकता था। मीरा ने कहा, "भगतो, म्हाँने थारी विनती सुनी। अचरज थे गोविंद के मंदिर में म्हारी तरह ठाढ़ी-बैठी हो। जा नगरी में अनेक ठाढ़ेश्वर हैं। फिर भी थे लाचार-विवश हो। पर क्यों? लो, देखो-सुनो।"

मीरा आगे बढ़ी। ललिता से बोली, "पगली, समय का उत्तर रोने से नाँय, कछु करने से दिया जाता है। थे दीया लेकर म्हारे पीछे-पीछे आओ।"

मीरा की कड़कदार आवाज सुनकर सबके मुँह पर ताले लग गए। बोलती बंद हो गई। अब मीरा आगे-आगे थी। उसके पीछे-पीछे थी ललिता दीया लिये।

परमदास चौंका। पता नहीं ऊँट किस करवट बैठे। क्या हो। अभी तक हर दफे मीरा का जादू ही सबके सिर चढ़कर बोला है, अब भी कहीं··· । क्या पता।

धूपो पहले की तरह तेजी से सिर हिला रही थी। आँय-बाँय बक रही थी। सारा मंदिर सिर पर उठाए हुए थी।

मीरा उसके पास जाकर बोली, "माँ, अपने असली रूप में आ जा। जाई में थारी भलाई है। जगहँसाई हुई तो जे कमाई छू-मंतर हो जाएगी। म्हारी थारे सूँ

सूधी अरज है।''

धूपो नहीं मानी। वह पहले से भी जोर-जोर से मंतर-तंतर की भाषा बोलने लगी। हाथ-पाँव उछालने लगी। आँखों से अंगारे-से निकालने लगी।

''तो थे नाँय मानोगी, माँ। जे गोपाल-गोविंद का थान है। यहाँ भूत-प्रेत, टोना-टोटका की कछु नाँय चलेगी। यहाँ तो प्रेम की बानी राज करती रही है। बो ही करती रहेगी। अंतिम बार थारे कूँ समझा रही हूँ।'' मीरा ने थोड़ा आगे बढ़कर कहा।

सबने देखा कि भक्तिन मीरा का तेज चपला-सा कौंध उठा है। उसकी सरलता का लावण्य-रंग महाकाली के रूप में भभक उठा है।

धूपो ने भी देखा। परंतु वह अपने ही रंग में तनी रही। मानी नहीं।

सारा मंदिर साँस रोके खड़ा था। आँखों के सामने अजूबा होने वाला था। सब उस क्षण की प्रतीक्षा कर रहे थे।

मीरा और आगे बढ़ी तथा उसने आगे बढ़कर धूपो की कलाई पकड़ ली। धूपो कसमसाई। उसने भरपूर जोर लगाया; परंतु वह अपनी कलाई मीरा से नहीं छुड़ा पाई। मीरा कहने लगी—''धूपो, जे क्षत्राणी की पकड़ी कलाई है, छूटने की नाँय। गोविंद सूँ नेह लगाई तो वह आज तक नाँय छूट सको, तो फिर थारे सूँ भी जे कलाई नाँय छूट सकेगी। यह मीरा की पकड़ है।''

सबने सुना। सबने देखा। धूपो के मुख पर पसीना तैरने लगा। उसका चेहरा फीका पड़ने लगा। उसकी आवाज में पहले जैसी शक्ति नहीं रही। मीरा ने ललिता से तत्काल दीया लिया और उसकी हथेली के नीचे रख दिया। कुछ देर बाद धूपो चीख पड़ी। परंतु मीरा ने उसकी हथेली दीये के ऊपर से हटने नहीं दी। धूपो लाचार हो उठी। उसकी दृष्टि परमदास को घूर रही थी। परंतु वहाँ कहाँ था परमदास। वह तो वहाँ से कभी का रफू-चक्कर हो गया था। धूपो घबरा उठी। उसकी हथेली दीये की लौ सहन नहीं कर सकी। वह चीख पड़ी।

वह बोली, ''माई, मुझे छमा कर दो।''

''थे कौन है?''

''धूपो, माई।''

''थारे पर अभी-अभी कौन सवार था?''

''कोई नहीं, माई।''

मीरा के इशारा करने पर ललिता ने दीया हटा लिया था। परंतु मीरा ने अभी तक धूपो की कलाई नहीं छोड़ी थी। धूपो के मुख पर पसीना आ गया था। उसका सारा हाथ दर्द कर उठा था।

मीरा पूछ रही थी—''थारे पै तो देवी आती है न?''

"नाँय, माई, नाँय। कोई देवी-देवता नाँय आता है।" धूपो ने गिड़गिड़ाकर कहा।

"फिर थानें जे नाटक किसलिए कियो?" मीरा ने जोर देकर पूछा।

"थे म्हारी माई-बाप हो, माई। म्हाँ तो अबला नारी हूँ। म्हारे पै कइयों का शासन चलता है। न करूँ तो वे जान से मार दें—एक तरफ कुआँ अरु दूसरी तरफ खाई।" धूपो की आवाज में डर था। वह काँप रही थी।

"वे कौन हैं?"

"छमा, माई, छमा। म्हारे सूँ उनका नाम नाँय बताया जाएगो। म्हारे पै रहम-दया, माई। थे तो अंतरयामी हो। घट-घट के मन की बात जानती हो। म्हारी जबान नाँय खुलवाओ, जे ही म्हारी हाथ जोड़कर अरज है।" धूपो का स्वर काँप रहा था।

"ललिता के बारे में थानें क्या कहा था?"

"वो झूठ था।"

"सच क्या है?"

"वह ललिता है, माई, नेक-भली ललिता। म्हारे सूँ भूल हो गई, माई। म्हारे कूँ छमा करें, माई।" धूपो गिड़गिड़ा रही थी।

मीरा ने उसकी ओर ध्यान से देखा।

सारे भक्त समाज में सन्नाटा। सब चित्रलिखित-से खड़े-के-खड़े रह गए। उनके मन में यही जिज्ञासा थी कि वह कौन है? वे कयास लगा रहे थे कि वह कौन हो सकती है?

"जा, यहाँ से चली जा।" मीरा ने उसकी कलाई छोड़ते हुए कहा।

धूपो काँप रही थी। वह वहाँ रुकी नहीं। उसने मीरा के चरण छूने चाहे तो मीरा पीछे हट गई और कहा, "तू जे काम छोड़। गोविंद के चरणन में ध्यान लगा। वही थारे कूँ छमा करैगो। म्हारे सूँ जे काम नाँय होने का।"

"मारो! मारो!"

"इस धूरत कूँ मारो!"

"मारो! मारो! मारो!"

"नहीं!" मीरा तेज स्वर में बोली।

सब जहाँ के तहाँ रुक गए। सब आक्रोशित थे। सबके मन में क्रोध था।

"पापी को प्यार चाहिए, मार नहीं। उसे सहानुभूति चाहिए, उपेक्षा नहीं। यदि थानें भी वही बरताव किया, जो उसने थारे साथ किया था तो बा में और थारे में क्या अंतर? पापी से नाहिं, पाप से बचो-डरो, उससे दूर रहो।" मीरा ने धीरे-धीरे कहा।

सबके हाथ अपने आप जुड़ गए।

मीरा ने कहा, "भगतो, जे कान्हा की क्रीड़ाभूमि है। जा पर किसीका कोप नाँय हो सकता। जा पर किसी देवी-देवता की कुदृष्टि नाँय पड़ सकती। फिर थे क्यों डरते हो? क्यों घबराते हो? म्हाँने तो गोविंद का गुण गास्याँ। चोरी कराँ नाँय, जीव सताया नाँय, फिर म्हारा कोई क्या करेगा? सती न होस्याँ। राजा से न डरी। क्यों डरूँ? स्त्री अबला नाँय है। वो अपणे कूँ अबला मान बैठी है। जे बाको भरम है। थे जे भरम तोड़ो। निडर होकर जिओ। जे कृष्ण कन्हैया भी है और जे गोविंद गोपाल भी है। बोलो जय गोविंद गोपाल!"

सबने दोहराया—"जय गोविंद गोपाल!"

मीरा ने इकतारा उठाया। वह बोली, "जे ब्रज का परभाव है कि यहाँ मानुख को सिवाय उसके और कछु नाँय स्मरण रहता है। जे बानगी सुनो और फिर आनंद से अपने-अपने घर जाओ।"

इसके बाद मीरा इकतारा बजा उठी और गा उठी—

"या ब्रज में कछु देख्यो री टोना।
ले मटुकी सिर चली गुजरिया, आगे मिले बाबा नंदजी के छौना।
दधि को नाम बिसरि गई प्यारी, 'लेवहु री कोई स्याम सलोना'।
वृंदावन की कुंज गलिन में, आँख लगाइ गयो मनमोहना।
मीराँ के प्रभु गिरधर नागर, सुंदर स्याम सुघर सलोना॥"

सब झूम उठे। सबमें कीर्तन की कल-कल-सी ध्वनि हिलोरें लेने लगी। पर सब बैठे रहे, उठे नहीं। मीरा बोल पड़ी—"भगतो, परसों जीव गोस्वामी से मिलने जाएँगे, यही कृष्ण कन्हैया की इच्छा है। थे भी आना चाहो तो आ सकते हो।"

मीराबाई की जय-जयकार से मंदिर गूँज उठा। गोविंद की जय-जयकार मीरा ने उठाई। वह गूँज सब दिशाओं में गूँज उठी। चारों ओर आनंद की लहर दौड़ गई। कुछ समय पहले का मनहूस वातावरण तिरोहित हो उठा। सब अपने-अपने घरों को लौटने लगे।

मीरा भी ललिता, गोपी, पारबती, कृष्णा आदि के साथ लौट आई। मीरा के साथ कुटिया में ललिता आई। शेष पासवाली कुटिया में चली गईं।

ललिता ने मौन तोड़ा। उसका हृदय बहुत देर से बेचैन था। वह बोली, "दीदी, यह आपने क्या किया?"

"क्या भला?" मीरा ने बनकर पूछा।

"जीव गोस्वामी को चुनौती देने की घोषणा!"

"नहीं, मैंने कोई चुनौती नहीं दी।"

"तो यह क्या किया है आपने? जीव गोस्वामी पहुँचा हुआ संत है।"

"तो?"

"अकारण उससे भिड़ना।"

"कैसा भिड़ना?"

"वह नारी की परछाईं से भी परहेज रखता है।" ललिता ने एक झटके में कह डाला।

"तो वह संत नहीं है।"

"न हो, पर हमें क्या!"

"हमें है।" मीरा ने दृढ़ता से कहा, "वह संत-स्वामी होकर नारी का अपमान नहीं कर सकता। उसका ऐसा सोचना गलत है।"

"यह उसकी अपनी बात है।"

"नहीं, यह उसकी अपनी बात नहीं है।" मीरा ने खखारकर कहना जारी रखा—"जो व्यक्ति मठ, आश्रम, समाज आदि चलाते हैं वे समाज पर अपना सीधा प्रभाव छोड़ते हैं। उनके चरित्र, व्यवहार और दर्शन का समाज पर प्रभाव पड़ता है। इस कारण उन्हें समाज द्वारा परखा जाना भी जरूरी हो जाता है। समाज स्त्री और पुरुष दोनों से मिलकर बनता है, अकेले पुरुष से नहीं; फिर स्त्री की उपेक्षा क्यों? उससे परहेज क्यों? क्यों वह माया है? इसलिए हमें उसके भ्रम को तोड़ना चाहिए। समाज में स्त्री का अपमान स्वीकारना नहीं चाहिए। मैं इसीलिए सती नहीं हुई। राणा की गलत बात नहीं सुनी; न गलत बात मानी। संतों के बीच संतों की तरह उठी-बैठी। उनसे लाज नहीं मारी।"

ललिता ध्यान से उसकी ओर देखे जा रही थी। उसकी कुछ समझ में नहीं आ रहा था। फिर भी उसने पूछ ही लिया—"यदि जीव गोस्वामी···"

"शंका नहीं, ललिता।" मीरा ने उसे बीच में ही टोक दिया। फिर वह कुछ सोचते हुए बोली, "व्यक्ति को वह काम कभी शुरू नहीं करना चाहिए, जिस काम के प्रति उसके मन में संशय हो। संशय एकाग्रता रोकता है और लक्ष्य से ध्यान हटाता है। ललिता, साधन और साध्य की पवित्रता होने पर ही आगे कदम बढ़ाना चाहिए। याद रखना, सफलता संतोष का कारण नहीं है। संतोष का कारण साधन की पवित्रता है और सर्वमंगल के हित का निर्णय।" मीरा नहीं चाहती थी कि ललिता के मन में भय-शंका के बादल उठें और चेतना के प्रकाश पर छा जाएँ।

"पर मुझपर तो प्रश्न उठा ही।"

"उठने दे, उससे क्या!"

"उसमें सच्चाई भी है।"

"सच्चाई अतीत के लिए नहीं, वर्तमान के लिए होती है। तू बीते हुए कल में क्या थी, सवाल यह नहीं है। सवाल यह है कि तू आज क्या है? तू अन्यथा मत सोचा कर, उससे मुझे पीड़ा होती है। कहनेवाले तो मेरे बारे में भी जाने क्या-क्या कहते हैं! वे कहना नहीं छोड़ेंगे। परंतु मैं उनको नहीं सुनती। सुनना भी नहीं चाहती। तू मेरी बात पर कान दे और कुछ मत सोच। चुपचाप अपने कार्य कर। अपने रास्ते पर चल।" मीरा ने उसे समझाने का यत्न किया और उसके कंधे को थपथपाया।

ललिता चुपचाप नतशिर हुए अपने कक्ष की ओर बढ़ गई। उसमें फिर से आत्मविश्वास जगा। वह सामान्य होने लगी।

मीरा अपने कक्ष में आ गई। वह कान्हा से शिकायत करने लगी कि वह क्यों उसका सीधा-सादा रास्ता टेढ़ा-मेढ़ा किए जा रहा है? क्यों उसको भ्रम की दलदल की ओर ढकेलने का यत्न कर रहा है? क्यों उसका अपनी ओर से ध्यान हटाने का प्रयत्न कर रहा है? मीरा यह सोचते हुए श्रीनाथ के सामने आँखें बंद किए चुपचाप आ बैठी। सन्नाटे को उसने बहने दिया किसी पहाड़ी नाले-सा कल-कल करता हुआ। उसकी आँखों से अश्रुधारा बहने लगी।

पच्चीस

आचार्य दिव्यानंद को चित्रा चषक दे रही थी। वह झूम रहा था। चित्रा की देह पर पारदर्शी वस्त्र थे। उसकी सोने जैसी देह लपटों-सी दमक रही थी। उसके अंग-प्रत्यंग में बिजली चमक रही थी।

दिव्यानंद पूछ रहा था—"चित्रा, यह हमें क्या होता जा रहा है?"

"क्या, स्वामी?" चित्रा ने दूसरा चषक भरते हुए पूछा।

"इसका अंत क्या होगा?" दिव्यानंद ने गावतकिया आगे खींचकर पूछा।

"किसका?" चित्रा चषक भरते हुए रुक गई।

"अंत तो हर चीज का होता है। ऊँचाई की अपनी एक सीमा है। फिर पतन निश्चित है। मैं पतन नहीं चाहता।" दिव्यानंद नहीं मानो उसकी बड़ी-बड़ी लाल-सुर्ख अंगारे-सी जलती हुई आँखें बोल रही थीं। उसके माथे पर तनाव की रेखाएँ उभरने का प्रयास कर रही थीं और वह उन्हें पीछे ढकेल रहा था। उसके मन में अंतर्द्वंद्व सावन के प्रथम मेघ-सा उमड़ने-घुमड़ने लगा था। उसे अपनी साधना-तपस्या का स्मरण हो रहा था। अब साधना-तपस्या तो दूर रही, कभी-कभी उसकी

सारी दिनचर्या उलट-पुलट जाती थी।

चित्रा ने चषक भरा और मदमाती चाल से उसकी ओर बढ़ते हुए बोली, ''स्वामी, आपने मेरे संस्कारों में अपनी तपोर्जा से नया और चित्ताकर्षक जीवन ढाला है। मुझमें गति पैदा की है। फिर पतन और अंत का सोच क्यों? आपने ही तो मुझे समझाया था—पतन मूर्खों का होता है, योगी उत्कर्ष-उत्थान की ओर ही निरंतर बढ़ता है। पतन के बारे में सोचना शुरू किया नहीं कि खड्ढ में गिरे।''

दिव्यानंद ने सिर को एक झटका दिया। अपने बड़े-बड़े मेचक बालों को पीछे किया और धीरे से कहा, ''चित्रा, तुम्हारे सामने हमारा सारा सोच अदृश्य हो जाता है। हमने जो पढ़ा, लगातार तप करते हुए जो सीखा व अनुभव किया और जिस अतींद्रिय आनंद के स्वप्न के साथ जीने का अभ्यास किया, वह सब तुम्हें देखने मात्र से तिरोहित हो गया। अब एकमात्र तुम्हीं हमारी सम्राज्ञी हो। स्वामी हम नहीं, चित्रा, तुम हो; क्योंकि हम तुम्हारे बिना जी नहीं पाते। और तुम, चित्रा?''

''मैं,'' चित्रा ने दिव्यानंद की ओर चषक बढ़ाते हुए कहा, ''मेरा अस्तित्व, मेरा जीवन आपके बिना क्या है, स्वामी, मुझे नहीं ज्ञात। मैं हूँ क्या, इसपर आज तक मैंने नहीं सोचा। क्या परछाईं को भी सोचने की आवश्यकता पड़ सकती है, स्वामी? मुझे कुछ नहीं मालूम।''

चित्रा को दिव्यानंद ने अपनी ओर खींच लिया और चषक उसके सुर्ख होंठों पर लगाते हुए कहा, ''प्रिय, आज तुम भी पीओ और जानो कि चषक का नशा क्या है और उसका सुरूर क्या है!''

''नहीं, स्वामी, नहीं।''

''क्यों?''

''आप ही तो कहते हो कि हम सब मदिराओं से बढ़िया मदिरा हैं। हमारे सामने सारे नशे बेकार हैं। स्वामी, यह आप कहते हो कि नहीं?'' चित्रा ने अपने चंचल और मादक नेत्रों को तनिक बंकिम करते हुए पूछा।

''हाँ, कहते हैं और सच कहते हैं।'' दिव्यानंद ने झूमते हुए कहा।

''तो क्या मदिरा को भी मदिरा पीने की जरूरत पड़ेगी?'' चित्रा दिव्यानंद की आँखों में झाँकते हुए पूछ रही थी।

दिव्यानंद का ध्यान उसके उन्मुक्त उरोजों पर जा टिका था। वह बोला, ''क्या बात कही है, चित्रा, तुमने! पानी को पानी नहीं पीता, फल को फल नहीं खाता। पवन पवन को नहीं पीता और अग्नि अग्नि को नहीं पीती। फिर तुम, मदिरा! ओह, क्या विचार हैं, शिखरस्पर्शी! अतलस्पर्शी! हृदयस्पर्शी! वाह, क्या कहना है तुम्हारे अलौकिक रूप का! अप्रतिम विचार का और अद्वय संस्कार का! यथार्थत:

तुम स्रग्विणी हो, वसंत प्रभा-सी चिर स्मरणीय!" वह काव्य-पाठ कर उठा था। पर··· ? उसके सामने एक अदृश्य प्रश्न आ ठहरा था, अपने दल से अलग हुए नव उड़ान भरनेवाले पक्षी-सा सुकुमार।

चित्रा ने उठना चाहा तो दिव्यानंद ने उसके उन्मुक्त उरोजों पर हाथ रख दिया। फिर वह उन्हें सहलाने लगा मंद-मंद बहती बयार की तरह सूफियाना अंदाज में दिव्यता भरते और अंजलि भर सुमन उड़ेलते हुए। चित्रा की सारी कुसुंभी देह मादक झील-सी लहरा उठी। कंचुकी सरककर निढाल रह गई। उसमें चपला की मौन चंचलता सरसराहट-सी कौंधने लगी।

दिव्यानंद कहने लगा—"चित्रा, फिर भी हमारा मन कहता है, हमारा हृदय गुनगुनाता है कि एक बार वासंती मदिरा को भी होंठ से लगाकर अपने हृदय में उतर जाने दो। उसे भी बहक लेने दो, जो हम जैसों को बहकाती रहती है।"

"ना! ना, स्वामी।"

चित्रा की नाह-नूह की दिव्यानंद ने एक नहीं सुनी। वह मछली-सी तड़पकर रह गई। वह चषक उसके गले से नीचे उतर गया। उसे खाँसी उठी। काफी देर तक नहीं रुकी। चित्रदास ने उसे समझाया था—'चित्रा, तू कभी मदिरा नहीं पीना। यदि तूने ऐसा किया तो तेरी मदिरा का असर दिव्यानंद के सिर पर से उतर जाएगा। और तुझे जीने के लिए उस विषैली मदिरा की जरूरत पड़ जाएगी, जिससे तपोनिष्ठ दिव्यानंद एक रिक्त प्यास बनकर रह गया है। जलशून्य झील या नदी की कल्पना कर देखो तो सहारा का मरुस्थल सहस्रों दैत्यों-सा सामने आ खड़ा होगा। मदिरा गिराने के लिए प्रयोग में लाई जाती है। गिरनेवाले को पता ही नहीं चलता कि वह किस सीमा तक गिर चुका है। तुझे गिरना नहीं, गिराना है, सदा इस बात का ध्यान रखना।' उसके सामने चित्रदास आ खड़ा हुआ।

चित्रदास से उसके संबंध बने। वह जानबूझकर उसकी ओर बढ़ी थी। जानती थी कि उसने अपने कटाक्षों से उसे पायल करके अपनी ओर आकृष्ट नहीं किया और निमंत्रण नहीं दिया तो वह उसको अपनी बाँहों में नहीं सँभाल पाएगा।

चित्रदास अपने बड़े भाई का बहुत आदर करता था। उसमें इतना साहस नहीं था कि वह अपनी भाभी को किसी दूसरी दृष्टि से देख सके।

पूनो की रात थी। घर में वह थी और था चित्रदास। वह अपने को नहीं रोक सकी।

चित्रदास चौंक पड़ा था और सहसा उसके मुँह से निकला था—'भाभी!'

'हाँ, भाभी।' चित्रा ने उसे घूरते हुए कहा था—'घर की लाज घर में ही बनी रहे, क्या यह ठीक नहीं होगा?'

'मैं कुछ समझा नहीं!'

'तुम्हारे भैया में साहस नहीं था।'

'कैसा साहस?'

'मर्द होने का साहस।'

'मैं कुछ समझा नहीं!'

'तुम्हारे भैया…' इतना कहकर चित्रा रुक गई। उसके होंठ काँप गए। उसने सोचा भी नहीं था कि किसीके जीवन में ऐसा भी हो सकता है। चित्रदास के भैया बहुत सुंदर थे। गठी हुई थी देह। कद-काठी मजबूत थी। कभी पहलवानी में खूब नाम कमाया था। उनकी जोड़ी राम-सीता की बताई गई थी। परंतु, वह पगला गई थी।

'क्या किया हमारे भैया ने?'

'क्या कर सकते हैं?'

'क्या मतलब?' चित्रदास ने पूछा।

'मतलब यह है कि…मैं भी कितनी निर्लज्ज हो उठी हूँ, देवरजी। परंतु…घुट-घुटकर मैं जी भी नहीं सकती। कोई एक दिन की बात नहीं है, सारे जीवन की बात है।' चित्रा का मन डाँवाँडोल होता जा रहा था। वह परेशान हो उठी थी।

'साफ-साफ कहो, भाभी, बात क्या है?'

'तुम्हें मुझे अपनाना होगा।' चित्रा ने तेजी से एक साँस में कह डाला।

'भाभी!'

'चीखो मत! तुम्हारे भैया मर्द नहीं हैं।'

'भाभी!'

'नामर्द हैं।' चित्रा ने तपाक से कह डाला।

चित्रदास के काटो तो खून नहीं। उसे चक्कर आने लगे थे। उसे सबकुछ धुँधला दीख रहा था।

'मैंने जो कहा है, वह सच है, देवरजी। अब निर्णय आपको लेना है।' इतना कहकर वह लौट पड़ी।

चित्रदास को नींद नहीं आई। वह लेटे-लेटे तारे गिनता रहा। उसे बड़ी जोर की प्यास लगी। वह गड़ुआ भरकर पानी पीता रहा—एक नहीं, तीन गड़ुए भरकर उसने पानी पीया था। लौटते वक्त वह अपनी भाभी के कमरे से होता हुआ गुजरा। चाँदनी छन-छनकर उस कमरे को महका रही थी। चित्रा की पिंडलियाँ साफ नजर आ रही थीं। उसके तने हुए उरोज और सद्यः खिले कमल-से रूप-आकर्षण ने उसे ऐसा बाँधा कि वह तमाम सीमाएँ लाँघ गया।

पाप ज्यादा दिन छिपता नहीं है। लुका-छिपी कब तक चलती। एक-दूसरे का मन एकाकार हो उठा और एक रात वे दोनों भाग निकले। भागते ही गए। पीछे मुड़कर नहीं देखा और वृंदावन आ गए।

पैसा पास नहीं था। कुछ चमत्कार सीखे। भूत, भविष्य और वर्तमान बाँचा। आता कुछ था नहीं। घर याद आने लगा। घर की संपन्नता घेरने लगी। अब उनके सामने पूरा जीवन पड़ा था। उसके लिए क्या करे? कुछ नहीं सूझता था उसे। पता नहीं कैसे दिव्यानंद के संपर्क में वह आया। कैसे चित्रा के रूप-माधुर्य के आकर्षण में दिव्यानंद आ गया। वह कैसे उसके मन को मोह सकी। कैसे उसका ब्रह्मचर्य वह तोड़ सकी। वह उसकी माया के चक्र में फँसती चली गई।

चित्रदास पुजारी के रूप में चर्चित होने लगा। अनीति की गैल पकड़ ली। दिव्यानंद को भी उसने अपने साथ ले लिया। चित्रा अब एक अनबूझ पहेली को सुलझाने की सोचती रहती थी। आखिर वह क्या रह गई? उसने क्या सोचा था? उसके क्या-क्या स्वप्न थे? क्या हुआ उनका? बिना घर की स्त्री भी कोई स्त्री है। उसका घर कहाँ है? क्या है उसका? वह किसके लिए जी रही है? यहाँ से भागकर वह कहाँ जा सकती है? क्या कोई अपने आपसे भाग सकता है?

दरअसल चित्रा थक गई थी। उसके सामने कोई लक्ष्य नहीं था। कुछ करणीय भी नहीं था। उसका मन करता था कि वह मीरा के साथ हो जाए। शायद वही एकमात्र रास्ता बचता है। पता नहीं कि वह रास्ता है भी या वह भी उसकी मृगतृष्णा है। मृगतृष्णा का कोई अंत नहीं है। जब उसका कोई अस्तित्व ही नहीं है तब उसकी सीमा कैसी? अंत कैसा?

चित्रा दो चषक चढ़ा चुकी थी। नशा उसके सिर चढ़ चुका था। उसकी देह टूट चली थी और उसका मन बिखरने लगा था।

दिव्यानंद उसकी नग्न देह को चूम रहा था और वह उपेक्षा से पीछे हटती जा रही थी।

''चित्रा, यह तुम्हें क्या हो गया है?'' दिव्यानंद उसकी उपेक्षा से तिलमिला उठा था।

''जो बहुत पहले हो जाना चाहिए था।'' चित्रा ने होंठ चबाकर कहा।

''क्या हो जाना चाहिए था?'' दिव्यानंद ने चषक को एक ओर पटकते हुए पूछा।

''तुमसे दूर।''

''मुझसे!'' साश्चर्य दिव्यानंद ने चित्रा की ओर देखा और हँस पड़ा।

''हाँ-हाँ, तुमसे!''

''क्यों?''

''क्योंकि तुम न संत हो, न योगी, न महात्मा।''

''तो मैं क्या हूँ?''

''कुछ भी नहीं, दिव्यानंद।'' चित्रा ने झूमते हुए आँखें नचाकर कहा, ''न तुम योगी हो और न भोगी हो। भोगी होते तो घर बसाते और योगी होते तो किसीके बसे हुए घर को न उजाड़ते।'' चित्रा ने अभद्र संकेत देते हुए आगे बढ़कर उसकी छाती पर अपना पाँव रख दिया। पायल की रुनझुन झूमकर शांत हो गई।

दिव्यानंद ने मुसकराकर उसके पाँव को चूम लिया। वह बोला, ''हमें तुम्हारी यह मुद्रा पसंद है, चित्रा। आज तुम्हारे तेवरों में आग है। आग से खेलने का मजा ही कुछ और है।''

''आग जला देती है।''

''अनाड़ियों को, चित्रा।''

चित्रा जोर से खिलखिला उठी।

दिव्यानंद आनंद से झूम गया।

''मैं तुमसे घृणा करती हूँ।''

''पर मैं प्यार।''

''तुम और प्यार!''

''क्यों?''

''प्यार का परिणाम कभी घृणा नहीं होता, दिव्यानंद।'' चित्रा ने दृढ़ता से कहा।

''वह कैसे?''

''प्यार मिस्री है। मिस्री को चाहे जितना काटो-पीटो, टुकड़े-टुकड़े कर डालो; लेकिन वह रहेगी मिस्री ही।'' चित्रा ने दिव्यानंद की ओर संकेत करते हुए हाथ मटकाकर कहा।

''क्या मतलब?''

''मीराबाई से घृणा क्यों? डर कैसा? वह तो प्यार की देवी है। समर्पण का अद्वितीय उदाहरण है। वह किसीसे घृणा नहीं करती। वह किसीका बुरा नहीं चाहती। वह कोई षड्यंत्र नहीं रचती। क्यों, दिव्यानंद?'' चित्रा उबल पड़ी थी। उसकी भृकुटी तन गई थी और नथने फूलने लगे थे। छिंगुनी उँगली और अँगूठे को मिलाकर चुटकी बजाई।

''चोप! बित्ता भर की जबान हिलाती है, धरती और आसमान एक करती है। मीरा...'' दिव्यानंद ने मुँह बिगाड़कर कहा।

"क्यों, लग गए न चुन्ने!"

"चित्रा, जबान को लगाम दे!"

"न दूँ तो?".

"तो!" कहकर दिव्यानंद जोर से हँस पड़ा और चषक उठाकर दूर फेंक दिया।

"यह पराजय है।"

"चित्रा!"

"चीखता वही है, जो हारता है। जीत-हार का संबंध मन से है, तन से नहीं।" चित्रा ने उसे चिढ़ाने के लिए कहा।

"चोप कर!"

"तुम हारे हो।"

"तू पागल हो उठी है, चित्रा! नशा तुझपर सवार हो उठा है। तू नहीं जानती कि तू क्या कह रही है!" दिव्यानंद ने उसे घूरते हुए कहा।

"नहीं, दिव्यानंद, नहीं। मैं होश में हूँ। इस नशे ने मुझे साहस दिया है। अभी तक मैं अंदर-ही-अंदर घुट रही थी और जबान होते हुए बेजबान अनुभव कर रही थी।" चित्रा की आँखों में व्यंग्य था। उसके तेवर भी विद्रूप भरे थे। उसमें मदिरा मचल रही थी; परंतु विद्रोहिनी का रूप धारण कर। उसने मन-ही-मन ठान लिया था कि कोई दकीका बाकी नहीं छोड़ेगी। कब तक बरदाश्त करेगी वह धरेला को?

"चित्रा, मैंने गलती की तुझे मदिरा पिलाकर। पता नहीं तू क्या-क्या परुषोक्ति कहे जा रही है। पदेता पर लिपटी पतंग की डोर की तरह तू अपने को उघाड़ करती जा रही है। आज से पहले तूने कभी ऐसे परुषाक्षर प्रयोग नहीं किए। सदा परिरंभ-आलिंगन के लिए बेचैन मिली।" दिव्यानंद ने दूसरा चषक उठाया और स्वयं भरकर उसे गटागट चढ़ा गया।

चित्रा खिलखिला उठी और हाथ नचाकर बोली, "अभी तक पलंगपोश की तरह इस्तेमाल होती रही हूँ, दिव्यानंद। परंतु आज पलंग को लात मारकर खड़े होने का अनुभव कर पा रही हूँ। यह बेजारू मन बागी हो उठा है। पता नहीं..." कहते-कहते वह रुक गई। शायद वह गिर जाती कि उसने खंभे का सहारा ले लिया। उसमें नशा मचल उठा था। उसकी साड़ी धीरे-धीरे उसके तन से स्वतः ही हटती गई। आखिर में उसने साड़ी को स्वयं उतारकर परचम की तरह लहरा दिया। अब मात्र मलमल का पेटीकोट उसके बदन पर रह गया था। कंचुकी वह पहले ही उतारकर फेंक चुकी थी। उसके उरोज तनकर मुसकरा रहे थे। वह कह रही थी—

"यह हूँ मैं। कपड़े मेरा तन ढकते नहीं, दिव्यानंद, और उघाड़ा करते हैं। मुझे इन नकली वस्त्रों से नफरत हो गई है—अपनी देह की तरह। नकली और झूठी जिंदगी कितनी बेजार होती है और कितनी बेगैरत, शायद तुम्हें इसका पता नहीं हो, पर मुझे है; जबकि दोनों ही एक-सी जिंदगी जी रहे हैं, दिव्यानंद।"

"चित्रा, यह तुम क्या बकझक कर रही हो?"

दिव्यानंद की दृष्टि उसकी पतली कमर और नितंब से होकर उसकी गठीली पिंडलियों पर जा ठहरती थी। उसके मन में यही शब्द गूँजते थे—अप्रतिम यौवन! पूनो-सी भरपूर वसंत! अप्सरा के मान को फीका करनेवाली दिलरुबा! हूर! परी!

"जी चाहता है, दिव्यानंद, अपनी इस निर्वस्त्र देह की तरह तेरी-अपनी जिंदगी का भी पर्दाफाश कर दूँ; ताकि सब जान जाएँ कि पाप कहाँ पनाह पाता है! पूजनीय कौन है! कौन धार्मिक है, कौन अधार्मिक! कौन योगी-संत है और कौन व्यभिचारी-ढोंगी! कदाचित् यही मेरे अब तक के जीने का मतलब सिद्ध हो सके।" अब चित्रा टूटने लगी थी। उसकी देह तंद्रिल हो उठी थी। उसके सारे शरीर में तेजाब की-सी लहरें दौड़ रही थीं। उसकी पलकों पर पंख बंद कर सफेद कपोत आ बैठे थे उड़ान से थककर। उसे बिच्छू ने डस लिया था। वह हाँफ भी उठी थी। उसके सामने वह दूधिया कक्ष घूम उठा था। छत उसे अपने ऊपर आती लग रही थी। थोड़ी ही देर में सफेद हाथी अपनी भारी-भरकम देह से उसे कुचल देगा। बंद कमल—आँख में बसे सपने चकनाचूर हो जाएँगे।

चित्रा का जी मचलाया। वह अपने को सँभाल नहीं पाई। दिव्यानंद को स्मरण हुआ कि आज उसने एकादशी का व्रत किया हुआ था। ओह! खाली पेट और शराब!

चित्रा वमन कर उठी।

दिव्यानंद उठ खड़ा हुआ। वमन की ओर वह देख नहीं सका। सारा कमरा बदबू से भर गया। चित्रा फटी-फटी आँखों से उसकी ओर देख रही थी पत्थर की मूर्ति बनी हुई।

दिव्यानंद का नशा काफूर हो गया। उसमें पहली बार घिनौनी दृष्टि उभरी। वह उसे वहाँ छोड़कर नीचे चला आया। वमन चित्रा ने नहीं किया हो मानो उसने किया हो, उसे ऐसा लगा। कहीं चित्रा ने उसका सारा रहस्य खोल दिया तो? वह विद्रोहिनी हो उठी है। ऐसी युवती कुछ भी कर सकती है। उसे पल भर में नंगा कर सकती है। स्त्री पर भरोसा करके चलना जिंदा मक्खी निगलने जैसा प्रयास है। नहीं, वह उससे और नहीं खेलेगा।

उसने ब्रह्मदास को बुलाया और समझाया।

ब्रह्मदास के जाते ही चित्रदास आ गया।

दिव्यानंद ने पहली बार उसपर कुदृष्टि डाली। कुछ सोचा। फिर सामान्य होने का प्रयास करते हुए पूछा, "क्या समाचार है, चित्रदास?"

"धूपो और परमदास दोनों..."

"क्या हुआ उन दोनों को?"

"मीरा ने..."

"क्या किया मीरा ने?" दिव्यानंद ने अपना सिर झटककर तेजी से पूछा।

चित्रदास दिव्यानंद के बदलते रूप और रुख को समझने का प्रयास करने लगा। अवश्य कुछ अप्रिय घटा है।

"क्या किया मीरा ने?" दिव्यानंद ने पुनः तेज आवाज में दोहराया।

चित्रदास चौंका। वह सँभलकर बोला, "धूपो का ढोंग सामने आ गया।"

"क्या?"

"हाँ, स्वामीजी, मीरा के क्षत्राणी रूप ने धूपो के नाटक का पर्दाफाश कर दिया। उसने स्वीकार कर लिया कि..."

"क्या स्वीकार कर लिया?"

"वह ढोंग रचती रही है।"

"चुड़ैल! नारी सदा अविश्वसनीय रही है, चित्रदास। उसपर भरोसा करना अपने पाँव पर कुल्हाड़ी मारना है।" दिव्यानंद बड़बड़ाने के स्वर में कह रहा था। उसके माथे पर बल पड़ रहे थे। वह पूछ रहा था—"उसने किस-किसके नाम बताए?"

"किसीके नहीं।"

"क्या?"

"हाँ, मीरा ने उससे ज्यादा पूछताछ नहीं की थी। उसने अपना गुनाह कबूल किया और..."

"उसने उसे छोड़ दिया!" चित्रदास की ओर घूरते हुए दिव्यानंद ने मुँह बिगाड़कर कहा।

"हाँ, स्वामीजी।"

"वह फिर जीत गई। उसने फिर अपना सिक्का कायम कर दिया। उसने फिर सम्मोहन मूठ चला दी। और परमदास?" दिव्यानंद ने घृणा से चित्रदास की ओर देखते हुए पूछा।

"वह भाग खड़ा हुआ।" चित्रदास ने इस बार दृढ़ता से कहा, "आपने ही उसका नाम सुझाया था। आपने ही योजना बनाई थी।"

"तो?" दिव्यानंद ने पूछा।

"पर..."

"पर क्या?"

"आप आज क्रोध में हैं, स्वामीजी।"

"हूँ। क्यों न होऊँ? क्या हुआ है आज? क्या मतलब है इसका?" दिव्यानंद ने आवेश में कहा।

"इसपर भी मनचीता हुआ है, स्वामीजी।" चित्रदास ने धीरे से कहा, "आप हारे नहीं, जीते हैं।"

"कैसे? कुछ समझा नहीं!" मन-ही-मन दिव्यानंद उलझने लगा। क्या हो रहा है उसे? क्या सोच रहा होगा चित्रदास? वह सामान्य होते हुए कहने लगा— "स्पष्ट कहो, चित्रदास! दरअसल आज चित्रा..."

"क्या हुआ?"

"कुछ नहीं होगा उसे। सब ठीक हो जाएगा। हाँ, तो तुम क्या कह रहे थे?"

"मीरा मान गई।"

"क्या?"

"जीव गोस्वामी का सामना करने की बात।"

"कैसे?"

"वह बड़ी विचित्र स्त्री है। उसमें अद्भुत शक्ति है। वह जोगिन, भक्तिन मात्र नहीं है। उसमें एक शक्तिशाली क्षत्राणी भी जीवित है।" चित्रदास ने धीरे-धीरे बताया।

"तभी तो उसने पुरुषों को ललकारा है। राजा की भी चिंता नहीं की। राजघराने को ताक पर रख दिया। यहाँ भी अपना सिक्का जमा लिया। वह विद्रोहिनी औरत है और क्षत्राणी है, अतः वह कुछ भी कर सकती है। ठीक है, अब देखते हैं क्या होता है! जीव गोस्वामी का अस्तित्व चक्कर में आ गया है।"

"मीरा का भी अस्तित्व दाँव पर है, स्वामीजी।" चित्रदास ने कहा।

दिव्यानंद उठ खड़ा हुआ। चलते हुए बोला, "अब कुछ भी हो, किसी-न-किसीका पराभव सुनिश्चित है। जाओ, चित्रदास, और इस द्वंद्वयुद्ध को उछाल दो। खूब प्रचार करो। सारा व्रज इकट्ठा हो जाना चाहिए।"

चित्रदास कुछ पूछता कि वह झूमता हुआ अंदर के कमरे में चला गया। चित्रदास ठगा-सा रह गया। क्या हुआ है चित्रा को? वह इस अनबूझ पहेली को लिये धीमी गति से लौट पड़ा।

□

चारों ओर जंगल में लगी आग की तरह घूम-फिरकर एक ही बात सुनाई पड़ रही थी—जीव गोस्वामी का व्रत मीरा भंग करेगी। कैसे करेगी? जीव गोस्वामी तो स्त्री की परछाईं से भी दूर रहते हैं। मीरा उन तक पहुँचेगी कैसे? वह आश्रम से बाहर आते नहीं हैं। मीरा अंदर जा नहीं सकती। फिर यह करिश्मा होगा कैसे?

इस बात पर शर्त लग रही थी। जीव गोस्वामी का भाव ऊँचा था, मीरा का कम। मीरा के एक के डेढ़ मिल सकते थे और जीव गोस्वामी के एक के सात।

ललिता गोपी के साथ घूमकर आई थी। उन दोनों का भी यह पक्का मत था कि मीरा ने गलत चाल चली है। कहाँ जीव गोस्वामी जैसा तपोनिष्ठ महान् व्यक्तित्व और कहाँ सीधी-सादी भक्तिन मीरा! दोनों में कोई समानता नहीं है। अभी मीरा को पहुँचे हुए संतों की बानगी का पता नहीं है।

मीरा की पराजय सुनिश्चित नजर आ रही थी। चित्रदास ने अपने शिष्यों को इस काम में लगा दिया था। दिव्यानंद भी परदे के पीछे से खासी भूमिका निभा रहा था।

"मीरा हार गई तो उसे वृंदावन छोड़ना पड़ेगा।" एक स्त्री चुनौती भरे लहजे में कह रही थी।

"और जीत गई तो?"

"तू पागल हुई है क्या? मीरा—और जीव गोस्वामी से जीत जाए! ऐसा हुआ तो सूरज पूर्व से नहीं, पश्चिम से उदय होने लगेगा।" तीसरी औरत ने कलफदार कड़क उत्तर दिया।

"मीरा के साथ कृष्ण कन्हैया है।" चौथी औरत का स्वर था, जो चमकीला लहँगा और दमकते सीप का ब्लाउज पहने हुए थी।

"कछु भी हो, पर मजा तो खूब आवैगो। बहुत दिनों बाद कुहरे से सूरज बाहर आवैगो।" उनके बीच में एक युवक ने आकर कहा था।

सब औरतें उसकी ओर देखने लगी थीं।

ललिता आगे बढ़ गई।

गोपी ने कहा, "सुना तुमने!"

"पर सुनने से लाभ क्या है!" ललिता ने जवाब दिया।

"क्यों?" गोपी ने पूछा।

"दीदी किसीकी सुनती हैं, जो..."

"न सुनें, परंतु हमारा उन्हें सबकुछ बताना जरूरी है।" गोपी ने पुनः अपनी बात पर जोर दिया।

"ठीक है, तुम एक बार कोशिश करके देख लो। कदाचित् तुम्हें सफलता मिल जाए।"

"क्या तुम साथ नहीं दोगी, ललिता?"

"दूँगी, पर कुछ लाभ नहीं।" ललिता कह रही थी—"वह श्रीकृष्ण कन्हैया की दुहाई देकर सारी मेहनत बेकार कर देंगी। वह कुछ समझना नहीं चाहेंगी। उनके लिए हरि इच्छा प्रबल है। वही उनका सर्वस्व है।"

"हमारी प्रार्थना होगी उनसे।"

"लो, कुटिया भी आ गई।"

ललिता और गोपी दोनों कुटिया के अंदर चली आईं। उन्होंने देखा कि मीरा कृष्णाश्रम की सात-आठ संन्यासिनों से घिरी हुई उन्हें बता रही थी—"कृष्ण की आवश्यकता आज हमारे समाज को है। हमारा प्रयास यही है कि सब कृष्णमय हों। उसके पथ पर चलें। हमारे दुःखों की वह एकमात्र अचूक दवा है। उसको मानो, हृदयंगम करो, उसका ढोंग मत रचो। ढोंग समाज के लिए अभिशाप है।"

"जी हाँ।"

"क्या?" मीरा ने प्रश्न उछालकर स्वयं ही कहा, "जानती हो, तुम लोग संन्यासिनी क्यों बनीं? क्यों तुम्हें संन्यासिनी बनने के लिए विवश किया गया? मुझे तुम्हारा उत्तर नहीं चाहिए। तुम सोचो और निर्णय करो कि क्या प्रेरणा रही कि तुम घर-बार छोड़कर आश्रम में आ गईं? क्या पाया आश्रम में आकर? कुछ खोया तो नहीं? कहीं भटकाव तो अनुभव नहीं हुआ; क्योंकि अब तुम्हारे पास लौटने का कोई रास्ता नहीं है? तुम्हारे चारों ओर गहरा अंधकार है। या नहीं, वह तुम जानो।"

"आप सच कह रही हैं, माई।" उनमें से एक कम उम्र की संन्यासिनी ने कहा, "यहाँ छल है। नाम श्रीकृष्ण का है, परंतु..."

"क्या नाम है तुम्हारा?" मीरा ने पूछा।

"अब राधा है।"

"अब से क्या मतलब?"

"यहाँ आते ही आचार्य नया नाम देकर नए मंत्र से जोड़ते हैं।" राधा ने साहस के साथ कहा, "मुझे बहकाकर यहाँ लाया गया है। अब किस मुँह से लौटूँ? मुझे कौन स्वीकार करेगा? कोई नहीं, माई, कोई भी नहीं। यह आश्रम साक्षात् नरक कुंड है।"

"राधा!"

"रुक्मिणी, मैं यहाँ इसीलिए आई थी कि माई मुझे अपनी शरण में ले लें। मैं यहाँ से आश्रम नहीं लौटूँगी। माई ने शरण में नहीं लिया तो कुएँ या

तालाब में डूबकर मर जाऊँगी।'' राधा की आँखें छलछला आई थीं। उनमें विद्रोह की चिनगारियाँ थीं।

''परंतु, राधा...''

''न मत करना, माई।'' राधा ने हाथ जोड़कर कहा।

''राधा, तू पगला रही है। उनके हाथ बहुत लंबे हैं। माई को क्यों बीच में घसीट रही है? वे माई का ही कौन सा शुभ चाहते हैं!'' रुक्मिणी ने तेजी से एक साँस में कह डाला।

''हम आपके दर्शन-लाभ के लिए यहाँ आए थे—वह भी बहाने से।'' राधा ने कहा, ''आपके सच्चे हृदय की पुकार ने हमारे मन में एक नवीन शक्ति का संचार किया है, माई।''

''मुझे क्षमा करें, माई। आपके दर्शन पाकर हमारा यह जन्म सार्थक हो गया। हमें वहीं लौटना होगा, यही हमारी नियति है।'' रुक्मिणी कहती गई—''राधा नई-नई आई है। धीरे-धीरे हमारी तरह वह भी ढल जाएगी और दूध में उठा उफान स्वतः शांत हो जाएगा। फिर कुछ नहीं रहेगा—न इच्छाएँ और न शिकायत। सिर्फ हम संन्यासिनी बनी रह जाएँगी।''

मीरा कुछ देर के लिए किंकर्तव्यविमूढ़-सी रह गई। क्या हो रहा है इन धार्मिकों को? क्यों उठी है इनमें पतन की यह आँधी? क्यों धर्म की आड़ में व्यवसाय चल रहा है? वह क्या करे? किससे कहे? कौन सुनेगा उसकी?

''मेरे लिए क्या आज्ञा है, माई?'' राधा ने करुणा भरे स्वर में बहुत धीमे से पूछा।

''आज्ञा देनेवाली मैं कहाँ हूँ! आज्ञा तो मात्र उसकी चलती है। हमारे लिए तो एक वही है। तुम भी उसकी शरण में जाओ।'' मीरा ने उलझन को राह देने की कोशिश की।

''हमारे लिए आप ही कृष्ण कन्हैया हो, माई।'' राधा तपाक से बोली।

''क्या यह तुम्हारा अंतिम फैसला है?''

''हाँ, माई।''

''तो सुनो, इस समय लौट जाओ।''

''फिर?''

''हमें शायद वृंदावन छोड़ना पड़े।''

''क्यों, माई?''

''पता नहीं, राधा, क्यों मन यहाँ से ऊब गया है! बड़े मन से यहाँ आई थी। पर यहाँ...'' कहते-कहते वह रुक गई।

''यहाँ क्या, माई ?''

''यहाँ के मन बुझे हुए हैं। बाहर से आए हमलावर यहाँ की धरती को रौंद रहे हैं। धर्म में अविश्वास काम कर रहा है। तभी तो सबको श्रीकृष्ण की शरण में लाकर निर्भीक करना चाहती हूँ। परंतु यहाँ भले लोग भयभीत नजर आए। उनमें बुराई से लड़ने की इच्छाशक्ति मर चुकी है। खैर, हमारी बागडोर तो उसके ही हाथ में है। वह जो चाहेगा वही होगा।'' मीरा सोचते हुए कह रही थी। वह आवश्यक समझती थी कि समाज के स्वास्थ्य को बरकरार रखने के लिए लोग हौसला बनाए रखें और उनमें बुराइयों से लड़ने की शक्ति बनी रहे।

''लेकिन, माई…''

''रुक्मिणी और आप सब राधा की सहायता करने का वायदा करो।'' मीरा ने उन्हें अपनी चपेट में लिया।

''ऐसा ही होगा, माई।''

''राधा को मैं अपने साथ ले जाऊँगी।'' मीरा ने कहा।

''ठीक है।'' रुक्मिणी ने कहा।

''हम चलें, माई ?''

''कैसे कहूँ ! आपकी बातें सुनकर मन भर आया है। लगा कि पुण्य और धर्म पाप और अधर्म की बुनियाद पर खड़े हुए हैं। क्या करूँ ? किस-किससे लड़ूँ ? फिर भी, हमारा प्रयास जारी रहेगा; लेकिन अपने किसन कन्हैया को छोड़कर कतई नहीं।'' मीरा ने उन्हें तसल्ली दी और उठने पर प्रसाद दिया।

वे चली गईं।

गोपी ने ललिता की ओर देखा।

मीरा ने उनसे पूछा, ''तुम इतनी देर में कहाँ से आई हो ?''

''कहीं से नहीं।''

''तो यहीं थी क्या ?''

''नहीं, दीदी।''

''तो फिर ?''

''राह में चर्चाएँ सुनने को मिलीं।''

''कितनी बार कहा है कि चर्चाओं पर कभी ध्यान मत दो। चर्चाएँ मन की शांति निगलने लगती हैं।'' मीरा ने उन्हें याद दिलाया।

''परंतु आपकी चर्चा हो तब तो…''

''होने दो। वह तो होंगी ही।''

''क्यों ?''

"क्योंकि हमारा यहाँ रहना किसीको अच्छा नहीं लगता है। परंतु हमें क्या! हमें अपने से मतलब है।" मीरा ने बात को वहीं खत्म कर देना चाहा और बोली, "अब चलना है।"

"कहाँ?"

"जीव गोस्वामी के आश्रम, और कहाँ!"

"नहीं चलना, दीदी।" ललिता बोली।

"काहे री?"

"हमसे उनका क्या लेना-देना?"

"तो?"

"फिर दुनिया का झंझट अपने माथे क्यों, दीदी?" ललिता ने धीमे से कहा।

"यह झंझट नहीं है री।"

"है, दीदी, है। यह पूरा झंझट है।" गोपी तपाक से बोली।

"हो तो हो, पर हमें इससे मतलब नहीं, गोपी। मानो तो यह सारी दुनिया ही झंझट-झमेला है और न मानो तो सारे झंझट-झमेलों का दूर तक नामोनिशान तक नहीं। तुम चिंता-फिक्र मत करो।" मीरा ने उन्हें समझाया और इकतारा साफ करने लगी।

"चिंता-फिक्र क्यों नहीं करें! उन लोगों ने शतरंज की गोटियाँ बिछाकर उसमें अपनी पकड़ मजबूत कर ली है। यह जानते हुए भी चिंता-फिक्र न करें, क्यों?"

मीरा ने गोपी को आगे नहीं बोलने दिया और उसपर झपट-सी पड़ी—"गोपी, मनुष्य इसीलिए कष्ट पाता है कि उसे जो नहीं जानना चाहिए, वह उसे जानने लगता है। एक भक्त और सामान्य मनुष्य में यही तो अंतर है कि भक्त जाने हुए को प्रभु चरणों में सगर्पित कर अनजाना बन जाता है और सामान्य मनुष्य नहीं जानने का भी जानकार बनता है। भक्त के लिए उसका प्रभु ही जानने के लिए काफी है। फिर वह और क्या जानेगा? क्या बचता है फिर उसके जानने के लिए, ललिता-गोपी? जानती हूँ, तुम मेरे लिए बहुत चिंतित रहती हो; परंतु यह तुम्हारे-मेरे दोनों के लिए ठीक नहीं है। इससे संकल्प शक्ति कमजोर पड़ती है और विकल्पों का तिलिस्म खुलने लगता है। चलो, अब चलें।" वह इकतारे के तार छेड़ बैठी। छेड़ती रही।

"मुझे तो और चिंता हो गई, दीदी।"

"काहे की चिंता?"

''आप तो वृंदावन छोड़ने का मानस बना चुकी हैं।'' गोपी ने कहा।

''पानी और साधु बहता ही अच्छा है। तुम अपनी चिंता मुझपर छोड़ो। सब प्रभु ठीक ही करेगा; क्योंकि वह सदा ठीक ही करता आया है। उससे गलती नहीं होती, अन्यथा तो वह भी मेरे-तुम्हारे जैसा होकर रह जाता। यही उसका बड़प्पन है। यही उसकी गरिमा है। इसीसे वह पूजनीय और बड़ा है। तुम अपने को उलझन में मत डालो। उलझन में पड़ीं नहीं कि फिर ताउम्र उलझन सुलझाती ही रहोगी; परंतु वह कभी सुलझेगी नहीं। दरअसल उलझन होती ही नहीं है। वह तो बैठे-ठाले डाल ली जाती है—बिलकुल मधुमक्खी के छत्ते की तरह।'' मीरा बराबर धीरे-धीरे इकतारे को सहलाती रही और मुसकराती रही।

''आप बिलकुल चिंतित न हों, दीदी।'' ललिता ने सकपकाते हुए कहा।

''किससे?''

''जीव गोस्वामी से।''

''क्यों?''

''उसके आश्रम की प्राचीर बहुत मजबूत है, दीदी।'' गोपी बीच में बोली।

''वह बाहर आएगा ही नहीं।'' ललिता ने बात आगे बढ़ाई।

''आप अंदर जा नहीं सकतीं।'' गोपी ने अपना निर्णय सुनाया।

''फिर?'' ललिता ने पूछा।

''फिर तो फिर है, गोपी-ललिता। इस फिर का कोई अंत नहीं है, मेरी प्यारी-प्यारी बहनाओ! अब चलो भी।''

''बहुत भीड़ है, दीदी।''

''होने दो।''

''ऐसा, दीदी?''

''हाँ, ऐसा ही। भीड़ सत्य जानना चाहती है, ललिता।'' मीरा बोली।

''नहीं, दीदी, भीड़ सत्य नहीं जानना चाहती है।'' गोपी ने तपाक से कहा।

''वह तमाशा देखना चाहती है।'' ललिता ने समझाया।

''ऐसी भीड़ स्वयं तमाशाई होती है।'' मीरा ने दो टूक उत्तर देते हुए कहा, ''तुम दोनों की इच्छा न हो तो यहीं बनी रहो, पर मुझे तो जाना है—और अभी जाना है।'' मीरा इतना कहकर आगे बढ़ी।

''दीदी,'' दोनों एक साथ बोलीं, ''हमें क्षमा कर दो।''

वे तीनों कुटिया से बाहर आ गईं। गली-गलियारों में चमक थी। उनके साथ भीड़ हो ली।

मीरा ने ललिता से कहा, ''भजन उठाओ और रास्ते को महकाओ। गाओ।''

छब्बीस

ललिता पपीहा की सुरीली आवाज में गा उठी—'मनवा चलो, किसन कन्हैया के द्वारे। मनवा भजो, किसन कन्हैया प्यारे।'

सब गा रहे थे।

सब मस्त होकर झूमने लगे थे।

सब महकने लगे थे। उनमें से कुछ थिरकने-नाचने भी लगे थे।

गोपी ने अपनी महीन और बाँसुरी जैसी प्यारी आवाज में गाया—"म्हाणे चाकर राखाँ जी, म्हाणे चाकर राखाँ जी।"

ललिता ने साथ दिया—"चाकर रहस्यूँ बाग लगास्यूँ, नित उठ दरसण पास्यूँ।"

कृष्णा ने उस छोर को आगे बढ़ाया—"बिंद्रावन री कुंज गलिन माँ, गोविंद लीला गास्यूँ।"

सब एक साथ गा उठे—"म्हाणे चाकर राखाँ जी। म्हाणे चाकर राखाँ जी।"

पारबती ने उच्च स्वर में गाया—"चाकरी में दरसण पास्यूँ, सुमिरण पास्यूँ खरची। भाव भगत जागीराँ पास्यूँ, जणम जणम री तरसी। म्हाणे..."

सब गा उठे—"म्हाणे चाकर राखाँ जी।"

गोपी गाने लगी—"मोर मुगुट पीतांबर सोहाँ, गल वैजंती मालो। बिंद्रावन माँ धेण चरावाँ, मोहन मुरली वालो। म्हाणे..."

सब झूमकर गा उठे। नाच-नाचकर गा उठे—"म्हाणे चाकर राखाँ जी।"

पारबती ने राग अलापना शुरू किया। आवाज उठती ही चली गई। मजीरों का मन शांत। काँसे की कटोरियों की जोड़ी मौन। करताल भी मौन। ढोलक पर थाप भी बंद। न नाचना शेष रहा, न झूमना। सब पारबती के आलाप में बह गए। धीरे-धीरे वह गा उठी—"हरे हरे णवाँ कुंज लगास्यूँ, बीचाँ बीचाँ बारी। साँवरिया रो दरसण पास्यूँ, पहण कुसुंबी सारी। म्हाणे..."

पारबती गुनगुनाकर चुप। मजीरे झूम उठे। करताल बज उठीं। ढोलक पर थाप पर थाप। पाँवों में उन्माद। नृत्य की बहार थी। सब गा रहे थे। गाए जा रहे थे—"म्हाणे चाकर राखाँ जी।"

गोपी ने ऊँची आवाज में गाया—"जोगी आया जोग करण कूँ, तप करणे संन्यासी। हरि भजन कूँ साधू आयो, बिंद्रावन के वासी। म्हाणे..."

सब मस्त हो गा उठे—"म्हाणे चाकर राखाँ जी। म्हाणे चाकर राखाँ जी।"

ललिता नाच उठी। मीरा ने इकतारा छेड़ा। इकतारा रस बरसा रहा था।

कृष्णा गाने लगी—"मीराँ रे प्रभु गहिर गँभीरा, हिवरो घणो अधीरा। आधाँ रात प्रभु दरसण दीस्यो, जमणाजी रे तीराँ। भगतो, म्हाणे..." वह झूम उठी।

सब गाते रहे—"म्हाणे चाकर राखाँ जी।"

सब गाते रहे।

भीड़ बढ़ती रही।

जिधर देखो उधर भीड़। भीड़ की आँखों में चमक। उसके तन पर चंदन और गुलाल। उसके मन में मतवाला मयूर। सब रस में भीग रहे थे मग्न होकर एक साथ। सारे मन भगवा हो उठे।

किसीको पता ही नहीं चला कि वे क्यों साथ चल पड़े? उन्हें जाना कहाँ था, वे पहुँच कहाँ गए? अब क्या वे वहाँ से जा सकते थे?

रास्ता तय हो गया। न धूल लगी, न काँटा। आनंद उमंगित होता रहा। उल्लास और उमंग की भर पिचकारी से उसने सारा वातावरण रँग डाला।

मीरा रुक गई।

भीड़ भी थम गई।

मोर मुकुटधारी की एक ओर से जय-जयकार हो उठी तो दूसरी ओर से नंद के लाला की।

सबके मन में बाँसुरी बज रही थी।

'अब?' एक ही प्रश्न था सबके मन में।

सामने था जीव गोस्वामी का आश्रम। पास में बह रही थी कल-कल करती यमुना, मनभावन। पवन महक रहा था यमुना की तरंगों के तार छेड़कर मतवाले बादल-सा पगलाया हुआ।

'अब क्या होगा?' साँस रोके भीड़ के मन पर दस्तक देता हुआ था यह प्रश्न।

आश्रम में सन्नाटा। कहीं कोई चहल-पहल नहीं।

"आश्रमवासी जानते हैं।"

"क्यों नहीं जानेंगे!"

"कितना तो शोर हुआ है।"

"सारा वृंदावनी मन मथ डाला है इस प्रश्न ने—एक नहीं, हजार बार। फिर भी क्या आश्रम ने नहीं सुना होगा?"

"उसीकी यह प्रतिक्रिया है, भाई।"

"क्या?"

"कि आश्रम में गहरा सन्नाटा है।"

"कोई है भी या नहीं?"

"म्हारे कूँ क्या पता!"

सबके मन की यह दशा साँप-छछूँदरवाली हो चली थी। क्या होगा? एक यही प्रश्न उनके मनोमस्तिष्क में कौंध रहा था। कुछ होगा भी या नहीं। शंका अपनी जगह डेरा डाले हुए थी।

गति में अगति की कल्पना का संयोग बन पड़ा था उच्च ग्रहोंवाली जन्मपत्री में। उच्च ग्रह भी कभी-कभी घातक सिद्ध होते हैं।

कीर्तन उठता।

कीर्तन थम जाता।

समय लहराकर थम जाता।

मीरा पास में आसन जमा कर बैठ गई थी। गेरुए वस्त्रों में लिपटी मीरा की दीपशिखा-सी चपला बनी कौंधती देह सबका केंद्रबिंदु बनी हुई थी। वह एकदम शांत थी। उसमें कोई द्वंद्व नहीं चल रहा था। वह निर्द्वंद्व थी, निर्विघ्न।

ललिता, गोपी, कृष्णा आदि का चित्त अवश्य चलायमान था। उन्हें विश्वास नहीं था कि कुछ होगा। उनको यही पीड़ा थी कि यह सबकुछ जानते-बूझते हो रहा है। जिससे बचा जा सकता था उसके प्रति देखा तक नहीं गया।

शाम हुई।

हवा थमी।

आसमान में तारे उदित हुए। अमावस्या थी। काली रात और घनी हो गई थी। भीड़ काफी कम हो चुकी थी। अब सन्नाटा पूरी तरह निर्वाक् था। माँझी जा चुका था। सवारी कोई नहीं थी। सिर्फ नाव थी और पतवार एक ओर पड़ी थी।

कोई गा रहा था—चारों ओर स्तब्ध जड़ता का सुकून पाकर बहुत धीरे-धीरे अपने आपसे बतियाता हुआ—

'तेरे लिए कहाँ-कहाँ नहीं गया! कितनी दूरियाँ पार कीं! कितनी ऋतुओं के प्रहार सहे! कितना पगलाया! कितना झुँझलाया!

'क्यों रे, सब बीत जाता है तब, जब अतीत भी नहीं रहता। तब तू रहता है—अकेला तू। नदी नहीं बहती। न नौका होती है, न पतवार और न शून्यता होती है। न कोई सवार होता है और न कोई सवारी। पर तू होता है।

'समय नहीं होता। गति नहीं होती। अगति भी नहीं। न आसमान होता, न धरती। फिर नदी कैसी? नाव कैसी? और पतवार कहाँ? कोई नहीं।

'कोई स्पंदन नहीं। कोई आमंत्रण नहीं। न कहीं उजाला और न कहीं अँधेरा—न दिन और न रात। न सूरज और न चंद्र। बस एक तू ही तू। तेरे सिवाय न

मैं और न हम। कोई भी नहीं। कुछ भी नहीं।

'वाह रे वाह! कितना छकाया! कितना थकाया! कितना उलझाया! क्या नहीं किया! जबकि कुछ भी नहीं करना था, सब अपने आप होना था—नदी, नौका और पतवार। हाँ-हाँ, माँझी भी। पर किसे मालूम था? मालूम होकर भी कौन मानता? मानने का मन क्या ऐसे ही बन जाता है? उसे बनाना पड़ता है—तप से, जप से, क्रिया से और न जाने किस-किससे। जब वह बनने को तैयार होता है और मानने की मुद्रा में आता है तब पता चलता है कि रूठनेवाला कोई नहीं है। रुखसार पर पड़ी समय की अनजान थापें हिलती हैं आँखों से वसंत खोकर।

'न पछताना हो सकता है, न उत्सवी आनंद का मन बन सकता है। न लौटना हो सकता है। पहुँचा ही कहाँ था जो लौटना होता!

'न अतीत है, न वर्तमान और अनागत। कोई नहीं है। फिर भी तू है। तू ही है। तेरे अलावा और कोई नहीं है। तुझे किसीने नहीं देखा। तुझे कोई देख भी नहीं सकता; क्योंकि तू ही अकेला देखता है, तू ही अकेला सुनता है, तू ही अकेला बोलता है, तू ही स्पर्श करता है, तू ही अकेला सूँघता है।

'अब लौट रहा हूँ जल की बूँद की तरह सागर में मिलने के लिए। अब मैं उठ रहा हूँ जल की बूँद की तरह भाप बनकर। मैं ही सघन हूँ—हिम हूँ। मैं तरल हूँ—जल हूँ। मैं दोनों ही नहीं हूँ; क्योंकि मैं स्थिति में नहीं हूँ। स्थिति से मुझे जानने का प्रयास व्यर्थ है।

'तू धन्य है, क्योंकि मैं नहीं, तू है। तू ही तू है। मैं जा रहा हूँ, चलता चला जा रहा हूँ—ओ मेरे सर्वस्व, जाता जा रहा हूँ। तू रह। तू ही बना रह।'

मीरा ने सुना। ललिता, कृष्णा और गोपी ने कुछ नहीं सुना। किसीने कुछ नहीं सुना।

मीरा वहीं बैठ गई आँखें बंद करके। बैठी रही वह चुपचाप। धीरे-धीरे शेष भीड़ भी छँटने लगी। सन्नाटा वितान ताने खड़ा हो गया। अब पवन का मन छलक आया था। मीरा के चहेते निराश हुए। मंदिरों में आरती हो रही थी। परंतु आज आरती ललिता को फीकी लग रही थी। कृष्णा का मन प्रार्थना में नहीं रम रहा था। गोपी अँधेरे में सँभलकर एक कोने में बैठ गई थी सबसे आँख चुराकर। दिशाएँ निस्तब्ध हो गई थीं अपने आपमें सिमटकर। पारबती का किसीको पता नहीं था।

दिन हुआ नहीं था, होना चाहता था। आसमान जाग रहा था। पक्षी उड़ने लगे थे। पेड़ों की पत्तियाँ हिल रही थीं। यमुना के जल में तरंगें उठने लगी थीं। खामोशी टूट रही थी। तंद्रा कूच कर रही थी।

ललिता सूर्य की पहली किरण को लखकर कुछ कहने का मन बना रही

थी। क्या कहेगी, वह यह समझ नहीं पा रही थी।

मीरा पूरी रात एक मुद्रा में बैठी रही। वह सोई थी या जगती रही थी, यह किसीको पता नहीं था।

बैलों की घंटियाँ बजने लगीं।

चक्कियों की आवाज होने लगी।

पायल भी रुनझुन कर उठीं।

सुबह आँखें खोलने का प्रयत्न कर रही थी। परंतु आँखें खुलते-खुलते मुँदी रह जाती थीं।

दूर से किसीकी बाँसुरी बजाने की गुनगुनाती ध्वनि अनुगूँज रही थी।

अचानक पौ फटी।

पौनार विलुलित हुई।

विनिद्र रात ने जमुहाई ली। छुटपुट तारे डूबने लगे। दिन हो गया।

मीरा ने आँखें नहीं खोलीं।

गोपी चिंतित हो उठी।

पारबती नहाकर लौट आई। ललिता मौन बैठी रही मीरा की तरह घड़ौंची बनी। तरु कोटर से कोई सद्य:जात पक्षी तुनक उठा।

भीड़ जुड़ती। फिर छँट जाती।

मीरा की पराजय का अनुभव वातावरण में होने लगा था। हलकी सी सुरसुराहट पैदा हुई थी।

लोगों के मन हट रहे थे।

"बड़ी आई थी जोगिन बनकर!"

"जीव गोस्वामी से टक्कर लेने चली थी कि चारों खाने चित आ पड़ी!"

"मैंने पहले ही मना किया था।"

"चलो, अब भंडाफोड़ तो हो सका।"

"किसका?"

"कृष्णभक्तों का, और किसका!"

अब आसमान सिंदूरी हो रहा था और उसमें कपोत तैरने लगे थे।

जीव गोस्वामी ने पूजा से उठकर पूछा, "मनु, क्या हुआ?"

"मीरा माई तो बाहर जमी बैठी हैं, स्वामीजी।"

"उसे उठकर चला जाना चाहिए था।" जीव गोस्वामी ने सोचकर कहा।

"वह नहीं उठेंगी, स्वामीजी।"

"क्यों?"

''मेरा मन कहता है।''

''फिर?''

''फिर क्या, स्वामीजी!''

''हाँ, फिर कुछ नहीं।'' कहते हुए वह अपनी कुटिया में चले गए।

यह कैसी परीक्षा? मान न मान, मैं तेरा मेहमान। पगला गई है। पर क्यों? उसने तो उससे कुछ नहीं कहा। वह उसके मार्ग का कभी व्यवधान भी नहीं बना। फिर उसने ऐसा व्रत क्यों लिया? आ बैल मुझे मार!

'जीव!'

'कौन?'

'मैं तेरी माँ, दुलारी।'

'माता!'

'मैं भी नारी हूँ, जीव।'

'तो?'

'हर नारी तारा नहीं होती।'

'तू उसका नाम न ले, माँ।'

'हर नारी बदचलन नहीं होती।'

'वह मैं नहीं जानता।'

'क्या पुरुष बदचलन नहीं होता?'

'माँ!'

'क्या पुरुष नारी पर अत्याचार नहीं करता?'

'माँ!'

'क्या पुरुष अन्याय नहीं करता?'

'माँ!'

'बिना नारी को जाने पुरुष अधूरा है। उसका तप अधूरा है, उसका संकल्प अधूरा है। शिव-पार्वती, सीता-राम, राधे-श्याम—सबमें पुरुष के साथ नारी है। तू जड़ता छोड़। यही जड़ता तेरे मार्ग में व्यवधान है। तू अपने प्रण का परित्याग कर।'

'नहीं! नहीं, माँ, ऐसा कठोर दंड नहीं। ऐसी कठोर आज्ञा नहीं।'

'तेरा अधूरापन तुझे आगे नहीं बढ़ने दे रहा है। आकाश मुक्त है, धरा मुक्त है, पवन मुक्त है, प्रकाश मुक्त है, गंध मुक्त है। फिर तू क्यों मुक्त नहीं है? कभी तूने यह जानने का प्रयत्न किया? नहीं, तो क्यों नहीं? यही तो तुझे जानना था, पुत्र!'

'माते!'

'घृणा किसीसे नहीं। तूने नारी को नहीं देखने का व्रत लेकर अपने को ही

छोटा और तुच्छ किया है। तेरे में मैं, तेरी माँ हूँ। तेरे में तेरी पत्नी तारा भी है। तुझे तारा ने धोखा दिया। हर स्त्री तारा नहीं है। तारा का प्रतिशोध तू हर स्त्री से ले रहा है, पूरे स्त्री समाज से·ले रहा है, क्या यह उचित है?'

'माता, तू सदा मुझे रास्ता दिखाती रही है; लेकिन आज तू...' जीव गोस्वामी ने घुटन-सी अनुभव करते हुए अपनी माँ की ओर देखा।

'आज भी पुत्र, मैं तुझे रास्ता ही दिखला रही हूँ। जरा सोच, क्या आज तक तू अपने में तारा को मार सका है? तूने उसे भूलने की जितनी कोशिश की वह उतनी ही तुझे याद आती रही। आज तक वह याद तुझे नासूर की तरह घेरे हुए है। उसमें दोष तेरा भी था।'

'मेरा दोष, माँ!'

'हाँ, तेरा दोष। तारा अत्यंत रूपवती और सच्चरित्र युवती थी—पत्नी थी।'

'माते!'

'चीख मत, शांति से सुन। धैर्य से विचार कर और मेरे प्रश्नों का उत्तर दे।'

'क्या हैं प्रश्न?'

'तू विवाह के तुरंत बाद से क्यों अघोरियों, अवधूतों और धूनी रमानेवालों के पीछे घूमता रहा? क्यों तूने उस कनफटिया को अपना गुरु बनाया?'

'अपने को जानने के लिए। ईश्वर को देखने के लिए।'

'तू अपनी नव विवाहिता को छोड़कर जंगल की खाक छानने लगा।'

'माते!'

'क्यों तू उस कनफटिए को घर में लाया?'

'माता, वह संत था।'

'क्यों तूने अपनी विवाहिता को उसकी सेवा करने के लिए विवश किया? याद है, उसने तुझे क्या समझाया था?'

जीव गोस्वामी को सबकुछ याद आने लगा।

तारा उनसे कह रही थी—'स्वामी, घर में पर पुरुष को ठहराना ठीक नहीं।'

'क्यों ठीक नहीं?'

'क्योंकि वह घर छोड़ चुका है। घर-गृहस्थी मोह-ममता का केंद्र है। वह मोह-ममता का परित्याग कर चुका है।' तारा ने साहस के साथ कहा था।

'संतों के आने से घर पवित्र होता है पगली!'

'पर वह संत नहीं है।'

'क्या कहा! एक बार फिर कहियो!'

'वह संत नहीं है।' तारा ने दोहराया।

जीव गोस्वामी उसे मारने-पीटने लगे। कहते रहे—'तू मेरे गुरु को असंत बताती है, माया! चल, उससे चलकर मुआफी माँग।'

'नहीं, मैं उसके पास नहीं जाऊँगी।' तारा रोती और पिटती-छितती कहती रही।

'तू नहीं जाएगी तो मैं तेरे को छोड़ दूँगा!' जीव गोस्वामी उबले।

'यह तुम्हारी इच्छा है।'

जीव गोस्वामी अतीत से वर्तमान में आ गए।

'कुछ याद आया, पुत्र?'

जीव गोस्वामी चौंक पड़े। वह बोले, 'वह उसके साथ भागी थी, माता।'

'तूने उसे भगवाया था, पुत्र।'

'मैंने!'

'हाँ, तूने। तारा ने उससे कहा भी था कि योगी, हमारे घर का नाश नहीं करो। मेरा धनी कुछ जानता-समझता नहीं। वह पगला उठा है। पर वह लंपट विचित्र भाषा बोलता रहा और घर में ही तंत्र-मंत्र की धूनी रमा बैठा। और फिर, वह तारा को बेसुध कर···पगले। छिः! छिः! छिः! तू ही भ्रष्ट हुआ था। जब तक यह बात मुझे पता चली, मतिभ्रष्ट, तब तक उस कनफटिए ने, जिसके साथ पूरी टोली थी, तेरी पत्नी को जबरदस्ती उठवा लिया।'

'पर तूने तो, माते···'

'मुझे यह सब बाद में ज्ञात हुआ।'

'फिर भी तूने आज तक···'

'क्या बताती? बताती तो क्या होता? तू क्या उसे स्वीकार करता? अपना समाज थू-थू करता। हालाँकि उसके चले जाने के बाद भी इस समाज ने कम नहीं सताया।'

'माता!'

'पगले, फिर तूने भी घर छोड़ दिया।'

'माता!'

'तू संन्यासियों के चक्कर में पड़ता गया और उनका होकर ही रह गया। धीरे-धीरे तुझे बोध होता गया और तू जीवन-जगत् की व्याख्या करने लगा। ग्रंथों की शरण में जा बैठा। ग्रंथों की भाषा बोलने लगा। तेरे में रसना का माधुर्य चमत्कार बनकर नव जनमे स्रोत-सा फूट पड़ा। और तू···'

'माता, आगे कुछ नहीं।'

'जैसी तेरी इच्छा। तू नारी जाति का सम्मान कर, पुत्र। मीरा तो जोगिन है। ऐसी नारी तो युगों के बाद ही जन्म लेती है। उसका आशीर्वाद ले। तेरे लिए यही

शुभ है, पुत्र।'

माता गई तो उनका आचार्य सामने आ खड़ा हुआ और बोला, 'जीव, यह तेरी माता नहीं, माया है। नारी माया है। उससे दूर रहकर तेरी साधना दूर-दूर तक पूजित हुई है।'

'हाँ, आचार्य।'

'तूने जिसे छोड़कर इस पद पर प्रतिष्ठा पाई है, उसके प्रति तनिक भी आकर्षण पैदा होना तेरे विनाश का संकेत है, जीव।'

'जानता हूँ, आचार्यप्रवर।'

'फिर मोह के कुहरे को क्यों हवा देता है? क्यों किसीकी सुनता है? याद रख, नारी माया है और माया से साधना भ्रष्ट होती है।'

'समीचीन है, आचार्य, आपकी वाणी। नमन, आचार्य, नमन! मैं कुछ देर के लिए भ्रमित होने लगा था। अब मेरा मार्ग प्रशस्त है, आचार्य।'

इसीके साथ वह कुटिया से बाहर आ गए।

सामने मनु आ गया। वह बोला, "मीरा ने खाना-पीना, पूजा-पाठ सबका त्याग कर दिया है, आचार्य।"

जीव गोस्वामी ने दृढ़ शब्दों में कहा, "माया का यह त्याग स्वाँग है, मनु।"

"लेकिन मीरा, स्वामी।"

"वह नारी है—और नारी चाहे कोई भी हो, वह माया है। उसका कार्य द्वंद्व में डालना है और तप-भंग करना है।"

"जी स्वामी!"

"जाओ, अपना ध्यान समाधि में लगाओ।"

मनु चला गया। जीव गोस्वामी ने आश्रम का एक चक्कर लगाया। सब संन्यासी समाधिस्थ थे। उन्हें सुकून मिला। उनका आश्रम पवित्र है। उनके आश्रम की प्रतिष्ठा है। नाम है, सुयश है, यह सोचकर उन्हें संतोष हुआ कि उनके किसी शिष्य के मन में मीरा के लिए मोह नहीं जनमा। सब पूर्ववत् जैसा ही है—शांत, निश्चल, पूत और दिव्य। अब वह भी समाधि पर बैठ गए।

सत्ताईस

तीसरा दिन उपजा।

आज आकाश में बादल थे। चहल-पहल कम थी। समाचार उड़ रहे थे बिना पंख के।

चित्रा ने आत्महत्या कर ली, यह सनसनीखेज समाचार कुहरे को चीरता हुआ सूरज-सा बाहर आया। उसकी लाश कुएँ में मिली।

अच्छा कुआँ था। पर अब उस कुएँ का पानी कोई नहीं पीएगा, यह समाज का निर्णय था।

"चित्रा कौन थी?"

प्रश्न के द्वार पर दस्तक पड़ती—"चित्रदास के साथ रहती थी।"

"योगिनी होगी।"

"अवधूतनी।"

"कोई भी हो, पर आजकल आत्महत्याएँ बहुत होने लगी हैं।"

"स्त्री मरती है।"

"पुरुष नहीं।"

"कहीं कोई चक्कर लगता है।"

"चित्रा तो मेनका दीख रही थी।"

"मेनका को योग की क्या चढ़ी!"

"ईश्वरेच्छा बलवान् है।"

"उसके आगे किसीकी नहीं चलती।"

"हरे कृष्ण, हरे कृष्ण! यह क्या हो रहा है? कृष्ण कन्हैया की इस नगरी में यह अंधेर! प्रभु कृपा! दया!"

बात पलटी। नई बात शुरू हुई।

"मीरा।"

"बहुत अहम् हो गया था।"

"नहीं तो!"

"नहीं कैसे! यहाँ उसने क्या कुछ नहीं कर दिखाया! सती नहीं होने दिया। धूपो की पोल-पट्टी सामने ला दी।"

"तो क्या गलत किया?"

"परंतु जीव गोस्वामी से बैठे-ठाले जे पंगा तो ले लिया न!"

"यह उसने गलती की।"

"उसमें उसके अहम् ने सिर उठाया था, यह उसीका नतीजा है।"

"हम क्या करें! जैसी करनी वैसी भरनी। दिनन के फेर में देर नहीं लगती।"

"पर वह भली जोगिन है।"

"उसमें तेज है।"

"वह निर्भीक भी है।"

"क्षत्राणी जोगिन है।"

"राजवधू भी है।"

"अपूर्व रूप की सम्राज्ञी भी।"

"फिर भी, कृष्ण-समर्पिता है। सच्ची साधक है। लेश मात्र भी अहंकार नहीं है। किंचित् घमंड नहीं है।"

"वाणी में दर्द है। मन बाँधने की अद्‌भुत शक्ति है। उसकी वाणी में अमृत है।"

"अब सारा अमृत उलट गया है।"

"क्यों?"

"तीसरा दिन है और वहाँ अब उल्लू बोल रहे हैं। कोई उधर नहीं फटक रहा है।"

गोपी ने सारी बातें सुनीं। वह कहीं रुकी, कहीं नहीं। कुछ बातें वह सुन नहीं सकी। इतनी घिनौनी और गंदी बातें थीं वे कि वह घबरा उठी।

पारबती और ललिता की कुछ समझ में नहीं आ रहा था। गोपी आई तो उसने कुछ जानना चाहा। परंतु उसकी मुखमुद्रा देखकर वह कुछ पूछ नहीं सकी। उसका मन बैठने लगा।

धूपद कुछ खबर लाया था। ललिता से बोला, "माई के लिए भयंकर षड्‌यंत्र बनाया गया है।"

ललिता चौंकी और पूछा, "तुम?"

"हाँ, मैं, ललिता।"

"इतने दिनों से कहाँ थे?"

"परदेस गया था।"

"बिना बताए!"

"किससे बताता?"

"क्या कोई नहीं है तुम्हारा?"

"कौन है?"

"ओह! दीदी को तो बता सकते थे।"

"तुम्हें क्यों नहीं?"

"मुझे!" ललिता ने उसके भोले चेहरे को निहारा।

"हाँ, तुम्हें। पर तुम तो मुझे घास ही नहीं डालतीं। मुझे बुरा समझती हो।"

"नहीं।"

"वह तुम जानो।"

"अच्छा, अब यह बताओ कि क्या खबर लाए हो?"

"वृंदावन के मठाधीश सर्वदानंद, कुंभनदास, जगतराम, चित्रदास आदि सभी एक होकर माई के विरुद्ध मोरचा खोले हैं। सर्वदानंद ने चित्तौड़ के राणा को पाती लिखकर प्रार्थना की है कि उन्हें वापस बुला लिया जाए। उनका अपमान राजपरिवार का अपमान है। अब स्थिति काबू से बाहर होती जा रही है। कभी भी कुछ हो सकता है। इधर म्लेच्छों का आतंक है। उन्हें मीरा के यहाँ होने की खबर पड़ गई तो वे कुछ भी कर सकते हैं।"

ललिता का सिर चकराने लगा।

"जगतराम ने बाई की इस पराजय का जोर-शोर से ढिंढोरा पिटवाना शुरू कर दिया है। वह रमाबाई को सती न होने देनेवाली बात से खार खाए बैठा था। वह इस मौके का भरपूर लाभ उठाना चाहता है।" धूपद ने कंधे पर पड़ी साफी ठीक से जमाते हुए धीरे से कहा।

"और चित्रदास?"

"उड़ती-उड़ती खबर है कि वह दिव्यानंद का खास आदमी है। लेकिन…"

"लेकिन क्या?"

"चित्रा की मौत ने…"

"क्या किया चित्रा की मौत ने?"

"चित्रदास को पागल बना दिया है।"

"क्यों?"

"चित्रा ने आत्महत्या नहीं की है, उसे मरवाया गया है।" ललिता की ओर से मुँह फेरकर धूपद ने कहा।

"यह तुम्हें किसने बताया?"

"स्वयं चित्रदास ने।"

"क्या?" चकित होकर ललिता ने धूपद की ओर देखा।

"हाँ।" धूपद ने थूक गटककर कहना जारी रखा—"वह बहुत बेचैन और उग्र हो उठा था। माई के लिए षड्यंत्र की बात भी उसने ही अप्रत्यक्ष रूप से बतलाई थी।"

"अब?" ललिता ने पूछा।

"समय ठीक नहीं लग रहा है।"

"तो?" ललिता उसके चेहरे को पढ़ने की कोशिश करने लगी।

"माई को समझाओ।" धूपद ने सुझाव दिया।

"क्या वह मानेंगी?" ललिता ने उससे ऐसे पूछा जैसे अपने आपसे पूछ रही हो।

"तो फिर?" धूपद सोचने लगा।

"कोई अन्य उपाय?"

"अन्य उपाय!" दोहराकर वह सोचने लगा। क्या उपाय? उसके भेजे में झनझनाहट होने लगी। वह एक भी प्रकाश की किरण उदित होती नहीं देख रहा था।

"पता नहीं अब क्या होगा! मुझे कुछ नहीं सूझता है, धूपद।" ललिता ने कहा। उसे पता नहीं कि वह ऐसा क्यों कह गई? उसे क्या कहना चाहिए, क्या नहीं, वह यह तय नहीं कर पा रही थी। परंतु उसे ऐसा अवश्य लग रहा था कि धूपद की सहायता से वह वैतरणी पार कर जाएगी।

धूपद ने कंधे से साफी हाथ में ली और उसे अलबट्टे लगाने लगा। हवेली का रहस्य-रोमांच उसे बेतरह दबोचे हुए था। इसी कारण वह इतने दिनों तक इधर-उधर घूमता फिरा, वृंदावन नहीं लौटा। उसे लौटने से डर लग रहा था। पता नहीं वहाँ और क्या-क्या रहस्य हैं? और कहाँ-कहाँ हैं?

"तुम क्या सोच रहे हो, धूपद?" ललिता ने उससे पूछा। उसे उसका एकदम चुप हो जाना अच्छा नहीं लग रहा था। वह उसकी ओर बंकिम दृष्टि से देखकर कहने लगी—"मुझे एक तुम्हारा ही भरोसा था कि तुम कुछ कर सकोगे और हम इस विपत्ति से बच निकलेंगे; लेकिन तुम तो गूँगे का गुड़ होकर रह गए एकदम।"

धूपद पर घड़ों पानी पड़ गया। उसमें अंदर-ही-अंदर तूफान-सा उठ खड़ा हुआ। उसकी धमनियों में रक्त तेजी से बहने लगा। पर वह क्या करे? उसके सामने गहरा तिमिर तैर गया। फिर भी वह बोला, "मैं आश्रम होकर आता हूँ।"

"क्यों?" ललिता ने पूछा।

धूपद चौंक पड़ा। 'क्यों' का उसके पास कोई उत्तर नहीं था।

"कुछ पता नहीं है न?"

"हाँ, ललिता।"

"फिर जाकर क्या करोगे?"

"क्या करूँगा, यह नहीं जानता; लेकिन मन कहता है कि जाऊँ। शायद कोई हल निकल जाए।" धूपद बोला और आसमान की ओर देखने लगा शून्यता से भरकर।

"मुझे नहीं लगता।"

"मुझे लगता है।"

"दीदी से पूछकर देखूँ?"

"क्यों?" धूपद ने कहा।

"कि वह क्या चाहती हैं?"

"वह हमें पता है न!" धूपद बोला।

"तुम दीदी को नहीं जानते, धूपद।"

"लेकिन..." कहकर वह चुप रह गया।

"एक बार दीदी से पूछ देखूँ कि..."

"वह कदापि 'हाँ' नहीं करेंगी।"

"फिर हरि इच्छा।" ललिता बोली और अपनी धोती का पल्लू ठीक करने लगी।

"जाओ, पूछ आओ। मैं चलूँ।" कुछ सोचकर वह बोला, "मेरी सोच तो पथरा गई है। वैसे भी सोच का अपने से क्या काम!"

"ठीक है।" कहती हुई ललिता उठ खड़ी हुई।

धूपद उसे टोककर बोला, "तुम्हें मेरा ध्यान रहे, ललिता। मैं यहाँ बैठा हूँ।"

यह सुनकर ललिता की बड़ी-बड़ी आँखें पहले तो मुसकराईं और फिर लाज से झुक गईं। तब वही तो उसे अपने साथ मंदिर ले गई थी और उसे मंदिर के बाहर खड़ा करके अंदर चली गई थी। काफी देर बाद कई सहेलियों के साथ पिछवाड़े के दरवाजे से लौट गई थी। शाम पड़े याद आया। एक बार सोचा कि अब तक धूपद वहाँ पर खड़ा नहीं होगा। दूसरी बार खयाल बना कि वह चलकर देख तो आए। वह गई तो चकित रह गई। धूपद वहीं साफी बिछाकर बैठा हुआ था। पगला कहीं का!

ललिता किसी मोह में नहीं बँधना चाहती थी। लेकिन धूपद उसमें मोह पैदा करता जाता था। जब भी उसने धूपद की ओर देखा, पाया कि उसकी आँखों में स्वप्न रचे हुए हैं, काजल नहीं—और उनमें रचे हुए हैं छोटे-छोटे इंद्रधनुष। उसका भोलापन और सहज समर्पणभाव ललिता के मन को मथ डालता था। वह कुछ दिनों तक लापता रहा तो कितनी बार वह सोचती रही और सपने में उससे बतियाती रही।

वह मीरा के पास पहुँची। मीरा ध्यान में थी। गहरी ध्यानावस्था से जगाना ठीक नहीं था।

मीरा अपने साँवलिया से बतिया रही थी। वह कह रही थी—"थारे कूँ कछु पतो भी है या थे भी नींद निकाल रहे हो! म्हारे भोज होते तो म्हारे कूँ यों पड़ा न रहने देते। जब वो थे तब थानें म्हारे मन में डेरा डाला हुआ था और म्हारे कूँ खूब

नचा डाला था। लेकिन जा बखत तो म्हारी सुध लेने की थारे कूँ फुरसत नाँय है। जा पिंड में से प्राण पापी निकल जाए तो सारे झगड़े-झंझट समाप्त। बिना थारे म्हें बौरा गई हूँ। जैसे काठ को घुन खाने लगता है वैसे थारा विरह म्हें खाए जा रहा है। थे म्हारो जनम-मरण को साथी है। फिर थारे कूँ कैसे बिसरा दूँ। म्हारे कूँ भोसागर मझधाराँ में बूड्याँ सूँ क्यों बचाया? क्यों म्हारे कूँ अपणी सरण में लिया? थारे चरणन में पड़कर म्हाँने पल भर चैन नाँय पायो। थे तो जगत्-ज्वाला हरणकर्ता है। क्या करूँ? थारे बिना अब म्हारी कूण गती? मैं रावरी चेरी हूँ। पर थे नेहड़ा लगाय कर कहाँ चला गयो? जाना था तो जे फाँसी क्यों गले में डाल गयो? म्हाँ बैठ्या जागाँ जब सिगरा जगत् सोबाँ। अब जा बखत थे अपणे होने का एहसास करा जा। म्हाँने थारे कारण ही जे व्रत ले लिया था। थानें नारी जात की सदा रक्षा की है। जे सोचकर ही म्हाँने जे···। अब और मत सता, निर्मोही। जीव गोस्वामी को सच्चा रास्ता दिखा जा। म्हें थारे पाँव पड़ती हूँ।'' मीरा इसके बाद शांत हो गई। गहरे लगन लगा बैठी। अंधकार को चीरती हुई आगे बढ़ती, डूबती चली गई। घोर अंधकार काले नाग-सा फन फैलाए फुफकारता रहा। भयावह घना अंधकार!

मीरा डरी नहीं। अँधेरों में उतरती चली गई। अंत में उजाले की नन्ही सी किरण दिखलाई पड़ी। नक्की-मूठ का तो यह खेल नहीं था। यह लागी लगन का खेल था। प्रीति का सौदा था। एकतरफा था। सबकुछ उसपर ही छोड़ दिया था। जीतने को कुछ नहीं रखा था। सर्वस्व ही गँवा दिया था खुशी-खुशी। मीरा चौंक पड़ी। सचमुच प्रकाश! दिव्य ज्योति का अक्षय भंडार! अनगिनत सूर्यों का प्रकाश! मीरा खुली आँखों से देख रही थी। अक्षय प्रकाश को लखते हुए उसकी आँखें चौंधियाईं नहीं।

यह कैसा चाँदनी-सा महकता-गुनगुनाता प्रकाश। धीरे-धीरे एक छाया उभरी। उभरकर पहले चाँदनी रंग में ढली, फिर श्याम रंग में। श्याम रंग भी अलौकिक! अद्वितीय! अरे, यह क्या! साँवरा-सलोना! मंत्र देकर अदृश्य पल भर में। फिर प्रकाश गायब। चतुर्दिक् अँधेरा।

मीरा ने आँखें खोल दीं। सामने ललिता खड़ी थी। उसने ललिता की ओर ध्यान से देखा और धीरे से पूछा, ''क्या है?''

''धूपद आया है।''

''अच्छा। क्या चाहता है?''

''जीव गोस्वामी के पास जाना चाहता है।''

''तो?'' मीरा ने पूछा।

''आज्ञा चाहता है।''

"क्यों?" मीरा इतना कहकर सोचने लगी। उसके सामने कान्हा आ खड़ा हुआ।

ललिता चुप रही। क्या बोलती। बोलने को उसके पास कुछ था भी नहीं। फिर भी खड़ी रही।

मीरा ने एक बार उसकी ओर देखा। फिर कहा, "जा, धूपद को लिवा ला।"

ललिता के मन को चैन आया। एक संवाद खुला। जिज्ञासा महकी। काई फटी। कुहरा हटा। किरण फूटने की आशा जगी।

धूपद आ गया। उसने झुककर प्रणाम किया और झुका ही रहा। मीरा का आशीर्वाद पाए बिना वह प्रणाम की मुद्रा में ही खड़ा रहता था।

मीरा ने उसे आशीर्वाद दिया। उससे पूछा, "कहो, क्या बात है थारे मन में?"

धूपद सँभला। मीरा के सामने बोलना सरल नहीं था। उसने अंदर-ही-अंदर मन पक्का किया। साहस बटोरा और कनखियों से ललिता की ओर देखकर कहा, "माई, जाकर मिलूँ!"

"किससे?"

"जीव गोस्वामी से।"

"क्यों?"

"क्योंकि वह भी संत हैं।"

"तो? मैं क्या करूँ?"

"संत ही संत की भाषा समझ सकता है, माई। संवाद तो होना ही चाहिए न!" धूपद बोला। कहाँ से बोला, क्या बोला और क्यों बोला, यह उसे पता नहीं।

ललिता को बड़ी राहत मिली। वाह! क्या बात उठाई है!

मीरा की आँखें चमकीं। उसके अरुणाधर हिले। वह धीरे से बोली, "क्या संवाद, धूपद?"

"एक संत का दूसरे संत से क्या संवाद हो सकता है, माई, यह मैं क्या जानूँ! मैं संत तो हूँ नहीं। फिर संतों की भाषा मैं कैसे जानूँ! आप कहो तो मैं वहाँ बोल आऊँ। वह जो कहें, वो बात आपको आ सुनाऊँ और अपना भाग्य सराहूँ।" धूपद चित्त को सुहानेवाली पते की बात बोल गया।

इस बार मीरा ने उसकी ओर बहुत ध्यान से देखा। उसमें ममता घिर आई। नेह की फुहार महकने लगी। वह सोचने लगी कि उसका प्रस्ताव गलत नहीं है।

"दीदी, आप कुछ···" ललिता ने मीरा को अपने में खोता हुआ देखकर कहा।

मीरा के मस्तिष्क में अभी तक धूपद की बात लहरा रही थी।

''माई, संवाद कहिए।'' धूपद ने यह कहकर उसे जगाया।

मीरा ने पुनः अपलक दृष्टि से उसकी ओर देखा। यह उसे कैसा अजनबी अनुभव हो रहा था। वह बोली, ''हाँ, धूपद, तुम जाओ। जाकर उनसे कहना कि···''

''कि क्या?'' मीरा को चुप देखकर धूपद पूछ बैठा। साथ ही उसने अपनी साफी ठीक की।

''आपने स्त्री-मुख नहीं देखने का व्रत लिया है न! वह सिर हिलाकर कहेंगे, हाँ। तब तुम उनसे कहना कि मीरा माई ने कहलवाया है कि व्रज में तो एक ही पुरुष है।''

''क्या?'' अचरज से धूपद ने मीरा की ओर देखा।

ललिता भी घबरा उठी कि मीरा यह क्या कह रही हैं।

''चौंको मत, धूपद। तुम भी, ललिता, घबराओ नहीं। यह संतों की भाषा है; क्यों, धूपद?'' मीरा ने धूपद से पूछा।

''हाँ, माई।''

''तू यह बात ललिता को भी समझा दे रे।''

ललिता आँखें फाड़े उसकी ओर देखती रह गई। वह कुछ पूछ नहीं सकी।

''तो तुझे जीव गोस्वामीजी से कहना है कि अकेला पुरुष तो एक ही है—और वह है कृष्ण कन्हैया।''

''शेष, माई?'' धूपद ने पूछा।

''शेष सब गोपियाँ हैं।'' मीरा ने कहा।

''मैं भी···गोपी···माँ!'' अचरज से धूपद बोला।

ललिता के सुर्ख होंठों पर ईषत् मुसकान फैलकर तत्काल अदृश्य हो गई।

''हाँ रे, तू भी गोपी है, धूपद।''

धूपद कुछ नहीं बोला।

मीरा ने कहा, ''याद रहेगा न सब?''

''सुनाऊँ, माई?''

''नहीं रे।''

''जाऊँ अब?''

''हाँ, जाओ।'' मीरा ने तपाक से कहा।

धूपद चल पड़ा। उसके पीछे-पीछे ललिता चल पड़ी। उसने मुड़कर मीरा की ओर नहीं देखा। न मीरा ने ही उसे रोका-टोका।

कुछ दूर आकर ललिता ने धूपद को रोका और उससे पूछा कि वह क्या समझा?

उसने सबकुछ ज्यों-का-त्यों दोहरा दिया।

ललिता खुश हो गई।

धूपद जीव गोस्वामी के आश्रम की ओर बढ़ गया। वह आश्रम के द्वार पर जा खड़ा हुआ। परंतु उसे अंदर नहीं जाने दिया गया। ललिता का माथा ठनका। क्या जीव गोस्वामी से वह नहीं मिल पाएगा? क्या खाली हाथ लौट आएगा? एँ, अब वह अंदर जा रहा था। ललिता ने चैन की साँस ली और लौट पड़ी धीरे-धीरे कुछ दूर तक। फिर रुक गई और वहीं पेड़ की छाँह तले बैठ गई।

धूपद शांतचित्त हो चलता रहा। इतना बड़ा आश्रम! इतने शिष्य! सभी शिष्ट और सदाचारी। वहाँ कई कुटिया थीं—हवादार और बिना दरवाजे की।

बीच में एक बड़ी कुटिया।

उसके सामने आँगन था। आँगन लिपा-पुता और साफ-सुथरा था। उसके एक ओर नीम का पेड़ था और दूसरी ओर पीपल का। वहाँ एक ब्रह्मचारी खड़ा हुआ था।

कुटिया के अंदर से ब्रह्म वाणी सुनाई पड़ रही थी। कोई कह रहा था कि दुःख-निवृत्ति का एकमात्र उपाय है श्रीकृष्ण के चरण-कमलों में हर समय ध्यान लगाए रखना। उनकी अविचल स्मृति सारे पाप धो देती है और उससे समस्त अमंगल दूर हो जाते हैं। मन शुद्ध हो जाता है। उनके श्रीचरणों का स्मरण करते रहना ही परम शांति पाने का उपाय है।

इसके बाद उच्च स्वर में सुनाई पड़ा यह मंत्र—

अविस्मृतिः कृष्णापदारविन्दयोः क्षिणोत्यभद्राणि शमं तनोति च।
सत्त्वस्य शुद्धिं परमात्मभक्तिं ज्ञानं च विज्ञान विरागयुक्तम्॥

उसीसे भगवान् की भक्ति प्राप्त होती है और वैराग्य-संकुल परमात्मा के स्वरूप का ज्ञान एवं अनुभव प्राप्त हो जाता है।

शिष्यो, सत्य को जानो। अनुभव करो। तदनुरूप आचरण-व्यवहार करो। स्त्री माया है। वह सत्य मार्ग में व्यवधान है। उससे बचो। तभी परमात्मा की ओर बढ़ सकते हो।

फिर शांति।

शिष्य बाहर आने लगे। वे चुपचाप अपने-अपने कार्यों में लग गए। धूपद उनको देखता रहा; परंतु उन्होंने उससे कोई बात नहीं की। न कुछ पूछा। जो

व्यक्ति उसे अंदर लिवा लाया था, वह उसे वहीं छोड़कर चला गया था। उसने उसे वहीं रुकने के लिए अवश्य कहा था। लेकिन उससे आगे का कोई संकेत नहीं दिया था। अब वह क्या करे? उसे आसपास कोई शिष्य नजर नहीं आ रहा था। फिर किससे पूछे?

समय नदी के प्रवाह-सा निरंतर बहता जा रहा था। धूपद में कुछ-कुछ होने लगा था। उसकी धड़कन तेज हो रही थी। उसने अपना मन बहलाने के लिए आश्रम को निहारना शुरू किया। चारों ओर तरह-तरह के घने वृक्ष थे। गेंदा, सूरजमुखी आदि अलग महक रहे थे। बीचोबीच यज्ञशाला थी। सैकड़ों सुंदर और स्वस्थ गायें थीं।

वहाँ मैना भी थी। तोते तो बहुत थे। मैना 'राम-राम', 'कृष्ण-कृष्ण' बोल रही थी। उसका मिठास भरा स्वर धूपद को बहुत अच्छा लगा। वह बहुत देर तक उसकी ओर ही देखता रहा।

तभी एक शिष्य उसकी ओर आया। वह पास आकर बोला, "महाशय, मेरे साथ आओ।"

वह उसके पीछे चलता गया।

आगे चलकर वह ठहरा। बोला, "पनही यहाँ उतार दो।"

धूपद ने पनही वहीं उतार दी।

उसने गंगासागर हाथ में लेकर कहा, "अब हाथ-मुँह धो लो।"

धूपद ने वैसा ही किया। हाथ-मुँह धोकर उसने गमछे से पोंछा।

"गमछा सामने सूखने डाल दो।"

धूपद ने गमछा सूखने डाल दिया।

"अब यहीं खड़े रहना। अभी गुरुभाई आएगा। वह तुम्हें स्वामीजी के पास लिवा ले जाएगा।" इतना कहकर वह चला गया।

अब फिर धूपद अकेला रह गया था। मंत्रोच्चारण जैसा स्वर उसे सुनाई पड़ा। वह चौंक पड़ा। बड़ी मधुर आवाज में मंत्रोच्चारण हो रहा था। धीरे-धीरे पुनः शांति हो गई।

"आइए, भ्राता!"

धूपद अब उसके पीछे-पीछे चल रहा था। दो आँगन आए। आश्रम अति सुंदर, अति लुभावना और अति सौम्य प्रतीत हो रहा था। वहाँ पवन अति धीमे और मौन धारण किए बह रहा था। एक भव्य कुटिया। उसके सामने एक बहुत बड़ा आँगन। आँगन गोबर से लिपा था; गेरू, खड़िया, सफेदी आदि की अल्पना से सजा था।

कुटिया के बाहर एक शिष्य खड़ा हुआ था। उसने कुछ कहा। वह कुटिया के अंदर चला गया।

धूपद ने पाया कि वहाँ सभी हृष्ट-पुष्ट हैं। सभी के मुखमंडल लघु सूर्य-से दमक रहे हैं। उनकी कद-काठी सुदृढ़ है। वे मात्र गेरुए रंग के वस्त्र से अधोभाग ढके हैं। नाभि से ऊपर के भाग पर कोई वस्त्र नहीं है। सबकी चुटियाँ साफ नजर आ रही थीं। जनेऊ भी नजर आ रहा था। पाँवों में वे खड़ाऊँ डाले हुए थे। नंगे पाँव भी कई शिष्य नजर आए थे। वहाँ परस्पर बात करता हुआ उसे कोई नजर नहीं आया। सब मौन साधे हुए दिखलाई पड़े। पवन का बहना उसे वहाँ साफ सुनाई पड़ रहा था। पास में ही यमुना कल-कल करती बह रही थी।

''आइए।''

''जाओ, भ्राता।''

धूपद ने देखा कि जो शिष्य उसे वहाँ लेकर आया था वह लौट गया।

''चलिए।'' दूसरे शिष्य ने उससे कहा।

अब धूपद उसके पीछे चल पड़ा। वह अंदर पहुँचा। अब वह शिष्य भी उसे वहाँ छोड़कर चला गया। धूपद में घबराहट बढ़ गई। वह वहाँ अकेला रह गया था। कुटिया बहुत साफ-सुथरी थी। जमीन लिपी-पुती थी। दीवारें सफेद और गेरुए रंग की थीं। एकदम सपाट थीं, पर अत्यंत आकर्षक थीं।

''बैठ जाओ।'' एक अदृश्य आवाज धूपद ने सुनी और वह बैठ गया।

''आसन पर बैठो।''

धूपद ने आसन उठाया और उसपर बैठ गया। वहाँ उसके मन को बड़ी शांति मिली। वह मौन होता गया। उसमें बेचैनी नहीं रही।

उसने खड़ाऊँ की आवाज सुनी। खट-खट, खट-खट, खट। वह उठने लगा।

''बैठे रहो।''

उसने बैठे-बैठे ही जमीन पर सिर लगाकर प्रणाम किया।

जीव गोस्वामी अपने आसन पर आ बैठे। धूपद ने देखा तो वह देखता ही रह गया। एक अति भव्य लंबी-चौड़ी आकृति। पक्का गेहुँआ रंग तमतमाते हुए सूर्य-सा। देह-गठन अति आकर्षक और सुदृढ़। उनकी आँखें हीरे-सी दमक-चमक रही थीं। उनके पतले होंठ अति सुंदर और पलाश पुष्प-से सुर्ख थे। उनके सफेद बाल अति मुलायम, चिकने और रेशम-से चमकदार थे। उनकी बाँहें बहुत लंबी थीं। इतनी लंबी बाँहें उसने पहले नहीं देखी थीं। उनके कान भी बड़े-बड़े थे।

उन्होंने पूछा, ''तुम धूपद हो?''

''जी हाँ।'' धूपद ने कहा, ''मीरा माई ने आपको प्रणाम कहलवाया है।''

''ठीक है, पर...''

''पर क्या?''

''उनसे कहो, असंभव कभी संभव नहीं होता। साधना चमत्कार-तमाशे के लिए नहीं की जाती। उसका प्रदर्शन निषेध है। उससे अंधविश्वास जनमते हैं और अप्रिय मानसिकता पैदा होती है।''

''हाँ, स्वामीजी।'' धूपद ने उन्हें चुप पाकर कहा।

''वह जिद का परित्याग करें। साधना सरलचित्त होती है। उसमें तनाव नहीं होते और न बाँकापन, न टेढ़ापन! हर एक का अपना विश्वास होता है। यही विश्वास उसकी साधना है। साधक उसका विश्वास ही साधता है, अविश्वास नहीं। उनसे कहो, भक्ति में रमी रहें। उसका प्रदर्शन छोड़ें। प्रायः नगरियों में चमत्कार दिखानेवाले ढोंगी आ जमते हैं। वे तमाशे दिखाकर जन-मन को मोहते हैं और अपना उल्लू सीधा करते हैं। भद्र! ऐसा करना ही पतन का कारण है।''

''जी हाँ, स्वामीजी।'' धूपद ने सम्मोहित होते हुए कहा। उसका चित्त समर्पित होता जा रहा था स्वामीजी के चरण-कमलों में। उनका एक-एक शब्द उसमें अमृत घोलने लगा था। वह गद्‍गद हो रहा था। उसके मन में स्वामीजी के प्रति श्रद्धा उमड़ रही थी।

''उनसे कहना कि वह जय-पराजय में अपनी भक्ति को विभाजित नहीं करें। भक्ति अति विश्वास की अपरिमित शक्ति ही है। शक्ति सदा मौन रहती है, बोलती नहीं, झगड़ती नहीं और न अड़ती ही है। वह सरल साधना है। सहज और शुद्ध भावना की प्रगाढ़ता का प्रतीक है। वह चित्त की एकाग्रता का सरल और स्वाभाविक प्रतीक है। मेरा उनसे कोई विरोध नहीं है। न मैंने आज तक यहाँ किसीका विरोध किया है। वह साधना साधना नहीं होती, जिससे विरोध जन्म लेता है। साधना विरोध, विषमता और वक्रता की गाँठें खोलकर साधक को शुद्ध चित्त होकर परमेश्वर में रम जाने के मार्ग की ओर आमंत्रित करती है। यह जाकर माई को समझाओ। कहो कि वह अपना व्रत तोड़ें और अपने सत्पथ पर आगे बढ़ें। यही उनके लिए शुभ है, समुचित है और सुंदर है।'' जीव गोस्वामी कहते रहे।

उनमें कहीं कोई वक्रता अनुभव नहीं हुई और न साधना का बड़बोलापन। कहीं कोई जटिलता नहीं, जैसाकि उसने सुना था कि वह अहंकारी हैं, महाक्रोधी हैं और कठोर हैं। लेकिन वह तो पवन से भी हलके, सरल, सहज, सौम्य और दिव्य पुरुष सिद्ध हुए। उनका चित्त निर्विकार तथा एकदम शांत था।

''जी, कह दूँगा।''

"मेरा उनको भी आशीर्वाद है। साधक सभी की मंगल कामना के लिए तप करता है, भक्ति करता है और संयम से जीता है। वह जगत् को निर्मुक्त करने के लिए अपने को बाँधता है। वह प्राणवायु बनकर जीता है, सूर्य-चंद्र बनकर आशीष देता है और धरा बनकर सबकुछ सहता है। आकाश बनकर सदा चरणों के प्रति झुका रहता है। छोड़ना ही साधना है, पकड़ना और भोगना ही वासना। वासना बाँधती जाती है और साधना बंधनमयी नियति का भ्रम तोड़ती जाती है। भ्रम ही माया है। नारी भ्रम की महाशक्ति है। इसीसे…" कहते-कहते वह रुक गए। उनका हृदय बोल रहा था। कुटिया का मन गूँज रहा था।

"जी, स्वामीजी।" धूपद इसके अलावा और कुछ नहीं कह पा रहा था।

उसका सोचना बंद हो चुका था। वह अपने में अनाहत नाद को गूँजता हुआ अनुभव कर रहा था। जीव गोस्वामी साक्षात् ब्रह्म जैसे प्रतीत हुए उसे। उनमें तपस्या का तेज चमक रहा था। वह गा रहे थे मंत्र पढ़ते हुए। धूपद अपने को धन्य पा रहा था। उसके अहोभाग्य थे कि वह उनके दर्शन का लाभ पा सका। उसमें जड़ता टूट चली थी। वह सर्वथा एक नए लोक में अपने को पा रहा था। चिर शांति में डूब रहा था उसका मन-हृदय। उसमें पवन ज्योत्स्ना बनकर बह रहा था। वह गंगा-यमुना के संगम में डुबकी लगा रहा था निर्द्वंद्व और निश्चिंत होकर।

जीव गोस्वामी ने मन-ही-मन यह निर्णय लिया था कि फाँस को निकालना है, गलाने की स्थिति में नहीं ले जाना है। कुहरा हटाना है, उसे घना और गहरा नहीं करना है। वह पल भर के लिए अवश्य विचलित हुए थे, परंतु तुरंत ही अपने मन को बाँधने में सफल भी हो गए थे। तारा उनमें आँधी की तरह आई थी और तूफान की तरह से चली गई थी। वह माया थी। माया झंझा की तरह आकर चित्त को चलायमान करती है अथवा घुँघरू बाँधकर सम्मोहित करती है। माया की माया ही यह है कि वह नहीं होते हुए भी अपने होने की सुदृढ़ अनुभूति से बाँध डालती है। वह डसती नहीं, परंतु व्यक्ति स्वयं ही सम्मोहित हुआ अपने आपको डसा हुआ अनुभव करता है। माया की यही तो वक्र नियति है। इसीसे इंद्रासन डोल जाता है और प्रभु के अति सन्निकट रहनेवाले नारद को भी मतिभ्रम का शिकार होना पड़ जाता है। फिर वह अपनी साधना से ही अपने को सहज अवस्था में ला सके और सबकुछ कृष्णाश्रय के सुपुर्द कर मुक्त हो गए। रास से महाभारत तक की लीला करनेवाले परम लीलाधारी को नमन कर वह अपने में लौट आए।

अचानक जीव गोस्वामी को स्मरण हुआ कि धूपद मीराबाई का संदेशवाहक होकर उनके पास आया है। वह पूछने लगे—"तुम तो माई का कोई संदेश लेकर आए हो, भद्र। कहो, क्या संदेश है उनका?"

यह सुनकर धूपद की तंद्रा टूटी। उसे याद आया। वह धीरे-धीरे अपने को सँभालने लगा और मीरा माई के संदेश को याद करने लगा। इस समय उसकी स्मृति उसका साथ नहीं दे रही थी। उसने अपना सिर झटका और गहरी साँस लेकर केवल इतना ही कहा, "माई ने कहा था, स्वामीजी···"

जीव गोस्वामी ने उस सरलचित्त मानुष की ओर देखा। वह कुछ-कुछ सकपका गया था। उसे याद आने लगा। मीरा उसके सामने कुहरे से बाहर आ खड़ी हुई। वह तनिक संकुचित हुआ। आत्मतल्लीनता से उभरा और धीरे से थूक गटककर बोला, "कहा था, स्वामीजी।···वास्तव में वही कहने तो मैं यहाँ आया था। पर कितनी जल्दी भूल गया! यह चोखी रही। मेरी तो मति ही मारी गई, स्वामीजी। पर आपके प्रवचन को सुनकर मैं सबकुछ भूल गया—अपने आपको भी। आपकी अमृत वाणी ने मुझे अपने वश में कर लिया।"

जीव गोस्वामी ने उसे रोक दिया—"अब आगे कहो, भद्र, थारी माई ने क्या कहलवाया था?"

धूपद जीव गोस्वामी की भाषा के बदलते रूप का मन-ही-मन आनंद लेते हुए बोला, "माता ने कहा था कि···जा व्रज में···हाँ जी, जा व्रज में सब बय्यर हैं। म्हाँ भी, थे भी···वे भी···हम सभी। स्वामीजी, हम सबके सब बय्यर हैं, नारी।···पर जे कैसे हो सकता है कि···म्हाँने भी उनसे जे प्रश्न किया था।"

"तो क्या कहा था उन्होंने?" जीव गोस्वामी ने गहरे सोच के सागर में उतरते हुए कहा। उनके मुखमंडल पर चिंता की हलकी-हलकी रेखाएँ उभरने लगी थीं। वह इतना जान चुके थे कि मीरा में ईश्वरीय प्रेरणा काम कर रही है, अन्यथा वह इतनी लंबी और दुर्गम यात्रा पर अकेली कभी नहीं निकल सकती थी। चित्तौड़ जैसे राजघराने का सम्मोहन टूटना बहुत कठिन था। राजघराने की चहारदीवारी से बाहर आना और साधु-संतों की संगत में पाँव जमा लेना बिना ईश्वरीय प्रेरणा के संभव नहीं है। तभी तो उसने सोच डाला कि सब स्त्री हैं—सबमें स्त्रीभाव ही प्रमुख है, पुरुषभाव नहीं। पर क्यों?

धूपद ने बैठने का रुख बदला और गहरी साँस लेकर कहा, "पुरुष तो एक ही है—और वह है नंद का लाला, मोर मुकुटधारी किसन कन्हैया।"

जीव गोस्वामी का माथा ठनका। उनके अरुण अधर काँपे। उनके माथे पर हलके से सवाल उभरे और फिर शीघ्र अदृश्य हो गए। सब नारी हैं—एक वही पुरुष है, एक वही। सब उसीके प्रति तो समर्पित हैं। समर्पण ही तो नारीत्व है—एकाग्र समर्पण, निस्स्वार्थ समर्पण और संपूर्ण समर्पण। वह स्वयं भी तो संपूर्ण समर्पित है। तो क्या···तो क्या···! अरे हाँ, वह स्वयं भी नारी है—संपूर्ण नारी। उसके होने की

संपूर्ण सार्थकता उसके नारी होने में है। नारी होना और नारीत्व को पूर्णतया अपने में आत्मसात् कर उसे अपने से व्यक्त करना ही तो उसके होने की सार्थकता है। अवश्य वही एक पुरुष है, वही।

जीव गोस्वामी के मुखमंडल पर एक सर्वथा नवीन आस्था और नव चेतना की प्रथम रश्मि सिर से पाँव तक ज्योति बनकर विलुलित हो उठी। वह आनंद की नव ज्योत्स्ना-सी महक उठी। उसमें सहस्रों चपल चपलाएँ निःशब्द होकर खिलखिला उठीं। वह चुपचाप मानसरोवर के तट पर अकेला आ बैठा। उसके रंध्र-रंध्र में किरण की स्फूर्ति दौड़ गई।

"क्या कहा था कि एक वही पुरुष है—कृष्ण कन्हैया! वही!" जीव गोस्वामी ने दोहराया।

"हाँ, स्वामीजी। पर उनकी बात पर ध्यान न दें। दरअसल वह अपने को किसन कन्हैया के श्रीचरणों में अर्पित कर चुकी हैं। उन्हें जगत्-व्यवहार का कछु पता नाँय रह्यो है।" धूपद ने बात साधनी चाही, ताकि कोई रास्ता निकल सके।

"चलो, धूपद।"

'कहाँ?' वह मन में ही इतना कहकर चुप रह गया। वह उनसे पूछने का अपने में साहस नहीं जुटा पाया। वह चुपचाप उठ खड़ा हुआ।

"मुझे अपनी माई के पास ले चलो, भद्र।" जीव गोस्वामी ने कहा।

"आप धन्य हैं, स्वामीजी! आपकी कृपा से माई की जीवन-रक्षा हो सकेगी।" धूपद ने प्रार्थना के स्वर में कहा।

"भद्र, धन्य तो तुम्हारी माई हैं! उन्होंने मेरी आँखें खोल दी हैं। उनका तीसरा नेत्र खुल चुका है। अंतश्चक्षु की ही यह दिव्यता है। मैं धन्य होना चाहता हूँ उनके दर्शन पाकर। वाह! क्या कमाल किया है उन्होंने! एक वही पुरुष है, शेष सब स्त्री हैं—यानी गोपी रूप हैं।" जीव गोस्वामी का हृदय गद्गद हो उठा। वह अपार प्रसन्नता से भर उठे। उनमें रोमांच भर गया।

अब उनके पीछे आश्रम के सभी शिष्य चल रहे थे। सब चकित थे कि यह जादू कैसे हुआ। नारी छाया से भी दूर रहनेवाला संत नारी के दर्शन-लाभ के लिए इतना आतुर हो उठा।

धूपद की प्रसन्नता का कोई ठिकाना नहीं। वह झूम रहा था। उसके मन में मेघ उमड़-घुमड़कर बरस उठे थे। वह मेह में भीगकर मतवाला हो उठा था। उसके पाँव जमीन पर नहीं पड़ रहे थे। वह बिना पंख लगाए आसमान में उड़ चला था किसी अनजान पक्षी की तरह, बिना अपना गंतव्य जाने व लक्ष्य समझे।

बाहर देखा कि लोग मीरा को पाखंडी कह रहे थे। उसे वृंदावन छोड़कर

जाने का आदेश दे रहे थे। वे कह रहे थे—''यहाँ के स्त्री समाज पर तुम्हारा बुरा असर पड़ रहा है। विधवाओं के मन उछालें ले रहे हैं। वे अपने पर मर्यादा का अंकुश लगाना स्वीकार नहीं कर रही हैं।''

''सबकुछ उलटा-पुलटा हो गया है।'' कोई कह रहा था।

''समाज टूट रहा है।'' दूसरा कह रहा था।

वह राजघराने की विधवा रानी न होती तो अब तक कभी का उसे ठिकाने लगवा दिया गया होता। अब तक इसी कारण वह बच सकी। राणा साँगा जैसा वीर, पराक्रमी और हृदयजेता उनका सम्राट् था। उस परिवार के प्रति सब श्रद्धावनत थे।

जीव गोस्वामी को उधर ही आता देखकर भीड़ का माथा ठनका। अब जरूर कुछ होगा। जीव गोस्वामी पहुँचे हुए संत हैं। वह कुछ भी कर सकते हैं—राई को पहाड़ और पहाड़ को राई। वह उनके बाएँ हाथ का खेल है।

क्यों वह उधर ही चले आ रहे हैं? क्या बात है वह? कौन इस समस्या को सुलझाएगा? किसमें इतनी ताकत है, जो उनके सामने खड़ा हो सके? किसीकी कुछ समझ में नहीं आ रहा था। सब चकित थे। सबके मन में जीव गोस्वामी के बाहर आ जाने के कारण के बारे में तरह-तरह के सवाल उठ रहे थे। सब चकित भी थे और परेशान भी।

जीव गोस्वामी ने देखा कि मीरा आत्मलीन है। उसे भीड़ की प्रतिक्रिया का कुछ पता नहीं है। इतनी एकाग्रता! इतना गहरा समर्पण!

ललिता की दृष्टि धूपद पर से होती हुई सीधे जीव गोस्वामी पर जा ठहरी। वह साक्षात् तीर्थ थे! दिव्य ज्योति-पुंज!

पारबती, गोपी, कृष्णा आदि आँखें फाड़े जीव गोस्वामी को देख रही थीं। महान् आश्चर्य था यह उनके लिए।

धूपद आसमान से तारे तोड़ लाया था। उसके कंधे पर गमछा नहीं था और न पाँव में पनही। वह नंगे पाँव था। ललिता का ध्यान जब उस ओर गया तब उसके मन में हँसी का झरना फूट पड़ा; परंतु ऊपर से उसने अपने को पूर्णतया संयमित बनाए रखा। क्या किया धूपद मूर्ख ने ऐसा जादू कि जीव गोस्वामी भी नंगे पाँव मीरा से मिलने आ खड़े हुए।

धूपद की आँखें आर्द्र थीं। उसके अरुण अधरों पर सहज आत्मीय स्थिति थी।

जीव गोस्वामी के पाँव में खड़ाऊँ नहीं थी, यह देखकर उनके शिष्य चकित थे।

"माई!" जीव गोस्वामी ने अति मद्धिम स्वर में ऐसे कहा जैसे किसीकी उँगलियाँ अचानक वीणा का तार छू गई हों। संपूर्ण वातावरण झंकृत हो उठा। ममतांचल विलुलित हो उठा।

मीरा ने आँखें खोलीं। देखा। तुरंत करबद्ध प्रणाम किया।

उधर जीव गोस्वामी भी करबद्ध प्रणाम की मुद्रा में श्रद्धावनत थे।

"आपने सच ही कहा, माई, जा जगत् में सिगरी नारी ही हैं, एक बाहे छोड़कर—मुरली बजैया श्रीकृष्ण को। सिगरी गोपिकाएँ ही हैं, माई। थे धन्य हो! थाने म्हारे कूँ भी पवित्र कर दियो, माई। म्हारी तप-साधना थारे कारण सूँ सफल हुई। म्हारो प्रण मिथ्या था, जे बात म्हारी समझ में आज आई। म्हारे सामने अर्द्धनारीश्वर की मूरत घूम गई। नेक भी संदेह न रह्यो। चतुर्दिक् दिव्यता आ विराजी, माई।" जीव गोस्वामी के स्वरों में लोकगंगा बह रही थी। उसमें सत्य का मेह बरस उठा था। उसमें अनाहत नाद की रिमझिम का अतींद्रिय आनंद सहज लहरा उठा था। सद्कामना की उमंग सद्य:स्नात मांगलिका की नाईं साकार खड़ी हो गई थी।

"म्हारे कूँ कृतार्थ किया, स्वामीजी। थे आ गए तो मानो म्हारे कूँ गोविंद दरसन हो गए। लोकगंगा गमक उठी।" मीरा ने धीरे से कहा।

"एक गोविंद ही साँचो नाम है। बाही के सुमिरन सो जीव को जनम लेना सार्थक सिद्ध होता लगता है, माई। थे ही गोविंद बन म्हारे कूँ साँचे पथ की ओर मोड़ गईं, माई। नाँय तो म्हारा चित्त गैल-गलियारों में भटकता रहता अरु म्हारे कूँ बाके दरसन कबहुँ नाँय होते। भगतिन मीरा माई की…" जीव गोस्वामी ने पुरजोर स्वर में कहा।

उनके उत्तर में असंख्य स्वर गूँज उठे—"जय! जय! जय!"

लगा, शंखध्वनि हो उठी है। ढोलक पर थाप पड़ी है। मानो गरमी से तपी धरा पर पहली फुहार पड़ी है। मन का मोर नाच उठा है। चहुँओर मीरा की जय-जयकार का नाद उठा है। मानो गोधूलि वेला में भोर की प्रथम किरण उतर आई है। सपनों का सावन घन घटा-सा घिरकर नाच उठा है और चित्त का इंद्रधनुष घूँघट उठाकर शीत-घाम-सा मुसकरा रहा है।

जीव गोस्वामी की भी जय-जयकार हुई। मंगल वर्षा से सारा वातावरण महक उठा।

"चलो, माई, म्हारे आश्रम कूँ भी पवित्र कर दो।" जीव गोस्वामी के स्वर में प्रार्थना थी।

"जे थारो बड़प्पन है, स्वामीजी। थारा आश्रम म्हारे लिए जमुना-गंगा-सा

है। वहाँ तो म्हारे कूँ नयो जनम मिलैगो। म्हारे कूँ नई दिव्य अनुभूतियाँ होवेंगी। चलो, स्वामीजी।'' मीरा चल पड़ी।

आश्रम की ओर मीरा बढ़ी। पीछे-पीछे भीड़ थी। कीर्तन ललिता ने उठा लिया था और गोपी, कृष्णा, श्यामा आदि नाच रही थीं। व्रज आनंदित और उमंगित हो रहा था—सिर से पाँव तक और तन से मन तक।

प्रत्येक पल आँखें खोले नत हुए जा रहा था नमन की मोहक मुद्रा में।

सारे वृंदावन में यह बात होली के गुलाल-सी फैल गई थी। सारा वृंदावन उमड़ पड़ा था नव खिले मधुमास की तरह रोमांचित होकर।

मीरा आश्रम से बाहर आई, तब तक तो भीड़ का समंदर लहरा उठा था। जयनाद हो रहा था। मीरा व जीव गोस्वामी आगे-आगे थे और उनके पीछे लहरों का मनमोहक समुद्र था—गंगा की गहन आत्मा का अमृत लिये।

मीरा के अनेक बार मना करने के बाद भी जीव गोस्वामी उसे उसकी कुटिया तक छोड़ने आए और वहाँ सब भक्तों से कहा, ''जे सिगरे व्रज को सौभाग्य है, जो भगती का जीता-जागता अवतार मीराबाई यहाँ पधारीं। अनेक वर्षन बाद यहाँ हृदय का हुलास कान्हा की सुधियों का बसंत लेकर पधारा है। जगत् नारीभाव का प्रतीक है—एक बाँके बिहारी ही पुरुष हैं। जे आत्मज्ञान माई के आशीर्वाद के रूप में हम सबन कूँ मिला है। हम सब धन्य हुए हैं! म्हारी खुशियों का कोई ठिकाना नाँय। जय! जय मीरा माई की! जय!''

जीव गोस्वामी मीरा से चरणामृत लेकर और उसका आचमन करके लौट पड़े। गंगा-यमुना का यह संगम व्रज की सुधियों में महक उठा।

मीरा अपने कृष्ण कन्हैया के आगे जाकर उसके चरणों में लोट गई। मन-ही-मन वह श्याम साँवरे की पूजा करती हुई कहती रही—'थे है तो पूरो नटखट! पूरा रास रचैया है। राई को तिल बनाना कोई थारे से सीखे। बित्ता भर बात थी कि उसके लिए इतना बड़ा बखेड़ा खड़ा कर दिया। मेला जोड़ दिया बातों-ही-बातों में। उत्सव रच डाला—बिन घटाओं के इंद्रधनुष-सा मधुमास लिये। थारी लीला थे ही जानो, दूसरा जाने तो पागल बाने। हे म्हारे हृदय की पीव, जे मीरा थारे पर अपनो सर्वस्व न्योछावर कर अपने भाग्य को सराहती है। थारी कृपा बिना सचमुच पत्ता नाँय हिलै है। थानें म्हारी लाज रख ली, साँवरिया! एक बार म्हारे कूँ द्रौपदी को सुमरन भी हो गयो। थे महान् हो! थारी महानता का चहुँओर मतवाला अबीर उड़ रह्यो है। थारे कूँ लाख-लाख बार परनाम, म्हारे करतार, गोविंद मुरारि!'

बाहर भीड़ थी। भीड़ बढ़ती ही जा रही थी। जो सुनता वही हैरान हो जाता। असंभव संभव कैसे बना? क्या चमत्कार हुआ यह? चतुर्दिक् मीरा का

गुणगान हो रहा था। मीरा की महानता की सराहना हो रही थी। जो लोग मीरा का विरोध कर रहे थे वे भीड़ में से गायब थे।

ललिता धूपद की प्रतीक्षा कर रही थी। धूपद जीव गोस्वामी के साथ चला गया था। ललिता का मन धूपद का आभार व्यक्त करना चाहता था। परंतु वह लौटा ही नहीं। क्या पता वह कब लौटेगा। उसने भी तो उससे कुछ नहीं कहा था। न मीरा ने उससे कुछ कहा था। हुआ तो सबकुछ धूपद के कारण ही। वह मीरा का संदेश नहीं पहुँचाता तो…। संदेश और संवाद उठाने की बात भी तो उसीने सुझाई थी। ललिता का मन धूपद की ओर झुक आया था। वह उसके भोलेपन पर मोहित हो उठी थी।

पारबती, गोपी, कृष्णा आदि वहाँ आ गईं। कृष्णा ने कहा, "दीदी से जाकर कहो कि बाहर भक्तगण उनके दर्शन की प्रतीक्षा में हैं। भीड़ उनके दर्शन किए बिना जाएगी नहीं।"

"नहीं, बहना, दीदी को आराम चाहिए। कुछ बनाओ, ताकि उनका व्रत खुले। मैं भीड़ को समझाकर आती हूँ।" ललिता इतना कहकर बाहर चली गई।

ललिता को देखकर भीड़ ने मीराबाई की जय-जयकार करना शुरू कर दिया। ललिता ने भीड़ को संबोधित कर समझाया। मीरा की व्रत खोलने की बात पर जोर दिया। वह पूजा में लीन हैं, अतः आज नहीं, वह कल मिलेंगी। बड़ी मुश्किल से भीड़ ने उसकी बात मानी और धीरे-धीरे लौटने लगी।

ललिता ने गहरी साँस ली। चारों ओर देखा। धूपद कहीं नजर नहीं आया। कहाँ चला गया वह? उसे लौटना चाहिए था। लौटेगा भी, पर कब? पगला! वह नहीं चाहता होगा कि उसके प्रति कोई आभार दरसाए। अंततः वह अंदर लौटने लगी। अब भीड़ भी काफी छँट चुकी थी।

अट्ठाईस

तीन दिन में मीरा का मन बदल गया। इतने सारे उसने निर्णय ले डाले—वह भी एकदम और बिना किसी पृष्ठभूमि के। आखिर वह वृंदावन में और रहकर क्या करेगी? अभी उसे द्वारका जाकर रणछोड़ से भी भेंट करनी है। क्या है उसका लीलाचक्र, यह जानना अभी शेष है।

सूर्य चमक रहा था। उसकी पावन रश्मियाँ जगत् के मन को धो-धोकर चमका रही थीं।

जीव गोस्वामी की प्रतीक्षा हो रही थी।

भीड़ का मन उत्सुकता से भरा हुआ था और मीरा के अनायास लिये गए निर्णय से दु:खी था। उसे लग रहा था कि वह मीरा के वृंदावन छोड़ने का कारण है। औरतों में बहुत निराशा छा गई थी। चारों ओर सन्नाटा था। भीड़ सन्नाटे में नतशिर खड़ी हुई थी।

धूपद आया तो मीरा ने उसे अपने पास बुला लिया। वह उससे बोली, "म्हारी बात मानेगा रे?"

"हाँ, माता, मानूँगा।" वह बोला।

"तो सुनो, जे म्हारी थारे सूँ प्रार्थना भी है।"

"माता, आदेश दो, म्हारे सूँ प्रार्थना कर सजाओ नाँय।" धूपद ने साफी हाथ में लेकर कहा।

मीरा मुसकरा उठी। उसकी आँखों में चपला कौंध रही थी। वह बोली, "पारबती, ललिता को बुलाओ।"

पारबती चली गई।

ललिता दो दिन से गुमसुम थी। जब से उसने सुना कि वह आगे की यात्रा अकेली ही करेंगी तब से वह अपने में नहीं रही। वह गहरी उदासीनता में डूबती चली गई। हालाँकि मीरा ने उसे समझाया था। मनाया था। उसने कोई जवाब नहीं दिया। सिर्फ सुनती रही।

ललिता सोच रही थी कि अब वह क्या करेगी? कहाँ जाएगी? मीरा उसे अपने साथ क्यों नहीं ले जा रही हैं? साथ नहीं रखना था तो साथ लिया ही क्यों? पर उसने मीरा से कोई प्रश्न नहीं किया। वह गुमसुम बन गई। उसे लग रहा था कि फिर से वह दुर्भाग्य के अँधेरों में डुबो दी जाएगी। शायद यही हरि की इच्छा भी है।

यद्यपि मीरा कई बार समझा चुकी थी। उसने समझाया था—'जे संसार बहता पानी है। जा में एक दिन सब बह जानो है। तो मोह-ममता पालना नहीं। जे फंदे हैं। इनमें उलझकर गति नहीं। मुक्ति नहीं। व्यक्ति को स्वयं खड़ा होना चाहिए—अपने पैरों पर। उसे जीना चाहिए—अपने बूते पर।'

'जे उपदेश क्यों, दीदी?' पारबती ने पूछा था।

'ताकि थे मुझपर आश्रित होकर न रह जाओ। थे भी म्हारे जैसी बन सको, जा के पाछै मूल भाव यही है। आगे-पाछै एक-न-एक दिन तो सबन कूँ जानो है। किसी-न-किसीको तो अकेले रहनो ही है। फिर क्या होगा? उसके लिए हम सबन कूँ मानसिक रूप से तैयार रहना चाहिए। कोरी भक्ति काम नहीं आती। भक्ति तो मन बदलने का ऐसा साधन है, जा सूँ संसार के सिगरे आल-बाल-जंजाल का

कुप्रभाव बेअसर हो जात है। साथ ही, चित्त एकाग्र होने लगत है; शुद्ध होत जात है। सारी शक्तियाँ एक हो जात हैं। फिर डर नाँय रहतो। अकेलापन नाँय व्यापतो। कछु चिंता नाँय रहती। एक वही होता, बहता अनुभव होता है—सबन के मन में, सबन की अंतरात्मा में। थे भी अपने को ढालो। अपने में जीने की आदत डालो। सहारे पर जीना छोड़ो। जे ही जीवन मंत्र है सबन के लिए।' मीरा ने उसे खूब समझाया। उदाहरण भी दिए।

ललिता और पारबती का मन बहुत भारी हो गया। ललिता के सामने कोई मार्ग शेष नहीं रहा। कैसे रहता। वह तो कब का मार्गों से संबंध तोड़ चुकी थी। शेष भक्तिनें तो मीरा को वृंदावन और उसके आसपास मिली थीं। वे वहीं की रहनेवाली थीं। वे पहले से वहीं के वातावरण में जी रही थीं। उनके लिए ऐसी कठिनाइयाँ नहीं थीं जैसी ललिता के सामने थीं। मीरा भी यह बात समझती थी और उसीका पक्का इलाज करके आगे बढ़ना चाहती थी।

पारबती ने कहा, "दीदी, ललिता!"

मीरा की एकाग्रता टूटी। उसने ध्यान से ललिता की ओर देखा। ललिता चार दिनों में ही सूखकर काँटा हो गई थी। उसका रूप-रंग मलिन पड़ गया था।

मीरा ने पूछा, "धूपद, जे ललिता है?"

"जी, माता।"

"जे भी यहीं रहेगी।"

"जी, माता।" धूपद ने कहा।

"पर कहाँ रहेगी, जे म्हारी चिंता है।" मीरा ने कनखियों से ललिता की ओर देखा। धूपद तो चुप रह गया था। उसे इस प्रश्न का उत्तर नहीं सूझा। मीरा ने ललिता से पूछा, "कोई ठौर सोची क्या?"

ललिता ने सिर हिलाकर कहा, "नाँय, दीदी।"

"पर सोचना था, ललिता।" मीरा ने जोर देकर कहा।

ललिता चुप रह गई। उसके होंठ काँपकर रह गए। धूपद चमककर रह गया। पारबती यह कहते-कहते रुक गई कि ललिता उसके साथ रह लेगी।

मीरा ने गहरी साँस छोड़ते हुए आगे बात बढ़ाई—"धूपद, अब तुम्हें भी लौटना है।"

"म्हारे कूँ तो थारे साथ जाना है।" धूपद ने अपना पक्का इरादा जाहिर कर दिया।

"नाँय रे, जे संभव नाँय।"

"क्यों, माता?"

"यह भी मैं नहीं जानती।" मीरा ने सहज ढंग से कहा, "मैं तो बाके संदेशन की चेरी हूँ। अब फिर से अकेला हो जाना है। कोई पहचान नाँय रखनी। एक अपरिचित लोक में बढ़ते जाना है। म्हारी नियति में जे ही लिखा है बा विधाता ने। म्हारी अपनी मजबूरी है, धूपद। थे समझो। अच्छे मन से लो। जा में दुःख मत मनाओ। जे भी उसका ही आदेश है। उसका ही हम सबन कूँ पालन करना है। जे ही म्हारा-तिहारा धरम-करम है। समझ रहे हो, धूपद?"

"जी, माता।" धूपद ने कुछ नहीं समझते हुए भी समझने का हुँकारा भरा।

"क्या जी माता?" मीरा ने झुँझलाकर कहा।

"आज्ञा, माता!"

"थे म्हारी आज्ञा क्यों मानने लगा?"

"काहे, माता!" धूपद ने तत्काल कहा।

"हम थारे क्या हैं?"

"माता, थे ही तो म्हारे सबकछु हो। थानें म्हारे कूँ नया जीवन दियो है। जे जीवन थारा ही है, माता!" धूपद ने कहा।

"झूठ नाँय बोलते रे।"

"सच, माता। सौगंध।"

"नाँय, सौगंध नाँय।"

"फिर आज्ञा देकर देखो, माता।"

मीरा ने सोच में डूबते हुए कहा, "ललिता तो म्हारे से रूठ गई है, धूपद। थे मान गयो तो जे नाँय मानेगी।"

"मानेगी, माता।"

"यह क्या गूँगी है, धूपद?"

"मानूँगी, दीदी।" ललिता ने कहा।

"पर मन से नाँय न!"

"मन से, दीदी।"

"तो दूँ आज्ञा?"

"दो न!" दोनों एक साथ बोल गए।

"तो सुन, धूपद।"

"जी, माता।"

"तू अपने घर लौट जा।"

"माता!"

"हाँ, जे म्हारी आज्ञा है।"

"परंतु..."

"आज्ञा में जे किंतु-परंतु कैसा?" मीरा ने धूपद की ओर ध्यान से देखा।

"जी, माता।"

"अरे पगले, एक बार म्हारा मन रखने को 'हाँ' कर दे। फिर हम तो यहाँ होंगे नाँय। तू होगा। जो मन में आए, करना।" मीरा ने उसे समझाते हुए टटोला।

"हम झूठ-मूठ 'हाँ' नाँय करेंगे।"

"जे थारी मरजी।"

"लेकिन..."

"न कर दे रे।" मीरा ने सहज होकर कहा, "जो थारा मन कहे, वही करना।"

"मैं अपने घर लौट जाऊँगा, माता।"

"अकेला लौटेगा क्या?"

"हाँ, माता।"

"तुझे डर नाँय व्यापेगा क्या?"

"नाँय, माता।"

"पर म्हारा मन है कि..."

"आज्ञा, माता।"

मीरा ने ध्यान से ललिता की ओर देखा और कहा, "तू म्हारी आज्ञा मानेगी?"

"जी, दीदी।"

"जे ही थारी गरीब दीदी पर थारे लिए एक मामूली सा आसीरबाद, उपहार बचा है।" मीरा ने अत्यंत गहरे मन से कहा।

ललिता चुप रही।

"धूपद, तू म्हारी बहनिया को सँभाल लेगा क्या?"

धूपद को एकबारगी काठ मार गया। ललिता धरती में धसक गई।

"ललिता और थारी जोड़ी खूब जँचेगी रे!" मीरा ने उत्सुक होकर कहा।

ललिता छुईमुई-सी हो गई। उसकी साँस धौंकनी-सी चलने लगी। वह घबरा उठी।

"पर ललिता, माता।"

"वो म्हारी छोटी बहन है रे। वो म्हारे मन को कभी नहीं दुखा सकती।" मीरा ने धीरे-धीरे कहा।

"तो म्हारे कूँ मंजूर।"

"आज्ञा से?"

"दिल से भी, माता।"

तभी जीव गोस्वामी आ गए। रथ से उतरे। प्रणाम हुआ।

भीड़ उमड़ पड़ी।

जीव गोस्वामी को मीरा ने सारी बात बता दी। वह भी इस प्रस्ताव से प्रसन्न हो उठे। मीरा का आग्रह रहा कि उसी समय उन दोनों का विवाह भी हो जाए। जीव गोस्वामी ने सारी तैयारियाँ करवा दीं।

संपूर्ण व्रज समाज। सबमें अपार उत्साह। अथाह चाव। अमित मन। गद्गद होकर नर्तक करती तरंग। मंगल गीत गाए जा रहे थे।

चित्रदास धूपो के साथ वहाँ पहुँचा। उसका मन पश्चात्ताप से घिरा हुआ था। उसे धमकियाँ दी गई थीं।

मीरा ने उसकी व्यथा को समझते हुए कहा, "चित्रदास, सुबह का भूला शाम को लौट आता है तो वह भूला नहीं कहलाता। अब पछतावा नहीं। कोई रहस्य उद्घाटन नहीं। भूल जाओ, जो बीत गया—चाहे वह अच्छा था या बुरा। छायाओं से मोह कैसा! भ्रम का क्या उजागर करना! जो है नहीं उसका क्या कहना! तुमपर मुरली मनोहर की कृपा बने। सत्पथ तुम्हारा पाथेय बने। कृष्ण में तुम्हारा मन डूबा रहे। तुम उसकी लीलाओं में शृंगार भरो, रास रचाओ और आत्मिक आभा से जग को चमकाओ। आनंद से रहो, आनंद भरो और आनंद उमगाओ।"

चित्रदास चुप। अब क्या कहता वह। मीरा ने परदा उठाने का उसे मौका ही नहीं दिया। रहस्य को रहस्य ही बना रहने दिया।

राधा मंदिर का पुजारी भी आया। उसने मंदिर से जुड़े आवास में मीरा की सभी शिष्याओं को स्थान देने की पेशकश की और उनकी कीर्तनिया मंडली को मंदिर में कीर्तन करने का अधिकार भी। यह सब जीव गोस्वामी के कारण संभव हुआ था। उसने उन्हें ही कहलवाया था।

मीरा गद्गद हो उठी। प्रभु की कृपा के भार से दब गई। वह कितना कृपालु है! जब समस्याएँ दीं तब उनका कोई अंत हाथ नहीं लगने दिया।

आज वह अंतिम बार वृंदावन में पूजा कर रही थी। श्रीनाथजी के मंदिर से मंगला के दर्शन करके लौटी तो कुटिया में बसाए श्रीमाधव मुकुंद के सामने आ बैठी और उससे बतियाने लगी—

"हे माधव, थारी नगरी से आज बिदा ले रही हूँ। थारे पास आ रही हूँ। थारी राजधानी में—द्वारका में। देखती हूँ, वहाँ थे मिलता है या नहीं। या वहाँ भी थे ललचाता रहता है म्हारे मन को।

"हे मुरारि, थारी इच्छा म्हारे लिए सबसे मूल्यवान् है। थारी इच्छा के सामने म्हारी इच्छा का कोई महत्त्व नाँय। मैं उनको थारी इच्छा पर हँसते-हँसते न्योछावर करती हूँ। पर थे म्हारे साथ जे लुका-छिपी का खेल छोड़ दे।

"हे साँवलिया, म्हें तो थारे विरह में पगला गई हूँ। पण म्हारे जा दरद को कोई नाँय जानता, सिवाय थारे। घायल की गति घायल ही जान सकता है। रत्न की परख तो हर एक को नाँय हो सकती है न। वह तो जौहरी को ही होएगी। म्हें विरह से तड़प रह्यो। अभी तक म्हें कोई ऐसा वैद्य नाँय मिलो, जो म्हारा दरद दूर कर सके, सिवाय थारे। बिना किसन कन्हैया म्हारे दरद का इलाज नाँय हो सकत है।

"हे गिरिधर नागर, मन होता है कि थारे कूँ पत्र लिखूँ। पण कैसे? क्योंकि कागज पर कलम रखते ही म्हारे हाथ काँपने लगते हैं। थारी याद आते ही अश्रुधारा बहने लगती है। म्हारे कूँ जो बात कहनी होती है वह कही नाँय जाती। अब तो थारे चरण-कमल ही म्हारी रक्षा कर सकत हैं।

"हे गोपाल कृष्ण, आज हम जा रहे हैं। कभी हम मेड़ते से गए थे। फिर चित्तौड़ से गए। और अब···। जे यात्राएँ सारी-की-सारी थारे ही लिए थीं और आगे भी जे यात्राएँ थारे लिए होती रहेंगी। तब तक होती रहेंगी जब तक थारी इच्छा होगी।"

"माई, माई! चलिए, चलकर दूल्हा-दुलहन को आशीर्वाद दीजिए। स्वामीजी प्रतीक्षा कर रहे हैं।"

जीव गोस्वामी उसके पीछे-पीछे स्वयं भी चले आए।

मीरा ने धूपद और ललिता को आशीर्वाद दिया। ललिता मीरा से लिपट गई और रो पड़ी। वह ऐसी रोई मानो सारी पीड़ा इसी दिन के लिए इकट्ठा किए हुए थी।

मीरा की आँखें भर आईं। उसका हृदय हिल गया। जनता मीरा को अपलक दृष्टि से देख रही थी। वह पगला उठी थी।

पारबती गा उठी—

"जोगी म्हाँने, दरस दियाँ सुख होई।
नातिर दुख जग माहिं जीवड़ो, निस दिन झूरै तोई।"

उसके साथ कृष्णा, गोपी आदि सब गा उठीं।

मीरा ने सबके हाथ जोड़े और रथ की ओर बढ़ गई।

जनता मीरा की जय-जयकार कर उठी। ललिता रो पड़ी। धूपद हाथ जोड़े मौन खड़ा हुआ था। जीव गोस्वामी ने मीरा को कुछ पुष्प दिए।

कीर्तन उमग उठा। पुष्पवर्षा हो चली। रथ आगे बढ़ा।

सारा व्रज उमड़ पड़ा। चारों ओर से पुष्पवर्षा हो उठी। मीरा की जय-जयकार से आकाश गूँज उठा। आगे-आगे रथ था, पीछे-पीछे भक्तजन।

आखिर मोड़ से रथ मुड़ गया। भारी मन से सब लौट पड़े।

उनतीस

वृंदावन से द्वारका की यात्रा मीरा के मन को कृष्ण की रूप-डोर से ऐसा बाँध गई थी कि वह अपने में कृष्णभाव की अननुज्ञात अनुभूति करने लगी थी। उसे लग रहा था कि वह स्वयं ही कृष्ण है। वह कृष्ण नहीं तो कृष्ण कन्हैया और कौन है? वृंदावन में रहते हुए वह कृष्णभाव की प्रतीक्षा करती रहती थी और वह नटखट पास आकर दूर होता रहा था। उसे अनेक बार कृष्ण के आकर जाने की अनुभूति बाद में हुई थी।

मीरा अपने से पूछती थी कि कृष्ण क्या है? क्या जन्म-मरणवाला कृष्ण कृष्ण है या अजन्मा और अजर-अमर कृष्ण कृष्ण है। जो जन्मा ही नहीं वह मरेगा क्यों? बिना जन्म पाए वह कृष्ण कैसे हुआ? आकार-देह के बिना नामात्मक जगत् का अर्थ ही क्या है? वह संभव ही नहीं है; क्योंकि आकार ही उसके या नामात्मक जगत् के होने का एकमात्र आधार है। आकार ही साकार का आधार है, शेष तो निराकार और निर्गुण है। जो निराकार और निर्गुण है, वही देह धारण कर साकार और सगुण होता है। यह भाव मीरा को इस यात्रा के अंतराल में निरंतर अनुभव होता रहा।

कितना विचित्र है उस निराकार का साकार संसार! कितनी विविधता है उसके इस संसार में! कोई किसीका पर्याय नहीं। कोई किसीके समान नहीं। ऊँचे-बड़े, लंबे-नाटे, अमीर-गरीब, राजा-रंक, गोरे-काले, सुंदर-असुंदर, मोटे-पतले आदि सभी तो हैं उस निराकार के साकार रूप। यहाँ तक कि लँगड़े, गूँगे, बहरे, अपंग आदि सभी में वही है—बाँके बिहारी, रास रचैया, नट-नटवरलाल, माखन चुरैया।

जीव-जंतुओं में भी यही सबकुछ है—चींटी से हाथी तक, बिल्ली से शेर तक, मक्खी-मच्छर से बाज तक, मछली से मगरमच्छ तक; प्रकृति के चारों ओर। जिधर देखो, जिधर नजर दौड़ाओ उसीको पाओ। गोवर्धन गिरिधारी, कृष्ण मुरारि की यही तो लीला है। लेकिन उसने प्रकृति इतर जीवन में मनुष्य की अपेक्षा अधिक सुव्यवस्थित, सुनियोजित और सुनिश्चित जीवनक्रम को विकसित किया है; जबकि

कृष्ण कन्हैया की मनुष्येतर संसृष्टि को मनुष्य तुच्छ और क्षुद्र समझता है। वह उनकी विवशता पर रहम कर अपने को बड़ा सिद्ध करना चाहता है। मनुष्य को अपनी पूर्णता और अपने महान् होने पर घमंड है। वह अपने आपको उस लीलाधर की मायावी सृष्टि का एकमात्र स्वामी समझता है। उसका यही अहंकार उसे तोड़ रहा है और जीवन से उसे विमुख कर रहा है।

उस रात को मीरा का शरीर ताप से नहीं झुलसा होता तो मीरा कदापि भोर के बाद वहाँ नहीं रुकती। वह रुकनेवाली कौन है! रोका भी तो उसीने और इसलिए कि वह अपने लीलाधर की बानगी की गहन अनुभूति कर सके। समझ सके कि वह जीवन के कण-कण में कैसे व्याप्त है और कैसे रमा हुआ है।

"माई री, रुक जा। रात भर ताप रहा है। आज आराम कर ले। ताप भी तेरे गिरिधर मोर मुकुटधारी का संदेश है, रुकने का संदेश।" वहाँ की बस्ती का आग्रह था।

"भंडारा हो रहा है न आज। वही तो भंडारी है। यह उसीका भंडारा है।" स्यामलीबाई का स्वर था। स्यामलीबाई का रंग गोरा, आँखें चमकदार, नाक-नक्श तीखे, कद लंबा, देह इकहरी और लचकदार थी। वह विधवा हो गई थी बचपन में ही। तब से कृष्ण को अपना सर्वस्व मानकर उसने अपने घर को ही मंदिर बना डाला था। विधवापन उसे मंदिर में जाने से रोकता था। बस्ती उसे अपशकुन मानती थी। नेग-टेले आदि में उसकी परछाईं से भी दूर रहने का प्रयास किया जाता था। उसकी माँ गई, पिता गए। फिर वह निरीह अकेली रह गई। कोई न रहा उसका। फिर क्या था, मन में बसे शालग्राम को अपने घर में जीवित कर लिया। मंदिर जैसी सेवा-चाकरी, शृंगार-आरती आदि ने उस महक को चारों ओर फैला दिया।

वह भजन में हृदय को उड़ेल देती थी। वह स्वयं भजन बन जाती थी। उसका अति सुरीला कंठ, कारुणिक मन, गहरी निष्ठा, अपूर्व समर्पण और अटूट तन्मयता राह चलते को थामने की सहज शक्ति रखती थी। रात को उसने मीरा के ही भजन सुनाए थे—'जाणाँ रे मोहणा, जाणाँ थारी प्रीत। जावादे जावादे, जोगी किसका मीत। प्रभुजी, थे कह्याँ गया नेहड़ा लगाय' आदि में कैसी कारुणिक रसवर्षा हुई थी कि अग-जग सब उसमें डूब गया था। मीरा का हृदय गद्गद हो उठा था। मीरा ने भी गाया था—'तेरो कोऊ न रोकण हार। जागो बंसीवारे ललना, जागो म्हारे प्यारे' आदि। रसधारा फूट पड़ी थी। मीरा को अनुभूति हो रही थी कि उसमें वंशीवाला आकर स्वयं गा उठा है और वह मात्र बाँसुरी रह गई है। बाँसुरी में भी वही है—रमता जोगी, अरमता छलिया।

स्यामली दही बिलोती हुई गा रही थी—'माई री म्हाँ लिया गोविंदाँ मोल। म्हारे पूरब जणम को कोल। माई री म्हाँ···'। मीरा उसकी तन्मयता से गद्गद होती जा रही थी। वह अपने आपसे कह रही थी—उस स्यामले की अकेली वही तो मीरा नहीं है। उस जैसी अनेक मीराएँ हैं। हर घर में मीरा है। मीरा कृष्ण ही तो है। सब कृष्ण ही तो हैं।

स्यामली माखन निकालकर बरतन में रखने लगी तो उसका ध्यान मीरा पर गया और वह हड़बड़ा गई। पल भर के लिए वह अवाक् और हतप्रभ रह गई। धीरे से वह इतना ही पूछ पाई—"माईजी, रुकने का मन नहीं बना क्या?"

मीरा की बड़ी-बड़ी आँखें उसपर चंदन छापे-सी चिपकी हुई थीं। उसके मन में स्यामली आ विराजी थी।

"रुक जातीं तो अच्छा लगता।" स्यामलीबाई ने साहस कर आग्रह दोहराया। मीरा को कुछ कहते न देख उसने स्वयं ही उत्तर दे डाला—"आप महान् कार्य पर निकली हैं। श्रीकृष्ण को भी द्वारका आना पड़ा था। वहीं राजधानी बसानी पड़ी थी। यमुना की स्यामलता यहाँ समुद्र में पाई थी उन्होंने। आप भी···मैं रोकूँगी नहीं। गति का पाप नहीं बनूँगी। पथ की चलते रहने में ही शोभा है। मुझसे कोई गलती बन पड़ी हो तो आप बड़े मन की हैं, क्षमा करना। वास्तव में मुझे व्यवहार-सलीके का ज्ञान नहीं है।"

शायद स्यामलीबाई और बोलती जाती, यदि मीरा बीच में उसे टोक न देती।

मीरा ने कहा, "माखन-मिस्री नहीं खिलाओगी?"

चित्त की धारा अचानक मुड़ गई। वह तुरंत माखन-मिस्री लेकर आ खड़ी हुई और बोली, "लीजिए, माई।"

"अपने माखन चुरैया को पहले भोग नहीं लगाओगी?"

स्यामलीबाई प्रतिदिन सबसे पहले माखन चुरैया को स्नान कराकर, वस्त्र पहनाकर ही भोग लगाया करती थी। उसने अपनी गलती को सँभालते हुए कहा, "म्हारे लिए तो आप ही माखन चुरैया हैं, माई।"

"हरे-हरे! यह क्या कह डाला?"

"वही, जो भगतिन का मन कहना चाहता था, माई।" स्यामलीबाई अपनी इस सृष्टि पर स्वयं ही मुग्ध हो उठी थी।

"न री, न। कान्हा कान्हा है।"

"जी माई, जे म्हें भी मानूँ छूँ। पर म्हारे लिए तो थे ही कान्हा हो, माई। जे सब मन माने की बात है न!" स्यामलीबाई ने सहज ही कह डाला।

मीरा मुसकराकर रह गई और मन-ही-मन दोहरा गई कि साँवरे के सखि-

सखा क्या सबके सब उतने ही चतुर, निपुण और वाचाल हैं जितना वह स्वयं था।

कुछ देर बाद धीरे से वह बोली, "आज थारे साँवरे को मैं भोग लगाए देती हूँ। क्यों, ठीक है न?"

"बहुत ठीक है, माई, बहुत ठीक है। म्हारे साँवरा भी पवित्तर हो जाएगा। थे धन्य हैं, माई! म्हारा आज का दिन बहुत भाग्यशाली है। सोने-सा सुनहरा और चाँद-सा शीतल, चमकीला दिन है।"

मीरा ने कृष्ण कन्हैया को स्नान कराया। कन्हैया गाय के साथ बाँसुरी बजाने की मुद्रा में बंकिम चितवन से अपने भव-सागर की मायावी छलना को निहार रहे थे। उसने वस्त्र पहनाए। मुकुट लगाया। उसे लगा कि कृष्ण मुसकरा उठे हैं। उनके बड़े-बड़े नेत्र कमल-से खिल उठे हैं और उनके होंठ बाँसुरी को स्वर दे रहे हैं।

मीरा ठगी-सी रह गई। जो बोल नहीं सकता, वह बोल रहा था और जो बोल सकता था, वह गूँगा हो गया था।

"माथे पर चंदन तिलक भी लगाओ, माई।" स्यामली ने मीरा को तन्मयता से घिरते देखकर कहा।

"कुछ तेरे लिए भी तो छोड़ना है, स्यामली। जे काम तू कर।" कहते हुए मीरा वहाँ से हटकर दूर खड़ी हो गई।

स्यामलीबाई आगे बढ़ी। मीरा वहाँ से हटने लगी तो उसने उसे रोकते हुए कहा, "माई, थे जहाँ बैठी हो, बैठी रहो। पूजा में स्थान नहीं छोड़ते।" इसीके साथ उसने कृष्ण कन्हैया के माथे पर तिलक लगा दिया।

मीरा ने कहा, "बड़ी मुश्किल से बस में आता है जे नटवरलाल। देख न, जरा ही देर में तिलक टेढ़ा कर लिया और..."

स्यामली ने देखा। ध्यान से देखा। तिलक टेढ़ा था और उसकी नाक पर भी तिलक की एक बूँद आ ठहरी थी। मीरा ने तिलक ठीक कर दिया और नाक पर से तिलक लगाते समय टपकी बूँद को पोंछ डाला।

स्यामली बोली, "अब ठीक है।"

मीरा ने उस मूर्ति को घूरा। वह मूर्ति मीरा से बतिया उठी।

स्यामली माखन-मिस्री भूल आई थी। वह उसे लेने चली गई।

मीरा कहने लगी—"थे इतना शृंगारप्रिय क्यों है रे? थारे लिए वस्त्रों का, माला का—और यह सब झंझट क्यों? क्यों म्हारे मन को इन आडंबरों में उलझा रखा है? म्हारे कूँ सीधी गैल पर ले जा। जे माखन-मिस्री खाना छोड़। पता नहीं तू कैसा है रे! कितनों को एक जून का भरपेट खाना तक तो जुटे नहीं और तू माखन-मिस्री उड़ा रहा है। जे थारे कूँ कैसे भा जाता है रे?"

'जो म्हारे भगत कूँ भाता है, वही मुझे भाता है। म्हें तो कुछ खाता नहीं, पीता नहीं। भगत जो खाता है, पीता है वह सब भाव म्हारे कूँ जाता है। न खाओ-पिओ तो भी म्हारे कूँ वह भाव भी मिलता है। म्हारे कूँ तो थारे जैसे लोगन ने खूँटे से बाँध दियो है, जे जानते भए भी कि हवा को कोई नहीं बाँध सकता, नदी को कोई नहीं रोक सकता। वह तो बहेगी ही, बहती ही रहेगी। म्हारे कूँ मंदिर नहीं चाहिए, मीरा, मन चाहिए, जो न म्हारी मूरत में होता है और न म्हारे मंदिर में। वह होता है जन-मन में। म्हारी बाँसुरी बाही जन-मन के लिए गूँज उठती थी। बो ही तो म्हें हूँ, मीरा, बा सूँ अलग म्हारो कोई अस्तित्व नाँय है। म्हारे कूँ भजना है, म्हारी सेवा करनी है तो अपने मन की मंदिर-मूरतवाली चादर उड़ा दे खुले आसमान में और सगरे नियम-कायदे, नेम-टेम छोड़-छाड़कर जन-मन के अथाह सागर में उतरती जा। बाहे मना-सजा और बाही के लिए जी। बाही म्हारी सेवा है।'

"किसन, तू सच बतिया रहा है न!" मीरा बोली।

स्यामली मीरा को कृष्ण की मूर्ति से बातचीत करती देखकर साँस रोके जहाँ-की-तहाँ खड़ी रह गई। उसके मन-नयन हतप्रभ हो उठे।

'तो क्या थानें म्हारो भरोसो नाँय है?'

"थे नटखट हो। बात बनाने में, बातन के अनेक अर्थ निकालने में थारे सूँ कौन टक्कर ले! म्हें तो सीधी-सच्ची हूँ। म्हारे कूँ दुनिया अरु थारी कला नाँय आती। तू जो कह रहा है, बाही को माने चली जा रही हूँ। चलती चली जाऊँगी। थे तो एकमात्र म्हारा सबकछु है। सखा, सखि, धणी, प्रिय आदि सबकछु तो थे ही है। थारे अलावा और म्हारा कोई नाँय है। थे सुन रहा है न! म्हें थारे साथ-साथ कहाँ-कहाँ तक भागती-दौड़ती रहूँ! म्हारी थारे सूँ हाथ जोड़कर अरज है—थे म्हारे कूँ भगा-थका नाहिं, न नचा-घुमा, न ललचा-फँसा। म्हारे कूँ अपनी शरण में ले ले और अपने कने बैठा रहने दे। म्हारे कूँ मुकती नाँय चाहिए। म्हारे कूँ थे चाहिए। इन निगोरी अँखियन कूँ जे बुरी लत पड़ गई है कि जे हर पल, पल के हर पल बस थारे कूँ देखते रहना चाहती हैं। म्हारे पास जे ही पुजापा है, जे ही पुजाही है। पुजैया जा में ही थारी ज्योति-रूप, अमर-अमरत बानी भरकर थारे चरनन की ओर चल पड़ता है। म्हारे पास जे ही सारी भाव-शक्ति-पुजौरा है। थे जान-सुन लियो है न! फिर तो म्हारी पूजा-अर्चना तू स्वीकार कर, म्हारे कूँ अपने साथ ले ले, म्हारे जीवन के आधार!" यह कहते-कहते मीरा की आँखों से अश्रुधारा बहने लगी। वह स्थितप्रज्ञा बनी गंगा-यमुना को निःसृत होते तटस्थ भाव से देखती रही। निर्झर झर रहा था। कल-कल ध्वनि उसके कोकिल कंठ से व्यक्त हो रही थी।

अद्‌भुत सुवास तरंगिनी विलुलित हो उठी थी उस छोटे से पावन मन मंदिर

में और वसंतश्री उतर आया था चतुर्दिक् सावन की प्रथम घटा बनकर।

''चित्तचोर, आ भी जा, आ जा। मत तरसा। विरह भोगते मन को आस की ओस बूँद में मत अटका। थारे लिए तो जे बात बहुत साधारण सी है, पर म्हारे लिए तो यही जीने का एकमात्र आधार है।'' मीरा का कंठ महक रहा था—चंपा-चमेली और गुलदुपहरिया-सा दिप-दिप खिलता हुआ।

''तू अमरत मत बहा। थारी यात्रा शुभ है, त्रिवेणी है। थे जहाँ-जहाँ जाती रहेगी वहाँ-वहाँ आनंद की तरंगें उमंगित होती रहेंगी। थारी यात्रा म्हारी ही यात्रा है। यात्रा से बढ़कर म्हारा दूसरा कोई स्मरण नाँय है। म्हें स्वयं एक यात्रा हूँ। थारा रास्ता म्हारा ही रास्ता है। रास्ते में काँटे भी हैं, पत्थर-कंकड़ भी हैं, गड्ढे, नदी, नाले भी हैं तो फूल भी हैं, मलयानिल भी है और वाटिका विहार भी हैं। जे सब रहेंगे। इन दोनों में एक बयार बहे, एक रंग उड़े, एक ध्वनि गूँजे और साथ जीने की सुवास उठे, जे ही थारी कोशिश रहे, थारा मन रहे और थारी इच्छा बने। जे ही म्हारो आशीर्वाद है, नेह-प्यार है।

''थे कह रह्यो है···थे···। सुन रहे हो धरती-आसमान, दसों दिशाओं के पहरेदारो, जे म्हारा नाँय···थारो···हम सबका प्रान आधार कृष्ण कन्हैया बोल रहा है।···फिर म्हारे कूँ कछु नाँय कहना। थे स्वयं सुन चुके हो। जे बाकी अमरत बानी है, जासूँ जे सगरो संसार-ब्रह्मांड है।'' मीरा बोले जा रही थी अपनी सुधबुध खोए।

स्यामली चकित थी। यह क्या हो रहा था? वहाँ उन दोनों के अलावा तीसरा कोई नहीं था। मूर्ति चुप थी। वह क्या कभी बोल सकती थी? फिर मीरा किससे बतियाए जा रही है? कौन उसके हृदय में गुनगुना रहा है? क्या वही है? वही गिरिधर गोपाल, कृष्ण कन्हैया, जसोदानंदन, साँवरो साजन! वही है। धन्य है वह, उसका लघु जीवन और उसका घर-मंदिर। उसका जन्म पावन हो उठा था लहराकर लहरदार इंद्रधनुष-सा। उसके भी अश्रु निकल आए। वह भी भावविह्वल हो उठी।

मीरा अपलक कृष्ण की मूर्ति की ओर देखे जा रही थी। उसने देखा, कमल खिले, पवन झूमा, महक सरसाई, सरबती रसधारा का मन भौंरे-सा गुंजन कर उठा, चंद्र ऊपर उठा धीरे-धीरे, किसन कन्हैया अधरों पर मुरलिका धरे सामने आया, फिर मुरलिका का अनाहत नाद मुखर हुआ और देखते-ही-देखते वह प्राणों में उतरने-डूबने लगा। मीरा चकित-सी देखती रह गई—म्हारा भोज, प्राणप्रिय, साँवरा किसन कन्हैया।

यह क्या होता है हर बार? किसन कन्हैया ही भोज बन सामने आ जाता है।

'क्या कहा! जे नेह को सूधो मार्ग है, मीरा। जा में चित्त को परेशान करने की

तनिक सी भी बात नाँय है। जा सृष्टि में मैं हूँ, जा के कण-कण में मैं हूँ। थारे में भी मैं हूँ तो क्या थारे भोज में मैं नाँय होऊँगा? म्हारे अलावा कौन होगा, मीरा?'

"कोई नाँय, प्राणप्रिय, कोई नाँय। थे ठीक कह्यो है। म्हारी समझ का फेर था, जो थारे कूँ जग सूँ अलग करके देखने चली थी। थे जग हो, उसके प्राण हो और उसका मन-व्यवहार हो। थे ही तो एक हो, बाकी तो एक के अनेक होने का ही भरम है, धोखा है और चूक है। जे चूक भी क्या थारी नाँय है? जे भरम क्या थारो उपजाया नाँय है? जे धोखा क्या थारो दियो नाँय है? है कि नाँय, अब थे कछु बोल तो! गूँगा नाँय। न बाबा, थारी जे ही उलटबासी तो म्हारे मन कूँ डाँवाँडोल किए रहती है। थे तो पूरो गड़बड़िया हो, हे गढ़ैया। जे बात तो म्हारी मान जा कि छोड़ दे अपने भगतन के साथ गुलचा भरना। सूधो होकर उनके सामने आ। उन्हें समझा। उन्हें साथ लेकर चल। उनकी जीवन नौका का तू ही तो खेवनहार है। फिर बीच रास्ते में पतवार छोड़कर कहाँ अदृश्य हो जाता है? क्यों रे, जे कुटेव तू नाँय छोड़ेगा क्या? चला गया। भाग गया। जे ही तो थारी बानगी है, रणछोड़ दास। थे अपने भगतन कूँ मझधार में छोड़कर चल देते हो। जे थारी आदत अच्छी नाँय है, मुरलीधर।" मीरा कहती-कहती रुक गई। उसके आँसू थम गए। वह आँचल से मुँह पोंछती हुई उठ खड़ी हुई।

स्यामली की ओर मीरा ने देखा। वह गंभीर मुद्रा में थी तथा कहीं और देख रही थी। वह कहीं खो गई थी। मीरा ने उसे टोका—"स्यामली, क्या बात है?"

स्यामली चौंक पड़ी। वह हक्की-बक्की रह गई। कुछ पल तक वह अपने आपमें अनजाने ही उलझती रही। वह कुछ कहना चाहती थी कि रुक गई। फिर उसने धीरे-धीरे आगे बढ़कर प्रसाद उठाया और एक ओर रख दिया।

"स्यामली, चलूँगी।" मीरा ने धीरे से कहा।

"एक बात पूछूँ?"

"क्या?"

"अभी आप बात कर रही थीं।"

"किससे?"

"क्या!" पुनः स्यामली चौंकी।

"हाँ, किससे, स्यामली?"

"क्या आपको मालूम नहीं है?"

"नहीं।" मीरा ने उसकी ओर देखते हुए कहा।

"आप अपने कृष्ण कन्हैया से बात कर रही थीं, माई।" स्यामली ने सोचते हुए कहा।

"सचमुच!" मीरा ने आश्चर्य से उसकी ओर देखा और फिर सोचने लगी, कई बार ललिता ने भी उससे यही बात कही थी। तो क्या वह पूजा करती-करती कृष्ण से बतियाने लगती है? क्या वह अपने आपको, अपने आसपास को इतनी जल्दी भूल जाती है? कौन भुलवा देता है? क्या वही?

नहीं तो और कौन? मीरा ने कहा, "हो सकता है, स्यामली, पर मुझे कुछ ध्यान नहीं कि तब क्या होता है? क्यों होता है? खैर, होता है तो मेरा उसपर कोई बस नहीं। अच्छा, चलूँगी। चलना ही ठीक है। तुम्हें कष्ट दिया। तुमने मेरी बहुत सेवा की है। वह मुझे सदा याद रहेगी।"

इसके बाद मीरा रुकी नहीं। स्यामली ने उसे रोका भी नहीं। क्यों रोकती? उसे जो जानना-समझना था, वह उसने जान लिया था। वह कुछ महिलाओं के साथ मीरा को गाँव के बाहर तक छोड़कर वापस आ गई।

मीरा को द्वारका आए एक माह से ऊपर हो गया था। मीरा की सुवास मीरा के आने से पहले ही पहुँच जाती थी। जन-मन उद्वेलित हो उठता था। उसकी आवभगत की तैयारियाँ शुरू हो जाती थीं। यही सबकुछ उसके द्वारका पहुँचने पर हुआ। वह नहीं चाहती थी कि वह पहचानी जाए। एक तो वह राणा परिवार की विद्रोहिनी बहू और दूसरे उसपर चढ़ा कृष्ण कन्हैया का अपूर्व रंग उसे कैसे छिपने देता। घन-घटाओं में चपला कब तक छिपी रहती। पुष्प में गंध कैसे छिपती।

वृंदावन से द्वारका की लंबी यात्रा। उस यात्रा के मनमोहक दृश्य। दृश्यों में उमगता जन-उत्साह। निश्छल मन की मुग्धकारी मुद्राएँ और उनमें उतर आया इंद्रधनुषी भोलापन। यही मीरा की यात्रा का अक्षय पाथेय था।

मीरा ने गहरी साँस ली।

नीलाभ्र में चंद्र ने आसन सँभाला। नीरव और निस्पंद चाँदनी से सम्मोहित संसृष्टि स्वयं में विस्मृत हुए जा रही थी।

सौंदर्य अनगढ़ था और उघड़ा जा रहा था अपनी ही मस्ती में अपने आप।

अछोर समुद्र। उत्ताल तरंगों का नर्तन नमन। पंचम स्वर। मीरा से प्रश्न कर रहा था—

'क्या तेरा कृष्ण यहीं आया था?

'क्या यहीं बसाई थी उसने अपनी राजधानी?

'क्या यहीं उसके यश की अक्षय पताका फहराई थी? अब क्या है यहाँ उसका? अब कौन मानेगा इसे श्रीकृष्ण की माया नगरी?'

मीरा इसलिए वृंदावन से द्वारका आई थी, क्योंकि कृष्ण को भी यहीं सुख-शांति मिली थी। वह कृष्ण की पगधूलि माथे लगाकर उसमें ही सदा-सदा के लिए

आलुप्त हो जाना चाहती थी। लेकिन…

दृश्य-पटल बदला।

सूनी हवाओं का गुदगुदाता हुआ रेला आया और चारों ओर मकरंद बिखेर गया।

समुद्री लहरें लोरी भर लाईं। मीरा ने रेतीली चाँदनी में मन का अवगुंठन उठाया और धीरे-धीरे अपनी साँसों में साँवरे का मधुर उच्छ्‌वास अनुभव करने लगी। मीरा के मन ने पूछा, 'तू यही तो चाहती थी कि जहाँ-जहाँ साँवरा गया था वहाँ-वहाँ तू भी जाए। उसकी अननुज्ञात अनुभूतियों का संस्पर्श पाकर गद्‌गद हो जाए। यही था न तेरा अपना निर्णय?'

'परंतु…'

'किंतु-परंतु का भक्ति में क्या काम? वहाँ तो समर्पण का अनिंद्य और अविराम लास्य है। वहाँ अभिराम गति निनाद की लयात्मकता है।'

फिर छलना! फिर मोहासक्ति का इंद्रजाल! उसके मनःआकाश में गूँज उठा—'मैं सम्मोहित नहीं होना चाहती। मैं अपने लीलाधर को मंत्रमुग्ध होकर देखना चाहती हूँ। सदा देखते रहना ही चाहती हूँ। उसमें समाना नहीं चाहती।'

समुद्र की लहरों में ज्वार-भाटा उठा। वातावरण अवसन्न रह गया। चेतना सुधबुध खोकर देखती रही—आश्चर्य! पल भर में ही ज्वार-भाटा शांत और लहरों में विलुलित हो उठा मुरलिका का माधुरी स्वर।

अब गगन मोम बनकर पिघल रहा था और मीरा उसके प्रति तटस्थ थी।

यहाँ कुछ भी निस्पृह नहीं है; न जन्म, न मरण, न मोक्ष, न भक्ति। स्वयं साँवरा भी नहीं। उसकी संसृष्टि उसकी ही रंग आकांक्षाओं का मूर्त रूप है। फिर वह कैसे मान ले कि वह निस्पृह है, विमुक्त है, निर्लिप्त है और अदेह है? देह के सारे कार्य-व्यवहार, उनका मेला-संसार और उतार-चढ़ाव सार्थक हैं। वे ही उसकी अक्षय संपदा-पूँजी हैं। इसीसे वह जुड़ता और टूटता है—और अपने को पुनरावृत्त करता है।

यह सब मीरा ने काँच से मन पर लिखकर तुरंत मिटा दिया। काँच पल भर के लिए सुकंप से भरकर थिरक उठा।

यह उसे क्या होता जा रहा है, जो 'है' को मानते-मानते अचानक उसे 'न' मानने लगती है? क्या मानना या न मानना उसके वश में है? नहीं तो क्या है उसके वश में? और कुछ भी उसके वश में नहीं है तो फिर उसे वश में किसे करना है?

कृष्ण को!

किस कृष्ण को—राधा के कृष्ण को या रुक्मिणी के, अथवा गोपिकाओं के?

क्या वह किसीके वश में हुआ है?

क्या उत्तर देना अपरिहार्य है? उत्तर पाकर क्या यह संभव नहीं है कि वह प्रश्न की भूमिका में उतर आए और फिर कोई उत्तर शेष नहीं रहे?

श्लथ पड़ गए थे मस्तिष्क, चरण और हृदय—और उनमें किसी अपरिचित नदी-सा चुपचाप और एकाकी बहता जा रहा था निर्मल जल।

मीरा उठ खड़ी हुई। धीरे-धीरे बालू पर चलने लगी। आरती कभी की खत्म हो चुकी थी। भक्तजन जा चुके थे। आज भी कदाचित् पट बंद हो चुके होंगे। फिर आज उसे देहरी पर सिर रखकर सोना होगा। फिर पुजारी आएगा और उसे जगाएगा। उससे कहेगा—'यह सोने की जगह नहीं है।'

पुजारी को कौन समझाए कि क्या आँख बंद कर लेने से कोई सो जाता है? काश, उसकी आँखों में नींद समा पाती! जागनेवाला सोता नहीं है। वह जाने कब से नहीं सोई है।

वह मुसकराकर कह देती—'क्षमा कीजिए, पुजारीजी, मुझे ध्यान नहीं रहा। वह ध्यान लेने दे तब न!'

'क्या कहा?' पुजारी का मुँह खुला-का-खुला रह गया।

'कुछ नहीं, पुजारीजी।'

फिर झूठ। मीरा अपने को छिपा गई। कदाचित् वह पूछ बैठता कि वह कौन? पूछ बैठता तो पूछता। वह उत्तर देती कि वही—माखन चुरैया, नटनागर, गिरिधर गोपाल और कौन? और कौन हो सकता है? इसीके साथ मीरा दूर तक देखती हुई पीछे चल पड़ी।

एक धुँधला चित्र शनैः-शनैः उभरने लगा। बादल छँटे। प्रकाश फैलने लगा। मीरा को पहचानने में देर नहीं लगी। उसके मुख से अपने आप निःसृत हो उठा—'आप!'

'हाँ, मीरा, मैं। तुम्हारा भोजराज।'

वही चेहरा-मोहरा, वही भोलापन, वही सादगी और दीप्त प्रेम! सूर्यवंशियों का तमतमाता ताम्रवर्णी युवराज। चित्तौड़ नरेश राजा साँगा का सुपुत्र। कैसे कह दिया था अत्यंत शांतचित्त होकर—'थारे पति परमेश्वर तो किसन कन्हैया हैं—पीतांबरधारी, रसराजाधिपति मोर मुकुटधारी और सबके मन को जाननेवाले जगत्पति गिरिधर गोपाल! है न!'

मीरा झेंप गई थी।

'वो तो सारी सृष्टि का पति है—म्हारा भी, या म्हारा नहीं, मात्र थारा ही है। सो तुम जाणो, मीरा; क्योंकि थे बाके अधिक निकट हो। थोड़ी म्हारी भी

सिफारिश कर देना जी! क्यों जी, क्या वो थे पर प्रसन्न होकर म्हारे पर अप्रसन्न हो सकता है?'

मीरा की सिट्टी-पिट्टी गुम। डर-भय अदृश्य। युवराज इतने सीधे और इतने सरल-सहज।

'मीरा, म्हारे में ऐसा कोई गुण-करिश्मा नाँय, जो म्हें उणनै रिझा-मना सकूँ। थे तो कोयल-सा मधुर रस घोल लेती हो। गाने लगती हो। थारा पिक कंठ सुनकर मुरली के फन का धनी थारे पास चुपचाप ऐसे आकर बैठ जाता है जैसे बाकी बाँसुरी की धुन सुनकर सगरा व्रजमंडल।'

'नाँय जी!' अकस्मात् मीरा के मुख से निकल गया। न बोलने की कसम खाकर चली थी वह घर से और पल भर में कसम एक किनारे कर स्वयं बोल पड़ी। बाद में साँवरे के सामने जा बैठी साफ-सफाई देने। उससे कहने लगी—'थे बता क्या म्हाँने कुछ गलत किया? देख, तू मुसकराकर ताना मत मार। जी मत जला। थारी तो आदत ही कछु ऐसी है कि···अब तो सूधो हो जा। अब तू बच्चा नाँय रह्यो है—बहुत बड़ो हो गयो है। तुझे सब जान चुके हैं। तब तुझे जा रूप में कोई नाँय जानता था। जासूँ थारे सूँ माथा-पच्ची कर रही हूँ कि कुगैल छोड़ रास्ते पर आ जा और म्हारी अरज पर गौर कर। म्हाँने आज कछु गलत नाँय कियो। थे ने भी तो राधा की कसम कित्ती बार तुड़वाई थी—याद है न! हम बोल पड़े तो क्या हुआ? क्यों मुँह फुलाए, टेढ़ी-तिरछी नजरों से म्हारे कूँ ताके जा रहा है? म्हाँने जो करना था सो कर दिया। अब थारी मरजी, जो जी चाहे कर। क्षमा कर या न कर। पर जे भी सुन ले, म्हाँने कोई अपराध नाँय कियो है—बो भी सात फेरे डालकर लायो है। म्हारा धणी होता है रे। वो भी तेरो···अच्छा जय रामजी की, अब हम चले। म्हारे कूँ थारे अलावा और भी बहुत से काम हैं।'

मीरा चलने के लिए मुड़ी। उसे लगा कि बावरे ने उसकी ओढ़नी थाम ली है। वह बिना मुड़े ही बिगड़ती हुई बोली, 'गूँगे महाराज, इत्ती देर से हम बकबक किए जा रहे थे और थे कान में रुई डाले नींद निकाल रहे थे। और जब हम चलने को हुए तो म्हारी ओढ़नी थाम ली ताकि हम यहाँ थारी तरह निकम्मे, आलसी और निखट्टू माने जाने लगें। न बाबा, थारी ये चाल म्हारे पर नाँय चल पाएगी। अच्छा तो···' कहकर जैसे ही उसने अपनी ओढ़नी खींचनी चाही वैसे ही वह टकरा गई भोजराज से और उसके मुख से स्वतः निकल पड़ा—'आप!'

'हमारा यहाँ होना कोई पाप है?' भोजराज ने ओढ़नी के छोर को अपनी उँगली में लपेटते हुए अत्यंत सहज होकर कहा।

'नहीं।'

'तो पुण्य है?'

मीरा चुप।

'पाप नहीं, पुण्य नहीं तो आखिर क्या है?' भोजराज ने उसे छेड़ा।

वह छुईमुई हो गई। क्या उत्तर दे?

'मंदिर चाहे राजमहल में हो या उससे बाहर, होता तो वह मंदिर है न?'

मीरा ने सिर हिला दिया।

'मंदिर में आने पर किसीको रोक तो नहीं सकती हो?'

मीरा ने नकारात्मक संकेत देते हुए सिर हिला दिया।

'इसका मतलब हम यहाँ आ सकते हैं?'

मीरा चुप।

'तुम्हें हमारा यहाँ आना बुरा लगेगा क्या?'

'नहीं।' मीरा ने घबराकर कहा।

भोजराज ने उसकी ओढ़नी छोड़ दी और चुपचाप लौट पड़े।

मीरा के पाँव तले से धरती खिसकने लगी। यह क्या हो रहा है? क्यों हो रहा है? कितना स्पष्ट कहा था—बिना हिचक, बिना किसी भूमिका के।

उसे हमारे यहाँ से निराशा हाथ लगी थी—न दूदाजी माने, न वीरमदेव और न पिता रत्नसिंहजी। माँ थी नहीं। जयमल कुछ समझा नहीं। उसने अपने को बाँके बिहारी की मरजी पर छोड़ दिया था। वह उसका जीवन धनी है, चित्तचोर और अंतर्यामी है।

भोजराज का भारी, पर मधुर स्वर गूँज उठा था—उस गहन सन्नाटे में, सुलगती चाँदनी के वन-प्रांतर में और मीरा के अंतर्मन में। वह अवाक् रह गई थी। उसकी शब्देंद्रियाँ अवसन्न पड़ गई थीं।

वह कह रहे थे—'मीरा, हम सूर्यवंशी हैं। क्षत्रिय हैं। रघुकुल की परंपरा से बँधे हैं। हमने तुम्हारा मन पढ़ लिया है। जान लिया है कि तुम्हारे मन में हमारे लिए कोई स्थान नहीं है। वहाँ साँवरे ने पहले ही डेरा डाल रखा है। तुम भी उसे ही अपना धणी मानती हो।'

मीरा के काटो तो खून नहीं। प्रथम मिलन की रात। सजी महकती सेज और अपूर्व प्रेम का ज्वार-भाटा।

'कोई क्षत्रिय किसी विवाहिता स्त्री को अपनी पत्नी नहीं बना सकता। फिर जिसका पति स्वयं रसेश्वर हो, जगदीश्वर हो, श्याम साँवरा हो उस स्त्री के सौभाग्य का क्या ठिकाना! वह तो विराट् अक्षय संपदा की स्वामिनी है। इसलिए हमने यह व्रत किया है कि हम सर्वेश्वर गोपाल की विवाहिता की मर्यादा, शील और प्रतिष्ठा

के प्रहरी बनकर जिएँगे, धणी बनकर नहीं।' भोजराज की गुरु-गंभीर वाणी सहज थी और उनके मुखमंडल पर निर्मल कांति थी—कहीं ईषत् वक्रता नहीं थी, आक्रोश नहीं था, अशांति नहीं थी और कर्कशता नहीं थी। मीरा ने पहली बार भोजराज को देखा। जयमाल के समय भी उसकी आँखें नत थीं। फेरों के समय भी वह अपने आपमें खोई हुई थी—समस्त विवाहोत्सव के रंगारंग कार्यक्रमों और हुलास-ठहाकों से अलग हटकर जोगिन मन लिये स्व-केंद्रित।

चित्तौड़ आई। सारा चित्तौड़ उमड़ पड़ा। चारों ओर उसके रूप की चंचल सौदामिनी महक उठी। जिसने देखा, वह ठगा रह गया। वाह! क्या रूप पाया है! क्या स्वभाव! एकदम सरल-सहज, शांत और निर्मल।

मीरा अपने बारे में सुनती तो अंदर-ही-अंदर काँप उठती और अपने जगदीश्वर से विनती करती कि वह उसकी रक्षा करे। उसे अति से बचाए और अपनी शरण में ले।

मीरा जान चुकी थी कि उसके अलावा उसकी विनती कोई नहीं सुन सकता। पर यह क्या! स्वयं युवराज, उसका धणी। यह सब क्या हो रहा है, हे गिरिधर गोपाल! तेरी लीला अपरंपार है।

भोज कहे जा रहे थे—'मीरा, जिसको तुमने अपना स्वामी चुना है, वही सबका स्वामी है। मेरा भी वही स्वामी है। पर एक बात का ध्यान रहे कि यह रहस्य सदा रहस्य रहे, भूलकर भी कभी उजागर न हो; स्वप्न में भी नहीं। यह निर्णय मैंने अपने मन की प्रसन्नता के लिए लिया है और स्वतः लिया है। हम दोनों एक छत के नीचे रहते हुए अपनी सीमा बनाए रखेंगे।'

ऐसा हो गया। इतनी आसानी से हो गया। सचमुच हो गया। अपने आप हो गया। वह कितनी डरी-सहमी वहाँ आई थी। उसे पहली बार मायका छोड़ते हुए लगा था कि स्त्री स्त्री है, पुरुष पुरुष। स्त्री असहाय और पुरुष पौरुषवान्, संचालक व कर्णधार। क्या वह स्वयं अपनी रक्षा कर पाई थी? किसने की उसकी सहायता? कौन करता? क्या करता? और भोजराज! यहाँ तक आते-आते उसे भोजराज ही कृष्ण हो जाते लगने लगे थे। है तो उसमें भी कृष्ण। सारा जगत् उसके लिए ही तो है। वही तो जगत् है, वही जगदीश्वर। वही तो सबमें है। जो है, वह उसीका है, किसीका अपना कुछ नहीं है।

सब उसके निमित्त हैं। फिर भोजराज क्या, मीरा क्या! फिर उसमें उसके लिए बेचैनी क्यों? क्यों तड़प? क्यों इतनी उत्सुकता? क्यों ऐसी आनंद-वेदना?

यह सब कैसी भूल-भुलैया है कि जितनी समझने की कोशिश करो उतनी ही उलझनें पैदा होती जाती हैं। फिर उसका समझना क्या, न समझना कैसा!

मीरा सन्नाटे में खोई, एक कोने में बैठी, अमुद्रा में सिमटी, स्वयं के प्रति नादान बनी भित्ति चित्र-सी अपने आपमें उलझकर रह गई थी—अपने आपको पहचानने की प्रक्रिया को अधूरी छोड़कर।

भोज ने दबे पाँव आकर सितार के मौन तारों पर उँगली रख दी।

मीरा चौंक पड़ी।

'प्राय: इस वेला में तुम गाती होती हो न, मीरा?' भोज ने जिज्ञासा प्रकट की।

मीरा कोई उत्तर नहीं दे पाई। सहम गई आहट पाकर हिरनी-सी अपने आपमें।

'साँवरे के लिए गाओ न, मीरा! आज हमारा हृदय व्याकुल है।'

'स्वामी!' मीरा अपने को रोक नहीं पाई। कैसे रोकती—निर्बंधन की स्वतंत्रता भी तो बंधन है।

'चिंतित न हो, मीरा। मन करे तो कुछ गाओ।' भोजराज का स्वर तनिक विगलित था।

मीरा में पहली बार चेतना जगी। उसे अपने कर्तव्य का स्मरण हो आया। वह मात्र अपने बारे में ही आज तक सोचती रही है। कभी उसने भोज के बारे में नहीं सोचा। उसके पास तो कुछ भी नहीं रहा। उसने तो अपना सर्वस्व चुपचाप न्योछावर कर दिया और उफ भी नहीं की। आज उसका स्वर अनमना है।

'मुझे चलना चाहिए।' भोजराज ने कहा और उठने का उपक्रम किया।

मीरा ने इकतारा छेड़ दिया।

भोज उठते-उठते बैठ गया।

मीरा गा उठी—

'भज मण चरण कँवल अविणासी।
जेताई दीसाँ धरण गगन माँ, तेताई उठ जासी।
तीरथ बरताँ ग्याँण कथंता, कहा लयाँ करवत कासी।
यो देही रो गरव णा करणा, माटी माँ मिल जासी।
यो संसार चहर राँ बाजी, साँझ पड्याँ उठ जासी।
कहा भयाँ था भगवा पहर्‌याँ, घर तज लयाँ संन्यासी।
जोगी होयाँ जुगत णाँ जाणाँ, उलट जणम राँ फाँसी।
अरज कराँ अबला कर जोर्‌याँ, स्याम तुम्हारी दासी।
मीराँ रे प्रभु गिरधर नागर, काट्याँ म्हारो गाँसी॥'

अब मीरा इकतारे पर दोहरा रही थी अंतिम चरण को आत्मलीन हुई, नयन मूँदे और स्थिरचित्त।

समय अनाहट किए अदृश्य नदी-सा बहता रहा। मीरा ने आँखें खोलीं। इकतारा एक ओर रखा। फिर अपने गिरिधर गोपाल को निहारा। कुछ समय तक निहारती रही अपलक नेत्रों से, भावविह्वल हृदय लिये।

अनायास ध्यान टूटा। भोज का स्मरण आया। उनके रक्ताभ कपोलों पर अश्रुधारा की बारीक लकीर दृष्टिगोचर हो रही थी। वह स्थिर थे। कुछ बोले नहीं। उन्हें बोलना चाहिए था। धीरे-धीरे मीरा को यह आदत पड़ती गई थी कि वहाँ भोज आएँ तो उससे बतियाएँ, चाहे वह संवाद में सम्मिलित न हो तो भी।

मीरा संवाद में कब सम्मिलित हुई थी। कभी नहीं। 'हाँ' या 'न' से जुड़ा कोई संवाद भी क्या संवाद हो सकता है।

वह उठी। भोज के पास आई। पास आकर आहट की। पायल रुनझुन कर उठी। पर प्रत्युत्तर में निःशब्द। उसका चित्त तनिक डोला। सोचा, क्या करे? पुकारे, पर कैसे?

सारी शक्ति सँजोकर वह बोल गई—'स्वामी!'

शायद यह शब्द उसने ही सुना। फिर भी, अविचलित मौन पूर्ववत् बना रहा।

अब उसमें घबराहट बढ़ी। चिंता ने आँखें खोलीं। कितनी बार कोशिश की, पर सफलता नहीं मिली। कैसे छू ले भोज के स्कंध। पुरुष के लेश मात्र स्पर्श से वह अब तक वंचित रही—सिवाय फेरों के समय, जब पंडितजी ने···तब उसमें कोई चेतना नहीं थी। उसकी सखी ने उसका हाथ उनके हाथ में दिया था। यह भी उसे बाद में मालूम पड़ा कि उसके साथ ऐसा भी हुआ था।

मीरा को हृत्कंप ने झकझोर डाला। पता नहीं कि उसमें कहाँ से इतना साहस, शक्ति आई कि उसने डरते हुए भोज के स्कंध को छू लिया। फिर गरदन, चेहरा टटोल लिया और चीख पड़ी।

पहली बार चीखी थी वह। जब पहली बार उसके पाँव में काँच चुभा था तब भी उसने उफ नहीं की थी। माँ नहीं रही थी, तो भी वह गुमसुम बनी रही थी और विदा होते हुए भी वह रोई नहीं थी। अपने को सँभाले रही थी—एक अनजाने और तटस्थ दर्शक की भाँति। लेकिन इस बार वह अपने को नहीं रोक सकी। एक बार क्या चीखी कि चीखती ही रही।

अरे, यह क्या! वह वास्तव में चीख रही थी समुद्र के सामने बैठी हुई। उसने चारों ओर देखा। वहाँ कोई नहीं था। हे प्रभु, यह उसे क्या होता है? क्यों होता है?

वह एकदम उठ खड़ी हुई कुछ घबराई-सी। उसे अनुभव हुआ कि समुद्र की उत्ताल लहरें अब उसकी चीख को दोहरा रही हैं। वह तेजी से चलने लगी। उसमें पीछे देखने का साहस नहीं रहा। वह जल्दी से समुद्र की लहरों की चीख से दूर पहुँच जाना चाहती थी।

अब समुद्र बहुत पीछे रह गया था। अब न वहाँ समुद्र था और न उसकी लहरें। फिर भी, वे पारदर्शी चीखें उसे साफ सुनाई पड़ रही थीं। रह-रहकर आँख खोले उसकी ओर देख रही थीं एकदम एकाग्र मन से, शांतचित्त हो।

सच क्या है? सपने क्या हैं? सपनों का जीवन सत्य नहीं है? नहीं हैं तो वे आते क्यों हैं? कौन भेजता है उनको? फिर उनसे मिले संदेश-संकेत सच क्यों हो जाते हैं?

जीने की बड़ी भारी उलझनें हैं। बहुत सी ऐसी बातें हैं, जिन्हें प्रकट नहीं किया जा सकता। करना चाहें, तो भी नहीं; क्योंकि प्रश्न यह उठता है कि वह किससे कहे? कौन उसको समाधान देगा?

सच क्या वह नहीं है, जो सच नहीं है, असच है? असच का सच के अभाव में अस्तित्व ही क्या है?

भक्तो! जीवन का यही रहस्य है कि कोई रहस्य नहीं। रहस्य जानने में पड़े कि कुछ हाथ नहीं लगेगा। सीधे-सादे सवाल को टेढ़े-तिरछे करके मत उलझाओ। गाँठ क्यों लगाते हो, जो गाँठ खोलने के लिए जूझना पड़े।

हम प्रार्थना इसलिए करते हैं कि जीवन में गाँठ नहीं बनें। जीवन सहज बने और सरलता से अपने को उससे पहचानने लगे, जिससे अलग-विलग होकर वह आया है। इतनी सरल सी बात है, जिसे बहुत पेचीदा बना दिया गया है और स्वयं ही उस तक पहुँचने के सारे रास्ते बंद करके यह प्रयास किया जा रहा है कि उससे मिलना हो जाए।

मनुकाबाई अचानक उठ खड़ी हुई और मीरा का स्वागत करते हुए कहने लगी—"गंगा मन की स्वामिनी, नट नागर की चहेती और गिरिधर गोपाल की प्राणेश्वरी मीराबाई अब हमारे बीच में आ चुकी हैं। मैं अपनी और आप सबकी ओर से उनका हृदय से स्वागत करती हूँ।"

सबने करतलध्वनि से उसका स्वागत किया। मीरा आसन पर विराजमान हो चुकी थी सबको करबद्ध प्रणाम करते हुए।

मनुकाबाई ने ऊँची आवाज लगाते हुए कहा, "सब मिलकर बोलो..."

"हरे कृष्ण हरे-हरे!" समवेत स्वर था।

"सब प्यार से बोलो..."

"हरे कृष्ण हरे-हरे!" समवेत स्वर उठा।

"सब दुलार से बोलो…"

"बाल गोपाल हरे-हरे!" समवेत स्वर था।

"सब हृदय से बोलो…"

"किसन कन्हैया हरे-हरे!" समवेत स्वर गूँज उठा।

भक्तजन आते गए। भीड़ बढ़ती गई।

सबका हृदय मीरा से जा जुड़ा। कैसी सौम्य! कितनी आकर्षक! कितनी पुनीत! कितनी निश्छल! साक्षात् राधा। पीतांबरधारी की मुरलिका-सी सदा उनके साथ। सोते-जागते—हर समय, हर पल।

"अब आपका ध्यान भक्त शिरोमणि मीराबाई में केंद्रित हो। उनको सुनें। उनसे जानें कि वह क्या है? कैसा है? कहाँ रहता है? क्या करता है? जो भी आपके प्रश्न हों, कीजिए और जानिए। उससे आपके जीवन को एक दिशा मिल सकेगी। भ्रम की माया का कुहरा हट सकेगा। एक साथ बोलें, जोर से बोलें—भक्त शिरोमणि मीराबाई की…"

"जय!" समवेत स्वर था।

उनमें से एक ने उठकर कहा, "कृष्णप्रिया मीराबाई की…"

सब बोल पड़े—"जय!"

"अब आप बैठिए भी।" मीरा का संगीतमय स्वर वीणा की तरंगों-सा लहरा उठा।

सब शांत। बिलकुल शांत। सबका ध्यान मीरा पर केंद्रित।

मीरा ने जन-मन का समर्पण पाकर अपने मन को तीर्थ बना लिया था। जो उसका कृष्ण कन्हैया है, वह सबका है। सब उसके हैं। जो उसे नहीं मानते, वे भी उसके हैं। पर वह है कहाँ? कहाँ नहीं है? उसका रूप-रंग क्या है? इस सबके बारे में वह भी कितना सा जानती है। क्या ज्ञात है उसे—मात्र अनुभूतियों के, सपनों के और कल्पना के।

"क्या आप, मीराजी, कृष्ण कन्हैया से मिली हैं?" एक भक्त पूछ रहा था।

"कौन नहीं मिला है उससे?"

"मैं नहीं मिला हूँ।"

"पर वह तो आपसे मिला है।"

"नहीं!" उसने दृढ़ता से कहा।

"आपको रास्ते में कौन मिले, यह ज्ञात है क्या?" मीरा ने सहज प्रश्न किया।

सभा चौंकी। वह भक्त हतप्रभ रह गया। क्या बताए? उसका सारा ध्यान सभा में पहुँचने पर केंद्रित था।

उसने धीरे से कहा, "नहीं।"

"आपके पास समुद्र है। जहाँ समुद्र नहीं है, वे उसके बारे में नहीं जानते। लेकिन क्या उनके नहीं जानने से समुद्र नहीं है? है न! नाला हो, नदी हो, बादल हो, समुद्र हो—है तो सबके पास पानी ही। वह किसी भी रूप में हो और कहीं भी हो, रहेगा तो वह पानी ही। बादल पानी है, हिम पानी है—और हमारे में भी पानी है। आकाश भी है, वायु भी है, अग्नि भी है। सूखी लकड़ी में आग है; लेकिन दीखती नहीं। कोयले में आग है; पर सहज नजर नहीं आती। मेरा यह इकतारा है।" इतना कहकर मीरा ने सभा की ओर देखा। सभा के चेहरे पर संतोष की चमक थी। उसने अपना पीतांबर ठीक किया और कहने लगी—"इकतारे में तरंग कहाँ है? पर है। जरा उँगली से इसे छेड़ो, यह सात स्वरों में झूम उठेगा। ऐसे ही अपने मन के तार छेड़ो, वह हृदय में गूँजने लगेगा।"

"आपने यह नहीं बताया कि आप कान्हा से कभी मिलीं या नहीं?"

"नहीं मिलती तो उसके पीछे क्यों दौड़ती? क्यों यहाँ द्वारका तक आती?"

"वह कैसा है?"

"जैसा मानो।"

"क्या मतलब?"

"पानी गड़ुए में हो, कटोरी में हो, कटोरे में हो, कलश में हो, नदी में हो या समुद्र में—वह है तो पानी ही। क्या आकार है उसका? यह तो भक्त पर निर्भर है कि उसने अपने को क्या बनाया है! जो उसके आकार में प्रवेश करेगा वह निराकार हो जाएगा। आकारों से ही निराकार सामने आया—अथाह, अनंत और अपार। ध्यान रहे, वह मेरे 'जानने' कहने से नहीं, वह तो आपके जानने-अनुभव करने से है। उसे आप जानो, चाहे जैसे जानो। उसे जानने की इच्छा जितनी तीव्र होगी उतना ही वह दूर होता जाएगा और आपको पीछे दौड़ा-दौड़ाकर थका देगा। अंत में चुपचाप पास आकर कहेगा, उसे केवल आप ही सुन सकोगे। जानते हो क्यों?"

"क्यों?"

"क्योंकि वह आपकी ही आवाज होगी। वह आपका ही आकार होगा और आपका ही रूप-रंग। आपसे हटकर वहाँ और कुछ नहीं होगा।" मीरा ने कहा।

"फिर आप क्यों बराबर घूम रही हैं?"

इसपर मीरा मुसकराई।

"आप घर में रहते हुए भी घूमते होते हैं। और तो और, आप यहाँ बैठकर भी घूम रहे हैं। सब घूम रहे हैं। एक वही है, जो नहीं घूम रहा है।" मीरा ने गद्‌गद कंठ से आत्मविभोर होकर कहा, "आप हर बार दीवाली क्यों मनाते हैं? क्यों प्रतिदिन पूजा-अर्चना करते हैं? उसी तरह..."

"उसी तरह क्या?"

"घूमना है। घूमते रहना है। घूम-घूमकर उसकी अनंत अनुभूति पाना है।"

"वह एक जगह नहीं मिल सकता क्या?" दूसरे भक्त ने पूछा।

"क्यों नहीं!"

"फिर घूमना?"

"जरूरी नहीं, आदत है। बहते रहना विकार नहीं बनने देता। गति बनी रहे, जीने का यही तो क्रम है। विराम नहीं।" मीरा इतना कहकर तनिक झुँझलाहट से भर उठी। वह क्या विषय ले बैठी। भक्तों के मन को रस चाहिए। मिठास चाहिए। उसके बनने की विधि नहीं। वह खखारकर अपने रस में डूबकर बोलने लगी—"हम भक्तन को जे झंझट नाँय पालनो। बाका नाम सुमरण म्हारे-थारे लिए काफी है। बो कहाँ है, कहाँ नाँय है, कैसा है, इन गलियन के हम यात्री नाँय हैं। म्हारा बो है, हम बाके हैं, जाके अलावा म्हारे-थारे लिए और कछु नाँय। बाकूँ भजो और छके रहो। वो है—वहीं क्यों है? प्रश्न अपने मन का है। उसके मानने का है। मानो तो पत्थर देवता है और न मानो तो वह पत्थर। पूजा-अर्चना उसके लिए नहीं, अपने लिए है। मन एक जगह टिकता नहीं है। म्हारे मन में विकार जगह नहीं बना ले, जाके लिए भजन-कीर्तन है। वह चाहे अकेले में करो या यों मिल-बैठकर। जे भगत मन की इच्छा है।"

इसी बीच कई पुरुष उठ खड़े हुए और जोर-जोर से बोलने लगे—"राँड! अपने खसम को तो खा गई, अब यह रोग सबमें फैलाना चाहती है!"

"बड़ी आई भगतिन! ढकोसला करती है। जाहे किसन भगवान् ने दरसन दिए हैं! जा कुलच्छनी को!" दूसरा आदमी चीखने की आवाज में बोल रहा था।

तभी तीसरा आदमी जोर-जोर-से बोलने लगा—"राजघराने की विधवा ने लाज-शरम सब बेच दी है। जा कूँ जरा देखो तो, जवान साँडनी-सी हो रही है। पराए मर्दों से दीदा लड़ा रही है।"

चौथा व्यक्ति बीच में से उठ खड़ा हुआ और अपनी घनी काली मूँछों को मरोड़ता हुआ बोला, "जाहे मर्दों का चस्का लग गयो है, किसन तो जा को बहानो है। वृंदावनवालों ने जा कुलच्छनी को अपने यहाँ से भगा दिया था। अब यहाँ डेरा डाल रखा है। जा भागवान, तू यहाँ से जा। हमारे भोलेभाले समाज को मत बिगाड़।

हमारी बहू-बेटियों पर रहम खा।''

''जे तो बे-औलाद है।'' एक व्यक्ति ने बीच में ही कह डाला—''बाँझ है राँड! तभी तो कहती फिरती है कि संतन के ढिंग बैठ-बैठ लोक-लाज खोई। सच ही तो कहती है, जा के भड़ुए संत ही हैं।''

''जा, यहाँ से भाग जा! बेचारे नाकवाले महाराणा ने अपने आदमी भी भेजे हैं।''

''क्या?'' भीड़ में से आवाज आई।

''वे नहीं चाहते कि सूर्यवंशी बहू उनकी पगड़ी उछालती घूमे। समाज को बिगाड़े। विधवा होकर भी सुहागिन के वेश में रहे। भक्तिन बनकर कुकर्म करती डोले।''

''हरे कृष्ण! हरे कृष्ण!'' कहते हुए महाराज सदानंद का वहाँ प्रवेश हुआ।

उनके साथ उनके शिष्य थे। सदानंद पीतांबर धारण किए, माथे पर तिलक दिए और हाथ में बाँसुरी थामे वहाँ आ गए। उन्होंने सबकी ओर देखा। उनके हृष्ट-पुष्ट शिष्यों ने सभा में बैठी हुई युवतियों की ओर निगाहें घुमाईं।

सदानंद पूछ बैठे—''आप सब भद्रजन होकर भी ऐसे क्यों लड़ने लगे? ऐसे तो गिरा हुआ इनसान भी नहीं लड़ता है।''

''जे देवी है, स्वामी। विधवा। राजघराने की शान मिट्टी में मिलाती घूम रही है।''

''हमारी बहू-बेटियों को बिगाड़ने यहाँ आई है।''

''कैसी बनी-ठनी घूमती-फिरती है!''

''विधवा होकर जे श्रृंगार! सुहागिन को भी मात करती है।''

''जवानी पर अंकुश नहीं लगा सकती तो सती हो जाती। कम-से-कम राजघराने की मान-मर्यादा तो बनी रहती।''

''और सती न हो सकी तो...''

''सती और यह होती क्या, भाई!''

''सती सतवाली होती है। सच्ची और नेक चाल-चलनवाली होती है।''

''यह तो अपने खसम को खा गई।''

''खसम स्वर्ग सिधार गया और यह कान्हा का सहारा लेकर मौज-मस्ती उड़ाने निकल पड़ी।''

''ये मौज-मस्ती तो राजघराने की चहारदीवारी में भी उड़ा सकती थी। पर नहीं, वहाँ जान का डर था। जान के डर से ही इस राँड ने वृंदावन छोड़ा। इसे तो वृंदावन नीको लगा था, फिर छोड़ना क्यों पड़ा? कोई पूछो तो इस करमजली से!''

महाराज सदानंद ने बीच में ही टोका—"हरे-हरे, ऐसा पाप! संयम रखो। मर्यादा में रहो। पापी के साथ पापी मत बनो। इस देवी ने अपना धर्म त्यागा है, तुम अपना धर्म मत छोड़ो। धर्म ही इस कलियुग में जीवन की धुरी है। इसे भी अपनी बात कहने का मौका दो। कृपया अब आप लोग अपनी-अपनी जगह बैठ जाएँ और हमें पूछने-ताछने दें। हमपर भरोसा रखें, हम समाज में गंदगी नहीं फैलने देंगे।"

"हमें आप पर भरोसा है।"

"हमें आपका न्याय मंजूर है।"

"तो सब मिलकर मेरे साथ बोलो—जसोदा के लल्ला, माखन चुरैया, रास रचैया भगवान् श्रीकृष्ण की…"

"जय! जय!"

"हाँ, तो देवि, आपने आरोप सुने?"

मीरा शांत। यथावत्। उसके मुखमंडल पर तनिक सा भी तनाव नहीं, क्रोध नहीं, फिसलन नहीं और पश्चात्ताप नहीं।

मीरा कुछ नहीं बोली। आँखें बंद किए बैठी रही—एकदम अविचल, निर्द्वंद्व और निर्विघ्न।

"सुना नहीं!" सदानंद की पहले से तेज आवाज थी।

उसके जीवन में ऐसे अनेक प्रसंग आए थे। अनेक बार उसे बेइज्जत करने की कोशिश की गई। खूब बुरा-भला कहा गया। ऊँचा-नीचा लिया गया।

"नहीं।" मीरा ने हँसी के साथ आँखें खोल दीं। देखा, सामने महाराज सदानंद।

उसने उसे चेतावनी दी थी। उससे कहा था—"यह वृंदावन नहीं है। यह श्रीकृष्ण की राजधानी है। यहाँ से उस विराट् ने राजकाज किया था। यहाँ तेरी दाल रत्ती भर भी नहीं गलेगी। तू कोई और देश की शरण ले, इसीमें तेरी भलाई है।"

तब भी मीरा ने कुछ नहीं कहा था। वह चुपचाप आगे बढ़ गई।

इसपर सदानंद का क्रोध आसमान छूने लगा। वह बोला, "राजघराने की विधवा, तू कान खोलकर हमारी बात सुन ले। इस समय म्लेच्छों की चढ़ बनी है। म्लेच्छ तो कोई भी हो सकता है। जानता हूँ, कृष्ण-राम कुछ नहीं। ये हमारे धंधे की आड़ हैं। यह बात तू भी अच्छी तरह जानती है कि अधर्म धर्म की छाया है। उसके संरक्षण और उसकी सरपरस्ती में पनाह पाता है, पनपता है और राज करता है। यह भी राज करने-कराने का अचूक मंत्र है—कृष्ण भजो, राधा कहो और उपदेशों की लक्ष्मण रेखा खींचकर सीता का अपहरण करो। यह धर्म की नीति है। हमारे ही नहीं, सब धर्मों की यही बानगी है, साँवरे की लुगाई। वाह! वाह! क्या बात है! सचमुच जवाब नहीं। क्या खूब गाया है—'बान पड़ी है ललचावन की'!"

मीरा चुप।

सदानंद के शिष्यों ने उसे घेर रखा था। सुनसान जगह थी। वह अकेली समुद्र से बतियाकर लौट रही थी। कौन रह गया था उसका? कितना भारी एकांत था उसके जीवन में—एकदम काली अमावस्या की रात में फुफकारते समुद्र-सा। जिधर देखो, जहाँ तक देख सको वही घना काला और भयावह समुद्र नजर आता—अनंत, अछोर और अथाह। उसकी सर्पिल फुफकारों का आतंक अलग छाया रहता था। यह तो वह थी, जो भय-आतंक से अपने को मुक्त किए निरंतर अगोचर पथ पर स्वाभिमान, गौरव और एकाग्र मन से आगे बढ़ी जा रही थी।

"सचमुच तू अभी तक जवान है। तेरी जवानी पर बिजुरी-सी चमक है। तू गजगामिनी-सी है। जो भी तुझे एक बार देख ले वही तेरा जिंदगी भर के लिए गुलाम होकर रह जाए। अपने आश्रम में आ जाए तो आश्रम के भाग्य ही खुल जाएँ और सत्-चित्-आनंद की त्रिवेणी बह उठे। सौदा यह भी हो सकता है। मंजूर हो तो...तू यहाँ राज करेगी, राज।" सदानंद ने सारे आवरण एक-एक करके उतार डाले। वह अपने असली रूप में आ गया।

"रास्ता छोड़ो।" मीरा ने सहज होकर कहा।

"अभिमान त्याग, विधवा वधू! तू इस भ्रम में न रह कि भीड़ तेरी भक्ति के वशीभूत होकर जुड़ती है। भीड़ तो तेरे रसीले होंठ, मादक जादुई नेत्रों, सुर्ख पलाश-से कपोलों, तन्वी लचकदार कमर, तीखी चितवन, इकहरी बलखाती देह, उसपर लहराते नए मेघ-से मेचक केश और सुनहरी ताम्रवर्णी रंग में गुलाबी उजास लिये खिलते रंग का चषक पीने आती है। तेरे रूप के दर्शन उनको हर समय व्याकुल किए रहते हैं। इस सत्य को अंगीकार कर और हमारे प्रस्ताव पर विचार कर। तुझे आश्रम की पवित्र छत मिल जाएगी, रासलीला को कृष्ण की अनुभूति और नटवर नागर से अधिक सम्मान।" सदानंद कहते-कहते रुक गया। उसने सोचा कि उसका चित्त जीतने के लिए उसे अपने आपको सत्-चित् भी सिद्ध करना होगा। वह भी मीरा के रूपाकर्षण में बँधा हुआ जा रहा था। वह ब्रह्मचारी था। उसने अनेक कुँवारियों और नववधुओं को ब्रह्मचर्य के तेज से पूरी तरह छकाकर उन्हें अपनी मुट्ठी में किया था। वह युवती मन को जीतने की कला में पारंगत हो चुका था।

मीरा कुछ और कहती कि इससे पहले ही वह बोल पड़ा—"देवि को ससम्मान जाने दो। देवि, हमारे प्रस्ताव के बारे में सोचना। यह एक बाल ब्रह्मचारी का प्रस्ताव है। यमुना गंगा से मिलकर तपस्विनी बन जाती है। यह भी एक तप है। भक्ति इस तप का माध्यम है और वही इसकी अमोघ शक्ति भी है। जाओ, देवि, जाओ। ब्रह्मचारी का वरदहस्त पाकर तुम निर्विघ्न घूमोगी और तुम्हारी चरणरज चंदन

बन खिल उठेगी सब तरफ। हर एक के मन मंदिर में तुम स्थापित हो जाओगी—राधा, रुक्मिणी और गोपिका बनी। जाओ, देवि, ठंडे दिल से सोचना।''

वे सब उसके रास्ते से हट गए। मीरा को संसार के इस रूप पर हँसी भी आई और तरस भी। ब्रह्मचारी की वहाँ अच्छी साख है। खूब नाम है उसका। लंबा-चौड़ा आश्रम है। वहाँ संत समागम का मेला-सा लगा रहता है। परंतु मीरा के आने से उसके आकर्षण में कुछ फीकापन आने लगा था। उसे लगने लगा था कि जनता का मन भजन-कीर्तन और सत्संग में गहरा डूबता जा रहा था। उसका तंत्र-मंत्र फीका पड़ता जा रहा है। कहीं ऐसा न हो कि उसका मायावी जादू बेअसर हो जाए और जनता भजनिया सत्संग में आनंद का अनुभव करने लगे। भजन का मार्ग सीधा है, सरल है और सहज है। उसमें कुछ भी टेढ़ापन नहीं है।

एक बार तंत्र-मंत्र के भय-आतंक से मुक्त होकर जनता फिर उसकी ओर मुड़कर नहीं देखेगी। मीरा का उत्तर सुनकर उसका माथा भन्ना गया, भौंहें चढ़ गईं और होंठ फड़क उठे। पर वह अपने को संयम में रखकर सविनय कहने लगा—''आप माधो की आवाज सुन लेती हैं, लेकिन आपको अपने आरोप सुनाई नहीं पड़े। आश्चर्य है कि यहाँ बैठे भोले भक्तजनों को सुनाई पड़ रहा है, आपको नहीं। क्यों सज्जनो, यहाँ जो कुछ कहा गया है, वह आपने सुना या नहीं?''

सभा को शांत पाकर सदानंद के आदमी बोले, ''बोलते क्यों नहीं हो? डरते किससे हो? बिना झिझक बोलो।''

''सुना! सुना! सुना!'' सभा के कई कोनों से आवाज उठी।

''क्यों भक्त शिरोमणिजी, अब आप क्या कहती हैं?'' सदानंद ने व्यंग्य से पूछा।

''मुझे जो कहना था, मैं कह चुकी। अब आपको जो करना है, कीजिए। मुझे उसमें कोई आपत्ति नहीं है।'' मीरा ने दो टूक फैसला सुना दिया।

सभा चकित। मीरा यथावत्। उसके मुखगंडल पर पूर्व जैसी रक्तिम आभा और मधुर सौम्यता।

''सभा का क्या मत है?'' सदानंद पूछ रहा था। कुछ रुककर वह आगे बोला, ''जन-मन को चेताना अपना कर्तव्य है। समाज की मर्यादा बनी रहे। चरित्र पर आँच न आए। घर की बहू-बेटी बहक न जाएँ; क्योंकि कृष्ण माधो का सम्मोहन अचूक है। उसे तोड़ना भोलीभाली जनता से संभव नहीं है। उसके लिए हम लोगों को आगे आना ही पड़ता है। सदैव पड़ेगा, क्योंकि यह क्षेत्र हमारा है। फिर भी, जनता का निर्णय सर्वोपरि है, सर्वमान्य है और सर्वप्रिय है।''

सभा की आँखें नत। उनमें वे युवतियाँ, जो सदानंद की अंकशायिनी बन

चुकी थीं, घबरा उठी थीं। वे जानती थीं कि सदानंद कितना धूर्त है, मक्कार है और षड्यंत्रकारी है। लेकिन वे हताश थीं। उनके वश में कुछ नहीं था। लोक-लाज उन्हें मारती थी। उन्हें उस दुष्ट ने कैसे चक्कर में लिया था। उनपर कैसी तांत्रिक क्रियाएँ की थीं। कैसे उनके घरवालों को सम्मोहित किया था।

"आप लोग क्या चाहते हो?" सदानंद का एक शिष्य पूछ रहा था, जिसकी दाढ़ी घनी, काली और चमकदार थी। उसकी मोटी-मोटी आँखें सुर्ख थीं। उसकी आवाज बुलंद थी और दहशत पैदा करनेवाली थी।

सभा शांत और हतप्रभ।

"क्या आप राजघराने की मर्यादा भंग करनेवाली को अपने समाज का आदर्श बनने देना चाहते हो?" सदानंद के दूसरे शिष्य ने गुरु-गंभीर स्वर में पूछा।

"नहीं, कदापि नहीं।"

"महाराणा ने आपको बुलवाया है। चित्तौड़ लौटा ले जाने के लिए अपने स्वामीभक्तों को भेजा है। वे यहीं हैं। तो अब आपकी क्या इच्छा है?" सदानंद सहज ढंग से अपने रास्ते के काँटे को निकाल बाहर करना चाहता था। उसकी आवाज में मिठास थी और मुद्रा में प्रार्थना-भंगिमा।

सभा समझ नहीं पाई कि यह प्रश्न उससे किया गया है या मीरा से।

"कृष्णप्रिया मीरा, आपकी क्या इच्छा है?" सदानंद ने स्पष्ट प्रश्न किया।

"यहाँ मीरा कृष्ण चरनन में आई है।"

"तो?"

"फिर लौटना कैसे होगा?" मीरा ने अत्यंत विनम्रता से कहा।

"परंतु यहाँ के समाज को यह स्वीकार्य नहीं है।" सदानंद का कठोर और निर्णायक स्वर था।

सभा चुप। क्या कहे? कैसे कहे? वह तो प्रेम की दीवानी हो चुकी थी। उसे मीरा में कोई बुराई नजर नहीं आती थी। वह तो मीरा को साक्षात् राधा-कृष्ण मानने लगी थी। उसकी तल्लीनता और सौम्य मुद्राएँ अत्यंत मार्मिक थीं। उसका पिक कंठ और भाव-सौंदर्य अतीव हृदयस्पर्शी था।

"न हो, मुझे उसकी चिंता नहीं।" मीरा ने दृढ़ता से कहा, "मुझे अपने बावरे की चिंता है।"

"झूठ मत बोलो!" सदानंद का स्वर ऊँचा था।

"चीखने से सत्य बोलने का दावा नहीं किया जा सकता, तांत्रिक सदानंद।" मीरा ने सहज ढंग से कहना जारी रखा—"क्षत्राणी के सामने बोल रहे हो, यह भी ध्यान रखो।"

"तुम धमकी दे रही हो!"

"नहीं।" मीरा ने कहा, "मैं समझा रही हूँ कि सत्पथ पर चलो। भ्रम पैदा मत करो। जनता ही जनार्दन है। उसके साथ धोखा नहीं।"

"चुप कर, कुल..."

"आगे नहीं, सदानंद, आगे नहीं!" मीरा में एक क्षत्राणी का तेज चमक उठा। उसका चेहरा गहरा लाल हो उठा।

"यहाँ तुम्हारा राज नहीं है।"

"जानती हूँ।"

"फिर भी!"

"यहाँ म्हारे कृष्ण कन्हैया का राज है। बाके राज्य में थारी कछु नाँय चल सकेगी।" मीरा ने मन का मिठास उड़ेलते हुए कहा।

सभा को चेत आया। उनमें से एक बोला, "आप भजन सुनाएँ, हम लोगों की यही प्रार्थना है।"

"तू भजन सुनेगा!" सदानंद का एक शिष्य तेज स्वर में खिसियाते हुए बोला।

"हाँ, सुनूँगा।" उसने खड़े होकर दृढ़ता से कहा।

"तो सुन।" कहता हुआ सदानंद का एक पहलवान जैसा शिष्य आगे बढ़ा।

"रुक जाओ! यह मंदिर है, कुरुक्षेत्र नहीं।" मीरा ने कड़कदार आवाज में कहा।

वह रुक गया। कैसे रुक गया, किसने रोका, वह कुछ नहीं जानता।

सदानंद में क्रोध उफना।

सभा के मुखमंडल पर व्यंग्यात्मक मुसकान।

"मीरा! तुम्हें यह पवित्र स्थान छोड़ना होगा।" सदानंद अपने असली रूप में आ गया।

"छोड़ देंगे।" मीरा ने सहज में कहा, "पर वह स्थान तो बताओ, जहाँ मंदिर नहीं है। मुरलीधर तो सब जगह है, कण-कण में है। जहाँ वह है वहीं मंदिर है।" मीरा इतना कहकर सभा की ओर देखने लगी।

"सब जगह मंदिर!" सदानंद ने खीजकर मध्यम स्वर में कहा।

"सबै भूमि गोपाल की, सदानंद।"

"परंतु मंदिर..."

"गंगा तो हिमालय से निकलकर बराबर बह रही है; परंतु हरिद्वार, गढ़मुक्तेश्वर, प्रयाग, काशी, पाटलिपुत्र आदि ही प्रसिद्ध हैं।" मीरा ने कहा।

"हाँ, हैं।"

"तो क्या हरिद्वार और गढ़मुक्तेश्वर या प्रयाग और काशी के बीच जो गंगा

बह रही है वह गंगा नहीं है?" मीरा ने सहज तर्क दिया।

सदानंद घबरा उठा।

"गंगा वहाँ भी है, सदानंद महाराज, जहाँ गंगा नहीं बह रही है।" मीरा बता रही थी।

"बहकाओ मत।"

"गंगा मन की धारा है। वह धारा निरंतर बहती रहती है, मात्र अनुभव की बात है।" मीरा समझाने की मुद्रा में आ गई।

"उलझाओ नहीं।"

"जो पाप धोने की शक्ति रखती हो या रखता हो वही गंगा है, सदानंदजी।"

"तुम गंगा हो?"

"नहीं, लेकिन तुम अवश्य हो सकते हो।"

"चुप कर!"

भक्तजन आश्चर्यचकित।

सदानंद में घबराहट तेज होने लगी।

मीरा ने इकतारा उठाया। सदानंद ने तेज स्वर में टोका। मीरा इकतारा के तार छेड़ उठी।

सदानंद नहीं चाहता था कि मीरा इकतारा छेड़े और अपने पिक कंठ से कुछ गाए। ऐसा हो गया तो कोई शक्ति नहीं है, जो मीरा के आकर्षण-प्रभाव को तोड़ सके। वह कुछ नहीं कर सकेगा।

सदानंद ने गहरी साँस ली।

मीरा गा उठी थी इकतारे के साथ। धीरे-धीरे वह तन्मय हो उठी। उसकी आँखें मुँद-सी गईं। वह झूम उठी यह गाते हुए—

"मैंने राम रतन धन पायौ।
बसतु अमलोक दी मेरे सतगुरु, करि किरपा अपणायौ।
जनम जनम की पूँजी पाई, जग में सब खोवायौ।
खरचै नाँहि कोई चोर न लेवै, दिन दिन बढ़त सवायौ।
सत की नाव खेवटिया सतगुर, भवसागर तरि आयौ।
मीराँ के प्रभु गिरधर नागर, हरषि-हरषि जस गायौ॥"

बहुत देर तक मीरा 'पायौ जी मैंने' की टेक गुनगुनाती रही इकतारे पर आँखें मूँदे।

सारा वातावरण संगीतमय हो गया। कृष्णमय हो गया। सब झूम रहे थे। गंगा

बह उठी थी। सब उसमें आनंद-निमग्न हो रहे थे।

कीर्तन शुरू हुआ।

सबका मन 'हरे कृष्ण' भजने लगा। 'कृष्ण-कृष्ण, हरे-हरे' गा उठा। 'हरे मुरारि, हरे कृष्ण' की धुन में मग्न हो गया।

सदानंद अपने शिष्यों को लेकर कब वहाँ से चला गया, यह किसीको पता नहीं चला। मीरा ने धीरे-धीरे आँखें खोलीं। सब झूम रहे थे। सबके मन 'कृष्ण' गा रहे थे।

मीरा उठने लगी। उसने इकतारा बजाना बंद कर दिया था। एकदम चिर शांति हो गई। सबने मीरा की एक स्वर से जय-जयकार की। मनुकाबाई की आँखें छलछला आई थीं। सब जा चुके थे।

मीरा ने मनुकाबाई की पीठ सहलाई और समझाया—"कुछ नहीं हुआ, मनुका। गंगा कीचड़ से मैली नहीं होती है। तू दुःखी मत हो।"

"कैसे न होऊँ? मेरे कारण आपने आने की यहाँ कृपा की। भक्त जुड़े। सबके मन में उत्साह था। सब प्रसन्न थे। आपसे नहीं, मानो वे कान्हा से मिल रहे हों, सबको ऐसा अनुभव हो रहा था कि..."

"वही अनुभव भी हुआ कि नहीं!"

"परंतु सदानंद ने..."

"सदानंद से मन मैला मत करो। हमारा यही प्रयत्न हो कि सदानंद जैसे लोग सत्पथ के राही बनें। सच को अपनाएँ। सबके हित के लिए जिएँ। समाज के लिए यही शुभ, यही शिव है और इसीसे उसका सौंदर्य है।"

मनुकाबाई के मन को थोड़ा चैन मिला। उसने प्रार्थना की—"माई, कपाट बंद हो रहे हैं। लगता है कि श्याम साँवरे की भी यही इच्छा है कि..."

"कि क्या? यही कि मैं..."

"आपकी महती कृपा होगी। यह कुटिया पवित्र हो जाएगी। आज आप यहीं शयन कीजिए।" मनुकाबाई ने अनुनय-विनय के साथ कहा।

मीरा मान गई। मनुका का मन गद्‌गद हो उठा। वह मीरा का इकतारा उठाकर चलने लगी। उसके पीछे-पीछे मीरा चल पड़ी।

तीस

माधवाचार्य का विशाल मठ। समुद्र से अधिक दूर नहीं। परंतु बस्ती से दूर। माधवाचार्य का नाम सब तरफ फैला हुआ। सबमें उनके प्रति अगाध श्रद्धा-

भक्ति। असीम आदरभाव। वर्ष में दो बार श्रीकृष्ण का महोत्सव। एक बार जन्माष्टमी पर और दूसरी बार श्रीकृष्ण रथयात्रा पर। दोनों ही महोत्सव अपने ढंग के निराले और अत्यंत आकर्षक। दोनों ही उत्सवों पर दूर-दूर के भक्तजनों का वहाँ जमघट।

आज रथयात्रा की तैयारी पूरी हो चुकी थी। तीन रथ थे। पहले रथ में श्रीकृष्ण, राधा और गोप-गोपियों के साथ रास की झाँकी थी। अत्यंत भव्य और मनोरम। दूसरे रथ में स्वयं माधवाचार्य की दिव्याभा थी। तीसरे रथ में सुदर्शन चक्रधारी श्रीकृष्ण की अत्यंत चित्ताकर्षक झाँकी थी। उनसे आगे थे तीन हाथी, जिनपर बलदाऊ, सुदामा और विदुर विराजमान थे। पाँच घोड़े सजे हुए थे, जिनपर पाँचों पांडव शोभायमान थे।

संपूर्ण द्वारका नगरी सजी हुई थी नववधू-सी। अनेक स्वागत द्वार बने थे।

घोड़े से आगे थे अनेक दल। किसी दल में कीर्तनिया थे, किसी दल में गरबा नृत्य हो रहा था और किसीमें गवरी नृत्य। कतिपय करिश्मे भी थे—लाठी-प्रदर्शन, तलवारबाजी का प्रदर्शन और भक्त-मंडलियों का प्रदर्शन।

गाजे-बाजेवाले अलग थे।

द्वारका में तिल धरने को जगह नहीं थी। रथयात्रा शुरू हो गई। चहल-पहल बढ़ती गई।

मीरा को यह दृश्य देखकर वृंदावन की रथयात्रा का स्मरण होने लगा। वहाँ रथ आदमी खींचते थे। खींचनेवालों का चयन होता था। रथ खींचनेवाले अपने भाग्य को सराहते थे। वहाँ भी गजब की भीड़ जुड़ती थी। सारा वातावरण जसोदानंदन की जय, माखन चुरैया की जय, राधा प्यारी की जय, किसन कन्हैया की जय, रास बिहारी गोवर्धनधारी की जय और श्याम बिहारी मोर मुकुटधारी की जय से गूँज उठता था।

यहाँ भी यही हो रहा था। श्रीकृष्ण की जय के नाद से आकाश गूँज रहा था और मोद नर्तन कर रहा था।

मकानों की छत, छज्जों, पेड़ों और दुकानों पर स्त्री-पुरुषों एवं बच्चों का मेला नजर आता था। नए-नए कपड़े पहने, माथे पर तिलक दिए, आँखों में काजल डाले और मुसकानों में वसंत छिपाए जनसमूह उमड़ा चला आ रहा था।

रुक-रुककर श्रीकृष्ण कन्हैया, माधव मुकुंद, घनश्याम, गाय चरैया, श्याम सुंदर, मोर मुकुटधारी इत्यादि की गूँज होती। जय-जयकार से सारा वातावरण महक उठता।

यदा-कदा स्वामी माधवाचार्य की जय होने लगती। उनके प्रति जनता श्रद्धा-सुमन चढ़ाने लगती।

मीरा का मन महक उठा। दस-बारह वर्ष की सुकुमारियाँ राधा-कृष्ण व गोप-गोपियाँ बनीं, वैसे ही वस्त्राभूषण धारण किए, वेणी में मोरपंख सजाए, पाँवों में पायल बाँधे तथा हाथों में हाथ लिये नाच रही थीं, गा रही थीं और मादकता बिखेर रही थीं। उनकी आँखों में चमक थी, देह में बिजली और मुद्राओं में सद्यः जनमे इंद्रधनुष।

भज रे मनवा, तू गोविंद कृष्ण,
माधव मुकुंद, हरि गोपाल कृष्ण।

इस धुन पर थिरक रहा था सारा अग-जग आत्मविभोर होकर, आत्मविस्मृत हुआ आनंदमग्न।

मीरा के पाँव थिरके। उसकी देह में बिजली दमकी। उसके अरुणाधर हिले। मन झूमा। भाव उठे। कान्हा ने उसकी बाँह थामी और रसिकों के गीतगोविंद ने खींच लेना चाहा।

मीरा थमी रही। बावरा बाँहें छोड़ने को तैयार नहीं। नटखट जो ठहरा। जिद्दी भी। बाँकेपन की टेव अभी गई नहीं। सताने-छकाने में जरा सी भी चूक नहीं। मीरा कह बैठी—"न रे, न! बाँहें छोड़। बीच बाजार हँसी-ठट्ठा न कर। लोक-लाज का जरा तो ध्यान रख!"

नृत्य के नयकारी ने इस अनुपम दृश्य को देखा तो वे चकित रह गए। उन्हें एक ओर से संवाद सुनाई पड़ रहा था।

"देख रे, तोहे जसोदा की सौंह, जो···क्या, तू नाँय मानेगा! अपनी बान नाँय त्यागेगा! जा सूँ तुझे क्या मिलेगा? कौन सा तेरा जस होगा? तूने राधा को कम नाच नचाया है! ब्रजबालाएँ आज तक तेरे छल-कपट को याद कर परेशान हो उठती हैं। तूने तो···। छोड़, बाँह छोड़! क्या कहा? गाऊँ! नाचूँ! इतने लोगों के सामने! न बाबा, न, जे म्हारे सूँ न हो सी। कभी न हो सी।···हो सी, हो सी, हो सी, अवश्य हो सी। अपनी सौंह। नाहिं! नाहिं!"

मेला थम गया। भीड़ बढ़ गई। नृत्य रुक गया। सबका ध्यान मीरा पर जा टिका। गेरुए रंग की साड़ी-सलूका में मीरा की धूप-सी मलूक, कंचन-सी दमकती और ताँबे-सी झलक मारती देह सबकी निगाहों का केंद्रबिंदु बन गई।

"वो किससे बतिया रही है?"

"किसन कन्हैया से।"

"वो कहाँ है?"

"बाके सामने।"

''हमें तो नजर नहीं आ रहा है!''

''आएगा भी नहीं।''

''क्यों?''

''क्योंकि किसन कन्हैया तो भगवान् है।''

''तो?''

''मीरा का उसके प्रति पूर्णतया समर्पण है।''

''जे समर्पण क्या होता है?''

''अपने को उसके हवाले कर देना। अपना कुछ नहीं रहने देना—न नाम, न पता-ठिकाना और न नाते-रिश्तेदार। अपनी कोई पहचान न रहे।''

''तू सठिया गया है, मँगतू के दादा। भला ऐसा भी क्या हो सकता है कि कोई अपना नाम भूल जाए, पता-ठिकाना भूल जाए और…''

''बस-बस, आगे कुछ नहीं, मँगतू की दादी। समर्पण में बहुत शक्ति होती है; अथाह, अनंत शक्ति। उसका आर-पार नहीं। जब व्यक्ति उसका हो जाता है तब उसे कुछ याद नहीं रहता। वो देख, सुन ले, मीरा कैसे बतियाए जा रही है।''

''थारी मरजी। थे मुरली की धुन निकाल रे, म्हें गासूँ। म्हें नाचू सूँ। थारे लिए ही तो जे जनम पायो है। जा जनम में तोहे न छोड़ूँगी।'' मीरा मगन हो उठी। उसके होंठों पर मधुर मुसकान धूप-सी मचल उठी। उसके पाँव में बिजली की-सी चमक कौंधने लगी।

भीड़ में हलचल तेज हुई। चारों ओर से आवाजें आने लगीं—''राजघराने की बहू मीराबाई। जोगिन मीराबाई। प्रेम दीवानी मीरा। मीरा, मीरा, मीरा!'' चतुर्दिक् मीरा की चंदन गंध महक उठी।

भीड़ रथयात्रा को भूलकर मीरा को देखने के लिए उस ओर उमड़ पड़ी। एकदम सावन की घनघोर घटाओं-सी।

मीरा नाच रही थी। मीरा गा रही थी। मीरा इकतारा छेड़े हुए थी।

वह कृष्णमयी हो उठी थी। भीड़ साँसें रोके जहाँ-की-तहाँ खड़ी रह गई थी। रथयात्रा रुक गई। मठ के कार्यकर्ता रथयात्रा को आगे बढ़ाने के लिए बारंबार प्रार्थना कर रहे थे।

''मीरा नाच रही है, गा रही है। भीड़ वहीं जम गई है। वह हटाए नहीं हटती थी।''

''तुम्हें यात्रा आगे बढ़ाने के लिए भेजा था और तुम इतनी देर से लौटे! और वह भी यह खबर लेकर!''

''क्या करें! उसका नाच ही ऐसा है, गीत ही ऐसा है और मुद्राएँ ही ऐसी हैं

कि आप वहाँ जाएँ तो वहीं के होकर रह जाएँ।''

''चुप कर! यह रथयात्रा है, नौटंकी नहीं। स्वामीजी के किसी खास आदमी ने सुन लिया तो तेरी खैर नहीं।''

प्रेम दीवानी मीराबाई की जय! जोगिन मीराबाई की जय! श्यामप्रिया की जय! जय-जयकार से आकाश गूँज उठा। रथोत्सव का प्रमुख आकर्षण मीरा बन गई।

भीड़ मीरा का गीत गुनगुनाती रही थी—'हेरी म्हाँ तो दरद दिवाणाँ, म्हाराँ दरद न जाण्याँ कोय।' भीड़ थिरक रही थी। एक अद्‌भुत समाँ बँध गया था। सब रस-निमग्न थे।

स्वामी माधवाचार्य को इस परिदृश्य की भनक पड़ी। क्रोधावेश को शमन कर उन्होंने अपने पट्टु शिष्य राघवानंद को गुरुमंत्र देकर भेजा—''मीराबाई असाधारण व्यक्तित्ववाली जोगिन है। उसने अपना सर्वस्व श्रीकृष्ण के चरण-कमलों में न्योछावर कर दिया है। चित्तौड़ के राणा परिवार की वधू है। विधवा है। उसने, राघव, राज परिवार की चिंता नहीं की। गुरुतर कष्ट झेले, विपत्तियाँ भोगीं, विष का चषक चढ़ा लिया आदि भयावह यातनाएँ सहीं; परंतु मनचीता ही किया। किसीकी बात नहीं सुनी—बड़े राणा की भी नहीं। साधु-संतों में उठी-बैठी। श्रीकृष्ण को जपने लगी। भजने लगी और अंततोगत्वा वह उनकी होकर ही रह गई है। वृंदावन के मठाधीशों, धर्माचार्यों आदि ने उसके पथ में बाधाएँ खड़ी की थीं, अपमानित किया था, बदनाम भी किया था; परंतु सब व्यर्थ रहा। यहाँ भी कोई उसका कुछ नहीं बिगाड़ पाया है। सदानंद पराजित हुआ है। जनता में उसका प्रभाव घटा है। इसलिए राघव, तुम्हें बड़ी युक्ति से अपना काम निकालना है। साँप मर जाए, पर लाठी न टूटे। मारो, पर आवाज न हो। जाओ और उसे मनाओ। दूसरे रथ में स्थान देना पड़े, दो। याद रहे, उसका अपनी ओर से जरा सा भी अनादर न होने पाए। उसकी जय-जयकार हो और वह मेरा आशीर्वाद लेने के लिए तैयार हो जाए। समझ गए न!'' इसके साथ ही माधवाचार्य ने अपना रेशमी उत्तरीय ठीक किया और ध्यानमग्न हो गए।

राघवानंद लगभग तीस वर्ष की अवस्था का तेजस्वी संत था। तर्कशास्त्र, व्याकरण, न्याय* आदि में उसकी गहरी पैठ थी। वह संत वृत्ति का था। वह स्वभाव से शांत, मधुर और क्रोधावेश पर पूरा काबू पा चुका था। परंतु स्त्री जाति से उसके मन में डर समाया हुआ था। आदि शंकराचार्य का अध्ययन-मनन उसने खूब किया था। अनेक मौलिक स्थापनाओं से उसने बहुत जल्दी माधवाचार्य का हृदय जीत लिया था। वह चरित्रवान्, शास्त्र-पारंगत, योगी और संत था।

* आस्तिक दर्शनों में से एक दर्शन, जिसके प्रवर्तक गौतम ऋषि माने जाते हैं।

माधवाचार्य उससे प्रसन्न थे। उनके बाद मठ की गद्दी सँभालनेवाला प्रतिभाशाली, मननशील और संत पुरुष उनको मिल गया था। यद्यपि वह जान चुका था कि स्वामी माधवाचार्य शास्त्र-निपुण, शास्त्रार्थ-पंडित और ज्ञानी पुरुष हैं; तथापि उनमें भी कमजोरियाँ हैं। चरित्रवान् नहीं हैं। परंतु समाज में उनकी भरपूर प्रतिष्ठा है। श्रेष्ठि वर्ग उनके एक इशारे पर पानी की तरह पैसा बहा देता है। ब्राह्मण वर्ग उन्हें अपना संरक्षक मानता है। सबके प्रति उनमें प्रेम, करुणा, दया और सौहार्द भाव है।

राघवानंद वहीं पहुँच गया। एक बार उसने उस अपार सौंदर्य की अधिष्ठात्री जोगिन को सश्रद्ध नमन करते हुए कहा, ''माई, मार्ग दो।''

''कौन सा मार्ग?'' मीरा ने अपलक दृष्टि से उसे निहारा। उसके चित्त पर सौम्य बिंब उभरा।

''जोगिन होने का मार्ग, माई।''

''मुझे नहीं मालूम...'' इतना कहकर मीरा संबोधन के लिए अटक गई।

''जिसे सिवाय आपके, माई, और कोई नहीं जानता। राघवानंद का मन कहता है कि आप उसे जानती हैं, जिसे जानने में सारी उम्र गुजार देने पर भी संत, ऋषि, महात्मा आदि सफल नहीं हो पाते।'' राघवानंद का स्वर मिस्री घुला था और उसकी मुद्रा समर्पित भक्त जैसी थी।

''यह आपका बड़प्पन है, राघव।''

''या आपका! यह विषय तर्क का नहीं है। तर्क सत्य तक नहीं जा सकता। आप सत्य से साक्षात्कार कर चुकी हैं, इसलिए...''

''इसलिए क्या, राघव?''

''रथयात्रा आगे बढ़ने दो।''

''अवश्य, राघव, अवश्य! क्या मैं उसमें व्यवधान डाल रही हूँ?''

''नहीं, माई।''

''तो फिर?'' मीरा ने गद्गद होकर पूछा।

''श्रीकृष्ण आपके हैं।'' राघवानंद ने कहा।

''आपके नहीं हैं क्या?''

''हैं तो वह सबके, सब उनके हैं; परंतु सदेह आपने जैसे उन्हें पाया है वैसे कोई नहीं पा सका। आपमें और उनमें कोई अंतर नहीं रहा है। सारे भेद मिट चुके हैं, इसलिए...'' राघवानंद इतना कहकर रुक गया।

''इसलिए कहकर चुप क्यों हो जाते हो, राघव भाई?'' मीरा ने कल-कल स्वर में कहा।

"क्या स्वामी माधवाचार्य को लेकर आऊँ, माई?"

"क्यों भला?"

"क्योंकि वह आपके दर्शन करना चाहते हैं।"

"स्वामीजी! अहोभाग्य हैं हमारे!" मीरा ने प्रसन्न होकर कहा, "हम चलते हैं उनके पास।"

राघवानंद ने बुलंद आवाज में कहा, "भक्त शिरोमणि मीरा की..."

चारों ओर समवेत स्वर उठा—"जय!"

राघवानंद आगे-आगे, मीरा उसके पीछे-पीछे। जनता में खलबली मची। जन-मन मीरा-राघव संवाद से गद्‌गद हो उठा। वैसे भी जनता पर राघवानंद का गहरा प्रभाव था। उसकी विद्वत्ता पूजनीय हो चली थी। वह योगी-संन्यासी होकर भी मध्यम मार्ग का अनुयायी था और ज्ञानमार्ग का अनुसंधानकर्ता होते हुए भी भक्तिमार्ग का संपोषक था। उसकी दृढ़ मान्यता थी कि भक्त भगवान् को कभी नहीं खो सकता है; जबकि ज्ञानी से ऐसी भूल हो सकती है। भक्त के मन पर कोई बोझ नहीं होता और न उसे मोक्ष की चिंता व्यापती है; जबकि ज्ञानी ज्ञान के बोझ से लदा होता है और मोक्ष पाना उसकी कठोर साधना का लक्ष्य होता है। मन पर बने बोझ से ब्रह्म की संप्राप्ति कभी संभव नहीं है।

स्वामी माधवाचार्य को मीरा प्रणाम कर रही थी।

स्वामी माधवाचार्य ने रथ से उतरकर मीरा को आशीर्वाद दिया। चंदन अर्पित किया और श्रीकृष्ण के कंठ से उतारकर माला देकर कहा, "गोविंद का मान रखो, जोगिन मीरा। इसे अपने कंठ में डालकर सम्मानित करो।"

मीरा ने वैसा ही किया। अब क्या था! स्वामी माधवाचार्य और मीरा की जय-निनाद से आकाश गूँज उठा।

स्वामी माधवाचार्य ने मीरा को स्वयं दूसरे रथ पर आमंत्रित करते हुए कहा, "यह आपके प्राणेश्वर मुरली मनोहर का मुझे आदेश हुआ है।"

मीरा न चाहते हुए भी रथ पर जा बैठी। क्या भव्य रूप था जोगिन का! साक्षात् राधा सामने आ खड़ी हुई थी।

राघवानंद मुकुट लेकर आया—"माई, गोविंदश्री की शोभा संवर्द्धित करो।"

मीरा घिर गई थी अगाध प्रेम, अपार स्नेह, गहन श्रद्धा और सहज भक्ति से। स्वामीजी उसको मान दे रहे हैं। उसने मन-ही-मन बाँके बिहारी को नमन करते हुए कहा, 'थारी लीला थे ही जाने, और न जाने कोय। थे कभी किसी भँवर में फँसाता है और कभी काँटों की सेज को फूलों की सेज में बदलता है। थारे यहाँ देर है, अंधेर नाँय। म्हें तो थारी बाट जोहते-जोहते यहाँ आ पहुँची। थारी लीला का दीदार किया।

थारी ममता की छाया देखी। पर थारे कूँ आज तक नहीं देख पाई। थे और मत सता। दर्शन दे और साथ ले चल।'

'पुष्प में गंध को किसने देखा है। वह तो गंध है।' यह कौन बोला उसमें? क्यों बोला? हर बार प्रार्थना की तल्लीनता को यह भान करानेवाला कौन है? कौन है उसके मार्ग में व्यवधान डालनेवाला?

रथयात्रा का सम्मोहन गदगदाया।

मीरा की चर्चा घर-घर हो उठी। मीरा रथयात्रा के पूरी हो जाने पर चुपचाप अपनी कुटिया में लौट आई। स्वामी माधवाचार्य ने उसे प्रभु का प्रसाद दिया और आश्रम में आकर रहने का निमंत्रण। इससे मीरा का मन शांत हुआ और उसे घिरते अँधेरे में अमर ज्योति की किरण नजर आने लगी।

माधवाचार्य को नमन कर जब वह लौटने लगी तब उन्होंने उससे कहा था, 'आश्रम आपका घर है। आप यहाँ आकर रहेंगी तो मेरी व आश्रम की शोभा बढ़ेगी, प्रतिष्ठा बढ़ेगी और भक्तजनों का हृदय श्याम की गंगा में आलुप्त होकर चिदानंद की अनुपम अनुभूति से जुड़ सकेगा। मेरी विनती स्वीकार करना, बेटी।'

'बेटी' शब्द ने मीरा के हृदय का तार-तार झंकृत कर दिया। उसमें ममता का ज्वार-भाटा उमड़ पड़ा और वह शांतभाव से गद्गद होकर अपनी कुटिया में आ विराजी।

इकतीस

घना अँधेरा। शांत वातावरण में उफनता समुद्र। आश्रम में प्रशांति का शासन।

रात काफी हो चुकी थी।

स्वामी माधवाचार्य अपने शयनकक्ष में सुरा चषक भरते हुए मौन। उनके सामने बैठे थे महाराज सदानंद, धर्माचार्य जैमिनी और उनका पटु शिष्य नित्यानंद, सदाव्रत आश्रम के महाराज जितेंद्र पंडित आदि।

गोपनीय बैठक हो रही थी। ऐसी बैठकों में राघवानंद को आमंत्रित नहीं किया जाता था।

''स्वामीजी, आपने उसे अपनी पुत्री बनाकर वाहवाही लूट ली। रथ में भी सम्मान दिया और जनता-जनार्दन में उसकी जड़ें और गहरी कर दीं।'' महाराज सदानंद की वाणी में वक्रता थी, घुटन थी, ईर्ष्या थी और ऐंठन थी।

स्वामी माधवाचार्य ने गटागट चषक चढ़ाया और खाली चषक को पुनः भरा। फिर उसे खाली किया। अब उसकी आँखों में अग्नि धधक उठी थी और मन

में ज्वालामुखी।

"धर्माचार्य जैमिनी, इस विषय पर आपका क्या मत है ?" स्वामी माधवाचार्य ने सहज मुद्रा में पूछा।

धर्माचार्य जैमिनी इस प्रश्न के लिए तैयार नहीं था। एकबारगी वह सकपका गया। सोचने लगा, माधवाचार्य गहरा घाघ है। इसे समझना टेढ़ी खीर है। यह साम, दाम, दंड, भेद से अपने शत्रु को आज तक परास्त करता ही आया है। धर्माचार्य ज़ैमिनी की दृष्टि सुनहरी छत पर टँगे झाड़-फानूस से टकराकर लौट पड़ी। वह खखारकर बोला, "श्रीमान, हमारा वही मत है, जो आपका है।"

"चालाकी नहीं, जैमिनी।"

"सच कहता हूँ, श्रीमान।"

"तुम और सच, जैमिनी, यह मैं क्या सुन रहा हूँ!" माधवाचार्य कुटिल हँसी हँस पड़ा। उसके इस प्रकार से हँसने का विशेष अर्थ होता था।

"आप अंतर्यामी हैं, स्वामी।" जैमिनी के पाँव तले से जमीन खिसक रही थी। वह जानता था कि माधवाचार्य के लिए किसीको स्वर्ग पहुँचाना बाएँ हाथ का खेल है। वह ऐसे गण्यमान्य महाप्रभुओं की सूची का स्मरण कर घबरा उठा।

"हमने आपकी राय चाही है, श्राद्ध करने की विधि नहीं, धर्माचार्य!" स्वामी माधवाचार्य की बुलंद आवाज सर्पिणी के फन-सी फुफकार उठी।

धर्माचार्य को स्वर्ग का रास्ता नजर आने लगा। वह हाथ जोड़कर बोला, "जिसे गुड़ देकर मारा जा सके उसे जहर क्यों दें!"

माधवाचार्य यह सुनकर मुसकराया। वह धीरे से बोला, "यह जरा सी बात महाराज सदानंदजी के भेजे में नहीं आ सकी। आखिर इन्हें ज्ञान की इतनी बदहजमी क्यों होने लगी है? क्यों जी, क्या आप बता सकेंगे?"

अब सदानंद के चौंकने की बारी थी। वह घबरा उठा। फिर भी उस क्षेत्र का पुराना सिपहसालार होने के कारण बोला, "मीरा हमारी शत्रु है।"

"हमारी नहीं।"

"जी!"

"कम सुनते हो क्या? मीरा कृष्ण दीवानी है, जोगिन है और सच्ची आत्मा है।" स्वामी माधवाचार्य ने तीखी आवाज में कहा, "और आप लोग उसके सामने कहीं नहीं ठहरते हैं। न आपमें दीवानगी है, न आप योगी हैं और न आपकी आत्मा ही सच्ची है। कौरवों की इतनी विशाल सेना, इतने रणकुशल योद्धा और अप्रतिम शूरवीर—भीष्म पितामह, कर्ण, द्रोणाचार्य और बहुत से अपने समय के युगपुरुष थे; फिर भी पाँच पांडवों से पराजित हुए। जानते हो क्यों?"

सब चुप। हैरान।

स्वामी माधवाचार्य ने झूमते हुए कहा, "क्योंकि उन्होंने पांडवों को पाँच गाँव नहीं दिए थे।" उसने बैठने का रुख बदलते हुए अपना कथन जारी रखा—"किसीके समूचे अस्तित्व को ही मिटाने की ठान लो तो उसका परिणाम वही होता है, जो कौरवों का हुआ था।"

"परंतु मीरा तो…"

"जानता हूँ कि उसे किसीसे कुछ नहीं चाहिए।" माधवाचार्य का गंभीर स्वर उभरा।

"फिर?"

"तो उसके रास्ते में कंटक क्यों बिछाएँ?"

"तो क्या…"

"जी हाँ, फूल बिछाएँ।" स्वामी माधवाचार्य ने फिर चषक भरा और झटपट खाली कर दिया।

"यह तो आ बैल मुझे मारवाली बात हुई।" धर्माचार्य जैमिनी ने कहा।

नित्यानंद बोल पड़ा—"वह हमारे रास्ते में नहीं आती है, फिर हम उसके रास्ते में क्यों आएँ? क्यों उससे पराजित हों? वह हमारा कर ही क्या सकती है?"

सदाव्रत आश्रम के पंडित जितेंद्र, जो अभी तक मौन बैठे हुए थे, बोले, "मीरा का प्रभाव हम सबके अस्तित्व के लिए खतरा सिद्ध हो रहा है। आपके लिए भी।"

"जानता हूँ।"

"तो फिर?" नित्यानंद का धीमा स्वर था।

"मीरा को अपना लो, जैसे आप लोगों ने मुझे अपनाया था—एक लंबी लड़ाई के बाद। उस लड़ाई में आप लोगों की कितनी हानि हुई थी! क्या मिला हारकर? इसलिए हम मीरा को अपना लें। इससे लाठी भी नहीं टूटेगी और साँप भी मर जाएगा। सारे कष्ट दूर। फिर कोई खतरा नहीं।" माधवाचार्य झूमते हुए कहे जा रहा था—"सदानंद की निगाहें तो उस भक्तिनी को अंकशायिनी बनाने की थी, जिसका राणा स्वयं कुछ नहीं बिगाड़ सके। हर सुंदर परी पर हाथ नहीं डाला जा सकता। रिश्तों की अपने यहाँ कमी नहीं है—बहन बना लिया जाता। इससे मान बढ़ता और विश्वास भी। लेकिन जब नजर में खोट हो तब दूसरे में दोष ढूँढ़ना बेकार है। जब अपना ही सिक्का खोटा तब क्या करेगा सोंटा!"

"आप ठीक कहते हैं, स्वामीजी।" जैमिनी ने दृढ़ता से बैठने का रुख बदलते हुए कहा।

''क्यों पंडित जितेंद्र, क्या सोच रहे हो?'' स्वामी माधवाचार्य का व्यंग्य भरा स्वर था।

''क्या सोचें? अब सोचने के लिए रह ही क्या गया है?''

''क्यों पंडित, अभी तो बहुत कुछ रह गया है!'' माधवाचार्य ने गावतकिए को गोद में लेकर कहा, ''राणा के आदमियों से खासी राशि हड़प ली न!''

''पर···पर···'' पंडित जितेंद्र सकपकाए।

''मीरा को लौटवाने का सौदा किया था न उनसे!'' माधवाचार्य ने तेज स्वर में कहा, ''और हमने मीरा को यहीं रखने का फैसला किया है। वह जन-मन की राधा है। उससे हमें गति मिलेगी। हमारा मार्ग प्रशस्त होगा। हमारी साख बनी रह जाएगी और हमारे पापों पर भी परदा पड़ा रहेगा। वह हमारे लिए प्राणवायु है। जरा अपने अंदर झाँककर देखो तब कुछ बोलो। छन्नी, जिसमें सैकड़ों छेद···मुझे क्रोध में मत लाओ और आपस में विश्वासघात करना छोड़ो। नहीं तो···''

''क्षमा, स्वामीजी।'' पंडित जितेंद्र घबराकर बोल पड़ा।

''क्षमा हमसे नहीं, मीरा से माँगो।''

''क्या? मीरा से क्षमा!''

''आपको क्षमा करने की शक्ति उसके अलावा और किसीके पास नहीं है।''

''यह मेरा अपमान है!'' पंडित जितेंद्र ने तमककर कहा।

''अपमान उनका होता है जिनका कुछ मान होता हो। आप धर्म की दलाली कर रहे हैं और आश्रम को व्यभिचार का अड्डा बनाए हुए हैं। फिर अपमान कैसा? जो आदमी अपनी निगाह में गिर जाता है वह किसीकी निगाह का नूर नहीं बन सकता। पहले अपनी निगाह में उठने का सहारा ढूँढ़ो, फिर मान-सम्मान की बात करना।'' माधवाचार्य तेज स्वर में कहता रहा। सब चुपचाप सुनते रहे। वे क्या कहते! उनके पास सिवाय पाप के और क्या पूँजी थी। आगे माधवाचार्य ने सलाह दी—''जाओ, मीरा को अपनाओ। उसीमें हम सबकी भलाई है। हम सबका उसीसे उद्धार होना है। समझे कि नहीं!''

''यह मुझसे नहीं बनेगा।'' पंडित जितेंद्र ने अपना निर्णय सुना दिया।

''मैं भी इसके लिए तैयार नहीं हूँ। इससे तो हम कहीं के नहीं रहेंगे। सब हमपर थूकेंगे। हमारी हेठी हो जाएगी। नहीं, कदापि नहीं। यह मुझसे नहीं होगा।'' सदानंद अब और अपने को नहीं रोक सका। उसका हृदय फटने लगा।

''ठीक है, सदानंद, आपसे यह पुण्य नहीं होता तो नित्यानंद से होगा। अंततोगत्वा वह आपका उत्तराधिकारी है न! स्वयं आपने ही उसे चुना है।''

माधवाचार्य ने कुटिल हँसी की मुद्रा बनाते हुए बहुत तीखे लहजे में कहा।

बैठक में सन्नाटा छा गया। सब एक-दूसरे की ओर देखने लगे। सब जानते थे कि माधवाचार्य कितना खतरनाक और क्रूर इनसान है। नित्यानंद का सिर चकराने लगा। वह नहीं आता तो ठीक था। इससे पहले वह वहाँ कभी नहीं आया था।

सदानंद की देह में कँपकँपी दौड़ गई। अब क्या होगा? उसके होंठ बार-बार हिलकर रह जाते। उसे लगा कि वह पानी में तैरनेवाली मछली है, जिसे किसीने पानी से निकाल बाहर पटक दिया है।

पंडित जितेंद्र सोच रहा था कि मीरा की शरण में उसे ढकेलना अवश्य इसकी कोई गहरी चाल है। उसने एक बार गहरे नशे में कहा भी था—'पंडित, शत्रु शत्रु ही रहता है। जो एक बार शत्रु हो गया वह अंत तक शत्रु ही रहता है। मित्र बनने का ढोंग जरूर उन दोनों की कोई मजबूरी होती है। मजबूर मित्र फनदार शत्रु से ज्यादा खतरनाक होता है; क्योंकि फिर दोनों एक-दूसरे पर मूठ चलाने की स्थिति की प्रतीक्षा में अपने-अपने विषदंतों को परदे की ओट में रखते हैं। है न!' तब ही उसका माथा ठनका था।

माधवाचार्य को चौसर खेलना बहुत पसंद था या दिल चढ़ी युवती का सत्संग। चौसर खेलते हुए उसने पंडित जितेंद्र को आगाह किया था—'यह खेल वे लोग खेलते हैं—और तब तक खेलते रहते हैं जब तक वे अपने शत्रु को मिटा नहीं दें। मैं महाभारत के बारे में सोच रहा था कि अति धर्मात्मा व्यक्तित्व भी अपने मन के इस कीड़े को बाहर निकाल नहीं सकता। अन्यथा धर्मात्मा युधिष्ठिर द्रौपदी को कभी दाँव पर नहीं लगाते। धर्मराज युधिष्ठिर की अक्ल पर क्या पत्थर पड़ गए थे? क्या वे नहीं जानते थे कि पत्नी—और वह भी पाँच-पाँच सत्य-साधकों की पत्नी—उनकी संपत्ति नहीं है, जिसे दाँव पर लगाया जा सके? पत्नी होते हुए भी वह अपने अस्तित्व की स्वाधीनता का पूर्ण अधिकार रखती थी। वह उनकी क्रय की हुई वस्तु नहीं थी। उसने अर्जुन को स्वीकारा था, दूसरों को नहीं। कुंती…' यह कहते हुए वह जोर से ठहाका लगाने लगा था।

'क्या बात है, स्वामीजी? कुंती कैसे याद आई आज?' पंडित जितेंद्र ने उसे छेड़ दिया था।

'कुंती…कुंती आदर्श माँ। हा हा हा हा! जानते हो, जब कुँवारी माँ आशीर्वाद देने लगती है तब द्रौपदी के हिस्से में अभिशाप ही हाथ लगता है। उसने कह दिया और आज्ञाकारी पुत्रों ने अपने विवेक से जीवित अस्तित्व को निर्जीव वस्तु में बदल दिया। अवश्य कहीं द्रौपदी के मन में भी पाँच पुरुषों से समागम की बहुत अंदर छिपी बलवती इच्छा होगी, जिसके कारण उसने जीव से जड़ वस्तु बन जाना

स्वीकार किया। तभी तो युधिष्ठिर में यह हौसला जन्म ले सका कि उसे उसकी इच्छा जाने बगैर दाँव पर लगा दिया। नहीं तो द्रौपदी अपने अस्तित्व को कभी बँटने नहीं देती। और धर्मराज युधिष्ठिर अपने भाइयों सहित द्रौपदी के साथ बलात्कार करने के लिए आगे नहीं आते। इसलिए हे पंडित जितेंद्र, गाँठ बाँध लो कि मन में बैठा शत्रु कभी मित्र नहीं हो सकता, न अपना और न पराया। द्रौपदी का प्रण याद है न! अपमानित द्रौपदी का! वह भी भरी सभा में पाँच पतियों के होते हुए अपने नारीत्व की रक्षा नहीं कर पा रही थी। उसे अपने नपुंसक पतियों पर···खैर छोड़ो, पंडित, उन मायावी लोगों की बात, जो हमसे ज्यादा खतरनाक शातिर थे और मक्कार भी। चलो, गोटी चलो, पंडित।'

पंडित जितेंद्र का मन डगमगाने लगा। क्या माधवाचार्य पर विश्वास कर उसने गलती नहीं की? अब क्या होगा? सदानंद तो गया। क्या वह भी? नहीं-नहीं, वह ऐसा नहीं होने देगा।

उसने करवट बदली और बोला, ''स्वामीजी, आप हमारे संरक्षक हैं। हमें ससम्मान इन परिस्थितियों से बाहर निकालें, इसीलिए आज हम लोग यहाँ आए हैं। कृपया···''

माधवाचार्य समझ रहा था कि गिरगिट रंग बदलने में उस्ताद है। उसने अंतर्दृष्टि से उसकी ओर देखा, फिर पाँव फैला लिये। गावतकिए का सहारा लेते हुए कहा, ''पंडित जितेंद्र, हम सब मित्र हैं। एक-दूसरे की प्रतिष्ठा बढ़े, यही तो हमारा लक्ष्य है। फाँस तलवार से नहीं, सुई से ही निकलेगी। हमारे पास अमृत तो है नहीं, विष ही है, जिसे हम अमृत के नाम से अपने समाज को पिलाते रहे हैं—आज भी पिला रहे हैं और आगे भी यही क्रम चलता रहेगा। यह विष निरंतर कालकूट में ही बदलता जाएगा। हर युग में मीरा जैसा चरित्र उगेगा, उभरेगा और अपने प्रभामंडल से लोकमानस को उद्वेलित करेगा। विष पीने के आदी जनमानस के अधरों को जब अमृत की एक बूँद भी छुएगी तब उसमें जीने की एक सात्त्विक ललक पैदा कर देगी। उस प्रभामंडल को हम कितना भी प्रयास करें, छू-मंतर नहीं कर सकेंगे। मात्र इसके कि अपना अस्तित्व कोरे अहंकार-दंभ में दाँव पर लगाकर कौरवों की तरह बाद में हमें मुँह की खानी पड़े। यदा-कदा अनीति को भी नीति की छाया तले जीवनदान पाने के लिए जाना पड़ता है। हमें अपने आपको टटोलकर देख लेना चाहिए कि हम क्या हैं और जिससे भिड़ जाने की आकांक्षा बनाए हुए हैं वह क्या है!''

माधवाचार्य का सारपूर्ण और गुरु-गंभीर वक्तव्य उन सबको पुनः सोचने के लिए विवश करने लगा। धर्माचार्य जैमिनी को कहना पड़ा—''स्वामीजी इस क्षेत्र में

बेताज के बादशाह हैं। जब वह ऐसा सोच रहे हैं तब हम किस खेत की मूली हैं!"

"मानते हैं कि हमने जल्दबाजी में कदम उठाया है; परंतु मीरा से क्षमा माँगना ही क्या एकमात्र रास्ता बचता है? या…" कहते-कहते सदानंद चुप हो गया। उसमें घबराहट बढ़ रही थी; क्योंकि नित्यानंद का नाम स्वयं माधवाचार्य ने उठाकर उसके भविष्य पर प्रश्नचिह्न लगा दिया था। नित्यानंद की दबी आकांक्षा को हवा देकर न केवल उसका उत्साह ही बढ़ाया था अपितु उसको एक नई दिशा में सोचकर कदम उठाने का भी संकेत दे दिया था।

"शायद यही एकमात्र सरल रास्ता है, जिससे प्रतिष्ठा भी बच जाएगी और बड़प्पन भी। मीरा सच्ची आराधिका है। वह कल्पना में भी किसीका अपमान नहीं कर सकती। पश्चात्ताप की अग्नि समस्त पाप-कर्मों का शमन कर देती है और उसके बाद एक सर्वथा नवीन पृष्ठभूमि उभरकर सामने आने लगती है।" माधवाचार्य बहुत धीरे-धीरे बतिया रहा था। पाँव पसारकर, चढ़ते हुए नशे में झूमते हुए उसका मन मुसकरा उठा विद्रूपमय होकर।

कक्ष में नीरवता भीगी बिल्ली-सी सकपकाई बैठी हुई थी नतशिर और मन की उद्विग्नता को सँभाले हुए। तेज गंध का एक झोंका आया और मदिरा के वसंत मन को उन्मादी बना गया।

माधवाचार्य की बड़ी-बड़ी रक्तिम आँखें महक उठी थीं किसी काम्य वन-सी। वह कहने लगा—"जैमिनी महाशय, राशि सादर लौटा दीजिए और उनसे कह दीजिए कि द्वारका में कोई षड्यंत्र नहीं रचें, चुपचाप चित्तौड़ लौट जाएँ। क्यों, यह कार्य कर सकोगे या इस शुभ कार्य को करवाना पड़ेगा?"

पंडित जितेंद्र की आँखों के सामने सदाव्रत आश्रम का सम्मोहन धुँधलाने लगा। क्या वह इतनी बड़ी राशि लौटा दे? क्या सोचेंगे राणा के वे सेवक गुप्तचर कि पंडित उनका यह छोटा सा कार्य नहीं करवा सका! कैसे कह दिया था उसने कि इस काम के लिए इतने लोग! कोई आवश्यकता नहीं है इतने अधिक आदमियों की। एक या दो सप्ताह में मीरा स्वयं लौटने के लिए राजी हो जाएगी। और अब किस मुँह से कहेगा कि अपनी राशि उठाओ और चुपचाप चित्तौड़ लौट जाओ? चित्तौड़ के राजपुरोहित की पाती का मान क्या वह इस प्रकार करेगा? कितना शातिर है माधवाचार्य! एक तीर से दो निशाने!

पर इस समय वह विवश था, अतः कहने लगा—"आपका आदेश शिरोधार्य है, स्वामीजी।"

"जैसी आपकी इच्छा।" माधवाचार्य ने कहा।

"आदेश आपका है।" पंडित जितेंद्र ने धीरे से दोहराया।

''आप लोगों का भी लगता है, यही मत है।'' माधवाचार्य ने ध्यान से उनकी ओर देखते हुए कहा।

''नहीं, स्वामीजी, हमारी तो आपने आँखें खोल दी हैं। अब तो यह निर्णय हम सबका है और स्वेच्छा से है।'' धर्माचार्य जैमिनी ने बड़ी तत्परता से कहा।

नित्यानंद ने उसका समर्थन किया। सदानंद ने घूरकर नित्यानंद की ओर देखा। वह भी हकलाकर समर्थन कर पाया। पंडित जितेंद्र साश्चर्य बदलते वातावरण को देखता रह गया। माधवाचार्य के आश्रम चलने का प्रस्ताव धर्माचार्य जैमिनी ने किया था और उसका गर्मजोशी से समर्थन सदानंद ने। वे सब फिसल गए। कैसे बढ़-चढ़कर कहे जा रहे थे कि आज माधवाचार्य की खूब खबर लेंगे। दो टूक फैसला करेंगे और उसे अपनी करनी का पछतावा करवाकर ही लौटेंगे। ये मुँह और मसूर की दाल। मुँह में राम बगल में छूरी। कहाँ गई वह सारी ऐंठ? कैसे मुँह में घुनघुनिया भरकर बैठे हैं। जनमजले अपने से भी राजनीति करते हैं।

''जाओ, पंडित जितेंद्र, हमारे खजाने से वह राशि ले लो, ताकि आपको धन कमाने का गम न सताए।'' माधवाचार्य ने प्यार से कहा।

''नहीं, स्वामीजी, उसकी आवश्यकता नहीं है।'' पंडित जितेंद्र ने घबराकर कहा।

''हमें फैसले बदलने की आदत नहीं है। जाओ, जो कहा गया है वही करो।'' माधवाचार्य ने जरा तीखे स्वर में दृढ़ता से कहा।

पंडित जितेंद्र को उठना पड़ा। और कोई चारा भी नहीं था।

माधवाचार्य ने सदानंद की ओर मुखातिब होकर कहा, ''सामने हाँड़ी रखी है, सदानंदजी, उसमें दो परचियाँ पड़ी हैं। उनमें से एक को बाहर निकालो और सबको अपना भाग्य पढ़कर सुनाओ। नित्यानंद, आप मदद करो। हाँड़ी उठाकर अपने स्वामी के सामने रखो।''

नित्यानंद ने आज्ञा का पालन किया।

अब हाँड़ी सदानंद के सामने थी। माधवाचार्य कह रहे थे—''हाँड़ी का ढक्कन हटाओ, सदानंद, और अपना भाग्य बाँचो।''

डरते हुए सदानंद ने हाँड़ी पर से ढक्कन उठाया। कुछ रुका। फिर एकदम हाँड़ी में हाथ डाल दिया। जोर से चीखा। दो काले नाग उसे डस चुके थे। सदानंद वहीं गिर पड़ा था। धीरे-धीरे वे सर्प फुफकारकर हाँड़ी में जा छिपे।

माधवाचार्य ने कहा, ''नित्यानंद, ढक्कन रखो, फिर हाँड़ी यथास्थान रख आओ।''

नित्यानंद ने वैसा ही किया।

माधवाचार्य कुछ देर तक सोचता रहा। फिर एक चषक भरा और उसे गटागट चढ़ाकर एक ओर उछाल दिया। तभी जोर की चीख सुनाई पड़ी। फिर स्वर वातावरण में गूँजे—''छल···धोखा···माधवाचार्य···धोखा···धोखा।···छल से मारा···मारा···'' इसके बाद निविड़ अँधेरा छा गया, साँस रोककर।

धर्माचार्य जैमिनी और नित्यानंद दोनों बुरी तरह से काँप रहे थे। दोनों का मन नदी में फेंके गए पत्थर की तरह बैठा जा रहा था। उनकी अक्ल गुम हो गई थी।

दो आदमी आए और सदानंद की लाश को उठाकर ले गए।

कुछ देर तक कोई नहीं बोला। माधवाचार्य को ही बोलना पड़ा—''मित्रो, धोखा नहीं, छल नहीं। माधवाचार्य जब किसीको एक बार मित्र बना लेता है तो आजन्म उस रिश्ते को निभाता है, बशर्ते वह वफादार बना रहे। हमें बलबलाना पसंद नहीं है। नित्यानंद, कल हम आएँगे। आपको सदानंद के पद पर सादर बैठवाएँगे। पूजन-अर्चन भी करवाएँगे और आनंद-उत्सव का भी आयोजन करवाएँगे। स्वयं मीरा द्वारा यह पुण्य कार्य श्रीसंपन्न होगा। भूल जाओ, यहाँ अभी जो हुआ है। जब चींटी के पंख निकलते हैं तब ऐसा ही होता है। चित्त को संयम में रखो। जीवन और मृत्यु दो स्थितियाँ नहीं हैं—एक ही है। मृत्यु विराम नहीं, गतिशील है। गति की कभी मृत्यु नहीं होती। वे जड़ हो गए थे। उनमें गतिशून्यता, ठहराव और अनुर्वरता घर कर चुकी थी। उनके लिए एक ही रास्ता शेष रह गया था। हरि-स्मरण करो और भय को अपने पर काबिज मत होने दो। जाओ, प्रभु आपका शुभ करे।''

नित्यानंद और धर्माचार्य जैमिनी मौन धारण किए प्रणाम कर लौट रहे थे। दोनों की दिशाएँ भिन्न थीं। नित्यानंद को नहीं आना था, वह इस सोच से अपने को मुक्त नहीं कर पा रहा था। जैमिनी का मन डूब रहा था। धर्म को अधर्म की ओर ढकेलते-ढकेलते अब उसे लगा कि वह पूरी तरह अधर्म बनकर रह गया है। उसमें कृतित्व के लिए उर्वरा शक्ति नहीं रही है।

दोनों चौराहे से अलग-अलग हुए। दोनों अलग होने के पहले अपने-अपने अश्व पर बैठे और फिर एक-दूसरे की ओर घूरकर देखा। कुछ क्षण बिना सोचे देखते रहे और फिर अपने-अपने अश्व को एड़ लगाई। परस्पर बोले नहीं। क्या बोलते। उनका बोलना तो···

बत्तीस

मीरा को द्वारका भी विचित्र नगरी लगी। वहाँ भी उसे लगा कि धर्म के नाम पर अधर्म ने जन-मन पर अधिकार कर लिया है और लोग गंडे-तावीज, टोने-

टोटके, मूठ फेंकने-चलाने इत्यादि के सम्मोहन में फँसे हुए हैं। उसके मन में यही बात उठती थी कि कान्हा सबके मन में अपना भाव क्यों नहीं विकसित होने देता? क्यों जन-मन में भय व्याप्त है? मीरा ने इतनी लंबी यात्रा में यही अनुभव किया कि कुछ लोगों ने सामान्यजन के भोले, सात्त्विक और सरल चित्त पर अपने पैने नाखून गड़ा रखे हैं। वे उनको जीने देना नहीं चाहते हैं।

मीरा राजपरिवार में रही। क्या पाया उसने? वहाँ प्रत्येक एक-दूसरे का सुख छीनना चाहता था। आश्चर्य, बिना यह सोचे-समझे कि सुख क्या है? दूसरे को दुःख देना किसीका सुख नहीं बन सकता है। सरल और सहज जीवन को अकारण इतना जटिल, कठोर, दुर्गम और अनुर्वर क्यों बना लिया है इस मानव ने? वह आराधना करती हुई पूछने लगती है—'ओ कान्हा, यह क्या है तेरी रचना? जो सच्चा, सीधा और सत्कर्मी है वही दुत्कारा जा रहा है, अपमानित हो रहा है और यातनाएँ सह रहा है! पर क्यों? यह तेरा परीक्षा लेने का कौन सा ढंग है? परीक्षा क्यों? सब तेरी ही कृति हैं; फिर उनके कृतित्व में डंक क्यों? फुत्कार क्यों? क्यों भ्रम, छल, छद्म और धोखे? तेरी रचना इतनी कुरूप क्यों बनती जा रही है?'

मीरा कुछ नहीं समझ-सोच सकी। दरवाजे पर दस्तक हुई। मीरा उठी। दरवाजा खोला। सामने एक भिखारी खड़ा था कंधे पर चिथड़ों को जोड़कर बनाए गए थैले को लटकाए। देह इकहरी। चेहरा दुःखी और झुर्रियों को तरतीब से सँभाले हुए। आँखें अंदर को धँसी हुईं और गाल हड्डियों से चिपके हुए।

"क्या चाहिए, भाई?" मीरा ने सरल भाव से पूछा।

"कुछ नहीं, माई।" उसने कहा।

"आपका नाम?"

उसने सिर हिलाकर कहा, "कुछ नहीं।"

"क्या मतलब?"

"माई, गरीबी का कोई नाम नहीं होता। न उसकी कोई जाति है और न कोई धर्म। वह इनसान होता है, यह क्या कम है!"

उसने धाराप्रवाह बोलना शुरू किया तो मीरा को लगा कि वह रुकेगा नहीं और इसलिए वह बीच में ही बोल पड़ी—"समझी, भाई, समझी।"

"क्या समझी, माई?"

"गरीबी।"

"सुदामा अमीर था क्या?"

"नहीं।"

''फिर क्या समझी?''

मीरा चक्कर में पड़ गई। कहाँ से आ टपका है यह? कौन है यह? उसने पूछा, ''आप कौन हैं, भाई?''

''यह आपको नहीं पता?''

''नहीं।'' मीरा ने ईषत् दृढ़ता से कहा।

''आपको तो स्वयं श्रीकृष्ण ने दर्शन दिए हैं। वह आपमें आ बसे हैं।'' वह कह रहा था।

''नहीं, भाई। मैं तो अभी तक उसे खोजने में लगी हुई हूँ।'' मीरा ने सहज ढंग से कहा।

''पर आपने गाया है कि आपने उसे ठोक-बजाकर खरीदा है, वह क्यों?'' उसने तीर चलाया।

''गाया है।''

''खरीदा नहीं क्या?''

मीरा उसे कैसे समझाए कि श्रीकृष्ण कोई खरीदने की वस्तु नहीं हैं। उसने कहा, ''नहीं।''

''फिर गाया क्यों?''

''अब नहीं गाऊँगी।'' मीरा पूजा में बैठने वाली थी, अतः चाहती थी कि यह बला टले तो पूजा शुरू करूँ।

''गाओगी तो अवश्य!''

''ठीक है, गा लूँगी।''

''बिना सोचे उत्तर दिए जा रही हो।''

''हाँ, पूजा का समय हो गया है।''

''आपने भी क्या पूजा को समय से बाँध रखा है?'' उसने कहा।

''शायद।''

''पक्का कुछ नहीं?''

''नहीं, भाई, पक्का कुछ नहीं।''

''सब कच्चा?''

''हाँ, कच्चा।'' कहते हुए मीरा सोचने लगी कि देखने में कुछ भी नहीं लगता है, लेकिन बातों में कमाल का है।

''मैं तो...'' उसने बहुत थके-हारे स्वर में कहा।

''क्या?''

''इसलिए ही आया था।''

"किसलिए?"

"कि आपसे कहूँ कि..."

"कि क्या?"

"आपने कान्हा को पा लिया है, मुझे मात्र उसके दर्शन करवा दीजिए।" वह सहज ढंग से कह गया।

"यह संभव नहीं है।"

"कुछ कीजिए न!"

"कृपया..." मीरा ने उसके आगे हाथ जोड़ दिए।

"मैं कुछ करूँ?" उसने पूछा।

"कीजिए, पर मुझे तो..."

"आप उससे प्रार्थना करने जाना चाहती हैं?" उसने धीरे से कहा।

"हाँ।"

"ठीक है, जाइए। हम यहीं बाहर बैठते हैं। लौटने की प्रतीक्षा करते हैं।"

"ठीक है।" मीरा ने लापरवाही से कहा।

वह बाहर चला गया।

मीरा ने दरवाजा बंद किया और पूजागृह में चली गई।

पूजागृह में आकर मीरा ने श्रीकृष्ण की मूर्ति को खड़े-खड़े एकटक देखा। वह कब से—बचपन से उस मूर्ति को देखती आ रही है। वह तो उसका एकाकी पाथेय है। उसीके सहारे वह इतनी लंबी यात्रा और इतने बड़े निर्णय ले सकी है। राजपरिवार से अलग होते समय भी वही तो था जो धमकियों, षड्यंत्रों और आक्रमणों से उसे बचाकर सुरक्षित रख सका।

आज मीरा का मन टुकुर-टुकुर उसी मूर्ति को देखने का बन रहा था। वह मूर्ति ही उसका प्राण है, उसके जीने का आधार है और श्रीकृष्ण से मिलने की अक्षय आशा है।

वह बतिया उठी—'क्यों रे, जन-मन में यह बात क्यों गहरा दी है कि म्हाँने थारे दरसन किए हैं? थे हर समय, सोते-जागते, उठते-बैठते, आते-जाते—हर जगह म्हारे साथ रह्यो है। सच तो यह है कि म्हें थारे कूँ पाने कूँ उन सब स्थानन माँ घूम रही हूँ, जहाँ-जहाँ थानें लीला रचाई और अपनी कर्मभूमि बनाई। हो सकता है कि अभी उनमें से कुछ स्थान रह गए हों। पर यह कहे देती हूँ कि अब म्हारे में और घूमने की ताकत नाँय है। मन द्वारका छोड़कर कहीं और नाँय जाना चाहता है।'

मीरा पल भर के लिए रुकी। उसने बैठकर उसे स्नान कराया। उसका

शरीर पोंछा। उसे वस्त्र पहनाए। उसके माथे और गरदन पर चंदन का तिलक लगाया। सिर पर मोर मुकुट लगाया। गले में माला डाली। फिर, वह अपलक उसे निहारती रही और अपने मन में कहती रही—'यह सब कब से करती आ रही हूँ? क्यों करती आ रही हूँ? यह सब तो जसोदा माँ का काम है, म्हारा तो कतई नाँय है। लेकिन म्हारे में कभी जसोदा ने जनम नाँय लियो और न रुक्मिणी ने। म्हारे में तो जब पाया तब राधा बैठी मिली। क्यों रे! क्या पुनर्जन्म होता है? क्या तू हर क्षण राधा को ही साथ बनाए हुए है? कहाँ राधा और कहाँ राजघराने की यह विधवा! उपेक्षिता और दुर्भाग्य की मारी मीरा! क्या मुकाबला! नाँय रे, मैं मीरा हूँ, राधा नाँय। राधा राधा है रे। बा को स्थान कोई नाँय ले सकता है। बाने तो तोहे खूब नाच नचाया था। वो तो थारे से रूठ भी जाती थी। थे ही उसे मनाने जात रह्यो, वो थारे कूँ मनाने कभी नाँय आई।'

मीरा का मन डूबने लगा। उसकी आँखें भर आईं। उसका हृदय भारी हो गया। वह अत्यंत भावुक हो उठी। जब कभी वह श्रीकृष्ण से बतियाने लग जाती तब उसकी पूजा पीछे छूट जाती और वह बतरस बानगी में खो जाती। आज भी यही हो रहा था। वह श्रीकृष्ण से कह रही थी—'वे धन्य थे, जिनके साथ थे रहे। उनमें राधा तो बहुत धन्य थी। थानें ही बाहे धोखा दियो, बाने कभी थारी चिंता नाँय की। वो थारे सूँ दस कदम भी मिलने नाँय आई। सच्ची माननी थी और बात की पक्की थी। बो थारे पीछे-पीछे भी नाँय घूमी। जहाँ थी वहीं रही। थानें बाहे भुलाना चाहा, लेकिन बो थानें कभी नाँय भूली। बाने मन पक्का करके अपनी दुनिया अलग बना ली थी—मोहक, सुंदर और सजीली। जे तो मैं हूँ, जो थारे पीछे दीवाणी हुई पागलों की तरह घूम रही हूँ और तोते की तरह एक ही रट लगाए हुए हूँ कि थे एक बार दरसन दे जा। माना कि सारी गलती म्हारी ही है। नेह म्हाँने ही थारे सूँ कियो है। थे निर्दोष है। म्हाँने जे जगजाहिर भी कर दियो है कि थे ही म्हारे पति हो। जे तो मन माने की बात है। हो सकता है, थारे कूँ जे बात बुरी लगे। पर म्हारे कूँ तो थारे सूँ जे ही रिश्ता जोड़ने का मन किया, सो किया। क्यूँ किया? क्या ठीक किया या नहीं? म्हारे कूँ तनिक पता नाँय और न म्हारे कूँ पता करने की जिज्ञासा है। जे काम तो म्हाँने थारे लिए छोड़ दियो है। थारी थे जाणो। पर इत्तो तो अब कर बैठो कि म्हारे कूँ एक बार दरसन दे दे, तासे म्हाँने थारे कूँ लेकर अनजाने में जो संबंध बना लिये हैं उनकी रक्षा हो सके। म्हें तो अनजान थी रे, पर थे तो अनजान नहीं था। थानें जे संबंध क्यों बन जाने दिए? म्हारी तो शादी भी भोज सूँ हो गई थी। बाकूँ थानें बीच में ही उठा लियो। म्हें विधवा हो गई। विधवा होकर भी सुहागिन बनी रही। जग ने कोसा। लांछन भी

लगाए। मट्टी पलीत भी की तो की। म्हाँने किसीको बुरा नाँय मानो। वे अपनी जगह पै ठीक थे और म्हें अपनी जगह पर। नाते कोई तोड़ने के लिए बनाए जाते हैं क्या? नाँय रे, एकदम नाँय। म्हें कोई झूठ तो नाँय कह रही हूँ। राधा भी तो म्हारी तरह बीनणी थी न! बो विधवा नाँय हुई। बो थारे कूँ भजती रही, थारे से रूठती रही और थारे कूँ जो मन आया, कहती रही। पर···हाँ, उसने अपना खूँटा नहीं छोड़ा। जहाँ थी वहीं रही। मरने तक प्रतीक्षा करती रही। म्हारे सूँ जे संभव नाँय था। शादी कर दी गई। म्हें कछु नाँय कर सकी। विधवा हो गई तो म्हारे पर आरे चलने लगे। म्हारे रूप की छवि पर ताने दिए जाने लगे। म्हें अहीरनी तो थी नाहिं। क्षत्राणी हूँ तो क्षत्राणी रहूँगी। जिद्दी पक्की हूँ। थे मरजी आए जो करता रहियो, म्हें तो अपने मन की ही करूँगी। जा सूँ थारे सूँ विनती करती हूँ कि थे मान जाओ, म्हारो मान रख लो। थे जे तो सोचना नाहिं कि म्हें अकेली बदनाम हो रही हूँ। म्हारे साथ थे भी हो। थे हो या नाहिं हो, जे म्हारे कूँ मालूम नाहिं, लेकिन म्हें थारे साथ हूँ, जे बात सारा जग जानता है। जो बात जग मान लेता है, वाहे तू सर्वस्व होकर भी नाँय मिटा सकत है। जे बात थारे कूँ भी म्हारे से अच्छी तरह पता है। फिर जे रोज-रोज की माथाफोड़ी क्यों? किसलिए? थारे कूँ जा से क्या मिलता है सिवाय अपनी बदनामी कराने के?'

मीरा का मन मूर्ति पर टिका-का-टिका रह गया। हटने का नाम नहीं ले रहा था। 'साँवरे से नेह लगाने का यही तो दंड है कि वो सुनता नहीं, बहरा हो जाता है। तुम उसे पुकारते रहो, पुकारते रहो। उसके माथे पर एक सिलवट नहीं आनी। क्यों आए? उसे तो तरसाने की आदत पड़ गई है। वह देखा-सुना तूने, कितनी दूर से थारे भरोसा म्हारे सूँ मिलने आया और कदाचित् अभी तक बैठा हुआ है, जा आसा सूँ कि म्हें उसे थारा भोग लगाकर परसाद देने लौटूँगी और शायद तू इस बीच म्हारे कूँ दरसन दे जाए और म्हें बाहे थारे रूप-कंचन की शोभा से परिचित करा सकूँ। आसा बड़ी प्यारी चीज है रे। मारती भी है, पर मरने भी नहीं देती। चोट भी करती है, पर आहट नहीं होने देती। कुछ तो विचार कर, हे सर्वतोन्मुखी, सर्वेश्वर, दीन दयालु, म्हारी लाज रख ले। म्हारे कूँ सँभाल ले। थारे सिवाय म्हारा कौण है जा भारी दुनिया में! एक थे ही तो है म्हारा। इत्ती सी बात थारे कूँ समझ नहीं पड़ रही, जे कभी नाँय हो सकत। हठ छोड़, म्हारी बात मान जा मोर मुकुटधारी, मुकुंद माधव, कृष्ण मुरारि।'

मीरा ने घूरकर देखा। उसे लगा कि वह कहीं और खोया हुआ है। वह उसकी ओर देख भी नहीं रहा है। बड़ा निर्दय हो गया है। उसने उसको भोग लगाया। तुलसी भी चढ़ाई। फिर करबद्ध होकर मोहक मुद्रा में उसने कहा, ''हे

हठीले, श्याम साँवरे, कान खोलकर सुन ले। कान बंद हों तो उन्हें खोल ले। म्हें भी पक्की क्षत्राणी हूँ। क्षत्राणी एक बार जो ठान लेती है वही सारी जिंदगी निभाती है। अपने प्रण से टस से मस नहीं होती है। जे बात म्हें कित्ती बार थारे कूँ समझा चुकी हूँ; लेकिन थारी समझ में कछु नाँय आता है। जानती हूँ कि थारी समझ सबसे तेज और गहरी है; परंतु थारी जे आदत बन गई है कि जो थारी ओर दौड़ता-फिरता है, बा सूँ तू भागता-छिपता फिरता है। लेकिन बताए देती हूँ कि म्हारे लिए थारे कूँ जे टेव छोड़नी पड़ेगी। सूधो-सूधो सुमार्ग पर चलने पड़ैगो। जे महासागर देखता है रे! म्हारे पास थारे सुदर्शन की तरह आखिरी रास्ता है। जानती-समझती हूँ कि सागर में डुबकी लगाकर पहुँचूँगी तो थारे ही पास। बाहे जमुना मानकर बा में कूद पड़ूँगी। थारी माया सूँ म्हें परेशान हो चुकी हूँ। थानें सोच लिया होगा कि चित्तौड़ सूँ बुलावा भिजवाकर म्हारे कूँ लौट जाने का रास्ता दिखलाकर थे मुक्त हो जाएगो। पर जे थारा बहम है। जा भरम में न रहियो। म्हें मीरा हूँ, राधा नाँय। राधा भोली थी। थारे चक्कर में आ गई और रो-धोकर पूरी जिंदगी एक खूँटे से बँधी काट दी। म्हें थारे कूँ यों नहीं छोड़ूँगी। समझ रह्यो है न, जसोदा के लाडले! ये ही म्हारो करतार है, स्वामी है, धणी है, सखा है और संरक्षक है। जिंदा रहते हुए जे रिश्ता तोड़े नाहिं टूटैगो।

'क्या कहा कि...'

'कछु नाँय।'

'तू बोल लेता है!' मीरा ने झुँझलाकर तेज स्वर में कहा।

'कभी नहीं।'

'फिर झूठ।'

'नहीं, झूठ नहीं।'

'जे टेंटुआ छूकर म्हारे कूँ क्यों बुद्धू बनाता है! म्हारे कूँ सब पता है, रसराज, रस-राजेश्वर। थारी दाल यहाँ नाँय गलेगी। आज म्हें थारे कूँ कछु नाँय सुनाऊँगी। म्हें भी थारे सूँ रूठने का हक रखती हूँ। थे अपणी बाँसुरी नाहिं सुनावेगो तो म्हारे कूँ क्या पड़ी है कि म्हें थारे पाछै-पाछै घूमती-भागती फिरूँ, थानें अपणी व्यथा सुनाने कूँ!'

'पगली, जे सारी जिंदगी बाँसुरी ही तो है। तो जरा ध्यान लगा। सुन पाएगी बाँसुरी की स्वर लहरियाँ! बाँसुरी तो हर पल गूँजती रहती है, उसे कोई सुननेवाला तो हो। वास्तव में वह मेरी बाँसुरी कहाँ रही है! वो तो सारे जग की बाँसुरी है। हर छोटे-बड़े सबकी बाँसुरी है। वह मेरी भी बाँसुरी है। थारे गीतों...'

'क्या रे, तू राजस्थानी भी जानता है?'

'चौंक मत, मीरा, प्रेम की कोई एक भाषा नहीं होती है। वह गूँगों से भी प्रकट हो जाती है और उसे बहरे भी सुन लेते हैं।'

'सच रे, थानें तो बड़ी समझदारी की बात की है। तो ले, मैं आज गाऊँगी भी, नाचूँगी भी। थे बोला तो सही, म्हारे प्राणेश्वर! थारी जे किरपा भी म्हारे पर बहुत भारी बैठती है। म्हें फिर सब भूलकर थारे चरण-कमलन में ध्यान लगा बैठती हूँ। म्हारे कूँ कछु पता नाँय रहता, गिरिधारी, नटनागर! कि म्हें क्या कर रही हूँ। सारा अग-जग आँखों की ज्योति की ओट हो जाता है। देखती हूँ, पर दीखता कछु नाहिं रे। सुनती हूँ, पर सुनाई कछु नाहिं पड़तो। चलती हूँ, पर चलने का पता नाहिं चलता। खाती भी हूँ, पर स्वाद का कछु पता नाहिं चलता। पता नहीं बा बखत म्हें क्या हो जाता है कि होते हुए आपे में नाहिं रह पाती। तू तो बड़ो स्यानो है रे, कछु कर न। थारे सूँ बड़ो वैद्य जा सिगरी दुनिया-ब्रह्मांड में दूसरा कोई नाहिं है रे। थे ही सच्चा-साँचा है, मिस्री की डली की नाईं। जाको कण-कण मिठास नाहिं छोड़ता, चाहे उसे कितना भी तोड़ो-ठोंको-पीटो, पर वह है कि सदा मीठी मुसकान बिखेरता ही मिलेगा। क्यों रे, जे सब म्हें सच-सच बाँच पा रही हूँ या नाहिं, जे थे जानो, म्हें कौन सी लिखी-पढ़ी हूँ! अंदाज से बाँच लेती हूँ। अच्छा बाबा, अब बकझक बंद भी करो और मन लगाकर सुनो, आँख खोलकर देखो, म्हें गास्यूँ, नाचस्यूँ।'

'हैं, फिर?'

'फिर क्या! शायद ऐसा ही होता है।'

'कैसा?'

'म्हें थारे कूँ रिझाने-मनाने कूँ गाती-नाचती अपनी सुधबुध भूल जाती हूँ। तब ही थे आता होगा और म्हारे को तल्लीन पाकर मन-ही-मन मुसकराकर चुपचाप दबे पाँव लौट जाता होगा। पर म्हें क्या करूँ? जा में म्हारा क्या दोष? क्या अपराध? जे बखत पता नाहिं म्हारे कूँ क्या हो जाता है कि म्हें अपने में नाहिं रहती, सारी-की-सारी थारे में रच-पच जाती हूँ। क्यों, जे क्या जादू-टोना करता है तू? हाँ, तो अब सुन। देख, म्हें क्या गास्यूँ, क्या नृत्य रंग भरस्यूँ!'

मीरा ने एक बार उस मूर्ति की ओर साभिप्राय दृष्टि से निहारा। मूर्ति का मन वाचाल होता अनुभव हुआ; मानो वह भी कुछ कहना चाहती हो। उसकी भी अपनी गोपनीय बात हो और बता रही हो—'थे तो गा-नाचकर अपना मन हलका कर लेती है, अंदर की घुटन निकाल लेती है; पर म्हारी सोच, म्हें क्या करस्यूँ! न बोल सकूँ, न नाच सकूँ, न गा सकूँ; सिर्फ चुपचाप हर एक की अथाह व्यथा सहने के।'

मीरा का मन पिघल उठा—'थे एक बार दर्शन दे दे, फिर थारी तरह कंठ छूकर कहती हूँ, थारे कूँ नाँय सताऊँगी। और जब तक थे दर्शन को तरसाएगा तब तक म्हें जे ही गास्यूँ।'

वह गा उठी पाँवों में थिरकन भरते हुए—

'प्यारे दरसण दीस्याँ आय, थें विण रह्या ण जाय।
जल विण कँवल चंद विण रजनी, थें विण जीवण जाय।
आकुल व्याकुल रैण बिहावा, विरह क़लेजो खाय।
दिवस णा भूख ण निदरा रैणो, मुख सूँ कह्या ण जाय।
कोण सुणे कासूँ कहियारो, मिल पिव तपण बुझाय।
क्यूँ तरसावाँ अंतरजामी, आय मिलो दुख जाय।
मीराँ दासी जणम जणम री, थारो णेह लगाय॥'

वह गाती-गुनगुनाती रही, नाचती-डोलती रही। उसने सुनी बाँसुरी की स्वर-लहरी। उसे लगा कि कान्हा उसके प्राणों के आँगन में बाँसुरी बजाकर उसे टेर रहा है। वह बाँसुरी की धुन पर पागल-सी हुई नाचे जा रही है। बीन की धुन पर नव यौवना सर्पिणी-सी अनथके, बिना रुके।

अरे, यह क्या! वह चौंक पड़ी। उस मूर्ति में से कान्हा उठा। फिर उसने उसीके सामने बाहर बैठे भिखारी का रूप धरा और मुसकराया। क्या?

वह कहने लगा—'जोगिन, थारे लिए म्हारे कूँ क्या-क्या वेश धरना पड़तो छे। किस-किससे छिपते-छिपाते आना पड़तो छे। एक तू है कि हर बार मोहे छोड़कर जा पीतल की मूरत के सामने जा बैठती है और अर्चना-वंदना करने लगती है। लगता है, थारे कूँ कुटेव पड़ गई है अतिथि में कान्हा को न देखने की। जा में म्हारा क्या दोष है? म्हें तो भगत के बस में हूँ। तभी तो बारंबार मिलने चला आता हूँ। थारे नाच-गीत में म्हारे प्राण बसत छे, प्रिये। अच्छा, अब अपनी राह लेता हूँ। बाहर थारे परसाद में सूँ नेकु परसाद छोड़े जाता हूँ, बाहे पा लेना।'

मीरा ने आँखें खोल दीं। देखा, मूर्ति के सामने से प्रसाद गायब है। वह पूजा-अर्चना भूल गई और बाहर को भागी। दरवाजा खोला। दरवाजे पर वह भिखारी नहीं था। हाँ, वहाँ प्रसाद अवश्य था, जो उसने अंदर पूजागृह में लगाया था।

वह चौंक पड़ी। उसका सिर चकराने लगा। यह क्या होता है उसके साथ? क्यों होता है? वह आया। चला गया। लेकिन वह उसको पहचान नहीं सकी। क्यों नहीं पहचान सकी?

मीरा का चित्त व्याकुल हो उठा। वह बुत बनी खड़ी रही। कुछ देर बाद उसे

खयाल आया कि अब अंदर चलना चाहिए। वह चुपचाप अंदर लौट पड़ी—उस भिखारी के चेहरे का स्मरण करती हुई। वह कैसे-कैसे रूप धारण करके सामने आता है। अपने वास्तविक रूप में सामने नहीं आता है। पर क्यों? इसीके साथ उसने अंदर से दरवाजे की साँकल चढ़ाई और गहरी साँस ली।

तैंतीस

द्वारका में मेला भरा था। गाँव-के-गाँव रंग-बिरंगे कपड़े पहनकर उमड़े आ रहे थे। गाड़ियाँ चली आ रही थीं। औरतों और बच्चों में मेले के प्रति अधिक उत्सुकता थी।

पशुओं की भीड़ काफी थी। पशु मेला जो था। दुकानों पर रौनक थी।

मीरा चुपचाप एक तरफ आकर आ बैठी थी। उसका मन उदास था। कहीं लग नहीं रहा था। वह सोच-असोच की मानसिकता से जूझ रही थी। वह मेले के प्रति उदासीन बनी रही।

"क्या बात है, बेटी?"

मीरा ने घूमकर देखा। एक बाबा खड़ा हुआ था। मीरा ने उसको ध्यान से देखा और उसे लगा कि कान्हा को तरस आ गया। वह चला आया है। यह सोचकर उसने कहा, "प्रणाम, बाबा! प्रणाम।"

उसने दो बार प्रणाम कहा, परंतु बाबा ने कोई उत्तर नहीं दिया।

बाबा उससे पूछ रहा था—"बेटी, तू उदास है?"

मीरा ने उत्तर दिया, "हाँ।"

बाबा चुप रहा।

मीरा बाबा को ध्यान से देखे जा रही थी। वह मजबूत कद-काठी का था। उसकी दाढ़ी और सिर के बाल बढ़े हुए थे। दाढ़ी के बाल अधिकांश थे, परंतु सिर के बालों में धूप-छाँह का मन डोल रहा था।

बाबा ने उसे अपनी ओर अपलक देखते हुए कहा, "क्या बात है?"

"थे अभी दरवाजे पर आए थे।"

"किसके दरवाजे पर?"

"म्हारे और किसके!"

"नहीं, बेटी, अवश्य तुम्हें भूल हुई है।"

"भूल क्यों नहीं होगी, जब तुम हर क्षण अपना रूप और वेश बदल लोगे!" मीरा ने अत्यंत शांत मन से ताना कसते हुए कहा।

"यह असत्य है।"

"सत्य म्हारे कूँ ज्ञात है, कन्हैया।"

"कन्हैया! तुम किसे कन्हैया बता रही हो, माई? मैं तो काली बाबा हूँ।"

"काली बाबा हो या भिखारी बाबा या कोई भी हो, परंतु थे हो तो गोविंद, गोपाल, कृष्ण, कन्हैया, जसोदानंदन।" मीरा ने उसकी ओर घूरते हुए कहा।

"नहीं, बेटी, तुम्हें कोई भूल हुई है। हमारा नाम काली बाबा है। वहाँ हमारा छोटा सा मंदिर है, जहाँ बहुत कम भगत आते हैं।" काली बाबा ने इतना कहकर जोर-जोर से पुकारा—"कृष्णा! ओ कृष्णा!"

थोड़ी देर में कृष्णा वहाँ आ गई। मीरा उसे देखकर चौंकी। उसकी सूरत बहुत कुछ मीरा से मिलती थी।

काली बाबा ने कहा, "यह हमारी बेटी है—कृष्णा। अपने मायके आई है।"

"क्या बात है, बाबा?"

काली बाबा ने हँसते हुए कहा, "यह हमें कभी भिखारी बाबा बताती है और कभी कृष्ण कन्हैया। बेटी कृष्णा, तू इसे हमारा नाम बता दे।"

"काली बाबा।" कृष्णा ने तत्काल कह डाला।

मीरा चकित होकर अभी भी कृष्णा की ओर देखे जा रही थी।

कृष्णा की निगाहें उसपर गईं तो वह भी उसे टुकुर-टुकुर देखने लगी।

काली बाबा मुसकराकर बोले, "पहले तो हम भी धोखा खा गए थे। हमने इसको कृष्णा समझ लिया था। लेकिन झटपट समझ में आ गया कि यह कृष्णा नहीं है। बहुत जल्दी हमें कृष्ण कन्हैया बताने लगी तो, कृष्णा, मैंने तुझे आवाज लगा दी।" कुछ रुककर काली बाबा मुसकराए और बोले, "बेटी, अब तो तुम्हारा भ्रम दूर हुआ या नहीं?"

मीरा चक्कर में पड़ गई।

"मैं कृष्णा हूँ। लेकिन…"

"हम दोनों की शक्ल-सूरत कितनी मिलती-जुलती है!" मीरा ने कृष्णा का वाक्य पूरा किया।

"कुछ-कुछ आवाज भी।"

"हाँ, कृष्णा बहन, आवाज भी।"

"आपको किस नाम से पुकारूँ?" कृष्णा ने मुसकराते हुए पूछा।

"मीरा।"

"बेटी मीरा, तुम उदास क्यों हो?"

"क्या बताऊँ, बाबा!" कुछ सोचकर मीरा ने बात बदल दी—"वह बताने जैसी है भी नहीं।"

"क्यों?"

"आप हँसेंगे।"

"तो क्या हुआ?"

"नहीं, वह ठीक नहीं होगा।"

"क्या ठीक नहीं होगा?" बाबा ने पुनः प्रश्न किया।

"कुछ भी नहीं, बाबा।"

"बाबा ने कहा है तो बाबा का आदेश मानकर उसका मान भी रखो।" काली बाबा ने सहजभाव से कहा।

मीरा सोचने लगी।

कृष्णा कूक उठी—"हमारे बाबा किसीको जरा भी दुःखी नहीं देख सकते; फिर आप तो उनकी बेटी जैसी हो।"

"हाँ, कृष्णा। यह सच है।" मीरा ने कहने का क्रम जारी रखा—"बहुत दिनों बाद किसीके मुख से सुना है..."

"क्या, बहन?"

"इतने प्यार से किसीने हमें 'बेटी' कहकर पुकारा है।" उसका स्वर भर्रा उठा था।

"किसीने क्यों, बहन?"

"बापू ने।"

"मुझे निस्संकोच बताओ, बेटी, क्या बात है?" काली बाबा ने धीरे से कहा।

मीरा ने भिखारीवाली सारी बात बता दी। पर यह स्पष्ट नहीं किया कि वह कौन है। एक तरह से यह अच्छा ही हुआ कि वे दोनों मीरा के बारे में कुछ नहीं जानते हैं।

काली बाबा ने समुद्र नारायण की ओर देखा। द्वारकाधीश मंदिर के एक ओर गोमती नदी है और दूसरी ओर विराट् समुद्र। उसके पास समुद्र के पानी को रोककर समुद्र नारायण का मंदिर है। मीरा का समय वहाँ भी काफी बीतता था। गोमती में तो वह प्रतिदिन स्नान करती थी। मीरा की दृष्टि भी उधर घूम गई। वहाँ उसे शांति मिलती थी और उसके प्रश्नों का समाधान भी होता था।

काली बाबा कुछ देर तक सोचकर बोले, "बेटी, तू उसके लिए परेशान मत हो। उसका कोई रूप-रंग नहीं है। उसका कोई स्वभाव-गुण नहीं है। वह तो

प्रत्येक की संरचना है, कृति है और उसका जीवन रंग है। तू उसे भज—यानी तू अपने को भज और उसमें अपना रूप, गुण व स्वप्न देख।''

मीरा कुछ समझी नहीं। चकित होकर कृष्णा की ओर देखती रह गई।

कृष्णा ने मीरा के चेहरे के भाव पढ़कर कहा, ''बापू, मीरा कुछ समझी नहीं। क्यों बहन, मैंने ठीक कहा है?''

मीरा ने 'हाँ' में सिर हिला दिया।

''अंबर का कोई रंग नहीं है। फिर भी वह सतरंगी है। उसमें अनेक रंगों का रचाव है। मेघ की कोई एक आकृति नहीं है। घिरे बादलों से कालिदास ने यक्ष का संदेश भिजवाया था। यक्ष को तसल्ली मिली थी वह संदेश देकर मेघ को। मेघ भी झूम उठा था। पर सच में तो यह संभव नहीं है। संभव क्या है, क्या नहीं, यह निश्चित करना बहुत कठिन है। परंतु यह कार्य सरल भी हो सकता है, बशर्ते मन में द्वंद्व न उठे, शंका न जनमे और चट्टान-सी आस्था बनी रहे। वह हर क्षण अपने पास मिलेगा। अपने में सद्यः जनमे शिशु की तरह आँख खोले मिलेगा—मुसकान बिखेरता हुआ।''

''अच्छा!''

''वह अच्छे-बुरे से ऊपर है, वह सत्य-असत्य से अलग है, वह गुण-अवगुण से परे है और वह आशा-निराशा से दूर है।'' काली बाबा उसे समझाते रहे और उदाहरण देकर उसकी पुष्टि करते रहे।

मीरा समुद्र नारायण के मंदिर की ओर देखती रही। सुनती भी रही कि काली बाबा कैसे उसको एक आधार देना चाहते हैं।

मेला पूरी तरह भर चुका था। शोर समुद्र की उत्ताल लहरों-सा मचल उठा था। लहरों पर लहरों का उछलता-कूदता संगीत। कितना मादक! कितना मन को बाँध लेनेवाला!

मीरा ने पूछा, ''द्वारकाधीश की ही यह नगरी है न, बाबा?''

''हाँ, बेटी, है।''

''वह यहाँ रहे थे?''

''रहे थे।''

''आपको उनकी आहट सुनाई पड़ती है?''

''नहीं।'' काली बाबा ने दृढ़ता से कहा।

''क्यों?'' मीरा के भावुक मन ने पूछा।

''जरूरत नहीं।''

''द्वारकाधीश की, बाबा?''

"हाँ, उसकी ही।"

"क्यों?"

"क्योंकि मैं अपनी आहट सुन पाता हूँ।"

"तो क्या?"

"उसकी वही आहट है, जो हमारी है। उसका अस्तित्व हमसे अलग नहीं है। वह इसीलिए निराकार है और इसीलिए साकार है कि हम उसे अपने से व्यक्त करते हैं। असीम को ससीम में समेटना, निराकार को आकार में बाँधना और निर्गुण को गुणों में उतारना, इसीलिए तो संभव है कि उसके लिए हम हैं, हमारे होने का माध्यम है और आधार है। वह हमसे ही है, बेटी मीरा।" काली बाबा ने समझाने के लिए व्याख्या का सहारा लिया।

"हम उससे नहीं?"

"नहीं।"

"नहीं!" मीरा ने चौंककर पूछना चाहा, परंतु वह 'नहीं' की पुनरावृत्ति करके ही रह गई। कुछ नहीं पूछ सकी।

"हाँ, नहीं; क्योंकि उसने अपने को हममें बदल डाला है, इसलिए वह एक में अनेक और अनेक में एक है।" काली बाबा ने उसे बताया।

"हो सकता है।"

"नहीं, बेटी, हो नहीं सकता बल्कि है। उसके लिए उद्विग्न नहीं होना चाहिए। जिज्ञासु बने रहिए। अपने भीतर बैठे राधा-कृष्ण को पहचानिए। वही राधा है, वही गोपी है, वही कृष्ण; वही ग्वाला है, वही गीताकार; वही दूत है, वही सारथि और सुदर्शनधारी द्वारकाधीश; वही माखन चुरैया है, वही रास रचैया है, वही चीर-हरणकर्ता है और वही कंसारि है। वही शत्रु है, वही मित्र; वही अशुभ है, वही शुभ। सब वही है, इसलिए वह जगदीश भी है, स्रष्टा भी है, पालक भी है और संहारक भी। अब बता बेटी, उस धेनु चरैया की कल्पना सुदर्शनधारी तक करना कोई सहज बात है? वह सहज में असहज है, असहज में सहज। वह भक्त के पीछे-पीछे भागता है और ज्ञानी से दूर—बहुत दूर होता जाता है। ज्ञानी को उसे पास लाने के लिए कठोर तप करना पड़ता है; जबकि भक्त के पास वह बिना प्रयास चला आता है। आया भी है। भक्त और उसके बीच सदा आँखमिचौनी चलती रहती है। भक्त उसमें समाहित होने की अवस्था में पहुँचकर लौट आता है; क्योंकि वह बराबर अपने और उसके अस्तित्व को बनाए रखते हुए उसे पा लेने के प्रयास करता रहता है। सदा प्रयास करते रहना ही भक्त की नियति है, मीरा बेटी।" काली बाबा मग्न होकर कहते रहे—मानो

वह अपने आपसे बात कर रहे हों। उनकी मुखाकृति पर अनेक भाव-मेघखंड उभरे और ओझल हो गए। उनकी आँखों में ज्योति-पुंज जनमे और लुप्त होते रहे। वह एक ही प्रवाह में कहते गए और मन-ही-मन प्रसन्न होते रहे। कृष्णा मीरा की ओर देखती रही एकटक होकर, चुपचाप, शांतचित्त होकर।

मीरा में भावोर्मियाँ उठती गईं और वह उनमें बिना पतवार एवं माँझी के बहती व तैरती चली गई दूर, क्षितिज के पास तक; मानो कोई उसे थपकी देकर सुला रहा हो या लोरी सुनाकर। बहुत लंबे समय बाद वह ममतांक की अनुभूति से ऊपर से नीचे तक गद्गदाई। उसकी उनींदी आँखों में झपकी का अनंत सुख नव जनमे पुष्प-सा महक उठा—धीरे-धीरे, मलयानिल के साथ निर्बंधित होकर। वह क्या सुन रही थी, उससे अधिक वह उसकी अनुभूतियों में बहती गई, जहाँ तक बहा जा सकता है। बहना और अपने को हलका करके लगातार बहते जाना ही सर्वस्व की अंतर अनुभूति है।

"बेटी, अब जाओ। मेला भी उतार की ओर है। जीवन मेला ही है। वह भरता है, उमड़ता है और अंत में उतार की ओर बढ़ने लगता है—आह्लादित होकर।"

मीरा ने करबद्ध प्रणाम किया।

बाबा ने उसके सिर पर हाथ रखा और मुड़ गया। कृष्णा भावविह्वल हो उठी। उसने हाथ जोड़े और वह भी चल दी।

मीरा उनको जाते हुए देखती रही, असोच में डूबती-उतराती रही।

सूरज डूब चुका था। फिर भी भरपूर उजाला था—सतरंगी उजाला; मानो रंग-गुलाल उड़ाकर कहीं जा छिपा हो और सबकी आँखें उसे ढूँढ़ रही हों कि वह कौन है? कहीं उसका गिरिधर गोपाल भी तो ऐसा ही नहीं है?

समुद्र की तरंगों की प्रखर ध्वनि और तीव्रतर हो उठी थी। शायद इसलिए भी कि मेला थके मुसाफिर-सा घर लौट चला था और उसका शोर कम होता चला गया था।

मीरा ने भी लौटना चाहा कि उसकी दृष्टि पीत वस्त्र पर पड़ी। उसे स्मरण हो आया कि वह उत्तरीय है। काली बाबा उसे अपने कंधे पर डाले हुए थे। अब क्या करे वह? क्या लौटाने जाए? उसने दूर तक दृष्टि डाली, बाबा और कृष्णा उसे कहीं नजर नहीं आए।

मीरा को स्मरण हो आया कि काली बाबा ने उधर ही मंदिर बताया था, जहाँ वह रहते भी थे। मीरा ने उस पीत उत्तरीय को उठाया और उस ओर चल पड़ी जिधर वे गए थे। वह पहले धीरे-धीरे चलती गई, बाद में तेजी से चलने लगी।

चलती चली गई।

अब आसमान में तारे उदित हो चुके थे और अँधेरा उजाले की तरह से तत्काल छा गया था। कहीं कुछ नजर नहीं आ रहा था। कहीं दीया-बाती की ज्योति नहीं दिखलाई पड़ रही थी। अचानक मीरा अँधेरे की चपेट में आ गई। गरजता समुद्र मानो तिमिर को चारों ओर फैला चुका था। वह किधर आ गई। वहाँ से कोई दिशा पता नहीं चल रही थी, सिवाय इसके कि वह समुद्र के साथ-साथ आगे बढ़ती चली आई थी। अब वह क्या करे? उधर तो कहीं कोई मंदिर नहीं था। कहीं कोई घर भी नहीं था। चारों ओर घना अँधेरा था—गहरा और सघन अँधेरा।

मीरा सोच में पड़ गई कि यह क्या करिश्मा हुआ? काली बाबा और कृष्णा कौन थे? क्यों आए? क्यों उसके प्रश्न के उत्तर दिए? क्यों तरह-तरह से समझाया? फिर कहाँ अदृश्य हो गए?

मीरा ने अँधेरे में उत्तरीय को छूकर अनुभव किया कि उत्तरीय रेशमी है और उसमें महक भी है। वह खड़ी-खड़ी सोचती रही, असोच के क्षितिज के पार क्या है? क्या वह भी···तो···वह नहीं हुआ तो···क्या वह भी···कृष्णा भी···कृष्णा तो उसकी ही हमशक्ल थी।

मीरा ने ध्यान से देखा। उधर कहीं कोई मंदिर या इमारत नजर नहीं आई। फिर भी वह अँधेरे में जोर से आवाज दे उठी—"काली बाबा! ओ काली बाबा! ओ कृष्णा! कृष्णा ओ! कृष्णा!" आवाज जाने कहाँ खो गई। कोई उत्तर नहीं मिला।

अब लौटना ही चाहिए। यह निर्णय मीरा ने किया।

क्या यहाँ चारों ओर ही कृष्ण हैं? कृष्ण-ही-कृष्ण हैं? राधा-कृष्ण हैं चारों ओर? क्या वह उसकी परीक्षा लेने आ रहा है? क्या वह नहीं जानता है कि वह उसके प्रति पूर्णतः समर्पित है? फिर परीक्षा क्यों? किसलिए?

मीरा लौटते-लौटते थक चुकी थी। उसके पाँव दर्द करने लगे थे। उसका मन हो रहा था कि कुटिया तक नहीं जाए। तो कहाँ जाए? कौन है उसका? एक कृष्ण को चाहा था, वह भी उसका विश्वास नहीं करता। कुटिया में वह अकेली है। अकेली जान के लिए खटराग क्यों? कौन खाना बनाए? कौन खाए? क्या! वह चमक उठी। क्यों नहीं वह आसनपाटी ले! फाका व्रत करे! देखें, वह कैसे खाना खिलवाता है! फिर वह क्या करेगा? ठीक है, अब वह ऐसा ही करेगी। आज ही करेगी। भोजन नहीं। उपवास···उपवास···उपवास···सत्याग्रह सही। उसे स्वयं ही आकर उपवास खुलवाना होगा, अन्यथा वह बिना भोजन किए प्राण त्याग देगी। अब इसके अतिरिक्त उसके सामने कोई अन्य रास्ता नहीं रह गया था।

अभी भी कुटिया दूर थी। भूख भी जोरों की लग रही थी। लेकिन उसने तो

आज ही से निश्चय कर लिया है कि वह उपवास पर रहना शुरू कर देगी।

जीवन के प्रति उसमें उदासीनता घर कर चुकी थी। अकेला भी कोई जीवन है! अब तक चित्तौड़ से चलकर घूमती ही रही है। क्या पाया है उसने सिवाय एकांत सन्नाटा, उपेक्षा, दुत्कार और घृणा के। हालाँकि उसने कभी इन बातों की परवाह नहीं की थी। शिव शंभु की तरह विष का घूँट पीकर वह चुप बनी रही थी।

यथार्थत: उसने अपने लिए चाहा ही क्या था? जो उसका गिरिधर गोपाल था, वह सबका भी था और सबके लिए ही था। मानव चरित्र के बदसूरत हालात को देखकर उसका मन डूबने लगता था। मानव सुंदर होकर कुरूप क्यों हो जाना चाहता है? क्या घृणा की आग फैलाकर सबका सर्वनाश करना चाहता है? क्यों उसे प्यार भरे जीवन की चाह नहीं है?

गोविंद कृष्ण का नाम सबके चित्त को शांति प्रदान करता था। मानव का कलुषित मन कमल की तरह खिलने लगता था। उसे कभी कृष्ण मिले या नहीं मिले, लेकिन वह अवश्य कृष्णानुराग की तरंगों में सबको बहा ले जाती थी। मनुष्य कुछ समय के लिए सारे दुःख भूलकर कृष्ण की शरण में पहुँच जाता था और प्रसन्नता का अनुभव करता था।

परंतु अब तो वह द्वारका में है, वृंदावन में नहीं। भक्त यहाँ भी हैं। उनमें श्रद्धा भी है, प्यार भी और कुछ-कुछ समर्पण भी। तो क्यों न वह उनके लिए जिए? क्यों आमरण अनशन पर बैठे? वह क्यों भागे रणक्षेत्र से? पर कब तक डटी रहे वह वहाँ? आखिर कब तक?

नहीं, उसने जो एक बार तय कर लिया है, उससे पीछे नहीं हटेगी, कदापि नहीं। यदि वह होगा तो अपने असली रूप में प्रकट होगा, जिस रूप-वेश में वह दिन-रात उसका स्मरण करती रहती है। अब तो उसे आना ही पड़ेगा।

मीरा यह सोचते हुए अपार उत्साह से भर उठी और भूल गई अपने पाँव के दर्द तथा गहरी थकान को। उसमें जीने की नई प्रेरणा जागी।

अब मीरा अपनी कुटिया के सामने थी। कुंडी लगी हुई। ताला वह लगाती नहीं थी। उसने धीरे से कुंडी खोली। दरवाजा अंदर को ढकेला। अंदर गहरा अँधेरा था। कौन उजाला करे उसकी कुटिया में? कौन था उसका? वह अँधेरे में चुपचाप खड़ी रही। उसका मन दीया-बाती के लिए तैयार नहीं हुआ। वह गुमसुम-सी खड़ी रही। फिर चुपचाप एक कोने में दीवार का सहारा लेकर बैठ गई। बैठते ही पाँव के दर्द और थकान ने उसे दबोच लिया। कोई होता तो उसके पाँव दबा देता। ललिता होती तो···। उसकी तो बात ही कुछ और थी। वह तो उसकी शक्ल देखकर ही पहचान जाती थी कि वह थक गई है या उसे क्या पीड़ा है। फिर तो वह

हकीम-वैद्य बन जाती थी और उसे मरीज बना लेती थी। उसकी नाह-नूह की एक नहीं चलती थी। चलने दे तब चले न।

'इधर लाइए पाँव।'

'नहीं, ललिता, नहीं। यह पाप नहीं।' कहते हुए मीरा ने अपने पाँव सिकोड़ लिये थे।

'सेवा करना पाप है तो आप इस पाप के लिए क्यों घर छोड़कर जोगिन बनी हैं? लौट जाइए अपने राजमहलों में और छोड़ दीजिए इस भुतही बानगी को! फिर हमें भी उस नरक में जाने के लिए कोई रोकनेवाला नहीं रहेगा। सब ठीक हो जाएगा। सबका सब।' ललिता आपे में नहीं रही। बिफर पड़ी। रुकी नहीं। उसे अपने को रोकना नहीं आता था। अचानक वह जिद्दी बच्ची हो जाती थी।

'थे तो नाराज हो गई, लली।' मीरा प्यार से भरकर कभी राजस्थानी, कभी व्रजभाषा और कभी मिली-जुली भाषा में उससे बतियाना शुरू कर देती थी और ललिता को वह 'लली' से भी संबोधित करने लगती थी।

'नहीं, नाराज नहीं। नाराज होने का अधिकार सिर्फ आपको है।'

'नाँय री, लली, नाँय। क्या म्हें तुझे ऐसी लगती हूँ? रिसाती तो तू रहती है और बिना सोचे-समझे।' मीरा ने सहज मुद्रा में उसे समझाने का प्रयत्न करते हुए कहा।

'जे कौन सी नीति-रीति है कि थे रात-दिन सेवा का पुण्य बटोरती रहो और म्हारे कूँ 'लली-लली' कहकर उस पुण्य से पाछे ढकेलती रहो? जे कौन सी प्रीति है थारी? सब जानती हूँ। म्हारे कूँ जरा सा जुकाम हो जाए तो पानी के हाथ नहीं लगाने देतीं, कामकाज नहीं करने देतीं, काढ़ा बनाकर पिलाती रहती हो। कभी आमाहलदी, कभी तुलसापत्ती, कभी काली मिर्च, बताशे और न जाने क्या-क्या! फिर म्हारी का हिम्मत कि हम जरा सी भी नाह-नूह कर सकें! कैसे करें? म्हारे कूँ जा से पहले किसने ऐसा प्यार-ममता बख्शी? किसने दुलार भरा हाथ सिर पर फेरा? माँ बचपन में ही चल बसी। पिता ने दूसरो विवाह रचा लियो। रात-दिन भंगड़ी बना घूमता फिरा। सौतेली माँ को म्हारी ओर देखने की फुरसत कहाँ थी। बचपन से दुत्कार मिली। उसीको बटोरा। जाने कैसे, कौन ले आया उस नरक में। घर से बेघर हो गई। और धीरे-धीरे जाना कि म्हें नारी नहीं रही। कुलटा हो गई हूँ। म्हाँने देह की दुकान सजा ली छे। म्हें…' ललिता में गुबार सावन के मेघ-से उमड़ने-घुमड़ने लगे थे। वह पगला उठी थी। दरअसल उसने जिस नरक को भोगा था वह उसे काल कोठरी में पड़ी उस युवती से जोड़ जाता था, जिसको बिना गुनाह के उम्रकैद की सजा भोगनी पड़ रही थी। उसकी दृष्टि में सारा समाज उसके लिए

जिम्मेदार था। पुरुष भी और स्त्री भी।

उसे वह घर से उड़ा ले गया था या उसकी सौतेली माँ ने उसका सौदा कर दिया था, यह उसे आज तक नहीं पता। उसने यौवन का अंकुर फूटते ही बलात्कार भोगा था। पहली और आखिरी सजा पाई थी, निर्दोष होकर। छटपटाए थे उसके प्राण! घृणा हुई थी सभ्य समाज से, राज्य से और सबसे—अपने से भी। क्या दोष था उसका? फिर क्यों उसके मन में घर बसाने की इच्छा नहीं फूटती? क्यों छीन लिया था उससे जीने का अधिकार? इसके लिए वे पुरुष ही नहीं, पूरा नपुंसकों का समाज जिम्मेदार है। पर कहाँ था समाज? समाज ने तो उसके साथ रात के अँधेरे में मुँह काला करने में गौरव पाया था। क्या धन्ना सेठ, क्या पीतांबरी ओढ़े पुजारी, क्या सफेद दाढ़ीवाला मुल्ला, क्या दारोगा, उच्च अधिकारी—सबने ही तो उसे भोगने का अधिकार पा लिया था। उसे जिंदा रहना है। दो जून की रोटी पानी है तो वह पराए पुरुषों के विषदंतों को झेले अपने तन पर, अपने मन पर। सारा मंदिर-मसजिदवाला समाज कोठे को मंदिर-मसजिद से ऊँचा दर्जा देता था। उसने ईश्वर-अल्लाह की तरह उसकें भी कई नाम दे रखे थे—वारविलसिनी, वेश्या, कुलटा, बेड़िनी, कोठेवाली—और न जाने क्या-क्या नाम दे दिए थे।

'ललिता! ललिता!' मीरा ने उसे थामना चाहा था उन अँधेरों में गोते खाने से, जिनसे निकालनेवाला कोई नहीं था। वह भी नहीं। उसकी भक्ति भी नहीं। फिर भी वह उसके चित्त को बहुत कुछ मोड़ चुकी थी।

'थे चाहती हो, थारे पुण्य में से जा अभागी के पल्ले कछु न पड़ जाए। म्हारी अकल मोटी सही, पर जे बातें सब समझ में आने लगी हैं। भला क्यों न आएँ! इतने दिनन थारे साथ रहते हुए हो गए।' ललिता का बाढ़ का-सा प्रवाह नहीं रुका। कैसे रुकता? कौन रोकता? वह उसके स्पर्श मात्र से बह पड़ा था, ज्वालामुखी-सा।

'ले, बड़ी बुआ, ले।' कहकर मीरा ने पाँव उसकी ओर बढ़ा दिए और वह छलछलाती आँखों से मीरा के पाँव दबाने लगी—धीरे-धीरे, बहुत प्यार से, भक्ति-पूजन की तरह समर्पित होकर।

'तू रो रही है पगली!'

ललिता कुछ नहीं बोली। दर्द बोलने कब देता है। और एक बार बोलने की छूट मिल गई तो वह तूफान, भूकंप और प्रलय बनकर मँडराने लगता है या मीरा-सा गंगा बनकर बहने लगता है धरा के रेगिस्तानी प्रदेशों में उनके मन को हरा-भरा करने।

'पगली, तू म्हारे सूँ छिपाती है। म्हें ही तो तेरी दीदी-माँ हूँ, सखि-सहेली हूँ। क्यों, नहीं हूँ क्या?' मीरा उसकी ओर देखते हुए कहती। कैसी मलूक! महकते

चंदन और गुलाब-सी छरहरी देह! दमकता रूप! तीखी नाक-नक्श! रेशम-सी चितवन। एकदम राजपूतानी। कितना दुःख झेला छरीदा होकर! कितनी छरछराहट भोगी गूँगे रहकर!

'जी दीदी, थे ही तो म्हारा सबकुछ हो। थे म्हारे जीवन में न आती तो…'

'आगे कुछ नहीं, लली, एक शब्द नहीं।' मीरा जानती थी कि पल भर में सारे फफोले फूट पड़ेंगे अचानक जनमे झरने से।

'म्हें बोलने कब दिया है किसीने! म्हें तो जुबान होते हुए भी गूँगी ही रही हूँ। बा रात भी जब…छिः-छिः-छिः! पुरुष इतना घृणित और जानवर से भी गया-बीता है क्या? का धर्म है बाको! किस बात के लिए वो मूँछें मरोड़े घूमता है? पगड़ी लगाकर और रोब-रुतबा की बात करता है? जी चाहता है कि सारे समाज के टुकड़े-टुकड़े कर डालूँ—इतने टुकड़े कि उन टुकड़ों के चिह्न खोजें, तो भी नहीं मिलें। म्हारो बस चले तो जा निपट अंधी दुनिया को राख करके रख दूँ!' ललिता बराबर पाँव दबाती जा रही थी और दुःख-पीड़ा के अंतर्वेदना के उफान को उड़ेलती जा रही थी।

मीरा का हृदय भर आया। वह विचलित हो उठी। नारी को इतना कमजोर क्यों माना जाता है? क्यों उसको निरंतर पददलित किया जाता है? चित्तौड़ छोड़कर आने के पीछे क्या राजघराने के मखमली विषदंत काम नहीं कर रहे थे? क्या-क्या पीड़ा नहीं सही उसने! क्या-क्या अत्याचार न सहे उसने! पर…साँवरे ने उसकी रक्षा की। उसे हिम्मत दी। कभी अकेले घर से बाहर नहीं गई। कभी पैदल चलने की बात नहीं उठी कहीं बाहर जाने के लिए। फिर अकेली…लंबी और अनिर्दिष्ट यात्रा। कोई दिशाबोध नहीं। सिर्फ मन की आग! पीड़ा का प्रकाश! कौन था उसका? सारी दुनिया उसके लिए अनजानी थी।

'का बताऊँ, दीदी, म्हारे मन में कभी-कभी कैसा ज्वालामुखी उफनने लगता है कि म्हें पागल हो उठती हूँ। जी चाहता है कि भस्मासुर का-सा कोई मुझे भी वरदान दे दे तो…म्हारे सूँ वा जैसी गलती नहीं होगी कि वरदान देनेवाले को ही मिटाने दौड़ पड़ूँ। म्हें तो जे सिगरी दुनिया के मर्दन कूँ राख कर दूँ!'

'अपने किसन कन्हैया को भी?' मीरा बीच में पूछ बैठती।

'दीदी!' वह मचलकर आगे कहती—'बा का नाम न लो। थे क्या मानती हो कि बो है! है तो…क्या म्हारे साथ ऐसा होता?'

'हाँ, वही है, वही था और वही रहेगा, लली। बाके बिना सब शून्य है।' मीरा तनिक तेजी से कह जाती।

'थे मानो, पर म्हें नाँय मानूँगी। म्हारी बाने रक्षा नाँय की। म्हारा सिगरा

जीवन बरबाद करके रख दियो। ना, ना! म्हारे लिए तो उसका होना या न होना कोई अरथ का नाँय। पता नहीं कैसे बा ने द्रौपदी की रक्षा की! बो म्हें बिलकुल मनगढ़ंत कहानी लगती है। धीरे-धीरे म्हारे कूँ भी अनुभव होने लगा है और न चाहते हुए भी वे दंश म्हारे कूँ अपने सूँ मुक्त नाहिं होने देत हैं। का करूँ, म्हें विवश हूँ। तब भी विवश थी और···' ललिता इतना कहकर रुक गई।

मीरा ने उसका वाक्य पूरा कर दिया—'अब भी तू अपने कूँ विवश मानती है री!'

'का करूँ! कोई दिग्बल तो है नहीं म्हारे साथ। अहोरात दिग्दाह से घिरी अपने कूँ ठेलती रहती हूँ। लगता है कि अहेरी अभी तक सूँघने की ही फिराक में है। अँखियन में बेमौसम बरसात आ घिरती है बिन बुलाए मेहमान-सी। काश, म्हारे भाग्य में भी अहोरा-बहोरा लिखा होता! पर म्हारे भाग्य में तो···'

'न-न, ललिता, ऐसा नहीं कहते। जानती हूँ, दंशों की पीड़ा जाते ही जाते जाएगी। जा में थारो कोई दोष नाँय है। थे तो कृष्ण-राधा-सी पवित्र है। समय के घाव भरने में देर तो लगती है। वे घाव मन के होते हैं। दीखते नहीं हैं, पर नासूर जैसे होते हैं। पर तू तो बा में ही ध्यान लगाए रख। बा से ही थारे मन की पीर मिटैगी और थारे कूँ चैन पड़ैगो। थे तो···क्या कहूँ, थारे सूँ···म्हारे तो प्रयास यही छे कि थारा मन विषदंतों की पीड़ा सूँ मुक्त हो और थारी जिज्ञासा बा में बने जो थारे-म्हारे जीवन को कर्णधार है, जीवन को आधार है और जाके लिए तैने-मैंने जनम पायो है। जो म्हारे-थारे मानव जोनि में जनम पाने कूँ कारण है। जाके लिए भाग्य-वाग्य का कछु अरथ नाँय अरु न जोयसी (ज्योतिषी) की बात। जा जीवन की यही तो साँची नफरी है, मजूरी है। कान्हा सूँ विनती करती हूँ कि बो जा दलदल से थानें बाहर लाए और नई रोशनी में फिर से बाकी सृष्टि देखने दे। तूने अभी तक जीवन का एक पक्ष देखा-भोगा है, दूसरा नहीं।' मीरा ने ललिता का हाथ अपने हाथ में ले लिया। फिर कुछ उठी और उसे अपनी ओर खींचकर गोद में ले लिया। वह पेड़ से टूटे फल की तरह उसकी झोली में आ पड़ी और बंद आँखों से देखने लगी। मीरा उसके लंबे खुले केशों को सहलाने लगी। उनमें उँगलियाँ डालकर महकाने लगी।

अचानक उसकी देह में फुरफुरी दौड़ गई। उसके अरुणाधर काँप गए। उसकी आँखों में ललाई उतर आई।

जुन्हाई नीरवता ओढ़े हुए उनींदी आँखों से देख रही थी। पर क्या देख रही थी, यह वह अनुभव नहीं कर पा रही थी। देखने के लिए था ही क्या! चारों ओर हिम जैसी सलोनी चादर पड़ी बिछी थी, मानो वह आकाश के हाथ से छूटकर धरती पर आ गिरी हो। वह देखना-जानना चाहती थी कि कौन आएगा उस धवल चाँदनी

को···कैसे उठाएगा? वह दृश्य कैसा लगेगा?

मीरा को कुछ नहीं मालूम था। कितने दिन बीत गए। भोजराज ने उसे नहीं छेड़ा। कैसे छेड़ते! उसने पहली ही बार उन्हें टोक दिया था—'आगे नहीं। छूना नहीं। थारे कूँ म्हारी···'

'न-न, मीरा, न। आगे कुछ मत कहना। थे नहीं चाहती तो म्हारे कूँ थारा कहा मानना ही पड़ेगा। पत्नी-पति को जे ही तो करना होता है कि एक कहे और दूसरा माने।' भोजराज ने उसे नहीं छुआ।

मीरा ने उसपर कोई प्रतिक्रिया व्यक्त नहीं की। दिन उगता और बीत जाता। कभी-कभी भोजराज उधर आते और गंभीर होकर उससे कहते—'थारो किसन तो जग का स्वामी है, मीरा!'

मीरा आँखें फाड़कर उन्हें घूरती रह जाती।

भोजराज कहते—'बो जग को सिरजनहार है, जग को पालनहार भी और संहारक भी। थे म्हारी भी बासे सिफारिश कर देना जी।'

मीरा कुछ नहीं समझती। सिर्फ उन्हें घूरती रह जाती।

'म्हें तो छोटी सी रियासत का हूँ। बा से कहना कि बो म्हारी भी रक्षा करता रहे।'

मीरा चुप रहती।

'थे तो बहुत चतुर हो, मीरा! छोटी रियासतवाले से विवाह रचाकर प्राणप्रिय उसे बना लिया जो जग का मालिक है। थानें समझदारी सूँ ही काम लियो है। हर समझदार को अपनी अकल का ऐसा ही प्रयोग करना चाहिए। हीरे-मोती को छोड़कर कौन पगला है, जो म्हारे जैसे काँच को गले से लगाए या लगाने देगा! है न!' भोजराज भावविह्वल होकर कहते जाते।

मीरा की हृतंत्री सितार-सी झंकृत हो उठती। वह भोजराज की ओर मंत्रमुग्ध होकर देखती रह जाती। उसका हृदय पसीजने लगता। वह अत्यंत मिठास घोलकर कहती—'किसनजी सौंह, म्हाँने ऐसी कभी कल्पना में भी नाँय सोचा। म्हारे लिए तो थे भी··· । थारे ही कारण सूँ म्हें यहाँ हूँ, सुरक्षित और शांत हूँ। थे भी तो म्हारी पूजा हो।' मीरा कहने को कह गई। न कैसे कहती! उसका हृदय द्रवीभूत हो उठा था भोजराज की अटूट श्रद्धा-भक्ति के सामने। पति होकर पति होने का अधिकार उन्होंने प्रसन्नता से छोड़ दिया—उस दिन तक के लिए जिस दिन मीरा की अंत:चेतना उसे स्वीकार करने का मानस नहीं बना लेती।

धीरे-धीरे भोजराज मीरा के हृदय में घर बनाने लगे। मीरा के महल में आकर अलग पलंग पर सोने भी लगे थे। पर उस रात—जुन्हाई की मदमादी

बेसुध रात—में पता नहीं कब भोजराज उसके पलंग पर आए और कब तक उसे निहारते रहे। अचानक उनका हाथ उसके मेघ-से कुंतलों को सहला उठा। सहलाता रहा।

मीरा का मन नहीं हुआ कि वह भोजराज को मना कर दे। कुछ अटपट कहकर उठ जाए या चपला-सी चमककर दूर खड़ी हो जाए। पता नहीं उसे क्या हो गया था। उसका निर्मल मन शांत था और स्पर्शानुभूति से गद्‌गदा उठा था।

कुछ देर के लिए पगला गया था उसका मन। परंतु शीघ्र ही वह अपने में लौट आई और उठकर बैठ गई। भोजराज का स्वप्न भंग हो गया और वह अकहे ही उठकर चल पड़े। सन्नाटा सद्यः जनमे शिशु की भाँति आँखें खोले पड़ा रहा स्थिर और अचंचल।

ललिता के गेसू सहलाते हुए उसे भोज की स्मृति हो आई और वह सिहर उठी। उसने स्वतः ही उसके बाल सहलाना बंद कर दिया और कह गई कि 'नींद सता उठी है, ललिता।'

ललिता कुछ समझी या नहीं, परंतु मीरा को सबकुछ समझ में आने लगा—अतीत होते प्यार का प्रथम संस्पर्श। 'पर' में 'स्व' चेतना की तेज होती धड़कनों का अद्‌भुत एहसास।

भावुक सोच के घेरे से बाहर आने की छटपटाहट लिये मीरा दीवार से सटी-की-सटी रह गई। जागते हुए सपने देखने की उसमें अब कुछ ज्यादा ही टेव पड़ती जा रही थी।

मीरा को अपना अतीत बाँचना अच्छा लगता था; क्योंकि वह भी उसके जीवन का ऐसा हिस्सा था, जिसे वह चाहकर भी अपने से अलग नहीं कर सकी थी। कर भी कैसे सकती थी। वहाँ भी तो वही थी। उसका होना ही वहाँ भी अहम था। आज वह जो कुछ है, वह भी बीते हुए कल के ही कारण तो है। उसका आज अतीत का ही तो साक्षी बना हुआ है।

मीरा सोच के भँवर में पड़ी-पड़ी डूबती जा रही थी। हालाँकि वह चाह रही थी कि समग्र मोह-ममता के नागपाशी घेरे से अपने को बाहर ला सके। पर उसके चाहने से क्या होता है! चाह तो उसकी होनी चाहिए जिसके बिना एक पत्ता तक नहीं खड़कता है। वही तो उसका सबकुछ है। उसको मनाने-रिझाने के लिए ही तो वह प्राणों का स्वर अपने गीतों में उतारती जा रही थी और उसीकी सिहरन-स्नेह के नाते से वह उसमें खोती हुई नाच उठती थी—लोक-लाज का भी उसे ध्यान नहीं रहता था। कैसे रहता! वह उसीको तो अपना लोक मान बैठी थी। उसके लिए उसके बिना सारा संसार फीका था, बेकार था और निरर्थक था। अब वह उसे

नहीं अपनाए, नहीं चाहे और नहीं अहमियत दे तो वह क्या कर सकती थी; क्योंकि उसपर उसका कोई जोर नहीं था।

मीरा को अँधेरे से घिरे बहुत समय हो गया था। उसका मन हुआ कि वह उठे—पूजा-अर्चना करे। आज उसने संध्या-वंदना कहाँ की थी। कई बार उसके जीवन में ऐसा हुआ था कि उसका मन कुछ करने के लिए कतई तैयार नहीं हुआ। क्यों नहीं हुआ, इसका कारण वह आज तक नहीं जान सकी। जानने की उसे इच्छा भी नहीं हुई। क्या करती जानकर? क्यों जानती?

दरवाजा किसीने थपथपाया।

मीरा को उठना ही पड़ा। दरवाजा खोला तो सामने गोमतीबाई, सविता पाटिल और उनके साथ दो स्त्रियों को खड़ा पाया।

सविता पाटिल ने छूटते ही पूछा, "माई, यह अँधेरा क्यों?"

मीरा ने उन्हें अंदर आने के लिए आमंत्रित कर आले पर रखा दीया जला दिया। कुटिया झपझप करती पीत रोशनी से जगमगा उठी।

"बैठिए।" मीरा ने कहा।

सविता पाटिल रथ में आई थी। वह वहाँ के प्रसिद्ध श्रेष्ठि मदन पाटिल की पत्नी थी और गोमतीबाई उनके बड़े पुत्र की वधू।

अंदर वे दोनों आई थीं और आकर बैठ गई थीं।

मीरा ने पूछा, "आज्ञा कीजिए।"

"आशीर्वाद चाहिए, माई। आज्ञा तो आप कर सकती हैं, हम तो आज्ञा का पालन करने की कोशिश कर सकते हैं।" सविता पाटिल ने कहा।

मीरा चुप रही।

"आपकी तबीयत तो ठीक है, माई?" इस बार गोमतीबाई ने पूछा।

"हाँ।"

वे दोनों चुप रह गईं।

कुछ देर बाद सविता पाटिल ने पूछा, "हमारी एक प्रार्थना है।"

"कहिए।"

"आपके लिए करने योग्य भी है; परंतु···"

"परंतु क्या?" मीरा ने पूछा।

"आप स्वीकार तो करेंगी न?" सविता पाटिल ने कहा।

"क्यों नहीं करेंगी, माँ!" गोमतीबाई बोली।

"हाँ, अवश्य करूँगी।" मीरा ने कहा।

उनका संपूर्ण परिवार मीरा का अंधभक्त था। वे सब सज्जन और सरलचित्त

थे। किसीको भी रत्ती भर घमंड नहीं था। वह जानती थी कि वे उसके सामने ऐसा कोई प्रस्ताव नहीं रख सकती हैं, जो कि उसके मन के विपरीत हो।

वे दोनों एक-दूसरे की ओर देखती रहीं।

"कहिए भी, संकोच मत कीजिए।" मीरा ने धीरे से कहा और अंदर की ओर देखने लगी।

सविता पाटिल ने साड़ी का पल्लू ठीक से सिर पर लिया। फिर कहा, "आज आप दिन भर कुटिया पर नहीं थीं।"

"हाँ।" मीरा ने कहा। फिर पूछा, "क्या बात थी?"

"कई बार हमारे आदमी आए। दासी भी आई।"

"ऐसा क्या काम पड़ गया?" मीरा ने सहज ढंग से पूछा।

"आपको याद नहीं है, माई?" गोमतीबाई ने पूछा।

"नहीं।" मीरा ने सहज ढंग से कहा।

"गोमती के छोटे लड़के की वर्षगाँठ थी न आज!" सविता पाटिल ने कहा, "आपको पूर्णमासी की कीर्तन सभा में पुनः स्मरण कराया था।"

"ओह! मुझे..."

मीरा इतना ही कह पाई कि सविता पाटिल बीच में ही बोल पड़ी—"कुछ नहीं कहिए आप। गोमतीबाई ने अभी तक अन्न ग्रहण नहीं किया है।"

"क्यों?"

"यह बिना आपको खिलाए कुछ नहीं खाएगी।" सविता पाटिल कह रही थी—"यह आपको अपना सर्वस्व मानती है। अब कृपया आप हमारे साथ चलिए। बहू का व्रत खुलवाइए।"

मीरा हतप्रभ। अब क्या करे? झूठ चल नहीं सकता। उसका उपवास। जाना तो पड़ेगा। बिना जाए बात बन नहीं सकती। वह बोली, "ठीक है, जरा अंदर भी दीया-बाती कर लूँ।"

मीरा अंदर चली गई। वे दोनों अपलक उसे निहारती रहीं।

"माँ, माई कितनी सरल हैं!" गोमतीबाई ने कुटिया को देखते हुए कहा, "एकदम साधारण रहन-सहन। कहाँ राजघराने की वधू और कहाँ जोगिन का वेश! कहाँ अपार संपत्ति-ऐश्वर्य का असीम सुख-आनंद और कहाँ ऐश्वर्यविहीन जीवन का स्वेच्छा से वरण! कोई तुलना हो सकती है इन दो विपरीत स्थितियों में!"

"हाँ, बेटी, लगी छूटती नहीं है। सच्ची लगन है। जन्म से कृष्ण कन्हैया की होकर रह गई हैं। जिसकी लौ उससे लग जाए, फिर वह कब संसार के मायाजाल में फँस सकता है! कभी नहीं।" सविता पाटिल ने उसे समझाया।

"क्या माई को साँवरे के दर्शन हुए हैं?" गोमतीबाई ने पूछा।

"उसके दर्शन का ही तो यह प्रभाव है कि जन-जन में उसकी ज्योति जगाने में यह सफल होती जा रही हैं। इनका अदमित साहस और निर्भीक आचरण इसी बात के प्रमाण हैं कि इनका रक्षक कृष्ण कन्हैया ही है।"

"वो हम सबका रक्षक नहीं है क्या?" गोमतीबाई ने पूछा।

"हाँ, है, बेटी।"

"तो फिर, माँ?" गोमतीबाई ने सहज जिज्ञासा प्रकट कर दी।

"मीराबाई जैसी तो बड़े पुण्य से जनमती हैं, बेटी। जन-जन में यह गोपाल को देख रही हैं। इनकी साधना, इनका तप और इनका कीर्तन-जप सबके शुभ के लिए है। सारा जगत् कृष्णमय हो जाए, यानी सब सुखी होकर रहें—मिलकर। आनंद से रहें—कृष्णार्पित होकर। नारी जाति के उत्थान और उसकी साहस की यह जीती-जागती तसवीर हैं। बेटी, यह असाधारण बात है, जिसे जी पाना दुर्लभ है। इनका स्वर कृष्णमय है, इनका आचरण-धर्म कृष्णानुसार है। इसीसे…"

सविता पाटिल ने इतना ही कहा कि गोमतीबाई कहने लगी—"समझी, माँ। ये महान् हैं, क्योंकि सबके लिए जी रही हैं।"

मीरा लौट रही थी।

दोनों चुप हो गईं।

"चलिए।" मीरा ने आते ही कहा।

तीनों बाहर आ गए। मीरा ने मुड़कर दरवाजा बंद किया। तीनों रथ में बैठीं। वे दो स्त्रियाँ भी रथ में आ बैठीं, जो बाहर खड़ी रह गई थीं।

अँधेरी रात। घनी रात। टिमटिमाते तारों-सा जहाँ-तहाँ उजास। रथ आगे बढ़ता गया। मीरा सोचती रह गई कि उसके ठान लेने से कुछ होनेवाला नहीं है। अब जैसी उसकी इच्छा। उसने मन-ही-मन काली बाबा व कृष्णा का नमन किया और अपनी लटों को सँभालकर ठीक से बैठ गई।

चौंतीस

हवा बहुत तेज चल रही थी। वृक्षों की टहनियाँ बेतरह झूल रही थीं।

आकाश बादलों की चपेट में आ गया था। अंधड़ तूफान था—समुद्री तूफान। पता नहीं सुबह तक कितनी झोंपड़ियाँ, कितनी कुटियाँ और कितने दरख्त जड़-मूल से नष्ट हो चुके होंगे। समुद्र जब बिगड़ता है तब सर्पिणी की तरह वह अपने ही

सद्यः जनमे शिशुओं को निगल जाता है। भूख उसे अपना-पराया कुछ सोचने नहीं देती है।

क्या होगा उनका, जो सुबह तक घर से बेघर हो जाएँगे? कितने ही हमेशा के लिए खो जाएँगे। यह सारी विपदा उनपर ही आएगी जो बेचारे निर्धन, दुर्बल और नेक रास्ते पर चलनेवाले होंगे। हर बार ऐसा क्यों होता है कि जिनके भाग्य में मोती होने चाहिए उनके भाग्य में राख पड़ती है और जिनके''। यह सोचते हुए मीरा का मन बेचैन हो उठा।

मीरा तेज हवाओं के अंधड़-आक्रमण के झोंकों को अपने में उठता और दौड़ता अनुभव कर रही थी। कुछ दिन पूर्व ही तो वह मछुआरों की बस्ती में गई थी। इससे पहले वह उनकी बस्ती में कभी नहीं गई थी।

एक दिन साँवरी आई थी। युवती थी। तीखे नाक-नक्शवाली और बैगनी जैसे रंग की चमकदार देहवाली थी। यद्यपि उसकी आँखें छोटी थीं, तथापि थीं गहरी और मदमाती। उसकी देह इकहरी थी और कद लंबा।

वह उसके पास आकर बोली, ''माई! माई!''

मीरा ने उसकी ओर ध्यान से देखा और फिर पूछा, ''क्या बात है?''

''तू माई है न?''

''तो क्या हुआ?''

''माई तो सबकी माई होती है न?''

''तो?'' मीरा ने उसके भोलेपन का मन-ही-मन आनंद लेते हुए कहा।

''सुना है, तू भजन अच्छे गाती है?''

''हाँ।''

''हम भी सुनना चाहते हैं।''

''तो सुनो।''

''कैसे?''

''जब गाऊँ तब।''

''कब गाएगी तू, माई?''

''पता कर लेना।''

''किससे?''

''किसीसे भी।''

''कोई नहीं बताएगा, माई।''

''क्यों?'' इतना कहकर मीरा चक्कर में पड़ गई कि कोई क्यों नहीं बताएगा।

"हम छोटे हैं।"

"तुम तो खूब लंबी हो!" मीरा ने चहकते हुए कहा। उसे अपनी उम्र की सहेलियों का स्मरण हो आया। कैसे छकाती थी वह उन्हें। लुका-छिपी में तो वह बहुत तेज थी।

"नहीं, यह बात नहीं है।"

"तो क्या है?"

साँवरी सिर खुजाते हुए सोचती रही कि वह कैसे समझाए? उसके भेजे में एक बात हूक-सी उठी और वह बोल पड़ी—"हम गंदे लोग हैं।"

मीरा ने जानबूझकर आँखें फाड़े उसको नीचे से ऊपर तक देखा। साँवरी सकपका उठी। मीरा बोली, "तू तो कहीं से भी गंदी नहीं है।"

"फिर भी हूँ।" साँवरी ने जोर देकर कहा।

मीरा ने आँखें झपकाकर उसे देखा और कहा, "नहीं री, कहीं से भी तू गंदी नहीं है। अच्छे और साफ-सुथरे वस्त्र हैं। हाथ-पाँव-मुँह—सब साफ हैं। फिर थे गंदी कैसे हो? नहीं हो, कतई नहीं। अरे रे, थारा तो मन भी साफ है, पवित्र है गंगाजल-सा एकदम।"

साँवरी और मुश्किल में फँस गई। कैसे समझाए वह। वह चक्कर में पड़ गई।

थोड़ी देर बाद वह हाथ नचाती हुई बोली, "तू समझ नहीं रही है, माई। तूने तो किसन कन्हैया, बाँसुरीवाले के दर्शन किए हैं न?"

"न।" मीरा सहज में कह गई।

"क्या? न! यह तू कैसी बात कर रही है, माई! सब तो···" साँवरी सोचने लगी कि यहाँ तो सब गड्ड-मड्ड हुआ जा रहा है। उसे तो न जाने क्या-क्या बताया गया था और···

"हाँ, न। नहीं देखा उसे।"

"पर···"

"तूने समुद्र देखा?"

"हाँ, देखा। देखा क्या, हम तो रोज-रोज वहाँ जाती हैं। उसके पास ही रहती हैं। हमारा तो जनम-जनम से उसका साथ है। हम तो वहीं पली, वहीं खेली और वहीं रहती भी हैं।" साँवरी बोले ही चली गई। सब उसको 'बातूनी' की संज्ञा दे चुके थे। वह प्रयत्न भी करती थी कि कम बोले, पर वैसा होता नहीं था।

"तूने समुद्र की बूँदें देखी हैं?"

साँवरी खिलखिलाकर हँस पड़ी। हँसती रही। उसके मोतियों जैसे चमकदार

दाँत दमक उठे। फिर बोली, "माई, तूने समुद्र नहीं देखा क्या?"

"क्यों?"

"समुद्र में तो जिधर देखो, जहाँ तक देखो, पानी-ही-पानी दिखाई देगा। वहाँ बूँद का क्या काम!" साँवरी को अपनी अक्ल पर नाज हो आया। वह भी बहुत कुछ जानती है।

मीरा गदहपचीसी की मौज-मस्ती का मन-ही-मन आनंद ले रही थी। नव यौवन इतना अल्हड़ और इतना नासमझ! न चिंता और न डर।

वह पूछ बैठी—"बूँद तो नहीं देखी न?"

"हाँ, माई, नहीं देखी। सिर्फ समुद्र देखा—अथाह और अपार जलवाला।" साँवरी ने माथे पर झुक आई लट को पीछे कर बालों में कर लिया।

"ठीक वैसा ही किसन कन्हैया है—मोर मुकुटवाला और बाँसुरीवाला।" मीरा ने कहा।

साँवरी के पल्ले कुछ नहीं पड़ा।

"वह तो जहाँ समुद्र नहीं है, वहाँ भी है। ऊपर-नीचे, दाएँ-बाएँ चारों ओर है। कण-कण में है। फिर उसे कैसे देखा जा सकता है! वह घट-घट में है। तूने कभी अपने घट में झाँका क्या?" मीरा ने पूछा।

"घट यानी घड़े में!" साँवरी जोर से खुलकर हँसती रही।

"घट यानी हृदय।"

"हृदय क्या होता है, माई?"

"दिल।"

"कहाँ होता है?"

"यहाँ आगे आ।"

साँवरी आगे आई। मीरा ने उसे अपनी ओर खींचा। वह घबराई। उसने कहा, "यह क्या करती हो, माई?"

"दिल यानी हृदय की धड़कन सुनवाती हूँ। सुनेगी न?"

"हाँ।"

"तो कान इधर ला।" मीरा ने अपने दिल पर उसका कान रखकर पूछा, "क्या हो रहा है?"

"कुछ भी नहीं।"

"कुछ भी नहीं!"

"हलकी-हलकी गुदगुदी हो रही है।" साँवरी ने उसके उरोज की सुघड़ता अनुभव की। वह मन-ही-मन मुसकरा उठी।

"धक-धक नहीं क्या?" मीरा ने पूछा।

कुछ देर सुनते हुए वह बोली, "हाँ, माई, हो रही है।"

"यही दिल है। यह देखा है तूने?"

"नहीं।"

"तू देख सकती है क्या?"

"नहीं।" कुछ देर सोचकर उसने फिर कहा, "नहीं।"

"चलो हटो!" मीरा ने प्यार से उसे झिड़कते हुए कहा। वह उसके उरोज से लगकर रह गई थी। मीरा के मन में भी कुछ-कुछ होने लगा। काश, उसके भी कोई संतान होती! वह भी लड़की होती तो···

सविता पाटिल की लड़की कैसे उससे आ चिपटती है! कितना प्यार उड़ेल देती है! मीरा का मन भर आया।

साँवरी बोली, "एक बात बोलूँ क्या?"

"बोल री!"

"मेरी माँ नहीं है, माई।"

मीरा में सन्नाटा खिंच गया। उसका हृदय जोरों से धड़क उठा। उसने उसका दुःख हलका करने की दृष्टि से कहा, "वो ही है—माँ भी, पिता भी।"

"हम उसे नहीं जानते, माई।" साँवरी का स्वर आर्द्र हो उठा—"हमारी माँ हमें जनम देकर अकेला छोड़ गई। हमारे नाना ने हमें पाला। हमारे बाप ने दूसरी शादी रचा ली। हमारे नाना से हमारी दुर्दशा नहीं देखी गई। वो हमें यहाँ ले आया।"

"तुम्हारी नानी ने पाला?"

"नहीं।" साँवरी ने भावुक होते हुए कहा, "हमारी नानी जिंदा नहीं थी।"

"तो?"

"कोई नहीं था, सिवाय नाना के।"

"नाना ने पाला?"

"हाँ, माई, नाना ने पाला-पोसा, बड़ा किया। अब तो नाना बहुत बूढ़ा हो गया है। न उसे ठीक से दीखता है और न ठीक से सुनाई पड़ता है। न वह चल-फिर सकता है, माई।" साँवरी का स्वर पिघल उठा था मोम की तरह। उसकी निगाहें झुक आई थीं। उसके अधर नव कपोत के पंख-से फड़फड़ाकर रह जाते थे। उनसे कोई बोल नहीं फूट पा रहा था।

मीरा को अपनी माँ की स्मृति हो आई। उसे भी माँ का सुख कहाँ मिला था।

"आज माई, पहली दफे हमें लगा। सचमुच लगा कि हमें माँ मिल गई।

आपने हमें दिल से लगाया। हम आपसे चिपट गई। क्यों, नहीं मालूम। पर हमें हमारी माँ मिल गई। नहीं तो हम रोती रही तो रोती रही। हमें कोई चुपानेवाला नहीं था, सिर्फ नाना के। माँ ऐसी होती है क्या? हे भगवान्, तुम्हारा लाख-लाख धन्यवाद! माई, आप बुरा तो नहीं मान गईं?'' साँवरी का हृदय जुदाई गीत-सा गुनगुना उठा था।

''नहीं।'' मीरा ने भारी हृदय से इतना ही कहा। उसका मन भर आया था।

''हम छोटी जाति के हैं न, माई, मछुआरे। पूरा जीवन समुद्र की मछलियों के साथ बिता डालते हैं।'' साँवरी कुछ-कुछ सँभली।

''तो क्या हुआ?''

''मछली यानी—दुर्गंध। दुर्गंध-ही-दुर्गंध। हमारा सारा जीवन दुर्गंध के बीच ही गुजरता है।''

''तो क्या हुआ?''

''कुछ नहीं हुआ क्या?'' साँवरी ने आश्चर्यचकित होकर कहा।

''कुछ भी नहीं।''

''दुर्गंध!''

''धंधा है वह। धंधा कोई खराब नहीं होता। धंधा ईमानदारी से किया जाना चाहिए और लगन तथा परिश्रम से। फिर तो वह हमारी पूजा-अर्चना जैसा पवित्र होता है।'' मीरा ने उसे समझाया।

''फिर पूजा की जरूरत नहीं?''

''नहीं, क्योंकि वही पूजा है और सच्ची पूजा है। उससे किसन कन्हैया जल्दी प्रसन्न होता है और सदा उसके साथ रहता है, घूमता है। उससे बतिया भी लेता है। वह कर्म ही तो है।'' मीरा ने उसे समझाया। मीरा को उसे समझाना अच्छा लगा। ललिता को अपनाने के बाद दूसरी बार अपनत्व ने उसका घेरा बाँधा। वह ममत्व की लहरों पर थिरक उठी।

''वह रक्षा भी करता है क्या?''

''हाँ, करता है। द्रौपदी की लाज उसीने रखी थी।'' मीरा ने बताया।

''कौन द्रौपदी?'' साँवरी इतना कहकर रुकी। फिर आगे बोली, ''खैर, कोई भी द्रौपदी हो, जैसे हम साँवरी वैसे ही वह द्रौपदी होगी। उसने उसकी रक्षा की क्या?''

''हाँ, की थी।'' मीरा ने आँखें झपकाकर बड़े प्यार से कहा।

''तो वो हमारी भी रक्षा करेगा, माई?''

''अवश्य करेगा।'' मीरा ने दृढ़ता से कहते हुए फिर पूछा, ''पर किससे?''

साँवरी का बतख-सा हृदय काँप उठा। होंठ फड़फड़ाकर रह गए। उसकी छोटी आँखें और छोटी हो गईं—और दहशत की काली छायाएँ घिर आईं।

मीरा ने उसे विचलित पाकर पुनः ढाढ़स देते हुए कहा, "साँवरी, डरो नहीं, मुझे साफ-साफ बताओ। मुझसे जो बन पड़ेगा, वह जरूर होगा। अवश्य!"

साँवरी का भोलापन भयभीत जख्मी कपोत-सा मुरझा उठा। उसने साहस बटोरकर कहा, "माई, किसीको बताना नहीं। वे बड़े जालिम लोग हैं। उनका राज चलता है यहाँ पर।"

"कौन लोग?"

"वो...यहाँ से थोड़ी दूर पर। यहाँ से नहीं, हमारी बस्ती से। यहाँ से तो बहुत दूर है।" साँवरी ने दूरी का अनुमान लगाते हुए कहा।

"हाँ, कौन लोग हैं वे?"

"मठ...मठ...माधव...माधव..." कहती हुई साँवरी याद करने लगी।

"माधवाचार्य का मठ?" मीरा ने एक साँस में कह डाला।

"हाँ, माधवाचार्य का मठ।"

"उनसे डर है?"

"हाँ, उनसे सारी बस्ती को डर है।"

"कैसा डर?"

"मेरा जैसा।" साँवरी इतना कहकर काँप उठी।

"थारा जैसा! पर कैसा?" मीरा ने कुरेदा।

"हम जवान हो गई हैं, माई। हमारे यहाँ जो भी लड़की जवान होती है और उनके मन चढ़ जाती है, उसे..." साँवरी आगे कुछ नहीं कह पाई। वह हकला उठी और घबरा भी गई।

पल भर में इंद्रधनुष परछाईं बनकर रह गए। दुःखांत छायाएँ उमड़ने-घुमड़ने लगीं।

"वे उठा ले जाते हैं।" मीरा ने वाक्य पूरा किया। इसीके साथ उसका चेहरा लाल हो उठा।

"यदि उसके माँ-बाप स्वयं मठ में जाकर उसे नहीं सौंप आते हैं तो।" साँवरी का कंठ सूख रहा था। बातूनी साँवरी के मुँह पर कोई बात नहीं आ पा रही थी।

"फिर?"

"जब वे चाहते हैं, उसे बस्ती में डाल जाते हैं।" साँवरी ने बताया।

"फिर?"

—

"फिर?" समुद्र-सा प्रश्न साँवरी के सामने खड़ा हो गया। वह होंठ फड़फड़ाकर रह गई। मीरा की समझ में आने लगा। माधवाचार्य धर्मावतार कहलाता है और ऐसा पाप! मठ का ऐसा दुश्चरित्र! प्रभु के नाम-स्मरण का ऐसा अपमान! ओह! ऐसे मठाधीशों ने धर्म को कैसा गिराया! कितना गिराया है! वृंदावन में भी यही सबकुछ था। धर्म का धंधा करते हैं धर्माधीश। उनके लिए धर्म धर्म न होकर कोठे पर नाचनेवाली युवती है; वेश्या है। वे धर्म को नचा रहे हैं। चित्तौड़ में भी—राजघराने में भी धर्म का विवाद उठाया गया था—और उठानेवाले स्वयं धर्मगुरु थे। वे धर्मगुरु नहीं, धर्म के ठेकेदार हैं। धर्मांध और कामांध कापुरुष! नपुंसक! मीरा ने अपने को सँभाला और संतुलित किया। वृंदावन छोड़ने का उसका प्रमुख कारण यही था—धर्म में धर्मशून्यता।

साँवरी ध्यान से मीरा की ओर देख रही थी। वह मीरा में अचानक हुए परिवर्तन को देखकर हतप्रभ थी। जोगिन में इतना क्रोधालोक! साक्षात् महाकाली-सी।

"माई!" साँवरी ने मीरा का ध्यान अपनी ओर खींचा।

"समझी, साँवरी! तुम चिंता न करो।"

"क्यों? चिंता क्या, माई?"

"क्यों?"

"वह तो होना ही है; फिर चिंता!" साँवरी ने एकदम कह डाला।

"तुम लोगों ने उसका प्रतिरोध यानी विरोध क्यों नहीं किया?" मीरा ने सहज ढंग से कह डाला।

"विरोध क्यों नहीं किया, यह मुझे नहीं पता।" साँवरी बोली।

मीरा ने यह समझने की कोशिश की कि वह यहाँ क्यों आई है? उसे क्या करना चाहिए? मीरा ने पूछा, "तुम्हारे यहाँ आने का कारण यही है क्या?"

साँवरी मुसकराई और आँखें झपकाकर बोली, "नहीं, माई।"

मीरा चकित रह गई। उसने पूछा, "तो?"

"कहा नहीं कि हम छोटे लोग हैं!"

"तो?"

"हमारा भी मन होता है कि…"

"क्या होता है मन में?"

"आपके भजन सुनें। गाएँ। किसन कन्हैया से हम भी जुड़ें। कुछ समय के लिए हम भी उन जैसा आनंद अनुभव करें। वैसा होने की ओर बढ़ें। क्या यह नहीं हो सकता? क्या हम छोटे लोग सामान्यजन की तरह कभी नहीं हो सकते?"

साँवरी ने अपने मन की कविता बाँच दी एक भविष्यवक्ता की तरह।

"क्यों नहीं, साँवरी! अवश्य-अवश्य। सब मनुष्य बराबर हैं। एक जैसे हैं। उसकी सृष्टि में कोई बड़ा नहीं, कोई छोटा नहीं।" मीरा ने सहज ढंग से कहा।

"तुम अपनी कहो, माई।"

"क्या मतलब?"

"तुम छोटा-बड़ा नहीं मानतीं?"

"नहीं।"

"गरीब-अमीर नहीं मानतीं?"

"नहीं।"

"तो फिर क्या?" साँवरी के मन में उलझन झाँक उठी थी।

"तुम क्या चाहती हो, साँवरी?"

"आप पूरा करेंगी?"

"क्या?"

"जो मैं चाहती हूँ।"

"क्या चाहती हो तुम?"

"बस्तीवालों से शर्त हुई है। उनका मानना है कि आप मेरी बात नहीं मानेंगी।"

"क्यों?"

"क्योंकि आप भी बड़े घर की हैं। राजघराने की हैं और जोगिन भी हैं; ज्ञानी भी, भक्तिन भी।" साँवरी ने बस्ती के तर्क दोहरा दिए।

"तो क्या हुआ?"

"कुछ नहीं हुआ।"

"क्योंकि मैं तुम जैसों में से अपने को एक मानती हूँ। मैं वही हूँ, जो तुम हो।"

"नहीं जी! माई, आप राजघराने से हो। राजघराना...ओ बाबा! ओ बाबा!" साँवरी की आँखें आसमान-सी क्षितिज तक फैल गईं। नीला-नीला आकाश पल भर इंद्रधनुषी रंगों में खिल उठा।

मीरा सोचती रह गई। साँवरी को कुछ चिंता नहीं। मठ के आदमी उसे उठा ले जाएँगे, इसके लिए उसके मन में कुछ खास उतार-चढ़ाव नहीं। इतना भोलापन किस काम का! पर वे करें भी तो क्या? कौन करेगा? वृंदावन में भी धर्मगुरु को मौज नजर आई। उन्होंने जनता को धर्मभीरु बना डाला है; जैसे पक्षी के पंख काटकर उसे खुले आसमान में उड़ने के लिए छोड़ दिया हो। वह तड़पकर रह जाता

है—अपनी लाचारी की कैद में पड़ा-पड़ा निढाल होकर।

"मैंने राजघराना छोड़ दिया है।"

"क्यों?"

"कहा नहीं कि मैं छोटा-बड़ा नहीं मानती! सबके साथ जीना चाहती हूँ—उनके छोटे-छोटे दु:ख-सुख के साथ।" मीरा ने उसे आश्वस्त करते हुए कहा, "कहो, तुम क्या चाहती हो?"

"कह दूँ, माई?"

"निस्संकोच कहो।"

"कहती हूँ, माई।" साँवरी ने अपने को सँभालते हुए कहने की कोशिश की और फिर एक साथ, एक साँस में कह डाला—"आप हमारी बस्ती में भजन-गीत गाने आ सकोगी क्या, माई?"

मीरा उसके भावुक मन की ओर देखती रही। कितना भोलापन है इसमें! कितना निष्पाप हृदय है इसका! एकदम निर्झर-सा महकता, संगीत बिखेरता—मधु से मधुरिम! उसका तार-तार झंकृत हो रहा था।

साँवरी मीरा को चुप देखकर बोली, "नहीं न, माइ!" उसके स्वर में वीणा के टूटते तार की टंकार गूँजकर वहीं डूब गई।

"मैं प्रयत्न करूँगी।" मीरा ने कहा।

"क्या न नहीं करेंगी?" साँवरी ने झट से कह डाला।

"नहीं।" मीरा ने दृढ़ता से कहा।

"प्रयत्न तो प्रयत्न है, माई। हुआ भी, नहीं भी हुआ। कुछ पक्का नहीं। सब कुछ अधर झूल में अनिश्चित।" साँवरी ने सोचकर कहा।

मीरा उसके विश्लेषण से प्रभावित हुई। उसमें भी अंदर झाँकने की सहज शक्ति है। उसमें उसकी वाणी गूँज उठी। "पक्का-कच्चा कुछ नहीं, सिर्फ तिथि और समय के। कहाँ है थारी बस्ती?" मीरा ने पूछा।

"इस बस्ती के खतम होते ही। उससे थोड़ी दूर पर—मठ। मठ की ओर जाते रास्ते के बीच में कुछ झोंपड़ियाँ, जिनमें दिन के समय सन्नाटा आराम करता है पाँव फैलाकर—अजगर की तरह।" साँवरी में कविता की लय मचलने लगी।

"दिन में सन्नाटा क्यों?"

"क्योंकि सब समुद्र में मछली पकड़ने चले जाते हैं। समुद्र हमारी धरती है, हमारी माँ है और हमारा देवता है। सबसे बड़ा देवता! हमारा स्वामी! जय समुद्र नारायण! जय!" साँवरी का झील-सा मन चिड़िया-सा फुदक-फुदककर उसके जल में चोंच मारता और फिर तुरंत फुर्र से उड़ जाता था।

"रात में?"

"ठीक है। सब फुरसत में होते हैं।"

"खाना?"

"पक जाता है आनन-फानन में और सुबह से काम में जुट जाने से भूख भी तेज लगी होती है। फिर खाना भी क्या—माछी, चावल, रोटी। वह भी जितने हिस्से आए उतनी।" साँवरी सोच-सोचकर कहे जा रही थी डूबे हुए मन से।

"भरपेट भोजन नहीं क्या?"

"नहीं, माई। पर कभी-कभी अवश्य। यों तो सारे दिन एक जैसे नहीं होते हैं न! बरसात हमारे लिए संकट का समय है। फिर तूफान-भूचाल अलग। समुद्र कोपता है तो···क्या नाम है उसका!" कुछ याद करते हुए साँवरी कहती—"श्रीराम ने धनुष तोड़ा था न, माई, तब वह ब्रह्मर्षि, जिसकी लक्ष्मण से खूब झड़प हुई थी न!"

"परशुरामजी।" मीरा ने उसकी याददाश्त को सहारा दिया।

साँवरी चहक उठी—"हाँ, वही! बड़ा क्रोधी था, माँ। किसीको अपने सामने कुछ नहीं समझता था। सब उसके क्रोध से थर-थर काँपते थे। थे न, माई?"

"हाँ, पर···" मीरा ने इतना कहकर उसकी थाह पानी चाही कि वह कितना जानती है और क्या-क्या जानती है।

"पर क्या?" कहकर वह मुसकराई और आगे बोली, "लक्ष्मण नहीं, यही न?"

"हाँ, यही।"

"पर, यहाँ न कोई राम है, न कोई लक्ष्मण है—सिवाय रावण के।"

"रावण कौन?"

"मठ का स्वामी। उसका यहाँ एकच्छत्र राज चलता है। उसके इशारे के बिना यहाँ पत्ता तक नहीं हिलता।" साँवरी कहती जा रही थी—"जल में रहकर मगरमच्छ से वैर संभव भी तो नहीं, माई।"

मीरा चुप। क्या कहे। बात एकदम सही। उपाय कोई नहीं। रास्ता अनबूझ।

"माई, इतनी सी विनती है। हमारा मन बहुत है। हमें मठ में तो जाना ही है। पता नहीं कब बुलावा आ जाए। उनका आदमी नाना से बात कर गया है। नाना उसी दिन से मुरझाए पेड़-से हो गए हैं। वह अपने जी की बात किसी पर खोलते नहीं हैं। जी में रखे रहते हैं। हमने उन्हें समझाया भी कि यह रीति है। हम सबपर समान रूप से लागू है। फिर सोच-फिक्र और चिंता क्यों? जो होगा, होगा ही। यह तो इस बस्ती के भाग्य में खिंची अचूक रेखा है। खुद भगवान् ने खींची है। फिर

उसके बारे में दिमाग खराब करने से क्या लाभ! हमने लाख समझाया, पर उनकी चुप्पी नहीं टूटी। पहले वे जब-तब बतिया-बुला लेते थे। कभी-कभी कहानी-किस्सा भी सुना देते थे और हँस-बोल भी लेते थे; पर अब तो एकदम गूँगे होकर रह गए हैं—सबसे मेल-मुरव्वत दफनाकर। अपनी चुँधी आँखों से खाली आकाश को निहारते रहते हैं अथवा टूट चली झोंपड़ी को। क्यों माँ, उन्हें क्या हुआ है?'' साँवरी पूछती होती कहीं दूर खोई हुई। वह ऐसे बतिया उठी थी जैसे अपने आपसे बतिया रही हो—अपने में टूटती चिनगारियों को अनदेखा किए। उसमें कुछ-कुछ अंदर-ही-अंदर टूट रहा था बिना आहट किए। उसकी ओर से वह बेखबर बनी रहना चाहती थी, जानबूझकर चुपचाप।

मीरा ने साँवरी को याद दिलाया—''तुम अभी कुछ कहने जा रही थीं। शायद विनती।''

''हाँ, माई, हाँ। कहने नहीं, विनती करने के लिए कि…'' यह कहते हुए साँवरी ने अपनी धोती का पल्लू ठीक किया और कुछ सोचते हुए आगे कहा, ''माई, अगर आप हमारी बस्ती में जल्दी आ सको तो आपके दो पवित्र बोल हम भी सुन सकेंगे। क्योंकि…कह नहीं सकती कि कब मठ के आदमी हमें रथ में बैठाकर ले जाएँगे। फिर, हम कभी उन अमृत बिंदुओं का आनंद नहीं ले सकेंगे। क्यों, है न! इसलिए तो माई, पर मैं मजबूर नहीं करूँगी। मेरा क्या है, कुछ नहीं। कुछ भी नहीं। बस…''

मीरा को उसके सुर्ख होंठ पानी से बाहर फेंकी गई मछली की तरह तड़पते हुए अनुभव हुए। नारी जीवन की कैसी उपेक्षा! कितना अनादर! मठ-धर्म का कैसा पतन! पाप-कर्म धर्म के मूल में कैसे फैला? नहीं, वह साँवरी को बलि का बकरा नहीं बनने देगी। उसके लिए कुछ-न-कुछ अवश्य करेगी।

उसने कहा, ''ठीक है, मैं शीघ्र ही आऊँगी। भरोसा रखो, साँवरी।''

''जी, जैसी आपकी मरजी, माई। चलूँ अब।'' हाथ जोड़कर नमन करके वह धीरे-धीरे मुड़ी और चल पड़ी।

मीरा स्थित मुद्रा बनी रह गई। कैसी फूल-सी गुड़िया है! दीन-दुनिया के लाग-लपेट से अनभिज्ञ, सहज-सरल। उसकी जिंदगी में मठ नकबजनी करने की तैयारी कर चुका है। ओह कृष्ण! अरे गोपाल, यह क्या है इस धर्मनगरी में? उसने गहरी साँस ली और सोचती रह गई।

उसने सविता पाटिल से उस पाप-कर्म की चर्चा की और चाहा कि वह कुछ हस्तक्षेप करवाएँ और उसे बचाएँ; परंतु कुछ नहीं हो सका। वे सब विवश थे। उनके क्षेत्र में दखल नहीं देना चाहते थे।

पैंतीस

वह गई थी साँवरी के लिए। उसने जाते ही साँवरी को पूछा था। उत्तर में मौन ठहरा रह गया था। उसके नाना भी नहीं रहे। उसका मन हुआ कि लौट जाए; परंतु वह ऐसा नहीं कर सकी। उसका मन भर आया था। साँवरी से किया वायदा वह नहीं निभा सकी थी। ओह! ऐसा क्यों हुआ? उसने वहाँ भजन-गीत गाए। सबको उसने जोड़ा। सब मग्न होकर गाते रहे। किसीके चेहरे पर मलाल नहीं था। न कहीं चिंता की कोई धूमिल रेखा नजर आ रही थी।

यह बस्ती कितनी अपाहिज-अपंग है! शायद इसके सीने में दिल नहीं है। दिल है तो धड़कता नहीं है। धड़कता है तो उन्हें सुनाई नहीं पड़ता। धीरे-धीरे वे सब जड़ हो चुके हैं—पत्थर की मूर्ति के समान। काँटा उनके चुभन पैदा नहीं करता।

और फिर आज निर्दय तूफान का ज्वार-भाटा सारे समुद्र को उल्था किए डाल रहा था। कितनी भयानक आवाज! कितनी तेज कि वहाँ रहनेवालों के कान के परदे फट जाएँ! झुग्गी-झोंपड़ियाँ तो कब की ठिकाने लग चुकी होंगी।

मीरा श्रीकृष्ण की मूर्ति के सामने बैठकर बतियाने लगी—"ओ पतितपावन, दीन दयाल, निर्बल के सहायक, अबंधु के बंधु! तेरी राजधानी, धर्म-कर्म की नगरी में यह क्या हो रहा है? इतना पाप? तूने तो एक द्रौपदी की लाज बचाकर इतिहास में स्वर्णाक्षरों में नाम लिखवा लिया; परंतु उसके बाद द्रौपदियों पर क्या बीत रही है, उनकी ओर भूल से कभी मुड़कर नहीं देखा। क्यों भला? क्या हुआ तुझे? कहाँ गई है तेरी उपकार करने की वह मनमोहिनी आदत? मठ जिंदा हैं और आबाद हैं। उनमें पाप फल रहा है। उनका अत्याचार-शोषण जवान हो रहा है। दूसरी ओर तेरे भक्त-कर्मयोगी अत्याचार-अन्याय के शिकार। गूँगे। जड़। पर क्यों रे! तू तो मेरी कहाँ सुनता है! और सेठानी सविता पाटिल ने कैसे दो टूक जवाब दे दिया था।"

'माई, सेठजी इन झंझटों में नहीं पड़ते। वे तो धर्म-कर्म के लिए पैसा लगा सकते हैं—दान-दक्षिणा दे सकते हैं और भंडारे, यज्ञ आदि का खर्च उठा सकते हैं, परंतु...'

'परंतु उस कुमारी-भोली और निर्दोष कन्या को नहीं बचा सकते!' मीरा का स्वर थोड़ा पैना हो गया था। जब-तब उसमें क्षत्राणी जी उठती थी और उसकी भौंहें चढ़ जाती थीं।

'विवश हैं।'

'क्यों?'

'मठ के कार्य में वह दखल नहीं दे सकते। कोई भी नहीं दे सकता। राजा भी नहीं। उसके सिपहसालार भी नहीं। और कोई भी नहीं।' सविता पाटिल ने समझाने की कोशिश करते हुए कहा।

'पर क्यों?'

'राजनीति है। आप तो अच्छी तरह परिचित हैं राजघराने की कूटनीति से। शक्ति छीननेवाला, चाहे वह राजा हो या मठाधीश, दोनों का एक ही काम रह जाता है कि शक्ति को बनाए रखा जाए, चाहे जो तरीका या विधि अपनानी पड़े। उनकी दृष्टि में न्याय-अन्याय का प्रश्न नहीं होता। उनकी दृष्टि में होता है एकमात्र लक्ष्य-सिद्धि।' सविता पाटिल ने सारी स्थिति स्पष्ट करने की चेष्टा की और मीरा से प्रसाद पाने का आग्रह किया।

'नहीं, प्रसाद नहीं लूँगी।'

'क्यों, नाराज हो क्या?'

'किससे?'

'हमसे।'

'नहीं।'

'तो किससे?'

'उससे।'

'उससे किससे?'

'द्वारकाधीश से। यहाँ के स्वामी से। जगदीश से। वह क्या कर रहा है? सोचा था कि चित्तौड़ में राज बसता है, श्रीकृष्ण नहीं। वहाँ जाया जाए जहाँ किसन कन्हैया डेरा डाले हुए है, सब ओर से आँखें फेरकर और बेफिक्र होकर।' मीरा इतना कहते हुए उठ खड़ी हुई—'क्षमा कीजिए, मैंने तुम्हें क्लेश पहुँचाया।'

'नहीं, कोई क्लेश नहीं पहुँचाया।' सविता पाटिल ने सहमते हुए कहा।

'पहुँचाया। तुम्हें हमारा काम न करा पाने का क्लेश। दूसरा क्लेश प्रसाद न पाकर लौट जाने का। और तीसरा उग्र रूप में आ जाने का।' मीरा ने धाराप्रवाह एक साँस में कह डाला। वह बड़बड़ाते हुए स्वर में बोली, 'मुझे जरा भी मालूम होता तो···यह भी तो पाप है कि बैठे-ठाले दूसरे को क्लेश-कष्ट देना। खैर, अब जो हो गया सो हो गया। हरे कृष्ण! हरे मुरारि! क्षमा! क्षमा!'

मीरा चलने लगी। सविता पाटिल उसकी ओर अपलक दृष्टि से देखती रह गई। वह कुछ कह नहीं सकी। कहने के लिए बचा ही क्या था। वह स्त्री होकर भी

स्त्री की पीड़ा नहीं समझ सकी, इसका उसे पछतावा था। मीरा अपने लिए नहीं, उसके लिए आई थी, जो निर्दोष और मासूम बच्ची है।

सेठ गया था। उसने विनती भी की थी माधवाचार्य से। पर माधवाचार्य ने दो टूक उत्तर दे दिया था—'श्रेष्ठि! यह तुम अच्छी तरह जानते हो कि हम, तुम और तुम्हारा राजा एक ही नौका में सवार होकर जगत् रूपी नदी पार कर रहे हैं। हम तीनों के अलग-अलग क्षेत्र हैं। पाप-पुण्य का क्षेत्र हमारा है। धर्म में पैठ हमारी है। स्वर्ग-नरक का फैसला हम करते हैं। समझे श्रेष्ठि! लौट जाओ और साँवरी की चहेती शुभचिंतिका मीराबाई से कह दो कि कृष्ण भजे, गीत गाए; लेकिन भूलकर भी धर्म का नेतृत्व करने का प्रयास नहीं करे, वरना उसे पिंजरे में डाल दिया जाएगा।'

सेठजी क्षुब्धता से भरे हुए पलंग पर आ पड़े और उसे सारी स्थिति समझा दी। उसकी समझ में भी आ गई कि कुछ नहीं होगा।

अब तक मीरा जा चुकी थी। लेकिन सविता पाटिल के दिलोदिमाग पर से उसकी उग्र छवि हटाए नहीं हट रही थी। आखिर राजघराने की क्षत्राणी है वह। कैसे तेवर बदले थे उसने! उसकी भौंहें कैसी खिंची थीं! कहीं वह··· । वह माधवाचार्य को नहीं जानती। वह साक्षात् अधर्मावतार है धर्म के नाम पर। जल्लाद! उसने उसके संबंध में जब-तब सुना था और तभी से उसके मन में माधवाचार्य के प्रति घृणा जनमी थी।

सविता पाटिल ने गोमतीबाई को अपने पुत्र के साथ आते हुए देखा तो वह अंदर की ओर मुड़ गई, ताकि वह अपने आपको सँभाल सके और अपने चेहरे पर उतर आई निराशा की लकीरों को मिटाकर फिर से एक नया चेहरा लगा सके। मनुष्य कितने मुखौटे लगाता है जीने का विश्वास दिलाने के लिए। पता नहीं किसे विश्वास दिलाने का प्रयास करता है—अपने को या दूसरे को। क्या दूसरे ने मुखौटा नहीं लगाया है? यह वह कैसे जान सकती है। यह सोचते हुए वह स्नानगृह में चली गई।

छत्तीस

दूसरे दिन दोपहर को वह अंधड़ तूफान थमा—चारों ओर बरबादी के भयानक चिह्न छोड़कर। घनघोर तबाही। घटाटोप सन्नाटा। आकाश हैरानी से धरती की ओर देखकर गहरा अनमना और उदास।

एक दर्दनाक चुप्पी। मेचक परछाइँयों-सी नगरी। शोक की शीत लहर।

धुंध! कुहरा! खाली हुए शहर-सा गुमनामी वर्तमान।

सबकुछ हो गया। मीरा की आँखों के सामने ही हो गया। बड़ी निर्ममता से हो गया। सारे जनजीवन को कुचल गया। मात्र खाली पड़े ताबूत-सा रह गया वह नगर। कहीं कोई चहल-पहल नहीं, चीख-पुकार नहीं, शोरगुल नहीं। सोया हुआ कोई अजनबी शहर। पहरा देती हुई नीरवता।

मीरा से कुटिया में नहीं रहा गया। वह पूजा कर बाहर निकल आई। आज उसने सफेद साड़ी और सफेद फतूही पहनी थी, जिसे वृंदावन में ललिता ने अपने हाथ से सिला था। कल धोए कपड़े सूखे नहीं थे। अभी तक अलगनी पर पड़े हुए थे।

उसे अनुभूति हो रही थी कि कहीं कोई दूर बैठा हुआ डूब गए समय को अपने अलगोजे से व्यक्त कर रहा है रुक-रुककर, धीरे-धीरे। चारों ओर करकच-सा बिखर गया था दिन।

डाइन-डाकिनी क़ा एकच्छत्र राज था। एक कहारिन सिर पर पानी भरा मटका लिये जा रही थी। लग रहा था, ढिंढोरची ढिंढोरा पीटकर ऐसा थका कि नींद ने उसे तुरंत दबोच लिया।

मीरा दबे पाँव आगे बढ़ रही थी। उसकी चिंता एक ही थी कि साँवरी की बस्ती का क्या हुआ। अब वहाँ कोई बस्ती नहीं रह गई होगी।

प्रकृति का अभूतपूर्व प्रकोप! ओह!

मीरा सुन रही थी अलगोजे की उदास धुन के साथ कतिपय नागरिकों की गम में डूबी हुई कतरन-सी बातें।

"ऐसा तूफान और भूचाल कभी नहीं आया आज तक। कम-से-कम मेरी जिंदगी में तो कभी नहीं।" एक लगभग सत्तर वर्ष की उम्र का वृद्ध बतला रहा था।

"भूचाल था।"

"तूफान के साथ भूचाल भी था। कई झटके लगे थे। इमारतों में दरारें पड़ी हैं। कहीं-कहीं से धरती भी फटी है। पापोदय! दुर्भाग्य! पुण्यों का ह्रास! प्रकृति-प्रकोप ईश्वरीय दंड है। महादंडनायक की अदालत का फैसला।" उस वृद्ध व्यक्ति ने समझाया।

"बाग-के-बाग उजड़ गए।"

"खेत-के-खेत, भाई।"

तीसरे व्यक्ति ने कहा, "बस्ती-की-बस्ती नष्ट। अपने ज्योतिषी ने—क्या नाम है अच्छा सा!" सिर खुजाते हुए वह सोचता रह गया उस व्यक्ति का नाम,

जिसको याद करने के लिए उसके नाम की जरूरत थी। बड़ों के नाम के प्रयोग करने से सुननेवालों पर अच्छा प्रभाव पड़ता है।

एक अधेड़ उम्र का मरियल-सा आदमी बोला, "ज्योतिषियों से पहले मठाधीश माधवाचार्य ने भविष्यवाणी कर दी थी कि—और कल सामने आ गई। पहुँचे हुए संत हैं हमारे माधवाचार्य ऋषि। साक्षात् श्रीकृष्ण के अवतार। अलखदर्शी और दीनबंधु दीनानाथ।"

इसपर उन दोनों में से किसीने कोई प्रतिक्रिया जाहिर नहीं की।

मीरा आगे बढ़ गई तेजी से। चौक पार कर रही थी तो वह ठिठकी। चित्तौड़ से उसे वापस लिवा ले जाने के लिए आया पुरोहित अपने कुछ साथियों के साथ सामने पड़ गया। उन सबने मीरा का झुककर अभिवादन किया और विनती की—"चित्तौड़ के मन-प्राण, राधावतार, राजहंसिनी, महाजोगिन, हमारी प्रार्थना स्वीकारें। चित्तौड़ के राणा अपने किए पर पश्चात्ताप कर रहे हैं। चित्तौड़ की प्रजा आपके शुभ दर्शन के लिए लालायित है। उसपर कृपा कीजिए। उनके मन की पीर हरिए। उनके जीवन में तप, आभा-आलोक लाइए।"

"मैंने एक बार कहा था कि नहीं। 'नहीं' का अर्थ होता है नहीं—'हाँ' कभी नहीं, कदापि नहीं। आप लोग जाएँ और राणाजी को हमारा प्रणाम बोलें तथा वहाँ की प्रजा को हमारा अक्षय आशीर्वाद सुनाएँ। उनसे कहें, श्रीकृष्णादेश होते ही वह दौड़ी हुई आकर उनके बीच खड़ी हो जाएँगी। वे श्रीकृष्ण से प्रार्थना करें। मीरा पर एक उसीका आदेश चलता है। वह कहेगा तो आना ही पड़ेगा। अब आप लोग जाएँ।"

"पर माता, खाली हाथ..."

"मेरा संदेश है न आप लोगों के साथ!" मीरा ने उन्हें समझाया।

"वहाँ सब राधावतार जोगिन के शुभ दर्शन के लिए उत्सुक हैं। उन्हें आपका संदेश ओस की बूँद लगेगा। प्यासे की प्यास ओस चाटने से नहीं, पानी छककर पीने से बुझती है। कृपया हमारी प्रार्थना पर ठंडे मन से विचार कीजिए।" पुरोहित ने अत्यंत विनम्रता का जाल डालकर प्रतीक्षा करने का निर्णय किया कि मछली एक बार आ तो जाए, फिर...फिर क्या, सब ठीक हो जाएगा। उसका मन था कि साँप भी मर जाए और लाठी भी नहीं टूटे। मीरा साँप-केंचुली झाड़कर अलग खड़ी नजर आती है। निष्पाप है वह।

दयाराग पांडे का ही तो पुत्र है श्रीराम पुरोहित। वह दयाराम पांडे। मीरा का सिर चकराने लगा था। वह उसका कितना विश्वसनीय पात्र बनता चला गया था। राजमाता कर्मवती—हाड़ा राव नर्वद की पुत्री तथा उसके ज्येष्ठ पुत्र राणा

विक्रमाजीत ने ही तो उसे विष दिलवाया था। महाजन मुसाहिब ने जहरीले सर्प को उसके लिए भेजा था। कृष्ण मंदिर का वह पुजारी। मीरा के सामने एक-एक करके सब पात्र घूम गए।

मीरा ने मीठी मुसकान का उजास फैलाते हुए कहा, "श्रीराम पुरोहित, तुम लौट जाओ। प्रतीक्षा करके समय नष्ट मत करो। अपने पिताश्री दयाराम पांडे की चिंता करो। जाओ, लौट जाओ। इसीमें तुम्हारी भलाई है।" इसके बाद मीरा रुकी नहीं, आगे बढ़ गई।

उन लोगों ने उसका पीछा करने का साहस नहीं किया।

कुछ लोग बात कर रहे थे। एक घनी मूँछोंवाला, मोटा-ताजा आदमी बता रहा था—"इस तूफान में पापीजन पत्तों की तरह उड़ गए, परंतु माधवाचार्य का मठ-आश्रम तो धुल-धुलाकर चाँदनी-सा चमक उठा। समुद्र ने उसे स्वयं धोया है। अपने हाथों से धोया है। यह सब स्वामी माधवाचार्य के तप का प्रताप है। उनकी साधना का चमत्कार है।"

सब श्रोता चकित। उनमें से एक पूछ बैठा—"तू देखकर आया है क्या?"

"रात में वहीं फँस गया था। स्वयं स्वामीजी ने कहा था कि तू आज रात यहीं रहना। घर लौटना ठीक नहीं है।"

"तू रुक गया?"

"स्वामीजी का आदेश साक्षात् प्रभु का आदेश है। न कैसे करता! मेरे लिए तो यह गजब का चमत्कार हुआ। उन्हें आगे-पीछे का सब ज्ञान है। सुबह देखा तो चकित रह गया। सारा आश्रम-मठ चमक रहा था नव दुलहन-सा मधुर मधु!" उसने धीरे-धीरे सारा वर्णन किया।

"तू स्वामीजी से मिलकर आ रहा है क्या?" एक ने पूछा।

"वह तो समाधि लिये बाहर आँगन में तूफान आने से पहले ही बैठ गए थे जटाएँ खोलकर।"

"तूफान में भी क्या वह बैठे रहे?"

"वह अभी तक समाधिस्थ बैठे हुए हैं—उसी मुद्रा में और उसी आसन में, बिना हिले-डुले पत्थर की मूर्ति बने।" उसने बताया।

सब श्रद्धा से अभिभूत हो उठे। एक ने कहा, "द्वारका के धन्य भाग्य हैं, जो यहाँ स्वामीजी जैसे संत विराजमान हैं!"

सबने उसके कथन का समर्थन किया। पहलेवाला व्यक्ति बोला, "मैं तो अपने पूरे परिवार को लेकर—हो सका तो अपने सगे-संबंधियों को लेकर स्वामीजी के पुनः दर्शन करूँगा और श्रद्धानुसार भेंट-पूजा भी अर्पित करूँगा।"

"जरूर भैया, जरूर। हम भी इस पुण्य के भागीदार बनेंगे। सारे मोहल्ले को लेकर वहाँ पहुँचेंगे।"

"हम भी भैया, हम भी।"

"और हम भी।"

इसके साथ ही वे अपनी-अपनी दिशा पकड़कर चल पड़े।

बात हवा की तरह फैलती चली गई। मीरा वहाँ ठहरी नहीं, आगे बढ़ गई। वह सोचती रही कि यह सब कैसी विष-लहर है। पापाचारी को पुण्यात्मा से महापुण्यात्मा के रूप में स्थापित किया जा रहा है। यह कैसी घिनौनी साजिश है! इससे जन-मन को कौन बाहर लाए? कैसे लाए?

मीरा का मन क्षुब्ध होने लगा। द्वारकाधीश की नगरी में ऐसे जघन्य पाप के सम्मान को स्वीकृति! ओह, यह कैसा दुष्चक्र है! वह चुप क्यों है? कहाँ है उसका सुदर्शन चक्र? कहाँ है उसकी न्याय-नीति का शिखर मन? कहाँ है लाज-शील-मर्यादा की रक्षा का प्रण? कहाँ है? कहाँ है? कहाँ है? वह है भी या··· । या क्या कहे, हो जाए इनकार। दे दे तिलांजलि उसके स्वीकार को।

अंतर्द्वंद्व की अंधड़-आँधी से घिरी मीरा उस बस्ती तक पहुँच गई, जो अब मरघट में बदल चुकी थी। वहाँ सब उलटा-पुलटा था। निर्जीव दृश्यावली का रौरव नजर आ रहा था। मछुआरों की वह बस्ती अपने जीवन को विराम दिए ऐसी पड़ी थी जैसे हाथी के पाँव तले कुचला कमल।

बड़े-बूढ़े, बच्चे-बच्चियाँ, बहू-बेटियाँ आदि सभी महाकाल का शिकार हो चुके थे।

मीरा बस्ती में जीवन-प्रकाश ढूँढ़ने के लिए उस मरघट के अंदर उतरती चली गई। जीवन की कोई आशा नजर नहीं आई। जीवन वहाँ से लुप्त हो चुका था।

अचानक उसकी दृष्टि एक उलटी पड़ी जवान लाश पर गई। वह उधर बढ़ती चली गई। वह जैसे ही उसके पास पहुँची, घबरा गई। एकदम निर्वस्त्र युवती। कौन हो सकती है? मीरा में जिज्ञासा जागी। उसने उस लाश को उलट दिया तो चौंक पड़ी। साँवरी थी वह।

साँवरी क्षत-विक्षत हुई। नोची-खरोंची हुई। टूटी-बिखरी हुई। अनगिनत दंशों का आघात लिये उसके कपोल बेतरह से घायल थे। जख्म ताजा थे। लहू धुल-पुत गया था। कहीं-कहीं सूजन फूट पड़ी थी। वह अभी तक महाकाली की मुद्रा में क्रोधित होते हुए ज्वालामुखी के उफान का एहसास करा रही थी।

मीरा का चित्त डोल गया। उसके मन के कृष्ण गोपाल डोल गए। वह कुछ समय तक स्थिर खड़ी रही तूफान थामे।

सूरज की प्रखर किरणें उसपर सीधी पड़ रही थीं। मीरा का क्षत्राणी मन विद्रोही हो उठा। जीवन का ऐसा अपमान! अपमानकर्ताओं का अद्‌भुत सम्मान! जन-मन का यह कैसा कार्य-व्यापार, श्रद्धा-श्राद्ध! कैसा उपेक्षा-अवसान!

चीत्कार उठा मीरा का मन, तार-तार। पूजा-अर्चना किसकी? वह क्या करे? कैसे बताए कि साँवरी के साथ ऐसा अत्याचार किसने किया है? वे अत्याचारी का पूजन क्यों करने जा रहे हैं? उसकी अर्चना में क्यों मग्न होते जा रहे हैं?

साँवरी का भोला चेहरा उसके सामने घूम रहा था। माई को पुकारती हुई स्वयं बलिदान दे बैठी। अंत तक लड़ी। ओह!

मीरा विचारमग्न थी कि उसे किसीने पुकारा। वह चौंक पड़ी। सामने एक जटाधारी युवक था। पास आकर वह कहने लगा—"माई, तुम यहाँ? यह तुम्हारी जगह नहीं है। तुम तो मंदिर में गाती-रिझाती भली लगती हो। यह तो कुरुक्षेत्र है, माई। जाओ, चुपचाप लौट जाओ और हरि कीर्तन कर जन-मन को प्रसन्न करती रहो। इसीमें तुम्हारा भला है और इसीमें तुम्हारे मन की सुख-शांति है, वरना…" इसके साथ ही वह जोरों से कहकहे लगा उठा।

समुद्र साक्षी था। मरघट साक्षी था। मीरा ने ललकारा—"ब्रह्मचारी साँड! धूर्त! कामी! जघन्य पाप में लिप्त माधवाचार्य के पटु शिष्य! तू नहीं जानता कि तूने क्या कहा है, किसे कहा है और क्यों कहा है! तू जो कर रहा है, वह कितना बड़ा पाप है! तू भ्रष्टाचरण का प्रतीक है!"

"चुप कर, राँड! अपने पति को खा चुकी है और अब हर पराए मर्द पर डोरे डालकर उसे खा जाना चाहती है।" वह चिल्लाते हुए मेघ-गर्जना कर उठा।

"जिह्वा को लगाम दे!"

"काश, आचार्य ने जिह्वा के साथ देह को भी स्वतंत्रता दी होती तो समुद्र नारायण की सौगंध! थोड़ी देर में तू दूसरी साँवरी नजर आती। चित्तौड़ से आए राणा के सेवक तेरी क्षत-विक्षत लाश को गठरी में बाँधकर ले जाते और बताते तेरे आचरण की नटलीला के छल-फंद को! क्यों तू चित्तौड़ नहीं लौटना चाहती थी, उसके मूल मंतव्य को! पर स्वामीजी ने हमारे हाथ-पाँव बाँध दिए हैं, इसलिए…। जा, अब अपना रास्ता नाप। कुरुक्षेत्र से अस्थि चुनने-बीनने का काम छोड़, जिसके लिए यहाँ हम आए हैं और हमारे पीछे भी बहुत से जन आ रहे हैं—सामूहिक क्रियाकर्म कर उनकी आत्मा को शांति देने।" वह बड़ी ढीठता से कहता गया—एकदम लबार होकर निर्लज्जता से। जो मन में आया, उल्था कर दिया और बदसूरत मुद्राएँ बनाता रहा।

मीरा ने उसकी ओर से मुँह फेर लिया और अन्यमनस्क स्थिति में स्थिर

खड़ी रह गई। कुछ कहा नहीं प्रत्युत्तर में, अभद्र अभिव्यक्ति और कुचेष्टाओं के क्रम में। ये लोग कितने अश्लील, दरिंदे हैं—धर्म को वेश्या की तरह नचा रहे हैं और यौन-तृप्ति का साधन बनाए हुए हैं। क्या किसीको दीखता नहीं? क्या सामाजिक जानते नहीं? क्यों उनके दमनचक्र को चुपचाप सहते हैं? यह कैसी विवशता है? यह कैसा सामाजिक चरित्र है कि वे दुराचरण, अधर्म और अनीति को नमन करने के लिए विवश हैं?

"जाओ, महारानी, जाओ। यहाँ ज्यादा देर रुकना ठीक नहीं। जो आ रहे हैं, वे नशे में चूर हैं और उनके मन पर चढ़े रंग को मैं कदापि नहीं उतार सकता। स्वामीजी के आदेश की अनुपालना कर रहा हूँ कि भीड़ आपको बेइज्जत नहीं कर सके।" वह मूँछों पर ताव देता हुआ नाक-भौंहें सिकोड़कर उसकी अस्तित्वहीनता का प्रश्न नेजों पर टाँग चुका था। एक मक्कारी भरा राक्षसी अट्टहास उस वातावरण में गूँज उठा समुद्र की उछाल लेती फेनदार लहरों-सा।

मीरा अपने गोपाल की दुर्दशा पर अंदर-ही-अंदर खीजकर रह गई। उसने वहाँ से लौट लेना ही उचित समझा। एक दृष्टि पुनः उसने साँवरी के क्षत-विक्षत शरीर पर डाली और शोकगीत के अंतिम चरण का स्मरण करती लौट पड़ी।

वह राक्षस हँसा। समुद्र की लहरों ने उसको दोहराया। फिर सब तरफ शांति छा गई।

मीरा लौट रही थी। उसकी आहट उसे ही विचलित कर रही थी। साँवरी नहीं, उन लोगों ने उसे क्षत-विक्षत किया है। उसके रोम-रोम में चाबुक की मारक पीड़ा के चिह्न उभर आए थे।

'क्या यही है तुम्हारी भक्ति-उपासना, माईजी?' मानो साँवरी उससे पूछ रही हो।

मीरा चुप। गूँगी।

'तुम तो कृष्ण गोपाल की हृतंत्री बनी घूम रही हो। उस नपूते को अपना सर्वस्व मानकर राजघराने से संबंध तोड़ चुकी हो। द्वारका तो उसकी राजधानी रही है। वहाँ क्या हो रहा है, यह तुम अच्छी तरह जानती हो। क्या किया तुमने और तुम्हारे गिरिधर गोपाल ने? मेरा तो सारा सत-तत्त्व झूठा हो गया। द्रौपदी की लाज रखनेवाला अब कहाँ सो रहा था? तुमने तो बताया था कि वह घट-घट वासी है! सबके मन की जानता है! क्या अब भी तुम उसमें विश्वास करती रहोगी, माई? क्या अब भी तुम उसका प्रचार करती घूमती, नाचती-गाती रहोगी?' साँवरी ने मीरा को घूरते हुए उसपर व्यंग्य कसा।

मीरा में छटपटाहट पैदा हुई। साँवरी ने जो कहा था, वह सप्रमाण था। उसमें

रत्ती भर भी झूठ नहीं था। वह हतप्रभ-सी बनी रह गई।

'क्या तुममें सच से आँख मिलाने की शक्ति नहीं है? क्या तुम भी···ये मुझे नहीं पता, परंतु लगता है कि···तुम स्वयं निर्णय करो कि क्या ठीक है, क्या गलत है?' साँवरी की आवाज में डूबते पत्थर की-सी गुमसुमी झनझनाहट थी।

'क्यों रे गोपाल, यह क्या हो रहा है? अब तो तेरे होने पर भी प्रश्नचिह्न लग रहा है!' मीरा मन-ही-मन कहती जा रही थी।

'अच्छा, माई, तू नहीं बोलती है, न बोल। तुझपर मेरा जोर भी कुछ नहीं है।···हम तो चलती हैं, तेरी रुपहली दुनिया को राम-राम करती हुई।' साँवरी का मन डोल रहा था। वह अंत में यह कहना नहीं भूली—'तेरी पीतलिया की मूर्ति या पत्थर की मूर्ति उसी तरह का ढकोसला है जैसे मठ-आश्रम की धर्मलीला। दोनों में कोई अंतर नहीं है। दोनों ही मानव मन को कमजोर बनाते हैं। दोनों ही भ्रम हैं। आगे तू जाने, जोगिन माई, क्योंकि न मेरा भक्ति में विश्वास है और न लीला-नाटक में। मेरी दृष्टि से यह सब प्रपंच है।' साँवरी में सच्चाई की किरणें मुखर हो उठी थीं।

मीरा का मन भारी हो उठा था। साँवरी उसकी भाषा में बोल रही थी। तो क्या कहीं वही तो साँवरी नहीं बन गई थी और अपने हृदय में उठ रही हूक को ही तो नहीं सुन रही थी? साँवरी उसकी तरह नहीं बोल सकती थी।

साँवरी उससे भारी पड़ रही थी। वह बौनी होने लगी थी। सच को झुठलाया भी नहीं जा सकता। साँवरी ने झूठ क्या बोला था? आज उससे जो कुछ सुना था, वह क्यों सुना?

जब पाप और अत्याचार बहुत होने लगते हैं तब गोपाल जन्म लेता है, उससे पहले नहीं। उससे पहले क्यों नहीं? पाप फैले ही क्यों? अत्याचार क्यों हो? समाज का जन्म इसीलिए हुआ है क्या? फिर समाज से क्या लाभ है? सज्जनों पर कुछ गुंडों का राज क्यों? वे सज्जन कैसे, जो असामाजिक तत्त्वों के आगे सिर झुकाए हुए मौन बैठे हैं? सज्जन होना क्या कापुरुषता का नाम है?

मीरा चुपचाप अपनी कुटिया में आ बैठी। अंदर से उसने दरवाजा बंद कर कुंडी चढ़ा ली। सीधे पूजागृह में पीतलिया श्रीकृष्ण के सामने जा बैठी। उसे घूरती रही। पहचानने की कोशिश करती रही। वह पीतल की मूर्ति क्या गिरिधर गोपाल ही है? क्या वही गिरिधर गोपाल है? कैसे माने उसे गोपाल कृष्ण? नहीं मानेगी तो गोपाल कृष्ण को क्या हानि होगी? उसने तो कहा नहीं था कि उसे मानो! मानोगे तो वह उनकी रक्षा करेगा। उसने तो किसीसे कोई वायदा नहीं किया था और न उसने श्रद्धा-भक्ति के लिए किसीको निमंत्रण दिया था। उसने तो किसीसे कुछ नहीं कहा

था। फिर उसे लेकर विवाद-द्वंद्व क्यों? क्यों स्वीकार-अस्वीकार प्रश्न?

मीरा की समझ में आ रहा था कि वह अपनी दुर्बलताओं के लिए उसे दोषी क्यों माने? यह तो समाज का क्लीवपन है, कृष्ण गोपाल का नहीं। वह साक्षी है। मनुष्य स्वयं ही अपना रक्षक-भक्षक है। जीवन-मृत्यु के तटों के बीच बहता मनुष्य समाज का पतन-उत्थान, अपकर्ष-उत्कर्ष आदि सबके कर्मों का सामूहिक प्रतिफल है।

क्या सच है, क्या नहीं!

कुछ तो बोल जसोदानंदन, राधिकाप्रिय, मुरारि, संरक्षक! चुप ही रहेगा क्या?

मंदिर में घंटे-घंटियाँ बज उठे। शंखध्वनि गूँज उठी। करताल ठनक उठे। मीरा शिला-सी बैठी रही आँखें मूँदकर और मन बाँधकर। उसमें शून्यता अनुगूँजती रही वातचक्र-सी निःस्वन होकर।

सैंतीस

''मीरा की बात मत उठाओ।'' माधवाचार्य ने धर्माचार्य जैमिनी की ओर देखते हुए कहा, ''वह सती है, जीवित सती; क्योंकि उसने सत्य को जिया है। ध्यान से जान लो कि वह हमारे मार्ग में न आए और हम उसे भूलकर नहीं छेड़ें। वह अपने रास्ते पर बढ़ रही है, बढ़ने दें। उससे हमें कोई हानि नहीं होगी।''

जैमिनी ने गुहार की—''स्वामीजी, वह हमारी असलियत जानती है।''

''आश्चर्य, हम अपनी वास्तविकता नहीं जानना चाहते; क्योंकि हमें अपने से ही डर है।'' माधवाचार्य ने सहज होकर कहा।

''परंतु…''

''कोई किंतु परंतु नहीं, शंका-भ्रम नहीं। वह आस्था की मूर्ति है—जीवित मूर्ति। उसके प्राणों से अमृत छलकता है।'' माधवाचार्य समझा रहा था—''उसकी भाषा प्राणों की भाषा है। उसका सारा अर्थ संसार-समर्पण की दिप-दिप ज्योति है।''

''परंतु…''

''फिर परंतु!''

''सुन तो लीजिए, तनिक, स्वामीजी।'' इस बार नित्यानंद ने कहा, ''सदानंद की मृत्यु…''

''चुप भी कीजिए, नित्यानंद। यहाँ कोई अमर नहीं है, न मैं और न तुम।

कोई भी नहीं। फिर मृत्यु-प्रसंग क्यों? जो गया सो गया। उसे भूल जाओ। जो सामने है, उसे याद रखो।'' माधवाचार्य की आवाज में बल पड़ गए।

''लेकिन तनिक मेरी बात तो सुन लीजिए, स्वामीजी। मैं अपने सबके हित की बात कर रहा हूँ।''

''चलिए, कहिए भी। क्या हित की बात कर रहे हैं, जरा हम भी तो जानें!'' माधवाचार्य ने सोचते हुए कहा।

''मछुआरों की बस्ती में मीरा जा पहुँची है।''

''तो?''

''उसने उनके अंत:कपाट खोलने शुरू कर दिए हैं। उनमें नई जीवन शक्ति पैदा करने का प्रयास किया है।'' धर्माचार्य जैमिनी बीच में बोल पड़ा।

''करने दो।''

''साँवरी की मृत्यु...''

''क्या?'' माधवाचार्य चौंका।

''हाँ, स्वामीजी।''

''क्या?''

''सारी मछुआरा बस्ती जानती है कि...''

''कि क्या?'' माधवाचार्य सीधे होकर बैठ गया।

धर्माचार्य जैमिनी ने निगाहों से नित्यानंद का साधुवाद किया। आघात सीधा हो रहा था।

''साँवरी यहाँ लाई गई थी।''

माधवाचार्य चुप।

''उनकी नव युवतियों में से कुछेक का चयन होता है और फिर उन्हें...''

''तो?''

''साँवरी की हत्या की गई है।''

''किसने कहा?''

''मीरा ने।''

''मीरा को क्या पता?''

''वह अंतर्यामी जो ठहरी।''

''चोप!''

''यही सच है।''

''अवश्य भेदिया कोई घर का है।'' माधवाचार्य ने गहरी साँस छोड़ने के बाद कहा और चतुर्दिक् अपनी अंतर्दृष्टि डाली।

''यह कहना आसान नहीं है।''

''क्यों नहीं है? शत्रु तो हमारे भी हैं।'' माधवाचार्य ने सोचकर धीरे से कहा और अपने मन में झाँकना शुरू किया। साँवरी उसके सामने आ खड़ी हुई बैगनी कमल-सी। उसके अतृप्त अधरों पर अमृत मचल रहा था। उसकी छोटी-छोटी आँखों में पलाश के पुष्पों का सद्यः खिला नव यौवन था। उसकी छरहरी देह का अँग-प्रत्यंग नशीला हो रहा था। उसने उससे कहा था—'साँवरी, तू हमारे दिल की रानी है। हमारे पास आ। हमारे दिल में कटार-सी उतर जा।'

साँवरी हिली तक नहीं। जहाँ-की-तहाँ खड़ी रही—मूर्ति बनी, ईषत् रोष भरी मुद्रा में। उसकी लटें खुली हुई थीं और गहरी काली एवं चमकदार थीं। वह अपने से बेखबर कहीं और ध्यान लगाए हुए थी।

माधवाचार्य ने उसे प्रसन्न करते हुए कहा, 'तुम नाराज हो क्या, साँवरी? तुम हमारे हृदय पर राज करोगी। हमें स्वयं आकर तुम्हारा स्वागत करना चाहिए था। हमसे भूल हुई, सुंदरी। अब हम तुम्हारा स्वागत-अभिनंदन करने के लिए आते हैं।' इसके साथ ही माधवाचार्य ने पास रखे जड़वा हार को उठाया और मद्धिम प्रकाश में उसकी ओर देखते हुए कहा, 'साँवरी, यह हमारी पहली तुच्छ भेंट है।' कुछ देर बाद वह उठने लगा।

'नहीं!' साँवरी चीखी।

माधवाचार्य अपने अधरों पर जीभ फेरते हुए मंद-मंद मुसकराया।

'मुझे जाने दो।'

'कहाँ, प्रिये?'

'जहाँ से यहाँ लाया गया है।'

माधवाचार्य ने बंकिम दृष्टि से साँवरी की ओर देखा और हार की सौष्ठव छवि को उसको दिखलाना चाहा।

'मैं तुम्हारे हाथ जोड़ती हूँ। मुझे जाने दो। मैं नहीं चाहती कि...'

'तू पगली है! तू उस परम आनंद को नहीं जानती, अन्यथा तू ऐसा नहीं कहती। तू हमपर विश्वास कर। तेरा भविष्य चमकदार होगा। तू ऐश करेगी और ऐश्वर्य के झूले में झूलेगी।' माधवाचार्य उठते-उठते कहता रहा।

'नहीं, स्वामीजी, नहीं। पाप नहीं। मैं तुम्हारी पुत्री जैसी हूँ।'

'चुप! पाप-पुण्य तू क्या जाने! यह हमारा क्षेत्र है, लड़की।' कहकर माधवाचार्य मुसकराया और झूमते हुए बोला, 'इस दृश्यमान जगत् में दो ही संबंध शाश्वत हैं—पुरुष और नारी। और सारे संबंध असत्य हैं, भ्रम उपजाते हैं और पंगु बनाते हैं। तू हमपर भरोसा रख, साँवरी। हमारे तप के अक्षय आनंद की अनुभूति से

तेरे मन का कुँवारापन झूम उठेगा सावन के साँवरे सघन मेघों-सा।' वह उसकी ओर धीरे-धीरे बढ़ने लगा।

साँवरी पीछे हटने लगी। उसका हृदय काँपा नहीं। उसकी आँखों में सुर्खी थी और उसके मासूम-से खिलते चेहरे मर पाषाण-सी कठोरता एवं दृढ़ता थी। वह तेज स्वर में बोली, 'रुक जाएँ! वहीं रुक जाएँ। आगे नहीं बढ़ें। मेरी प्रार्थना स्वीकार करें, स्वामीजी।'

'तू जरूरत से ज्यादा बढ़-चढ़कर बोले जा रही है, बिना सोचे-समझे। तेरी हस्ती क्या है, यह तुझे नहीं पता! तू हमारी बात मान जा। तुझे हमारी बात माननी ही पड़ेगी—राजी से या गैर राजी से। तू हमारी शक्ति नहीं जानती। पगली, यह अपना सौभाग्य मान कि तुझे हमने पसंद किया है। एक बार जो लड़की यहाँ आ गई वह हमारी आज्ञा बिना कभी बाहर नहीं जा सकती।' माधवाचार्य नशे में झूमते हुए उसकी ओर हाथ में हार लिये बढ़ता जा रहा था।

'स्वामी, तो तू भी कान खोलकर सुन ले। मैं जानती हूँ कि श्रीकृष्ण राजरानी द्रौपदी की लाज की रक्षा कर सकते थे, हमारी नहीं; क्योंकि हम छोटे इनसान हैं, गंदे इनसान हैं। और इसलिए मैंने भी फैसला किया है कि…'

साँवरी कहे जा रही थी कि माधवाचार्य बीच में ही गरज उठा—'चुप कर! तू क्या फैसला करेगी, मछुआरिन की बच्ची!'

इस बार साँवरी मुसकराई।

माधवाचार्य ने कुटिल हँसी को कनखियों पढ़ा। उसका माथा ठनका। उसे वह और युवतियों से अलग लगी। वह बोला, 'हम तेरे से विवाह कर सकते हैं।'

'फिर ब्रह्म ऋषि कैसे रहेंगे?'

'तू…।'

'मैं द्रौपदी की तरह मजबूर नहीं हूँ—मैं मछुआरिन हूँ। मुझे अपनी रक्षा करने के लिए किसीको पुकारना नहीं पड़ेगा। पुकारूँ तो कोई आनेवाला नहीं। किसना दीन-हीन का नहीं, सबलों का है। बड़ों से उसका रिश्ता है। ईश्वर दीन-हीन को सदा कमजोर बनाए रखने का षड्यंत्र है। मुझे उसपर विश्वास नहीं है, स्वामी; फिर तेरे पर विश्वास करूँ, यह कैसे संभव होगा!' साँवरी ने अपने तेवर बदले। उँगली चटकाई। अपनी जगह से पीछे नहीं हटी।

माधवाचार्य पागल हो उठा। वह तेजी से आगे बढ़ा और हार को एक ओर पटकते हुए उसका एक हाथ मजबूती से थाम लिया। साँवरी ने तुरंत कटार का वार माधवाचार्य की बाँह पर किया। वह लड़खड़ा उठा। उसने साँवरी का हाथ छोड़ दिया। वह तड़पकर एक ओर खड़ा हो गया। उसकी बाँह से खून बहने लगा था।

साँवरी खून से सनी कटार को देख रही थी और कठोरता का परिचय दे रही थी।

माधवाचार्य स्थिति समझ गया। आज तक किसीने हिम्मत नहीं की थी कि उसके खरोंच तक लगा सके। उसका हृदय ज्वालामुखी बन गया। परंतु ऊपर से उसने सँभाले रखा। कुछ जाहिर नहीं होने दिया।

'मैं चाहती तो यह कटार अपने घोंप लेती, स्वामी। पर नहीं, तब मैं कमजोर नारी सिद्ध होती। मरने से डर कैसा! मरना तो अपनी मौत मरना, ताकि मौत भी जान ले कि वह मरी है, साँवरी नहीं मरी।' साँवरी की आँखों में खून उतर आया था। वह चंडी बन रही थी। वह कह रही थी—'मैं यहाँ आने से पहले कई जगह गई थी; लेकिन...'

'कहाँ गई थी?'

'हनुमानजी के अखाड़े। वहाँ लीला पहलवान से मिली थी। वह खिखियाने लगा और बोला, बेटी, तू मारी-मारी मत घूम। राजा ने सुनी ही नहीं मेरी बात। उलटे मुझे डाँटा। मेरे पर ही इलजाम लगाया।...थू! थू! थू!' कहते हुए साँवरी ने वहीं थूक दिया।

'फिर?' माधवाचार्य मन-ही-मन उस रणचंडी को दबोच लेने के लिए रणनीति तैयार कर रहा था।

'फिर, भक्तिन मीरा माई के पास गई। सुना था कि वह कृष्ण को पा चुकी हैं। उनका कृष्ण हमारी रक्षा करेगा। पर नहीं। उनको कृष्ण के दर्शन नहीं हुए। मात्र उसका नाम पुकारने से क्या होता है! जान लिया कि चिकनी-चुपड़ी बातों के अलावा उनके पास कोई ताकत नहीं है। चुपचाप लौट आई और कटार से वार करना सीखने लगी। कोई गुरु नहीं बनाया। स्वामी, यह पहला वार किया था। जाना कि दूसरे को चोट देना क्या होता है? दूसरे को चोट खाकर क्या लगता है? तू हमें क्यों गंदा करना चाहता है? हम तुझसे घृणा करते हैं। तू स्वामी होकर जीने का रास्ता सिखलाने की अपेक्षा जीवन को मौत की ओर ढकेल रहा है। अपमानित होकर भी क्या कोई जी सकता है? अब भी समय है, हमें जाने दे। यह हम अच्छी तरह जान चुके हैं कि बिना तेरी मरजी के हम जिंदा यहाँ से बाहर नहीं जा सकते। हमने यहाँ सब जान लिया है। यह सब किसलिए, स्वामी? तू भी तो एक दिन मिट्टी में मिलेगा ही, फिर!' साँवरी दृढ़ता से समझा रही थी। वह स्वयं समझ चुकी थी, कमजोर और गरीब का कोई ईश्वर नहीं है। उसके सहारे जीना अपने आपको धोखे में रखना है। हर व्यक्ति को अपने अंदर की ताकत से ही उठना है। इसके अलावा दूसरा कोई रास्ता नहीं है। शेष धिक्कार खाने के रास्ते हैं।

'जा साँवरी, तू जा।' माधवाचार्य ने सहज होकर कहा, 'तू जा।'

'क्या, मैं जाऊँ?' साँवरी में अमृत निर्झर फूट पड़ा।

'हाँ, तू जा। तूने हमारी आँखें खोल दी हैं। सच में, यह हम अच्छा नहीं कर रहे हैं। किसलिए यह सब? मिट्टी हो जाने के लिए। न री, साँवरी, न! तू हमारी सच्ची गुरु हुई। हमसे ग़लती हुई। क्षमा कर। इस बात की कहीं चर्चा नहीं। क्यों, ठीक है न?' माधवाचार्य का कंठ पहली बार भर्राया था। पहली बार उसकी मोटी-मोटी आँखों से पछतावे की आर्द्रता का अनुभव हुआ था।

साँवरी का भोला मन प्रसन्नता से मयूरी बन नाच उठा था। उसका अंग-प्रत्यंग गा उठा था। वह समूची थिरकन से गद्गद हो उठी थी। उसमें इंद्रधनुष चटक उठे थे वसंत की मादकता चुराकर।

'जा, साँवरी, तू जा। रथ तेरे को बस्ती तक छोड़ आएगा। पर हमारी यह विनती है।'

'विनती नहीं, स्वामीजी, आज्ञा कहिए। मैं आपकी भक्त हुई, स्वामीजी। देख लीजिए, आपमें कितनी शक्ति है! आजादी छीनने से आजादी देने में कितनी खुशी है! आपकी महानता के आगे साँवरी नत है, स्वामीजी।' साँवरी ने ऐसी कई कहानियाँ सुन रखी थीं, जिनसे यह पता चलता था कि बुरे-से-बुरे आदमी में अचानक परिवर्तन हो सकता है। डाकू से साधु बन सकता है, भक्षक से रक्षक और पापी से पुण्यात्मा।

'यह हार तू ले जा।'

'यह हमारे किस काम का, स्वामीजी! हम मछुआरे क्या जानें इसका मान! न-न, स्वामीजी, इसे अपने पास ही रखो।' साँवरी ने हाथ जोड़ दिए।

'यह हमारी विनती है, साँवरी।'

'जैसी आपकी आज्ञा।' साँवरी बाज पक्षी की तरह कनखियों से यह देख रही थी कि स्वामी वास्तव में बदला है या वह कोई नाटक कर रहा है। उसे लगा कि वह बदल गया है। पल भर में यह क्या जादू हुआ। पर जो हुआ वह सामने है। वह आगे बढ़ी। उसने हार उठा लिया।

'अब अपने गले में डाल ले, साँवरी।'

साँवरी ने उसे गले में डाल लिया।

'अब तू जा।'

'किधर से?'

वहाँ तक आना ही भूल-भुलैया था। वह वहाँ तक कैसे लाई गई, इसका उसे पता नहीं था; क्योंकि उसकी आँख पर पट्टी बँधी हुई थी। जब सब चले

गए थे तब माधवाचार्य ने उससे कहा था—'आँख पर से पट्टी हटाओ, प्रिय। अब तुम रंगमहल में हो। इसकी भव्यता निहारो और अपने भाग्य की सराहना करो कि झुग्गी-झोंपड़ी की दुनिया से उसने तुम्हें कहाँ ला बैठाया है—और वह भी पल भर में! तुम इस असीम ऐश्वर्य की अकेली मलिका हो, मेरे हृदय की पटरानी।'

माधवाचार्य मुसकराया नहीं। सहज बना रहा। साँवरी तलाशती रही बाहर जाने का रास्ता। उसे कोई रास्ता नजर नहीं आया। रास्ता हो तो नजर आए।

माधवाचार्य बोला, 'हम तुम्हें बाहर ले जाएँगे। तुम पहली लड़की हो, जिसे हम बाहर तक छोड़ने जाएँगे। आओ, इधर आओ।'

साँवरी डरी-घबराई नहीं। वह माधवाचार्य के संकेत की ओर आगे बढ़ गई।

'पीछे धकेलो दीवार।'

साँवरी ने वैसा ही किया। आश्चर्य, दरवाजा खुल गया। साँवरी ने सिर झुकाकर और दोनों हाथ जोड़ते हुए नमन किया।

'जाओ, साँवरी, जाओ।'

साँवरी आगे बढ़ गई। चली गई। घूमती हुई वह फिर वहीं आ गई, उस रंगमहल में। इस बार उसपर आक्रमण हुआ। जोर का आक्रमण। वह तुरंत गिर पड़ी। उसके हाथ से कटार छूटकर अलग जा पड़ी। माधवाचार्य उसे मारने लगा, ताबड़तोड़, बिना एक पल रुके और चूके। वह बड़बड़ा रहा था—'तेरी यह हिम्मत, कमीनी लड़की, कि तू माधवाचार्य पर हाथ उठा सके!' उसने उसकी सारी देह को गोद डाला था नाखूनी पंजे से। लोहे का वह नाखूनी पंजा उसकी देह को मांस सहित नोच-नोचकर बेदम बना चुका था। साँवरी लड़ी थी जितना लड़ सकती थी। वह जूझती रही, परंतु बेतरह लहूलुहान होकर वह अर्द्ध मूर्च्छित हो गई थी। माधवाचार्य ने अंत में उसे फिंकवा दिया था समुद्री लहरों पर, ताकि मछलियाँ मौज उड़ा सकें।

माधवाचार्य उस प्रकरण में एक बात नहीं भूल पाया था। साँवरी ने उसे शाप दिया था—'तूने धोखा दिया है, स्वामी! तू भी धोखा खाएगा। जरूर धोखा खाएगा। तब तुझे साँवरी की याद आएगी। तू आज के लिए पछतावे से भरकर अपने को धिक्कारेगा।'

वह चौंक पड़ा। हाथी को एक चींटी मार सकती है। शत्रु कभी छोटा नहीं होता। मीरा भी सती चरित्र है। पावन आत्माओं में छिपी असीम और अद्भुत शक्ति को कोई नहीं जान सकता है। वह मन-ही-मन तनिक घबराया। दरअसल उसने अपने जीवन में पहली हत्या की थी। इससे पहले तो उसने हत्याएँ करवाई थीं, स्वयं

नहीं की थीं। उसके स्वप्नमहल में वह नृशंस दृश्य पहली बार सामने आया था। साँवरी कितनी मजबूत थी और दिलेर थी कि उससे रत्ती भर डरी नहीं। बराबर लड़ती रही थी। मृत्यु के अंतिम क्षणों में भी उसने उसकी चौड़ी छाती पर नख-चिह्न बना डाले थे। वे छायाएँ जब-तब उसे घेरने लगती थीं। यहाँ कमजोर कौन है? शत्रु कौन नहीं हो सकता? कहीं उसकी कटार पेट में घुस जाती तो! वह इससे आगे नहीं सोच पाता था। उसके मुँह पर पसीना आ जाता था और वह अँधेरों से घिरने लगता था।

वह अपने को सँभालकर पूछ बैठा—''जैमिनी, लगता है, चींटी के पर निकलने लगे हैं।''

''हमने तो आपसे पहले ही कहा था कि मीरा को ठिकाने लगवा दीजिए। न रहेगा बाँस और न बजेगी बाँसुरी।'' जैमिनी ने गंभीर होकर धीरे से कहा।

''आपने अच्छी-खासी उजड़ी-मिटती हुई मछुआरों की बस्ती में पुनः प्राण-प्रतिष्ठा करवा दी। समुद्री तूफान उनको चकनाचूर कर चुका था। वे उस जगह को छोड़कर जा भी रहे थे; लेकिन आपने उन्हें पुनः बसाया। पानी की तरह उनपर पैसा बहाया। पता नहीं क्यों? यह जानते हुए कि घायल सर्पिणी हो या शेरनी, वह आज नहीं तो कल बदला जरूर लेगी। उन्हें साँवरी की दर्दनाक मौत ने पागल बना दिया है। वे अंदर-ही-अंदर गाँठ बाँधे हुए हैं।'' नित्यानंद ने अपनी बात को स्पष्ट करते हुए कहा। नित्यानंद जानना चाहता था कि माधवाचार्य पर उसके कथन की क्या प्रतिक्रिया होती है। अंदर से तो वह भी माधवाचार्य के पतन की प्रतीक्षा कर रहा था। उसकी दृष्टि में माधवाचार्य उन सबको अपने चंगुल में फँसाकर चतुर्दिक् अपनी प्रभुसत्ता की पैठ स्थापित करना चाहता था।

माधवाचार्य साँवरी के अदमित शौर्य-प्रदर्शन से अंदर-ही-अंदर घबरा गया था और उसे यह चिंता सताने लगी थी कि एक बार उसपर आक्रमण हो चुका है, अतः अब कोई भी उसपर आक्रमण कर सकता है। अब जैमिनी और नित्यानंद भी उसके विरुद्ध षड्यंत्र रच सकते हैं। वह उन दोनों की बातों से यह अनुमान लगाने का प्रयास कर रहा था कि वे उसके प्रति कितने निष्ठावान् रह गए हैं। हालाँकि उसने इस बात की भरसक चेष्टा की थी कि किसीको इस बात का पता नहीं चले कि साँवरी के आक्रमण से वह घायल हुआ है; परंतु ऐसा नहीं हो सका। सब जान चुके थे कि वह अपार और अथाह शक्तिवाला महापुरुष नहीं है।

वह सारी स्थिति का जायजा लेकर कहने लगा—''पंडित नित्यानंद, यदि हम चींटियों से डरने लगे तो हमारा अस्तित्व हास्यास्पद बन जाएगा। साँवरी शेरनी नहीं थी, पागल थी। पागल कुछ भी कर सकता है; क्योंकि पागल को अपना अंजाम

नहीं मालूम होता है। उसके निडर होने का यही कारण है कि वह जानता नहीं है कि वह क्या कर रहा है। लेकिन तुम्हें तो मालूम है कि…" इसके बाद वह दूसरी ओर देखने लगा।

नित्यानंद सकपकाया। चोर की दाढ़ी में तिनकावाली कहावत सामने आ गई। माधवाचार्य समझ गया कि दाल में कुछ काला है। वह खखारकर आगे कहने लगा—"मछुआरों की बस्ती से कैसा डर! जिन नागों के दाँतों से विष निकाल लिया जाता है, वे प्रदर्शनी के पात्र रह जाते हैं। उनमें कुछ नहीं बचता। फिर भी, जहाँ तक मीराबाई का प्रश्न है, उसके बारे में इस तरह नहीं सोचा जा सकता। अच्छा तैरनेवाला ही डूबकर मरता है। विषवाले व्यालों के साथ खेलनेवाले सपेरे की मृत्यु विषदंत से ही होती है। यहाँ हमें सतर्क हो जाना चाहिए। क्यों, जैमिनी?"

"जी हाँ, स्वामीजी।" जैमिनी ने तत्काल उत्तर दिया।

"तो हमें क्या करना चाहिए?"

जैमिनी चुप। वह जानता था कि जो कुछ भी सुझाव में कहा जाएगा, उसका अमल भी उसे ही करवाना होगा।

नित्यानंद ने अपने आचार्यश्री के साथ घटी घटना को स्मरण करते हुए कहा, "उसका उड़ना बंद हो। वह पद-मोह में हर एक को फँसाकर अपनी मुट्ठी में कर लेती है। उसमें अद्भुत सम्मोहन शक्ति है। वह क्षत्राणी है। डर उसे जरा सा भी नहीं व्यापता है।"

"तो?" माधवाचार्य ने नित्यानंद को घूरा।

"वह भजन-कीर्तन नहीं कर सके। पद गाकर नहीं सुना सके तो…"

"तो?" माधवाचार्य ने सोचते हुए घूरा।

"मीराबाई का ध्यान दूसरी ओर अटक जाएगा। उसे बदनाम भी किया जा सकता है। बस्तीवालों को भी उसके खिलाफ भड़काया जा सकता है।" नित्यानंद मंत्रमुग्ध हुए बोले जा रहा था और अंदर-ही-अंदर सोचता जा रहा था कि माधवाचार्य मीरा से भिड़ जाए तो निस्संदेह कुछ अजूबा होगा तथा हाथी के दाँत दिखाने के और, खाने के और का पता सबको चल जाएगा। सारा आचार्यत्व मुँह के बल आ गिरेगा। तब उनका रास्ता साफ हो जाएगा। उसकी ख्याति को ग्रहण लग जाएगा। सारा किया-धरा छू-मंतर हो जाएगा।

माधवाचार्य सारा गणित फैला चुका था। उसकी दृष्टि में जैमिनी की अपेक्षा नित्यानंद अधिक चालाक है। शातिर भी है। वह बोला, "मुझे तुम्हारी राय ठीक लग रही है। क्यों जैमिनी, तुम्हारा क्या खयाल है?"

जैमिनी की तंद्रा टूटी। उसे लगा कि किसीने शांत झील में पत्थर फेंका हो।

वह सहज ढंग से बोला, "हाँ, यही ठीक होगा।"

"कोई सुझाव?"

सोचकर जैमिनी ने कहा, "नहीं।"

"तो नित्यानंद, तुम्हारी दृष्टि में यही होना उचित रहेगा?" माधवाचार्य ने अत्यंत सरस लहजे में पूछा और इसीके साथ पाँव फैला लिये।

नित्यानंद का मन अंदर-ही-अंदर खुश होने लगा। अब ऊँट आया है पहाड़ के नीचे।

माधवाचार्य ने कनखियों से उसकी ओर देखा और अत्यंत मधुरता से कहा, "इसका उत्तरदायित्व कौन लेगा?"

नित्यानंद को दिन में तारे नजर आने लगे। जैमिनी गंभीर मुद्रा में था। दोनों चुप। माधवाचार्य की दृष्टि जैमिनी पर टिक गई।

नित्यानंद घबरा रहा था। सोच रहा था, यह उसने क्या पागलपन किया। साँप की बाँबी में हाथ डाल दिया।

माधवाचार्य ने बैठने का रुख बदला। सामने दीवार पर चिपकी छिपकली की ओर देखा। फिर उसने अपना उत्तरीय ठीक किया और कुछ देर के लिए ध्यानमग्न होने के बाद बोला, "नित्यानंद, वास्तव में तुम बहुत सूझ-बूझ के व्यक्ति निकले; अपने गुरु से भी चार हाथ ऊपर। यही शुभ रहेगा, नित्यानंद, कि अपनी योजना पर तुम स्वयं काम करो। पूरी तैयारी और चतुराई के साथ, ताकि शत्रु के दाँत खट्टे हो जाएँ। वास्तव में मीरा ही हम सबके लिए खतरा है। तुम कल से ही इस योजना पर काम करो। इसमें विलंब नहीं हो, वह भी बहुत जरूरी है।"

"जी, स्वामीजी।" नित्यानंद के चेहरे पर हवाइयाँ उड़ने लगीं। 'आए थे हरि भजन को, ओटन लगे कपास' का व्यंग्यार्थ अब उसकी समझ में आने लगा था।

स्वामी माधवाचार्य उठ खड़ा हुआ था। उसीके साथ वे दोनों भी उठ खड़े हुए। वह उनके साथ बाहर तक नहीं आया। उनको दरवाजे से ही बिदा कर पुनः उसी कक्ष में लौट आया। उसे अपने मित्रों से सतर्क हो जाना चाहिए; क्योंकि उनके मुँह में राम और बगल में छुरी है। यह निर्णय कर वह अपने काम में लग गया।

अड़तीस

मादक मदिर मतवाला भोर। चिड़ियों का लयबद्ध चहकता मन मोर। चित्त में बहता मलयानिल पवन का रस-स्निग्ध अनाहत नाद।

गा रहा था गगन। गा रहा था क्षितिज। गा रही थी धरिणी। गा रही थीं दिशाएँ।

आनंद के अतिरेक में सराबोर अग-जग का कण-प्रतिकण। प्रफुल्ल प्राणों का नव ताल भरता नव संचरण।

पायल की रुनझुन। चक्की की लयध्वनि। बैलों की घंटियों का छलक पड़ता दुलार।

धीरे-धीरे चल पड़ा था भोर पाँवों में पायल बाँधे, हाथों में मेहँदी रचाए, आँखों में कजरा खिलाए और सुरभि वसंत को अंतस्थल में सँजोए।

द्वारका का भोर। गमकता, मचलता और छलकता भोर मंदिर के मन से फूटा था—शंखनाद के साथ अपार हृदयोल्लास और आनंद का उन्मादी सागर लिये।

मीरा पैदल, नंगे पाँव, हाथ में इकतारा लिये उड़ी जा रही थी कुछ भक्तों के साथ पास के गाँव के मंदिर के लिए। वहाँ के पुजारी ने उसे आमंत्रित किया था। वह रथ भिजवाना चाहता था। मीरा ने रथ के लिए इनकार कर दिया है। उसके साथ सात जने थे, जिनमें चार स्त्रियाँ और तीन पुरुष थे। उन सबका मन उसके प्रति भक्ति से नत था। उनमें से एक था मुसलमान—गुलाम नबी। अधेड़ उम्र का। कंठ में जादू लिये था और नाक से ही सितार बजा लेता था। उनमें एक थी पारो—नववधू-सी अल्हड़ और जीवन-जगत् के प्रति एकदम भुलक्कड़। कंजाबाई भी थी, जो ढोलक बजाने में अपना सानी नहीं रखती थी। वे सब नृत्य में पारंगत थे।

गुलाम नबी का युवा पुत्र रमजान नबी गाड़ी जोतकर सामने आ खड़ा हुआ था।

"तू यहाँ!"

"अब्बा खेत पर था। दूर से देखा, आपको पगड़ी से पहचाना। फिर कीर्तन की स्वर-लहरियों को सुना—हरे-हरे मनुवा हरे-हरे!"

"तो?"

"बलराम भैया से निवेदन किया कि⋯"

"क्या निवेदन किया?"

"भजना चाहे तो तू भज ले—मनुवा हरे-हरे! कृष्ण हरे-हरे! गोपाल हरे-हरे!" रमजान नबी ने चहकते हुए कहा।

बैलों की जोड़ी मस्त। उनके लाल-हरे सींग। उनके गले में घंटियाँ। उनकी पीठ पर मेहँदी रचे चित्र। एकदम सद्यः जवान-से, सफेदी पर जहाँ-तहाँ भूरापन लिये हृष्ट-पुष्ट और बहुत सुंदर-सुशील। गुलाम नबी उनको अपने प्राणों से ज्यादा प्यार करता था। उसने उनकी पीठ सहलाई और प्यार दिया। उन बैलों ने घंटियों की

ध्वनि से उसके प्यार का अभिनंदन किया।

कारवाँ रुका हुआ।

गुलाम नबी ने पूछा, ''अब तू क्या चाहता है, रमजान मियाँ?''

''मैं कुछ नहीं, ये बलराम चाहते हैं।''

''क्या भला?''

''माई का अभिनंदन करना।''

''कैसे?''

दोनों बलराम ने एक साथ सिर हिलाया। घंटियाँ बज उठीं। भोर का मन गद्‌गदा उठा। रमजान नबी बोला, ''बलराम नहा-धोकर तैयार हुए हैं। आज तो आँखों में काजल भी डाला है और पाँवों में घुँघरू भी बाँधे हैं।''

''तो?''

''माई की ध्वनि पर नाचेंगे।''

दोनों बलराम फिर सिर झुकाकर अपनी स्वीकृति देने लगे।

गुलाम नबी ने मीरा की ओर देखा। मीरा ने बैल और सजी हुई गाड़ी की ओर निहारा। एकदम नई गाड़ी। वह गुलाम नबी की चालाकी मन-ही-मन समझ रही थी। मनुहार के ढंग तो कोई इससे सीखे।

''पर तूने तो उन्हें गाड़ी में जोत रखा है, रमजान!'' गुलाम नबी ने कहा।

''सिर्फ मंदिर तक।''

''क्या मतलब रे?'' अनजान बनते हुए गुलाम नबी ने पूछा।

''ये बलराम भैया नहीं माने।'' रमजान नबी ने धीरे से कहा, ''खेत जोतने से नट गए। जिद पकड़ गए। फिर मैं क्या करता, अब्बा!'' रमजान नबी की निगाहें बारंबार मीरा के चरणों की ओर गईं और धीरे से दस्तक देकर लौट आईं।

गुलाम नबी कुछ बोलने वाला ही था कि मीरा बोल पड़ी—''तुम दोनों बाप-बेटे बड़े शरारती हो। करोगे वही, जो तुम्हारे जी में आएगा।'' फिर सबकी ओर देखते हुए आगे कहा, ''चलो भाइयो-बहनो, सवाल दोनों नबियों की इज्जत का है।''

जोरों से जयकार उठा—''माई की जय! माई की जय!''

''नहीं रे।'' मीरा बोली, ''गिरिधर गोपाल की जय!'' मीरा इसीके साथ गाड़ी में आ बैठी। सब बैठ गए। मीरा ने रमजान नबी के हाथ से रास ले ली और बड़े प्यार से पीठ थपथपाते हुए कहा, ''नबी के बलराम भैया, अब मंजिल का रास्ता पकड़ो।''

इसपर सामूहिक हँसी फूट पड़ी। गुलाम नबी नाक से सितार बजाते हुए

कृष्ण-ध्वनि का मादक रस बिखेरने लगा। कंजाबाई ढोलक पर थाप दे उठी। पारो गा उठी। गुलाम नबी ने उसका साथ दिया—

'माई री माई, प्रातः मुझे कान्हा मिले। रात में मुझे कान्हा मिले। दिन में मुझे कान्हा मिले। स्वप्न में मुझे कान्हा मिले। राह में मुझे कान्हा मिले। माई री माई!'

जब पारो और गुलाम नबी चुप हो जाते तब शेष सब गा उठते।

मीरा बलराम भैयों की पीठ पर हलका सा धौल जमाती। कभी इशारे से पूँछ मरोड़ती। बलराम भैया हवा से बात करने लगते।

सबके सब एक साथ बोलते—"बलराम भैयों की—जय! जय! जय!"

फिर हरि कीर्तन गूँज उठता चारों ओर, दिग्-दिगंत तक बड़े जोर और उत्साह से।

बैलों की घंटियों की टन-टन बड़ी मादक थी। उसने सबको मतवाला बना दिया था। सब झूम उठे थे भक्ति-रस में सराबोर होकर।

बस्ती आ गई।

मीरा ने रास खींची। बैल रुक गए जहाँ-के-तहाँ।

जयनाद से गूँज उठा सारा आकाश। चारों ओर से एक ही आवाज उठी—"भक्त शिरोमणि मीरा की जय! कृष्णभक्तिनी मीरा की जय! कृष्णप्रिया मीरा की जय!"

मीरा ने सबके हाथ जोड़कर कहा, "मुरली मनोहर रास रचैया की जय! श्याम सुंदर रसिक बिहारी की जय!"

जय-जय का घोष गूँज उठा।

बस्ती की औरतों में से सबसे बूढ़ी औरत ने मीरा के माथे पर चंदन का तिलक लगाया। पास खड़ी युवती ने नारियल फोड़कर उसका पानी मीरा को चरणामृत के रूप में दिया। पुष्पवर्षा हो उठी।

मीरा के साथ सारी बस्ती थी। बच्चे, बूढ़े, जवान सभी थे। सब एक साथ कीर्तन करते हुए मंदिर की ओर बढ़ रहे थे।

पुजारी मंदिर के सामने खड़ा हुआ आनंद से आत्मविभोर हो रहा था।

मंदिर की परंपरा से मीरा की आरती उतारी गई। मंत्र पढ़े गए। तिलक किया गया। पुष्पवर्षा हुई। पुजारी ने फिर कहा, "सुदामा नगरी के गोप-गोपिकाओ, मैं आप सबकी ओर से और अपनी ओर से भी श्यामप्रिया मीरा का अभिनंदन-स्वागत करता हूँ। उन्होंने हमारी विनती मान ली और यहाँ चली आईं—हम सबको पावन करने, चिर आनंद की गंगा में अवगाहन कराने। अब मैं उनसे प्रार्थना करता हूँ कि मंदिर में पधारें और कृष्ण कन्हैया की पूजा-अर्चना करें तथा साथ ही अपने मन की

गंगा में सबको बहने का सुखद अवसर प्रदान करें।''

मीरा ने अभिनंदन-स्वागत के प्रत्युत्तर में पुनः सबके हाथ जोड़ दिए और मंदिर में प्रवेश करने लगी।

जन-मन बतिया उठा—

''साक्षात् राधिका हैं।''

''कैसी मलूक हैं! चाँदनी-सी!''

''कितनी सुंदर!''

''कितनी सुघड़!''

''क्या रूप-रंग पाया है!''

''दिव्य रूप है!''

''चित्त-चितवन में मादकता-ही-मादकता है!''

''इकहरी देह, चंचल बड़े-बड़े नयन। घन घटा-से केश। पतले-पतले अरुणाधर।''

''इतनी सुंदर 'नारि' पहले कभी नहीं देखी।''

''राजघराने की हैं न!''

''कितनी सादगी!''

''कितने मधुर बोल!''

''कितनी मधुर मुसकान!''

''आज धन्य हो गए मन-प्राण!''

''कृतार्थ हुआ यह जीवन!''

सबमें देखा-देखी की गजब की होड़। सबके मन-प्राणों का जोर। सबमें हुलास। सबमें उत्सुकता अपार।

पूजा हुई।

संगमरमर की कृष्ण मूर्ति। साथ में राधा भी। मीरा ने दोनों आँखें बंद कर कुछ समय तक नमन किया। उनसे कहा, ''म्हारी सुन ले, चित्तचोर, मुरली मनोहर! म्हें थारे लिए यहाँ से वहाँ, वहाँ से यहाँ लगातार भ्रमण कर रही हूँ। सबकूँ छोड़कर म्हें थारी शरण में आई हूँ और थे तो आगे-आगे भागता-छिपता फिरता है। म्हें थक गई हूँ, साँवरे। सचमुच, अब थारे पाछै भागा नहीं जाता। बाकी थारी मरजी। जोनै जँचे वो कर। म्हें तो थारी खुशी में खुश हूँ, साँवरे; पर जे मन तो थारे से विनती कर सकता है न! थारे को भजे बिना यह क्या करे? जा मन को कई बार थारी अलौकिक छवि और लीला का गुणगान गाकर राजी किया है। आखिर उसे कब तक बहलाती रहूँ? वो बारंबार थारे बारे में पूछता है। वह थारे दर्शन करना चाहता है। थानें क्या

दिक्कत है रे! उसे निराश मत कर, साँवरे। बड़ी मुश्किल से तो उस नटखट को थारे से मन लगाए रखने के लिए तैयार किया है अरु थे है कि जानबूझकर उसे विद्रोही बन जाने के लिए मजबूर कर रहा है। म्हारी अरज मान जा—म्हें थारे हाथ जोड़ती हूँ, बा कूँ दर्शन देकर सत्पथ की ओर आगे बढ़ते जाने का हौसला प्रदान कर। म्हें जासूँ ज्यादा और कछु नाँय कर सकती हूँ। अब म्हें थारे और उसके बीच से हट रही हूँ। जय गोपाल! जय हरे गोविंद! हरे कृष्ण, थारी जय!''

मंदिर एकदम शांत। सब स्थिर मन, चित्रलिखित-से मौन, पर उत्सुक। सबकी आँखें मीरा की ओर थीं अपलक। मीरा थी सबसे अनभिज्ञ, अनजान और आत्मलीन। उसकी बड़ी-बड़ी आँखों में चमकते हुए मौक्तिक बिंदु तैर रहे थे—झील में तैरती बतखों-से। उसके मुखमंडल पर तेज था, प्रकाश था, अप्रतिम आकर्षण था। सहजता थी और थी भोलेपन की अद्वय मादकता।

सबकी ओर मीरा ने देखा। समस्त कृष्ण समाज मूक है, उल्लसित है और उमंगित है। प्यार का अथाह सागर हिलोरें ले रहा है उन सबके मन में। मन सागर हो चुका था।

गुलाम नबी नाक से सितार बजा उठा था। कंजाबाई ढोलक पर थाप दे उठी थी। पारो ने गुनगुनाना शुरू किया था। धीरे-धीरे स्वर उठे, बहने लगे और सबके मन को उद्वेलित करने लगे। वह गा रही थी—'म्हाराँ री गिरधर गोपाल दूसराँ णाँ कूयाँ'। इसके बीच-बीच में गुलाम नबी भी उसके साथ तेज स्वर में मधुरता उड़ेलता गा उठता था।

मंदिर मानस झूमने लगा था।

कंजाबाई के बाद आगे आकर गुलाम नबी गा उठा—

> 'मुरलिया बाजाँ जमणा तीर।
> मुरली मनोहर मण हर लीन्हो चित्त धराँ णा धीर।'

सभा हतप्रभ।

मधुरता से ओत-प्रोत सबके मन में सम्मोहन सौंदर्य की बूँदाबाँदी।

गुलाम नबी ने कुछ रुककर सबसे कहा, ''गाओ। एक साथ गाओ।''

कुछ स्वर उठे। कुछ और स्वर जुड़े। फिर सब मुखर हो उठे। गूँज उठा सारा सभामंडल आनंद में भीगता हुआ और थिरकता।

गुलाम नबी खड़ा हो गया। अब वह मात्र नाक से सितार बजा रहा था और सब गा रहे थे झूमते हुए वृक्षों-से।

सबका मन डूबा था।

किसीको किसीकी खबर नहीं थी, यहाँ तक कि अपनी भी किसीको खबर नहीं थी। सब बेखबर थे। कितना मधुरिम दृश्य था! कितना मादक स्वर था! कितनी तन्मयता! कितना बेसुध मन! कितना रसीला भाव, निर्झर-सा उन्मादी!

अब सबकी दृष्टि मीरा पर केंद्रित हो चुकी थी। प्रसन्नता-आह्लाद के वातावरण में सब मंत्रमुग्ध हुए झूम रहे थे। आनंद की त्रिवेणी निःसृत हो उठी थी।

धीरे-धीरे नीरवता आच्छादित हो गई। मीरा ने इकतारा उठाया। चहुँओर देखा। फिर मंदिर में स्थापित मूर्ति की ओर देखा। देखती ही रही। नटखट की लीला को स्मरण करती हुई वह अँखियन के झरोखे से मंद-मंद मुसकराई। सावन की बदलियाँ घिर आई थीं उसके हृदयाकाश पर। रिमझिम-रिमझिम नेह वर्षा हो रही थी। इकतारा झंकृत होने लगा। मीरा ने गुनगुनाना शुरू किया।

साँस रोके सभा शांत थी।

मीरा गा उठी—

"जो तुम तोड़ो पिया, मैं नहीं तोड़ूँ,
तोरी प्रीत तोड़ी कृष्ण, कौन संग जोड़ूँ।
तुम भए तरुवर, मैं भई पँखियाँ,
तुम भए सरवर, मैं भई मछियाँ।
तुम भए गिरिवर, मैं भई चारा,
तुम भए चंदा, मैं भई चकोरा।
तुम भए मोती प्रभुजी, हम भए धागा,
तुम भए सोना, हम भए सुहागा।
बाई मीरा के प्रभु, ब्रज के बासी,
तुम मेरे ठाकुर, मैं तोरी दासी॥"

मीरा ने 'म्हाँरो जणम जणम रो साथी, थाँने णा बिसर्‍याँ दिन राती' और 'म्हाणे चाकर राखाँ जी, गिरधारी लाला चाकर राखाँ जी' भी गाया।

सारी सभा रस-निमग्न हो उठी। कुछ समय बाद सभा ने करतलध्वनि से मीरा का स्वागत किया। मीरा उठने लगी। भक्तगण उसके साथ उठ खड़े हुए। फिर सारी सभा जय-जयकार कर उठी। मीरा का मन गद्‌गद हो उठा।

कोई कह रहा था—"साक्षात् राधा का अवतार है।"

"क्या गाया है! अमृत-रस बरखा चारों ओर होने लगी। सब भीग उठे।"

"धन्य हैं हमारी मीराबाई!"

"कितने कष्ट पाए! कितने दुःख भोगे! पर हारी नहीं। थकी नहीं। निरंतर

आगे बढ़ती रही। बढ़ रही है।"

"हम तो उसके दर्शन पाकर ही कृतार्थ हो उठे। हमारा जन्म धन्य हो गया!"

"हटो-हटो, जगह दो।" कहते हुए दो व्यक्ति तेजी से आगे बढ़े।

वे मीरा पर झपटना चाहते थे कि बीच में दो युवक उनपर टूट पड़े। वे हाथ में कटार लिये थे।

वे दोनों हनुमान अखाड़े के जाने-माने पहलवान थे। उन दोनों ने उन्हें पलक झपकते ही दबोच लिया।

सब सन्नाटे में आ गए।

सब चौंके। यह क्या होने वाला था।

संत का कौन है शत्रु? किस निर्दय ने महान् आत्मा पर आक्रमण किया है?

"कौन हो तुम?"

"क्या नाम है?"

"तुम्हें किसने भेजा है?" पहलवान उन्हें ताबड़तोड़ मारते हुए पूछ रहे थे।

"जान से मार दूँगा!"

"सच-सच बताओ।"

"नहीं बोलोगे!" कहकर पहलवान ने उसका हाथ इतनी तेजी से मरोड़ा कि वह चीख पड़ा।

गिड़गिड़ाकर बोला, "रहम! रहम!"

"तो बोलो गूँगो, कि तुम्हें किसने भेजा है?" पहलवान ने उन्हें पीछे ढकेलते हुए कहा।

वे दोनों फिर चुप।

पहलवानों ने फिर मारा और उनके हाथ मरोड़े। वे जोर से चीख पड़े।

"ठहरो!" मीरा की आवाज गूँज उठी।

सब चित्रलिखित-से रह गए।

मीरा उनके पास आई। ध्यान से उन दोनों की ओर देखा। उनकी आँखों में भय था। होंठ सूख रहे थे।

मीरा ने उनसे कहा, "मुझे मारना चाहते हो तुम लोग?"

"क्षमा माई, क्षमा!"

मीरा ने सामने पड़ी दोनों कटार उठाकर उनकी ओर बढ़ा दी और बोली, "ये लो।"

उन दोनों ने एक साथ 'नहीं' में सिर हिला दिया। उनके अधर काँप रहे थे।

मीरा कहने लगी—"डरो नहीं, तुम्हारा स्वामी तुम्हारी वफादारी के लिए पुरस्कार देगा। इसीलिए तो उसने तुम्हें ऐसा पुण्य कार्य सौंपा है। उसे पूरा कीजिए।"

"नहीं माई, नहीं!" वे दोनों घबराकर पीछे खिसक गए।

"एक दिन तो सभी को मरना है, फिर यह सब क्यों? जिसे कोई नहीं मारेगा, वह भी मरेगा। सबको एक-न-एक दिन अवश्य मरना पड़ेगा। यहाँ कोई अमर नहीं है। हो भी नहीं सकता। तुम अपनी कटार उठाओ।" मीरा ने अपनी बात पूरी की और आँखें बंद करके खड़ी हो गई।

सारी सभा आश्चर्यचकित रह गई।

"कटार उठाओ, भाई।" मीरा में एक निर्भय क्षत्राणी गूँज उठी।

उन दोनों ने काँपते हुए हाथ से कटार उठाई। उनकी आँखें झुकी हुई थीं।

"वार करो।" मीरा ने कहा।

वे दोनों आगे बढ़े।

"नहीं!" जनता चिल्लाई।

"आप सब शांत रहें। इन्हें रोकें नहीं। यह मेरा आदेश है।" मीरा ने कहा।

"आगे बढ़ो और वार करो।" मीरा ने पुनः तेज स्वर में कहा।

वे दोनों आगे बढ़े और धीरे से नीचे झुके। कटार मीरा के चरणों में डालकर प्रार्थना की—"माई, हमें क्षमा कर दो।" इसके बाद वे बच्चों की तरह फूट-फूटकर रोने लगे।

मीरा ने आँखें खोलीं। वह मुसकराई। उसने उन्हें उठने के लिए कहा।

"माई, यह तो पता हो जाना चाहिए कि वह कौन है, जिसने इन्हें..."

"नहीं, कोई आवश्यकता नहीं।" मीरा ने कहा।

"हमें मालूम तो करना ही चाहिए।"

"ज्ञात ही करना है तो मारनेवाले का नाम नहीं, बचानेवाले का नाम ज्ञात कीजिए। वही काम आएगा।" मीरा ने इतना कहकर कीर्तन शुरू कर दिया—"हरे कृष्ण, हरे-हरे! हरे गोविंद, हरे-हरे!"

मीरा आगे-आगे चल पड़ी। पीछे-पीछे उसके साथ भक्त और उनके पीछे वहाँ की जनता।

रमजान नबी बैलगाड़ी को मोड़कर मीरा के सामने ले आया। मीरा ने सबको बैठने के लिए संकेत किया। सब बैठ गए।

मीरा ने सबके हाथ जोड़े। सब मीरा की जय-जयकार कर उठे।

मीरा ने कृष्ण की दुहाई दी और सारा आकाश श्रीकृष्ण की जय-जयकार से गूँज उठा।

मीरा बैलगाड़ी में आ बैठी। भक्तगण उसकी जय-जयकार कर उठे।

अब बैलगाड़ी चल पड़ी थी।

भक्तगण तब तक वहाँ खड़े रहे जब तक बैलगाड़ी उनकी आँखों से ओझल नहीं हो गई।

उनतालीस

अमावस्या की रात थी। मीरा अकेली थी।

किसीने कई बार उसकी कुटिया पर थाप दी। मीरा ने उठना चाहा, पर वह उठ नहीं सकी। उसे लग रहा था कि वह ताप की चपेट में आ गई है। उसकी देह जल रही है। यद्यपि रात को सोते समय उसने काढ़ा गरम कर पी लिया था, तथापि ताप ने ढिठाई नहीं छोड़ी।

पूजा में वह इस कारण बैठ नहीं सकी थी। दरअसल उससे बैठा नहीं जा रहा था। वह गोपाल के हाथ जोड़कर उठ गई थी।

काढ़ा भी दुलारी लेकर आई थी। उसने तो उसे मना किया था; पर वह मानी नहीं और काढ़ा गरम करके भूभल में रख गई। जाते समय कसम देती गई।

दुलारी पास में ही रहती थी। उसने चाहा भी था कि वह रात को वहीं रह जाए; लेकिन मीरा मानी नहीं। वह अनुभव कर रही थी कि दिनोंदिन उसमें अकेले बने रहने की भावना घर करती जा रही है। कितना कहा था दुलारी ने—'माई, मैं यहाँ सोऊँ या अपनी कुटिया में, उससे मुझे क्या फर्क पड़ेगा! यहाँ तो आपके साथ रहने का सुख मिलेगा।'

'नहीं, दुलारी, नहीं। तू नहीं जानती कि···पर नहीं।' मीरा ने कह दिया।

'बहू को भेज दूँ?' कुछ सोचते हुए दुलारी बोली, 'उसके साथ छोटा बच्चा, बच्ची है।'

'नहीं।'

'नहीं! क्यों, बहू तो वह मुझसे ज्यादा आपकी है। क्या नहीं है?' दुलारी ने सहज ढंग से कह दिया।

'वो तो है, पर···'

'गोप तो आपने लला का नाम रखा है। क्यों, रखा है या नहीं?' दुलारी पलटकर पूछ बैठी।

'हाँ री, रखा है।'

'वह आपसे कैसे हिल-मिल गया है! सीधा आपके यहाँ भागा आता है

और आपकी गोद में आकर बैठ जाता है। है या नहीं?' दुलारी ने सारा गणित फैला दिया—सामाजिक गणित।

'जानती हूँ री।'

'फिर उसे भेज देती हूँ।'

'नहीं री।'

'नहीं क्यों? माथा दुखता है न, माई!'

'नहीं।'

'जानती हूँ, आपके 'नहीं' का अर्थ क्या है!' दुलारी ने हाथ जोड़ते हुए कहना जारी रखा—'देख रही हूँ कि कुछ दिनों से आप अपने प्रति जरूरत से ज्यादा लापरवाह होती जा रही हैं। कोई बड़ा-बूढ़ा जब सिर पर नहीं होता है तब ऐसा ही होता है, माई। इसमें आपका दोष नहीं।' दुलारी का मन डूबने लगा, यह सोचकर कि वह भी वास्तव में उसकी बहू ही हैं। उसकी उम्र और उसकी बहू की उम्र में ज्यादा अंतर नहीं है। पर वह उसकी बड़ी-बुजुर्ग कैसे हो सकती है! मीरा तो राजघराने की बहू है। बड़ी भक्तिन है। और वह क्या है, छोटे से किसान परिवार की सत्तर की आयु को पार करनेवाली बूढ़ी। सधवा अलग है। सुखी परिवार की महक से जिंदा है। जरा भी थकती नहीं। सदा खुश रहती है वह। दुःख को भी वह खुशी से जी लेती है। उसे किसीसे शिकायत नहीं है। न वह किसी झमेले में पड़ती है।

'आजकल तू बड़ी बातूनी होती जा रही है, दुलारी।' मीरा ने कहा। लेकिन उसे मन-ही-मन बड़ा पछतावा हुआ। वह जानती थी कि दुलारी ने उसे अपने परिवार का मान लिया है।

'क्या करें, माई, यह आपकी देन है।'

'क्या?' मीरा चौंकी।

'सच, माई! हम किसन को जानते नहीं, न जानने की कोई इच्छा है। हमारा घर-संसार ही हमारा सबकुछ है।' दुलारी बताती जाती—'आपसे किसन का नाम सुना। कुछ-कुछ जाना। वह मूर्ति में बसता है। मूर्ति हमें रिझाती नहीं है, माई। फिर वो है या नहीं, हम इस चक्कर में नहीं पड़ सकते। हो तो हमें चिंता नहीं और नहीं है तो हम ठीक हैं अपनी जगह। वह हुआ तो सबको बनानेवाला और सबकी रक्षा करनेवाला ही न! फिर उससे डर क्या? उसे मनाना क्यों? सच में, माई, कसम से, हमारे लिए किसन, ईश्वर जो कुछ है वह माई, आप हैं—और दूसरा कोई नहीं।' दुलारी बाँसुरी की धुन में कह गई।

मीरा उसे देखती रह गई। कितना भोलापन! कितनी सहजता! कहीं वक्रता

नहीं—न जीने में और न सोचने में।

मीरा मुसकराई। वह दुलारी के प्रति सम्मोहित-सी हो चुकी थी। उसे अनुभव होता था कि उसका कोई अपना भी है। वह एकदम अकेली नहीं है। लेकिन यह एहसास उसे अधिक बाँध नहीं पाता था। ऐसा एहसास उसे अपनी इस लंबी यात्रा में कई बार हुआ था। ऐसे एहसास के घेरे को तोड़कर ही तो वह बाहर आई थी और उसके प्रति अपनी प्रीत जताई थी, जिसे उसने कभी देखा नहीं था और देख पाने की लालसा लिये बराबर बढ़ती गई थी। उसे लगा था कि सम्मोहन बाँधता है—और उसे सम्मोहन के चक्रव्यूह से मुक्त होना है। जगत् के रिश्ते पाँव में बेड़ियाँ हैं। मन को भरमाने की युक्तियाँ हैं। फिर वह किसी मोह में कैसे पड़ सकती है।

मीरा तो उसके सम्मोहन की कच्ची डोरी में बँधी हुई सबकुछ भूल-भुला बैठी थी। सिवाय उसके न उसे कुछ सुनाई देता था, न दिखाई देता था, न स्पर्श होता है और न महकता था। वह उस बावरे के लिए ही तो बावरी बनी हुई है। और अब, जब वह उसके मन-तन में पूरी तरह समा चुका है, कैसे उससे दूर जा सकती है। वह कहने लगी—'दुलारी, यह बात नहीं है। तू शायद नहीं जानती, साँवरे की पूजा करते समय मैं बिलकुल अकेली रहती हूँ। इस कारण से···तुम बुरा मत मानना। तू ही तो मेरी सबकुछ है। दो डग धरे नहीं कि कुंडी खटखटा दूँगी। तब तू नहीं उठेगी? आएगी या नहीं?'

'क्यों नहीं आऊँगी, माई, जरूर आऊँगी। अपने भाग्य की आरती उतारती आऊँगी, माई। सच में, आपको हम, हमारा घर किसन कन्हैया मानकर पूजने लगा है।' दुलारी ने गद्‌गद होकर कहा। वह निहाल हो गई मीरा की मुरलीध्वनि सुनकर।

वह सब याद करते हुए मीरा के नेत्र सजल होने लगे। वह तेज होते हुए ताप की पकड़ में पड़ी हुई असहाय-सी चारों ओर देखने लगी। अब वह किसको पुकारे? कहाँ जाए? किसके पास? दुलारी तो अपनी पोती को लिये गहरी और मीठी नींद में होगी। उसको मीठी नींद से जगाकर वह अपने सिर पाप नहीं लेगी। सारे दिन वह जी-तोड़ मेहनत करती है। सारे घर को सँभालती है। बहू को काम में बहुत कम हाथ लगाने देती है। कहती रहती है, 'बेटी, तू घर-गिरहस्ती की चिंता छोड़, अपने बाल गोपाल को सँभाल और उस निखट्टू को रास्ते पर ला। बहुत कुछ लाई भी तू ही है। मैं कान मरोड़कर उसे रास्ते पर नहीं ला सकी और तूने उसे आनन-फानन में खूँटे से बाँध डाला।' फिर वह घूँघट में झाँकती आँखों से मुसकराते हुए आगे कहती होती—'तेरे ससुर कुछ कम नहीं थे अपनी उमर में। मेरी सास ने

भी यही कहा था, जो मैं तुझसे कह रही हूँ।' कुछ याद करते हुए वह कहती—'ठीक से याद नहीं रहा; पर वह कुछ इस तरह कहा करती थी—माँ पर बेटी, पिता पर घोड़ा, बहुत नहीं तो थोड़ा-थोड़ा।' इसपर दोनों बेपरदा हुए खुले रंग-बिरंगे आकाश की तरह खिलखिला पड़ती थीं।

वह घर नहीं, जीवंत वाटिका उसे नजर आती थी। सारा परिवार तान खूँटी सोता है। दिन भर जी-तोड़ मेहनत कर रात को डटकर खाता-पीता है और फिर बेफिक्र होकर, घोड़े बेचकर सो जाता है। नहीं-नहीं, वह उस घर की नींद में खलल नहीं डाल सकती। सब जग जाएँगे। नहीं, नहीं। मीरा सकपका गई। उसका हृदय सद्य: जनमे कपोत-सा सिहर गया—सुख की कल्पना में डूबा हुआ।

परंतु आज मीरा में घबराहट बढ़ रही थी। उसके होंठ खुश्क हो रहे थे और उसका कंठ चटक रहा था। सिर में भी दर्द तेज हो गया था। तलुए जल रहे थे। सारे शरीर में जकड़न-सी हो रही थी। साँस लेने में भी तकलीफ हो रही थी। वह बराबर श्रीकृष्ण का स्मरण कर रही थी। अकेले में साथ-साथ जिए दिन अतिथि की तरह चले आते हैं बेरोक-टोक।

तब वह राजघराने में आई ही थी राणा परिवार की नववधू बनकर और सबसे अलग होकर। सब उसके प्रति खिंचे-खिंचे-से हो गए थे। यहाँ तक कि भोजराज भी उससे छिटककर दूर-दूर रहने लगे थे। उसके साथ आई हुई दासियों को भी उससे दूर कर दिया गया था। वह पराए घर में आते ही अकेली पड़ गई थी। उसकी उम्र ही क्या थी! वसंत दबे पाँव अपने आने की सूचना देते हुए सकुचा रहा था। कहीं-कहीं नव कोंपलें उसमें फूट चली थीं।

मीरा क्या करे, क्या नहीं? कौन बताए उसे रास्ता? किससे पूछे? वहाँ तो उसका कोई नहीं था, सिवाय पीतल की मूर्ति के। सारा झंझट तो वही था। उसीके कारण था। शैव मतावलंबी परिवार, देवी और सूर्य की अप्रतिम आस्था के साथ श्रीकृष्ण को स्वीकारने के लिए तैयार नहीं था। मीरा तो किसीसे कुछ कहती ही नहीं थी। क्या कहे? वह तो अपनी आस्था की दुहाई देती थी, बिना दूसरों को अपनी आस्था के साथ जुड़ने का आग्रह किए।

वह एक ही तो है—चाहे वह शिव हो, देवी हो, श्रीराम हो या कोई और क्यों न हो। वह सत्य, शिव और सुंदर ही तो है। उसके नाम को लेकर इतना झंझट-झगड़ा क्यों? क्या वे लोग, कोई क्यों न हों, कितने बड़े पद पर क्यों न हों, सत्य मार्ग के अनुयायी हो सकते हैं? इतनी जरा सी और सरल बात क्यों नहीं समझ में आती है उनको, जो धर्म को जिंदा रखने का दंभ भर रहे हैं और धर्म के मार्ग का रास्ता दिखा रहे हैं? क्या वे स्वयं रास्ता जानते हैं?

यह कैसा अंधेर है! जो अंधे हैं, वे आँखवालों को रास्ता बता रहे हैं।

वह किसको समझाए। कोई समझने को तैयार नहीं है। सबके सिर पर अहम् का भूत सवार है। सब अपने इष्ट से बड़े बने हुए हैं। उसके स्थान पर अपनी स्थापना के चक्कर में पड़े हुए हैं। वह यह सब किससे कहे? कौन उसकी बातों पर विश्वास करेगा? इतनी छोटी उम्रवाली बालिका की बुद्धि पर कौन ध्यान देगा?

वह अपने कृष्ण के सामने बैठकर उससे खूब बतिया चुकी थी। लेकिन ज्वर से पीड़ित होकर वह अपने को असहाय अनुभव कर रही थी। उसने खाया-पीया भी नहीं था। भोजन की इच्छा भी कहाँ हुई थी उसे। कोई पूछने भी नहीं आया था। कौन आता! भोजराज के प्रति उसने जो भाव प्रकट किए थे, उससे उनका मन भारी हो उठा था—उन्हें शायद विवाह ही बोझ लगने लगा था। यह तो उनका बड़प्पन था कि वह गूँगे के गुड़ की तरह उसे मन में रखे हुए थे।

मीरा जानती थी कि यह उसने ठीक नहीं किया। उसका उनसे विवाह हुआ है। पर क्यों हुआ? वह भी तब जब वह विवाह के बारे में कुछ खास नहीं जानती थी। उसमें बचपना अभी तक गया कहाँ था। यह बात दूसरी है कि वहाँ आकर वह अपना बचपना भूल जाने के लिए विवश हुई थी और सयानी होने की भूमिका उसे निभानी पड़ रही थी। संबंधों की दुनिया में व्यक्ति को क्या से क्या हो जाना पड़ता है। वह अपने में वधू के संस्कारों को कहाँ से जन्म दे? कैसे दे?

मीरा का मन विचलित हो उठा था। उसका सिर चकराने लगा था। नीम बेहोशी ने उसे अकेला पाकर घेर लिया था।

कब झपकी लगी, पता नहीं। आँखें खुलीं तो सामने पाँयते की ओर भोजराज बैठे हुए थे। वह पूछ रहे थे—'यह क्या है, मीरा? तुम्हारी देह जल रही है और तुमने किसीको बताया तक नहीं! क्या हम इतने बुरे हैं कि…'

'नहीं, नाथ, नहीं, कम-से-कम आप ऐसा नहीं कहें। वो तो…क्या कहूँ! कुछ भी नहीं कह सकती।'

'क्यों नहीं कह सकतीं?'

'क्योंकि कहने के लिए कुछ नहीं है।' मीरा ने बैठने की कोशिश करते हुए कहा। भोजराज ने आगे बढ़कर उससे लेटे रहने का आग्रह किया। उसे मानना ही पड़ा। वैसे भी उसमें बैठे रहने की शक्ति नहीं रही थी। वह अपलक निगाहों से भोजराज की ओर देखे जा रही थी।

'मीरा, माना कि तुम हमें अपना कुछ नहीं मानतीं, परंतु हमारा तो तुम्हारे बिना और कोई नहीं है।' भोजराज कहीं दूर से बोल रहे हों, मीरा को ऐसा लग रहा था। भोज कह रहे थे—'तुम तो कृष्ण कन्हैया को लेकर अपना मन हलका कर लेती

हो; लेकिन हम अपना मन किस पर प्रकट करें? कौन है, जो हमारे एकांत का साथी बने? कोई नहीं है। हमारे भाग्य में जाने यह सब क्यों लिखा है? खैर, तुम्हें क्यों हम परेशान करें! यह हमारे हिस्से का दर्द है, हमारे पूर्व कर्मों का फल कि हम पाकर भी कुछ नहीं पा सके और तुम छोड़कर भी सबकुछ पा सकीं। अपने आपको एकांत में लेकर प्रसन्नता की गुदगुदी से निढाल हो सकीं।'

'नहीं, नाथ, ऐसा मत कहिए। मैं तो आपकी छाया हूँ। आपके बिना मेरी गति कैसी! कैसा सुख-संसार!'

भोजराज के सामने हरिद्राभ कक्ष घूम गया। क्या मीरा का उसके प्रति आकर्षण बना है?

दरवाजे पर दस्तक हुई। भोजराज उठे। उठकर पलंग से हटकर पास में बैठ गए। बैठते ही कहा, 'आ जाइए।'

मीरा सकुचा गई। पर लेटी रही।

राजवैद्य थे।

मीरा मन-ही-मन मुसकराई। उसे राहत मिली। उसने अनंत आनंद से भरकर आँखें मूँद लीं।

वैद्य ने आठ पुड़ियाँ दीं। शहद भी दिया। चम्मच में एक पुड़िया शहद के साथ मिलाकर मीरा को चाटने के लिए हर चार-चार घंटे बाद देने की बात कहकर राजवैद्य चले गए।

भोजराज ने दासी को संकेत से जाने का आदेश दिया। फिर, स्वयं मीरा को पुड़िया शहद में मिलाकर अपनी उँगली से चटाने लगे। मीरा ने रोका नहीं। दूध पिलाया, वह भी पी लिया।

'माथा दुख रहा है?'

'नहीं।'

'सिर?' भोजराज ने पूछा।

'सब ठीक हो जाएगा।'

'वह तो होगा ही।' भोजराज ने उसकी ओर बढ़ते हुए कहा।

'नहीं, नाथ।'

'बोलिए मत।' भोजराज उसका सिर सहलाने लगे। मीरा गुमसुम बनी रही। उसने पुनः आँखें बंद क्या कीं कि थोड़ी देर के लिए वह सो गई।

आँखें खुलीं तब सूरज झरोखे से झाँक रहा था। मीरा ने हड़बड़ाकर उठना चाहा, लेकिन भोजराज ने उसके कंधों पर हाथ रखकर उससे लेटे रहने का आग्रह किया।

मीरा आँखें फाड़े देखती रह गई। उसने कहा, 'रात-भर आप...'

'तो क्या हुआ!'

'क्या कुछ नहीं हुआ!' मीरा ने कसक भरे स्वर में कहा, 'पूरी रात जागे आप!'

'जागना ही था।'

'क्यों?'

'मैं ज्वर-पीड़ित होता तो क्या तुम मेरे लिए रात भर नहीं जागतीं?' भोजराज ने अत्यंत सहज होकर कहा।

मीरा सकपका गई। उसके नथने फड़क उठे। क्या कोई उसे इतना प्यार कर सकता है! वह थोड़ी देर के लिए अपने आपमें खो गई।

'मीरा, यह तो हम दोनों का एक-दूसरे के प्रति कर्तव्य है। विवाह का यही तो अर्थ है कि हम एक-दूसरे के सुख-दुःख को आपस में बाँटें। साझा जीवन जीने का प्रयास करें। मिलकर, बैठकर काम करें—साथ-साथ जिएँ, जैसे और जीते हैं।' भोजराज मीरा की कृष्ण मूर्ति की ओर देखते हुए कह रहे थे—'वही तो तुम्हारे कृष्ण ने मानव को जीने का रास्ता बताया है। झूठ लगे तो अपने साँवरे से पूछ लेना कि क्या राधा ने अपने पति का उसके लिए परित्याग कर दिया था? क्यों वह वृंदावन नहीं लौटा? क्यों रुक्मिणी से विवाह रचाया? क्यों राधा को पत्नी के रूप में कभी स्वीकार नहीं किया? वह तो हम दोनों का स्वामी है, मीरा। इस रूप में समाज के हित में है, व्यक्ति के हित में है और...' कहते-कहते भोजराज रुक गए।

उसका हृदय भर आया। कैसा अनूठा और तेजस्वी सौंदर्य है! कैसी मोहक भाव-भंगिमा है! कैसा रुपहला आकर्षण है!

'अब आप दिनचर्या के लिए...'

'तुम्हें छोड़कर मन कहीं नहीं जाना चाहता है। बहुत दिनों बाद यह अवसर हाथ लगा कि हम संवाद कर पा रहे हैं। अन्यथा तो, मीरा, सोच गया था कि अपना यह जीवन रेगिस्तान की अनकही गाथा बनकर रह जाएगा। लेकिन...' भोजराज आगे कहते-कहते रुक गए। उन्होंने देखा कि मीरा टकटकी बाँधकर उनकी ओर देख रही थी बड़े प्यार से भरकर। उसके नेत्रों में गुलाब खिल उठे हैं। वह आगे झुका और मीरा के सुकोमल हाथ को अपने हाथ में लेकर धीरे से चूम लिया। मीरा ने हाथ खींचना चाहा, परंतु वह वैसा कर नहीं सकी।

यह सोचते हुए मीरा की आँखें भर आई थीं। स्मृतियों के कुहरे से बाहर आकर उसने पाया कि आज वह अकेली रह गई है। उसके पास कोई नहीं है। ऊपर

से ताप तेज होता जा रहा है और देह काँप उठी है। उसका अंग-अंग पीड़ा से भर उठा है।

"माई, नींद नहीं आ रही है क्या?"

मीरा ने आँखें झपकाकर देखा, सामने दुलारी खड़ी हुई थी। वह चमक उठी और बोली, "तू गई नहीं थी क्या?"

"कैसे जाती आपको इस हालत में छोड़कर!" दुलारी ने कहा।

"तो?"

"मैं पौली में दीवार का सहारा लिये बैठी रही। आपको ताप तेज है, माई।" दुलारी ने कहा, "डरती थी कि···न-न, कृष्ण कन्हैया ऐसा कभी नहीं करेगा कि···"

"क्या नहीं करेगा?"

"कुछ भी नहीं करेगा।" दुलारी ने बड़बड़ाने के स्वर में कहा।

"बताती क्यों नहीं है कि क्यों डरती थी?" मीरा ने पूछने का पीछा नहीं छोड़ा।

दुलारी बोली, "माई, आप रात बड़बड़ा रही थीं।"

मीरा मौन। उसने पूछा नहीं कि क्या? परंतु दुलारी ने बताया—"आप बेहोशी में कह रही थीं—भोज···कृष्ण···अब तो···भोज···तुम अकेला···अकेला···क्यों चुपचाप छोड़कर चले गए···मुझे क्यों···बताओ क्यों···क्यों जगाया···चुपचाप···अब··· देख रहे हो···है कोई आज···आज भी···ताप···ताप है···तेज ताप···भोज···तुम···किसन··· तुम···भोज···भोज···क्या तुम···ही···यह···क्या है···किसन···भोज···भोज···किसन··· आज तुम नहीं हो···पर।"

मीरा आँखें बंद किए सुनती रही और अनायास भोजराज की यादों से भीग उठी अंदर-ही-अंदर। क्या बताए दुलारी को? पर बताना आवश्यक हो गया था; क्योंकि वह भोज को लेकर कुछ अन्यथा न सोच जाए।

वह खखारकर बोली, "दुलारी, राणा साँगा का नाम सुना है?"

"हाँ, चित्तौड़ के महाराणा।"

"भोजराज राणा साँगा के ज्येष्ठ पुत्र थे।"

"तो?"

"राणा साँगा मेरे ससुरजी थे। भोज मेरे पति।" मीरा ने धीरे से कहा।

दुलारी समझ गई। सहानुभूति से वह बोली, "उनको आप छोड़ आई थीं, माई। आज वह याद आ गए। पति को छोड़कर, हम तो बहुत छोटे लोग हैं, फिर भी···क्षमा करना, यदि छोटे मुँह बड़ी बात कह जाऊँ तो बुरा नहीं मानना। पर कहूँगी

जरूर, माई, पति बिना गति नहीं है। आगे आप ज्ञानी हैं, भक्तिन हैं।" दुलारी का मन भर आया था। वह सोच रही थी कि मीरा को अपने पति भोज की इन परिस्थितियों में याद आ गई होगी।

मीरा कुछ देर तक चुप बनी रही। दुलारी पुनः काढ़ा पिलाकर उसका सिर सहलाती रही। पता नहीं मीरा को क्या हुआ कि वह अपने आपको बहुत कमजोर पा रही थी। उसे कृष्ण नहीं, भोज नजर आ रहे थे। बहुत प्रयत्न किया उसने कि मुरलीधर सामने आ खड़ा हो; परंतु हर बार वह धूमिल आकृति कृष्ण बनते-बनते भोज बनती गई। उसे अपनी सास कुसुम कुँवरबाई की वह बात याद आकर सताने लगी। उसने कहा था—'थारो बीन यानी म्हारो बेटा बहुत सीधो और सरल है। स्वाभिमानी और त्यागी है। बात का पूरा पक्का है। बेटी, भोज को सँभालकर रखना। मुझे भरोसा है कि तू उसके लिए भाग्यशाली सिद्ध होगी। तू म्हारी बहू-बेटी दोनों है। जा बात को अच्छी तरह गाँठ में बाँध लेना, बेटी, यहाँ थारे सिवाय भोज का दूसरा कोई नाँय है। करमेती भी थारी सास जैसी है। बाके दो पुत्र हैं—ज्येष्ठ पुत्र विक्रमाजीत और छोटा पुत्र उदयसिंह। ये सब एक ही थैली के चट्टे-बट्टे हैं। इनसे भोज को बचाकर रखना। थारे कूँ भी सावधानी रखना जरूरी है।' वह कुछ राहत पाकर बोली, "भोज नहीं रहे थे, दुलारी।"

दुलारी का हाथ मीरा का सिर सहलाते हुए रुक गया। वह सिहर उठी। कुछ पूछ नहीं सकी।

"तू सो जा, दुलारी।" मीरा ने कहा।

"म्हारे कूँ तो सोना ही है, माई, पर थारे कूँ सुलाकर।" दुलारी राजस्थानी बोली में कभी-कभी कुछ-न-कुछ बोल जाती थी। मीरा को ध्यान ही नहीं रहता था कि वह कब मेवाड़ी, कब मारवाड़ी, कब व्रज बोल पड़ती है। जब-तब ग़ुजराती भी।

"थे दुलारी, म्हारे बोलूँ छे?"

"हाँ, माई, बोली छे।" कहकर दुलारी खिलखिला पड़ी।

मीरा भी मुसकरा उठी।

पता नहीं मीरा को कब नींद आ गई। उसकी आँखें तब खुलीं जब उसने दरवाजा खटखटाते हुए किसीको सुना। कौन 'माई-माई' पुकार रहा है। मीरा उठी। दिन निकल चुका था। धूप चाँदनी-सी फैल रही थी।

मीरा चिहुँक पड़ी। इतनी अबेर हो गई आज उसे उठने में। वह हड़बड़ाकर उठी। उसने अपने वस्त्र ठीक किए। केश सँवारे। पौली से बाहर आकर उसने अंदर से कुंडी खोल दी। वह बोली, "दुलारी, तू कब गई थी? कैसे?"

"क्यों, माई? आपने ही तो कहा था न कि जाओ, मुझे एकांत में पूजा-ध्यान करना होता है! कहा था कि नहीं?" दुलारी ने मीरा को स्मरण कराते हुए धीरे-धीरे कहा था।

"पर तू तो पौली में...तूने कहा था कि...कहा था न कि..." मीरा ने सोचने की गहरी मुद्रा में कहा और ध्यान से दुलारी की ओर देखा।

दुलारी भी आँखें फाड़े उसे निहार रही थी।

"तू फिर तो नहीं आई थी?"

"नहीं, माई, नहीं।"

मीरा ने आगे एक शब्द नहीं कहा और अंदर लौट आई। उसके पीछे-पीछे दुलारी आ गई।

मीरा का मन डूब रहा था सोच के गहरे सागर में। वह कौन थी? उसे अच्छी तरह याद भी है या...? थी तो दुलारी ही। पर दुलारी तो रात को अपने घर में थी। फिर, उसके पास कौन सी दुलारी थी?

वह दुलारी अपनेवाली दुलारी नहीं थी। वह होती तो बाहर जाते समय अंदर से कैसे कुंडी लगा पाती? तो? ऐसा क्यों होता है उसके जीवन में? कई बार हुआ है। वह क्या माने इसे? किसे सुनाए? कौन मानेगा? माना तो भूत या भूतिनी अथवा प्रेत या प्रेतिनी मानेगा।

मीरा अपने आपसे बातें करती हुई थक जाती थी।

दुलारी ने मीरा की कलाई पकड़कर देखा। उसने कहा, "ताप नहीं है, माई।"

"सिरदर्द भी नहीं है।" मीरा ने कहा।

"आप दूध पी लीजिए।" दुलारी ने दूध से भरा कटोरा मीरा की ओर बढ़ा दिया।

मीरा ने कटोरा हाथ में लेकर कहा, "पी लूँगी, दुलारी।"

"गरम है।"

"पहले नहा लूँ, फिर पूजा करने के बाद पी लूँगी।" मीरा ने सहजभाव से कहा।

"नहाने के लिए पानी भिजवा रही हूँ। दलिया भी भिजवा दूँगी। वह भी ले लीजिएगा। बहू को भेजती हूँ।" दुलारी इतना कह बाहर की ओर मुड़ गई।

मीरा ने दूध से भरा कटोरा रसोई में रख दिया।

पुनः मीरा का मन दुलारी में अटक गया। उस दुलारी में, जो अर्द्धरात्रि के बाद उसके पास आई थी। कहीं वह सपना तो नहीं देख रही थी। ऐसा कैसे हो

सकता है। अवश्य उसे भ्रांति हुई है। उसने सपना ही देखा होगा। वह यथार्थ नहीं हो सकता। कदापि नहीं हो सकता। पर यथार्थ क्या है? क्या सपने यथार्थ नहीं हैं? यदि यथार्थ नहीं हैं तो वे क्या हैं? क्यों हैं? कहीं वही—नंद का लाला, जसोदानंदन का ही तो यह कोई करिश्मा नहीं था? कहीं वही तो दुलारी का वेश धारण करके नहीं चला आया था? अवश्य वही था। ओह!

वह उसके प्रति श्रद्धावनत होकर पूजा के कक्ष की ओर चल पड़ी।

चालीस

मीरा देर तक अकेले बैठे समुद्र की उत्ताल लहरों का शोर सुनती रही। वहाँ से उसका उठने का मन नहीं हुआ। उसे अनुभव हो रहा था कि लहरें श्रीनाथ मंदिर में होनेवाला कीर्तन कर रही हैं—कृष्ण, कृष्ण, हरे-हरे! हरे कृष्ण, हरे-हरे!

क्या सारी प्रकृति संपूर्ण निष्ठा से कृष्ण का स्मरण-भजन हर समय नहीं करती रहती है? जिधर देखो उधर ही कृष्ण का रूप-रंग, उसकी ही सुगंध, उसकी ही ध्वनि-मकरंद और उसका ही गुण-कीर्तन दृष्टिगत अनुभव होता है।

मनुष्य, जिसे उसने सर्वश्रेष्ठ और सर्वशक्तिमान् बनाया, उसके रास्ते से हटकर विनाश के रास्ते की ओर अंधा होकर बढ़ रहा है। उसकी समझ में कृष्ण का अपार और अगाध प्रेम-स्नेह नहीं आ रहा है। युद्धोन्मत्त होकर स्वयं नाश को आमंत्रित कर रहा है।

सहजता ही मनुष्य होने की पहचान है, सरलता मनुष्य होने का अलंकार है, समर्पण मनुष्य होने का आधार है और उत्सर्ग ही मनुष्य होने का बड़प्पन है।

मीरा को कृष्ण की बाँसुरी सुनाई पड़ने लगी। वह कहती—जीवन कृष्ण का है, सहज उसे उसका ही समर्पित कर दो। शेष कुछ नहीं रहे—शेष भी नहीं। शेष-अशेष का भेद जाता रहे। भाव-अभाव की अनुभूति न रहे। अपना-पराया कुछ नहीं रहे। एक कृष्ण ही रहे—कृष्ण-भाव रहे, कृष्ण-रंग रहे, कृष्ण-गंध रहे और कृष्ण-नाद रहे।

फिर मीरा उठती तो कैसे! रंग-बिरंगी मनुहारों का मुकुट पहनकर आसमान नाच रहा था निःशब्द के नूपुर बाँधकर।

मीरा के सामने से श्यामली-गोरी गायें झूमती, मस्त होती निकल रही थीं। व्रज ललनाएँ गा रही थीं। रास की तैयारी हो रही थी। सारा वृंदावन झूम उठा था सावन की अल्हड़ मस्त बदलियों-सा।

कदाचित् मीरा को किसीने पुकारा। उसकी तंद्रा टूटी। उसने चारों ओर देखा,

दूधिया चंद्र उभरता आ रहा था। यत्र-तत्र तारे झिलमिला रहे थे। संपूर्ण अग-जग मंत्रमुग्ध हो रहा था।

अब कौन था उसके साथ? किसे चिंता थी उसकी? वह एकदम अकेली रह गई थी। अकेला रहना वह चाहती थी। उसे लेकर उठनेवाली हवाएँ गा उठी थीं—मीरा राधा है। मीरा गोपी है। मीरा कान्हा की बाँसुरी है। मोर मुकुटधारी की हृदय संपत्ति है।

वह यह सब नहीं मानती थी। सच्चाई तो यह थी कि वह जिस कृष्ण कन्हैया के प्रेम में बावरी हुई जा रही है और जोगिन बनी घूम रही है उसे देख नहीं सकी थी, छू नहीं पाई थी। वही उसका सर्वस्व है। वह है भी या नहीं, या यह मात्र उसकी अतिशय भावुकता है। क्या है वह? कैसा है?

'क्यों री मीरा, वह तूने जो गाया है, वह क्या है? तूने तो उसके रूप-रंग, शृंगार-स्वभाव आदि सबका साक्षात् वर्णन किया है। वह कैसे? क्यों कर? तूने तो उसके होने का साक्ष्य प्रस्तुत किया है और तू ही अपने प्रस्तुत किए साक्ष्य के प्रति संदिग्ध है! आखिर ऐसा क्यों? किसलिए? अटूट विश्वास में संशय-विष क्यों?'

'क्या करती प्रभु, दुखिया मन को जो ढाढ़स बँधाता अनुभूत हुआ और जिसने निराशा के कीचट का धुंध काटा, वही मेरे विश्वास का शालग्राम हो गया, कृष्ण कन्हैया हो गया। संतों से सुना, उनमें अटूट तन्मयता की अनुभूति पाई। उनसे रूप-रंग की गंध पाई। मूर्तियों में बसे साँवरे से मन जुड़ा और भीतर की आँखों ने उसका बखान डूबकर कर दिया। वही मेरा बाँके बिहारी, मुरली बजैया कृष्ण हो गया।'

'तेरे उसी कृष्ण को तो दुनिया कृष्ण कन्हैया मानकर पूज रही है, गद्‌गद हुई जा रही है और संसार के संतापों से मुक्त होती जा रही है। क्यों, है न?'

'हाँ, है।'

'स्वयं तेरी मुक्ति का क्या वही आधार नहीं है?'

'हाँ, है। वही आधार है; परंतु…'

'फिर परंतु क्या?'

'जिसे मैं जानती हूँ और जो मैंने अनुभव भी किया, आज वही मेरे से पूछ रहा है कि तूने कृष्ण कन्हैया को देखा है क्या, मीरा!'

'सच क्या है?'

'सच बड़ा कठोर है। उसे पा लिया होता तो वृंदावन छोड़कर द्वारका नहीं आती। वह तो गति में अगति है, आकार में निराकार है, बंधन में मुक्ति है, घर-संसार में वैरागी है और गुणों में अगुण है। यह मेरा अपना संवाद है। तभी मैं सगुण

से निर्गुण और आकार से निराकार की ओर आती-जाती रही और कहीं-कहीं गड्ड-मड्ड भी हो गई। सच में, कुछ अता-पता ही नहीं रहा। रहता भी कैसे! जो गाया वह मैंने नहीं, उसने। मुझे कभी नहीं ज्ञात रहा कि क्या गाना है? क्यों गाना है? स्मरण हैं वे दिन, जब मैं लाख आग्रह होने पर कुछ नहीं गा पाई, मात्र सुनती रही अपने ही भजन-पदों को उस साँवरे के भजन-पद मानकर। और मेरी आँखों में घन-घटाएँ छाकर बरस पड़ीं। क्यों मेरे साँवरे, यह रहस्य मैं आज तक क्यों नहीं जान पाई? है कोई उत्तर?'

'कैसा उत्तर?'

'मैंने उसका ही अनुकरण किया है। द्वारका मैं उसके लिए ही आई हूँ।'

'यदि वह यहाँ भी नहीं मिला तो?'

'तो मैं अपनी श्रद्धा-भक्ति को उलट दूँगी। विद्रोह करूँगी।'

'कैसा विद्रोह?'

'जो गाया है, वह छल है। वास्तव में माखन चुरैया, जो कभी हमारा-तुम्हारा हुआ था, वह सर्वेश्वर नहीं है—वह यशोदानंदन मात्र है। यथार्थ में वह देवकी का पुत्र है। वसुदेव हैं उसके पिता। इसके अतिरिक्त वह जो भी है, वह वही है, जो मानवों में मानवश्रेष्ठ हो सकता है। लेकिन…'

'फिर लेकिन, मीरा?'

'यह लेकिन मेरी विवशता है। यही कारण है कि मैं बारंबार एक ही बात को दोहराती-गाती रही। आनंदित भी हुई। क्यों न होती! उसके होने की अनुभूति ने अपनी अजर-अमर गंध में बाँध जो लिया था। उसके आने की अनुभूति ने मन में वसंत जगा दिया था, अनेकानेक इंद्रधनुषों का मेला लगा दिया था और मलयजी बयार की सुवास से मेरा तन-मन गद्गद कर दिया था।'

'तो वह सच हुआ न!'

'लेकिन वह आज तक मिला नहीं। ऐसी अनुभूति अवश्य हुई कि वह वेश बदलकर आया और अपने होने की अनुभूति दे गया।'

'यही क्या कम है!'

'यह कुछ भी नहीं है। मीरा असत्य नहीं हो सकती।'

'तुम्हें असत्य कौन कहता है?'

'मुझे किसीकी परवाह कहाँ है! मैं तो स्वयं ही अपने को असत्य मान रही हूँ। यही रहा तो मैं कभी भी इस तथ्य को प्रकट कर दूँगी।'

'तुम कहोगी कि कृष्ण कन्हैया नहीं है?'

'हाँ, मैं कहूँगी।'

'तुम रानी से जोगिन बनी हो, मीरा।'

'बनने का प्रयास कर रही हूँ।'

'क्या?'

'हाँ, मेरा यही सत्य है। गेरुए वस्त्र धारण करने से कोई जोगी या जोगिन नहीं हो जाता है। उसे मन रँगना होता है और उस परम आत्मा में रमना पड़ता है—अलख को देखना होता है और उसीमें समा जाना होता है। वहाँ जीने-मरने का प्रश्न नहीं रहता। वहाँ सर्वस्व होता है—उसके अतिरिक्त और कुछ नहीं। वहाँ समुद्र होता है, बूँद नहीं। और बूँद की अनुभूति होती है तो वह समुद्र के रूप में; क्योंकि दोनों का एकाकार अस्तित्व किसी अलग सत्ता की अनुभूति का आभास रहने ही नहीं देता।'

'फिर भी तू कहती है कि तूने उसे नहीं जाना, नहीं पहचाना, नहीं देखा!'

'हाँ, फिर भी मैं कहती हूँ।'

'वह क्यों?'

'क्योंकि जो कुछ मैंने कहा है, वह सुना हुआ। उसे भोगा होता तो मीरा आज नहीं होती, वही होता। न उसके होने पर संशय जनमता और न मेरे मन में विद्रोह की अग्नि धधक उठती। अभी तक मैं उसकी परछाईं का ही पीछा करती रही हूँ, इस आशा से कि कभी वह भी सामने आ जाएगा जिसकी परछाईं मुझे पागल बनाए हुए है, अनुराग-रंग में डुबोए हुए है और तन-मन के तार-तार में समाए हुए है। लेकिन...'

'अभी तक वह संभव नहीं हुआ।'

'हाँ।'

'तो अब...'

'आजकल मंदिर से अधिक समुद्र के तट पर और वह भी यहाँ एकांत में आकर इसीलिए बैठती हूँ, ताकि अपने आपसे दो बातें कर सकूँ। उसे समझा सकूँ।'

'या समुद्र में...'

'नहीं, कदापि नहीं। मीरा क्षत्राणी है। क्षत्राणी कायर नहीं होती। वह मृत्यु का शृंगार करती है अपने प्राणों की आहुति देकर। नहीं, आत्महत्या कभी नहीं। ऐसा पाप! हरे कृष्ण! हरे कृष्ण!'

'तो फिर?'

'चुनौती।'

'किसे?'

'उसे, जिसके होने के गीत गाए, जिससे मिलने की आरती उतारी और

जिसके लिए यह जोगिन रूप लिया।'

'यह क्या कहती है तू?'

'जो मेरा सच है।'

'क्या है तेरा सच?'

'जो मैं अब कहूँगी।'

'और जो तूने पहले कहा वह?'

'काट दूँगी।'

'तू अपने आपको नकार देगी?'

'क्यों नहीं, अवश्य नकार दूँगी। आधे मन का स्वीकार ही क्यों? मैं किसी फरेब में नहीं जी सकती। मुझे वह चाहिए, जिसके लिए मैं जोगिन हुई हूँ। यदि वह मुझे नहीं मिलता है तो मुझे कहना ही होगा कि वह नहीं है।'

'फिर यह सृष्टि?'

'मैं नहीं जानती।'

'नहीं जानती या जानना नहीं चाहती! क्या यह असत्य है कि इस सृष्टि का कोई स्रष्टा है?'

'होगा। अवश्य होगा।'

'पर…'

'मैं उसे नहीं जानती।'

'इसलिए तू उसे नकार देगी; जिससे तेरा आधार बना है, तेरे होने का महत्त्व झिलमिलाया है और जिसके कारण उसका श्रद्धा-पूजन, आस्था-मनुहार, भजन-कीर्तन तेरे प्रति समर्पित होने लगा है! क्या यह संभव है?'

'यहाँ क्या संभव नहीं है!'

'क्या मतलब?'

'एक क्षत्राणी से सब संभव है।'

'लोग तुझे दुत्कार देंगे। राणाजी भी यही चाहते हैं…'

'मुझे वह सब स्वीकार है, परंतु…'

'परंतु क्या?'

'झूठा सच नहीं।'

'झूठा सच?'

'जो मैंने जिया नहीं, वह मेरे जीने का प्रमाण बने, ऐसा मैं प्राण रहते हुए नहीं होने दूँगी। मरने से पहले…मैं अपने मरने का और इंतजार नहीं कर सकती। मैं धर्म में जी उठे अधर्म को उजागर कर जाऊँगी।'

'कैसा अधर्म?'

'जो मैंने जिया नहीं, पर जिसे मैंने परवश होकर गाया।'

'परवश!'

'हाँ, परवश। सम्मोहित होकर। अन्य प्रभाव से।'

'नहीं, मीरा, नहीं। तू ऐसा नहीं कर सकती। यह कदापि ठीक नहीं होगा। तू आत्महत्या नहीं, सामूहिक हत्या के षड्यंत्र की भागीदार बनने का अपराध करना चाहती है।'

'नहीं, यह झूठ है।'

'क्यों, यह झूठ कैसे है?'

'सच कैसे है?'

'सच इस तरह है कि तुम्हारे जीवन-पद के सम्मोहन के आकर्षण में आलुप्त हजारों-हजार भक्तों का क्या होगा? क्या बीतेगी उनके मन पर? वे सरलचित्त, सहज अनुरागी और संपूर्ण समर्पित हैं। वे नहीं जानते कि कृष्ण है या नहीं। न उन्हें इसकी चिंता है। वे तुम्हें जानते हैं, मीरा। तुम उनकी कृष्ण हो।'

'मैं…मैं!'

'चौंको मत, मीरा। भक्ति बटोरने से यह दायित्व तुमपर ही जाता है। उन्होंने कृष्ण कन्हैया को नहीं देखा। उन्होंने तुम्हें देखा है—उसे गाते-भजते, उसमें डूबते-खोते और रमते-रमाते। श्रद्धा वह गंगा है, जिसे जो अपनी शिखाओं में समेटने के लिए आगे आता है, वही ब्रह्म हो जाता है, वही स्रष्टा होने की अनुभूति देने लगता है। उन श्रद्धालुओं का तप इतना सा है, उनकी आकांक्षाएँ भी इतनी ही हैं। उनके नन्हे-भोले हृदय में भक्ति की नन्ही सी बूँद अपार और अगाध समुद्र की अनुभूति करा जाती है। वह स्रष्टा को नहीं, स्रष्टा के आराधक को जानते-पहचानते हैं। उसीसे उनकी स्रष्टा से पहचान होती है। मीरा, वे तुममें ही कृष्ण को देख रहे हैं, राधा को देख रहे हैं और गोपी को देख रहे हैं। उनके कृष्ण तुम ही हो।'

'नहीं-नहीं, ऐसा अधर्म नहीं। मैं किसीकी भी कृष्ण नहीं हूँ। न मैं राधा हूँ, न गोपी। मैं कुछ नहीं हूँ। मुझे अपना ही कुछ पता नहीं है कि मैं कौन हूँ, क्या हूँ! मुझे पाप में मत घसीटो। कोई नई मायावी छलना का जाल मुझपर मत फेंको।'

'यह माया तुम्हारी है, मीरा। मनुष्य जो बोता है वही काटता है। पर तुमने तो पुण्य बोए हैं। तुमने तो धर्म को सींचा है। तुमने तो मानव-मन को वासना की कीचड़ से बाहर जाकर उसे सद्गति की ओर मोड़ा है। और तुमने…'

'आगे कुछ नहीं। एक शब्द भी नहीं। मुझे प्रशंसा नहीं सुननी। मैं इतना जानती हूँ कि मैंने जिसके बारे में गाया है, मैंने जिसे अपने कीर्तन में उठाया है और

जिसे मैंने सच्चे मन से भजा है, उसे मैं नहीं जानती। वह मेरी कल्पना है, वह मेरा स्वप्न है और वह मेरी अतिशय संवेदनशीलता की उपज है। यथार्थ में, वह है ही नहीं। होता तो क्या वह सामने नहीं आता? आखिर धैर्य की भी एक सीमा है। पुरोहित मुझे लेने आए हैं। राणा को अपनी गलतियों की अनुभूति हो चुकी है। उन्होंने ही पुरोहितों को भेजकर मुझे अपने साथ लाने का निमंत्रण दिया है। क्या वह सब नहीं जानता? होता तो जानता। जब वह…'

'नहीं, मीरा, नहीं। तू ऐसा कदापि मत सोच। वही है, वही तेरा सर्वस्व है। लेकिन…वह जानता है…'

'क्या जानता है?'

'अपने भक्तों की अपरिमित शक्ति।'

'क्या खाक जानता है वह! वृंदावन से यहाँ तक की लंबी यात्रा करवाने का कारण वही है। पर क्यों? वह सर्वस्व है। फिर क्या वह राणा को नहीं जानता? क्या राणा के मंतव्य को नहीं समझता? वह सर्वस्व होता तो मेरे साथ क्या ऐसा होता? कदापि नहीं! कभी नहीं!'

'शांतचित्त से सोचना, वह स्वयं क्या कम दुःख-कष्टों में रहा है! क्या मिला उसे? राधा मिली उसे, पर क्या? उसे ही द्वारका आना पड़ा। वह चाहता तो क्या उसके साथ ऐसा होता? फिर उसके साथ ऐसा करनेवाला कौन था—वही न, और दूसरा कौन हो सकता था? यही तो उसकी संरचना है, सृष्टि है, संकल्पना है और छलना है। तू मन भारी मत कर। तुझे सबके लिए जीना है। तुझे ही सर्वस्व कान्हा के होने का साक्षी बनना है। चल, उठ। मंदिर में वही तेरी प्रतीक्षा कर रहा है।'

'सच!'

'हाँ, सच री।'

अब क्या था! मीरा के पंख लग गए। वह उड़ चली। उड़ती ही गई। उसका सारा आक्रोश टेसू के फूल-सा झड़ गया। उसकी बड़ी-बड़ी आँखें छलछला आईं। जाने कैसे उसकी अक्ल पर पत्थर पड़ गए थे कि वह उसे अनाप-शनाप कह उठी। उसमें संताप का स्रोत फूट पड़ा। वह विचलित हो गई।

क्या वह उसके सामने जाने योग्य रह गई है? वह तो अंतर्यामी है। क्या वह उसके विकृत मन का आभास पाकर उससे मिलना पसंद करेगा? वह किस मुँह से उसके सामने जाएगी? हे साँवरे, यह क्या हुआ उससे? कौन देगा उसे इस महापाप से मुक्ति? यह सोचते हुए उसकी चाल धीमी पड़ गई। वह धीरे-धीरे गा उठी—

''करम गत टाराँ णा री टराँ।
सतवादी हरिचंदा राजा, डोम धराँ णीराँ भराँ।
पाँच पाँडु री राणी द्रुपती, हाड़ हिमालाँ गराँ।
जाग क़ियाँ बल लेण इंद्रासण, जाँयाँपाल पराँ।
मीराँ रे प्रभु गिरधर नागर, बिखरू अम्रित कराँ॥''

धीरे-धीरे मीरा मंदिर तक पहुँची। मंदिर के पट बंद हो चुके थे। उसने फाटक के सामने खड़े होकर नमन किया। सीढ़ियाँ बुहारीं अपने आँचल से और अँखियन के जल से उन्हें धोकर पवित्र किया। फिर माथा टेका और मन-ही-मन कहा, 'क्षमा करना। भटकता कौन नहीं है, मात्र तुझे छोड़कर। मैं भी थोड़ी देर के लिए भटक गई थी। तर्क की कुगैल पकड़ ली नासमझी में। मति मारी गई थी, ओ साँवरे! तेरे पर शंका कर गई थी। हरे-हरे, हरे-हरे! पाप शांत। शांत! शांत!! शांत!!!'

इकतालीस

साँवरी की दर्दनाक मौत से मीरा का मन काँप उठा। सारी बस्ती उजड़ गई। उसे फिर बसाने में आश्रम और मठ ने सहायता प्रदान की। जैसे-तैसे फिर से मछुआरे अपने काम में जुट गए। परंतु मीरा का मन उलझकर रह गया। बेगुनाह मछुआरों की बस्ती पर ऐसा कहर क्यों? क्यों गुनहगारों पर कृपा? क्यों साँवरी के हत्यारे मौज में? क्यों निर्दोष साँवरी को सजा? उसको बचानेवाला कोई नहीं—न राज्य और न समाज? क्यों धर्म का भयंकर आतंक? कहाँ गए द्वारकाधीश? क्यों वह द्रौपदी की तरह नहीं बचाई गई? क्या वास्तव में श्रीकृष्ण नहीं हैं? प्रश्नों की झंझा में झूलते हुए मीरा ठीक से पूजा नहीं कर पाई।

उधर मीरा को लौटाने का प्रयास अचानक बहुत तेज हो गया था। उनको शिकायत थी कि वह राजघराने की बहू है, राजघराने की मर्यादा से ही रहेगी। वह कुड़की गई थी, वहीं से वृंदावन निकल गई। अपने यहाँ से उसे वह नहीं जाने देते। कभी नहीं जाने देते तो?

माधवाचार्य, जैमिनी, नित्यानंद आदि भी मीरा के पीछे पड़ गए थे। पहले तो माधवाचार्य मीरा को अनदेखा करके छोड़े जा रहा था; परंतु साँवरी की मौत के बाद मछुआरों की बस्ती में चल पड़ी नवीन गतिविधियों से वह क्षुब्ध, कुछ-कुछ आक्रोशित और वक्र मुद्रा में आ गया था। मीरा अकेली पड़ती जा रही थी।

वहाँ के वातावरण में मीरा के संबंध में तरह-तरह की अफवाहें फैल गई

थीं। उसे सजा देने की योजना बनाई गई। उसपर आरोप लगाए गए कि—

मीरा विधवा है।

मीरा पैदा होने के बाद माँ को खा गई और विवाह होने पर कुछ वर्षों बाद अपने धणी कुँवर भोजराज को निगल गई।

वह कुल-कलंकिनी है।

वह विधवा होकर सधवा का वेश बनाए हुए घूमती है। उसने लोक-मर्यादा को ताक पर रख दिया है और धर्माचार्यों को साफ धता बता दिया है।

वह नाचती-गाती है। साधु-संतों के ढिंग बैठती है और पराए मर्दों के साथ गुलछर्रे उड़ाती घूमती है।

पापिनी अपने को जोगिन कहती है और भक्ति करने का दंभ भरती है।

श्रीकृष्ण को अपना धणी बताती है। उससे दीदार होने की बात दोहराती है।

मेवाड़ राजघराने से उसे लेने लोग आए हैं, लेकिन वह लौटने के लिए तैयार नहीं है।

क्या ऐसी दुश्चरित्रा को समाज स्वीकार कर सकता है? इसी विषय को लेकर पंचायत बुलवाई गई है। जनता भी आमंत्रित है। दोषी मीरा को भी आमंत्रित किया गया है, ताकि वह अपनी सफाई दे सके और यह एकतरफा कार्यवाही नहीं समझ ली जाए।

साँवरी को कौन बचा सका? उसको कौन बचा पाएगा? कौन है उसका? उसके चारों ओर गहरा सन्नाटा और निपट अंधा अँधेरा है। फिर भी, वह पंचायत में न जाकर उनके पास आई। उनके मन में आशा का दीप जलाने की प्रेरणा उसमें जगी थी। अन्याय और अत्याचार का विरोध हो। नारी को अबला मानकर उपेक्षित नहीं किया जाए और उसे पुरुषों जैसा दर्जा दिया जाए। उसे भी उनकी तरह आजादी दी जाए।

कौन रोकता है? पुरुष समाज न। उससे पुरुष समाज के अत्याचार दम तोड़ने लगेंगे। अन्याय नहीं हो सकेगा। उसका विरोध पुरुष समाज ही तो यह कहकर कर रहा है कि मीरा समाज की मर्यादा के विरुद्ध आचरण कर रही है। वह माधवाचार्य, जो न जाने कितनी अबोध और निर्दोष कुमारियों को खंडित कर चुका है, उनकी हत्या करवा चुका है—फिर भी, सबकी श्रद्धा उसके प्रति बरकरार है। उससे किसीको शिकायत नहीं है। वे ही लोग तो अब उसके लिए पंचायत जोड़े हैं। न्याय की दुहाई दे रहे हैं और अत्याचार मिटाने की बात कर रहे हैं।

उन्हें तकलीफ है कि मीरा—

क्यों नहीं उनका स्वामित्व स्वीकार करती है?

क्यों पिंजरे से बाहर आकर खुले आसमान में बेफिक्री से उड़ रही है?

उसे जोगिन बनने का क्या अधिकार है?

क्यों धर्मपुरुषों की जड़ों को छाछ पिलाने लगी है?

क्यों उसने साँवरी की मृत्यु को सारे समाज के मान का प्रश्न बनाया है? वह उसकी मृत्यु को हत्या क्यों मान रही है और यह प्रश्न क्यों उठा रही है कि उसका हत्यारा कौन है? उसके बस्तीवाले उसके हत्यारे नहीं हैं। बस्ती जानती है कि साँवरी का हत्यारा कौन है!

बस्ती गूँगी क्यों है? कब बोलेगी वह बस्ती? कब जनमेगी उसमें बोलने की ताकत? कब उठा सकेगी वह अत्याचारियों के विरुद्ध बुलंद आवाज? कब? कब? कब?

मीरा उनके लिए सिरदर्द है। राजघराने से वह जुड़ी नहीं होती तो क्या वह साँवरी की तरह हटा नहीं दी जाती।

मीरा का द्वारका से ससम्मान लौट जाना ही श्रेयस्कर है।

साँवरी ने कितने सहजभाव से कह डाला था—'माई, भक्ति से शक्ति प्रकट नहीं हो सके तो वह भक्ति किस काम की! भक्ति मन को कमजोर करे और अन्याय-अत्याचार सहने के लिए मन तैयार करे तो वह भक्ति नहीं है, माई, कायरता है।' साँवरी की आँखों में पलाश के फूल अंगारे बनकर खिल रहे थे। वह क्यों इतनी नाराज हो रही थी? क्यों वह कह रही थी—'यहाँ द्वारकाधीश हैं, तब भी वह सब होता है जो नहीं होना चाहिए था। फिर वहाँ क्या होता होगा जहाँ वह नहीं हैं।'

'वह सब जगह है।'

'घट-घट वासी है—अब, माई, यह मत कहना। सच्चाई यह है कि वह कहीं नहीं है। वह भूत है। उसका भूत मंदिर, मठ और आश्रमों के अंदर पनप रहा है। वह कहीं नहीं है, माई, कहीं नहीं। सच-सच बताओ, माई, तुमने उसे कभी देखा है या···' साँवरी की आँखें मुसकरा रही थीं। वह कह रही थी—'नहीं देखना पाप नहीं है। है ही नहीं, तो फिर उसे देखने का प्रश्न कहाँ उठता है! लेकिन उसे बिना देखे, देखा हुआ बताना पाप है, है कि नहीं?'

'है।' मीरा ने कहा।

'तो फिर आप अपने बारे में क्या निर्णय करती हो, माई?' साँवरी ने पूछा। पर वह ठहरी नहीं, चुपचाप चल दी।

मीरा ने उसे पुकारा नहीं। उसमें पुकारने की ताकत नहीं रही थी।

कहाँ खो गई थी तब वह? क्यों वह मौन बनी रही? मानो साँवरी उससे कहकर गई हो कि उसके निर्णय से उसे कुछ लेना-देना नहीं है। कहीं वह भी

माधवाचार्य, जैमिनी, नित्यानंद आदि की तरह जन-मन की आजादी को कैद रखने के लिए तो कोई नाटक नहीं कर रही है?

नाटक और वह!

साँवरी को उत्तर चाहिए। नंगी तलवार उसकी गरदन पर लटकी हुई है। कौन बचाएगा उसे? कहाँ है द्रौपदी को बचानेवाला कृष्ण? मुर राक्षस को मारनेवाला कहाँ है? हर युग का अपना कंस है और अपना कृष्ण। शायद इस युग ने अभी तक अपने कृष्ण को जनमाया नहीं है। उसके जन्म के बिना तो कंस की स्वेच्छाचारिता को रोकनेवाला कोई नहीं है। बीते हुए कृष्ण का अवलंब लेकर उसकी दुहाई देने से क्या लाभ है?

चाहे मीरा साँवरी को उत्तर दे पाए या नहीं, पर उसका अपना समाज बराबर उससे उत्तर माँगता रहेगा। क्या वह कभी उसे उत्तर देने योग्य अपने को बना सकेगी? उसके भीतर यह प्रश्न टेढ़ा होकर धँस गया था। निकाले नहीं निकल पाता था।

स्वामी गजाधर ने उसे समझाया था—'मीरा, कोई किसीका गुरु नहीं हो सकता है।'

'क्या?'

'यही सच है। हर व्यक्ति के मन में जिज्ञासाओं का सागर उछाल भरता रहता है और आकाश खुलता रहता है। तुम्हारी जिज्ञासाएँ असाधारण हैं। उनके लिए तुम्हें अपने अंदर गुरु खोजना होगा।' गजाधर ने मीरा को समझाया।

'और आप?'

'मैंने ही तो अभी-अभी तुम्हें गुरुमंत्र दिया है।' गजाधर ने सहज ढंग से कहा।

'हाँ, पर…'

'देखो मीरा, जो आग तुम्हारे मन में लगी है वही आग हर सच्चे साधक के मन में लगती है। हर एक का अपना रास्ता होता है। वह उसीपर चलता है। कभी-कभी वह गुरु ढूँढ़ता-ढूँढ़ता अपने को ही गुरु के रूप में पाता है।' गजाधर ने सोचते हुए कहा।

'ऐसा होता है!'

'हाँ, होता है। तुम्हारे साथ भी ऐसा ही कुछ होगा। ढेर सारी अनुभूतियों को पाकर तुम्हें भी ऐसा अनुभव होगा, जो शायद तुमसे पहले किसीको नहीं हुआ था।'

'क्या पता!'

'पर तुम यह सब क्यों चाहती हो, यह अवश्य सामने होना चाहिए। तुम

कृष्ण को ढूँढ़ रही हो। हर युग का अपना कृष्ण है, मीरा। हर युग को उसे जनमाना पड़ता है।'

'तो क्या वह कृष्ण...'

'वह अपने युग का कृष्ण था। उसे उस युग की विकट समस्याओं ने जन्म दिया था।'

'क्या वह भी...'

'वह अंशावतार है।'

'तो मैं...'

'तुम उसे बुलाती रहो।'

'परंतु वह तो...'

'आएगा।'

'कब?'

'समय आने पर।'

'तो क्या अब वह अपने भक्तों की रक्षा नहीं करेगा?' मीरा ने पूछा था।

'हर एक को अपनी रक्षा स्वयं करनी होती है। समाज का जन्म इसीलिए तो हुआ है। समाज ही रक्षा करता है। वही कृष्ण को भी जनमाता है। कंस भी तो उसी मिट्टी से जनमा है। इसलिए तुम अतीत के कृष्ण में नहीं, वर्तमान और भविष्य के कृष्ण के साथ-साथ जिओ।' गजाधर ने दार्शनिक मुद्रा में गहरे डूबते हुए कहा।

मीरा ने गजाधर की रहस्यमयी बातों पर बहुत विचार किया, परंतु वह किसी निष्कर्ष पर नहीं पहुँच सकी। गजाधर के प्रति अलग-अलग बातें प्रचलित थीं। उनकी बातें किसीकी समझ में नहीं आती थीं। कोई कहता था कि वह कुछ-कुछ...

मीरा ने भी उनकी अटपटी बातों पर कोई खास ध्यान नहीं दिया था। परंतु आज उसे गजाधर की बातों की सच्चाई समझ में आने लगी थी।

मीरा के मन में अब प्रेरणा जगी थी। उसी प्रेरणा से वह बस्ती में आने लगी थी। बस्ती भी अपनी शक्ति को पहचानने लगी थी। उसे भी लगने लगा था कि वह कमजोर नहीं है। उसका अपना भी जीवन है। वह अपने आपमें एक बड़ी शक्ति है।

बस्तीवाले मीरा का अत्यंत आदर करने लगे थे और उसे अपना शुभचिंतक मानने लगे थे। वह उन्हें सुना चुकी थी—

'द्वारका को बास हो मोहि द्वारका को बास,
संख चक्र पद्म हूँ ते मिटे जग त्रास।
सकल तीरथ गोमती में करत है निवास,
संख झालरि झाँझ बाजै सदा सुख की रास।

तजियो देसो बेस पति गृह तज्यो संपत्ति राजि,
दासी मीरा सरन आई तुम्हें अब सब लाजि॥'

द्वारका के एक ओर गोमती नदी थी और दूसरी ओर अथाह सागर। गोमती मीरा को बहुत पसंद थी—द्वारका में रहते हुए वह गोमती के तट से गहरा नाता जोड़ चुकी थी। वहीं वह स्नान करती थी और वहीं आकर सुस्ताती भी थी। उसके लिए वही यमुना थी। वहीं वह श्रीकृष्ण की कल्पना करती-करती खो जाती थी। कई बार अर्द्ध जाग्रत अवस्था में उसने वहीं श्रीकृष्ण की रासलीला को कल्पित कर डाला था।

वह बस्तीवालों को कहती थी कि उसका कृष्ण शक्तिदाता है। वह हर एक के घर में रहता है; जैसे समुद्र में मोती, शंख, मछली आदि। पर हर एक को तो मोती नहीं मिल जाता है। कुछ पाना है तो अपने घट में डुबकी लगाओ—गहरी डुबकी। वहाँ वह चित्तचोर छिपा बैठा है और हमारी लीलाएँ देख रहा है।

वह उन्हें सुना चुकी थी—

'…डिगी नाव समँद अड़ी।
दिन नहिं चैन रैण नहिं निंदरा, सूखूँ खड़ी-खड़ी।
बाण विरह का लग्यौ हिये में, भूलूँ ण एक घड़ी।
पत्थर की तो अहल्या तारी, बण के बीच पड़ी।
कहा बोझ मीराँ में कहिए, सौ पर एक घड़ी॥'

उनके बीच उसका मन लगने लगा था। वे मन के सच्चे और हृदय के पवित्र थे। कर्म उनकी भक्ति थी और निश्छल था उनका मन। समर्पण था उनमें गहरा और पक्का। फिर भी, वे मठ-आश्रम से डरते थे। सेठ से घबराते थे। राज से भागते थे।

वे पूछते होते—"गाई, जे सब करमन के भोग हैं? जैसा करम वैसा फल?"

मीरा चुप रह जाती।

कमली पूछती हुई कहती—"पिछले जन्म में हमने बहुत पाप किए हैं, तभी तो यह दुःख भुगत रहे हैं।"

"क्या दुःख है?"

"यह क्या सुख है, माई?"

"दुःख तो परीक्षा है।"

"यह कैसी परीक्षा?"

"जैसी ध्रुव की हुई थी, प्रह्लाद की हुई थी, राजा हरिश्चंद्र की हुई थी।

श्रीराम तो स्वयं भगवान् थे न?" मीरा पूछती।

"हाँ, थे।"

"तो उनको क्या कम दुःख मिले! राज मिल रहा था तो वनवास मिला। उनकी पत्नी सीता का रावण हरण कर ले गया। सीता मिली तो त्यागनी पड़ी। क्या सुख मिला उन्हें? दुःख का सामना करना ही तो कर्म है। पर वे डरे नहीं। अंत तक लड़ते रहे।" मीरा उन्हें समझाती जाती और वे फटी-फटी आँखों से मीरा को निहारते जाते।

उनमें एक थी सत्तो। वह बहुत बोल लेती थी। खूब प्रश्न कर लेती थी। वह पूछ बैठती—"माई, ये जो धर्म की आड़ में पाप कर रहे हैं, ये भी तो यही सब बातें कहते हैं। पर खुद तो···हरे-हरे! पर क्यों, माई?"

"गलत करते हैं।"

"मौज तो उड़ाते हैं।"

"शायद नहीं।"

"क्यों नहीं?"

"आनंद मन-आत्मा का विषय है।" मीरा समझाने लगती—"वह क्षय नहीं होता। उससे संतोष का अनुभव होता है। उससे कोई खोट जन्म नहीं लेता है। पाप से पुण्य कभी नहीं मिलता है। सच्चा रास्ता यही है।"

मीरा कई बार स्वयं सोचती रह जाती। पद-गायन से उसे आत्मसंतोष मिलता था। परंतु पद के भाव-संसार से बाहर आकर वह अनेक प्रश्नों में उलझ जाती थी; क्योंकि उसके सामने साँवरी आ खड़ी होती थी। साँवरी के सामने उसका कृष्ण नाटा होने लगता था और साँवरी ऊँची तथा बड़ी हो जाती थी।

आज वह अंदर से हलकी सी टूटती हुई मछुआरों की बस्ती की ओर चली आई थी। पंचायत से उसे क्या लेना-देना! वह आश्चर्य में पड़ी कि उसे देखकर बस्ती खामोश हो गई। किसीने उससे बात नहीं की। उसका माथा ठनका। अवश्य यहाँ कुछ हुआ है। ये लोग ऐसे नहीं हैं।

मीरा ने उनमें से एक-दो से बात करनी चाही तो वे मुँह फेरकर चल दीं। किसीको पास बुलाना चाहा तो वह पास नहीं आया। वह इकतारा बजाने लगी और धीरे-धीरे गा उठी—

"हेरी म्हा तो प्रेम दिवाणाँ म्हाराँ दरद न जाण्याँ कोय।
सूली ऊपर सेज हमारी, किस विध सोणा होय।
गगन मंडल पर सेज पिया की, किस विध मिलणा होय।

घायल री गत घायल जाण्याँ, हिवड़ो अगण सँजोय।
जौहर की गत जौहर जाण्याँ, क्या जाण्याँ जिण खोय।
दरद की मार्‌याँ दर दर डोल्याँ, वैद मिल्या णा कोय।
मीराँ री प्रभु पीर मिटाँगा, जब वैद साँवरो होय॥"

सबका मन प्रसन्न हो उठा।

मीरा गुमसुम इकतारा छेड़ती रही और सोचती रही कि कोई तो उनमें से आगे आएगा। क्या बात है, कुछ पता चलेगा। कोई नहीं आया।

सत्तो और कमली दोनों एक साथ आगे बढ़ीं। मीरा ने इकतारा बजाना बंद कर दिया। सत्तो ने हाथ जोड़कर कहा, "माई, यहाँ मत आया करो।"

"पर क्यों?"

"हम भक्त नहीं हो सकते।"

"तो क्या हुआ?"

"हम तुम्हारे दिखलाए रास्ते पर भी नहीं चल सकते।" सत्तो ने कहा।

"मत चलो। मैंने कब कहा कि तुम मेरे बताए रास्ते पर चलो।" मीरा ने सहज ढंग से कह डाला।

"तुम विधवा हो।"

"हाँ, हूँ।"

"तुमने अपने पति के प्राण हरे थे?" कमली ने पूछा।

"नहीं।" मीरा ने दृढ़ता से कहा।

"राजघराना क्यों छोड़ा?"

"धणी नहीं रहा तो फिर क्या रह गया था वहाँ?" मीरा ने गहरे में डूबते हुए कहा।

"तुम्हें वृंदावन से भागना पड़ा था। पर क्यों?"

"झूठ है।"

"क्या तुम यहाँ वृंदावन से नहीं आई हो?" सत्तो ने पूछा।

अब तक वहाँ खासी भीड़ इकट्ठी हो गई थी।

"आई हूँ।"

"पर क्यों?"

"श्रीकृष्ण क्यों आए थे यहाँ?"

"तुम भगवान् श्रीकृष्ण नहीं हो!" सत्तो ने कड़कदार आवाज में कहा।

"नहीं।"

"फिर उनसे मुकाबला कैसा?"

"तुम ठीक कहती हो, सत्तो।"

"राणा ने तुम्हें बुलाया है।" कमली बोल पड़ी।

"हाँ, बुलाया है।"

"तो लौट जाओ।"

"कुछ कारण है।"

"क्या कारण है, जरा हम भी तो जानें?" सत्तो ने तिर्यक् भंगिमा बनाते हुए कहा।

"बताए नहीं जा सकते।"

"क्यों?" कमली ने पूछा।

"राज की बात है।" सत्तो इतना कहकर मुसकराई।

"हाँ, है।" मीरा ने कहा।

इसपर सब हँस पड़े।

मीरा शांत रही।

"इसीमें तुम्हारी भलाई है कि जोगिन का नाटक छोड़ राजमहलों में लौट जाओ।" सत्तो ने कहा।

"वह मेरा अपना मामला है।" मीरा ने कहा।

"तो यह हमारा भी अपना मामला है!" सत्तो तेजी से बोली।

"क्या?"

"कि तुम बस्ती का पिंड छोड़ दो।" कमली बीच में ही बोल पड़ी।

"मैं यहाँ आकर ऐसा क्या करती हूँ, जिससे···"

"वह हम नहीं बता सकते।" कमली बोली।

मीरा ने सबकी ओर देखा और पूछा, "क्या आप सबका भी यही फैसला है?" अत्यंत आत्मीयता से पूछा तथा एक बार शून्य में ताका।

कितनी बार सुने? किन-किनसे सुने? घूम-फिरकर वही बात कि उसने पीहर और ससुराल दोनों का नाम डुबोया। संत-साधुओं, अवधूत-अवधूतिनियों के साथ नाता जोड़कर सारी स्त्री जाति को कलंकित किया। कौन जाने वह क्या है? कृष्ण का नाम नहीं रटे तो क्या उसे यों घूमने दें? न जाने उसका कृष्ण कौन है! कितने कृष्ण हैं!

वह वृंदावन से चली तो सोमनाथ, गिरनार, अंबानी, डाकोर, सिद्धपुर आदि घूमते हुए अंत में द्वारका पहुँची थी। एक बार उसका पग फेरा घर-बाहर क्या हुआ कि उसने फिर भूले से भी घर लौटने की बात नहीं सोची। बाहर उसे अपमान भी

मिला, कष्ट भी; पर कुछ-कुछ सम्मान भी और सुख भी।

सबको चुप देखकर मीरा जान गई कि बस्तीवालों का यह अपना निर्णय नहीं है, यह निर्णय किसी और का है। वे तो विवश हैं। इतने दिन तक उसने उनमें प्राण जगाने का प्रयास किया था, वह एक पल में विफल हो रहा था। क्या करे वह? कुछ नहीं कर सकती, सिवाय कृष्ण-धुन निकालते हुए लौट लेने के।

वह बोली, "ठीक है, मेरे आने से तुम्हें कष्ट मिलता है तो मैं नहीं आऊँगी। मेरे आने से किसीका मन दुखे, पूरी बस्ती का मन मैला हो—न बाबा न! ऐसा काम सपने में भी नहीं होगा। अच्छा तो चलती हूँ। मुझसे कोई गलती बनी हो तो क्षमा करना, भाइयो-बहनो!"

मीरा ने इकतारा पर कृष्ण-धुन छेड़ते हुए वहाँ से लौटना शुरू किया तो एक बच्ची अपनी सहेलियों के साथ सामने आ गई और पूछने लगी—"माई, क्यों जा रही हो?"

मीरा ने मुसकराकर कहा, "हम आते भी हैं और जाते भी हैं न!"

"पर इतनी जल्दी नहीं, माई।" उस लड़की ने ध्यान से उसकी ओर देखा।

मीरा का मन उस लड़की की ओर मुड़ रहा था; क्योंकि वह सच्चे हृदय से बड़ी-बड़ी बात कर जाती थी।

वह बोली, "माई, तुम यहाँ क्यों नहीं रहतीं?"

"समय आने दे, यहाँ भी रह जाऊँगी।"

"कब आएगा वह समय, माई?" वह पूछ बैठी।

मीरा चक्कर में पड़ गई कि क्या जवाब दे।

वह फिर पूछ बैठी—"माई, वहाँ कौन-कौन है? क्या हमारे जैसी गुड़ियाँ हैं? जतनू जैसा बालक है? हो तो उनको भी लेकर यहाँ आ जाओ, माई।"

"आऊँगी, बेटी, जरूर आऊँगी।"

मीरा का मन भर आया। भोज याद आने लगे। भोज उससे कहते थे—'मीरा, म्हारे कूँ एक नन्हा सा कृष्ण चाहिए। नन्ही सी राधा भी चलेगी। और नन्हे से कृष्ण-राधा दोनों तो एकदम चलेंगे ही नहीं, दौड़ेंगे।' मीरा घबराकर दूसरी ओर मुँह फेरने लगती तो वह उसका मुँह अपनी ओर मोड़कर कहने लगते—'थे कृष्ण कन्हैया की टेर लगाती है न, मीरा। फिर तो वह थारा अपना कृष्ण कन्हैया होगा। थे देवकी बनना पसंद करेगी या जसोदा, मीरा। म्हें तू…' मीरा उनके मुँह पर हाथ रख देती। भोज उसे अपनी भुजाओं में भर जकड़ लेते। मीरा की नाह-नूह की एक नहीं चलती।

मीरा सोच जाती कि ऐसा भी हो सकता है कि कान्हा अपने आँगन में खेलने

आ जाए। लेकिन उसका सोच सोच बनकर रह गया। भोज चुपचाप लंबी यात्रा पर निकल गए सारे नाते-रिश्ते तोड़कर। अब क्या रह गया था उसके अँधेरे जीवन में सिवाय कृष्ण की लौ के।

मनचीता कब हुआ है, जो अब होता! सोचा हुआ न होने पर दुःख ही तो उपजता है। कुछ सोचना, तय करना और आशा उमगाना ही बेकार है। उसने कब सोचा था कि उसे महल छोड़कर सड़क पर आ जाना पड़ेगा और फिर दर-दर की ठोकरें खाते घूमना होगा। यहाँ भी कहाँ चैन है। पता नहीं क्यों लोग उसके पीछे हाथ धोकर पड़े हैं। उसने क्या बिगाड़ा है किसीका? क्यों उसे बदनाम करने पर तुले हैं? विधवा क्या वह अपने आप हुई है? कृष्ण कन्हैया का नाम लेना क्या कोई अपराध है? वह किसीको गाली तो नहीं दे रही है? क्या देख लिया है उसके चरित्र में? वह अपने कृष्ण के आगे गाती-नाचती है, कोठे पर नहीं। फिर भी उसको बदनाम करने में लोग नहीं चूकते। क्यों?

''माई, माई!'' कहकर उस बच्ची ने मीरा को झकझोर डाला।

मीरा हक्की-बक्की रह गई अतीत से वर्तमान में लौटते हुए।

''माई, यह तुम्हें क्या हो जाता है?'' उसने मीरा की ओर घूरते हुए पूछा।

''क्या हो जाता है मुझे?''

''तुम कहीं और चली जाती हो, माई!''

''कहाँ, बेटी?''

''पता नहीं कहाँ! पर चली जरूर जाती हो।'' उसने सोचकर कहा।

''अब नहीं जाऊँगी, बेटी।''

''सच?''

''सच!''

मीरा की आँखें छलछला आईं। अनजानी दुनिया के मन में उसके प्रति कितना प्यार! कितना दुलार! कितना सहज समर्पण!

वह लड़की अनुनय-विनय करती हुई बोली, ''माई, थोड़ी देर और रुक जाओ। गाओ, माई। भजन-कीर्तन कराओ, माई। फिर जाना, माई, अभी नहीं।''

मीरा उस बच्ची की बातें सुनकर गद्गद हो गई। उसे लगा कि इतनी बड़ी दुनिया में उसका भी कोई है। वह चारों ओर बस्तीवालों को देख सबके चेहरे पढ़ने लगी। सबके चेहरे पर खामोशी। आँखें नत।

वह बोली, ''कीर्तन करोगी, बेटी?''

''हाँ, माई।''

''तो करो।'' कहकर मीरा ने इकतारा छेड़ दिया और मुसकराकर चारों

ओर देखा। फिर वह गा उठी—"हरे कृष्ण गोविंद, हरे-हरे! हरे कृष्ण गोविंद, हरे-हरे! गाओ।"

हलकी सी आवाज उठी। बच्चे गा उठे।

"सब गाओ। मिलकर गाओ।" मीरा ने उनमें जोश भरा।

सब गा उठे। मीरा आगे-आगे चलती रही, कीर्तन उसके पीछे-पीछे। इकतारा की धुन तेज हो गई। धीरे-धीरे मीरा का मन तरंगों से भर उठा। उसके पाँव थिरक उठे। वह नाचने लगी। बच्चे-बच्चियाँ और कुछ युवतियाँ भी उसके साथ नाच उठे। झूम उठे। पाँव सबके थिरक रहे थे। मन सबका नाच रहा था। आनंद महक उठा था। तभी रंग में भंग पड़ा। दो हट्टे-कट्टे आदमी सामने आए और मीरा को बुरा-भला कहने लगे। फिर सारी बस्ती को लौट जाने का आदेश दिया। बस्ती गूँगी होकर लौट पड़ी। मीरा डबडबाई आँखों से उनको जाता देखती रही। फिर लौट पड़ी धीरे-धीरे अपनी कुटिया की ओर चुपचाप, पर उद्विग्न मन से।

बयालीस

क्या है यह जीवन? है भी या नहीं? संघर्ष क्यों? क्यों वह जोगिन बनी? नहीं बनती तो राजप्रासाद की चहारदीवारी में घिरी रहकर वह क्या करती? वहाँ कैसी आपाधापी मची हुई है! कैसे षड्यंत्र बनते हैं! क्यों? राजप्रासाद से बाहर भी सब वही कुछ तो है, जिससे ऊबकर वह बाहर निकली थी।

मीरा ने क्यों अपने को कृष्ण को समर्पित कर दिया था? प्रारंभ में वह नहीं जानती थी कि उसमें क्या परिवर्तन हो रहा था और क्यों हो रहा था। वह सम्मोहित बनी उस सम्मोहन के प्रति खिंचती चली गई। न चलती तो… ? पर चलती क्यों नहीं।

अब वह यहाँ तक चली आई। अभी पता नहीं उसे कितना और चलना है। कहाँ है उसकी मंजिल? चलना उसने अपने लिए शुरू किया था, लेकिन अब चलना उसे सबके लिए हो रहा था। सबको कैसे छोड़कर आगे बढ़ जाए। वह सबसे ही तो है। यह सोचते हुए मीरा लौटकर समुद्र तट पर आ खड़ी हुई थी। आँखें बंद किए वह देख रही थी—शून्य का अंतर्द्वंद्व।

समुद्र पर आकर उसे राहत मिलती थी, पर सुकून नहीं। वह उछाल खाती लहरों को देखते-देखते स्वयं लहर बनने लगती थी। लहर बन जाना उसे बहुत अंदर तक कचोटता था। परंतु वह उससे आगे सोच नहीं सकती थी। क्या सोचती।

श्रीकृष्ण गोपाल को रटती-रटती वह यह जान पाई थी कि वह जन-मन पर पड़ी या पड़ रही मेचक भयावह छायाओं को चीर पाने में कदाचित् सफल हो पाए। कीर्तनिया मन एक समय तक तो उसके साथ चलता था, लेकिन परीक्षा के समय वह अलग नजर आता था। हर व्यक्ति दो तरह का जीवन जीने का आदी हो चुका था। दोहरे जीवन का अर्थ होता था कि वह पूरी तरह किसी एक जीवन के प्रति समर्पित नहीं था। आधा-अधूरा था। यही उसके कष्ट-कारा में पड़े रहने का भी कारण था। मीरा उससे उन्हें कैसे मुक्ति दिलवाए? मीरा की मुक्ति धीरे-धीरे 'स्व' से 'पर' पर केंद्रित हो चली थी।

पदचिह्न मिटते जाते हैं या वे बहुत से पदचिह्नों में खो जाते हैं। उन्हें फिर पहचाने जाने का भय नहीं सताता है। वे निर्वीर्य हो जाते हैं—भीड़ बनकर। भीड़ बनकर रह जाता है उनका अनपहचाना व्यक्तित्व।

सपने नहीं। उत्साह नहीं। चाह नहीं। आसमान रंगहीन और मटमैला। उसके साथ खुरदरापन अलग। ऐसा भी होता है, जब कुछ करने का मन नहीं होता है। कुछ करने को होता भी नहीं है। सामने एक अदृश्य दीवार का अंतिम छोर। छोर से आगे कुछ भी नहीं—अछोर भी नहीं। अनंत भी नहीं।

आज शाम बहुत देर बाद ढली। समुद्र अपेक्षाकृत अन्य दिनों के आज अधिक शांत था। हवा भी थमी हुई थी। वातावरण गुमसुम-सा था। कुछ-कुछ घुटन-सी भी अनुभव हो रही थी।

कभी-कभी मीरा के जीवन में ऐसे दिन और उनमें ऐसे क्षण भी आए थे, जब वह शून्य-सा अपने को पाती थी—एकदम खाली-खाली। न कोई विचार और न कोई उत्साह।

अब तक वह जीवन के प्रति आशा-निराशा की धूप-छाँह से घिरती रही थी। अपने आपसे लंबे संवाद करती हुई किसी निष्कर्ष तक नहीं पहुँच पाई थी। धूमिल होता लक्ष्य उसे बराबर लौटती लहरों-सा पीछे खदेड़ जाता था। वह थक जाती थी।

साँवरी की जीवन-लीला का क्षत-विक्षत अध्याय उसे निरंतर डूबते जाने की ओर मोड़ता रहता था। क्या वह जीवन के दुर्धर्ष संग्राम में पराजय स्वीकार ले? नहीं तो जिजीविषा के सहारे कब तक संघर्ष करती रहे।

कोई नहीं था उसके साथ, जो उसके संवाद के एकालाप की इतिश्री देने में सहायक होता।

बहुत दूर निकल आई थी वह—कहाँ कुड़की-मेड़ता, कहाँ चित्तौड़, कहाँ वृंदावन और कहाँ द्वारका! अकेले वह कब तक चलती चली जाए! उसकी कोई

सीमा नहीं। समुद्र तक आ पहुँची है वह। उसके आगे कहाँ जाएगी और पीछे वह लौटना नहीं चाहती थी। क्या यहीं उसके जीवन का पटाक्षेप होना है? क्या वह उसे सहज स्वीकार करने की मानसिकता रखती है?

उत्तर बनते-बनते वह प्रश्न बनी रह गई। प्रश्न भी कैसा, जो जटिल और घुंडीदार था। अब तो वह प्रश्न को ही भूल जाना चाहती थी।

द्वारकाधीश के दर्शन करके लौटी थी। आज उसका मन उसकी मूर्ति में इतना डूब गया था कि उसे अपना कुछ अता-पता नहीं रहा। यह पहला अवसर था, जब वह द्वारकाधीश के मंदिर से बिना पद गाए लौट रही थी। प्रधान पुजारी देख रहा था। उसने अनुनय-विनय भी की थी; लेकिन मीरा कुछ बोली नहीं। उसके सजल नयन कुछ बोलना चाहते थे, पर वे भी नहीं बोल सके।

क्या वह कोई पद नहीं सुना सकती थी? सुना सकती थी तो उसने कोई पद क्यों नहीं सुनाया? प्रश्न जब अपना हो और उत्तर भी जब खुद को ही देना हो तब उत्तर देना बहुत कठिन हो जाता है। कभी-कभी हाथ-पाँव ऐसे फूल जाते हैं कि उत्तर तो उत्तर, प्रश्न भी हाथ से छूटकर किसी काँच के बरतन की तरह फर्श पर जा पड़ता है और चकनाचूर हो जाता है। काँच के बरतन के छोटे-छोटे टुकड़े सैकड़ों आँखें बनकर उसको देखने लगते हैं।

मीरा को पद सुना देना चाहिए था। भक्तजन निराश हो उठे। आज भीड़ भी ज्यादा थी। जब भी मीरा द्वारकाधीश के मंदिर में आती थी तभी भीड़ बढ़ जाती थी। मीरा के पद सुनकर भक्तों का मन झूमने लगता था। सारा वातावरण कृष्णमय हो जाता था। सब रस में डूब जाते थे। निस्संदेह आज उनको यह अभाव खटका होगा। पर अब वह कर भी क्या सकती थी।

न सुनना हुआ, तो भी उसमें उस साँवरे की इच्छा थी। वह चाहती तो सुना सकती थी। साँवरा कई बार उसे ऐसे नाजुक मोड़ों पर अकेला छोड़ जाता था। वह दूर तक कहीं नजर नहीं आता था। वह रहा अलौकिक। उसके लिए सब संभव था। पर मीरा तो लौकिक थी। उसकी तो सीमा-मर्यादा है। परंपरा व रीति-रिवाज हैं। वह तो संसार से संसार छोड़कर जुड़ी हुई है। संसार उसने छोड़ा है। जोगिन वह बनी है। पर संसार ने उसे नहीं छोड़ा है और न संसार ने उससे जोगिन बनने के लिए आग्रह ही किया है। फिर, संसार तो उसे अपनी कसौटी पर कसेगा।

अब मीरा सूर्य नारायण के मंदिर के पास आ खड़ी हुई थी। सागर की उत्ताल तरंगें किसी आहत सर्प की तरह बार-बार फुफकार रही थीं सक्रोध। वह मुसकरा उठी। उसके क्रोधावेश की ओर वहाँ उसके सिवाय और कोई देखनेवाला नहीं था। फिर उसके क्रोधावेश का मतलब? जीवन में भी कभी-कभी ऐसा होता

है जब क्रोध आता है, पर क्रोध को अभिव्यक्त करने का कोई माध्यम नहीं होता है। तब क्या होता है? क्यों होता है? जो होता है, उसे क्या नाम दे? कोई नाम नहीं मालूम उसे।

सफर एक जिंदगी का कितना सम्मोहक, कितना कारुणिक और कितना मार्मिक! क्या वह सफर नहीं होता जिसमें व्यक्ति अंदर-ही-अंदर बहुत दूर निकल जाता है—इतना दूर कि फिर लौटने की इच्छा भी रेगिस्तान में वर्षा के पानी-सी कुछ देर में विलीन हो जाती है? तब क्या बचता है? बचाना किसे है? और क्या बचाया जा सकता है? बचने को यहाँ है ही क्या, जो बचने की बात पर सोचा जाए।

कुछ भी नहीं है।

धूलि भी नहीं।

कहाँ क्या है? होने को है क्या कुछ? फिर मलाल कैसा? पश्चात्ताप क्यों?

अनंत सुनने में अच्छा लगता है आदि-सा, पर वह है नहीं। अनंत की भी अपनी कोई सीमा है—सागर की तरह। यह बात एकदम जुदा है कि किसीको अपनी सीमा का पता ही न हो या पता करना मुश्किल हो। पर कुछ भी अनंत नहीं अनादि की तरह।

अनादि आदि का ही सोपान है। उसके बिना अनादि का कोई अस्तित्व नहीं।

मीरा का क्या अस्तित्व है?

फिर किसका अस्तित्व है—उस कृष्ण कन्हैया, गिरिधर गोपाल का?

उसका अस्तित्व मीरा के बिना नहीं है न। समुद्र जोर से गरजता-उफनता। दिशाओं में हलचल हुई। पुच्छल तारा आकाश में टूटा। अनगिनत बिजलियों का माथा चमका। निःशब्द बिजली की बानगी ही कुछ और है।

मीरा का ध्यान पुनः द्वारकाधीश के मंदिर की ओर गया। उसे लगा कि आज स्वयं श्रीकृष्ण भी उदास-से थे, बिना रंग के आसमान की भाँति। उनका चित्त मंदिर में नहीं था। पुजारी का मन भी विचलित हो रहा था; परंतु भक्त शांतचित्त थे, स्थिर थे और समर्पित थे। उनमें कुछ नहीं था ऐसा, जो उनको अपने होने से इनकार करने पर जोर डालता।

जरा थम जाओ उत्ताल तरंगो!

जरा सागर को भी सोच लेने दो।

तुम इतनी बेचैन क्यों हो?

जरा शांत रहो। अपने को तो सदा उछालती-सुनाती रही हो, कभी दूसरों की भी सुनो। उन्हें भी कुछ कहने का अवसर दो। उनके मन की हलचल की

बात भी सुनने दो।

जानती हूँ तरंगों को, उनकी नीति-रीति को और उनके संस्कारों को। वे सदा तट से टकरा-टकराकर यह समझती रहती हैं कि वे अजेय हैं और तट से आगे कुछ नहीं है। वे यह जानने का कभी प्रयत्न नहीं करती हैं कि जहाँ वे बसती हैं वहाँ उन जैसी अनगिनत तरंगें भी हैं, जो लंबे समय से तपस्यारत हैं। उन्हें तट की तरंगों के निरंतर उद्वेलन का पता नहीं है। उन तरंगों में, जिन्हें विशाल और अनंत सागर अपने में समाधिस्थ किए हुए है, तपनिष्ठता है, मोती जनमाने की शक्ति है और अनंत आकाश तक उठकर दूर-दूर तक छाने की अदमित इच्छा शक्ति है। वे चुपचाप अपने तप-तेज की मधुर वर्षा से सारे अग-जग को तर-ब-तर कर जाती हैं।

मीरा, जहाँ तक वह देख सकती थी, देखती रही। नीला-नीला समुद्र, जो कहीं-कहीं से हरा-हरा नजर आता था—इस समय काला दिखलाई पड़ रहा था, सिवाय तट से टकराती उत्ताल लहरों के, जो फेनोज्ज्वली थीं—धवल-धवल। इस समुद्र के पास बैठकर उसने कितने गूँगे संवाद किए थे। कितनी बार पूछा था—'हे समुद्र नारायण, तुम सदियों से खारे बने हुए हो। तुम मीठे क्यों नहीं हुए? श्रीकृष्ण को पाकर भी तुम कृतार्थ क्यों नहीं हुए? तुम चाहते तो यमुना से अधिक लाभ ले सकते थे।'

सच-सच बताओ, जब-जब श्रीकृष्ण तुम्हारे पास आकर बैठे तब-तब मात्र क्या तुम श्रोता ही बने रहे? क्यों कोई प्रार्थना-अर्चना नहीं की? क्यों तुमने कालिंदी जैसा यश नहीं पाया? तुम तो उससे विशाल, अथाह और महोदधि हो। यमुना का तुम्हारे सामने क्या अस्तित्व! फिर भी, क्यों श्रीकृष्ण से अपने मन की अकथा व्यक्त नहीं की? कौन रोकता रहा तुम्हें?

क्या हो सकता है? अन्यथा न लेना—श्रीकृष्ण ने तुम्हारी प्रार्थना को माना ही नहीं। वह नटवर और मनमौजी है; कुछ-कुछ निरंकुश और स्वेच्छाचारी भी। उसका कुछ पता नहीं है। इस कारण मैं तुमसे पूछ रही हूँ।

मेरी और तुम्हारी स्थिति में कोई फर्क नहीं है। मैं भी उसकी अनसुनी और उपेक्षा से परेशान हूँ। कभी-कभी वह देखकर अनदेखा कर जाता है। बड़ा है, महान् है और सारी सृष्टि का बनानेवाला है। उससे रार कौन ले! कौन पूछे उसके मन की बात! पूछने से क्या वह बताने वाला है। मुकरने में वह माहिर है। वह दूसरे के मन की थाह लेने में बहुत कुशल है। उसे अपनों को तड़पाने में बहुत आनंद आता है।

वह अवश्य तुम्हारे अनंत और अथाह जल में तैरा होगा। यमुना को तो वह भीषण बाढ़ के समय भी तैरकर पार करता था। उसका जन्म मथुरा के कारागार में

हुआ था। उसी रात उफनती यमुना को पार करते हुए उसे लाना पड़ा था। इस कारण वह यमुना का बड़ा कृतज्ञ है। उसे अपनाए हुए है। पर तुम्हारे से उसने कोई नाता जोड़ा नहीं। कभी स्नेह-दुलार भी तुम्हारे प्रति नहीं दरसाया। पर क्यों?

क्या कहा कि तुमने कभी इस तरह नहीं सोचा! समुद्र नारायण, नहीं सोचा, यह तुम्हारी गलती है; पर अब तो सोचना चाहिए। मैं भी सोचती हूँ, क्योंकि उसकी चहेती यमुना को छोड़कर मैं भी उसकी तरह द्वारका आई हूँ, जहाँ तुम भी हो। मैंने तो तुम्हारे तट पर बैठकर और यदा-कदा पानी के छोटे जहाज या बड़ी नौका में बैठकर तुमसे ढेर सारी बातें की हैं और अपने पद गुनगुनाए हैं। याद है न तुम्हें यह पद—

तुम सुणो दयाल म्हारी अरजी।
भवसागर में बही जात हूँ काढो तो थारी मरजी।
इण सागर सगो, नाहिं कोई साँचा सगा रघुवर जी।
मात-पिता और कुटुंब कबीलो सब मतलब के गरजी।
मीराँ के प्रभु अरजी सुण लो चरण लगावो थारी मरजी॥

ऐसे न जाने कितने पद तुम्हें सुनाए हैं, समुद्र नारायण। मन की आँखें भर आई हैं और हृदय अवरुद्ध हो गया है। पता नहीं उन पदों को तुमने सुना भी है या नहीं; क्योंकि तुम भी अपने में ही खोए नजर आते रहे हो।

यदि तुमने वे पद सुने हैं, तो कोई कारण नहीं कि तुम्हारा दिल न पसीजा हो। स्थिति तो हम दोनों की एक-सी ही रही है। तुम्हारी उपेक्षा भी तो उसने की है। वह भी तो तुम्हारे प्रति उदासीन रहा है। तुमने उससे कुछ नहीं कहा। लेकिन वह तो अंतर्यामी है। उसे तो सब ज्ञात है। फिर वह गूँगा क्यों बना रहा? क्यों नहीं उसने तुम्हारी सुध ली? क्यों नहीं तुम्हें सँभालने आया? उसका भी तो कोई फर्ज बनता है कि नहीं। उसने उस संबंध में क्या किया? क्यों नहीं किया? क्या-क्या कहूँ, कुछ समझ में नहीं आता है।

समुद्र नारायण, तुम कुछ बोलते क्यों नहीं? क्या तुम्हारे मन में ज्वार-भाटा नहीं उमड़ता है? क्या तुम्हें उससे कोई शिकायत नहीं? सजीव होकर तुम निर्जीव क्यों बने हुए हो? तुम्हें क्या डर है? किससे डर है? क्यों डर है? मैं नहीं जानती कि वह क्या कारण है, जो तुम्हें मूक बनाए हुए है।

गोमती, तुम समझाओ इस विशाल और अथाह समुद्र नारायण को। तुम भी अपनी नाराजगी दर्ज कराओ, गोमती, क्योंकि उसने तुम्हारा भी बिलकुल ध्यान नहीं रखा है। यह तो तुम्हें अच्छी तरह स्मरण है कि तुम्हें भी स्मरण कराना होगा कि

वह नटनागर द्वारकाधीश तुम्हारे तट पर आकर ही अपनी थकान मिटाता था और अपने मन की बात अर्चना के बहाने तुम्हें ही मन-ही-मन सुनाता था।

बता सकती हो कि वह तुमसे क्या कहता था? कैसे तुम्हें फुसला लेता था? कैसे तुम आज तक उसके मन की तरंगों को अपने में सँजोए हुए आज तक चुप बनी हुई हो? कुछ बोलना नहीं चाहतीं।

ध्यान से सुनो, गोमती! तुम हमारी तरह सीधी-सादी नारी हो, पर यह समुद्र नारायण तो पुरुष है। यह नहीं चाहेगा कि मेरी सहायता करे; परंतु तुम तो मेरा दर्द समझती हो न, गोमती। मेरी व्यथा क्या झूठी है? क्या अपराध किया है मैंने उस मोर मुकुटधारी मुरलीधर से नेह जोड़कर? मैंने द्वारकाधीश को कभी नहीं चाहा है, यह तो तुम अच्छी तरह जानती हो। मेरे मन में तो ग्वाला किसन कन्हैया, जसोदानंदन, माखन चुरैया, रास रचैया, बातों का बनैया और गोपाल ही रचा-बसा है। मैंने उससे ही अपना नाता जोड़ा है। फिर किसीको चिढ़ क्या? दुःख क्या? तुम तो जानती हो न, गोमती, यह एकतरफा नेह है। उस ढीठ ने आज तक मेरी सुध नहीं ली। मुझे एक तरफ पटक दिया अनजाना जानकर। पर क्यों?

कोई भी मुझे इस प्रश्न का जवाब नहीं देता है। सब मौन हैं। मेरा मन तड़पता रहता है पानी से बाहर फेंकी गई मछली की भाँति।

कल पूजा-अर्चना की थी। द्वारकाधीश शांतचित्त थे। बार-बार उनकी ओर देखा; लेकिन हर बार लगा कि वह कहीं और डूबे हुए हैं। आरती हो चुकी थी। भक्त मंत्रमुग्ध-से द्वारकाधीश की ओर देख रहे थे। पुजारी भोग लगा चुका था।

वह सबसे आगे बैठी हुई थी। आरती के वक्त वह जरूर खड़ी हुई थी। वह जानना चाहती थी कि द्वारकाधीश को उसके आने की आहट का अनुभव होता है या नहीं। वह कई दिनों बाद मंदिर आई थी।

अधिकांश भक्तों की दृष्टि मीरा पर थी। तब उसके हाथ में इकतारा नहीं था। उसके मन में कोई भाव भी नहीं था। एक तरह का सन्नाटा था—कुछ-कुछ ऐसा था उस प्रगाढ़ अंधकार में, जो उसके डूबते मन को और डुबोता जा रहा था।

भक्तगण कनखियों से मीरा की ओर देख रहे थे। जानना चाहते थे कि क्या मीरा आज गाएगी। लेकिन मीरा की दृष्टि द्वारकाधीश पर थी।

धीरे-धीरे सब चले गए। पुजारी मीरा को अपलक द्वारकाधीश की ओर निहारते हुए देखता रहा। वह जिज्ञासु था। जानना चाहता था कि क्या सचमुच द्वारकाधीश प्रकट होंगे।

पुजारी दरवाजे के पीछे जा छुपा।

मीरा ने आँखें खोलीं। चारों ओर देखा। शून्य था। कोई नहीं। पुजारी भी

नहीं। कपाट अर्द्ध खुले हुए-से थे।

कहाँ गए सब?

क्या द्वारकाधीश ने स्वयं कपाट खोले हैं? तभी तो आधे उढ़के हुए द्वार हैं। अवश्य वही आया होगा। क्या पुजारी को वह दिखलाई नहीं दिया। वह कैसे द्वार बंद करके चला गया। धीरे-धीरे वह श्रीकृष्ण की मूर्ति के सामने आ खड़ी हुई। गुनगुनाने लगी। फिर गा उठी—

"चालाँ अगम वा देस, काल देख्याँ डराँ।
भराँ प्रेम रा होज, हंस केल्याँ कराँ।
साधा संत रो संग, ग्याण जुगताँ कराँ।
धराँ साँवरो ध्यान, चित्त उजलो कराँ।
सील घूँघरा बाँध, तोस निरताँ कराँ।
साजाँ सोल सिंगार, सोणारो राखडाँ।
साँवलिया सूँ प्रीत, मीराँ सूँ आखडाँ॥"

वह मग्न होती गाती रही। फिर घुटने टेककर, श्रीकृष्ण की मूर्ति के सामने बैठकर कहने लगी—"हे कमल के समान नयनवाले श्याम! हे निर्लिप्त कृष्ण! हे हरि! तनिक म्हारी ओर देखो। तुम इतने निष्ठुर क्यों हो गए हो? हे रमणीय कृष्ण, म्हें थारे सूँ प्रेम हो गया है। हे प्रियतम! लगी हुई प्रीत मत तोड़ो! हे श्याम गोविंद! तुम कबीर के घर में बैल लाए। तुमने धन्ना भगत का खेत जोता। करमाबाई की खिचड़ी स्वाद से खाई। तुमने नामदेव का छप्पर बाँधा। शबरी के बेर अत्यंत स्वाद से चखे। तुमने सुदामा के चावल चबाए। फिर म्हारे कूँ दर्शन देने में क्यों आनाकानी कर रहे हो?

"हे दीनानाथ! मैं तो थारी आज्ञा का पालन करने के लिए कब से थारी सेवा में हूँ। थारे कारण सूँ मैंने सगे-संबंधियों सूँ नाता तोड़ा। वे म्हारे जानी दुश्मन बने और सिगरे समाज में म्हें सबकी बुरी बन गई।

"हे कृपालु! क्या करूँ, थारे बिना म्हारे कूँ एक पल कल नहीं पड़ती। थे तो अमृत के झरने जैसे हो। थारे सूँ ही म्हारी प्यास बुझती है। म्हारे कूँ तृप्ति मिलती है और संतोष होता है।

"म्हाँने सारा जग देखा और पाया कि थारे सिवाय म्हारा शुभचिंतक दूसरा कोई नाँय है। थारे ही कारण सूँ साधुओं के ढिंग बैठी थी। उनके बीच थारे को ही गाया, मनाया था। नाची और रिझाया था। किसीकी नाँय सुनी, न किसीके डराने-धमकाने सूँ डरी। सच रे! थारी रूप-माधुरी तो देखने के लिए म्हाँने इतना सब

किया। थारी दीवानगी में पागल हो गई।

"हे अविनासी! घट-घट वासी! कमान के समान भौंहोंवाले, बंकिम नेत्रवाले! थारे सूँ इतनी विनती है, या तो थे म्हारे कूँ अपना ले, नहीं तो म्हें थारे जा खारे समुद्र की गोद में थारा नाम लेकर अंतर्लीन हो जाऊँगी। जे म्हें धमकी नाँय दे रही हूँ, साँवलिया, प्राण प्यारे, जे म्हारो निर्णय है। जैसे तू हठी है, नाथ, वैसे म्हें भी वीर क्षत्राणी हूँ, हठ में थारे सूँ एक कदम भी पाछै नाँय हूँ।

"थारे कूँ ठोक-बजाकर मोल लिया है। थानें जे पूरब जनम का कोल दिया था। उस कोल की रक्षा करना तो थारे हाथ की बात है। थे अपने कोल को निभाओ, अहल्या को तारनेवाले! थानें ही तो द्रौपदी की लाज रखी थी। थानें भगतों के कारण क्या नहीं किया! फिर अब क्या हो गया है, जो थे इतनी लापरवाही बरत रहे हो!

"म्हाँने सिसोदिया राणा को नाराज किया है। अपनी जगहँसाई करवाई है। म्हाँने तो थारे नाम का प्याला पिया है रे। म्हें सिगरी—ऊपर से नीचे तक, अंदर से बाहर तक थारे रंग में रँग चुकी हूँ। म्हारे कूँ चारों ओर, हर पल सालिगराम-ही-सालिगराम के दर्शन होते हैं। जास्यूँ थारे अलावा और कोई नजर नहीं आता है।

"सुन रहा है, म्हारे मन मंदिर के साँवरिया! आजकल तारे गिनते रैन बिता रही हूँ और पानी से बाहर फेंकी हुई मछली की तरह तड़प रही हूँ। थारे लिए अँसुअन की माला हर पल बनाए रखती हूँ। थारा क्या भरोसा, थे कब सामने आ जाओ। तब म्हें क्या करूँगी! जे कितनी बुरी बात होगी कि जाहे दिन-रात भजती रही, गाती-सुनाती रही और जाके लिए दीवानी हो गई, वो जब सामने आ गया तब उसका माला से स्वागत भी नहीं कर सकी।

"क्या बात है म्हारे मन के धणी? कहीं थे संतन के कामकाज में तो नहीं जुट गया है, या थे प्रेम की सीधी-सादी गैल को ही भूल बैठा है! या थानें भी जोग सताने लगा है और थे अपने भगतों से कन्नी काटने लगा है, जैसे म्हें जा थारे संसार सूँ। सोच लिया हो कि जैसे को तैसा! म्हें जोगिन बनी थारे कारण सूँ, थारे प्यार सूँ। पर थे जोगी किसके लिए बना और बना भी तो जोगिन सूँ मिलने के लिए ही तो बना होगा।

"हे ओलगिया प्रियतम! म्हारे घर आओ। थारे लिए दिन-रात जगती रहती हूँ। द्वार पर कुंडी भी नहीं लगाती। थे भगताँ रा कारज साधाँ छे तो थे म्हारो परण भी निभाज्यो जी।

"हे द्वारकाधीश! नित दिन सुनती रहती हूँ कि थे आने वाले हो। पर थे ललचाकर दूर-ही-दूर बने रहते हो, आते नहीं। क्या थे वास्तव में पत्थर की मूरत बनकर रह गए हो? क्या थारे को भी किसी ऋषि ने शाप दिया है अहल्या की नाईं?

जब देखो तब द्वारकाधीश की मूरत बने चुपचाप सुनते रहते हो, करते-धरते कछु नाहिं। क्या जे म्हाँने गलत सुण्याँ, हरि, कि थे तो अधम उधारण करनेवाले अरु अपने भगतन के कष्ट निवारण करनेवाले हो!

"हे श्याम! थानें ही म्हारी बाँह पकड़ी थी। म्हें तो भवसागर मझधाराँ में डूबी जा रही थी। थानें ही म्हारे कूँ पाछे से आवाज लगाई—मीरा रुक, म्हें आ रहा हूँ। म्हें रुक गई। अभी तक मझधाराँ में खड़ी-खड़ी थारी बाट जोह रही हूँ कि थे आवो तो म्हें भवसागर पार करवा दो। थे तो अवगुणन कूँ नाँय देखते हो न। थे भगत की पुकार सुनते हो। थारे बिण कूण भवसागर पार करा सी। कोई नाहिं, नाथ, कोई भी नाहिं। थे अपनी बिरद की लाज राखो। जाही में थारी-म्हारी भलाई छे। नाहिं तो म्हें अकेली नाहिं डूबूँगी, म्हारे कर्णधार, थे भी म्हारे साथ डूबोगे।

"हे प्रभु गिरिधर नागर, अब म्हें थक चली हूँ। म्हारा तन-मन जवाब दे चुका है। जो थानें दर्शन नाहिं देनो है तो म्हें भी क्षत्राणी हूँ, थारे खारे समुद्र में मिल जास्यूँ। म्हें थक गई थारी बाट जोहते-जोहते और म्हारे कान पक गए थारे आने की खबर सुनते-सुनते। थे वेग नाहिं मिल्यो तो म्हें अब और प्रतीक्षा नाहिं करूँ सूँ। जे म्हारा भी परण है, साँवरिया।"

इसके बाद मीरा की आँखें बह चलीं। वह चौखट पर सिर धरे रोती रही।

पुजारी आश्चर्यचकित यह सब देखता रहा। द्वारकाधीश की मूर्ति से कोई आवाज नहीं आई। हाँ, द्वारकाधीश के गले में पड़ी माला में से एक फूल टूटकर मीरा के हाथ पर अवश्य आ गिरा। मीरा आनंदमग्न हो उठी। उस फूल को उठाकर अपने माथे, गले, हृदय आदि से लगाकर झूम उठी। वह गा उठी—

"साजण म्हारे घर आया हो।
जुगाँ जुगाँ री जोवताँ, विरहण पिव पाया हो।
रतण कराँ नेवछावराँ, ले आरत साजाँ हो।
प्रीतम दिया सनेसड़ा, म्हारो घणो णेवाजाँ हो।
पिय आया म्हारे साँवरा, अंग आणंद साजाँ हो।
हरि सागर सू नेहरो, नेणा बाँध्यो सनेह हो।
मीरा सखी के आँगणे, दूधाँ बूँठा नेह हो।
मीराँ रे सुख सागराँ, म्हारे सीसी विराजाँ हो॥"

मंदिर में घंटे-घंटियाँ बज उठीं। ढोल बजने लगे। शंखध्वनि हो उठी। करताल बज उठे। चारों ओर आनंद छा गया। पुजारी हैरान रह गया। यह सब क्या है? क्या होने वाला है? द्वारकाधीश नाच रहे हैं या मीरा, उसे कुछ नहीं

मालूम पड़ सका।

यह कैसी ध्वनि है? इससे पहले उसने ऐसी ध्वनि नहीं सुनी। क्या द्वारकाधीश प्रकट होने वाले हैं? वह भागा-भागा द्वारपाल के पास पहुँचा। उसे झकझोरकर जगाया। उसे सारी घटना बताई और अंदर अपने साथ लाया, ताकि वह पहले की तरह मूर्ख न कहलाए।

ऐसा एक बार पहले भी हुआ था। तब उसने सब देखा, सब सुना था। सुबह उसने जिस-जिसको बताया, सबने एक स्वर से यही कहा कि पुजारी ने ज्यादा चढ़ा ली होगी। लेकिन इस बार वह द्वारपाल को और साक्षी बना लेना चाहता था, ताकि कोई यह नहीं कह सके कि वह गहरी भंग छाने हुआ था।

द्वारपाल ने दो बार आँखें मलकर पुजारी की ओर देखा। पूछा भी कि इतनी रात हो गई, वह घर क्यों नहीं गया? वह कुछ नहीं बता सका। उसे मीरा में ही कई बार द्वारकाधीश के दर्शन हो चुके थे। वह अंदर से पूरी तरह मीरा का भक्त बन चुका था।

द्वारपाल ने देखा कि घंटे हिल रहे हैं, पायल की आवाज भी आ रही है। सुगंध महक रही है। नृत्य हो रहा है। पर वहाँ कहीं मीरा नहीं है। द्वारपाल ने पुजारी को घूरा। उसने सोचा कि पुजारी ने अगरबत्ती जलाई है। घंटे बजाए हैं। ढोल पर थाप दी है। मजीरों को छेड़ा है। सठिया गया है यह। इससे कितनी बार कहा है कि भंग भवानी उतनी ही चखे जितनी बरदाश्त कर सके; परंतु यह चाव-चाव में चढ़ा बैठता है और फिर दूसरों को परेशान करता है।

पुजारी ने पूरे विश्वास के साथ कहा, ''मैं मीरा को यहीं, द्वारकाधीश की चौखट पर छोड़कर गया हूँ। वह उठी जरूर थी। वह नाचने भी लगी थी कि तभी मैं तेरे पास भागा-भागा गया। तुझे जगाया और...''

द्वारपाल ने उसका वाक्य पूरा किया—''मेरे आते-आते वह अदृश्य हो गई। है न?''

''सचमुच ऐसा ही हुआ। इसमें तनिक भी असत्य नहीं है।'' पुजारी ने कहा।

''सत्य-झूठ का पता सुबह होने पर लगेगा। तब नशा उतर चुकेगा। अभी तो जो आप कह रहे हैं, वही सच है।'' द्वारपाल ने कहा।

''कसम से...मैं बिलकुल सच कह रहा हूँ।'' उसने अपना कंठ छूकर कहा। फिर कुछ सोचकर बोला, ''मंदिर का वह छोटा द्वार खुला हुआ है।''

द्वारपाल ने उसे देखकर कहा, ''हाँ, पर उससे क्या है!''

''यह द्वार कौन बंद करता है?''

''मैं, और कौन!''

''ताला भी लगाया जाता है न?''

''हाँ।'' द्वारपाल ने कहा।

''कौन लगाता है उसका ताला?''

''मैं, और कौन!''

''इस ताले की चाबी किसके पास रहती है?''

इस बार द्वारपाल चक्कर खा गया। चाबी तो उसके पास ही रहती है। उसने ताला लगाया था। चाबी अपने पास रखी थी। फिर वह ताला कैसे खुला? वह पूछ बैठा—''किसने खोला?''

''चाबी तुम्हारे पास है, फिर ताला कौन खोलेगा!'' पुजारी ने कहा।

''यहाँ तो सिवाय आपके...''

''कहा नहीं कि मीरा भी थी। मैं तो एक कोने में छिपा बैठा मीरा की गतिविधियों का जायजा ले रहा था।'' पुजारी ने तैश में आकर कहा।

''आपका मतलब है कि ताला...'' आगे द्वारपाल कुछ नहीं कह सका, क्योंकि वह ठीक से कुछ समझ नहीं पा रहा था।

पुजारी समझाने लगा। वह बोला, ''हाँ, मेरा मतलब है कि मीरा उधर से बाहर गई है।''

''तो चाबी उसके पास है?''

''नहीं, चाबी तुम्हारे पास ही है; लेकिन मीरा के लिए इन तालों का कोई अर्थ नहीं है। वह प्रभुमयी है।'' पुजारी ने गंभीर होकर कहा।

''तो बाहर चलकर देखें!'' द्वारपाल ने सुझाव दिया।

''हाँ, यही ठीक रहेगा।''

इसके साथ ही वे दोनों उस छोटे द्वार से बाहर आए। बाहर समुद्र उछालें ले रहा था। चारों ओर अँधेरा था। लहरों का वह शोर नहीं मानो अँधेरे का आर्त्तनाद था। अँधेरा अपनी कथा व्यक्त कर रहा था। उसके अंत:करण की पीड़ा मुखर हो रही थी।

पुजारी अंतर्संवाद से खीज उठा। तभी उसकी दृष्टि मंदिर के पिछवाड़े भाग की दीवार पर पड़ी। वह चौंका। उसने द्वारपाल का कंधा थपथपाया और बहुत धीमे से कहा, ''वह मीरा है।''

द्वारपाल ने देखा। वह मीरा ही थी। वह बोला, ''उधर चलें।''

''पर सँभलकर, बिना आहट किए।'' पुजारी ने उसे समझाया।

दोनों उधर गए।

मीरा गोमती से बतिया रही थी। वह कह रही थी—"गोमती, तू साक्षी है, मैंने उसे राजी करने में कोई कसर नहीं छोड़ी। हर तरह से उसे मनाना चाहा। हर तरह की परीक्षा दी। अग्निपरीक्षा से भी कठिन परीक्षाएँ दीं। पर क्या लाभ? अंधे के आगे रोना, अपने नैना खोना वाली बात सामने आई। कुछ तत्त्व नहीं निकला। जो मुझे ऐसा पता होता तो मेरी गैल दूसरी ही होती। इस लफड़े में कतई नहीं पड़ती। अब मैंने निर्णय कर लिया है कि या तो वह हठीला अपनी हठ छोड़कर मुझे दर्शन देगा या मुझे समुद्र नारायण की शरण लेनी पड़ेगी। इसके अतिरिक्त अब और कोई रास्ता नहीं बचता है। यह फूल जो तुमने मुझे दिया है, तुम्हारे ही चरणों को ध्यान कर इस नदी में प्रवाहित कर रही हूँ। इसे तुम मेरी अर्ज समझ-सँभाल लेना और जान लेना कि तुम्हारी नटा-नटी मेरी जान इस फूल की तरह ले लेंगे। फिर मत कहना कि मीरा, तुमने मुझे अँधियारे में रखा, बताया तक नहीं। इसलिए मैं अपना फर्ज पूरा कर रही हूँ, सितमगर। या तो अब तू रहेगा या मैं।"

तभी एक पत्थर फिसलकर गोमती में गिरा।

मीरा चौंकी। उसने पूछा, "कौन?"

वे दोनों सामने आ गए।

अँधेरा घना था। फिर भी मीरा पहचान गई और कहा, "पुजारीजी, आप!"

"हाँ, माई, मैं।"

"क्या बात है?"

"कुछ नहीं।" पुजारी ने कहा।

"कुछ तो अवश्य है।"

"अभी कुछ देर पहले आप मंदिर में थीं।"

"हाँ, थी।"

"फिर आप यहाँ!"

"आ गई।"

"कैसे आईं?"

"यह तो अपने द्वारपाल से पूछो, पुजारीजी।"

पुजारी ने द्वारपाल की ओर देखा।

द्वारपाल हकलाते हुए बोला, "क्या, माई?"

"तुम नींद में तो नहीं हो, द्वारपाल!"

"क्यों, माई?"

"तुमने ही तो वह छोटा द्वार खोला था।" मीरा ने कहा।

"मैंने!" द्वारपाल चकित हो उठा।

''तुमने ही तो ताला खोला था। मैंने तो इतना ही पूछा था—क्या मुख्य द्वार के कपाट बंद हो चुके हैं। तब तुमने कहा था...याद पड़ा अब कुछ-कुछ?'' मीरा ने अत्यंत भावविभोर होकर कहा।

पुजारी ने द्वारपाल की ओर देखा। द्वारपाल की बोलती बंद हो गई। पुजारी चिंतित हो उठा। कई दिनों से यह बात बहुत गरम थी कि मीरा को पागलपन का दौरा पड़ने लगा है। वह रोते-रोते हँसने लगती है और हँसते-हँसते रोने लगती है। गाते-गाते एकदम गाना बंद कर देती है। वह अपने को सुहागिन बताती है। सुहागिन जैसे गीत गा उठती है।

पुजारी ने बीच का रास्ता निकाला और कहा, ''माई, अब चलिए। मुख्य द्वार भी खुला हुआ है। आप उधर से निकल जाइए।''

मीरा ने कुछ सोचा और फिर लौट पड़ी उनके साथ। यह सब मीरा के हृदय-पटल पर ओस की बूँदों-सा छाने लगा था। उस दिन वह समुद्र को समर्पित नहीं हो सकी थी। आशा की धुँधली रेखा अभी तक रह-रहकर चमक रही थी। वह अब क्या करे, क्या नहीं। कौन बताए उसे? किससे पूछे? वह सन्नाटा लपेटे अँधेरे की परछाईं बनी कुटिया की ओर बढ़ने लगी।

तैंतालीस

रणछोड़जी का मंदिर उस दिन खूब सजा था। किसी सेठ ने मन्नत पूरी होने की खुशी में मंदिर को सजवाया था। श्रीकृष्ण का श्रृंगार करवाया था। भंडारा भी किया था—सभी को स्वादिष्ट भोजन करवाया था। उसने मीरा का नाम सुन रखा था। उसकी पत्नी का आग्रह था कि वह मीरा को न्यौतने जाए। उसे लेकर आए। मीरा ऐसे नहीं आएगी। दोनों ही उसकी कुटिया पर आग्रह करने गए।

मीरा कुटिया को बुहारकर पानी छिड़क रही थी। पास ही नीम का पेड़ था, जिसपर बहुत से तोते बैठे हुए थे।

''माई!'' सेठ ने आवाज लगाई।

मीरा पलटी। बोली, ''क्या है, सेठजी?''

''थे म्हारे कूँ जानो सूँ, माई?''

''जा में जानने की क्या बात है?'' मीरा ने पानी भरा पात्र एक ओर रखते हुए कहा।

''म्हारा परनाम स्वीकार करो, माई।'' सेठ ने अपनी भूल सुधारी।

''म्हारे कूँ कैसा परनाम, सेठजी! परनाम तो लीलाधर की शरण में जाकर

भोग देकर करो। वो ही सबकी सुनता है।'' मीरा ने आगे समझाया—''कर सको तो थे डाँगर घसीटने का काम छोड़ दो। जूँ मुँहा व्यक्ति किसीका नहीं होता—अपना भी नहीं।''

सेठ कुछ समझा नहीं।

सेठानी समझ गई कि सेठ को जो लाभ हुआ है, वह चालाकी से हुआ है। उसने उसके लिए मेहनत नहीं की। ठग-विद्या से कमाया धन है। मीरा अंतर्यामी है। उससे कुछ नहीं छिपा है। वह हाथ जोड़कर बोली, ''थे तो सर्वज्ञानी हो। म्हारे धणी से जो गलती हुई है, उसीके लिए पछतावा करने हम यहाँ आए हैं। थारी किरपा हो जाए तो म्हारा कल्याण हो जाएगा, माई। जा सूँ थारे से विनती करने आए हैं, माई, कि रणछोड़जी के मंदिर में म्हारे साथ चलो। अपने नटवर नागर को रिझाओ-मनाओ। थे ही बा कूँ वश में कर सकती हो—थारे अलावा और कोई नाहिं। तो थे…''

''थे चाहती हो कि थारे साथ चलूँ।'' मीरा ने उसका अधूरा वाक्य पूरा करते हुए कहा।

सेठजी बीच में ही बोल पड़े—''थारी बड़ी किरपा होगी, माई।''

''पर सेठजी, जे म्हारे सूँ संभव नाहिं है। म्हाँने बख्शो, म्हारे सूँ जे काम नाहिं हो सकत है।'' मीरा ने दो टूक जवाब दे दिया।

सेठ-सेठानी का सारा उत्साह ठंडा पड़ गया। सब जानते हैं कि वे दोनों मीरा को लिवाने गए हैं। खाली हाथ लौटता देखकर सब क्या सोचेंगे। क्या इज्जत रह जाएगी उनकी।

''परंतु, माई…''

''किंतु-परंतु नहीं, सेठजी। म्हारे कूँ फैसला करने में देर नाहिं लगती है। खरी कहना, सुख की नींद सोना—जे म्हारी शुरू की आदत है।'' मीरा ने धीरे से कह दिगा।

सेठ-सेठानी के चेहरे लटक गए। सेठजी को कोई रास्ता नजर नहीं आया तो सेठानी कहने लगी—''सुना है, भगवान् पापियों का भी उद्धार करते हैं। थे बाकी प्रिय दासी हो तो थे क्या म्हारे कूँ छमा नहीं करोगी? सचमुच जे थारी हम पै बड़ी किरपा होगी।''

''किरपा का कामकाज तो बंसीवाले ने खुद सँभाल रखो है। किरपा की चाह हो तो बासे अरज करो, बो ही थारी नैया पार लगा सकता है। बो ही पतितपावन है, दीनदयाल है और संकट-विमोचन है।'' मीरा ने समझाने का प्रयत्न किया, ताकि वे दोनों उसके प्रति कोई गलत धारणा न बना लें। उनके मन

को दुःख न पहुँचे।

"थे क्या चाहती हो, माई?" सेठ का अंतर्मन जागा। उसे अपने किए का अनुभव हुआ। उसके स्वर में पश्चात्ताप का मंद स्वर भी उभरा।

"कछु नाहिं, सेठजी, म्हारे कूँ कछु नाहिं चाहिए। थे अपनी बात करो, थारे कूँ क्या चाहिए?" मीरा को उसका बदलता स्वर अच्छा लगा। वह आगे कहने लगी—"सेठजी, माटी ही सच है। जे हीरा-मोती, महल-चौबारे, ठाट-बाट, ऐश्वर्य, छप्पन प्रकार के व्यंजन आदि मानव मन को मोहते हैं—और जिसके पाछै मन बावरा होकर दौड़ता फिरता है मारा-मारा, वह सब माटी का जादू है, भ्रम है, धोखा है। सच तो साँईं है। बा सूँ लगन लगाओ। बा ही को नाम भजो तो भ्रम टूटसी, आनंद का बरखा होयसी। पाप कटसी।"

"थे ठीक कहती हो, माई।" सेठानी बीच में ही बोल पड़ी। वह समझ रही थी कि उसके धणी ने गलत ढंग से पैसा कमाया है। वह डरती भी थी कि ऐसा पैसा सारे घर को डुबो सकता है। इसी कारण उसके मन में दया-धर्म की बात जागी थी और सेठजी का मन उस ओर खिंचा था। पाप की कमाई में से कुछ दान-दक्षिणा कर दी जाए तो ग्रह शांत हो जाते हैं, मन को भी चैन मिलता है और पाप की छाया का बोझ मन पर से उतरता है। वह खखारकर कहने लगी—"तुम चलो, माई, म्हारे साथ। जे सेठजी की इज्जत की बात है। म्हारे धणी ने म्हारे कहने सूँ जे सब किया है। थारा आसीरबाद हुआ तो म्हारा धणी, जगत् का सेठजी माया-पाप सूँ अपने कूँ, म्हारे कूँ बाहर अवश्य लासी, जे थे देख लेना, माई। पण अब तो थे म्हारी लाज रख लो, जे म्हारी थारे सूँ हाथ जोड़कर अरज है। सुबह का भूला शाम को घर लौट आए तो वह भूला नहीं कहलाता है, माई, या कहलाता है, जे निश्चय थारे को ही करना है। थे बड़े मन की हो। कृष्ण मुरारि की थारे पर असीम किरपा है। थे ही म्हारा दुःख दूर करो, माई।"

सेठानी की अक्ल में एक बात घर कर गई कि विनती और हाथ जोड़ने का रास्ता ही माई का मन बदल सकता है। उसका मन पसीज गया तो सिगरे बिगड़े काम बन जाएँगे।

सेठजी के मन में भी अपने किए पर पछतावा होने लगा था। वह कहने लगे, "माई, सेठानी की बात रख लो। थे स्याम साँवरे की भगतन हो तो, माई, हम थारे भगत। थे म्हारे पर दया करो, माई। थारे कान्हा की सौंह, म्हारे सूँ ऐसा पाप फिर नाहिं होसी, सपन में भी नाहिं! कबहुँ नाहिं! कबहुँ नाहिं!"

मीरा का हृदय पसीज उठा।

सेठ-सेठानी उसके पाँवों में पड़ने लगे तो मीरा चौंकी। वह तपाक से

बोली, ''जे क्या करते हो, सेठजी! चलो उठो। तुम भी, सेठानीजी, उठो। सचमुच थारे कूँ कछु लगा है तो बा बंसीवाले के चरन पकड़ो, जो हम सबका करणधार है। जाकी किरपा सूँ लँगड़ा परवत लाँघ जाता है, अंधे कूँ सबकछु दीखने लगता है, बहरे कूँ सबकछु सुनाई पड़ने लगता है।''

''पण जा बखत म्हारे पर किरपा करो, माई। म्हारी प्रार्थना स्वीकार करो। थाँ कौ ही जे चमत्कार है, जो म्हारे अंतर्मन की आँखें खुलने लगी हैं। अलख नजर आने लगा है।''

मीरा समझ गई कि ये दोनों अड़ गए हैं। अपने पर पछता भी रहे हैं। सच्चे मन से किसन कन्हैया का नाम-स्मरण कर उठे हैं। ये बदलें तो उसका प्रभाव पूरे समाज पर पड़ेगा। ये समाज के काम के इनसान बन जाएँगे। एक मछली सारे तालाब को गंदा कर देती है। ऐसा सोचकर मीरा ने कहा, ''थे म्हारे सूँ क्या चाहते हो, भाई?''

''रणछोड़जी के मंदिर पधारो म्हारे साथ। रथ है, माई।'' सेठजी बोले।

मीरा मुसकराई और बोली, ''जे शरीर भी रथ है, सेठजी। एक रथ के होते हुए दूसरे रथ का क्या काम? म्हारे लिए थे कष्ट मत उठाओ। शाम कूँ आरती के बखत आज जरूर आऊँगी। ठीक है?''

''जैसी थारी मरजी, माई। थे ज्ञानी हो, सबके मन की थारे कूँ थाह है। बा अबिणासी की थारे पर किरपा। थे म्हारे पर किरपा करो, जे ही म्हारी तमें अरज है, माई।'' सेठजी ने पुनः कहा।

''जाओ, सेठ-सेठानीजी, बा बनवारी की शरण में जाओ। शाम की आरती में म्हें अवश्य आस्यूँ।''

दोनों ने नमन किया। बार-बार नमन किया। वे दोनों चल पड़े।

मीरा अंदर से द्वार की साँकल चढ़ा सीधी अपने नन्हे से श्रीकृष्ण के सामने जा बैठी। कल-परसों की ही तो बात है, जब उसने रणछोड़जी के मंदिर में न जाने की ठानी थी। जब वह घट-घट वासी है तब वह मंदिर-मंदिर मारी-मारी क्यों फिरे? उसने बाँके बिहारी से कहा, ''थारी कछु बात पल्ले नाहिं पड़ती। थारो विधि-विधान न्यारो है। थानें एक ओर तो मृग को बड़े-बड़े सुंदर नेत्र दिए और दूसरी ओर बो बण-बण मारा फिरता है। बागलाँ को उजलो बरण दियो है, फिर भी बो पेट की आग मछली खाकर बुझाता है। कोयल का वरण कारा छे। बाको बोल अमरत है। नदियाँ, नाले आदि का पानी मीठा छे पण महासमुद्र का पानी खारा छे। मूरख जन सिंगासण पर विराजमान छे और ज्ञानी द्वार-द्वार मारे-मारे घूमते छे। कैसी विचित्र बात है, नटवर नागर, राणा थारे भगतों कूँ बराबर कष्ट पहुँचाता रहतो छे और

थे कान में उँगली दिए मौन बैठो रह्यो छे। जे अन्याय कैसे दूर होगा, हे मुरारि, श्याम, कृष्ण कन्हैया! जे सोचकर थारे सूँ प्रीत जोड़ी थी कि थारा सुहाग अमर है, जग का सुहाग मिथ्यारी छे। थे आदि-अनादि अरु अनंत हो। पण थारे सूँ प्रीत लगाकर क्या मिला? राणा के पुरोहित धमकी दे गए हैं म्हारे कूँ कि सीधे-सीधे लौट चल, वरना राणा की शक्ति अपार है। साथ ले जाने के और भी बहुत से रास्ते हैं। थे धमकी चुपचाप सह गयो छे। कछु नाहिं बोल्या। पण क्यों? विपत्ति में थारे अलावा कौन साथ देगा, मुरलीधर, अविनासी, जे तू ही बता? म्हारे रोम-रोम में थारी बंसी रात-दिन बजती रहती है। म्हारा मन रात-दिन उसीमें डूबा रहता है। सच रे साँवरे, थारी-म्हारी प्रीति तो पतंग-दीप की है, मृग-नाद की है, चंदा-चकोर की है और जल-मछली की है। थे सोच लो, म्हारा निश्चय तो पक्का है। थारे सूँ थारी जे कीमत चुकता करनी पड़ेगी, जे कोई नई बात नाहिं है। क्योंकि प्रीति के भाग्य में यही बदा है। सबकूँ अपने प्राण न्योछावर करने होते हैं। पतंगा दीपक की लौ पर अपने को वार देता है। मृग बहेलिए के संगीत में चौकड़ी भूल जाता है और मजे में उसका शिकार हो जाता है। मीन को पानी से बाहर निकाला नहीं कि वह आनन-फानन में दम तोड़ देती है। जे तो म्हारी बुद्धि पर पत्थर पड़ गए थे, जो आज तक जे बात गाँठ में नाहिं बाँध सकी। पण अब तो प्राण प्यारे, म्हाँने निश्चय कर लियो है। आगे थे जाणो, थारी बात।

''कछु नाँय बोलेगा रे! म्हारी ओर थे देखेगो भी नाँय क्या! म्हें थारी कौन हूँ? कोई भी नाँय रे। न राधा हूँ, न गोपी। कछु भी नाँय हूँ। फिर थारे सूँ चपड़-चपड़ क्यों?

''थारे क्या मुँह में जबान नहीं है क्या? म्हें जनांतिक नाँय? न यहाँ कोई नाटक हो रहा है। थे समझ तो रहा है न कि म्हें क्या-क्या बकझक किए जा रही हूँ!''

'थे भी मीरा, क्या बावली हुई है?'

'क्यों?'

''बो राधा कूँ न भया। बो गोप-गोपियन कूँ न भयो। बो जसोदा का न भयो, जाने बाहे पाला-पोसा अरु इत्तो बड़ो कियो। तो थे जरा अपनी अकल पर जोर डाल अरु सोच कि फिर बो थारा किस तरह हो सकत है! कदापि नाँय, मीरा, कबहुँ नाँय।'

'हाँ री, जे तो म्हाँने कबहुँ नाँय सोचा। दरअसल कबहुँ जा तरह सोचने की जरूरत नाँय पड़ी। जाही सूँ बो…'

'बो तो पत्थर दिल है, मीरा।'

'पण भगतन के प्रति तो सुना है कि बा में दया-धरम कछु-न-कछु ज्यादा है।'

'गिनती के भगत।'

'का मतलब?'

'उँगलियन पर गिनने लायक भगत।'

'यानी कि…'

'यानी ये मीरा, कि बो बड़ो शातिर नटनागर है। बाको धरम-करम कछु नाँय। बाहे खासकर बय्यरों कूँ सताने की बुरी लत है। बाने बड़ी चतुराई सूँ गिनती के ऐसे कछु उदाहरणन कूँ हवा दी-दिलवाई है कि जिनसूँ बाकी कीर्ति-यश का जादू सिगरे समाज के सिर पर चढ़कर बोल सके और बो भगतन का चहेता—सिरमौर बनकर इठलाता फिर सके।'

'थे यह क्या कह रही हो?'

'म्हारे सिर की सौंह, मीरा, जे ही साँची बात है। थे बता, बाने कितने पतितन को उद्धार कियो है? कितने भगतन की लाज राखी है? बो कितनों के आड़े बखत पर काम आयो है?'

'नाहिं री, म्हें जा सबसूँ कछु लेना-देना नाहिं। बो का है, का नाँय, बासूँ म्हारा कछु मतलब नाहिं। जे तो म्हारा मन है, री, पगली, मन। सिगरे रिश्ते-नाते तो मन माने सूँ हैं। बाके लिए, बासूँ म्हारे कूँ कोई गिला-शिकायत नाँय है री। बो जो है, जैसे है, म्हारे कूँ प्राणन सूँ भी प्यारो है। बाके बिना म्हें का हूँ, कछु नाँय। कछु भी नाँय। जे ही म्हारो सच है री।'

'जे थारी मरजी, मीरा। म्हाँने तो जो थारे कूँ समझाना-बतलाना था सो बतला-समझा दियो। बाकी थे जानो, थारा काम। जे तो बो ही कहावत हुई न—मन राजी तो का करैगो काजी। ध्यान रहे, पाछे पछताय का होवत है, जब चिड़ियाँ चुग गईं खेत सारो। अरु म्हें कछु न कहना-सुनना। जय राधे-किसन!'

'जय राधे-किसन!'

वह चली गई। अब वह फिर अकेली। वह भी कौन थी? कोई भी हो, उससे क्या! उसके लिए तो सपना और सच दोनों एक ही हैं। सपना भी तो सच का ही एक हिस्सा है। उसमें सपना ही तो बड़ा होकर फला-फूला है। वह उससे मुँह नहीं मोड़ सकती। क्या कोई अपने से भी मुँह मोड़ सकता है?

अपने को जान लिया तो सबको जान लिया। आखिर सारा है ही क्या? घूम-फिरकर वह अपने पर ही तो आ टिकता है। जो अपना है, वही सारा है। सारा अपने से बाहर है कहाँ?

'थे ठीक सोच रही है, मीरा।'

'म्हें गलत क्यों सोचूँगी? आखिर म्हें अपने बारे में सोच रही हूँ।'

'जानती हूँ, मीरा। पण अपने बारे में सोचना सबसे कठिन है। जे कोई सरल काम नहीं है। सोचता हर एक अपने बारे में ही है। पण कितना?'

'जा से म्हें मतलब नाँय। म्हाँने एक बार बा अनजानी गैल पर पाँव आगे बढ़ा दियो तो बढ़ा दियो। पाछे कछु नाँय सोचना। परिणाम की चिंता म्हें कबहुँ नाँय रही, न आगे कबहुँ रहेगी। अरु फिर अब तो प्रयत्न अरु परिणाम दो के एक होने का समय आ गयो है। दो एक होना चाहते हैं। अब दुअइवा अरु दुअरिया का भी कछु झंझट नाँय रह्यो। शहनाई नाँय तो दुक्कड़ का क्या अर्थ?'

'जा सूँ थानें...'

'शायद म्हाँने—या म्हाँने नाँय, बाने या किसीने भी नाँय। पण जा बार मन पक्का हो चुको है। बा में अब किसी दरार-सरार की कतई गुंजाइश नाँय। न कोई फाँस-रार की बात। सिगरे झगड़े-टंटे खतम। न बो अरु न म्हाँ। कोई नाँय। सब गड्ड-बड्ड। जे है हमारो अंतिम निर्णय। बाके आगे कोई निर्णय नाँय।'

'थे जानो, मीरा।'

'तभी तो कह रही हूँ। म्हारे कूँ राधा-गोपी होने की चिंता कतई नाँय है री। कान्हा है तो वो सब हैं। म्हें भी उन सबन में हूँ। उन जैसी हूँ। म्हारे में कमी क्या है?'

'जे थारे सूँ कौन कहता है?'

'म्हारे सूँ कौन कहैगो म्हारे सिवाय! म्हारा मन कहता है। चाहे म्हाँ राधा नाहिं, गोपी भी नाहिं, फिर भी म्हारा मन राजी है। बाहे राधा-गोपी की चिंता नाँय।'

'क्यों?'

'क्योंकि म्हें राधा नाँय अरु नाँय गोपी, म्हें तो मीरा हूँ। मीरा का राधा-गोपी सूँ कछु घट है? बो मीरा है। जे विश्वास म्हारो पक्को है, एकदम सौ टंच। जा में जरा सा भी कच्चापन नाँय। थे समझी कि नाँय?'

'समझ गई, म्हारे लिए जे ही काफी है।'

मीरा असोच की मुद्रा में सोचती रह गई पसर आए शून्य को देखा-अनदेखा किए। गंतव्य की ओर बढ़ने का पक्का इरादा लिये वह उठना चाहकर भी एक बार बैठी रह गई।

फिर मीरा साँवरिया की मूर्ति से बतियाती रही। वह कुछ करता दीखता नहीं था। उसके नाम से जुड़े सारे उदाहरण कहानी-किस्से हैं। उनमें सच क्या है?

कोमल मन का भ्रम है। अपने को धोखे में रखना है।

मीरा ने पीतल की मूर्ति की ओर देखा। फिर शालग्राम की ओर निहारा और अंतिम बार कहा, ''जगत् के पालनकर्ता, दीन-दुखियों के सखा, सुदामा-चरित के गढ़ैया, थारे कूँ हजार-हजार परनाम!'''

मीरा उठ बैठी। फिर उसने मुड़कर नहीं देखा। चल पड़ी घर-आँगन सँभालने। तुलसाजी की ओर निहारा। आँखों-ही-आँखों में कुछ कहा-बताया।

मन चोखा हो उठा। दोपहर ढल गई। गोधूलि का समय हो गया था। मीरा ने आज सफेद वस्त्र पहने। कंधे पर झोला लिया। चलने को हुई तो इकतारा ने उसकी ओर ऐसे देखा जैसे शिशु माँ की ओर देखता है। मानो उसने कहा हो, 'माई, म्हारे कूँ क्यों छोड़ रही हो? म्हारा थारे सिवाय कोई नहीं है। थे जहाँ भी गई, म्हारे कूँ साथ लेकर गई। शायद ही कभी अकेला छोड़ा हो। छोड़ा तो पछताया भी। सीधे आकर म्हारे कूँ ही उठाया। थपथपाया। लोरी गाकर सुलाया। थे म्हारे सूँ बहुत प्रेम करती हो, माई। थारे भीतर क्या है, जे हम जानते हैं, अच्छी तरह जानते हैं। फिर, थे तो लंबी यात्रा पर निकल रही हो, माई। फिर अपने इस बाल गोपाल को क्या यों ही अकेला छोड़कर चली जाओगी?' मीरा ने एकटक होकर इकतारे की ओर देखा और गंभीर हो गई।

कुटिया छोड़कर जाना आसान नहीं था। सब चीजें, यहाँ तक कि खिड़की, दरवाजे, चौखट, चक्की, चूल्हा आदि सब उसको घूर रहे थे। वह क्या करने जा रही है? उसके अलावा और कोई चारा भी नहीं है। साँवरी और उसमें क्या अंतर है? वह भी विवश थी और उसकी भी उसी तरह की मानसिकता बन चुकी थी। कितना ठीक कहा था साँवरी ने—'पीतल-पत्थर के किसन कन्हैया सचमुच के किसन कन्हैया नहीं हो सकते। पाथर-पूजन से मन कमजोर हो जाता है और फिर भ्रम में जीने का बहाना करता रहता है। जो है ही नहीं उसको मानने से क्या लाभ? यह तो धोखे में जीना हुआ। खुद को धोखा देना कितना बड़ा अपराध है! तुम तो उसी धोखे का प्रचार कर रही हो और मानुख मन को कमजोर बना रही हो। यह अच्छी बात नाहिं है, माई।' उसमें इतनी अक्ल कहाँ से आ गई कि इतनी बड़ी बात इतनी सरलता से कह गई।

पर वह है तो अवश्य। न होने का प्रश्न ही नहीं उठता। पर ऐसे होने से क्या लाभ जिसके होते हुए पापी पनपें, अधर्मी मौज उड़ाएँ और अन्यायी-अत्याचारी का भय सबके मन में व्यापता रहे? उनसे सच्चे आदमी डरें। फिर तो कौन मानेगा उसे? क्यों मानेगा? उसपर कितने दबाव हैं! राणा की धमकी, नित्यानंद, जैमिनी आदि के षड्यंत्र। चारों ओर बदनामी अलग।

मीरा ने मन पहले ही निश्चित कर लिया था। कुटिया छोड़ते-छोड़ते शाम ढलने लगी थी। वह पैदल चली। आसपास की कई औरतें आ गईं। दुलारी भी आ गई। उनमें से कई औरतें उसके साथ हो लीं। दुलारी की बहू ने उसके पैर आकर छुए। मीरा ने उसे भरपूर आशीर्वाद दिया और आगे बढ़ गई।

रास्ते में और औरतें साथ हो गईं। मीरा के भजन-पद सुनने को दूर-दूर से लोग आते रहते थे। उनमें से बहुत से तो यह देखने आते थे कि राजघराने की बहू जोगिन कैसे हो गई? क्या उसे कृष्ण-दर्शन हुए हैं?

औरतें आपस में बतिया रही थीं। एक कह रही थी—"माई की वाणी में जादू है।"

"जादू क्या, अमृत है!" दूसरी बोली।

"माई नाचती है तो मन बँधा रह जाता है।"

"कितनी भोली है माई कि हर एक का विश्वास कर लेती है! किसीसे घृणा नहीं करती। सबका भला चाहती है।"

"फिर भी लोगबाग उसकी जान के दुश्मन बने हुए हैं!"

"वे जानते नहीं हैं कि उसने जरा सा भी कान्हा से कह दिया तो उनका सर्वनाश हो जाएगा। वे उसकी शक्ति को नहीं जानते, जो अपरंपार है।"

"रास्ते में ऐसी बातें नहीं करते।" मीरा ने उन्हें टोकते हुए कहा, "जब समय मिले, जहाँ समय मिले, उस परम ब्रह्म श्रीकृष्ण का स्मरण करो। बात करनी है तो उसकी करो। थारी प्रीति बाके चरणन में लागे। जग माया है। सपने जैसा है। बाके दरस बिना म्हाँने कछु न भावे का मन हो। जे भवसागर भय कूँ कारण छे। परिवार-कुल बंधन का कारण छे। जा से इन सबको त्यागकर हरि चरणन की प्रीति साँची है। वही गाढ़ा (संकट) में छौजी (हितैषी) है, हिलरा (सहृदय) मिंत (मित्र) है। जा सूँ बाकी प्रतीक्षा करती रहती हूँ। वे पूरब जनम का कंत है। जगत् नहीं चाहता, न माया चाहती है कि मन जोगिन होकर मुँह फेर ले। पण म्हारी बात निराली है—बरजी री म्हाँ स्याम बिणा न रह्याँ जाए। साधाँ की संगत से म्हारे कूँ हरि सुख मिलसी। म्हारा मन बो साँवलिया ले उड़ा। आस्यूँ म्हाँने जगरा बोल सह्याँ।" मीरा धीरे-धीरे बतियाने के स्वर में उन्हें समझाती जाती और चलती जाती।

किसीको पता ही नहीं चला कि रणछोड़जी का मंदिर कब आ गया। मीरा ने जब पीछे मुड़कर देखा तो देखती ही रह गई, क्योंकि उसके पीछे खासी भीड़ थी।

सेठ-सेठानी ने मीरा का स्वागत किया। उसके चरणों में पुष्प बिखेर दिए।

उसकी जय-जयकार हो उठी। वहाँ नित्यानंद के भेजे हुए लोग भी थे, जो वातावरण बिगाड़ना चाहते थे; परंतु उन्हें क्या हुआ कि वे सब भूल-भाल गए। वे भी मीरा के पीछे-पीछे चलने लगे।

आज मंदिर खचाखच भरा हुआ था। कहीं तिल धरने की जगह नहीं थी।

मंदिर की शोभा देखते ही बनती थी। सारा मंदिर जगमगा उठा था। पुष्पों की सजावट मन बाँध रही थी। पुष्पों का मोर, पुष्पों का हिरन, पुष्पों के द्वार और उनके बीच-बीच रंग-बिरंगी लड़ियाँ गजब ढा रही थीं। छत पर बादल छितराए हुए थे। महक उठा था सारा मंदिर।

वहाँ की सजावट देखने लायक थी। बरबस मीरा को श्रीनाथजी के मंदिर की याद आने लगी। 'वृंदावन नीको लागे' तभी तो उसने गाया था।

आरती शुरू हुई।

आज आरती के स्वर में मादकता थी। रणछोड़जी को सोने के गहने से सजाया गया था। चाँदी की छतरी उनके ऊपर छाई हुई थी।

आरती सब गा उठे थे।

मीरा भी गा रही थी। उसका रोम-रोम गा रहा था। मीरा के स्वर के सामने सब स्वर फीके पड़ गए। अब वह गा रही थी और सब मौन होकर सुन रहे थे। वह अपनी सुधबुध खोकर गा रही थी।

आरती हो गई। घंटे-घड़ियाल बजते रहे। शंखध्वनि होती रही। खड़ताल खड़कते रहे। ढोलक पर थाप पड़ती रही। मीरा ने एक नया पद उठा लिया—

> ''माई री म्हा लियाँ गोविंदाँ मोल।
> थे कह्याँ छाणे म्हाँ काचोड्डे, लियाँ बजंता ढोल।
> थे कह्याँ मुँहौ धो म्हाँ कह्याँ सुस्तो, लिया री तराजाँ तोल।
> तण वाराँ म्हाँ जीवन वाराँ वाराँ अमोलक मोल।
> मीराँ कूँ प्रभु दरसण दीज्याँ, पूरब जणम को कोल॥''

इसके बाद मीरा 'तेरो मरम नहिं पायो रे जोगी', 'करम गत टाराँ णा री टराँ', 'अब तो हरि नाम की लौ लागी, सब जग को यह माखन चोर नाम धर्‍यो बैरागी' आदि पद सुनाती रही। इकतारा छेड़े जा रही थी। उसके पाँव थिरक रहे थे। वह झूमती रही। उसके कंठ से अमृत-रस की वर्षा होती रही। तन-मन तर-ब-तर हो उठा। नयन निर्झर बन गए।

सारा मंदिर बेसुध लग रहा था कि कृष्ण कन्हैया बाँसुरी बजा रहे हैं। अनेक बार इकतारा बाँसुरी के बोल निकाल चुका था। यह क्या होता है कि सारा जग

इकतारे की ध्वनि सुनता है और वह इकतारे की ध्वनि में बाँसुरी की ध्वनि सुनती है। वह अपने में नहीं रहती। उसमें समा जाती है, जिसमें बूँद समाकर अपने को नहीं ढूँढ़ पाती। आनंद की त्रिवेणी सब भक्तों के मन में बह उठती है। तरंगों में डुबकी लगाते मन आत्मविभोर हो उठते हैं। अब मीरा चुप। सब गुनगुनाते हैं मीरा का स्वर। सब मीरा-मन होकर आनंद-निमग्न हो जाते हैं। किसीको किसीकी सुध नहीं रहती।

मीरा का मन-मयूर मगन नाच रहा होता है। भक्त अपनी जगह थिरक रहे होते हैं। कोई ध्वनि नहीं। नयन, नासिका, जिह्वा और स्पर्श, शब्देंद्रिय मन बन जाते हैं एकाग्र होकर।

कोई स्वर नहीं। गूँगी निःशब्दता। गहरा सन्नाटा। फिर भी, सबके मन में मुरलिका की मादक, मतवाली और लुभावनी आत्मिक धुन। उस धुन का सम्मोहन-जादू।

मीरा ने रणछोड़ को अंतिम बार नमन किया। कितनी बार उसने यह निर्णय लिया था कि अब वह वहाँ नहीं आएगी; लेकिन हर बार उसका प्रण टूटा और वह आई।

क्यों न आती। लानेवाला तो वही था। वेश बदल-बदलकर आया। काया पलट-पलटकर आया। क्या कहे वह उसकी बात! कोई एक बात हो तो कहे। वह तो बातों का शब्दकोश है। संकेतों में गाता है और भौंहें चलाकर समझाता-रिझाता है। मनुहार भी करता है और साफ-साफ नट जाता है। अकेला छोड़ भाग जाता है। अदृश्य हो जाता है। उसका प्रकट होना या अप्रकट होना मात्र मन का भ्रम है। वह न उजाला है, न अँधेरा; न रंग है, न रूप; न आकार है, न निराकार; न शब्द है, न निःशब्द; न सत्य है, न असत्य; न कर्म है, न अकर्म; न रात है, न दिन; न चाँदनी है, न धूप; न पाप है, न पुण्य; न सरगम है, न संगीत; न सार है, न असार; न धुन है, न बेधुन; न ज्योति है, न अंधकार; न बूँद है, न सागर; न राग है, न वैराग; न छोटा है, न बड़ा; न खरा है, न खोटा; न आकाश है, न धरती। फिर वह क्या है?

मीरा ने अब तक यही तो जाना था कि वह विरह है, न मिलन; न आस है, न निरास; न रूप है, न अरूप; न पानी है, न हिम; न मरु है, न पहाड़; न नदी है, न नाला; न बरसात है, न सूखा; न भोर है, न शाम। फिर वह क्या है? यही तो मीरा ने जाना है। उसको वाणी कहने में असमर्थ है। नयन देखने में असमर्थ हैं। कान सुनने में असमर्थ हैं। स्पर्श के अनुभव से वह परे है। सात रंगों में से भी एक नहीं, फिर भी, वह रंगवाला है।

क्या कहे वह उसे? कब तक गाए उसके लिए? कब तक नाचे उसके

लिए? क्या कभी उसकी भी कोई सीमा, अंत है? वह जब न रेखा है, न बिंदु; न शीतल है, न गरम; न दुःख है, न सुख; न ऐश्वर्य है, न राख तो जो वह है उसे जी लेने के लिए जग के पास कुछ नहीं है। फिर उसे कैसे जिया जाए?

वह तो प्रश्न और उत्तर से परे है। वह तो सोच-चिंतन में आता ही नहीं। वह न आकाश में समा पाता है और न पाताल में। न वह राधा है न गोपी; न कृष्ण है, न सुदामा। वह ब्रह्म से परे है। सृष्टि है, सृजन है, अस्तित्व है; पर कुछ नहीं है। वह न कुछ से भी परे है।

उसका जन्म कैसा, मरण कैसा? उससे बँधना क्या, मुक्ति क्या? उसके लिए साधु क्या, असाधु क्या? धर्म क्या, अधर्म क्या? नीति क्या, अनीति क्या? राजा क्या, रंक क्या? मठ क्या, मंदिर क्या? क्या भी नहीं। नहीं भी नहीं। हाँ भी नहीं।

फिर कैसी प्रार्थना, कैसा प्यार? कौन चंद्रमा, कौन चकोर? कैसे रिश्ते, कैसे घर-परिवार? मीरा को आज अन्यतम अनुभूति हो रही थी। न कष्ट था, न सुख; न मौज थी, न गफलत; न नदी थी, न तरंग; न प्रारंभ था, न अंत; न छोर था, न अछोर। वह जो भी था, उसमें नहीं था या था तो फिर और कुछ नहीं था।

मीरा नमन कर चल पड़ी। मंदिर के पिछवाड़े का ताला खुला। द्वार खुला। वह बाहर आई। द्वार बंद, ताला बंद। वहाँ कोई नहीं—न रणछोड़, न उसकी भीड़, न पद-गायन का संसार और न इकतारे की सरगम। न कुछ। न कुछ नहीं।

चौवालीस

एक तरफ गोमती और दूसरी तरफ समुद्र। एक तरफ सन्नाटा और दूसरी तरफ शोर। पर मीरा को न सन्नाटा बाँधता और न शोर झकझोरता। उसके मन की लहरों पर बैठा कपोत न पंख खोलता और न बंद रखता। न देखता और न अनदेखा करता। न झूलता और न कुलबुलाता।

क्या सारा जग! कैसा जग! एक मात्र कपोत! वह कपोत भी नहीं, महाकपोत!

मीरा आत्मालाप कर उठती—तू है या तू भी नहीं—कोई और है। तू लेने आया है रे! इन प्राणों को क्या तेरा ही इंतजार था?

तू चुपचाप आता दबे पाँव और अपने साथ ले जाता। किसीको कानोंकान खबर भी नहीं होती कि तू आया था।

तू तो आएगा ही। तेरा सामना करने के लिए मेरे मन में बड़ी तड़पन थी। मैं नहीं चाहती थी कि तू आए और तेरे साथ मुझे जबरदस्ती या राजी से चलना पड़े।

मेरा जी चाहता था कि मैं तू बन जाऊँ तेरे साथ।

चैतन्य का समागम करूँ। अचेतन से ऐसे मिलूँ कि दोनों की सत्ता की अनुभूति जाती रहे और एक सर्वथा नवीन अनुभूति होए, जिसे मैं अभी तक नहीं बता सकी और बाद में तो बतलाने का प्रश्न ही नहीं उठता। उठता होता तो यह जग सेमल का फूल न कहलाता।

सचमुच तू जन्म-मरण से परे है। मुझे जो मिला, उसे छोड़कर जो अभी तक नहीं मिला, उस अदृश्य प्रणय से जुड़कर तमाम इच्छाओं को समर्पित करते हुए तुम्हारे पास आई हूँ। तू दूर नहीं, फिर तो पास है। पर पास नहीं, फिर तो दूर है। पर तू न दूर है, न पास। तू तू है? क्या है तू? यह जानने के बाहर तू ही है।

न मानूँ तो क्या? मानूँ तो क्या? साथ चलूँ तो कहाँ से? न चलूँ तो कहाँ से? कुछ पता ही नहीं। पता-ठिकाना ही नहीं, फिर पूछूँ तो किससे क्या? और कैसे?

पूछने-पाछने में ही समय निकल गया तो क्या होगा? होना था भी क्या? यह जानना भी तो होना ही है।

देख रे समुद्र! मैं तेरे तट पर अनेक बार आई—कभी राजी से, कभी गैर राजी से। तुझे मनाया भी, तुझसे लड़ी भी। ठीक यही बात गोमती के साथ हुई। और ठीक यही बात वृंदावन में करील के कुंजों के बीच एकांत में हुई। यमुना के किनारे आधी रात को हुई। तूने बाँसुरी बजाई। मैंने ऐसी सुनी कि आज तक सुनती आ रही हूँ; जबकि तू सामने नहीं है और कभी था भी नहीं। होता तो जरूर सामने आता। पर तेरी बाँसुरी की धुन अवश्य है। जबकि तेरी बाँसुरी का पता नहीं। शायद उसे राधिका प्यारी ने कहीं छिपा दिया है और शायद तू भी अपनी बाँसुरी को ढूँढ़ रहा है। शायद तुझे भी अपनी बाँसुरी आज तक नहीं मिली।

पर मुझे क्या! वे सब बातें मुझे दोहराने से क्या लाभ!

मेरे मीत कपोत! तू कितना शांत है और कितना स्थिर है कि स्थिरता और शांति दोनों हैरान हैं। तेरे कितने सुंदर-सुभग हैं पंख! वो कितने युवा हैं! कितने तगड़े! तू चाहे तो सारा आकाश-पाताल एक पल में लाँघ जाए। पर मुश्किल तो यही है कि तू चाहता नहीं और मेरे चाहने का कोई अंत नहीं। जबकि मेरे तेरे जैसे पंख नहीं। उनमें मुक्त हवा भरने की ताकत नहीं। वे हैं ही नहीं तो फिर हवा भरकर उड़ने की बात कहाँ उठती है। लेकिन यही भ्रम तो मुझे आज तक बना रहा है कि मुझमें उड़ने की असीम शक्ति है और मुझसे कोई काम ऐसा नहीं जो न हो सके।

मेरी कितनी बड़ी भूल थी कि अपनी सत्ता को लिये बैठी रही अपने में चुपचाप। जबकि मेरी सत्ता है ही नहीं। पर तेरी तो सत्ता है। फिर भी तू चुप है रे। सत्ता में नहीं है।

हे धवल, मखमली पंखोंवाले कपोत! तू बता तो कुछ। कुछ तो बोल। क्या मुझे ही बकझक करने का ठेका मिला है! यह तो तेरी अक्षय-अमर जीत का कारण है कि तू होकर भी नहीं है और मैं न होकर भी हूँ। किसलिए रे? कौन है वो? कैसी भ्रांति है? कैसी अज्ञात ललक है? विचार-अविचार नहीं। पारा-सी धड़कन है, धारा-सी सिहरन है और अनंत इंद्रधनुष की अजन्मी काया-सी सूरत है।

है या नहीं, यह भी किसको पता है। पता लगाने की जरूरत भी क्या है? जिस गैल जाना नहीं, जो फल चखना नहीं और जिसे गले लगाना नहीं उसकी चाह क्यों? कौन देगा इसका जवाब? कौन पढ़ेगा उसकी जन्मपत्री जिसका जन्म हुआ ही नहीं; जो अजन्मा है। सच में तो ठीक से भी यह पता नहीं कि अजन्मा क्या होता है और जन्मा क्या!

कुछ न होने के लिए कुछ होना क्या जरूरी है? हे धवल, मखमली कपोत! तुझे मैंने कभी याद नहीं किया। जरूरत भी कहाँ पड़ी। क्यों पड़ती? तिनके के लिए समुद्र क्या और मरु क्या? कौन डुबोएगा उसे और कौन उड़ा ले जाएगा उसे? और कहाँ? जब उसका कोई घर नहीं और दरो-दीवार नहीं तब…।

तू तो तिनका भी नहीं है रे! फिर भी मुझे तिनके का सहारा लेना पड़ रहा है जो कुछ नहीं है, पर बहुत कुछ है; क्योंकि कुछ नहीं तो वास्तव में कुछ नहीं है।

हे धवल, मखमली कपोत! मुझे सच-सच बताना रे, कहीं थे भी तो उसके चक्कर में नहीं आ गया है, जिसके चक्कर में आकर मुझे तेरी शरण में आना पड़ रहा है? वह बड़ा नटखट है। उसने गोपियों की मति फेर दी थी। राधा को नाच नचाया था। वह शहद की एक बूँद का स्वाद चखाकर गायब हो जाता है। कहीं उसने तुझे भी कोई घुट्टी पिला रखी हो तो तू अपने को टटोलकर मुझे सच-सच बता देना, जिससे हम दोनों मिलकर तो बावरे नहीं बनें। उस खोजी की खबर ले सकें, जो हर एक की खबर लेने का ढोल पिटवाता घूमता है और किसीकी खोज-खबर नहीं लेता।

इसके बाद मीरा शांत होकर समुद्र की ओर देखने लगी। समुद्र में हलकी-हलकी द्युति रेखा चमक उठी थी। लग रहा था कि समुद्र में एक धवल सड़क बन रही थी। आकाश में चंद्रमा मुसकरा रहा था।

समुद्र की लहरें अनेक हाथों से उसे बुला रही थीं। एक सहज तरलता थी चारों ओर।

वातावरण शांत था, पर मोहक। हवा में लोनी गंध थिरक रही थी।

द्वारका का मन सो चुका था। प्रकाश चाँदनी का था। मंदिर शांत था। गोमती मौन थी। स्पंदित था उसका कल-कल स्वर नाद।

मीरा को लगा कि बहुत देर से जो शिशु रो रहा था, उसे उसकी माँ ने अपने आँचल में छिपा लिया है और अब वह दुग्धपान कर रहा है। उसका रोना बंद; मानो उसकी माँ ने उसके आँसू अपने आँचल के छोर से पोंछ दिए हैं। मोटे-मोटे आँसू उसके गोरे-गोरे गुलाबी गालों पर मोतियों-से जड़े हुए लग रहे थे। माँ मुसकरा रही थी। शिशु ने भी दुग्धपान करते हुए अपनी माँ की ओर देखा। उसकी बड़ी-बड़ी आँखों में झिलमिलाते ओसकण भी मुसकरा उठे। वह शिकायत भूल गया।

माँ के आँचल की सुखानुभूति बरबस शिशु मन को अपनी ओर खींच लेती है। मीरा ने कहाँ पाया था माँ का सुख! कितना पाया था! वह कब से माँ के लिए तरस रही थी! काश, उसकी माँ जीवित होती तो आज तक उसे यों मारा-मारा न घूमना पड़ता! उसके मन में क्या था, किसीने नहीं जाना। भोज ने जानने की कोशिश की थी; परंतु वह क्या कर सके? उन्हें करने ही क्या दिया गया? प्रकृति उससे वे सुख लगातार छीनती गई, जो उसकी आत्मा की अक्षय संपत्ति थे।

मीरा का मन अश्रु भर लाया। उसे उसकी माँ की याद ने घेर लिया। कैसी याद, जिसमें पूरी आकृति के संस्कार नहीं बन पा रहे थे। परंतु अब लग रहा था कि लहँगा-लूँगरी में उसकी माँ समुद्र में बने धवल पथ पर आ खड़ी हुई है और उसकी ओर अपलक देखती हुई उसे बुला रही है। मानो पुकार रही है—'मीरा बेटी, आ जा। डरे नहीं। मैं यहाँ हूँ। आ-आ, बेटी, जल्दी आ। आ भी जा बेटी, अपनी माँ को परेशान न कर। मैं थक गई हूँ, बेटी।'

मीरा ने रणछोड़जी के मंदिर की ओर देखा। फिर सुना, सारे वातावरण में बाँसुरी का स्वर गूँज उठा है। मीरा पुकार उठी—'ओ मुरलीधर, मेरे प्राणों के धणी, बता तो अब क्या करूँ? तू जरा अब तो सामने आ जा। तुझे मेरी कसम रे, अब और मत सता। मैं तेरे पाँव पड़ती हूँ। प्रिय, अब आ भी जा। अपना प्रण भी निभा ले। अपनी एक भक्तिनी के उद्धार के साथ अपना पवित्र छोर जोड़ ले। फिर लोग द्रौपदी की लाज के उद्धारक के साथ मीरा के उद्धारक के रूप में भी तुझे याद करेंगे। मेरी और कुछ रक्षा-वक्षा नहीं करनी। मुझे तो तेरे दर्शन की प्यास है, बस वह मिटा जा। तुझे राधा रानी की सौगंध, जसोदा की सौंह, रुक्मिणी की कसम है रे, जो तू अपना जगमगाता रूप मुझे न दिखलाए; जिसके लिए मैं बावली बनी तेरे पीछे भागते-भागते यहाँ तक आ गई हूँ।'

'मीरा!'

'तुम कौन? कृष्ण!'

'मैं तुम्हारा भोज, मीरा। न जाने कब से तुम्हें पुकार रहा हूँ। तुम मुझे बराबर भुलाने की कोशिश करती रहीं। पर मुझे चैन कहाँ! तुम मेरे होते हुए कष्ट भोगो,

मीरा, यह कैसे संभव है। याद है, जब मैंने कहा था—मीरा, तुम चिंता नहीं करना। तुम्हारे ससुर ने खुद चलकर कहा है कि किले के अंदर तुम्हारे महल के पास ही मंदिर बनवा दूँ। वह काम शुरू हो गया है।'

'सच, भोज?'

'हाँ, मीरा, सच। एकदम सच।' भोज ने कंठ छूकर कहा।

'तुम कितने अच्छे हो, भोज!'

'मुझे अच्छे-बुरे का पता नहीं, प्रिय, मुझे तो तुम्हारा प्रेम अंधा किए है। तुम्हारे अलावा न कुछ दीखता है और न कुछ सुनाई देता है। सब तरफ तू-ही-तू है मेरी मीरा।'

'नहीं! नहीं, भोंज, इतना प्रेम करना ठीक नहीं। मुझे डर लगने लगता है, भोज।'

'मेरे रहते हुए तुम्हें डर लगे तो मेरे होने का मतलब ही बेकार है। फिर तुम मेरी कहाँ और मैं तुम्हारा कहाँ! नहीं, मीरा, नहीं, तुम सपने में भी कभी मत डरना। मैं हूँ तो तुम्हारे साथ।'

'भोज!' मचलते हुए मीरा बोली।

'क्या बात है?'

'मुझसे जिसने ज्यादा प्यार किया, उसे···' मीरा आगे बोल नहीं पाई।

'क्या हुआ उसे?'

'कुछ नहीं, भोज, कुछ नहीं।'

'डरती है, मीरा!'

'किससे?'

'अपने से, और किससे?'

'क्यों?'

'तुम मुझे इतना चाहने लगी हो कि···'

'कितना?'

'तुम डरती क्यों हो! मेरा काल भी बाल बाँका नहीं कर सकता। तुम्हारे साथ जग का धणी किसन है न! फिर चिंता क्या? जहाँ वह वहाँ काल की क्या बिसात जो वह वहाँ आए। है न!' भोज ने मीरा को अपनी भुजाओं में भर लिया।

मीरा सकुचाकर गठरी बन गई और भोज में समाती गई।

इतना याद कर मीरा चौंक पड़ी।

अब उस धवल पथ पर दूल्हे के लिबास में भोज खड़े दीखने लगे। वह उसे पुकार रहे थे—'मीरा, अब चली आ। मेरे नयन थक गए हैं तुम्हारा पथ

निहारते-निहारते। मुझे कब से तुम्हारा इंतजार है! मैंने कहा था न कि अपना मिलन अक्षय मिलन है। उसपर काल की एक नहीं चलेगी। काल अपना-सा मुँह लेकर रह जाएगा।'

'ऐं!' मीरा चौंकी। कृष्ण आ गया। ज्योति वर्ण-सा चमकते-कौंधते रथ पर सवार हुआ एकदम अकेला। उसने रथ वहीं रोक दिया। उस धवल पथ पर पुष्पवर्षा हो उठी। कृष्ण की एक उँगली में सुदर्शन चक्र चपल चपला-सा द्युतिमान् हो रहा था। उसके अरुण अधरों पर बाँसुरी थी और सिर पर स्वर्णजड़ित मुकुट। वह कह रहा हो मानो—'तू कम हठी नहीं निकली, मीरा। आखिर मुझे आना ही पड़ा। न आने का तो प्रश्न ही नहीं उठता था। तो अब आ जाओ, मानिनी, तुम्हारे लिए यह सारथि रथ लिये आ पहुँचा है।'

'तुम भाग तो नहीं जाओगे, कृष्ण?'

'तुम भागने दोगी तब न! तुम्हारी पकड़ पक्की है। वैसे तो मेरी माँ—जसोदा—गोपियों की झूठी-मूठी शिकायत कर खूँटे से बाँधकर रखती थी, पर तुमने मुझे अपने हृदय के खूँटे से बाँधा है। फिर मेरे भागने का प्रश्न कहाँ उठता है!'

मीरा मुसकरा उठी। उसका हृदय कमल-सा खिल उठा। उसके प्राण थिरक उठे। कब से वह प्रतीक्षारत थी। आज और वह दिन, वह पल आया है, जो अनंत और अक्षय सुख और खुशी भर गया है—उसके जीवन में और उसके संसार में।

'आती हूँ, रुकना!' मीरा वहीं से चिल्ला पड़ी। गोमती की ओर देखकर वह बोली, 'सुन रही हो, मेरी सखि! जिसकी प्रतीक्षा थी, आज वह आ गया है। आना तो था ही उसे, पर इतनी देरी से आया। वह बड़ा नटखट है। जिद्दी भी। झूठा भी। शैतान भी। और क्या बताऊँ तुम्हें, गोमती, कि वह कितना मनमौजी है! फिर भी वह मुझे बहुत अच्छा लगता है। वह मेरे प्राणों में बस चुका है। मेरी धड़कनों में उसकी बाँसुरी की अमर धुन बराबर बजती रहती है। वही तो मुझे बावरा बनाए रहती है। सुन रही है न, गोमती! अब मुझे जाना है। तूने मुझे बहुत समय दिया है। मेरी खट्टी और दुःख भरी बातों को सुना है। मुझे समझाया-बुझाया है। तेरी यादें लेकर जा रही हूँ, गोमती। तू भी अब अकेली रह जाएगी। तेरे मन को भी मेरे जाने का घना दुःख व्यापेगा। कई दिनों तक तुझे नींद भी नहीं आएगी। कहीं मन ही नहीं लगेगा। पर क्या करूँ, गोमती। यह तो तू जानती ही है कि मुझे एक उसीकी लगन लगी हुई थी। आज वह नहीं आता तो भी मुझे तो जाना ही था—यह मेरा पक्का प्रण था। क्योंकि मुझसे अब और इंतजार नहीं होता और इस जग की जली-भुनी बातें भी नहीं सुनी जातीं। आखिर तमाशा कब तक बना जाए? यह भी कोई बात है कि मैं तो पुकारा करूँ और वो कान में तेल डालकर सोता रहे। सो उसे चुनौती दे डाली,

गोमती। इसीसे वह आया है।'

'जानती हूँ, मीरा। तुम समुद्र से भी मिलती जाओ। वह भी तुम्हारे मन का साथी रहा है।'

'क्यों नहीं री, गोमती! तुम सब ही मेरे दु:ख के सच्चे साथी रहे हो। अच्छा तो···'

मीरा ने अपना चेहरा दूसरी ओर घुमाया। अथाह जल का अकेला कुबेर महासागर देख-सुन रहा था उसे। उसने तुम्हारे लिए ही सेतु बाँधा है। बुला रहा है। जाना तो है, पर उसे भी मालूम पड़े कि इंतजार क्या होता है। उसमें मानुख कैसे तड़पता है, बिलखता है और टूटता है। वह हमारे जन्म-मरण का साक्षी जो ठहरा। उसे बिसारने का प्रश्न ही नहीं उठता। उसके बिना अँखियन से नींद कैसे दूर हो जाती थी। वह पद याद है, जब मैंने उसे जगाना चाहा, पर वह जगा नहीं, ना···। वो पद था—

जागो बंसीवारे ललना, जागो म्हारे प्यारे।
रजनी बीती भोर भयो है, घर-घर खुले किवारे।
गोपी दही मथत सुनियत है, कँगना के झणकारे।
उठो लालजी मारे भयो है, सुर-नर ठाढ़े द्वारे।
ग्वाल बाल सब करत कुलाहल, जय-जय सबद उचारे।
माखन-रोटी हाथ में लीनी, गउवन के रखवारे।
मीराँ के प्रभु गिरधर नागर, सरण आया कूँ तारे॥

'अब बो तारणहार आ गया है, रथ लेकर आया है। सारथि बना प्रतीक्षा कर रहा है। करने दो। थोड़ा सा उसे भी अभाव का अनुभव होने दो। क्या कहा, नहीं। उसे परेशान नहीं करूँ, जाऊँ। तुम्हें भी डर है कि वह फिर न भाग जाए और फिर तुम्हें मेरी दु:ख भरी कथा सुननी न पड़ जाए। आखिर हर चीज की एक सीमा है। न रे, न। वह अब भागेगा नहीं। भागकर कहाँ जाएगा? रणछोड़ को आना तो यहीं पड़ेगा। यह ही तो उसके छिपने-बचने की एकमात्र जगह है, जहाँ वह सुरक्षित बना हुआ है। नहीं तो उसे भक्तों की भीड़ पकड़ ले जाए और अपने खूँटे से बाँध दे। लला की सारी हेकड़ी धरी-की-धरी रह जाए।'

'हाँ, तुम ठीक कहती हो, मीरा।'

'तो अब चलूँ। तुम अपना ध्यान रखना। कभी याद आ जाऊँ तो आँखें मत भर लाना। न ज्वार-भाटा बन उफन पड़ना। समझे न!'

मीरा अपनी आँखें पोंछती हुई उस धवल पथ की ओर निहारने लगी, जहाँ

के अंतिम छोर पर कान्हा रथ लिये खड़ा हुआ था।

चारों ओर चाँदनी की चादर तनी हुई थी। चाँदनी ही बिछी हुई थी।

धीरे-धीरे मीरा आगे बढ़ी। उसमें दुलहनिया मीरा आ बैठी। जब वह अपने मायके घर से बिदा हो रही थी तब कैसी रो रही थी और उसका एक-एक पाँव मन-मन पक्के का हो गया था। उठाए नहीं उठ रहा था। उसका हृदय काँप रहा था। मायका छोड़ने का दर्द उसे आगे बढ़ने नहीं दे रहा था। तब कितने लोग थे घर के! कितनों ने उसका मन साधा था! तसल्ली दी थी। सहारा देकर वे ले चले थे। पर अब तो वह अकेली रह गई है—न मायके का कोई है और न ससुराल पक्ष से कोई आया है। न कहार हैं और न डोली। न बाजा है, न गाजा।

'पण थे।'

'हाँ, मीरा, म्हें। थारा सच्चा धणी। जन्म-जन्मांतर का धणी।'

'थे भोज!'

'हाँ। थे चल म्हारे साथ। चल, मीरा। देख, थारा कृष्ण कन्हैया म्हारे दोनों कूँ अपने साथ ले जाने के लिए रथ लेकर आया है। सारथि बना है। आओ मीरा, आओ।'

मीरा आगे बढ़ी। समुद्र में बने धवल पथ पर पहला पग रखा, फिर दूसरा रखा। रथ आगे आया। वह उसमें बैठी ही थी कि रथ उसे लेकर उड़ चला। किसीको कानोंकान खबर नहीं हुई। बाँसुरी बजती रही। छपाक की एक बार बीच में तेज ध्वनि हुई और फिर सागर सन्नाटा ओढ़कर सो गया। दिशाएँ निहारती रह गईं। किसीकी कुछ नहीं चली। सब सोचते हुए ठहरे रह गए—चित्रलिखित-से मौन साधे। मौन।

इतनी जल्दी पटाक्षेप!

चाँदनी का मन डोल गया।

समुद्र की तरंगें मचल उठीं। क्या हुआ? पल भर में घना घटाटोप। रिक्त अँधियारा। खंडित सेतु। गोमती ने निहारा। सब अपनी जगह पर—न आकाश झुका, न धरती फैली, न समय के तेवर चढ़े और न मौसम का माथा ठनका। कहीं कुछ नहीं हुआ।

सिवाय पुरोहित और उसके साथी परेशान हुए। द्वारका की वीथियों में दबा हुआ स्वर सुनाई पड़ा। किसीको कुछ पता नहीं। नित्यानंद के आदमी खीज से भर उठे। कहाँ गई वह? जमीन निगल गई या आसमान खा गया उसे। कुओं में बाँस डाल दिए गए। समुद्र को खोज लिया गया। गोमती चुपचाप देखती रही। सन्नाटे की मौत हो गई थी। सबकुछ पहले जैसा। सुबह भी वही, जो कल थी।

जोगिन गई तो गई कहाँ? जाना कहाँ हो सकता था? कुछ-कुछ शंका की गुंजाइश बढ़ी। साँवरी की मौत के बाद यह दूसरी बड़ी घटना थी, जिसको द्वारका के जन हजम नहीं कर पा रहे थे। संकेत अँधेरे में उठते थे और स्वतः ही अँधेरे में विलीन हो जाते थे।

समय की धड़कनों पर लिखी रह गई थी अवसान की वह झाँकी। टूटती कथा की वह दर्दनाक घटना। भयमुक्त भय की दीवानगी। जोगिन नहीं थी। गई भी वह कहाँ थी? क्यों गई थी? कोई नहीं जानता। सबको इतना पता था कि वह रणछोड़जी के मंदिर में शाम को आई थी। उसे किसीने बाहर निकलते हुए नहीं देखा था। अंदर वह कहीं थी नहीं। तो क्या वह कान्हा की मूर्ति में समा गई या मंदिर के किसी कोने में जा छिपी? पर किस कोने में? कहीं कुछ पता नहीं मिला। उसके उत्तरीय का एक छोटा सा हिस्सा अवश्य मंदिर के पिछवाड़ेवाले छोटे रास्ते की कुंडी में अटका मिला था। उससे क्या प्रमाणित होता था? दरवाजा बंद था। कुंडी चढ़ी हुई थी और उसमें ताला लगा हुआ था। फिर उस टुकड़े का अर्थ ही क्या रह जाता है। वह जोगिन थी, जोगी से जा मिली। अपने उस जोगी से, जिसने उससे घर-गृहस्थी छुड़वाई थी और उसे द्वारका लेकर आया था। क्या ऐसा हुआ? कौन जाने? हवा बल खाकर रह गई। उसमें कुछ ऐंठन-सी हुई। पुजारी का मन हुआ कि वह घोषित कर दे कि वह उसीमें जा समाई, जिसके लिए उसने राजघराने को तिलांजलि दी थी और सारे सगे-संबंधियों से हाथ खींच लिया था। पर अब उसकी चिंता क्यों? किसे? वह गई। उसका जाना ही ठीक था। रहती तो क्या मिलता उसे सिवाय टोटकों के, मंत्रों के और षड्‌यंत्रों के। अच्छा ही हुआ। पर क्या? हुआ क्या? कुछ भी तो पता नहीं।

दुलारी से पूछा गया। मछुआरों की बस्ती में भी थाह लगाई गई। अचानक उसका अदृश्य हो जाना सबको झकझोर रहा था। सबको संशय के अंध महासागर की उत्ताल तरंगों में ढकेल रहा था। उसने किसीसे कुछ नहीं कहा था। सेठ और सेठानी भी आश्चर्यचकित थे।

माधवाचार्य और उसके आदमी भी ढूँढ़-ढूँढ़कर हार गए थे। जैमिनी की पूरी शक्ति लग गई थी; लेकिन परिणाम कुछ भी सामने नहीं आया था। एक मौन था—पथराया मौन। क्षुब्ध दिशाओं का अंतर्मन भी मौन था। उस सच्चाई का कोई गवाह नहीं था। समय स्वयं परेशान था। मात्र सन्नाटा पीतांबर के टुकड़े में सोए हुए शिशु-सा आँखें खोले अटका हुआ था। मीरा तो कल धवल वस्त्रों में आवेष्ठित थी, फिर पीतांबरी टुकड़े का क्या अर्थ? उसके कंधे पर चुन्नी भी तो थी, जिसका रंग पीला था। वह चुन्नी बिछाकर ही तो अपने प्रियतम का स्वागत करना चाहती थी।

जितने मुँह उतनी बातें। ऐसी-ऐसी बातें कि दाँतों तले उँगली दबाए रह जाओ। अकेली दुलारी थी, जो गूँगी हो गई थी। गोमती के तट पर बैठी जब-तब गा उठती थी—

चालाँ अगम वा देस, काल देख्याँ डराँ।
भराँ प्रेम रा होज, हंस केल्याँ कराँ।
चालाँ अगम वा देस···
···काल देख़्याँ डराँ।
चालाँ अगम वा···

□□□